李心鉴

抗辩的艺术

第三卷

商事诉讼选录

Volume III

SELECTED WORKS OF

COMMERCIAL LITIGATION

李心鉴 著

人物插图 李　晨

场景插图 李新民

编者按

国家首届诉讼法学博士
多年亲历民商诉讼精选
顺逆胜败展陈诉讼较量
荣辱喜悲展露诉讼心曲

大学案例教学全新教程
学者法学研究鲜活素材
青年研习诉讼最佳读物
企业探究疑案上选工具

我们确认，作者做出了法律图书的精品；
我们确信，本书将成为案例书籍的经典。

责任编辑：王扬博士

罗曼·罗兰说：成年人慢慢被时代淘汰的最大原因，不是年龄的增长，而是学习热忱的减退。

律师也是一样，无论青年还是中年，如果学习热忱减退了，难免会对新的诉讼类型或新的法律服务项目缩手缩脚，渐渐地就会自己把自己淘汰出竞争市场。

——作者题记

目 录

|联 营|

|中外合作|

|担 保|

说明：五星四星案可作为案例教学辩论案例或自修精读案例
三星二星案可作为案例教学讨论案例或自修泛读案例

卷首语

灯下（之三）

法律可以自学

香山的魅力正在于此：即使你爬过多年，每次登上香炉峰时，仍然会有一种真切的成功感，那种喜悦无以言表。原因很简单，每次爬山都是对人体力、意志的一次考验。

每周五下午停止工作，攀爬香山，是我们航舵所坚持多年的习惯。

此刻，我们已登上了山顶。夕阳下，远处西山重峦叠嶂，迷迷茫茫；近处山林茂密苍翠，夕晖尽染。山风凉爽，归鸟鸣叫。大家先是自由活动，有的扩胸摆颈，有的压腿下腰，之后便围坐在游廊长椅上。

这两年，所里又来了几位青年律师。按计划，今天利用山上的闲暇时间，由我来给大家的业余读书生活提提建议，推荐书目。谁想讲着讲着我就跑题了，说起了自学法律的事儿——对于青年律师有无自修信念和毅力，能否长久坚持，我是担心的。

我问一位来所时间不长的青年律师：就学习法律而言，先撇开在实践中学习不说，你觉得课堂上的教育和灯下的自学，哪一个更为重要？她的回答很理性：二者都重要。

我说：依我看，灯下自学更重要。你们或许知道，咱们所里了解我底细的合伙人，在向他人介绍我时，常常会说一句让我感觉复杂的话：老李是怪才。才，我称不上；怪，无非是我有这样的经历：

——1985年，中专学历的我，自负地考研，居然一次就考取了中国政法大学刑法学专业硕士生。

——1988年硕士毕业前，跨专业考取了诉讼法学博士生，后成为国家首届诉讼法学博士。虽然三年博士生期间有一年在北京语言学院专修外语，但仅凭两年专业学习完成的博士论文《刑事诉讼构造论》，出书后居然让我在人民大会堂领取了霍英东教育基金会研究类奖。

——博士毕业留中国政法大学比较法研究所，从事的是比较刑诉法学的研究，但辞职做律师却只做民商事，完全不沾刑事的边儿，而且还敢写几本民商事诉讼的书。

怪吗？其实不怪。

我自修大学法律课程，考取了硕士生；自修中外诉讼法学，考取了博士生；自修民商法，做了民商事专业律师。一句话，我个人所有重要的人生跨越，都是通过灯下自学实现的。

我知道，你们中有人认为我智商高，其实，我的智商能接近大众的智商平均值就不错了。再说，你们也知道，咱们所的律师中，有几位本科根本就不是学法律的，但通过法律自修和实践，仅仅五、六年就成为当事人和法官都尊重的专业律师。

这时，有人提出了异议：人和人的成长经历、综合素质是不一样的，所以别人的成功是难以复制的。

我说：是的，较强的学习能力当然是自学法律的先决性条件。不过，在具备这种条件后，最重要的就是，你能不能坚守灯下，甘于寂寞，像和尚那样在青灯下修炼。

我的结论是，法律是可以自学的，中国大陆的法学和法律里面，根本就没有自学搞不懂的东西。而且，灯下精细的自学所取得的成效，肯定能够超过课堂上粗放的学习。因此，希望你们青年律师再忙也要坚持灯下有计划的自修。我相信，在灯下，你们同样能够实现一系列人生跨越。

他们中的有些人似乎受到了激励——星光下，我看到他们的眼中闪着亮光。

下山的时候到了。俯瞰山下京城的万点灯火，我想到今夜自己灯下的“功课”……

第一章

一专的功底与多能的修炼

——买卖合同纠纷中的产品质量与检验问题

卢梭说：虽然人的智力不能把所有的学问都掌握，而只能选择一门，但如果对其他科学一窍不通，那他对所研究的那门学问也就往往不会有透彻的了解。（《忏悔录》第一部）

在本案中，对方以我方提供的金融机构专用紧急报警联网系统及相关配套产品存在严重缺陷，被公安机关责令整改，故被迫予以更换为由，要求我方退还货款和赔偿损失。在诉讼中，我潜心学习了报警联网系统和警用电子产品检测等方面的专门知识，为我方的报警系统辩护，反驳对方的指责，最终获得法院支持，赢得一二审全胜。

人们都知道卢梭是伟大的思想家、哲学家，其实他在文学、教育学、戏剧和音乐方面的才华和成就也是非常出众的。律师是凡人，不可能达到伟人的博学，但起码应做到“一专多能”——除了法律的“专”，还应培养解决案件各种专门性问题的“能”。

讼途

导言

本案为典型的产品质量纠纷案件。某通信公司（对方）起诉某电子公司（我方），要求退货并返还货款的主要诉讼理由是，我方提供的紧急报警联网系统及相关配套产品存在严重质量问题，不符合规定的设计要求，不具备应有的使用性能，频繁出现死机、误报警情况，影响了金融报警网的安全可靠性，受到市公安局及各分局报警中心、各金融网点用户的批评指责，且经多次致函要求我方解决，我方均未能解决。我方答辩认为，我方向对方提供的产品系符合特定的设计和技术要求，并经专门机关正式检验和验收的合格产品，并无对方所称严重质量问题，且我方在售后依约进行了售后服务、免费维修和换货，并主动进行产品核心部件的升级换代，免费向对方提供。至于报警联网系统出现的问题，因系统基于金融机构和公安机关的急需而匆匆上马，故检验机关和验收机关均认可系统有一个提高完善的过程。

双方关于本案产品质量问题的争讼，是随着诉讼进程逐步深入的。以下分述。

1.对方在诉讼中补充提交了联网系统的分析与改进方案和关于改进完善的请示等材料，称更换我方产品系公安机关的命令。我方对此的答辩主要是，市公安局鉴于出现6起系统故障事件，要求对方限期整改，并未要求拆换产品。对方在报送市公安局的“分析与改进方案”中提出更换我方的产品，这正好证明对方乘公安机关要求改进之际，借改进设备、改进系统之名，行更换设备、更换系统之实。另外，我方同类产品在几个郊区县的报警系统中至今运行正常，用户反映良好，这也证明对方更换我方产品并非基于产品存在严重质量问题，而是另有所图（免费使用美国的产品，再向我方讨要货款）。故更换我方产品绝非政府要求的行为，而是企业擅自实施的行为。

2.鉴于对方可能提出鉴定申请，我方主张，对方并不具有报警联网系统的专门技术，却擅自对系统主要设备进行拆换，故对我方设备的不当拆卸和损坏是难免的，必然导致鉴定对象无法鉴定的后果，且我方设备已使用近一年，这也必然给鉴定带来困难。因此，对于对方擅自拆除的我方设备进行鉴定，已无法达到客观性和科学性，我方无法接受。

3.在诉讼中，对方称我方提供的产品没有检验合格证书，没有按照国家标准进行鉴定检验和质量一致性检验。我方机智抗辩：公安部安全与警用电子产品质量检测中心的《检验报告》证明，依据国家标准所检验各个项目均全部合格。就检验规则而言，该中心将鉴定检验和质量一致性检验合二为一，进行一次性检验。即就鉴定检验而言，该次检验就是在我方产品已完成设计定型和生产定型后进行的鉴定检验，同时，因检验的样机为我方提供对方正在安装中的产品中的四台，故该中心也将此次检验作为质量一致性检验。

4.对方在诉讼中进一步指出，我方设备未进行无故障工作时间不得低于20000小时的检验，故不符合规定的设计要求，不具有可靠性。我方对此指责的抗辩为，市公安局鉴于首次组建全市规模的报警联网系统，必然受到客观条件的限制，故在《某市城区金融单位专用紧急报警联网系统有关问题的说明》中，第1条就提出“系统的可靠性”，认为“……科学地讲，系统开通后，发生故障在所难免。”因此，公安部检测中心在对报警控制器和系统的两次检验中均未检验可靠性。验收委员会在《验收意见书》中建议：“进一步提高系统的可靠性……减少误报。”另外，公安部检测中心在对安装于其他几个城区的、由另一电子安全公司供货的报警控制器进行检验中，同样未做可靠性检验。再者，公安部检测中心对于对方擅自拆换上的美国某安防用品公司防盗控制器的检验，也同样未做可靠性检验。可见，对方所谓我方产品质量的可靠性问题，纯属诉讼借口。

5.某中级人民法院一审判决驳回了对方的全部诉讼请求。对方不服提起上诉，并在二审中申请对我方产品质量进行鉴定。某高级人民法院二审判决不支持对方关于我方产品属不能销售产品和存在严重质量问题的上诉主张，认为对方要求以其擅自撤换的设备进行鉴定，显属不当。故判决驳回上诉，维持原判。

要　目

序曲

我从来不敢自以为是法学博士，曾在大学研究所做副研究员，而轻视案件中的证据和法律问题。相反，面对案件时，我总是先把自己定位成学生，先学习，后研究。

——我是在一边学习、研究，一边实践、摸索中办理本案的。

某电子公司因与某通信公司买卖合同纠纷，委托我作为某电子公司（被告）一二审代理人。诉讼中，我先后向法院提交了下列“正文”中所列一审答辩状、一审补充答辩状、关于设备质量问题的补充答辩、一审代理词、二审答辩状。

合理的表象

背景

某通信公司的起诉意见

某通信公司（原告）与某电子公司（被告）因买卖合同纠纷诉至某中级人民法院。原告诉称，1996年11月28日原告与被告签订设备购销协议书一份，约定原告向被告购买被告的产品——专用紧急报警联网系统及相关配套产品。原告先后支付了货款计人民币1,737,382元。原告将被告提供的产品安装在509户金融报警网户及市公安局五个分局的报警中心。但紧急报警网开通前后，被告提供的产品始终不能正常工作，频繁出现死机、误报警情况，影响了金融报警网的安全可靠性，导致原告疲于应付设备的维修工作，受到市公安局及各分局报警中心、各网户的批评指责。事实证明被告提供的产品存在严重的质量问题，不符合规定的设计要求，不具备应当具备的使用性能。虽经多次磋商，但被告不能解决上述问题。为保证金融报警网安全可靠运行，在金融报警网户及市公安局、各分局报警中心的要求下，原告于1997年12月起先后将被告提供的产品更换。被告提供的产品不符合规定的设计要求，使原告遭受了巨大的经济损失。因与被告协商不成，故诉至法院要求将被告提供的产品全部退货给被告；判令由被告返还原告货款计人民币1,737,382元；由被告赔偿由于产品质量不合格给原告造成的损失（网点安装损失费254,500元、报警中心安装损失费1万元、 出车维修费72万元）；并且由被告承担诉讼费用。

旁白

面对复杂案件，我总会像军人开战前进行“沙盘演练”那样，在起诉前“纸上谈兵”——在纸上分别列出我方和对方的所有有利和不利因素，“指挥双方排兵布阵、攻防对抗”。只有当我认为我方足以在案件主要或关键问题上击败对方时，我才会建议当事人起诉。

坦然的解说

正文

民事答辩状（一审）

答辩人：某电子公司

答辩人就本案原告某通信公司的诉状提出如下答辩：

原告要求退货的诉讼理由主要有二：其一，答辩人提供给原告的产品在紧急报警联网系统开通前后存在严重质量问题，不符合规定的设计要求，不具备应当具备的使用性质，且事先未做说明；其二，经原告多次致函答辩人解决上述问题，答辩人均未能解决。答辩人认为，答辩人向原告提供的产品系符合特定的设计和技术要求，并经专门机关正式检验和验收的合格产品，并无原告所称的严重质量问题，且答辩人在售后严格依约进行售后服务，免费维修和换货，并主动进行产品核心部件的升级换代，免费向原告提供最新版本的主板，原告所称不实。故原告之诉讼理由和诉讼请求均不能成立，本案纠纷系原告刻意营造。

一、本案产品质量有特定的设计和技术要求

鉴于1995年11月之后，某市连续发生多起抢劫银行营业网点的特大案件，而某市金融单位尚未与公安机关形成统一的紧急报警网络，1996年9月市公安局和市人行提出了组建某市城区金融单位专用紧急报警联网系统的方案，成立了金融单位专用紧急报警联网管理领导小组。市公安局和市人行根据国家技术监督局发布的国家标准《防盗报警控制器通用技术条件》（GB12663—90）和《电话线传输报警装置技术条件》（证据一，两个技术条件[1]），于9月14日下达《城区金融单位专用紧急报警联网系统技术性要求》（证据二，技

---

[1] 因本书篇幅所限，“正文”中诉讼文书的附件或证据，均略去。

术性要求），于9月23日下达《城区金融单位专用紧急报警联网系统委托设计任务书》（证据三，设计任务书），11月17日又下达《城区金融单位紧急报警联网系统委托设计任务书和技术性要求的补充说明》（证据四，补充说明）。该补充说明的前言明确指出："本补充说明文件与'城区金融单位紧急报警联网系统技术性要求'共同组成中标合同的技术文件，具有同等法律效力。"这三个文本共同构成该网络系统的特定设计和技术要求，成为该网络系统产品的特定质量标准。

综上，认定本案产品是否存在应当退货的严重质量问题，认定根据即质量标准就是上述两个国家标准和以国家标准为根据并由上述三个文本构成的该联网系统特定标准。原告在这种明确的质量标准之外评价答辩人的产品质量，毫无法律意义。

二、本案产品经过专门机关检验和验收

1996年9月26日，答辩人为原告完成联网系统项目投标书，并由原告进行投标。该项目投标书序言指出，答辩人的联网系统"其技术已达到国际先进水平，目前已得到邮电部入网许可证、公安部入网许可，并被国家科委列为'1995国家科委重点科技推广计划项目'及'1996国家级火炬计划项目'，现已经在市建行所属的十几个支行安装使用，反映良好"。（证据五，项目投标书及所附公安部和邮电部入网许可——被批准单位均为答辩人；证据六，国家科委《关于下达"九五"国家科技成果重点推广计划指南项目（一）的通知》——国科发成字［1995］340号、国家科委《关于下达一九九六年度科技开发项目计划的通知》——国科发计字［1996］049号，两个通知中均有答辩人的项目和产品。）9月至11月，答辩人代表原告参加市公安局组织的几次投标会和答辩会，同时答辩人接待了由市公安局某副局长带领的，由市局技防办、金融处及技防专家组成的现场考评组，现场考察了答辩人方的金融单位紧急报警联网系统。通过投标、竞标，答辩人的设计方案和系统设备最终通过了专门机关的审查和考察，原告得以中标。11月13日，市公安局和市人行联合发布《关于组建某市城区金融单位专用紧急报警联网的通知》，确定原告为报警网的安装单位，使用答辩人的系统设备（证据七，公经字［1996］1100号文件）。1996年11月28日，答辩人与原告签订《设备购销协议书》后，即依约向原告承建的四个区的报警网点和五个公安接警中心提供设备。至1997年4月30日止完成全部安装工程，5月1日起全系统开始试运行。在此之前的1997年4月18日，公安部安全与警用电子产品质量检测中心对答辩人的产品×型报警控制器进行了检测，作出《检验报告》（公检第970072号）。检验结论为答辩人的产品符合×型报警器产品设计标准（企业标准）和防盗报警控制器通用技术条件（国家标准）的有关规定。7月7日，邮电部对该产品进行了进网检测，作出《检验报告》，检验结论为答辩人产品合格（证据八，公安部、邮电部两份《检验报告》）。

该联网系统经过三个半月的试运行，8月15日，公安部安全与警用电子产品质量检测中心受市公安局和市人行委托对该联网系统进行检测，作出《检验报告》（公检第970171号），检验结论为："经对某通信公司承建的某市城区金融单位专用紧急报警联网系统进行抽验，所检项目：各项系统功能，技术指标，干扰试验和安全性试验等符合某市城区金融单位专用紧急报警联网系统检测大纲的要求"（证据九，联网系统检验报告及检验依据——联网系统检测大纲）。

8月22日，由公安部、市公安局、市人行、建行、工商行有关人员和大学教授、专家组成的验收委员会对该联网系统进行验收，作出《某市安全防范工程验收意见书》。验收结论为："验收委员会认为，该系统能够做到科学、可靠、合理、实用，符合我国国情。从设计上达到了我国同行业的先进水平。该系统在预防、打击刑事犯罪，特别是抢劫犯罪的斗争中，将发挥越来越大的作用，在全国金融单位推广会有很好的前景。建议：进一步提高系统的可靠性，完善服务保障体系，加强对使用人员的培训，减少误报"（证据十，验收意见书）。9月8日，市公安局和市人行召开联网系统验收大会，该系统正式通过验收。

另，根据国家规定，报警产品及其安防工程必须具有"三证"，即公安部技术监督证、邮电部入网许可证、市技防办工程管理产品管理许可证。答辩人的联网系统产品和安防工程依法取得了"三证"（证据十一，公安部"关于某电子公司×型报警控制器入网申请的批复"——公安部技术监督证、邮电部入网许可证、市公安局技防办安防工程许可证）。

综上，答辩人的产品早在组建该联网系统之前就已取得邮电部、公安部入网许可，被国家科委推广。在该产品基础上研制的该联网系统产品，经过投标、竞标，获得专门机关的认可，成功中标，并通过专门机关的产品和系统两种检测，通过验收委员会的正式验收，同时依法取得了“三证”。故认定本案产品是否存在应当退货的严重质量问题，其认定权在专门的检验机关和验收机关，认定结论为检验机关的检验报告和验收机关的验收意见书，而产品的前身质量认可状况、中标和“三证”，亦是产品质量的证明。原告撇开检验机关的检验报告和验收机关的验收意见书以及其他产品质量证明，对答辩人的产品进行的任何评价均毫无法律意义。

三、答辩人依约进行了真实、有效的售后服务

依据双方签订的《设备购销协议书》第3条“双方权利义务”第四项约定，答辩人负责系统的调试、开通，并参与系统的验收；第5条“售后服务”第一项约定，答辩人对设备免费保修3年；第三项约定保修方式为，由原告将设备送到答辩人维修点，答辩人在收到设备后3日内完成维修工作，由原告取走。这正是认定答辩人是否履行售后服务义务的合同根据。

第一，答辩人在验收前的完全履行。

答辩人自联网系统试运行时起至正式验收时止，全面负责系统的调试、开通和配合验收机关验收的工作（巡检中心就设在答辩人方），完全履行了协议约定的答辩人方的义务。答辩人持有的答辩人方的大量工程单和专门机关及报警网点均能证明这一点，即使原告方对此也无法否认（原告方提交法庭的验收前的有关资料也证明这一点）。同时，答辩人为了进一步提高系统的可靠性，在验收前就对报警控制器的核心部件——线路板（也称主板）进行了三次升级换代，并免费向原告提供，由原告更换。原告方提交法庭的验收前的大量工程单中“换板后正常”的修复结果均能证明这一点。这是答辩人在协议约定义务之外善意、主动维护系统的证明。

第二，答辩人在验收后的完全履行。

答辩人忠实履行协议售后服务条款约定的义务。答辩人出库单证明，自9

月8日验收后的9月11日起，至原告12月擅自拆换答辩人产品前的11月26日，原告向答辩人退线路板50块，换线路板130块，领线路板20块（证据十二，11份出库单），且均是在3日内完成，并免费提供。对此，原告亦无法否认，因为在原告提供给法庭的大量的验收后维护单中，新、旧主板换板的记载均能证明这一点。另外，答辩人为了系统正常运行，在协议约定的售后服务义务之外，赶赴报警网点和接警中心对系统进行检查和维护（验收后答辩人将巡检中心移交原告，依协议答辩人无须出勤，由原告将维修设备送到答辩人维修点，答辩人完成维修后原告取走）。比如，11月17日、18日答辩人派员赴三个分局和市局接警中心进行检查维护，并将有关情况呈报市局技防办（证据十三，监控中心维护报告、操作记录、调查报告共四份）。再如，11月20日答辩人派员赴市局和某分局接警中心进行检查维护（证据十四，监控中心检修维护报告、操作记录）。但在12月中，原告停止了换货，并完全中断了与答辩人的联系。1998年1月5日，答辩人向原告发函询问近一个月的情况，并通知原告来换领最新型号的主板，原告未作答复（证据十五，答辩人致原告函）。

综上，答辩人在系统验收前后不仅完全履行了协议约定的义务，而且在约定义务之外，善意、主动地维护系统，足以证明答辩人的诚实和信用。原告所谓答辩人不履行售后服务的指责毫无事实根据。

四、原告对答辩人产品质量的指责不能成立

该联网系统就联网范围和规模、设计和技术要求而言，都是前所未有的。在市公安局和市人行提出系统组建方案时，并无与该系统相配套的现成产品，故只能先提出设计任务书和技术性要求，再通过招标的方式确定何种设计方案符合设计和技术要求。同时，即使中标的产品通过了检验和验收，因受种种客观因素的制约，也不可能在专门机关规定的很有限的研制、安装、试运行和验收期限内一步达到完善。因此，验收意见书建议进一步提高系统的可靠性，减少误报，而不是杜绝误报。早在验收前，该联网系统就客观存在着人为原因和设备原因的误报，但验收机关予以验收，正是基于金融机构和公安机关的急需、对种种客观因素的考虑、对该系统逐步提高可靠性的信赖。对此，市公安局和市人行是有充分估计的，早在1996年9月14日的《某市城区金融单位专用紧急报警联网系统有关问题的说明》序言中就指出，该系统是“本着有条件上，没有条件创造条件也要上的原则设计出来的在短期之内即可初见成效的紧急报警联网系统”。“系统的组建必然要受到社会治安形势、现行政策、经济发展水平、报警器材市场以及公安部门现有机制的影响。在此时期组建的系统，肯定带有这一时期的特点。”在“系统可靠性”中指出：“该系统是依靠现阶段不完全可靠的市话网和社会商业无线网来实现的。市话网的主叫控制方式使该系统先天不足，外加设备质量的一致性较差，所以科学地讲，系统开通以后，发生故障在所难免。对此专家建议：应采用世界上普遍实行的方法，逐步将该系统商业化，由一个或几个公司负责系统的运行、维护和抢修。”（证据十六，联网系统有关问题的说明）。因此，验收前、后系统出现这样或那样的问题，检验机关和验收机关不仅事前预知、事后知悉，而且认可系统有一个提高完善的过程。原告在系统验收两个月后即擅自拆除，提起诉讼，提出产品质量问题材料来证明产品存在严重质量问题，要求退货，首先就是违背组建该系统的客观情况，与专门机关的检验和验收完全抵触。

第一，原告验收前的材料不能证明产品存在应当退货的严重质量问题。

原告提出验收前的工程单、致答辩人的函以及公安机关的有关文件，试图证明答辩人产品的严重质量问题。但是，原告所称质量问题，检验机关和验收机关均知悉，却仍然在系统试运行后进行了检验和验收。这足以证明原告的这部分材料对本案的产品质量问题毫无证明意义，只有专门机关的检验和验收结论才是证明本案产品质量问题的合法、有效的证据。

第二，原告验收后的材料亦不能证明产品存在应当退货的严重质量问题。

原告提出验收后的维护单、致答辩人的函以及公安机关的有关文件，试图最终证明答辩人产品的严重质量问题，这亦不能成立。其一，原告提出的维护单等全部都明确记载，系统经换板或检修后正常，既然均正常运行，为何必须拆除？其二，据对原告提出的维护单等材料的初步统计，线路板出现故障的计28个网点（经换板全部正常），占全部508个网点的5.5%，那么为何必须对绝大多数未出现线路板故障的网点予以全部拆除？其三，验收才两个多月，11月26日原告还在答辩人处领换线路板，为何必须在几天后的12月即开始拆除？其四，原告声称在公安机关的要求下拆换，为何不提交公安机关的要求证明？

其实，原告只是谎称而已，根本没有这样的证据。可见，稍对原告的材料进行分析，便可得出其证明主张不能成立的结论。

其实，原告所称质量问题仅仅是其牟取不正当利益的手段而已。原告为了使用美国某安防用品公司代理商免费提供、用以占领市场的美国产品，以达到其一方面免费获取网点租金，另一方面向答辩人退货收回资金的双重目的，早已预谋在答辩人的产品质量上做文章。但却苦于答辩人始终忠实履行协议，在11月26日时仍为其换货，故只能在12月中断与答辩人的联系，擅自拆除答辩人产品，更换美国的产品。该系统的硬件、软件均为答辩人开发研制，同时答辩人使用该系统参与投标、竞标，通过审查和考察而中标，并通过检验和验收，进而最终赢得某市城区一半的市场，且为完善该系统、巩固该市场，继续进行研制和服务。原告的上述行为严重损害了答辩人产品和系统的质量声誉，将答辩人挤出已拥有的市场，使答辩人针对该系统的升级换代研制成果无法应用，严重损害了答辩人的合法权益。对此，答辩人保留提起反诉的权利。

综上所述，答辩人产品的质量有特定的设计和技术要求，且经过专门机关的检验和验收，答辩人依约进行了真实、有效的售后服务，原告对答辩人产品质量的指责不能成立。故恳请法庭查明本案的全部事实，依据有关国标、特定设计和技术要求，参照专门机关的检验和验收结论，认定本案的质量问题，依法驳回原告的诉讼请求。

此呈

某中级人民法院

答辩人：某电子公司

旁白

起初，当事人总是担心你能不能全面了解复杂的案情，特别是你能不能掌握案件中的专门性知识，于是，他总是想对你说。后来，你拿出了法律文书，他发现你比他对案情把握的更细，比他更会运用专门性知识，于是，他总是想听你说——你实现了这种转变，说明你的功夫就下到了。

堂皇的回避

正文

补充民事答辩状（一审）

答辩人：某电子公司

根据本案原告某通信公司补充提交的材料和据此提出的书面意见，答辩人补充答辩如下：

一、原告所谓更换产品系公安机关命令问题

原告补充提交了联网系统的分析与改进方案和关于改进完善的请示等材料，并声称更换答辩人产品系公安机关的命令。所谓“命令”纯属原告杜撰，毫无事实根据。

1.1997年9月18日，市公安局指挥中心在“验收以来金融报警情况总结”中，对于29起误报中属于系统故障的6起，认定为原告方的责任，要求进行检查和进一步改进，否则将采取一定惩罚措施。某副局长批示，“限期解决，不然采取措施”。这就是原告所谓的公安机关的“命令”。然而，从该总结和批示中，根本看不到公安机关命令原告必须将答辩人提供产品予以拆换的“命令”。检查和改进之含义非常清楚，当然是在原有设备和原有系统的基础上进行检查和进一步改进，与更换设备和更换系统之概念完全不同。原告以此作为拆换答辩人产品的根据，实为借口，不能成立。

2.在原告于1997年11月27日提出的“分析与改进方案”中，原告提出将答辩人提供的报警控制器（主板）更换为美国某公司的产品，这完全是原告单方的行为，正好证明原告乘公安机关提出改进的要求之际，借改进设备、改进系统之名，行更换设备、更换系统之实。原告的这种将公安机关的改进演变成原告的更换的行为，答辩人当然不予认可和接受。

3.在1997年12月17日市局某处和技防办的“关于对城区金融网改进完善的请示”中，虽然基本同意原告的改进方案，但明确提出新的改进方案：第一必须符合《委托设计任务书》，第二必须由某处和技防办再次组织验收。同时，该批示的第1条明确指出“在满足《委托设计任务书》规定的前提下，系统改进完善是承建公司的义务”。这进一步证明，原告的改进方案，包括更换设备的方案的提出，均为原告的企业行为，完全不是公安机关的政府行为，公安机关只是初步同意方案，但前提是必须符合技术标准和进行重新验收。同时，该“请示”也证明，原有答辩人的产品是经检测符合技术标准的，同时也经过正式验收的。另外，1998年3月，公安机关针对原告在实施改进方案中出现的严重问题，命令其立即停止所有改进工作，也证明原告更换答辩人产品不仅属企业行为，而且该行为引发了更严重的问题。

这里，必须提出，答辩人同类产品在某几个郊区县的报警系统中至今运行正常，用户反映良好。这也证明，原告更换答辩人产品，不是基于该产品存在严重质量问题，不能使用，而是原告另有所图。

旁白

把一项原本对自己这方不利的事实，说成并非不利的事实或者与案件无关的事实，而且，说得跟真的一样——无论世人如何评价律师，律师还真得要有这种功夫。

二、产品技术鉴定问题

本来，解决产品质量争议的有效途径之一，就是委托专门技术机关，根据有关技术标准对产品质量进行鉴定。而在本案中，由于原告的不报经有关部门检测，不通知答辩人到场的单方擅自拆换行为，已使产品质量鉴定无法实施。

1.原告根本不具有报警联网系统的专门技术，却擅自对系统主要设备进行拆换，故对答辩人设备的不当拆卸和损坏是难免的，这必然导致鉴定对象无法鉴定的后果。

2.答辩人的设备不是新装设备，而是已实际使用了9个月至11个月的设备，且因安装原因、用户使用原因、环境因素、原告不当检修等因素，必然给鉴定带来困难。

3.答辩人认为，如法庭认为鉴定仍有必要，则可以对答辩人的现有同类设备进行鉴定，或对答辩人在远郊区县报警系统中同期安装使用，至今正常运行的同类设备进行鉴定。总之，对原告擅自拆除的我方设备进行鉴定，已无法达到客观性和科学性，答辩人不能接受。

此呈

某中级人民法院

答辩人：某电子公司

旁白

一个人认为自己健康，但如果他参加体检，难免会被查出这样那样的毛病。同理，一个制造商认为自己的产品合格，但如果进行鉴定，难免会被找出这样那样的毛病，更何况产品因为有毛病已经打起了官司。因此，制造方的律师当然要想方设法阻止这种鉴定。

专业的演绎

正文

关于设备质量问题的补充答辩（一审）

答辩人：某电子公司

答辩人就原告某通信公司《某通信公司对某电子公司提供设备质量问题

的说明》中所提三项设备质量问题理由，分别答辩如下：

一、原告称我方提供的产品没有检验合格证书，没有按照国家标准进行鉴定检验和质量一致性检验。这种无视公安部专门机构《检验报告》的理由完全不能成立

1997年4月18日，公安部安全与警用电子产品质量检测中心检验我方产品——×型报警控制器的检验依据之一，正是国家标准——《GB12663—90防盗报警控制器通用技术条件》。《检验报告》显示，依据国家标准所检各个项目均全部合格。该中心的检验是依据国家标准规定的技术要求、试验方法和检验规则进行的。就检验规则而言，该中心将鉴定检验和质量一致性检验合二为一，进行一次性检验，即就鉴定检验而言，该次检验就是在我方产品已完成设计定型和生产定型后进行的鉴定检验。同时，因检验的样机为我方提供原告正在安装中的产品中的四台，故该中心也将此次检验作为质量一致性检验。原告对该中心对国家标准中的检验规则的执行有异议，我方无须为该中心多加辩护，原告应当对公安部提出意见。但是，据此否定《检验报告》，针对我方产品提出质量异议，是毫无道理的。至于原告在公安部的证明我方产品经检验合格的《检验报告》面前，仍然坚称我方产品没有检验合格证书，我方试问：我方的这种产品除了取得公安部的检验合格证明外，还应取得哪个部门的检验合格证书？

旁白

世人对律师有各种各样的消极评价，最主要的是诡辩。这对律师是不冤的——没有律师不诡辩。不过，诡辩只能是不得已而为之的辩术，而且不能露骨，得用相关证据掩饰。

——上文中主张本案产品检验是将鉴定检验和质量一致性检验合二为一的检验，这是诡辩吗？如果是，后面两段对相关事实的强调，就是掩饰。

需要强调的是，1997年8月15日，公安部安全与警用电子产品质量检测中心受市公安局和市人行委托对报警联网系统进行检测，正是依据国家标准规定的检验规则，再次对我方产品进行的质量一致性检验，即B组抽样检验（检验结论所列举的系统功能、技术指标、干扰试验和安全性试验等主要是针对作为系统“心脏”的我方产品报警控制器的检验）。原告称，此次检验是对紧急报警联网系统的检验，而不是对设备（报警控制器）的检验，这即是说，对人体系统功能的全面检查，与心脏功能的检查无关——不堪一驳！

还须强调的是，1997年8月22日，由公安部、市公安局、人行等组成的验收委员会，作出的验收结论认为：“该系统能够做到科学、可靠、合理、实用，符合我国国情，从设计上达到了我国同行业的先进水平”（“设计”当然主要是针对系统的核心设备——报警控制器而言的）。这一验收结论当然是对我方产品合格的再次有力的证明。原告对此有两点意见，一者“该文件只是意见书”，二者“只对系统的使用和作用做出肯定”。也即是说，一者验收意见书应为验收证明书或验收书，不该加“意见”二字（从未听说）；二者对人体系统的肯定，与对人体心脏的肯定无关——也不堪一驳。

二、原告所称“可靠性要求”问题，即无故障工作时间不得低于20000小时，并不能否定我方产品的质量

在国家标准和委托设计任务书中确有此项可靠性要求的规定。但是，早在1996年9月，市公安局鉴于首次组建全市规模的报警联网系统，必然受各种客观条件的限制，故在《某市城区金融单位专用紧急报警联网系统有关问题的说明》（我方证据十六）中，第1条就提出了“系统的可靠性”问题，认为：“……科学地讲，系统开通以后，发生故障在所难免”。第一，公安部检测中心对报警控制器的稳定性、安全性等进行了检验，未检验可靠性（见我方证据八，4月18日《检验报告》）；第二，公安部检验中心对系统的安全性进行试验，也未检验可靠性（见我方证据九，8月15日的《检验报告》）；第三，验收委员会建议：“进一步提高系统的可靠性……减少误报”（见我方证据十，《验收意见书》）。但是，这三个文件共同认定我方的产品和系统合格，达到国内同行业先进水平。原告在接收系统时，对此是完全了解的，当时并无异议。现在有异议，应当向公安部和市公安局提出，不能成为否定我方产品质量的理由——我方不应对政府行为承担责任。

另外，公安部检测中心1997年8月在对安装于其他几个城区，由另一电子安全公司供货的报警控制器进行检验中，同样未做可靠性检验（补充证据一，某电子安全公司《设备检测报告》）。《验收意见书》是针对城区联网系统的，故"提高系统可靠性"的建议同时针对该公司的设备。再者，检测中心对于原告擅自拆换上的美国某安防用品公司防盗控制器的检验也同样未做可靠性检验（补充证据二，美国某公司防盗控制器《检验报告》）。可见，原告所谓我方产品质量的可靠性问题，纯属诉讼借口。

旁白

诡辩是不承认一定的事实而另有说法，辩解是承认一定的事实而另有说法。因此，当承认一定事实就没有出路时，只能诡辩；当承认一定事实尚有出路时，就可以辩解。

——上文中的主张和理由，应当属于辩解。

三、原告以供货为1996年12月，产品检验报告为1997年4月18日为由否定我方产品质量，不能成立

事实上，1996年11月28日，双方签订《设备购销协议书》，根据该协议，我方负责供货并负责调试、开通、参与验收，原告在系统经验收开通后一周内，才付清货款。1997年4月底，城区安装工程结束，5月系统开始试运行，8月22日验收，9月我方将巡检中心移交原告。4月18日的产品检验是在安装期间，8月15日的系统检验是在验收前的试运行阶段。我方在安装期间，将提供原告安装的产品中的四台送公安部检验，怎么能说不是在交付产品时对产品进行了检验？况且市公安局委托公安部对系统的检验，时间更晚，是在验收前夕，原告为何不对此予以指责。再者，双方的这种购销不同于一般购销，公安机关的验收行为最终决定着双方协议约定义务能否完全履行。即如果通过了验收，则原告付清货款，我方将系统完全交付原告；如果最终通不过验收，则原告退货，我方退款。故安装期间的我方委托检验和验收前的公安局的委托检验都无可指责，这两次检验合格和最终的验收合格，都共同证明我方的产品质量合格。

综上，原告对我方产品质量的上述三项异议均不能成立，原告要求退货和赔偿的请求，依法应予驳回。

此呈

某中级人民法院

答辩人：某电子公司

拔高的调门

正文

代理词（一审）

尊敬的审判长、审判员：

作为被告某电子公司的代理人，现就本案事实及我方主张提出如下代理意见。

一、我方提供的产品系经专门机关正式检验和验收的合格产品

某市城区金融单位紧急报警联网系统是由市公安局和市人行共同领导组建的。市公安局和市人行根据有关国家标准先后制定，下达了《某市城区金融单位专用紧急报警联网系统技术性要求》、《某市城区金融单位专用紧急报警联网系统委托设计任务书》和《某市城区金融单位紧急报警联网系统委托设计任务书和技术性要求的补充说明》，这三个文本构成该网络系统的特定设计和技术要求，成为该网络系统产品的特定质量标准。

我方产品×型智能报警电话系统早在1996年8月18日就取得了公安部、邮电部的入网许可，被国家科委推广。我方凭借在该产品基础上研制的联网系统产品，代表原告经过投标、竞标，通过数次答辩及由市公安局技防办、金融处和技防专家组成的现场考评组的严格考评，最终得以中标，使原告被确定为报警网的安装单位，使用我方的系统设备。在安装过程中，公安部安全与警用电子产品质量检测中心及邮电部分别对我方报警控制器产品进行了检测，作出《检测报告》，认为该产品合格。随即，公安部安全与警用电子产品质量检测中心受市公安局和市人行委托对联网系统进行了检测，作出《检测报告》，检验结论是各项系统功能、技术指标等符合某市城区金融单位专用紧急报警联网系统检测大纲的要求。一个星期之后，由公安部、市公安局、市人行、建行、工商行有关人员和大学教授、专家组成的验收委员会对该联网系统进行验收，作出《某市安全防范工程验收意见书》，验收结论认为该系统科学、可靠、合理、实用，符合我国国情。从设计上达到了我国同行业先进水平。且我方的联网系统产品和安防工程依法取得了公安部技术监督证、邮电部入网许可证、市技防办工程管理产品管理许可证。

因此，我方认为，我方的产品经公安部、邮电部的检测合格，且依法取得了“三证”。以该产品为核心组建的联网系统也已正式通过有权机关——公安部、市公安局、市人行的验收，公安部安全与警用电子产品质量检测中心的《检测报告》及专门的验收委员会出具的《验收意见书》是对我方产品质量的完全认可，我方产品质量完全符合联网系统的特定质量标准。离开组建特定联网系统的特定质量标准及有权机关——公安部、市公安局、市人行的检验结论而空谈该特定联网系统的质量毫无法律意义。

二、对系统出现的问题的评价

联网系统在运行中确曾出现过一些故障，但这是否就能说明我方提供的产品存在应当退货的严重问题呢？当然不能。主要理由有两点：其一，该系统是在1995年11月之后，某市连续发生多起抢劫银行网点的特大案件的紧急形势下匆忙上马的。就该系统的联网范围和规模、设计和技术要求而言都是前所未有的，当时国内尚无符合要求的现成产品，只能先提出设计任务书和技术性要求，再通过招标方式确定设计方案，即使产品中标，通过了检验和验收，因受客观因素制约，也不可能在短时间内一步达到完善。因此，《验收意见书》在充分肯定了联网系统的质量、性能、作用之后，建议进一步提高系统可靠性，减少误报。其二，任何系统都不可能由单一部分构成，系统的运行要受设备、安装及外界环境等多种因素的影响。要使整个网络系统运行良好，维护最为重要，甚至超过了系统本身的质量要求，对于电子产品，这一点尤其重要。科技进步是无限的，网络性能的改善和提高也是永无止境的，无论多完备的系统也不可能一步达到完善而无改进余地，更何况这个“没有条件创造条件也要上”的新建网络系统呢！对于这一问题，市公安局和市人行在1996年9月14日的《某市城区金融单位专用紧急报警联网系统有关问题的说明》中就已多次指出，本系统的组建受社会治安形势、政策、经济发展水平等各方面因素的影响，带有这一时期的特点，所以系统开通以后，发生故障在所难免。

综上，我们认为，受社会治安形势所迫，公安机关强制要求限期组建的紧急报警网在运行过程中出现问题是正常的，也是专门机关事先已充分估计到的情况，而网络运行中的维护更是提高网络的可靠性的生命线。报警系统出现故障的原因可能在于设备，更大的可能在于维护，原告方本身没有足够的技术力量，连投标、中标都是由我公司出人员、出技术、出产品、做演示、做答辩，怎么可能对系统进行确实有效的维护呢？把系统故障认定为产品质量问题似乎过于简单、草率了。否则，同样由我方产品组成，由我方单独维护的某几个远郊区县的报警网为何没像原告所说的出现各种质量问题而必须拆换？反而得到市公安局的认可和用户的称赞呢？

三、关于公安机关限期整改问题

针对报警系统出现的几起误报警，鉴于安防产品仓促上马的客观情况，公安机关指示作为网络承建者、租赁经营者的原告限期改进，但公安机关从未以有权机关的身份要求原告方拆换所谓存在严重质量问题的设备，更换所谓其他合格产品。公安机关要求的整改只是提高网络性能，并且在批示中明确指出“在满足《委托设计任务书》规定的前提下，系统改进完善是承建公司的义务”。至于整改的具体措施则是原告的企业行为，公安机关只要验收把关，而不必干预企业具体细节。换句话说，换与不换是企业的自由，即使是完美的产品，企业自己愿意更换，公安机关也同样不会反对。但任何人都无权以企业行为否定有权机关所作的正式检验和验收。

四、新的鉴定和公安机关对我方产品质量、性能的最终肯定

1999年1月13日，由市公安局安全技术防范管理办公室申请，市科委组织有关专家对我公司研究开发的某市金融单位紧急报警联网系统进行了科技成果鉴定，鉴定委员会出具《科学技术成果鉴定证书》（鉴字［1998］第×号），鉴定委员会一致认为“该项目提供的系统产品和所实施的示范工程经公安部、邮电部、市检测机构检测合格，质量符合国家规范要求和设计要求”。鉴定委员会认为该系统“在技术上达到了国际先进（部分指标达到了国际领先）、国内同行业领先水平”，“该系统先进、可靠、经济、实用，符合我国国情”。本次科技成果鉴定的申请单位是市公安局技防办，鉴定的范围、对象不是对原告更换后的新产品再进行检测，而是对原有的系统产品进行的专家鉴定，重点是城区金融报警联网系统，又补充了我公司承建的以某区为代表的远郊区县金融报警联网系统，鉴定的依据仍是《某市城区金融单位紧急报警联网系统检测大纲》和《检测报告》及《某市城区金融单位紧急报警联网系统验收意见书》，另外增加了对我公司承建的某远郊区县报警联网系统的《检测报告》及《验收意见书》。目前，市公安局以这次鉴定结论为依据，已向市科委申报科技进步一等奖，这说明公安机关1997年8月对由我公司提供产品并参与组建的城区金融报警联网系统的产品质量是完全肯定，而且评价很高的。进一步证明，当时对产品、系统的检测、验收是正式、有效的。

在这次鉴定会后，公安部安全技术防范管理办公室于1999年1月18日向市公安局党委并局长发来了贺信，祝贺市金融单位紧急报警联网系统全面建成并通过鉴定，局长也批示建议表彰有功人员。这是公安部对最终通过鉴定的我公司产品质量、性能的认定，是专门机关对产品质量的最终确认。

《科学技术成果鉴定证书》及公安部的贺信完全肯定了我方产品的质量性能是满足《委托设计任务书》和《技术性要求》，经正式检测和验收的合格产品。不仅合格，而且公安机关还认为该产品技术先进，能够达到科技进步一等奖的获奖水平。市局技防办申请进行的科技成果鉴定的鉴定结论是对原告所提产品质量不合格的主张的有力批驳，而公安部对鉴定结果的认可全面否定了原告所谓“市公安局命令更换”的说法，这两份书证是对本案两个主要争议问题的最后回答，是定案的决定性根据。

旁白

中国特色的诉讼环境造就了中国特色的诉讼观念——当诉讼中出现了对自己这方有利的政治因素时，应当紧紧抓住，充分运用。你的目的就是合法地打赢你的官司，至于这种政治因素是好是坏，不去管它！

——打官司前，我方的产品被公安局限期整改，被原告方拆除；打官司中，已经没有了我方产品的紧急报警系统居然取得了《科学技术成果鉴定证书》——肯定不能鉴定现系统中的美国产品。于是，又是要申报科技进步一等奖，又是公安部向市公安局发贺信，又是要表彰有功人员，真是不亦乐乎！——中国的事情真奇妙！管它呢！我得利用这件事，因为中国的法院认这个。

综上所述，我方认为本案事实清楚，我方产品完全达到公安机关对金融报警联网系统的特定技术要求，通过了公安机关的检验和验收，质量合格。在系统全面建成之后，市局技防办委托市科委组织的科技成果鉴定再一次确认我方产品质量不仅合格，且已达到国际先进水平，公安部对此也做出了结论性的肯定评价。根据以上事实和有关证据，恳请法庭依法判决驳回原告的诉讼请求，保护我方的合法权益。

谢谢！

居中的评断

判决

一审判决

某中级人民法院经审理认为，本案原、被告所签《设备购销协议》合法有效，双方应严格履行。

关于购销合同项下的货款总额，被告关于原告未付清全额货款的主张因证据不足，不能成立。法院采信原告主张，即货款总额为1,737,382元。

关于原告主张的被告产品未进行鉴定检验及质量一致性检验，没有检验合格证一节，原告应在被告提供产品及设备安装后一段合理时间内提出异议，而事实是原告接受了被告的产品，将该产品用于报警系统并通过了验收，而且使用至1997年12月。故对原告该项主张不予支持。

关于原告的所谓不可靠性质量问题，因（一）原告承认判断质量问题的标准是委托设计任务书；（二）1997年8月22日，《某市安全防范工程验收意见书》写明验收的基本依据是委托设计任务书、系统检测报告及设备检验报告等文件；（三）该验收意见书之验收结果表明系统前端设备经检测合格，工程质量符合国家规范要求和设计要求；（四）该验收意见建议进一步提高系统的可靠性，减少误报，而未提及可靠性不合格的意见；（五）原告撤换被告的产品前未通知被告，即购销协议双方未就是否存在质量问题达成一致意见，且法院无法取得设备未换前或换之时的质量鉴定意见；（六）原告起诉后一直坚持“被告的产品无检验合格证，谈不到鉴定问题”的意见，即不主张将所谓存在质量问题的设备送交鉴定，至2000年原告改变态度要求鉴定时，距离撤换设备的时间已长达二年之久。故在法院无法取得所谓质量问题的进一步鉴定意见的情况下，无法支持原告质量问题的主张。

根据原被告所签订的设备购销协议的规定，被告须向原告提供符合设计要求的产品，负责系统的调试、开通，并参与系统的验收。被告对设备保修3

年，3年内设备出现质量问题，由被告负责维修，超过保修期或使用不当造成的问题，被告提供有偿维修。根据验收意见书，被告提供的设备符合规定的设计要求，不构成违约。原告未履行保修条款即撤换设备，责任自负。综上，根据《中华人民共和国经济合同法》第6条之规定[1]，判决驳回原告的诉讼请求。

旁白

美国的律师要是在法庭上说错了话，那可不得了，可能会因此输掉官司。在中国，律师要是在法庭上或文书中说错了话，没什么了不起，纠正就得了，肯定不至于输掉官司。但是，如果坚持了一种错误的诉讼主张，采取了一种错误的诉讼步骤，那么，就可能丧失改正的机会，从而输掉官司。

——原告方律师在诉讼之初或许受到原告的“无证产品无须鉴定”意见的左右，未能说服原告及时申请鉴定，此乃原告的重大失误。

坚忍的抗争

背景

某通信公司的上诉意见

某通信公司不服一审判决，提起上诉。请求撤销一审判决，判令某电子公司赔偿509套报警控制器的货款计844,940元。其理由是：

1.一审判决书以无法取得所谓质量问题的进一步鉴定意见为由，不支持上诉人所提产品存在质量问题的主张，缺乏事实根据。

（1）被上诉人提供的产品“报警控制器”未进行鉴定检验、质量一致性检验，也无检验合格证，违反了《中华人民共和国产品质量法》的规定，不能销售。故一审判决以上诉人接受被上诉人的产品，在合理期间内未提异议并且

[1] 该法已于1999年10月1日被《合同法》废止。该条规定与《合同法》第8条的规定一致。

使用至1997年12月为由不支持上诉人关于质量问题的主张于法无据；

(2) 大量证据证明“报警控制器”不符合规定的设计要求，可靠性指标达不到MBTF≥20000小时的要求，不符合有关强制性规定；

(3) 某市安全防范工程验收意见书的记载说明，仅对施工工程进行了验收，而未对前端设备进行验收；

(4) 一审判决书所称上诉人2000年提出对“报警控制器”进行鉴定距撤换设备已达两年之久之说，不能证明对撤换下的设备无法进行鉴定，能否鉴定应由鉴定机关决定。

2.一审判决书对上诉人未履行保修条款即撤换设备，责任应自负的认定，因与事实不符，不能成立。事实是，被上诉人未履行保修条款，且修后仍达不到规定的要求。撤换设备的原因是被上诉人提供的产品不符合要求，且撤换设备不是上诉人自己决定的，而是在市公安局限期整改并批准整改方案后，为了保证整个报警系统安全、可靠而采取的必要措施。

旁白

上诉打二审的目的，就是为了翻案。如果不能提出新的抗辩意见，而只是重复已经被一审判决逐一驳斥的一审意见，通常很难翻案。

轻松的应对

正文

民事答辩状（二审）

答辩人：某电子公司

答辩人就上诉人某通信公司之《上诉状》提出如下答辩意见：

答辩人认为，某中级人民法院（1998）中经初字第×号《民事判决书》认定事实清楚，适用法律准确。上诉人的上诉请求缺乏事实根据及法律依据，故答辩人请求二审法院依法驳回上诉人的上诉请求，维持原判。

一、上诉人称答辩人提供的产品没有检验合格证书，没有按照国家标准进行鉴定检验和质量一致性检验，这种无视公安部专门机构《检验报告》的理由完全不能成立，答辩人提供的产品系经专门机关正式检验和验收的合格产品

某市城区金融单位紧急报警联网系统是由市公安局和市人行共同组织组建的。市公安局和市人行根据有关国家标准先后制定、下达了《某市城区金融单位专用紧急报警联网系统技术性要求》、《某市城区金融单位专用紧急报警联网系统委托设计任务书》和《某市城区金融单位紧急报警联网系统委托设计任务书和技术性要求的补充说明》，这三个文本构成该网络系统的特定设计和技术要求，成为该网络系统产品的特定质量标准。

我方产品×型智能报警电话系统早在1996年8月18日就取得公安部、邮电部的入网许可，被国家科委推广。我方凭借在该产品基础上研制的联网系统产品，代表原告经过投标、竞标，通过数次答辩及由市公安局技防办、金融处和技防专家组成的现场考评组的严格考评，最终得以中标，使原告被确定为报警网的安装单位，使用我方的系统设备。1997年4月18日，公安部安全与警用电子产品质量检测中心检验答辩人产品——报警控制器的检验依据之一，正是国家标准——《GB12663—90防盗报警控制器通用技术条件》。《检验报告》显示，依据国家标准所检各个项目均全部合格。该中心的检验是依据国家标准规定的技术要求、试验方法和检验规则进行的。就检验规则而言，该中心将鉴定检验和质量一致性检验合二为一，进行一次性检验，即就鉴定检验而言，该次检验就是在答辩人方产品已完成设计定型和生产定型后进行的鉴定检验，同时，因检验的样机为答辩人提供上诉人正在安装产品中的四台，故该中心也将此次检验作为质量一致性检验。上诉人对于该中心对国家标准中的检验规则的执行有异议，答辩人无须为该中心多加辩护，上诉人应当对公安部提出意见。但是，据此否定《检验报告》，针对我方产品提出质量异议，是毫无道理的。

至于原告在公安部的证明答辩人产品经检验合格的《检验报告》面前，仍然坚称我方产品没有检验合格证书，我方试问：我方的这种产品除了取得公安部的检验合格证明外，还应取得哪个部门的检验合格证书？

需要强调的是，1997年8月15日，公安部安全与警用电子产品质量检测中心受市公安局和市人行委托对报警联网系统进行检测，正是依据国家标准规定的检验规则，再次对我方产品进行的质量一致性检验，即B组抽样检验（检验结论所列举的系统功能、技术指标、干扰试验和安全性试验等主要是针对作为系统“心脏”的我方产品报警控制器的检验）。

因此，我方产品经公安部、邮电部的检测合格，依法取得了“三证”，以该产品为核心组建的联网系统也正式通过有权机关——公安部、市公安局、市人行的验收，《检测报告》及《验收意见书》是对我方产品质量的完全认可，我方产品质量完全符合联网系统的特定质量标准。离开组建特定联网系统的特定质量标准及有权机关——公安部、市公安局、市人行的检验结论而空谈该特定联网系统的质量毫无法律意义。

二、上诉人所称可靠性要求问题不能否定我方产品的质量

在国家标准和委托设计任务书中确有此项可靠性要求的规定。但是，早在1996年9月，市公安局鉴于首次组建全市规模的报警联网系统，必然受各种客观条件的限制，故在《某市城区金融单位专用紧急报警联网系统有关问题的说明》中，第1条就提出了“系统的可靠性”问题，认为：“……科学地讲，系统开通以后，发生故障在所难免。”第一，公安部检测中心对报警控制器的稳定性、安全性等进行了检验，未检验可靠性（见4月18日《检测报告》）；第二，公安部检验中心对系统的安全性进行试验，也未检验可靠性（见8月15日的《检验报告》）；第三，验收委员会建议：“进一步提高系统的可靠性，……减少误报。”（见《验收意见书》）但是，这三个文件共同认定我方的产品和系统合格，达到国内同行为先进水平。原告在接收系统时，对此是完全了解的，当时并无异议。现在有异议，应当向公安部和市公安局提出，不能成立否定我方产品质量的理由——我方不应对政府行为承担责任。

另外，公安部检测中心1997年8月在另外几区某电子安全公司的报警控制器进行检验中，同样未做可靠性检验（我方一审补充证据一，某电子安全公司《设备检测报告》）。《验收意见书》是针对城区联网系统的，故“提高系统可靠性”的建议同时针对该公司的设备。再者，检测中心对于原告擅自拆换上的美国某公司防盗控制器的检验也同样未做可靠性检验（我方一审补充证据二，美国某公司防盗控制器《检验报告》）。可见，原告所谓产品质量的可靠性问题，纯属诉讼借口。

三、一审判决书认为上诉人提出鉴定主张之时，距离撤换设备的时间已长达二年之久，法院无法取得所谓质量问题的进一步鉴定意见，故不支持上诉人关于质量问题的主张是正确的

本来，解决产品质量争议的有效途径之一，就是委托专门技术机关，根据有关技术标准对产品质量进行鉴定。而在本案中，由于上诉人的不报经有关部门检测，不通知答辩人到场的单方擅自拆换行为，已使产品质量鉴定成为不可能。原因有三：一为上诉人根本不具有报警联网系统的专门技术，却擅自对系统主要设备进行拆换，故对答辩人设备的不当拆卸和损坏是难免的，这必然导致鉴定对象无法鉴定的后果；二为上诉人擅自拆下的设备由上诉人保管，电子设备的存放需要适当的温度、干燥、无尘、无静电等严格的环境条件，上诉人既然擅自拆下答辩人产品并更换了其他公司的产品，其对答辩人产品的保管条件不得而知，难以保证鉴定对象与拆换前性能相同；三为答辩人的设备不是新装设备，而是已实际使用了9个月至11个月的设备，且因安装原因、用户使用原因、环境因素、原告不当检修等因素，必然给鉴定带来困难。总之，对上诉擅自拆除的我方设备进行鉴定，已无法达到客观性和科学性，法院对此的认定正确。

四、关于上诉人所称公安机关限期整改问题

1997年9月18日，市公安局指挥中心在“验收以来金融报警情况总结”中，对于29起误报中属于系统故障的6起，认定为原告方的责任，要求进行检查和进一步改造，否则将采取一定惩罚措施。某副局长批示“限期解决，不然采取措施”。然而，从该总结和批示中，根本看不到公安机关命令原告必须将答辩人提供产品予以拆换的“命令”。检查和改进之含义非常清楚，当然是在原有设备和原有系统的基础上进行检查和进一步改进，与更换设备的概念完全不同。原告以此作为拆换答辩人产品的根据，实为借口，不能成立。

在上诉人于1997年11月27日提出的“分析与改进方案”中，原告提出将答辩人提供的报警控制器更换为美国某安防用品公司的产品，这完全是原告单方的行为，正好证明原告乘公安机关提出改进的要求之际，借改进设备、改进系统之名，行更换设备、更换系统之实。原告的这种将公安机关的改进演变成上诉人的更换行为，答辩人当然不予认可。

在1997年12月17日市局某处和技防办的“关于对城区金融网改进完善的请示”中，虽然基本同意原告的改进方案，但明确提出的新的改进方案第一必须符合《委托设计任务书》，第二必须由该处和技防办再次组织验收。同时，该批示的第1条明确指出“在满足《委托设计任务书》规定的前提下，系统改进完善是承建公司的义务”。这进一步证明，原告的改进方案，包括更换设备的方案的提出，均为原告的企业行为，完全不是公安机关的政府行为，公安机关只是初步同意方案，但前提是必须符合技术标准和进行重新验收。同时，该“请示”也证明，原有答辩人的产品是经检测符合技术标准的，同时也经过正式验收的。另外，1998年3月，公安机关针对原告实施改进方案中出现的严重问题，命令其立即停止所有改进工作，也证明上诉人更换答辩人产品不仅属企业行为，而且该行为引发了更严重的问题。这里，必须提出，答辩人同类产品在几个远郊区县的报警系统中至今运行正常，用户反映良好。这也证明，原告更换答辩人产品，不是基于该产品存在严重质量问题，不能使用，而是原告另有所图。

五、对系统出现的问题的评价

联网系统在运行中确曾出现过一些故障，但这是否就能说明我方提供的产品存在应当退货的严重问题呢？当然不能。主要理由有二点：其一，该系统是在1995年11月之后，某市连续发生多起抢劫银行网点的特大案件的紧急形势下匆忙上马的，就该系统的联网范围和规模、设计和技术要求而言都是前所未有的，当时国内尚无符合要求的现成产品，只能先提出设计任务书和技术性要求，再通过招标方式确定设计方案，即使产品中标，通过了检验和验收，因受客观因素制约，也不可能在短时间内一步达到完善。因此，《验收意见书》在充分肯定了联网系统的质量、性能、作用之后，建议进一步提高系统可靠性，减少误报。其二，任何系统都不可能由单一部分构成，系统的运行要受设备、安装及外界环境等多种因素的影响。要使整个网络系统运行良好，维护最为重要。科技进步是无限的，网络性能的改善和提高也是永无止境的，无论多完备的系统也不可能一步达到完善而无改进余地，更何况这个“没有条件创造条件也要上”的新建网络系统呢！对于这一问题，市公安局和市人行在1996年9月14日的《某市城区金融单位专用紧急报警联网系统有关问题的说明》中就已多次指出，本系统的组建受社会治安形势、政策、经济发展水平等各方面因素的影响，带有这一时期的特点，所以系统开通以后，发生故障在所难免。

因此，我们认为，受社会治安形势所迫，公安机关强制要求限期组建的紧急报警网在运行过程中出现问题是正常的，也是专门机关事先已充分估计到的情况，而网络运行中的维护更是提高网络的可靠性的生命线。报警系统出现故障的原因可能在于设备，更大的可能在于维护，原告方本身没有足够的技术力量，连投标、中标都是由我公司出人员、出技术、出产品、做演示、做答辩，怎么可能对系统进行确实有效的维护呢？把系统故障认定为产品质量问题似乎过于简单、草率了。否则，同样由我方产品组成，由我方单独维护的几个远郊区县的报警网为何没像上诉人所说的出现各种质量问题而必须拆换？反而得到市公安局的认可和用户的称赞呢？

综上，答辩人认为我方产品完全达到公安机关对金融报警联网系统的特定技术要求，通过了公安机关的检验和验收，质量合格。且在系统全面建成之后，市局技防办委托市科委组织的科技成果鉴定再一次确认我方产品质量不仅合格，且已达到国际先进水平，公安部对此也做出了结论性的肯定评价。一审判决驳回上诉人的诉讼请求事实充分，证据确凿，恳请二审法院驳回上诉人的上诉请求，维持一审判决，保护答辩人的合法权益。

此呈

某高级人民法院

答辩人：某电子公司

旁白

即使对方的上诉意见并无新意，也得认认真真地答辩——如果缺乏有效的防御，原本并无创意的进攻有时也能得手。

可知的终局

判决

二审判决

某高级人民法院经审理认为，某通信公司与某电子公司签订的《设备购销协议书》有效，双方均应按协议履行合同义务。

关于被上诉人产品是否属不能销售的产品问题，在《某市城区金融单位专用紧急报警联网系统项目投标书》中，上诉人用以投标的产品就是被上诉人的产品，并附有邮电部入网许可证，公安部入网许可证，且在该产品安装、使用期间，上诉人未提出这方面的异议，并使之通过了系统验收。此后某电子公司的联网系统产品和安防工程也依法取得“三证”。故某通信公司关于产品属不能销售产品的上诉理由不成立，法院不予支持。

关于产品是否存在质量问题，公安部安全与警用电子产品质量控制中心出具的公检第970072号《检验报告》和国家电话机质量监督检验中心出具的第970702号《检验报告》均认为该产品符合设计标准和国家标准，质量合格。公安部安全与警用电子产品质量检测中心出具的公检第970171号《某市城区金融单位专用紧急报警联网系统检验报告》和《某市安全防范工程验收意见书》也认为该产品整个系统符合设计要求，验收合格。故不支持上诉人关于质量问题的主张。

关于上诉人擅自更换前端设备应承担的责任问题，上诉人未按保修条款保修，擅自撤换设备，责任应自负。虽然，上诉人撤换设备是按照公安部门的要求进行的，但这是其作为投标人的义务，不能作为其擅自撤换设备的抗辩理由。

关于撤换下来的产品是否还可以进行鉴定的问题，由于上诉人擅自撤换设备，未通知对方共同对撤换下来的产品进行封存，且在原审相当长的审理期间内也未提出鉴定请求，造成目前鉴定的困难，被上诉人对进行鉴定也表示反对。在产品使用中，被上诉人的前端设备也在进行不断的升级换代，现上诉人要求以其擅自撤换的设备进行鉴定，显属不当。故法院对上诉人的鉴定请求不予支持。

二审法院依据《中华人民共和国民事诉讼法》第153条第一款第（一）项之规定，判决驳回上诉，维持原判。

尾声

培根说：人生如同道路，最近的捷径通常是最坏的路。

复杂案件，尤其是涉及科学技术等专门性问题的复杂案件，律师必须沉下心来学习相关知识，不仅要成为案件法律问题的专家，而且要成为案件专门性问题的行家。走捷径，图省事，是办不了这类案子的。

思考

1.读者肯定看得出，某通信公司的代理律师为了打好官司，学习并掌握了报警联网系统和警用电子产品检测等方面的专门知识。不过，智者千虑，必有一失。某通信公司在一审诉讼之初就应当向法院申请鉴定，而不应迟延到近两年后。那么，如果该公司及时申请鉴定，法院也同意实施鉴定，案件的命运会不会发生大的转变？

2.按照国家标准，鉴定检验和质量一致性检验是两种性质不同的检验，故鉴定检验肯定不能取代质量一致性检验。那么，我代理某电子公司提出的所谓本案产品检验是将鉴定检验和质量一致性检验合二为一的检验的主张，是否具有诡辩的成分？

3.如果对本案进行深层次的考量，就应当看出本案所包含的政治因素，而这也是影响本案命运的因素之一。市公安局和市人行领导鉴于市区连续发生抢劫银行事件，匆匆决策组建金融单位专用紧急报警联网系统。从招标到系统开通试运行，仅用了半年多时间。我方的报警控制器虽经公安部检测中心检验合格，紧急报警联网系统虽也经检验和验收，但系统开通后便频繁出现死机、误报警问题。市公安局迫于金融单位安全等方面的压力，下令限期整改。某通信公司上报含有拆换我方设备内容的改进方案，市公安局亦批准。最耐人寻味的是，在双方正在为此打官司的诉讼期间，市公安局和市科委有关部门竟然对我方开发的，但我方设备已被拆除的某市金融单位紧急报警系统进行了科技成果鉴定，鉴定委员会出具的《科学技术成果鉴定证书》对我方设备进行了充分肯定，且市公安局以此次鉴定为依据，向市科委申报科技进步一等奖。公安部有关部门因此向市公安局发出了贺信，市公安局局长建议表彰有功人员。而《科学技术成果鉴定证书》

和公安部有关部门致市公安局的贺信以及局长的批示，又成为我方新的有力证据。虽然市公安局并未直接过问本案的诉讼，但上述新证据对法院是有影响力的。

试想，当案件的争议问题涉及到政治因素，亦即涉及有关部门领导的形象工程和政治业绩时，法律问题能不复杂化吗？政治因素能不影响法律吗？

课 题

试论产品质量纠纷案的标准、检验和鉴定三大要素 论文

鉴定检验与质量一致性检验不可“合二为一” 文章

从个案看涉及领导“形象工程”讼案的法律与政治较量 文章

漫谈律师“一专多能” 文章

心路

巧得很，接案时新疆的朋友来了，3年后结案时，那位朋友又来京了。陪他游颐和园坐在长廊休息时，他问到此案，我豪迈地说彻底赢了，他说真够累的。而此刻，气势磅礴的万寿山，碧波荡漾的昆明湖，倒映水面的十七孔桥，还有那远处犹如翠绿飘带的西堤，顿时变得那样新鲜，又一次令我沉迷……

要　目

- 愧对期待
- 春季播种
- 夏季耕作
- 秋季收获

产品质量纠纷是买卖合同纠纷中相对复杂，且易成为疑难案件的纠纷类型。

本案即为典型的买卖合同纠纷疑难案件。以下几个表面性的数字，即可反映出本案的疑难：其一，从一审法院1998年4月受理此案起，至二审法院2001年11月作出终审判决止，诉讼期间长达3年半之久；其二，我在一、二审期间写了约三万字的诉讼文书（本案“讼途”中仅选录了约一万五千多字）；其三，一审判决书和二审判决书的字数均在一万字以上。

产品质量纠纷之难点往往在于案件涉及专门性问题，亦即涉及某个领域的专业知识和技术。这就要求代理此类案件的律师除当然应具备一定的法律专业水平和诉讼经验外，还必须自接受委托后，即潜心学习案件所涉领域的专业知识，并将法律专业知识、诉讼经验与所学的案件专业知识结合起来，从而在案件所涉专门性问题的认识上高过自己的委托人，高过对方的专业技术人员及律师，最终提出具有案件专业知识水平的、有分量的代理意见。

其实，不仅仅是法官、检察官、警察、律师需要了解或掌握所办案件涉及的某个领域的专业知识，其他许多行业的专业人员同样需要了解或掌握从业中所涉及的、自己专业外的专业知识。如演员虽说他在电影学院学的是表演专业，但如果他要演律师、除了要体验律师生活外，还需要了解一些法律知识。新闻院系毕业的学生将奔赴各个行业口。做航天口的记者，应当懂得一些火箭系统和飞船系统的知识，以及火箭发射和飞船运行的常识。做体育口的记者，应当掌握其所报道的体育项目的知识和规则。写到这，我想起报上登的一则体育比赛解说“乌龙”。说是央视著名体育解说员在解说世界田径锦标赛铁饼比赛时说：现在的体育运动技术更新很快，过去我们看到的铁饼比赛中，运动员都是先下蹲，然后半转体，而现在我们看到，高水平的运动员已经普遍采用了旋转的姿势，还要旋转好几圈……一旁担任转播顾问的教练终于忍无可忍，客气地插嘴：掷铁饼一直就是旋转身体的，您说的下蹲半转体那是铅球吧？

将法律专业知识、诉讼经验与所学案件专业知识结合起来，就能在案件所涉专门性问题的认识上高过拥有专业水平的自己的委托人，为什么？让一位演员在体验了律师生活，学习了法律知识后演律师，肯定比一位律师所演的律师更“像”律师。这就如同让斯大林演斯大林肯定不如特型演员演的斯大林更“像”斯大林一样，拥有专业水平的委托人对于案件专门性问题的认识肯定不如具备法律专业水平和诉讼经验，同时掌握了案件专业知识的律师。而律师只有高过委托人，才能为委托人提供真实、有效的法律服务，由此才能获得生存和发展条件。

其他案件的“心路”序言都很精练，本案“心路”的序言显然长了。不过，也确实是我办理本案的感言。

在叙述办案心路之前，我会时而写一段与案件无关的短文。这些短文主题各异，显现着一个律师的生活和心态。至于我想表达什么，读者朋友自会明白。

愧对期待

2006年年底，京城喜降头一场大雪。这时，我接到了中国法制出版社编辑周文娟小姐（社科院毕业的法学硕士）发来短信：博士，约稿已逾两年，何以不见音讯？

2004年年底，周文娟编辑了《刑事诉讼法论文选萃》一书。因该书从我的专著《刑事诉讼构造论》中选编了“刑事诉讼构造的基本类型及评价”一章，于是我们相识了。经她征得社长和总编的同意，正式向我约稿，即特约出版本书。然而，两年过去了，我仍然没能交稿。

我回复了一条过长的短信：文娟，谢谢关心和督促！写书原本只想对自己10年律师职业生涯作个小结，然写着写着却写出了对中国法学教育和青年律师的责任。时常想到，威尔·杜兰夫妇耗40年光阴与心血完成划时代巨著《世界文明史》、阿诺德·汤因比用50余年时间完成《历史研究》。于是，不断告诫自己沉下心来，故祈望理解与等待。

今年3月底，春暖花开时节，我约我的硕士同学、华夏出版社副社长幺志龙见面，征求他对已完成初稿的本书一二卷的意见。一见面，老幺就说：老李，你写东西也忒慢了吧！咱们说这事儿是2003年吧？都4年了，你是不是光忙着挣钱了，书要到猴年马月才出啊！

2003年4月，同学吴平从外地来京，我和老幺等同学去看他。在友谊宾馆吴平的房间，大家叙旧聊天。或许是因为吴平此次来京是为了办理案件（他在大学教书，同时是兼职律师），加之他在京城做律师的哥哥吴允也在场，聊着聊着，大家的话题集中在了律师职业上。这个话题，最易使我成为“话痨”。于是，我讲了一系列大家也认为挺经典的我办案的故事，其中，很多事例颇有“拨开迷雾见太阳”的感觉。最后，读大学和硕士时就立志图书编辑的老幺——在我所有同学中几乎只有他凭自己的爱好选择了职业，建议我将自己的诉讼历程写成书。

当天晚上，我彻夜未眠。次日便开始了资料整理工作。至2004年年底周文娟代表出版社约稿时，书稿已完成了二十多万字。原计划2006年年底交稿，但当年6月已完成六十多万字时，却发现一本书已无法容下计划写作的内容。于是，一本书变成了三本书，交稿时间也只能推迟。

这会儿，望着老幺笑出的一脸褶子——他读书时就这老样，我也笑出一脸褶子——我年轻时比他更老相。我说：嗨！我做律师只能挣个仨瓜俩枣的，也叫挣钱？整个儿穷忙！这些年我还真的按计划经常通宵赶写，第二天上午关了手机睡大觉，业务上的事再急也只能等我中午起床了再说。弄得朋友们和合作圈里的人都知道我在写书。有人埋怨我放着正事不做，这年头写什么书啊！有人觉得我是中年危机，想借出书出名。但是，多数朋友认为我能写出高质量的东西，等着要书；有的朋友索要已完稿的部分章节，说是先睹为快。不过，说句实话，我的心可能真的有些老了，因为对于反面的、正面的信息，我都无动于衷。依然我行我素，按自己不断调整的计划，慢慢写着、改着；按自己不断涌出的新想法，慢慢设计着、提升着。一句话，我不满意，就不出版。

（补记：基于综合考虑，我最终将本书交由法律出版社出版。在此再次感谢中国法制出版社原社长祝立明先生和原编辑周文娟女士！虽提前作过解释，但还是愧对你们了……）

春季播种

我对春天的体验似乎取决于我的年龄和春天里我正做着什么。记得教书时，特别是教中学时，一到春天真可谓满面春风，满眼春光。而读硕士、博士的六年里，则满身春寒、满心春愁，后来做了律师，则眼不见春色，心不知春意。我想，等我老了，会不会春晨迎春晖，春宵候春雨？

1998年的4月，只知天暖和了，不用开车里的暖风了。那天上午正在路上，助理来电话说昨晚同学聚会，一同学说起某电子公司为一件产品质量纠纷案件正在选择律师，好像还没有最后定，问我可否与该公司联系，争取一下。我说：就按咱们的“老三步”做（“老三步”是我们参与案件代理律师竞争的三步做法，即第一步争取拿到案件材料，第二步写出法律意见书或案件分析报告，第三步争取面谈或面试机会）。

下午，正在办公室与我的故乡新疆来的朋友神聊，助理来电话让我马上去某电子公司见总经理。通常，对业务上的急事，朋友们都能理解。但是，不少新疆朋友却未必。朋友不等我解释完，便起身说声：那你忙吧。转身就要走。我忙说晚上可能脱不了身，明天咱们一起喝酒。朋友却说再说吧。

某电子公司的总经理是清华毕业的博士，湖南人，三十多岁。他听我说话时，眼神透着思索，像大学的青年教师；他说话时，表达直接明确，又像是机关处级干部；而他轻松说笑时，则活脱脱一个在校博士生。总之，他不像商人，也不像儒商。

然而，简单寒暄后，我便感到我对他的初步印象是表面化的。话题很快转到案件上后，他一不给我看某通信公司的诉状和证据材料，二不给我介绍案情，而是首先提出问题。他说：我没有打过官司，不懂。我想问问，你们律师一般打产品质量纠纷的官司，都是什么思路？做专职律师三年以来，我仅打过一单涉及产品质量的官司，且并不很复杂，因而直接经验是不够的。不过，我一向认为以自己是否具有直接经验来判断自己能否做某件事的人，是笨人；善于学习和运用间接经验的人才可称得上聪明人，即所谓秀才不出门方知天下事。对于产品质量纠纷，我是有间接经验积累的。于是，我不假思索地说：要说诉讼思路，简单地说，就是三段论。第一是标准，也就是争议的产品或设备在质量标准上是否有国家标准，部委标准或行业标准；第二是检验，也就是产品或设备是否经检验部门按质量标准进行检验或检测，是否有检验合格的《检验报告》或检验合格证；第三是鉴定，出了质量问题的产品或设备在诉讼前是否经有权鉴定机构按照质量标准进行鉴定，或者在诉讼中鉴定机构将会做出何种鉴定结论。标准、检验、鉴定这三条才是纲，其余双方争辩的所有问题统统都是目，毛泽东学古人说，纲举目张。

看来，我的第一道题回答及格了。总经理说：你说了诉讼思路，我听明白了。现在你说说律师打产品质量纠纷的官司，应该有怎样的策略？我说：诉讼策略问题要看律师是站在供方还是需方哪一边（《合同法》施行之前，尚不称卖方、买方）。他说：你就说供方吧。我说：对于出售产品或设备的供方律师来说，其诉讼策略只能是力图持久战，一步步地提出答辩意见或代理意见，在强力抗辩的同时，有意识地将案件复杂化和疑难化。法官在质量问题的认定上左右为难之时，就是供方看到胜诉曙光之日。而作为需方及其律师，漫长的诉讼势必影响其斗志，相应地也减轻了供方及其律师的诉讼压力。在这一点上，英美律师的诉讼策略观是对的，时间就是胜诉。

总经理虽点头称是，但始终未对我所说的诉讼思路和诉讼策略作任何评价。谈话半小时就结束了。

走出公司，助理说：原想今天挺顺利，三步并成一步走，居然连第一步都没迈出来（拿到材料，写出意见，争取面谈三步，通过今天的面谈本可以并成一步，即面谈，看材料，谈意见。谁想连材料也没看到，当然也就没有谈对案件的看法）。我则忙着给新疆朋友打电话，安排晚上的饭局。

晚上，一见到朋友，他就当着其他朋友的面问：生意谈成了没有？我答：没定。他说：什么狗屁老板，没定叫你去干啥？也没给咨询费吧？肯定是混卷子的货（新疆汉族普通话，意为混饭吃，卷子应为花卷。在此意为老板骗我免费咨询）。你大小也是个博士，在新疆是别人求你（我在新疆教法律时也办案件），到了北京是你求别人。让我看，在这里当孙子，不如回新疆当爷爷。我笑着说：说得好！哪天我混不下去了，肯定回新疆。白天让人求着，晚上哥儿几个喝着，还是当爷好!

大家正满脸通红地划着拳，我的手机响了，是某电子公司总经理从办公室打来的。他先说他的案子不大而且挺难，问我能不能在时间和精力上保障一直帮他打下去。在我答复能够保障后，他约我明天上午到公司谈委托合同和拿案件材料（次日见面时他告诉我，下午我走后，他们一直在开会研究选聘律师的事，因而没请我吃饭）。

我的新疆朋友又有话说，他说：怎么样？我说的没错吧？下次老板没有定的话，你根本就不要去，他会更急。而且呢，你刚才答应他明天见面干啥？要是我，就说明天都安排满了，后天再说。这样他才知道我的章程大（这里的章程在新疆意指本事），谈起价钱才好办。

我常对我所的年轻律师说：小成靠智，大成靠德。就中国大陆地域文化而言，我崇尚广东文化中的德为先、礼为上的价值观念。因而，朋友们不符合我价值观念的说法，不仅影响不了我，反且会被我作为一面镜子，用以审视自己。

次日，当我看到某通信公司的诉状和证据材料时，我才意识到这个案子的难度。

由于本案紧急报警联网系统是在某市连续发生多起抢劫银行网点的特大案件的紧急形势下匆匆上马的，由于国内尚无符合要求的设备和系统，某电子公司短期内在报警电话系统的基础上研制出的紧急报警联网系统，虽经公安部、邮电部检测合格，并经验收委员会正式验收，但确实属于初级报警联网系统，在试运行期间和正式运行之后，确实出现了种种质量问题。例如，根据某市公安局指挥中心的统计，仅1997年3月至5月中旬，某电子公司提供的某区报警联网系统就发生了6起因系统故障的误报警。再如，自9月8日系统通过验收到9月17日不到10天里，全市共发生的7起因系统故障的误报，其中，6起发生在某电子公司提供系统的4个区里（另4个区的系统是其他公司的）。应该说，误报警的后果不仅使警方频繁出动警员和紧急警备车，造成政府人力和财力的浪费，更为严重的是久而久之难免造成“狼来了”的效应，使银行劫匪有可乘之机。当然，警方全副武装频繁扑向并围住银行分理处等公共场所，难免影响市民们的正常活动（我一直不明白，某通信公司为什么在诉讼中始终不强调这一点）。某通信公司不仅举出近200份有某电子公司人员签字的系统故障维修工程单，而且举出了很有分量的数份公安局及分局指挥中心关于系统误报的书面材料。

总经理不断对我强调，这个官司的输赢不是几百万的事，关系到公司的生存和发展。如果官司败了，公司则可能退出刚拓展出的紧急报警联网系统的市场。不仅这几年在该系统的研发和制造上的投入白费了，而且以报警电话系统起家的公司今后将难以为继。

案件的判决结果如果会给委托人带来超过案件本身的严重影响，那么案件的代理律师则必将承受巨大的压力。通常，对于这种关系委托人重大利益且委托人希望值很高的案件，如果有难度而无胜诉把握，则律师不宜轻易接受委托。但是，这一切对我来说都晚了，我已用自己的行为使自己丧失了选择的权利——是我们找公司的，不是公司找我们的，而且昨晚我已答应了总经理。

在向总经理及相关人员一一核实了包括案件时间线索在内的一系列事实情况后，我提了几个问题。

第一个问题是，某通信公司擅自拆卸的系统核心设备报警控制器，能否进行鉴定？如鉴定，从专业角度估计鉴定结论会怎样？他们一致认为因某通信公司系非专业公司，拆卸难免造成设备损坏，不能进行鉴定。至于法院如决定鉴定，则对鉴定结论毫无把握。

第二个问题是，对于某通信公司拆卸设备，公安局是否知道？或者是否经公安局指令或批准。总经理说：据他了解公安局知道，他认为公安局不可能指令或批准（审理期间，某通信公司举证证明了公安局的批准）。

第三个问题是，我认为法院为认定质量问题，最终要么决定鉴定，要么征求公安局的意见（公安局主持系统的招标并组织系统验收）。因而，如法院到公安局调取书面意见或作调查笔录，公安机关会是什么意见？总经理一边记录，一边肯定地说公安机关不会否定设备的质量，只会说存在问题。

最后，我提出，针对某通信公司目前的诉状和证据，我需要六大类证据材料。第一类，国家关于报警装置的技术标准和该系统特定的质量标准；第二类，我方设备的历次《检验报告》和系统的验收证明；第三类，设备质量问题所有的材料和对质量问题的统计分析说明（公司尚未做这项工作，我提议立即进行。次日交给我的统计是，线路板出现故障的计28个网点——经换板全部正常，占全部508个网点的5.5%。这一数据在日后的法庭上受到法官的重视）；第四类，系统验收前后我方所有的维护、维修工程单以及向对方提供升级换代的线路板（主板）的出库单；第五类，双方之间所有的往来函件；第六类，公安局及其分局对该系统质量问题的所有书面材料。

下午，经我建议，总经理安排公司的专业技术人员对我和协助我工作的两名助理讲解并演示了电话报警系统和报警联网系统。

因公司选择律师耽误了答辩时间，自接触案件材料到答辩期满，只有3天时间了。因而我只得在接受委托的第二天即通宵赶写《答辩状》。我将我方的大量证据组合成十六种计二百多页的证据体系（不包括另二百多页的维护工程单）。掌握了所有证据，理清了思路，写《答辩状》也就顺利多了。我将《答辩状》的重点放在四个问题上：一、本案产品质量有特定的设计和技术要求；二、本案产品经过专门机关检验和验收；三、答辩人依约进行了真实、有效的售后服务；四、原告对答辩人产品质量的指责不能成立。有意识地回避某通信公司并未提出的公安机关的意见问题和产品的鉴定问题。

总经理对《答辩状》非常满意，兴奋到像小青年那样跟我击掌以示决心。虽说写完《答辩状》，我已对案件树立了信心，但此时我清醒地知道，这案子够难的。

这个春季，我播下了这个案子的种子，虽说春天里并不能最终知道能不能长成和收获，但俗话说得好，播下种子就是播下了希望。

夏季耕作

夏天是我最喜欢的季节。为什么？很简单，我喜欢艳阳高照的天空和一片苍绿的大地。我感觉，春季有点躁，秋季有点愁，冬季有点惨。少年时，刚上小学就逢“文革”，时常逃学的我，夏天里不是光屁股游泳，就是抱本大人的书在树荫下看。中学时，有点孤傲的我夏天常常独自在林带里拉小提琴和朗读海涅的诗。教中学时，以文学青年自居的我，整个夏天的傍晚，总是静坐在学校旁的鱼池边。读硕士、博士时，常常漫步在学校东门外的小月河畔、古城墙遗址旁，享受着夏季的傍晚。而做律师后，虽然忙到常常注意不到四季的交替，但偶尔在夏夜里仰望满天星光，便会想起故乡新疆，想起那青春时的仲夏夜……

1998年的夏季，这个并不大的案子占了我不少时间。而且，因某通信公司在起诉后，陆续举出新的证据和提出新的主张，着实让我尝到了做某电子公司代理人的苦头。

因双方书证数量太多，某通信公司二百多页，我方四百多页，而且诉讼主张针锋相对，全无调解余地，故本案合议庭未能像一般案件那样及时正式开庭审理，至6月中旬才组织双方开了旨在核对双方证据的预备庭（民诉法并未规定“预备庭”的程序，这是审判实践中针对复杂案件的做法。可以避免正式庭审可能出现的连续数天开庭的情况）。这次预备庭后，某通信公司提出了新的证据和主张。

某通信公司的新证据旨在证明其更换我方产品是根据市公安局限期整改的命令而进行的。新证据主要为四份。一是1997年9月18日市公安局指挥中心《验收以来金融报警情况总结》，主要内容是指出紧急报警系统验收后仅10天时间里，涉及某通信公司因系统故障而误报警的事件就有6起，提出了某通信公司必须对报警设备进行检查和进一步改进的要求。公安局副局长在该总结上签署意见：“……限期解决，不然采取措施。”二是9月22日某市公安局经济保卫处和安全技术防范管理办公室的《通知》。主要内容为通知某通信公司就目前系统存在的问题尽快拿出解决方案，并于1997年10月20日前将解决方案报市公安局。三是1997年11月27日某通信公司的《关于某市城四区金融单位专用紧急报警联网系统的分析与改进方案》。其中，“改进目标”中有“更换前端控制板，彻底解决设备不稳定的问题”内容（即更换某电子公司的报警控制器主板）。四是1997年12月17日市公安局十处和安全技术防范管理办公室致副局长《关于对城八区金融网改进完善的请示》。主要内容为：1.在满足《委托设计任务书》规定的前提下，系统的改进完善是承建公司的义务；2.新的改进方案基本符合《委托设计任务书》的规定。

我带着这些书证去某电子公司见总经理，听取意见。总经理仔细看完后说：他们（指公安局）怎么这么草率就批准了？这下就不好办了。见我若有所思地抽烟，本不抽烟的他向我要了支烟，皱着眉，撅着嘴，吸一小口，吐一小口。

半晌，他才操着带有湖南味的京腔问我：你有招儿吗？咱们的案子不会没戏了吧？我笑着说：不至于吧！其实，拿到证据后我一直在琢磨抗辩意见和理由，在他办公室里我已理清了思路。因此，我较为有层次地谈了三点我方的答辩意见。第一，公安局的文件是"要求进行检查和进一步改进"，根本不是命令更换设备和系统。检查和改进的含义非常清楚，当然是在原有设备和系统的基础上进行检查和进一步改进，与更换设备和系统之概念完全不同。第二，对方在分析与改进方案中利用公安机关提出改进要求之际，借改进设备和系统之名，行更换设备和系统之实。第三，公安机关在报副局长的请示中明确指出"系统改进完善是承建公司的义务"。这充分证明，更换设备方案的提出，完全是对方的企业行为，并不是公安机关的政府行为。

总经理听完后，立即从沙发上起身，坐到桌前说：你再说一遍，我记下来。我说：不用，明天我就把《补充答辩状》交给你。他却固执地说：我还是先记下来。害得我又得逐字逐句地给他再说一遍（两个博士，都够呆的）。

另外，我提示他，在预备庭上审判长曾询问对方是否申请鉴定，对方未明确表态，我方应在《补充答辩状》中明确表示不同意鉴定。主要理由应为三条，第一，对方根本不具有报警联网系统的专门技术，却擅自对系统主要设备进行拆换，故对设备的不当拆卸和损坏是难免的，这必然导致鉴定对象无法鉴定的后果；第二，我方的设备不是新装设备，已实际使用近1年，且因安装原因、用户使用原因、环境因素、对方不当检修等因素，必然给鉴定带来困难；第三，如法院认为鉴定仍有必要，可对我方现有同类设备进行鉴定，或对我方在远郊区县同期安装使用，至今仍正常运行的同类设备进行鉴定。

总经理又向我要烟抽，这会儿不是犯愁，是兴奋。他又呈现出在校博士生的那种一根筋的模样，执意要晚上请我喝酒。我说：你会喝酒吗？拉倒吧！

晚上我还得写《补充答辩状》呢（他根本不会喝酒。官司前后打了三年半，从来没有跟他喝过一次酒）。

应对完对方提出的新证据，不久，对方又向法庭提交了《某通信公司对某电子公司提供设备质量问题的说明》。这份文书非常专业，很有针对性，很厉害，对我方来说，无疑是一颗重磅炸弹。

该说明分为三部分。一、被告（我方）提供的产品未进行鉴定检验和质量一致性检验。主要理由是，国家标准《防盗报警控制器通用技术条件》中检验规则规定检验分为鉴定检验和质量一致性检验。鉴定检验规定在设计定型和生产定型时均应进行检验，当主要设计、工艺、材料及元器件（零部件）更换后或停产后恢复生产时亦应进行鉴定检验，而被告提供的产品在设计定型、生产定型及元器件（本案中为报警控制器主板）更换后均未进行鉴定检验。质量一致性检验规定A、B、C、D组检验，其中A组为交付产品时全数检验（小批量），B组为交付产品时抽样检验，而被告向原告交付产品时也未做该项检验。到目前为止也未提供当时的检验合格证。《产品质量法》第7条明确规定："产品质量应当检验合格，不得以不合格产品冒充合格产品"。[1]被告提供产品时未进行检验，就是以不合格产品冒充合格产品。二、被告提供的产品未进行可靠性检验，未达到可靠性要求。主要理由是，《委托设计任务书》及《技术性要求的补充说明》对报警设备的技术性要求均有明确规定。可靠性要求报警设备在正常大气条件下和额定电压范围内的平均无故障工作时间（MBTF）不得低于20000小时。国家标准《防盗报警控制器通用技术条件》技术要求中对可靠性明确规定分为A、B、C三级，产品的指标不应低于A级要求。《委托设计任务书》及《技术性要求的补充说明》要求可靠性符合国家标准B级要求20000小时。而被告提供的产品从实际使用中不符合上述要求，频繁出现死机、误报警、更换主板等现象，且提供产品时未向原告说明，违反了《产品质量法》，应由被告对其生产的产品质量负责。三、被告提供设备时未经检验合格，事后的《检验报告》不能作为认定产品质量的证据。主要理由是，被告向原告提供设备的时间为1996年12月，未经检验合格，也未对提供的

[1] 该法于1993年9月1日施行。2009年8月27日修改的《产品质量法》将该条序号变更为第12条。

产品在使用性能的瑕疵做出说明。发生质量问题纠纷后，却提供了一份公安部安全与警用电子产品质量检测中心的《检验报告》，以说明其提供的产品为合格产品。其实，该《检验报告》是1997年4月18日在被告提供产品后所做，因此该《检验报告》不能证明被告提供产品时的质量状况，也不能成为本案的证据。

如果说上次带着对方的新证据去公司见总经理，听取意见是虚，表明已有对策是实的话，那么这次带着对方的质量异议文书去公司见总经理，则听取意见为实了——这会儿我还没辙呢。

总经理看完文书后说：这下子可真麻烦了。他证实了对方文书中的基本事实，即在向对方交付设备时，没有进行鉴定检验和质量一致性检验，当然更没有进行20000小时无故障工作的可靠性检验。交付设备后的1997年4月18日由公安部安全与警用电子产品质量检测中心对报警控制器进行了检验，出具了《检验报告》。8月15日，该检测中心对报警联网系统进行检验，出具了《检验报告》。

我提议能否召集技术人员一起开个会议一议，听听大家的意见，也许会有些启发。总经理一口否决，他指着副总说：我和他都是搞专业的，整个系统都是我们研制的，我们都没办法解释，找别人有什么用。他看出我还没有对策，于是问我：交货后的检验可以作为鉴定检验，但质量一致性检验和20000小时可靠性检验肯定没有做，那么法院会不会因此接受对方的主张，说咱们的设备是未经检验，不符合质量标准的不合格产品？我答：有可能。但法院也会有为难的地方，这就是，其一，对方在接受咱们的设备后一直没有对设备未进行有关检验提出异议；其二，交付后确实做了报警控制器检验和报警联网系统检验；其三，咱们的设备通过了最终的验收。但是，未经有关检验绝对不能成为对方冲破我方防线的突破口，咱们必须强有力地防御，强有力地反击。否则，法院也会认为未经有关检验是我方的诉讼“软肋”。我回去好好琢磨琢磨，一定要想办法拿出有力的对策来。

回到办公室，我悉心研读国家标准《防盗报警控制器通用技术条件》中规定的鉴定检验和质量一致性检验，反复琢磨两种检验的技术要求，试验方法和检验规则，并同时分析交货后4月18日《检验报告》所做检验的试验方法和检验规则，刻意为我方未做质量一致性检验寻找解释出路。看着，想着，一支烟一支烟地抽着，猛地想出了抗辩主张。于是，理清思路后便记下要点：公安部检测中心的检验是依据国家标准规定的技术要求、试验方法和检验规则进行的。就检验规则而言，该中心将鉴定检验和质量一致性检验合二为一，进行一次性检验。即就鉴定检验而言，该次检验就是在我方产品已完成设计定型和生产定型后进行的鉴定检验，同时，因检验的样机为我方提供给对方正在安装中的产品中的四台，故该中心也将此次检验作为质量一致性检验，即做了质量一致性检验中B组的抽样检验。

一阵兴奋后，我马上平静了下来，这是不是有点诡辩的意味？会不会说了外行话？于是，我马上给总经理打电话，说明了我的想法后，我让他设法跟公安部检测中心的人咨询一下，这种说法在检测专业上能否成立。

等待电话时，我琢磨起对方文书中比较好对付的交付设备时未检验，检验是在交付后的问题。很快形成了答辩思路：本案设备的交付不同于一般产品的交付，一般产品交付后即可使用，但本案设备在交付后，还需安装、试运行、检测和最终验收。1997年4月底安装工程结束，5月系统开始试运行，8月22日验收，9月我方正式将系统的巡检中心移交对方。4月18日的产品检验是在安装期间，8月15日的系统检验是在验收前的试运行阶段。我方在安装期间，将提供对方安装的产品中的四台送公安部检测中心检验，就这种特殊的产品而言，当然就是在交付产品时对产品进行了检验。

电话铃响了，总经理兴奋地说：我咨询了他们（指检测中心的人员），他们说你说的对。他们因为报警系统限期开通，没办法，对报警控制器只做了一次检验，应该说是鉴定检验。但是，你说的理由，就是四台送检设备都是已交付正在安装中的，他们认可，所以他们同意这次检验也可视为是质量一致性检验。我冷静地说：那你再问问他们，如果法院到他们中心取证，对此问题他们能坚持这个意见吗？

不多会儿，他又打来了电话，依然兴奋地说：他们表示法院如来取证，他们肯定这样答复。接着，他话题一转，问道：你真够神的，我们搞专业的都没有想出来，你怎么想出来的？我说：甭给我戴高帽子了，20000小时的可靠性检验问题我还没有想好呢。

放下电话，我转念一想，我方提供的四个城区的设备未做20000小时可靠性检验，那么，其他公司提供的另四个城区的设备做了这方面的检验吗？再者，对方拆下我方的设备而换上的美国某安防用品公司的设备是否做了这方面的检验？我又给总经理打电话，简单说清想法后，让他设法从检测中心取得其他公司提供给另四个城区设备的《检验报告》和替换我方设备的美国某安防用品公司设备的《检验报告》。虽然不到一小时里让他三次与检测中心联系，但他一点没烦，马上照办。

这次电话回得更快，总经理说经他向负责检验的人员了解，包括我公司在内，其他公司和美国某安防用品公司的设备，全部都没有做20000小时可靠性检验。我告诉他，务必要取得这两家公司设备的《检验报告》，这是我方用于佐证我方产品未做该项检验并非我方责任的有力证据。

接着，我形成了可靠性检验问题的答辩思路：不是我方不做20000小时可靠性检验，而是公安部检测中心不做这项检验，报警联网系统的验收委员会也不要求系统达到20000小时的可靠性。证据是：一、我方证据十六《某市城区金融单位专用紧急报警联网系统有关问题的说明》。该说明第1条就提出了“系统的可靠性”问题，认为“……科学地讲，系统开通以后，发生故障在所难免”。二、我方证据十《验收意见书》。验收委员会在该意见书上建议：“进一步提高系统的可靠性……减少误报。”另外，将其他公司和美国安防用品公司设备的《检验报告》作为补充证据，证明公安部检测中心一概不做20000小时可靠性的检验，对方知道其正在使用中的设备未做这种检验，而以我方设备未做这种检验来否定我方的产品质量，纯属诉讼借口。

对于对方文书中所提出的三个问题均形成稳定的答辩主张和理由后，我写作了《关于设备质量问题的补充答辩》。在其后的诉讼中，我方一直坚持着该文书的主张。本案一审和二审的诉讼实践表明，该文书的分量仅次于我方最初的《答辩状》。

官司打到1998年底，双方的证据越来越多，主张越来越多，案子也显得越来越复杂，乃至当年都没能正式开庭。

1999年1月13日，由市公安局安全技术防范管理办公室申请，市科委组织有关专家对某电子公司研究开发的市金融单位紧急报警联网系统进行了科技成果鉴定，鉴定委员会出具《科学技术成果鉴定证书》，不仅认为某电子公司的系统产品质量合格，而且认为“在技术上达到了国际先进（部分指标达到了国际领先）、国内同行业领先的水平”。市公安局以这次鉴定结论为依据，已向市科委申报科技进步一等奖。这次鉴定后，公安部安全技术防范管理办公室于1999年1月18日向市公安局党委并局长发来了贺信，祝贺市金融单位紧急报警联网系统全面建成并通过鉴定。我将《科学技术成果鉴定证书》和公安部的贺信作为补充证据提交。

1999年的4月，本案合议庭正式开庭审理本案。因此前近一年中曾多次开预备庭核对证据，故此次开庭主要是由双方围绕本案产品质量问题进行辩论。因双方均完全知悉对方的主张和理由，且都做了充分的准备，故此次开庭显得比较程式化。

在整个一审诉讼过程中，某通信公司的律师给我留下了深刻的良好印象。我曾多次对我所的年轻律师提到过他，要大家向他学习，学习他兢兢业业，勤勤恳恳，彬彬有礼。

秋季收获

其实，一审判决是2000年冬季作出的。那么，我怎么说“秋季收获”呢？不是因为不便说“冬季收获”，而是确实在这年的秋季，我已确信我方会胜诉的，也就是说，经过春季播种和夏季耕作，到了秋季已看到茁壮的庄稼和累累的果实。

一审判决约一万七千余字，详尽地陈述了双方的证据和质证情况，并就双方争议的主要问题作出了明确的认定。这份判决书充分显示出审判长扎实的法律专业功底和丰富的司法实践经验以及娴熟的司法文书写作技巧。当然，更重要的是彰显了其法律良知。

或许是因为官司打得太久了，或许是因为已知胜券在握了，总之，总经理听到我通知的一审判决结果时，没什么大的反应。当我告诉他对方有可能上诉时，他竟然说：愿意上就上呗，反正我没空跟他们玩了。我也不好再说什么了，只得继续低头独自享受判决书的文字。助理问：他没提见见面？我答：不仅没有，而且没兴趣再说这事了。于是，两位助理又说起了做律师的无奈和失落……

当我通知总经理对方已提出上诉时，总经理问：我们能不能不理睬他们？我答：可以，可以不参与二审，那么法院会缺席审理和缺席判决。问：结果会怎样？答：不知道。他叹着气说：打官司真麻烦，没完没了。他此时早已完全忘了最初我跟他说的“持久战”诉讼策略了。当然，我不能提醒他。

我继续代理某电子公司进行二审。某通信公司换了律师，但在上诉状中未提出新的证据和新的主张。因而，我的二审《答辩状》也无新意，只是将一审的《答辩状》、《补充答辩状》、《关于设备质量问题的补充答辩》及《代理词》的各项主张和理由进行整合而已。

二审开庭后，到了秋季，根据每年年终法院结案的规定，我想案子年底能结，而且会维持原判。

2001年11月中旬，二审判决下来了。判决结果——维持原判，本在意料之中，让我有些吃惊的是，判决书洋洋洒洒万言以上，又显示出二审审判长的法律水平。心中不禁暗自感叹，代理这个案子的运气真好，遇到了两位高素质、高水平的女法官。

虽然，官司打了三年半，把总经理打疲了，后来都不爱搭理我了，二审中甚至完全不管了，但我能理解他。正处在不断创业和蓬勃发展中的他，怎么能在几年中没完没了地关注过去的陈年老账呢！因而可以说他对我最初的重视和后来的忽视，乃至最后的无视，都是他真实的表现，在事理上也是合理的。

后来，我们成了朋友。他的公事、私事，凡涉及法律的，他都会找我。再后来，我做了他公司的常年法律顾问。因公司法律事务不多，做了两年我主动提出不做了，有事他仍然会找我。

有意思，助理在饭桌上听到的一个信息，居然让我有了这个案子漫长、艰难、成功的诉讼历程，也让我交了一个操着带着湖南味京腔的朋友。另外，让我结识了对方一审的那位朴实的律师，也让我领略了两位女法官的风采。当然，此刻我想，更重要的是，这一切是有价值的，可以写成文字。

巧得很，正如本文开篇所述，接案时新疆的朋友来了，3年后结案时，那位朋友又来京了。陪他游颐和园坐在长廊休息时，他问到此案，我豪迈地说彻底赢了，他说真够累的。而此刻，气势磅礴的万寿山，碧波荡漾的昆明湖，倒映水面的十七孔桥，还有那远处犹如翠绿飘带的西堤，顿时变得那样新鲜，又一次令我沉迷……

黎明

杯中茶味淡，
笔下意气浓。
犹驱半空雾，
将迎满天红。

第二章

蜿蜒的机智与挺拔的思想

——买卖合同纠纷中的合同变更与权利丧失

海涅说：机智纠结在思想上，尽管有它的弱点，终于因此而达到一个开朗的高处。当然，如果没有这个思想支柱，就连那丰富的机智也是不能长大的；就像葡萄树因缺乏支架而不得不匍匐在地，并终于和它的珍贵的果实一样烂掉。（《论德国宗教与哲学的历史》）

在本案中，双方先签的协议约定增值税退款优惠由对方享受，后签的合同对此未作约定。对方依据协议起诉我方，要求我方退还增值税。在一审中，我“机智”地主张，协议并未盖章，故未生效。但当一审判决支持了我的主张后，我心虚了：协议虽未盖章，但我方已实际履行——事后追认。于是，在二审中我提出了合同将协议的委托代理关系变更为购销（买卖）关系的、具有扎实事实基础的“思想”，终促使二审法院支持了我新的主张，获得最终胜诉。

人们知道，海涅是世界级的大诗人，但世人并非皆知，他曾获得过法学博士学位。本案的历程又一次证明海涅的精辟论断：思想是挺拔的大树，机智是蜿蜒的藤条。有了支柱，藤条能够开花结果；离了支柱，藤条就会伏地烂掉。

导言

1.在本案中，原告某光缆公司（对方）与被告某电气进出口公司（我方）先后签订了《合作协议》和《合同》（下称协议和合同）。协议约定由对方享受材料进口关税的免税优惠和增值税退税优惠，合同则只约定由对方享受材料进口关税的免税优惠，未约定增值税退税优惠由对方享受还是我方享受。因此，是依据协议还是依据合同来确定增值税退税优惠的享受主体，亦即对方或我方到底哪方应享受增值税退税优惠，为本案的争议焦点。

2.在一审中，作为诉讼策略，我方主张协议未加盖双方法人公章，故未成立，其法律意义仍为双方合作之意向。但是，当一审法院的判决居然支持了我方的这一策略性主张后，我心虚了，遂于二审中将我方的诉讼主张的重点放在承认协议有效，但合同变更了协议之上。（《合同法》实施前最高人民法院《关于在审理经济合同纠纷案件中具体适用〈经济合同法〉的若干问题的解答》第1条第三项规定："合同签订人未持委托单位出具的任何授权委托证明签订合同的，如果委托单位未予盖章，合同不能成立，责任由签订人自负；如果委托单位已经开始履行，应视为对合同签订人的行为已予追认，因而对该项合同应当承担责任，需要继续履行的应当补办盖章等手续。"《合同法》第48条规定："行为人没有代理权、超越代理权或者代理权终止后以被代理人名义订立的合同，未经被代理人追认，对被代理人不发生效力，由行为人承担责任。"本案协议双方已实际履行，故依《合同法》，应认定被代理人已追认。）

3.本案的精彩之处在于，经一审实践，在二审中我提出了新的、颇具说服力的主张，即合同将协议的委托代理关系变更为买卖关系，获得二审全面支持，最终取得了完胜。

因此，本案也反映出诉讼中的实践、认识、再实践、再认识的认识过程和认识规律。

4.在二审中，我收集并举出原、被告双方以往合作的合同和履行凭证，以旁证佐证本案的合同将协议的委托代理关系变更为买卖关系，终使二审法院对我方的主张深信不疑。这一举证和论证技巧，也值得读者借鉴。

5.本案所涉《出口货物退（免）税管理办法》并未直接规定只有中标人才能成为出口退税的享有人，非中标人在法律上无权享受出口退税。然而，我依据该规章关于申报退税的程序性规定，概括出或者说是解释出上述对我方有利的结论，从而使一审法院接受，二审法院未提异议。这一法律适用技巧，也是值得读者注意的。

要　　目

- 坚定的诉求
- 蜿蜒的机智
- 显见的漏洞
- 精确的揭示
- 挺拔的思想
- 高超的裁判

序曲

无论打仗、比武、比赛，唯有与高手对阵，才能精彩。诉讼也是一样，遇到高水平的律师、法官，才能激发你的斗志，激活你的智慧，从而打出一场漂亮的官司。

某电气进出口公司因税款纠纷案被某光缆公司起诉至某中级人民法院，被告某电气进出口公司委托我作为其代理人。我于诉讼中分别向法院提交了下列一审答辩状、一审代理词、二审答辩状。

坚定的诉求

背景

某光缆公司的起诉意见

某光缆公司诉称，1993年10月13日，原告与被告签订了一份《合作协议》（下称《协议》），委托被告以被告自己的名义参加某通讯项目的投标活动。《协议》明确约定：如被告中标，材料进口关税及合同国内退税优惠由原告享有，被告需协助原告办理有关退税手续。1994年10月27日，被告中标。同年11月1日，原告与被告签订了《光缆产品购销合同》（下称《合同》）。双方认真履行了该《合同》，不存在任何异议。但被告未协助原告办理退税手续，使原告本应享有的退税优惠无法得到实现。故请求人民法院判令被告赔偿原告增值税损失，并偿付违约金，承担诉讼费用。

旁白

军事指挥者要打一场战役，他首先必须清楚这场战役的难易程度——战争史上因对战役的艰难性估计不足而惨败的战例是屡见不鲜的。诉讼也是一样，律师首先必须准确判断自己所办案件是简单案件，还是复杂案件——把简单案件复杂化，会无谓地走弯路，费周折，但可怕的是把复杂案件简单化，这是案子越打越难，甚至不可收拾地败诉的常见原因。

蜿蜒的机智

正文

民事答辩状（一审）

答辩人：某电气进出口公司

现就原告某光缆有限公司诉答辩人之诉讼请求和诉讼理由答辩如下。

答辩人认为，原告之诉讼请求缺乏合同根据和有关退税之行政规章依据，不能成立。理由如下：

一、原告诉讼请求缺乏合同根据

原告请求判令答辩人赔偿增值税损失和违约金之所谓合同根据，为双方代表1993年10月13日签字而未加盖双方法人公章的《协议》（原告证据一）。原告在诉状“事实与理由”第一段中着重强调了该《协议》第5条的约定，即“进口关税及合同国内退税优惠政策将由甲方（原告方——答辩人注）享受，乙方须协助办理有关退税手续”。原告在诉状“事实与理由”第二段中叙述了1994年11月1日经双方代表签字并加盖双方法人公章的《合同》（原告证据三），但是，原告却只字不提该《合同》中有关本案争议焦点的内容，即第3条的约定：“材料进口关税的免税优惠将由乙方（原告——答辩人注）享受。”

本案争议所涉及合同为上述一份《协议》和一份《合同》，双方再无其他书面约定。原告在诉状中强调《协议》内容，规避《合同》内容，仅是因为《合同》中并无原告享受合同国内增值税退税的条款。

第一，《协议》并未生效。在1993年10月双方此次合作之初，答辩人代表为了增强原告光缆产品竞标实力，在《协议》中同意材料进口关税和合同国内退税优惠由原告享受。但是，对该《协议》内容，答辩人当时就持异议。故签署《协议》时，答辩人未加盖法人公章，原告也未加盖法人公章。因此，在法律上，该《协议》因主体均为法人却未加盖公章，非属法人行为而并未生效，其法律意义仅为双方合作之意向。

第二，双方已签《合同》合法、有效。双方在此次合作中，经加盖双方法人公章而正签的合同，唯有1994年11月11日之《合同》，故该《合同》为本案唯一合同证据。1994年10月27日，经答辩人一年的竞标努力，终于获得了中标证明书（原告证据二），基于中标证明书有关本合同金额的约定和《出口货物退（免）税管理办法》的规定，在双方正签《合同》时，答辩人明确提出，材料进口关税的免税优惠由原告享受，但合同国内增值税退税优惠由答辩人享受。原告明确承诺答辩人之要约，并在《合同》第3条中只约定“材料进口关税的免税优惠将由乙方享受”，删除了原意向性《协议》第5条关于合同国内退税优惠由原告享受，答辩人须协助办理有关退税手续的约定。

第三，退一步讲，假设原意向性《协议》有效，因后签有效《合同》对原《协议》有关退税优惠条款予以变更，原《协议》在此问题上的约定也依然失去其有效性，仍然不能成为原告诉讼请求的合同根据。因为，在原《协议》与后签《合同》在同类条款上有不同约定的情况下，在法律上，后签合同之效力即取代原合同效力，也就是说原《协议》条款因后签《合同》的变更性条款的存在而丧失其效力。

第四，倘若原告以《合同》虽未约定原告享受国内增值税退税优惠，但也未约定由答辩人享受之由，否认答辩人享受的合法性（后述），在民事诉讼上，也是不成立的。根据民事诉讼举证责任规则，“谁主张，谁举证”，原告提出赔偿增值税损失之诉讼请求，起码必须向法庭举出应得增值税退税的合同证据。否则，就应承担败诉风险。

第五，从此次贸易方式和利润情况上看，答辩人享受退税优惠是公平合理的。中标证明书载明，答辩人与某国际招标公司的合同金额是3,714,614.00美元（答辩人卖出），而《合同》约定，答辩人与原告的合同金额则是3,721,778.43美元（答辩人买入），显然，答辩人是高买低卖，如果不享受增值税退税，答辩人便不仅毫无利润，而且亏本。反观原告，因答辩人中标，使其产品得以销售，自然当有利润，况且因答辩人中标利用了世行贷款，原告又依规定，在答辩人的协助下，取得了材料进口关税的免税优惠，实已得到双重利益。因此，原告再试图通过诉讼，得到增值税退税，使答辩人一番苦心努力，终落得利人害己，这从贸易上看，也是不公平合理的。

旁 白

作为诉讼策略，提出貌似合理但并不成立的诉讼主张，有时是能够蒙混过关的。但是，千万不能把诉讼的宝押在策略上，因为这种属于诉讼"机智"的东西通常是靠不住的——除非你确实没别的招儿了。

——上述《答辩状》中"《协议》并未生效"之主张是不成立的。

二、原告诉讼请求缺乏法律依据

原告在诉状"事实与理由"第三段中，所适用的行政规章为国家税务总局［1995］014号文件，并同时提交了《出口货物退（免）税管理办法》（原告所举规章，以下简称《管理办法》）。[1]但原告除引用014号文件退税的有效期限规定外，只字未提本案争议处理之规章根据，即《管理办法》关于增值税退税享有人的具体规定。原告提出行政规章，却又不具体适用规章条文阐述己方诉讼请求的法律依据，是因为规章中没有原告应享受退税的条文，原告的诉讼请求本无法律依据。相反，规章具体、明确地规定作为中标人的答辩人有权享受退税，为增值税退税享有人。

[1] 该管理办法已于2012年7月1日被废止。

第一，行政规章《管理办法》第2条规定：“下列企业的货物特准退还或免征增值税和消费税：……（四）利用国际金融组织或外国政府贷款采取国际招标方式由国内企业中标销售的机电产品、建筑材料。”第18条各款均规定增值税退税申报人即享有人均为中标人。第二款规定：“……如中标人为外贸企业（即答辩人——答辩人注），则还应提供中标人与供货企业（即原告——答辩人注）签订的收购合同（协议）。”第三款规定：“……（生产企业中标的，应征消费税在生产环节免征）。”上述一系列规定，表明四层含义：①第2条第四款“利用国际金融组织或外国政府贷款”之规定表明，必须是上述特定贷款的利用人，才能成为退税的享有人。②第2条第四款“由国内企业中标销售的机电产品、建筑材料”之规定表明，必须是成为中标人的国内企业销售机电产品，才能成为退税享有人；③第18条第二款关于“中标人为外贸企业”和“供货企业”两个不同概念的规定表明，如果中标人是外贸企业，则外贸企业享受退税，供货企业不享受；④第18条第三款“生产企业中标的”之规定表明，如果生产企业成为中标人，也有权享受退税。

第二，原告不是中标人，为供货企业，无权享受增值税退税；答辩人为特定贷款的利用人、中标人和机电产品的销售人，依法有权享受增值税退税。①原告以自己的名义参加投标的四包，一包未中，而答辩人以自己的名义投标的三包，中了一包，为该标的中标人；②由于答辩人成功中标，顺利地利用了世行贷款成为特定贷款的利用人，而利用特定贷款为享受出口货物增值税退税的法定条件；③答辩人与原告签订并履行了光缆（机电产品）购销合同，并将该产品卖给某招标公司，符合规章规定的国内企业中标销售机电产品。

综上所述，原告之诉讼请求确无合同根据和法律依据。据此，答辩人诚恳建议原告依据《民事诉讼法》第131条之规定，向法院申请撤诉，使双方均免受诉累。如果原告不接受答辩人建议，执意继续诉讼，答辩人则请求法庭根据本案事实和行政规章的规定，判决驳回原告的诉讼请求。同时，答辩人因应诉已遭受经济损失，故保留对原告提起反诉的诉权。

此呈

某中级人民法院

答辩人：某电气进出口公司

正文

代理词（一审）

尊敬的审判长、审判员：

作为被告方的代理人，根据法庭调查阶段查明的事实和适用本案的法律依据，提出如下代理意见。

一、本案法律依据明确，我方为法定增值税退税享有人

原告方在诉状和法庭调查中反复声称，原告要求返还出口退税有所谓法律依据，并向法庭提交了《出口货物退（免）税管理办法》和国家税务总局《关于利用外国政府或国际金融组织贷款采用国际招标方式国内中标的机电产品等取消退税免税规定的通知》。[1]但是，在这两个行政规章中根本找不到原告享受增值税退税的条文或精神。相反，在具体规定出口退税的《出口货物退（免）税管理办法》（下称《管理办法》）中明确规定我方为法定增值税退税享有人。

《管理办法》第2条第四款和第18条第三款的规定表明：第一，必须是国际金融组织或外国政府贷款的利用人，才能成为退税的享有人；第二，必须是成为中标人的国内企业销售机电产品，才能成为退税享有人；第三，退税享有人即中标人是外贸企业的，供货企业为非享有人；第四，如果生产企业为中标人，也有权享受退税。在本案中，《中标证明书》证明我方为中标人，而原告仅为生产企业即供货企业。因此，我方为特定贷款的利用人、中标人，为法定增值税退税的享有人。另外，我方为“外汇结汇水单”的持有人，证明我方为国家创汇3,714,614.00美元，只有我方持“外汇结汇水单”及《管理办法》第18条第一二三四款规定的证明和资料才能办理退税手续，这也充分证明，只有我方才是规章规定的和税务机关认可的退税合法享有人。

反观原告，因投了四包，一包未中，故根本不是中标人，确实无取得退税的法律依据。因此，原告在法律之外寻求利益保护，其诉讼请求依法不能成立。

---

[1] 该通知已于2006年4月30日被废止。

二、《合同》对《协议》的变更是客观的，原告没有取得退税的合同根据

在法庭调查和辩论中，原告时而称《合同》和《协议》是两个独立存在的约定，时而称《协议》是“总合同”，《合同》是“分合同”，最终提不出令人信服的主张。

我方认为，《协议》和《合同》是双方合作中两个不同阶段的约定，《协议》早已履行完毕，《合同》是约定退税问题的根据。

第一，《协议》的主题是“合作投标事宜”（见《协议》序言），《合同》的主题是“光缆标”即光缆购销（见《合同》序言），而在双方签订《合同》时，双方的“合作投标事宜”已经完成。退税问题并不发生在以合作投标为主题的《协议》履行中，而只能发生在以光缆购销为主题的《合同》的履行中（也只有实际销售，才发生税的问题）。因此，已经履行完毕的《协议》，不能作为退税的根据，只有《合同》才是退税的根据。

第二，《合同》对《协议》的变更是客观的。即使《协议》有效，《合同》在同类条款（进口材料免税和增值税退税）确有不同的约定（《协议》第5条约定免税和退税由原告享受，《合同》第3条仅约定免税由原告享受）。故《合同》的约定已经变更了《协议》的约定，在法律上，因《合同》变更性条款的存在而使《协议》的约定丧失了效力。

需要说明的是，《合同》对《协议》的上述变更是有原因的。本来，增值税退税依法应由我方享有，但为了降低投标产品（光缆）的投标价格（这在投标中非常重要），增强投标产品的竞标能力，我方在签订《协议》时，将增值税退税优惠让与原告，旨在使原告报出可能中标的低价。但是，开标后，我方才发现，我方的报价远高于其他投标者，原告根本没有将退税计算在价格中，致使我方投的三包分别排名为第14、9、11名，几乎丧失了中标可能性。经与原告协商，口头约定由我方继续努力竞标，如中标，原告不再享受退税（高价标对我方完全无利，还将亏损）。故中标后，原告特意将《合同》草案提交其董事会讨论、批准后，才与我方正式签订。变更了《协议》关于退税的约定，未约定由原告享受，即我方不让利，依法享受。因此，我方才可能高买低卖（买入原告的合同金额为3,721,778.43美元，卖出某国际招标公司的合同金额为3,714,614.00美元），我方的利润也就完全在退税上。综上，我方三包的排名、《合同》与《协议》的不同约定、我方买入和卖出的两份合同的金额，充分证明《合同》对《协议》的变更原因。

原告方坚持《协议》是“总合同”，不承认《合同》对《协议》的变更，有以下两个矛盾根本无法自圆其说。

第一，既然《协议》是“总合同”，双方理应充分重视，依法签订。但是，实际上双方都不重视这一“总合同”，均未加盖法人印章。而双方却对原告认为的“分合同”高度重视，双方均经董事会批准后加盖了法人印章。这充分证明，《协议》确属意向性的、阶段性的约定，并不是什么“总合同”，《协议》和《合同》也不是什么“总”与“分”的关系。

第二，既然认为退税问题不需要在《合同》中约定，那么《合同》为何要专门约定进口材料免税问题。《协议》第5条证明，免税和退税是两个密切相关的问题，而在中标签约中，这当然是《合同》必须明确约定的事项。免税和退税在《协议》中同在，在《合同》中分离，这充分证明《合同》对原告享受退税的变更和否定。

综上所述，原告的诉讼请求无法律根据，确属法律之外的请求；无合同根据，确属《合同》之外的请求，因此，根本不成立。故请求法庭依法驳回原告的诉讼请求，维护我方的合法权益。

谢谢！

旁白

对方出手攻击后，你为了有效防御，通常会使出几个招术抵挡。但交手后，你就会知道你的各个招术的效果如何。于是，你就能打出主次有序、虚实结合的组合拳了。

——开庭后，我在《代理词》中将法律依据作为我方首要抗辩理由。

显见的漏洞

判决

一审判决

某中级人民法院查明，1993年10月13日，原告与被告签订了一份《协议》，约定原告委托被告以自己的名义参加某部通讯项目投标。《协议》约定“如乙方（被告）中标，材料进口关税及国内退税优惠将由甲方（原告）享受，乙方须协助办理有关退税手续”。该《协议》由被告当时的部门负责人签字，未加盖法人公章。在被告以自己的名义参加投标并中标后，双方于同年10月1日签订了《合同》，约定了被告购买原告光缆产品的购销内容，并约定“材料进口关税的免税优惠由乙方（原告）享受”。双方如约履行了该《合同》的全部内容。

法院认为，原告与被告签订的《协议》虽订有增值税由原告享有的内容，但该《协议》未经企业法人授权签章，未成立，只能视为一种合作意向。投标活动完成后，双方经法人授权正式签订的《合同》取消了原告的该项权利，只保留了前一《协议》中原告享有的“免税优惠”的内容，而去掉了“退税优惠”的条件。因此，后一《合同》为双方近期意志的体现。且《合同》已履行完毕，双方在履行中无异议，表明了对《合同》的履行是双方真实意思的体现，因而该《合同》合法有效，是双方最终的意思表示。另据国家税务总局《出口货物退（免）税管理办法》的有关规定，被告是该《合同》增值税退税优惠的合法享有人，其行为并无不当。原告的诉讼请求于法无据，与事实不符，法院不予支持。故依照《中华人民共和国民法通则》第4条、第84条的规定，判决驳回原告的诉讼请求。

旁白

当判决支持了你的本不成立的诉讼主张，你可不能窃喜——侥幸是难以持久的，靠不住的，你应该惶恐，设法将偶然的幸运化作必然的命运。

精确的揭示

背景

某光缆公司的上诉意见

某光缆公司不服一审判决，向某高级人民法院提起上诉，请求法院撤销一审判决，依法改判。其理由是：

1.《协议》有效。《协议》虽未加盖公章，但签字代表均系各自公司负责该项业务的部门领导，具有一定的签约权限。《协议》签订后被上诉人接受上诉人委托，并依据上诉人确定的投标项目、投标价格及投标产品的一切技术性指标以被上诉人的名义通过间接代理的形式参加投标活动，并在中标后取得了供货价款2%的代理费。除未办理退税手续外，《协议》已全部履行。根据最高人民法院《关于在审理经济合同纠纷案件中具体适用〈经济合同法〉的若干问题的解答》第1条第三项的规定："合同签订人未持委托单位出具的任何授权委托证明签订合同的，如果委托单位未予盖章，合同不能成立，责任由签订人自负；如果委托单位已经开始履行，应视为对合同签订人的行为已予追认，因而对该项合同应当承担责任，需要继续履行的应当补办盖章等手续。"本案中的实际履行应视为双方对合同签订人的行为已予以确认，《协议》应为有效。

2.《合同》未提及出口退税优惠问题，应认定双方未作出新的约定，《协议》对出口退税优惠问题的明确约定未被取消，应作为判决的事实依据。

3.原审法院认定《协议》无效，但又依据对《协议》中的供货问题进行具体约定的《合同》作出判决是错误的。

4.上诉人从未放弃本应享有的退税优惠，在被上诉人违反《协议》的约定拒不向上诉人交付退税款的情况下，有权要求其承担违约责任。

旁白

我们总想着不要费太大力气就打败对方，因而我们在骨子里总不希望遇到强大的对手。然而，当我们回顾诉讼历程，就会明白，如果当初没有对手的强大，我们是不会有那种斗志的，是不会下那么大功夫的，因而也不会有那么多值得回忆的东西。

挺拔的思想

正文

民事答辩状（二审）

答辩人：某电气进出口公司

答辩人就上诉人在《上诉状》中提出的上诉理由答辩如下。

答辩人认为某中级人民法院（1996）中经初字第×号《民事判决书》认定事实清楚，适用法律准确，审理程序合法，判决结论公正。

上诉人的上诉理由主要有三：其一，《协议》已实际履行，答辩人中标后已取得2%的代理费，故《协议》应为有效合同；其二，《协议》应为判决的依据，《合同》并未变更《协议》关于退税的内容；其三，上诉人从未放弃过本应享有的退税优惠。答辩人相信，上诉人的这些理由仍然无法获得二审法院的支持。因为，《上诉状》表明，上诉人在二审法院将继续陷在一审的两个偏执之中。即，一者牢牢抓住双方均未加盖公章，内容为合作意向的《协议》，无视《合同》关于退税问题的变更；二者一味坚持《协议》中约定的委托代理关系，无视《合同》变委托代理关系为购销关系的客观事实，在所谓代理费问题上，继续向二审法院作虚假陈述。以下分别予以答辩。

一、《判决书》关于《协议》在法律上为合作意向的认定是正确的，上诉人关于《协议》为有效合同的诉讼主张不能成立

《判决书》关于《协议》为非法人订立，没有成立，其法律意义只能视为一种合作意向的认定是正确的。这一认定并非仅立足于《协议》未经企业法人授权签章，更重要的在于其内容确为合作意向。

（一）从《协议》的形式来看，双方均未加盖公章，使该《协议》在形式上因非属法人行为确未依法成立

在一审法院调查阶段，上诉人方证人在回答审判长"《协议》为什么不盖章"问题时，答以"在北京签《协议》，无法盖章"。审判长问"《合同》哪里签的？"答曰："在北京。"再问"为什么《合同》盖了章？"答曰："《合同》拟好后带回武汉，经董事会研究决定后，带着章子再回北京签的。"（详见一审笔录）。这一问一答，充分证明，上诉人对于《协议》并不重视，未加盖公章并非偶然。其原因正在于双方均认为《协议》为合作意向，没有必要加盖公章。

（二）从《协议》的内容来看，该《协议》之主题正如《协议》序言所述，为"合作投标事宜"

该《协议》虽有一条（第5条）约定了中标后双方的权利义务，但仅为双方初步和概括性的约定。因为即使中标，也无法依据如此简单的条款履行外贸合同，双方仍需签订具体、明确的合同（正如此次合作中标后正签合同一样）；如未中标，该《协议》则为一纸空文，根本无法也无必要就此项目再签任何合同。故无论是否中标，该《协议》均将因投标工作的结束而自行终止。因此，《协议》的性质确为合作意向，尚不构成法律意义上的合同。

上诉人依据最高人民法院《关于在审理经济合同纠纷案件中具体适用〈经济合同法〉的若干问题的解答》第1条第（三）项的规定，主张《协议》

虽未盖章，但已履行，答辩人应对该《协议》承担责任，这是对司法解释的片面理解。内容为合作意向的《协议》，别说未盖公章，即使加盖了公章，其法律意义也不能等同合同，只能视为合作意向书，这与上述司法解释所述合同未盖章之情况，不属同一法律范畴，不能适用。

二、《判决书》关于《合同》变更了《协议》之退税优惠条款，《合同》是双方最终意思表示的认定是正确的，上诉人否认《合同》对《协议》之退税优惠条款的变更，坚持退税问题的解决应根据《协议》的上诉主张不能成立

在一审中，答辩人依据《协议》和《合同》在关税和退税问题上客观存在的不同约定，提出了《合同》对《协议》关税条款的保留，对退税条款的取消即变更的诉讼主张，获得了法院的支持。在二审中，答辩人将依据答辩人举出的新证据，说明《合同》不仅仅在退税条款上变更了《协议》的约定，而且《协议》中约定的双方的委托代理关系，在《合同》中变更为双方的购销关系。从而进一步证明，《合同》对双方法律关系的变更，决定了退税条款的必然变更。

（一）《合同》对《协议》退税条款的变更

本来，不具备法律约束力的意向性《协议》，并不存在后签的正式合同对其变更的问题，《合同》本身就是双方的履行根据。但基于谨慎认定事实的需要，答辩人在一审中始终未撇开《协议》，而是采取退一步说，即使《协议》有效，《合同》在同类条款上予以变更的诉讼主张。一审实践证明，这种主张是适当的。《判决书》也未忽视《协议》，在认定其法律意义为一种合作意向的同时，阐明了《合同》对其的客观变更。

第一，《判决书》关于《合同》变更事实的认定是准确的。在《协议》中虽约定关税免税及国内退税由上诉人享有，但在《合同》中确实仅约定了关税免税由上诉人享有。即《判决书》所述，“双方正式经法人授权签章订立的供货合同中，取消了上诉人的该项权利（享受退税权利——答辩人注）”；“后一合同合法有效，但其只保留了前一协议中原告享有‘免税优惠’的内容，而去掉了‘退税优惠’的条件。”这一认定之所以准确，就在于其不是一种对不明事由的法律推定，而是对明确的客观事实本身的如实表述。“免税优惠”和“退税优惠”在《协议》中同在，在《合同》中分离，只留下“免税优惠”，这是本案中铁的事实，处理本案纠纷必须以此事实为根据。

第二，《上诉状》认为：“凡属双方在投标、中标、供货、退税各环节所发生的争议都应以《协议》的约定作为判决的依据，除非双方事后作明确的变更。”“《合同》仅是对供货和关税优惠作了明确约定，而根本没有对出口退税做明确或变更性约定。为此，就出口退税问题，仍应以《协议》的约定为准。”这一主张，因前提错误，结论必然错误。《协议》主题是“合作投标事宜”（见《协议》序言），《合同》的主题是“光缆标”即光缆购销（见《合同》序言）。投标、中标发生在《协议》履行中，供货、免税、退税只能发生在《合同》履行中。签订《协议》时尚不知外贸合同中约定的光缆产品数量、金额、服务清单、交货、验收、技术规范等条款。其一，何以组织生产？不生产，何以发生材料的进口关税的免税优惠？其二，何以供货？不供货，何以发生国内退税优惠？故除投标、中标外，对于供货、免税、退税，《协议》的约定只能是意向性的，根本无法据此履行。而《合同》的签订正是根据某国际招标公司的外贸合同的具体条款，因此才发生组织生产、材料进口关税免税优惠、供货、增值税退税问题。因此，《协议》不可能成为退税的根据，只有《合同》才是退税的根据。《合同》对退税条款的变更使上诉人丧失了取得退税的合同根据。

（二）《合同》对《协议》中支付方式的变更

《协议》第5条中标后双方权利义务条款中，约定了“如乙方（答辩人）中标签约，在收到某国际招标公司的合同货款后将立即向甲方（上诉人）转付出厂价的全部外汇金额”。《合同》第5条约定“乙方（上诉人）接受人民币结算”。

（三）《合同》将《协议》中约定的双方的委托代理关系变更为购销关系

上诉人在一审中以《协议》的约定为根据，主张双方此次合作关系为委托代理关系（《协议》中确有委托代理的内容），答辩人以《合同》为根据，主张双方是购销关系（《合同》中明确约定双方是买卖关系）。《判决书》根据双方依据《合同》，一方供货、一方购买的履行事实，并未支持上诉人的主张。上诉人在《上诉状》中不仅坚持委托代理关系的主张，且继续无视事实，诈称答辩人已取得2%的代理费，进而得出答辩人不应享有退税优惠的结论。其实，对照《协议》和《合同》，《合同》对《协议》的变更，不仅在退税问题上，而且是对双方法律关系的变更，即变委托代理关系为购销关系。

第一，《协议》第1条约定“甲方（上诉人）委托乙方（答辩人）代理……”《合同》第1条约定“甲方（答辩人）同意购买，乙方（上诉人）同意提供……”第5条约定“……本《合同》生效后，乙方（上诉人）在7天内向甲方（答辩人）开出《合同》总金额的10%人民币履约保函”。可见，《合同》对《协议》约定的合作性质的变更是非常明确的。

第二，《协议》第4条约定：“……乙方（答辩人）在此基础上（出厂价——答辩人注）加价2%投标。”这也就是上诉人反复强调的答辩人的2%的代理费。《合同》因约定了双方的购销关系，故当然没有代理费的约定。中标证明书约定，答辩人与某国际招标公司的合同金额是美元3,714,614.00（答辩人卖出），而《合同》约定答辩人与上诉人的合同金额则为美元3,721,778.43（答辩人买入）。显然，答辩人是高买低卖，这证明两种价格中不仅不可能多出答辩人的“代理费”，而且，答辩人如不依《合同》和行政规章取得增值税退税则必然亏本。

第三，在《合同》的实际履行中，答辩人根本未取得所谓代理费。《上诉状》称答辩人已取得2%代理费，计72,835.57美元，是继一审后，继续向二审法院作虚假陈述。其实，答辩人与上诉人在1994年11月1日签订《合同》的当日，另就进口光缆材料事宜签订了一份《代理进口协议》（一审开庭时答辩人已当庭提交合议庭）。该《协议》第1条约定：“甲方（答辩人）由甲方设在香港的公司代理供货。”第3条约定：“乙方（上诉人）负责在甲方签约后15日内向甲方香港公司支付进口代理费8万美元整。”第4条约定：“乙方（上诉人）如未能按本协议支付甲方香港公司代理费，甲方（答辩人）有权从YOFC/CD/94125合同（即本案《合同》）扣除代理费”；因上诉人违约未按期支付代理费，答辩人从《合同》约定的3,721,778.43美元中扣除了8万美元，并按8.4045元的美元汇率折算，实际支付上诉人人民币 30,607,326.81元。计算公式为：（合同金额3,721,778.43美元−进口代理费80,000.00美元）×美元汇率8.4045=答辩人实际支付上诉人金额30,607,326.81元人民币。答辩人慎重请求二审法院查明上诉人有意制造的本案这一唯一的所谓不明情节的真相。

第四，答辩人曾于1993年4月1日与上诉人签订了一份《协议书》（二审证据一）。现向二审法院举证，并同时举出《中标证明书》（二审证据二）、《日元付款联系单》（二审证据三）。该《协议书》序言约定，上诉人与答辩人“就某机场光缆合同项目达成以下协议”。即，双方已就合作投标作过约定，该《协议书》是双方已知答辩人中标（见《中标证明书》）后就供货签订的协议。该《协议书》第1条约定答辩人为代理人，第2条约定了上诉人为外贸合同法律责任的承担者，第3条约定了上诉人在原总价上降1.5万美元，作为答辩人的代理费，第4条约定由上诉人享有退税，第5条约定由答辩人向上诉人转付外汇。完整地体现了双方的委托代理关系。在实际履行中，答辩人向上诉人转付了日元（见《日元付款联系单》），取得了约定的代理费，上诉人则独立承担了对中国某进出口总公司的供货责任，并依约定取得了增值税退税。答辩人与上诉人曾经圆满履行完毕的这一《协议书》充分证明，本案《合同》确实以购销关系变更了《协议》的委托代理关系。这一变更决定了代理费和退税的必然变更。

三、《判决书》适用法律正确。《上诉状》主张上诉人从未以口头或书面形式放弃过本应享有的退税优惠，是基于一种错误的法律意识

《判决书》认为：“另据国家税务总局《出口货物退（免）税管理办法》的有关规定，某电气进出口公司是该合同增值税退税优惠的合法享受人，其行为并无不当。”处理本案纠纷的依据正是《出口货物退（免）税管理办法》，《判决书》对这一行政规章的适用是完全正确的。关于这一法律适用问题，上诉人在一审中并未提出异议，在《上诉状》中也未涉及。但《上诉状》

所称上诉人从未申明放弃本应享有的退税优惠。并称《合同》中没有约定由其享有，也并没有明确约定不由其享有。可见，上诉人虽回避了行政规章的明确规定，但在法律意识上则对退税优惠享有人的概念模糊不清。本来，《出口货物退（免）税管理办法》明确规定答辩人为退税优惠的合法享有人。《协议》约定由上诉人享有，这是答辩人通过《协议》让权让利。《合同》中不约定上诉人享有，就表明答辩人不让权让利。《协议》中的“让”与《合同》中的“不让”，是行政规章赋予答辩人的权利。答辩人的这种权利，是一种专有的法律权利，而不是一种共有的法律权利。故上诉人根本无权在《合同》未作让利约定的前提下提出权利请求。可以说，上诉人在本案法律适用上的这种模糊和错误的法律意识，是导致其试图通过诉讼在合同之外，法律之外寻求所谓利益保护的心理动因。

综上所述，上诉人的上诉理由既无事实（合同）根据，也无法律（行政规章）依据，故恳请二审法院依法维持一审判决，驳回上诉人的上诉请求。

此呈

某高级人民法院

答辩人：某电气进出口公司

旁 白

起初你拿出的东西，因为已经凿出了玉，所以你说这就是一块玉，但交易对方说它就是一块石头，鉴定者鉴于玉的成分有限，也不能下结论。于是，你反复雕琢，去粗取精，终于把原本像块石头的东西变成了一块玉石，赢得了鉴定者的肯定。

——在一审《答辩状》和《代理词》中，我已经提出了“《合同》变更了《协议》”的主张，但尚不成型，故一审判决并未直接、明确地予以支持，在二审《答辩状》中，我运用证据完成了这一主张的论证，获得了二审法院的支持，且直接变成了二审判决的判词。

高超的裁判

判决

二审判决

二审法院查明，1993年10月13日上诉人与被上诉人签订了一份《协议》，约定上诉人委托被上诉人以自己的名义参加某部通讯项目投标；如被上诉人中标，材料进口关税及国内退税优惠将由上诉人享受，被上诉人须协助办理有关退税手续；该《协议》一经双方代表签字立即生效。该《协议》由当时的部门负责人签字，未加盖法人公章。在被上诉人以自己的名义参加投标并中标后，双方签订了《合同》，约定被上诉人购买上诉人的光缆产品，“材料进口关税的免税优惠由乙方（上诉人）享受”。双方如约履行了该《合同》的全部内容。被上诉人享受了增值税退税优惠。

二审法院认为，上诉人与被上诉人关于《协议》“一经双方代表签字立即生效”的约定，未违反国家法律法规，签约双方代表均为各自公司负责该项目的部门负责人，且双方依约履行了《协议》，故该《协议》有效。原判认定该《协议》因企业法定代表人未授权签章而无效欠妥，应予纠正。在被上诉人中标后，双方又签订的一份《合同》将双方的代理关系变更为购销关系并在国内退税优惠及结算币种等条款上进行了修改，该《合同》是对原《协议》的变更。上诉人主张该《合同》是对《协议》的补充，其应依据《协议》享有退税优惠的上诉理由于法无据，其关于被上诉人已收取代理费用，原审法院未依据《协议》判决是错误的上诉理由亦缺乏证据支持，本院不予采信。综上，根据《中华人民共和国民事诉讼法》第153条第一款第（一）项的规定，判决驳回上诉，维持原判。

尾 声

诉讼律师常常会碰到这种情况：因合同当事人不懂法，故而签出的合同，要么一份合同中的诸项约定自相矛盾，要么几份合同、协议相互矛盾。这时，哪一方律师深入研究了交易和证据，且运用智慧而不是机智，拿出了法官信服的主张，那么对自己这方有利的约定或合同，便会成为法院判决的根据。

思考

应该说，本案原告某光缆公司及其代理律师在提起诉讼之前，是没有想到会彻底败诉的。《协议》约定某光缆公司享受增值税退税优惠，《合同》没有约定由谁享受，打起官司，某光缆公司居然就无权享受！因此，这里为某光缆公司想想，看看还有没有办法在二审中挽回败局。

某光缆公司在二审中败诉的原因在于，二审法院接受了我代理某电气进出口公司提出的新的诉讼主张，即《合同》将《协议》的委托代理关系变更为买卖关系。而这一主张的前提性认识是，某电气进出口公司是增值税退税优惠的合法享有者，而某光缆公司则不是；某电气进出口公司在《协议》中让利于某光缆公司，但在变更了双方法律关系的《合同》中没有让利（未约定由某光缆公司享受），则某光缆公司无权享受。

某光缆公司如果在二审中不是一味地否定法律关系的变更，而是改变诉讼策略，承认法律关系的变更，否定某电气进出口公司变更主张的前提性认识，主张虽然《合同》将《协议》的委托代理关系变更为买卖关系，但变更内容未涉及《协议》约定的增值税退税优惠问题，《出口货物退（免）税管理办法》并没有明确规定作为中标人的某电气进出口公司是增值税退税优惠的唯一享有人，故其仍然有权享受，那么，是否能够逆转本案的命运？

课题

论未盖章合同的几种情形及效力认定 论文

试论主、从合同法律关系同一性问题 论文

主张合同法律关系变更的证据基础 文章

——以委托合同关系变更为买卖合同关系的个案为视角

诉讼策略的运用在证据和法律上的限制 文章

心路

我说完后，办公室安静了，气氛却凝重了起来。“儒商”若有所思地翻阅着他的记录，“外贸”双手插在裤兜儿里踱起步来，助理露出不易察觉的得意神情，我则点上烟长长地吐出一道烟雾……

要　　目

- 竞聘遇到了不客气的"考官"
- 一审遇到了强硬对手
- 二审遇到了高水平的法官

我的被法院全面接受或称胜诉的观点、主张、认识，其形成过程通常有二：一者开庭前形成，一二审坚持到底；二者开庭前形成，一审中修正完善，二审中再次修正完善，呈现出实践、认识、再实践、再认识的认识过程，反映出从初级认识到中级认识，再到高级认识的认识规律。本案的认识即为后者。

本案所反映出的认识过程和认识规律，特别是合同主从关系与合同法律关系的变更，以及证据运用与法律适用，均值得回味和思考。况且，本案历程也是很有意思的。

竞聘遇到了不客气的"考官"

众所周知，中国大陆"律师经济"的主要方面是"关系经济"（通过熟人介绍获得业务），而不是"市场经济"（通过市场公开竞聘获得业务），故通过竞聘获得业务的机会很少。不过，我做专职律师不久，便首次遇到了虽然形式不是公开的，但性质为竞聘的机会。

那是一个烈日炎炎的下午，我的一位中国政法大学的学生电话询问我，某电气进出口公司有一案件要招聘律师，已见了不少律师，问我今天下午是否有空儿参加应聘。好在当时我在办公室，且办公室（中山公园里）离那家公司（国贸）不远。于是，我立即带着助理赶去。

没想到，所谓应聘，不是在会议室面对"考官"们回答问题，而是在办公室看看材料，谈谈想法。某电气进出口公司的两位部门经理接待了我们。一位是那种8月天仍穿着深色高档西服，说话离不开"Yes""No""OK"的典型"外贸"，一位是衣着干净清爽、文质彬彬且颇有主见的"儒商"。"外贸"开宗明义，说我是他们所见的第十五家律师事务所的代表，故我的应聘成功率就是1/15，且律师提供意见是自愿的、义务性的，不聘用没有任何法律后果（连"将来可能会有合作机会"之类的客气话也没有）。接着说，他们15

天的答辩期后天就到期，公司已初步确定了几名候选律师（其中也有博士），原定今晚召开董事会，最终决定律师人选。只因今天下午我的学生以我为国家首届诉讼法博士为由推荐，否则他们不会再见律师了。“外贸”提醒我：一、不要谈理论，那都是虚的，没有用；二、今天的面谈应在一小时内OK（结束）。

我的助理因性格因素，已显露出不快和无所谓的神情。而我，表面上说着“明白”“理解”“感谢”之类的客气话，内心却对“外贸”的社交能力持怀疑态度——完全可以换一种说法，婉转道明立场。不过，他的态度和言词不仅没有使我产生消极的心理和情绪，反而让我对自己充满信心。他的态度从反面激发了我，使我兴奋了起来——正面的热情和反面的冷淡都能激发我，只有不冷不热，才可能使我麻木。他的言词让我明白，虽然他们见过14家律师所的律师，且已初步确定了候选律师，但他们仍对候选律师不太满意，仍对他们能否胜诉没有确定的把握。所谓我的学历因素，仅是他们的托辞，他们真实的目的就是想最后在我身上再试试，看能否最终找到他们满意的、有把握助他们胜诉的律师。

与通常情况不同，他们并没有介绍案情（也许因为说过太多遍了，说烦了），而是给我们时间看材料，且为了我们安静阅读而双双离开了办公室。我迅速把我对他们公司尚未敲定律师的判断告诉了助理，助理释然了，立即与我一起兴致勃勃地看起了材料。刚看完某光缆公司的《民事诉状》，我就意识到，自己对于国家关于利用外国政府贷款享受增值税退税（即出口退税）优惠的相关规定并不熟悉，故立即让助理给办公室打电话查找（律师无论从业时间长短，都不可能准确掌握所遇各种问题的法律、法规、规章或司法解释的具体规定，需随时查阅。再者，律师在法律上的真功夫，不是知道法律的规定，而是擅长准确解释法律和善于精明适用法律。故即使当着当事人的面打电话查找——我有时也这么做，只要能显示出法律上的真功夫，当事人是不会因此而低看律师专业水平的）。在助理打电话记录具体规定时，我已看完本案的主要证据材料《中标证明书》、《合作协议》和《光缆产品购销合同》（《合同法》实施后为买卖合同），且已形成初步看法。待看完助理记录的行政规章

《出口货物退（免）税管理办法》关于退税申报程序的规定，与助理交换意见后，基本形成了观点体系（即一审《答辩状》观点）。

约20分钟左右，两位部门经理回到了办公室。我知道时间只有半个多小时了，故抓紧时间说起了我的诉讼主张和理由。

我认为，鉴于某光缆公司起诉的合同根据就是《协议》，故首先应从《协议》的效力、《合同》对《协议》退税条款的变更、举证责任、贸易方式和双方利润情况等几个方面，主张原告诉讼请求缺乏合同根据；其次，鉴于双方最终对增值税退税并无约定，而司法实践则是“当事人无约定，从法定”，故应依据《出口货物退（免）税管理办法》的有关规定，主张某光缆公司的起诉缺乏法律依据。这里，仅回忆并记录我与两位经理在我所述一系列问题上的“交锋”。

当我说可以从《协议》未盖章的形式上的问题和内容上仅约定双方合作投标，主张《协议》并未生效，仅为双方合作之意向时，“外贸”打断我的话说，这他们知道，来点新鲜的。我接着说，这种主张应仅为诉讼策略之举，在法律上是不成立的。他问为什么。我给他讲了司法解释关于虽未盖章，但已实际履行则应视为对合同签订人的行为予以追认的规定，他点着头让“儒商”将这点记下（当时我就纳闷儿，这几乎是司法解释中的常识性问题，怎么律师们没有给他们说过）。

当我说否定《协议》退税条款的唯一出路就是主张《合同》对《协议》的变更时，“儒商”说：变更是对原合同条款的修改，《合同》未涉及退税条款，怎么能说是变更了《协议》退税条款（这一质疑是有见地的，看来其他律师还教了他们点真本领）？我说增值税退税条款和进口材料免税条款是两个密切相关的条款，《协议》约定了退税和免税，《合同》只约定免税，未提及退税，能够充分证明《合同》对某光缆公司享受退税的变更和否定。他想了想，低头又记了下来。

当我说某光缆公司的起诉缺乏合同根据时，“外贸”说：《合同》没有约定他们公司享受退税，也没有约定由我们公司享受，他们要这么说，在法庭上我们怎么回答呢？我说：我们可以适用民事诉讼举证规则回答“谁主张，谁举证”，原告主张享受退税，就必须举出享受退税的合同根据，不能举证，就应承担败诉风险。“外贸”说了声OK，又示意“儒商”记下（其实，这种程序性答辩并不那么重要）。

当我说《合同》对《协议》退税条款变更的原因，即此次贸易方式和利润情况（某电气进出口公司高买低卖）时，他们先是称赞我材料看得真细（其实，《中标证明书》和《合同》上分别载明了某电气进出口公司卖出和买入的价格），继而“外贸”质疑道：对方说那是你愿意做亏本的买卖怎么办？我说：在交易前，明知高买低卖而无其他利益可图的买卖，不会有人愿意做。高买低卖是《合同》变更《协议》退税条款的根本原因，这点我方必须坚持。而且这一主张从反面反衬出对方的贪心——销售利润、进口材料免税、出口退税，什么都想要，这对于影响法官在本案诉讼情理上同情我方，漠视对方，是非常重要的。“外贸”连声说：Yes!Yes!

最后，当我试图说《出口货物退（免）税管理办法》的具体规定，以阐述某光缆公司的诉讼请求缺乏法律依据时，“儒商”说：这点就不需要说了，我们是进出口公司，对规定非常清楚，规定并没有明确到底外贸企业或生产企业谁有权享受退税，从规定的精神看，他们公司和我们公司都可以享受退税。我第一次不太客气地说：你们对规章的理解不对。依据规章关于申报退税的程序规定，只有中标人才能成为出口退税的享有人，非中标人在法律上无权享受出口退税。“儒商”问：真是这样吗？于是，转身出去拿来了《出口货物退（免）税管理办法》，让我找出条款（看来他们总是说他们非常清楚规定，这或许是律师们未查阅条款或虽查阅却未从相关条款中分析出依据的原因之一）。我给他找出了关于申报退税程序（手续）的几个相关条款，并作了分析。“儒商”说：有道理，但还是并不明确，如果生产企业中标了，也能成为退税享有人。我问：那他们中标了吗？他答：我们用他们的产品中的标。我问：外贸企业有自己的产品吗？他答：那倒是没有。再问：他们为什么起诉？答：要增值税退税呗！问：他们干嘛要打官司，为什么不自己申报领取？答：他们办不了。问：为什么办不了？答：他们不是中标人。大家都笑了起来（其实，气氛早已很轻松了）。我总结道，国家有关部门不受理他们的退税申报申请，他们只能打官司向你们要的根本原因在于，在法律上，他们不是中标人，因而不是合法的退税享有人。享有退税优惠待遇的权利是你们的，原因是你们为中标人。你们可以通过约定将此项权利让与他们，并帮他们去申报领取，但你们也可以不给与他们，或者像本案这样，先答应给予，后又收回这个权利。由于《合同》最终没有约定由谁享受退税，因此，从证据上说，作为负有举证责任的他们未能举证而应该败诉；从法律上说，没有合同约定却想获得他人的法定权利也应该败诉。

在我说的过程中，因他们不断提问，气氛是热烈的，随着他们对我的逐步接受，气氛也逐渐轻松、和谐。然而，我说完后，办公室安静了下来，气氛却凝重了起来。“儒商”若有所思地翻阅着他的记录，“外贸”则双手插在裤兜儿里踱起步来，助理露出不易察觉的得意神情，我则点上烟长长地吐出一道烟雾……

终于，“外贸”说话了。他说了一堆他自称的肺腑之言，其中不乏溢美之词。最后说：选律师这事儿最终得董事会定。不过，作为直接负责人，我们慎重通知你们，我们将向董事会重点推荐你们，请你们在明天务必拿出成型的《答辩状》。祝贺你们！说着，神情庄重地走过来与我和助理握手。“儒商”也微笑着过来握手。送我们出门时，他们俩都显得很兴奋。“儒商”说：我们信赖你们。“外贸”说：预祝咱们合作成功。

当天晚上，写《答辩状》。写完草稿，还未审查修改，窗外就传来一阵高过一阵的鸟鸣声，这才发觉，天已经开始亮了。

上午，助理送去《答辩状》。下午，某电气进出口公司董事会一致通过了稿子，并通知我尽快办理委托手续。晚上，“外贸”和“儒商”（下文称他们王经理和黄经理）请我们用西餐，相谈甚欢……

一审遇到了强硬对手

向法院递交《答辩状》后，经向王经理和黄经理深入了解情况，特别是对本案进一步深入分析后，在开庭前完成了较《答辩状》更具说服力的《代理词》（庭审后又作了相应修改）。概括起来，主要有以下几点：

第一，将法律依据作为首要抗辩理由，并强调我方为“外汇结汇水单”的持有人，即外汇创汇人，只有我方才是规章规定的和税务机关认可的退税合法享有人。

第二，不再坚持《协议》未盖章，因而未生效，仅为双方合作之意向的主张。

第三，关于《协议》与《合同》的关系，进一步主张《协议》和《合同》是双方合作中两个不同阶段的不同约定。退税问题并不发生在合作投标为主题的《协议》的履行中，而只能发生在以光缆销售为主题的《合同》的履行中（只有实际销售，才发生税的问题）。《协议》早已履行完毕，《合同》对《协议》的变更是客观的，《合同》是约定退税的根据。

第四，进一步强调《合同》变更《协议》退税条款的原因，补充说明我方在开标后发现原《协议》退税条款根本无法履行的实际情况。

第五，正面反驳某光缆公司所谓《协议》为总合同，《合同》为分合同的主张（其实，并无“总分合同”之说，他们应主张主从合同）。

然而，在一审开庭时，我领教了某光缆公司两位代理人的“厉害”。他们两位，一位是北大的法学硕士，一位是中国政法大学毕业多年，从事过司法工作的本科生。他们的理论功底和诉讼经验都不错。在他们的强力辩论下，我开庭前以为的、我方在证据和法律上的优势并未充分显示出来。

庭后，王经理告诉我，他通过法院内部的关系了解到，法官们对庭审双方代理人的表现评价是，势均力敌，并说公司领导对一审前景有所疑虑。我冷静地解释说，对方代理人的辩论虽貌似阵容强大，火力猛烈，但其实不仅并未动摇我方的阵线，而且也并未有效地阻止我方的进攻。作为进攻的一方（原告），他们并没有突破性的进展，且未阻止对方的反攻，仅仅打得热闹，根本不足以取胜。他们两位都参加了开庭，冷静下来仔细回忆庭审过程后，基本同意了我的看法。

然而，我清醒地意识到，我对本案的认识肯定尚有不足，即我所部署和展开的我方的阵线和反攻，肯定有所遗漏或缺陷，这正是对方代理人可以对阵攻防的原因。因此，必须补充、修正和完善。故在等待一审判决期间，我反复翻阅本案材料，思考新的出路，并多次就国际招投标的多种合作方式等问题请教王经理和黄经理（这正是一审判决后，我未停留在原观点体系上，而是很快拿出一系列新的观点的原因）。

一审判决不久就送达了。当助理在法院电话通知我赢了时，我正在开车。匆忙将车掰到辅路上停下，详听判决书理由后，我很是诧异：怎么会连我的《协议》未成立、仅为合作意向的策略性主张也接受了呢？这可是对方在二审中可以轻易攻破的地方。不过判决书对《合同》的认定是准确的，对规章规定的解释是正确的。总的来说，判决虽有“冒进”，但整体稳定。我换上摇滚CD，伴着强劲的重金属音乐，学着鸡啄米般黑人的样子，又上路了。

二审遇到了高水平的法官

某光缆公司的《上诉状》虽洋洋数千言，但除针对一审判决关于协议效力的上诉理由依法成立外，其他所有主张和理由均与一审相同，并无新的论点和论据。但是，鉴于一审开庭双方互有攻防，势均力敌的教训，我潜心准备二审《答辩状》，终于完善了我方的观点体系，“大规模地巩固了我方的主阵地（《合同》对《协议》的变更），大幅度地提高了我方的战力”。新的观点主要如下：

第一，首次阐明《合同》变更《协议》的性质是，将双方原委托代理关系变更为购销关系（买卖关系）。

第二，补充说明，《合同》对《协议》结算方式条款的变更。

第三，补充说明，《合同》对《协议》中我方代理费条款的变更，并进一步论证和揭示某光缆公司所谓我方已取得2%代理费的虚假陈述。

第四，举出新证据（旁证）《协议书》、《中标证明书》和《日元付款联系单》，证明双方过去曾以委托代理关系合作过（未变更为买卖关系），从而印证本案《合同》确实以购销关系（买卖关系）变更了《协议》的委托代理关系，而这一变更决定了退税条款、结算方式条款和代理费条款的必然变更。

第五，进一步揭示某光缆公司所谓从未放弃过本应享有的退税优惠的主张，系基于一种错误的法律意识（无视行政规章关于我方为退税优惠合法享有人的规定）。某光缆公司在本案法律适用上的这种模糊和错误的法律意识，是导致其试图通过诉讼在合同之外，法律之外寻求所谓利益保护的心理动因。

第六，作为诉讼策略，仍要维护一审判决关于《协议》效力的认定。

写完《答辩状》，适逢某电气进出口公司王经理请我帮他们公司赴长沙开个庭。在飞机上，他反复询问我《答辩状》的新内容，不断提出他认为的二审可能出现的各种问题。下了飞机在车上，住进饭店在餐厅里，我们的全部交谈始终只有一个话题，就是案子。当天晚上，我们把长沙开庭的事搁在一边（并不复杂，我已准备好），关起门来，由我一个字一个字地念《答辩状》，而他则对每一个段落，甚至每个句子都可能提出疑问。他的国文基础和理解能力远不及黄经理（“儒商”），我从晚上八点多钟一直讲到凌晨两点多钟，终于让他大体上弄明白了《答辩状》的基本思路和基本内容。

二审审判长是某高级人民法院原经济审判庭的副庭长（这是我第一次参与她主审的案子，之后几年中，有几个案子都是她主审。非常佩服她的业务水平、审判经验和清廉品格）。她在本案开庭之初就一下“点中了本案的穴脉”。她的“开场白”大意是：第一，《协议》的效力问题双方不要再辩论了，依据司法解释，应为有效，况且被上诉方（我方）关于《合同》变更《协议》的主张，已经反映出对《协议》效力的认可。第二，关于本案的法律适用问题，双方也不要再辩论了，依据行政规章的规定，被上诉人（我方）应为法律上的退税权利享有人。因此，本合议庭决定，本案的审理重点是《合同》的内容是否变更了《协议》的内容，即《合同》是否取消或能否取消《协议》约定的退税条款。请双方代理人围绕这个重点举证、质证和辩论。

庭审只审《合同》变更《协议》一个重点，这当然对我方非常有利，况且我庭前的所有准备都集中在这点上。故此次庭审对我而言，有似于押准了题的考试，相当顺利和痛快。反观某光缆公司的两位代理人，由于其《协议》为总合同，《合同》为分合同的主张和理由，确实无法抗衡我方《合同》全面变更《协议》的有理有据的主张和理由，加之他们对我方关于所谓代理费的举证和论证，关于以往双方曾有过未变更的委托代理合作的新的举证和论证，无法举出反证，只能作势单力薄的辩解，因此始终处于被动之中，没有了一审中那种“全攻全防”的气势。

庭审结束后走出法院，我已打开了车门，但王经理仍兴致勃勃地不停说着庭审片断，黄经理则微笑着，仰脸望着深秋湛蓝的天空……

我们谁也没有想到，二审判决居然在开庭一周后就出来了（比通常快得多）。毫无悬念，当然是维持原判。二审判决全面接受了我方《合同》变更《协议》的主张，同时也纠正了一审判决关于《协议》效力的认定。

写到这儿，我想到已经很长时间没有与王经理、黄经理联系了，应该给他们打打电话。对于王经理来说，这不过是客气而已，而对于黄经理来说，他能感受到我精神层面的东西……

杂咏

劳顿

暮送夕阳沉，
朝迎红日升。
窗外花开谢，
夜夜伴孤灯。

第三章

丰富的推论与贫乏的论据

——委托合同纠纷中的债权确定与证据运用

陀思妥耶夫斯基说：一百个疑点决不能构成一件证据。（《罪与罚》）

在本案中，我方要求对方返还我方的2500万元，理由是我方委托对方对外付款，但委托合同并未实际履行。对方抗辩：其所收款项中的100万美元，已由其指令其在香港设立的S公司（与我方签有委托进口合同）向D公司（与我方签有委托开立信用证合同）支付，用于我方委托开立的信用证。显然，这一主张是需要一系列证据结成的证据链证明的。然而，对方却因未能充分举证而未获得法院支持，其主张终成为基于疑点的推论。

学过军事工程专业，并未学过法律，但曾被沙皇政府判过死刑的陀思妥耶夫斯基的上述论断，俨然出自法学家之口。疑点不是案件证据，推论不是诉讼主张，这看似简单，然而在律师们的文书中，基于疑点的推论却是屡见不鲜的。

导言

1.我方某机床公司以我方委托对方某企业合作公司对外付款，但委托合同并未实际履行为由，起诉对方要求其返还我方的2500万元人民币。对方的主要抗辩理由是，其所收款项中的100万美元，已由其指令其在香港设立的S公司（与我方签有委托进口合同）向香港D公司（与我方签有委托开立信用证合同）支付，用于我方委托开立的信用证（在二审中主张我方指令香港S公司向香港W公司支付了36万美元）。因此，本案的争议焦点问题是，对方是否按委托合同约定部分履行了付款义务？亦即，对方主张已付的136万美元应否从其应返还的2500万元人民币中扣除？

2.就本案的主要方面而言，本案属于证据运用案件。对方作为并无举证责任的被告，在提出了其已对外支付了部分款项的主张的情况下，对该主张就负有了举证责任。但是，对方未能充分举证。其一，不能举出我方指令对方或香港S公司付款的证据；其二，未能举出香港S公司为对方控股公司的证据；其三，未能举出香港S公司向香港D公司和香港W公司付款的证据；其四，未能举出证明我方、香港S公司、香港D公司之间法律关系的证据。而我方则除了对对方主张进行反驳外，举出了对方并未部分付款的反证：香港D公司起诉我方要求支付信用证的全部垫付款的诉状和某中级人民法院判令我方偿还香港D公司为我方开立信用证的全部垫付款的判决书。

3.本案法律关系稍显复杂。如果对方拿不出我方指令其对外付款的证据或事后确认对方付款行为的证据，加之又无法证明香港S公司为对方控股公司，那么，即使举证证明了香港S公司向香港D公司付款的事实以及我方、香港D公司、香港S公司之间的法律关系，该付款行为也不能被简单地认为是香港S公司代对方履行本案委托合同的行为，而涉及了我方与香港S公司以及香港D公司之间的债权债务关系，是本案无法审理和判决的。

4.在本案诉讼中，对方主张本案委托合同尚未履行完毕，我方要求退款无法律依据。应该说，这种抗辩主张过于离谱，必然给法官留下对方胡乱出招儿的印象。原因很简单，我方支付对方2500万元的用途，是委托对方对外支付我方委托开立的信用证项下的款项，而香港D公司已垫付了信用证的全部款项，并通过诉讼取得了法院判令我方偿还的判决书，在此情况下，本案委托付款合同还怎么继续履行？！

5.对方在二审中提出，海关已认定本案涉嫌走私，在刑事案件未结案的情况下，本案应中止诉讼。我在二审《民事答辩状》中依据最高人民法院《关于在审理经济纠纷案件中涉及经济犯罪嫌疑若干问题的规定》，轻易就回答了这个问题。应该说，这种主张也属于诉讼中的乱招儿。

6.另外，本案还涉及《合作协议》即委托合同的效力问题。我方为取得2500万元的贷款利息，主张委托合同有效。本案合同是1998年6月17日签订的，6月30日国家外汇管理局发布实施了《进口付汇核销贸易真实性审核规定》，禁止国内企业之间代开信用证或代为付汇。因此，本案合同是在国家外汇管理局行政规章出台前签订的，故为有效。（如在该行政规章出台之后签订，则效力有疑。虽然，《合同法》实施后认定合同效力，必须依据法律和行政法规，不能依据行政规章或地方性法规，但是最高人民法院原副院长李国光在2000年10月全国民事审判工作会议上的讲话《当前民事审判工作中亟待明确的法律政策问题》中指出，对于国务院有关主管部门颁布的行政规章中的强制性规定，在上升为法律或行政规章之前，还要依据有关司法解释予以适用，特别提到了外汇管理方面的规定。因此，国家外汇管理局的行政规章中的强制性规定可以成为认定合同无效的依据。）

要　　目

- 应该退款
- 尚有说法
- 回归证据
- 自有明断
- 再出新招
- 细说事理
- 不可逆转

序曲

案件的客观事实走向判决的法律事实的唯一途径，就是证据。所以，你说你有事实根据不行，你得拿出证据才行。否则，你说的事实在法官眼里不过是一种说法而已。

既然是客观事实，通常是会有证据的。但是，如果你没有举出有效证据，始终坚持用嘴巴说事实，那么，你就会把不该败的官司打败。你觉得冤，在情理上是冤，在法律上不冤。

某机床公司因与某企业业合作公司发生委托合同纠纷诉至某中级人民法院，委托我作为某机床公司的代理人。在一二审诉讼中，我先后向法院提交了下列“正文”中所列起诉状、一审代理词、二审答辩状及二审代理词。

应该退款

正文

民事诉状

原告：某机床公司

被告：某企业业合作公司

案由：委托合同纠纷

诉讼请求：

1.判令被告返还原告人民币2500万元整；

2.判令被告支付原告利息人民币3,048,625元整（按同期银行贷款利息计算）；

3.判令被告承担本案全部诉讼费用。

事实与理由：

1998年6月5日，原告与天津某公司签订《代理进口合同》，约定原告代理天津某公司进口美国通用汽车公司在匈牙利生产的小汽车1000辆。1998年6月17日，原告与被告签订《合作协议》（附件一，《合作协议》），协议约定被告就原告从匈牙利进口小汽车一事，接受原告委托，在收到原告款项后，对外付款。

1998年6月19日，原告以转账方式向被告支付人民币2000万元（附件二，工行转账支票NO.09184663），被告向原告开具三张总金额为2000万元的资金往来发票（附件三，资金往来发票NO.2328366、NO.2328367、NO.2328368）；6月30日，原告又以转账方式向被告支付500万元（附件四，工行转账支票NO.09198387），被告向原告出具资金往来发票（附件五，资金往来发票NO.2328370）。

被告收到2500万元后，告知我方因国家有新规定不允许国内企业之间互相委托开立信用证和代为付汇，故《合作协议》无法履行。原告遂要求被告返还2500万元，经多次交涉，未果。

双方签订的《合作协议》形式完备，内容真实、合法，为有效协议。原告已如约履行己方义务，在协议签订后立即向被告支付了人民币2500万元，并无任何违约行为。后因国家规定变更，《合作协议》已无法履行，但被告占用原告巨额款项近两年之久，拒不归还，导致原告无力对外付款，香港D公司已因原告未能履行对外付款义务而起诉要求原告偿付2500万元及违约金等。因此，被告占用原告巨额资金的行为扩大了原告的经济损失。根据《中华人民共和国民法通则》第117条之规定，被告应返还原告2500万元并赔偿原告的利息。

综上，被告的行为给原告造成了严重经济损失，损害了原告的合法权益。恳请法院查明本案事实，依法判决，保护原告的合法权益。

此呈

某中级人民法院

具状人：某机床公司

旁白

撰写诉状的目的，不是要跟对方展开辩论，而是为了顺利通过立案审查。因此，宜简明，不宜复杂——你在诉状理由部分说得多的地方，往往就是你的软肋之所在，这会使审查法官存疑，更会给对方暴露出你的可攻击的部位。

尚有说法

背景

某企业合作公司一审答辩意见

根据我公司与原告签订的《合作协议》第2条的规定，我公司的义务是按原告的要求和对外商务合同的有关规定在收到原告款项后对外付款。香港S公司是我公司控股的公司，我公司对其资金有支配权。接到原告的汇款指令，香港S公司即向香港D公司汇款100万美元。我公司如何与香港S公司结算，是我公司内部的事。故我公司履行了合同义务。

原告与香港S公司1998年11月3日签订的进口合同项下的小汽车到天津港后被海关扣押，是原告误用报关公司，丢失报关单所致。故合同无法继续履行的损失应由原告负责。

原告如不丢失报关单，车辆不被海关扣押，后面610辆小汽车继续进口，就不会发生问题，原告也不可能遭受损失。我公司与原告的委托合同尚未履行完毕，原告要求退款无法律依据。

旁白

这种抗辩跟没抗辩一样：主张案件另有事实，但没有举出有效证据。

这种抗辩不如不抗辩：提出一种强硬主张，但却完全背离案件基本事实。

——上述答辩中主张已付100万美元，但未举证，跟没抗辩一样；主张委托合同尚未履行完毕，不如不抗辩。

回归证据

正文

代理词（一审）

尊敬的审判长、审判员：

作为原告某机床公司的代理人，我们根据庭审调查阶段查明的事实，围绕本案的焦点问题，提出如下代理意见。

一、本案事实清楚，我方证据确实、充分，被告无任何证据证明其已部分履行付款义务，应承担返还责任

庭审调查中，原、被告双方对签订《合作协议》的事实，我方付款的事实、被告收到我方款项的事实均无异议。但被告主张其已代我方支付部分货款没有事实根据。

（一）被告无证据证明其为香港S公司的控股公司

被告举出香港S公司会议纪要、朱某及詹某的任免通知，证明S公司系被告的控股公司，这一主张不能成立。首先，仅凭一份会议纪要及S公司股东中有两人系被告单位干部，根本无法证明S公司与被告的隶属关系。要证明其股权构成，至少需举出S公司的注册登记文件。其次，被告系在国家工商局注册的中国法人，根据有关工商管理法规规定，企业法人的分、子公司均须在工商局进行登记备案。当这些登记事项发生变化时，须在法定期间内到工商局进行变更登记，否则工商行政管理局将对企业法人进行行政处罚。根据我方在起诉前委托我公司纪检委到国家工商局查询被告的工商登记档案的结果（因被告系特管档案，故经主管局长批示，该档案只能查阅，不能复制，故我公司纪检委出具了情况说明），被告的全部13个分、子公司中并无香港S公司。最后，被告也无法举出其向S公司投入资本的证明。故我方认为，被告系S公司的控股公司的说法不能成立。

旁白

在对方没有举出有效证据时，给对方指出几条举证途径，而且看上去符合证明规则。但是，几条举证途径全部都是死路——对方根本无法举证。这是非常狡猾的抗辩形式。

——S公司是某企业合作公司派出其人员（自然人）在香港设立的独立公司（国内俗称窗口单位），故S公司在香港的注册登记文件中不可能有某企业合作公司为S公司股东或上级主管单位的登记内容，在某企业合作公司的国内工商登记文件中也不可能有S公司为该公司分、子公司的登记内容，当然在这两家的注册登记文件中也不可能有某企业合作公司向S公司投入资本的证明文件。

（二）被告无证据证明其代我方付款

退一步说，即使被告确为S公司的控股公司，仍不能据此确定被告已代我方对外付款。

被告在答辩状中称其指令S公司按照我方的指令，汇到香港D公司100万美元，但既举不出我方指令的证据，又拿不出其所谓“子公司”S公司向D公司付款的证据，故此说法在诉讼中毫无意义。

被告认为其对S公司资金有支配权，其与S公司就2500万元已进行内部结算，此主张更加不能成立。即使S公司系被告子公司，S公司是否代被告在境外付款、如何付款，或者S公司与被告如何进行内部结算以及结算凭证，也必须作为证据提出，经法庭认可，才能认定。仅凭被告单方的“内部结算”的模糊说法，如何能确定2500万元已实际支付。况且，如果被告真以这种方式付款，根据外经贸部1998年10月1日实施的《对外贸易经济合作部对逃、套汇外经贸企业给予行政处罚的暂行规定》第2条第（二）款规定，该行为已构成套汇行为，违反了我国外汇管理的法律法规，属严厉打击的违法行为。

（三）D公司实际代我方开立信用证并已代付信用证项下全部款项，且已通过诉讼方式向我方追偿，证明被告关于指令S公司代为付款的说法毫无根据，2500万元分文未付

我方于1998年6月13日委托D公司代我方向通用汽车亚洲公司开立390辆车的信用证，D公司于1998年6月19日开出信用证，通用汽车亚洲公司于1998年11月5日向D公司出具390辆车的发票。因我方未能及时向D公司支付信用证项下款项，D公司已于1999年8月向某中级人民法院起诉要求我方支付履约保证金、开证手续费、信用证垫付款（即全部货款）及罚息等。由此可以确定，信用证系D公司开出，信用证项下款项由D公司垫付，各种手续费、利息等均由D公司负担，不知被告是如何代我方对外付款的？款付到哪里去了？解释只有一种，被告根本分文未付。

我方与D公司签订协议，委托D公司代为开立信用证的时间虽然在我方与被告签订《合作协议》之前，但并不影响本案事实的认定。因对外贸易经济合作部办公厅于1998年6月30日（即我方向被告付第二笔款的当天）以[1998]外经贸计财字第472号文转发了国家外汇管理局《关于下发〈进口付汇核销贸易真实性审核规定〉的通知》（［98］汇国函字第199号），该通知附件《进口付汇核销贸易真实性审核规定》第8条规定："对外付汇或开立信用证的进口单位必须是对外签订进口协议的买方及进口货物的经营单位或收货人，不得代开信用证或代为付汇。"此规定于1998年7月1日起施行，即我方刚刚向被告付清全部2500万元后第二天。该行政规章明令禁止国内企业之间互相委托开立信用证或代为付汇，我方只能委托香港的D公司代开信用证。

综上，我方有充分证据证明，被告在收到我方付款后，并未开证或对外付款，刚刚施行的行政规章也根本不允许其代我方开证或对外付汇，且被告在庭审中举不出任何付款的证据，故其非法长期占用我方巨额资金的事实清楚，证据确凿，依法应承担返还责任。

二、被告应依法赔偿因长期占用我方资金给我方造成的损失

被告长期占用我方2500万元，拒不返还，已给我方造成严重经济损失，造成我方经营困难。因此，我方请求法庭按同期中国人民银行流动资金贷款利

率判令被告赔偿我方利息。根据1999年3月31日我公司主管部门机械部纪律检查组向中国银行某分行业务部监察室核查被告在该行开立的00973908101001账户的款项往来情况，可以看出，我方2500万元分别于6月22日、19日转入该账户。在不到一个月的时间里，这笔款项分别转入某商贸公司、某电子资讯公司、某财产保险公司保险费、德国商业银行上海分行、支付中行总行信贷部利息及向中行某分行还贷，至1998年7月14日，该账户只剩585元。因此，我方认为，被告在收到该款后，不但未履行对外付款义务，已实际使用该笔款项进行经营活动，且无偿使用两年多时间，判令其向我方承担流动资金贷款利率的损失完全合理合法，请求合议庭予以考虑，支持我方请求。

旁白

通常，如果你有证据足以证明债权的真实性和合法性，那你就没有必要再去解说债权的合理性。不过，如果你在合理性问题上另有证据，那就应该运用证据加以阐述。这种情理上的理由，或多或少会影响法官。

综上所述，我方付款事实证据确实，被告并未履行对外付款义务的事实清楚，依法应承担返还责任及赔偿我方损失。恳请合议庭在查明本案事实的基础上，充分考虑我方所遭受的损失，支持我方的诉讼请求，保护我方的合法权益。

谢谢！

自有明断

判决

一审判决

某中级人民法院查明，1998年6月5日天津某公司委托原告进口美国通用汽车公司生产的小汽车。同月17日被告与原告签订名为《合作协议》的合同，就进口小汽车对外付款一事约定：被告按原告的要求和对外商务合同的规定在收到原告的款项后对外付款；被告只负责对外付款，进口合同项下的责任和义务均由原告自行承担。1998年6月19日、6月30日原告向被告付款共计2500万元，被告为原告开具了发票。1998年11月30日，原告与香港S公司签订了进口合同。现被告既未能提供已代原告对外付款的证据，法院依被告提供的线索到海关去调查，亦未取得相关的证据。原告通过委托他方对外付款进口了小汽车。

法院认为，双方的委托合同内容不违反当时的法律，合法有效，被告既未能提供其履行了合同的证据，也无不付款的合理理由，其所辩称的已委托他方代为付款并无相应的证据支持，故不予采信。现在原告已通过他方代为对外付款，完成了进口汽车事宜。原告与被告的委托合同已无履行的必要，应予解除，被告应将收取的款项返还原告并承担利息。依据原《中华人民共和国经济合同法》第6条、第26条第一款、第二款的规定，判决：一、原告与被告签订的委托合同合法有效；二、解除原告与被告签订的委托合同；三、被告返还原告2500万元并给付利息。

旁白

当双方的证据旗鼓相当时，即使开完了庭，双方也不一定能够预知判决结果；当一方的证据居于压倒性优势时，即使还没开庭，双方就应该能够预知判决结果。

再出新招

背景

某企业合作公司的上诉意见

某企业合作公司不服一审判决，认为本案涉嫌走私，原审法院未全面了解案情，片面采信证据，判决不合法，向某高级人民法院提起上诉，请求撤销一审判决，中止本案，待海关将本案查清结案后，依法改判。其理由是：

1.上诉人与被上诉人的《合作协议》只规定上诉人对外付款，并未规定以何种方式对外付款；被上诉人对外商务合同也未规定应以何种方式对外付款。在被上诉人1998年11月13日与香港S公司签订进口合同由香港S公司作为进口商之前，被上诉人与香港D公司签订协议书委托其在境外分批向供货商开立信用证。这表明被上诉人已安排好此次汽车贸易的以下环节：①由上诉人将款付至境外；②由香港D公司在境外开证；③由香港S公司作为上诉人在境外的窗口单位。

2.被上诉人知道上诉人与香港S公司有控股关系，于1998年6月16日第一次指令香港S公司代上诉人将开证保证金，即合同总金额630万美元的15%——94.4995万美元付给香港D公司，并承诺将相应数额的人民币直接付给上诉人。1998年6月30日，被上诉人将500万人民币付给上诉人。1998年11月4日被上诉人第二次指令香港S公司向W公司支付36.302万美元，香港S公司按指令付了款。由于香港S公司作为上诉人的对外窗口履行了上诉人与被上诉人签订的《合作协议》条款，付出了两笔开证保证金，使整个合同开始履行。

而后，被上诉人分期付给上诉人2500万元人民币作为部分开证保证金。香港D公司收到香港S公司支付的保证金后向通用汽车亚洲公司开出了630万美元400辆轿车的180天远期信用证。此时，香港D公司并没有向银行真正付款。由于被上诉人的过失，1998年11月，390辆轿车到达天津新港，海关认为被上诉人进口轿车涉嫌走私，将390辆轿车扣留并进行反走私侦查，整个合同也因为发生了通关问题而停顿下来，在此期间，390辆轿车已认定属被上诉人所有，只是未完税罢了。

合同不能履行的原因是由于被上诉人的过错，海关通关问题迟迟不能得到解决，使已到达口岸的390辆轿车无法及时销售回款。而信用证付款期已到，被上诉人无钱向香港D公司支付货款造成的。香港S公司是上诉人控股的公司，其向D公司支付的130.8015万美元就是上诉人的款。

综上所述，本案是未履行完毕的合同纠纷案，上诉人收取2500万元后已履行了己方的付款义务。进口汽车合同没有能够及时履行，是被上诉人造成的，对合同的不能履行，被上诉人应承担主要责任。海关已认定本案涉嫌走私。在刑事案未结案的情况下，一审法院作出判决，是不当的，本案应中止诉讼。

旁白

在诉讼中知难而进，那叫勇气；在诉讼中执迷不悟，那叫蛮干。

——某企业合作公司的上诉虽有新的说法，但仍然没有有效证据支持。

细说事理

正文

民事答辩状（二审）

答辩人：某机床公司

答辩人就上诉人在《上诉状》中提出的上诉理由答辩如下。

答辩人认为，某中级人民法院（2000）中经初字第×号《民事判决书》认定事实清楚，适用法律正确，判决结论公正。

上诉人的上诉理由与一审并无实质不同，仍然认为：一、香港S公司系上诉人的控股公司；二、上诉人通过S公司履行《合作协议》对外付款；三、本案涉及未结刑事案件，故民事诉讼应该中止。答辩人认为上诉人的上述理由均不能成立。

一、上诉人所举证据不能证明其为S公司的控股公司

上诉人在《上诉状》中所附相关证据与一审相同，即上诉人单方出具的证明、朱某及詹某的任免通知、S公司会议纪要。答辩人认为仅凭这些证据，不能证明上诉人系S公司控股公司。

第一，仅凭一份S公司1996年9月5日的会议纪要中记载詹某、朱某为S公司股东，来证明S公司与上诉人的控股关系，未免过于简单。仅根据詹、朱两人为上诉人单位干部，不举出S公司的注册登记文件是不能证明S公司的股权构成的。证明一个公司的股权构成的法定证据只能是注册登记文件。

第二，上诉人系在国家工商局注册的中国法人，根据有关工商管理法规规定，企业法人的分、子公司均须在工商局进行登记备案，当这些登记事项发生变化时，须在法定期间内到工商局进行变更登记，否则工商行政管理局将对企业法人进行行政处罚。根据我方在起诉前委托我公司纪检委到国家工商总局查询上诉人的工商登记档案的结果（因上诉人系特管档案，经主管局长批示，该档案只能查阅，不能复制，故我公司纪检委出具情况说明），上诉人的全部13个分、子公司中并无S公司，在香港注册的子公司只有一家——L公司。

第三，上诉人无法举出其向S公司投入资本的证明。即使詹、朱真是S公司的股东，其在S公司也是个人出资，与上诉人无关，上诉人不能举出其向S公司投入资本的证明。上诉人内部干部以个人身份在香港注册公司并不能证明上诉人与该公司存在控股关系。

因此，答辩人认为，上诉人所举证据不能证明其向S公司投资，不能证明其与S公司存在控股关系，故上诉人在S公司控股的说法不能成立，上诉人所称的代答辩人对外付款的基础不存在。

二、上诉人所举证据不能证明其委托S公司代为履行《合作协议》

上诉人在《上诉状》中举出两份新证据，证明S公司“作为上诉人的对外窗口履行了上诉人与被上诉人签订的合作协议条款”，而且声称S公司与上诉人内部经济往来频繁，其向D公司（代理开证方）、W公司所付款项就是上诉人的款项。答辩人认为，S公司与上诉人是分别在香港和内地注册的两个独立的企业法人，且并无证据证明他们之间存在任何股权关系，S公司是否付款、付款数额、付款对象均与上诉人无关，上诉人以S公司的付款行为抗辩我方的诉讼请求不能成立。

退一步说，假设S公司确实替上诉人垫付两笔保证金，上诉人也无权向答辩人主张权利。答辩人与上诉人于1998年6月17日签订《合作协议》在“指令付款”函之后，协议第2条明确约定：“甲方（即上诉人）按乙方（即答辩人）的要求和对外商务合同的有关规定，在收到乙方款项后，对外付款。”答辩人于1998年6月19日及6月30日两次向上诉人支付的2500万元是为了履行《合作协议》，要求上诉人对外开证，并且依据国家外汇管理规定，通过合法渠道将款项付至境外，而非履行“指令付款”函、通过上诉人向S公司偿还其垫付的保证金。假设S公司按答辩人指令替答辩人向D公司垫付了保证金，再假设S公司还按答辩人指令替答辩人向W公司垫付了另一笔保证金，那么，有关这两笔保证金的债权债务关系则存在于答辩人、S公司、D公司、W公司之间，只有作为债权人的S公司才有权向答辩人主张偿还该款，上诉人怎么能够代案外人S公司主张债权呢？

旁白

即使在对方攻击不利时，你也不可麻痹，要设置多重、深纵防线，使阵地坚不可摧。

——某企业合作公司不能证明其为S公司的控股公司，为第一道防线；某企业合作公司未能证明S公司代为付款，为第二道防线；假设S公司代为向D公司、W公司付了款，某企业合作公司也无权代S公司向我方主张债权，为第三道防线。

还必须指出，上诉人在二审中的举证和主张，已远远超出了本案的审理范围，其实质是请求二审法院审理查明并判决解决答辩人与S公司、D公司、W公司之间的债权债务关系，在这三个公司均不是本案诉讼参与人的二审程序中，这种举证和主张在事实上无法查明，在程序上无法审理，故不应获得二审法院的支持。

三、本案属民事纠纷，与刑事案件不属于同一法律关系，一审法院对本案的审理判决完全合法

上诉人在《上诉状》中所称的涉嫌走私案犯罪嫌疑人为S公司总经理潘某等人，刑事案件涉及的是答辩人与S公司的进口合同关系，与本案答辩人与上诉人之间的委托付款关系不属同一法律关系。最高人民法院《关于在审理经济纠纷案件中涉及经济犯罪嫌疑若干问题的规定》（法释［1998］7号）第1条规定："同一公民、法人或其他经济组织因不同的法律事实，分别涉及经济纠纷和经济犯罪嫌疑的，经济纠纷案件和经济犯罪嫌疑案件应当分开审理。"答辩人与上诉人因履行《合作协议》而发生纠纷，与答辩人和S公司因《进口合同》涉及刑事案件是基于两个不同的法律事实，并不存在本案必须以另一案的审理结果为依据的情形，不符合《民事诉讼法》规定的中止条件。故一审法院在查明本案事实后，依法作出判决，完全符合法律规定。

综上，答辩人认为，一审判决认定上诉人既未提供其履行了合同的有效证据，亦无不付款的合理理由，委托他方代为付款无相应证据支持，是正确的。上诉人的上诉主张依然没有确实充分的证据证明。恳请二审法院查明本案事实，依法驳回上诉人的上诉请求，维持原判，保护答辩人的合法权益。

此呈

某高级人民法院

答辩人：某机床公司

正文

代理词（二审）

尊敬的审判长、审判员：

作为被上诉人某机床公司的代理人，根据庭审调查阶段查明的事实，发表如下代理意见。

一、我方未要求上诉人对外付款

《合作协议》第2条约定："甲方（即上诉人）按乙方（即被上诉人）的要求和对外商务合同的有关规定，在收到乙方款项后，对外付款。"由此可知，上诉人对外付款的条件有三：一为收到我方款项，该条件已经成就；二为按我方要求；三为符合对外商务合同的有关规定。因我方从未要求或指令上诉人对外付款，上诉人也无法举出任何证据证明我方曾要求或指令上诉人对外付款，故上诉人对外付款的条件尚未成就，上诉人称其已履行对外付款的义务没有合同根据。上诉人付款的第三个条件是符合对外商务合同的规定，上诉人代我方对外开立信用证或将我方所付的人民币换成外汇汇至境外是符合国家关于对外商务合同的法律规定的合法行为。假如如上诉人所称我方将人民币付给上诉人，上诉人在境外的窗口公司向外商支付外汇，则是对外贸易经济合作部发布的《对外贸易经济合作部对逃、套汇外经贸企业给予行政处罚的暂行规定》第2条第（二）款规定的套汇行为，即"违反国家规定，以人民币支付或者以实物偿付应当以外汇支付的进口货款或者其他类似支出的"行为，系行政规章明令禁止的、应受行政处罚或追究刑事责任的非法行为，因此，上诉人主张的这种付款行为不是《合作协议》约定的符合"对外商务合同的规定"的合法行为。

二、上诉人所举证据不能证明其为香港S公司的控股公司

从证据形式上看，上诉人所举证据五全部是上诉人自行制作的单方证明。一份文件，一份上诉人人事部门出具的证明，两份任免通知，一份会议纪要，仅凭以上几份单方证据，根本不能证明S公司的股权构成。证明S公司股权结构的法定证据只能是香港政府公司注册处的注册登记文件或周年申报表。假如上诉人确为S公司的控股公司，取得S公司的注册文件非常容易，不知上诉人为何在一审、二审中均拒不提供。

从证据内容上看，即使S公司股份如上诉人所说由詹某、朱某、潘某三人持有，也只能证明上述三个自然人持有S公司股份。据我方了解，詹某与朱某具有香港居民身份证及居所，詹身份证号为P712×××（S），朱身份证号为P319×××（O），詹与朱虽是上诉人方及广东某公司干部，但其以香港居民身份个人出资在香港注册的公司并不当然成为上诉人的下属子公司。如果S公司是上诉人控股的子公司，在上诉人的工商注册登记中应当记载。根据我方查询上诉人工商登记档案，上诉人下属13家子公司及9家对外投资的公司中只有一家L公司系香港公司，此外，没有任何关于S公司的记载。

因此，上诉人与S公司在股权构成上毫无关系，上诉人所举证据不能证明其与S公司之间的股权关系。

三、即使上诉人是S公司的控股公司，上诉人也不能直接享受S公司的权益

上诉人所举证据六均未提供原件，我方无法查明其真伪，因此我方对上诉人证据六的真实性及其证明效力、证明内容均有异议。且上诉人所举证据六的内容与我方补充提交的T公司代我方向D公司付款的证据足以推翻上诉人的主张，S公司并未实际付款，上诉人通过控股子公司履行付款义务的说法更加不能成立。至于上诉人的所谓我方要求S公司向W公司付款的函中清楚地记载“根据我公司与天津某物资发展中心所签订的协议”，即使该函确实存在，该函中只字未提上诉人或《合作协议》，与上诉人及《合作协议》又有什么关系呢？

即使上诉人是S公司的控股公司，上诉人所谓持股也只有78%，尚有另一股东潘某持股20%及其他股东持股2%，享受股东权益，上诉人怎能认为S公司付的款就是上诉人的款项呢？上诉人有何权利以自己的名义向我方主张S公司的债权呢？上诉人又有何权利凭78%的股份享受S公司100%的债权呢？更何况，上诉人与S公司是分别在内地和香港注册的两个独立法人，即使S公司向我方主张债权并能够受偿，该款也并不可能全部为可分配给股东的红利，上诉人又有何权利直接、全部享受呢？

即使我方与S公司存在债权债务关系，根据本案的事实，该法律关系涉及我方与S公司的《进口合同》，我方与天津某公司的《代理进口合同》，我方与D公司的代理开立信用证的《协议书》及我方与W公司的合同。五方当事人之间存在复杂的法律关系，且由于货物在报关环节出了问题，《进口合同》未能正常履行，给有关当事人造成了重大经济损失，S公司法定代表人潘某是在逃的走私罪犯罪嫌疑人，故有关民事责任承担问题比较复杂，尚未确定。如S公司向我方主张债权，我方将就S公司未完全履行《进口合同》的违约责任进行抗辩并要求S公司承担民事赔偿责任。因此，在S公司、D公司、W公司等均不是本案诉讼参与人的二审程序中，上述几方的法律关系在事实上无法查明，上诉人有关S公司债权的主张实质是请求二审法院查明我方与S公司、D公司、W公司之间的法律关系，这种主张已远远超出了本案的审理范围，违反了诉讼程序规范，不应获得二审法院的支持。

旁白

当对方的诉讼主张超出了案件审理范围，涉及案外人时，通常在一审时不宜触及这个问题，以防提醒对方申请追加第三人，使案件复杂化。但是，到了二审时，在判断二审法院不会以未追加第三人为由将案件发回一审重审的情况下，应该毫不客气地揭示对方的主张在本案中不可为之。

综上所述，上诉人无证据证明其已按我方要求依法履行了《合作协议》中的对外付款义务，其提出的S公司付款即为上诉人付款的主张没有证据支持，不能成立。恳请合议庭查明本案事实，依法判决，驳回上诉人的上诉请求，维护我方的合法权益。

谢谢！

不可逆转

判决

二审判决

某高级人民法院审理认为，上诉人与被上诉人签订的委托合同合法有效，上诉人未依约对外付款，且被上诉人已委托他方对外付款，故该合同已无履行的必要，原审判决应予解除是正确的。上诉人在诉讼中未能提供可支持其上诉主张的充足证据，故其上诉理由不能成立，法院不予支持。依据《中华人民共和国民事诉讼法》第153条第一款第（一）项的规定，判决驳回上诉，维持原判。

尾声

只要败了官司，有些律师就会抱怨法官胡判，从来不会想想自己是不是胡辩。其实，法官胡判是有的，律师胡辩也是有的。

思 考

先说两个客观事实（因本案判决未认定，故非法律事实）：其一，香港S公司确实向香港D公司支付了94.4万美元；其二，香港S公司确实是某企业合作公司的在港控股公司——某企业合作公司人员控股香港S公司，是经某企业合作公司上级主管部门批准的。

这里，我们为某企业合作公司设计一下举证和诉讼方案。

第一，举证方案。其一，举出香港S公司向香港D公司付款的凭证（某企业合作公司能够取得）；其二，举出某企业合作公司上级主管部门批准其在港设立香港S公司的文件（如涉密，则请求法院不公开质证）。

第二，诉讼方案。其一，向法院申请追加香港S公司和香港D公司为本案诉讼第三人；其二，申请法院向某中级人民法院调取香港D公司起诉某机床公司案中某机床公司的《答辩状》、《代理词》及庭审笔录（某机床公司应该在该案中主张已指令某企业合作公司通过香港S公司向香港D公司部分付款），以图取得某机床公司确认其指令某企业合作公司对外部分付款的证据。

那么，在某企业合作公司采取以上举证和诉讼步骤的情况下，某机床公司应如何应对？法院应如何认定某企业合作公司的证据和应否接受其申请？某企业合作公司最终能否达到其扣除已付部分款项的诉讼目的？

课 题

主张与举证不可脱节 文章

—— 一件委托付款纠纷案的启示

从个案看委托付款纠纷案中的法律关系 文章

国内企业之间代开信用证或代为付汇之合同效力探讨 文章

心路

在法院大门口与对方的两位代理人握手告别后，他们步履沉重地缓缓走了。夕阳下，他们一个微微摇着头看着天，一个微微摇着头看着地，没有交谈。而我，站着，望着他们的背影……

要　目

- 雨夜的关怀
- 顺畅的交流
- 换位的思考
- 顺利的诉讼

本委托合同纠纷案貌似简单，其实不然。它同时涉及诸多法律问题，主要是：其一，举证责任的转移及一方当事人所举证据不能证明其主张的问题；其二，本案的债权债务与本案所牵连的其他债权债务的关系问题；其三，因委托合同签订后出台的行政规章禁止该合同约定的委托事项，而引发的合同效力问题；其四，当民事案件涉及刑事犯罪嫌疑时是中止诉讼还是继续审理的问题。

当然，依我个人的衡量标准，本案尚不能作为案例教学辩论案例或自修精读案件，但作为案例教学讨论案例或自修泛读案例，还是不错的。

雨夜的关怀

酒楼包间的落地窗被越来越密的雨水洗刷着。窗外一片模糊，没有了雨前那多彩的灯景。我在想，这应该是今年立春后最大的一场春雨。原计划饭后去桑拿，可这会儿主要客人说雨太大，改天吧。见其他人也附和着，我没再坚持。不过，心中难免遗憾——我请客，当然想让大家吃好玩好。好在散伙前约好了来日，又想到这样正好可以早点回家写本文，于是，不仅没有抱怨这场雨，而且想象着听雨思考、写作的那份惬意。

将车停进我家侧花园旁的车棚，刚下车，就听到“大哥，你好”的招呼声。这才注意到，值夜班的保安在车棚旁躲雨。顺口问候一句雨大，别受凉，便要走，却被保安叫住了。

他操着浓重的河南口音说：大哥，雨太大，会弄湿你的衣裳，穿上我的大衣过去吧！

我连声道谢，走近他，指着自己的衣服说：我这是休闲西装，亚麻的，不怕雨。

他认真地摸了摸我的衣服，然后说：那你走边上，中间水深。

我眼圈一热，向他欠了一下身，但只说了一声：好。

跑进家，放下包，我就想着应该感谢一下他。给他送杯热茶？那还得找保温杯。拉开冰箱门，看着饮料和水果，又觉得这些东西太凉。在餐厅和厨房转了一圈，然后茫然地坐在了餐桌旁。

前些日子我就认识了他。那个周末的傍晚，写书写了整整一下午的我到停车棚前的空地上（足有小半个篮球场大）打篮球（这里安装了一副玻璃钢篮板的篮球架），刚上夜班的他在一旁看。带球上篮进球，他没反应，但只要远距离投中，他就鼓掌。拍着球跟他打招呼，他自我介绍18岁了，因为个子矮没当上兵，所以来北京打工。望着又黑又瘦、一脸稚气的他，我心中生出几分怜悯，但掩饰着跟他闲聊了几句。没想到刚相识，他就挺信任我，问我：大哥，您说说，俺这么年轻，这样下去可咋弄啊？我认真地跟他分析起学一门手艺的好处、条件和方法……

刚做律师那几年，我埋头于业务，对世事无感无悟。可近些年却不仅留意了四季交替，而且关注起世态了。冬天，看到我家的小时工跪在地板上擦地，我会提示她不要跪着干活，地下凉；看到保安裹着大衣蹲着打瞌睡，我会上前叫醒他，怕他受凉。无论是在街上，还是在路口停车等灯，只要遇到伸手乞讨的，我总会给钱……

今夜，我享受到了一个打工小孩雨中的关怀。此刻，我想着，我会像过去的这几年一样，仍然一个字一个字地认真写作，以此书向青年读者们表达我的关怀。

顺畅的交流

某机床公司为国有大型企业。我的合伙人孙律师与该公司法务人员相识，由此我所获得本案的代理，而孙律师则执意由我代理。

该公司老总是上级调任的，主持该公司工作才几个月。他姓邢，50岁出头，东北籍人，虽透出精明强干的一面，但或许是因为一直从事国有企业管理工作，也显示着诚恳朴实的一面。

第一次见邢总，便看出他虽然来公司时间不长，但对本案的基本情况和本案所涉的其他债权债务关系是清楚的。不过，也许是因为他的诚实禀性或毕竟对本案所涉法律问题尚不能深入了解，他并没有最终决定如何打这场官司。他说：基本情况你们都了解了。说实话，到底怎么告他们（指某企业合作公司），我这几天也犯愁。如果2500万元全部都要，可是咱们确实指令人家由S公司代咱们向D公司付了九十多万美元。利用人家没有咱们的书面指令，让人家哑巴吃黄连，这不是坑人吗？太不仗义。作为国有企业的老总，我也不好要求律师这样打官司。可是，D公司也太不仗义，明明收到了咱们委托付的九十多万美元，但告咱们时却要信用证的全部费用。咱们的律师也不知道怎么打的官司，法院也是瞎判，判咱们全部归还信用证费用，没有扣除已经付给D公司的九十多万美元。所以，如果咱们告某企业合作公司时从2500万元中扣除九十多万美元，那咱们就得再告D公司，讨要这九十多万美元。

虽然接触本案材料和情况才一小时，但此时我已初步形成了诉讼思路，坚定了诉讼信心。我说：邢总，你的问题涉及了律师职业和诉讼决策两个问题。第一，关于律师职业价值观问题。虽然这原本是一个简单的问题，但是包括律师在内，很多人在这种问题上的观念都是错误的。不少律师，包括国外的律师，如美国、英国律师，都在自己的著述中或言论中标榜律师如何追求正义和公平。其实，律师所追求的最高价值不是正义——那是检察机关（包括公安机关）追求的最高价值——象征性标志应当是盾和剑；不是公平——那是法院追求的最高价值——象征性标志应当是天平。律师追求的最高价值是委托人的权益——当然应该高于正义和公平。以我律师所为例，所名为航舵——为委托人导航，冲出急流险滩，驶向光明彼岸。回到本案上，起诉某企业合作公司要求其偿还2500万元及利息，对于其是否公平的问题以及从社会角度看是否正义的问题，作为律师的我也在意，但是我最在意的是咱们公司的利益。因此，作为公司老总，你完全可以这样要求我；作为律师，我也完全应该这样做。因为，这符合律师职业的价值观，当然也符合律师的职业道德。

说得好！邢总点头笑着：不愧是博士，讲得头头是道。我以为这样要求律师是让律师做假案呢。

我接着说：第二个问题是诉讼决策问题。依我看，咱们必须要求某企业合作公司全额偿还2500万元。理由是，其一，如果他们只拿出S公司向D公司付九十多万美元的证据，却拿不出咱们的指令付款证据或者咱们在付款后确认或承认他们已部分付款的证据，而咱们拿出某中级法院判决咱们全额偿还D公司为咱们垫付的信用证项下款项的判决书，那么，法院就应当判决他们全额偿还咱们的2500万元及利息，而他们可据此判决，由S公司诉D公司追讨九十多万美元。其二，如果他们拿出了咱们在S公司付款后对他们出具的确认或承认他们已部分付款的书面证据——他们拿不出咱们指令他们付款的证据，那么，法院将会予以认定，并从2500万元中扣除这部分款项，而咱们才可据此判决，另行起诉D公司返还这部分已付款项。因此，如果咱们在起诉他们时就自行在2500万元中扣除这九十多万美元，那么，因为这部分款项是他们指令S公司付给D公司的，咱们手里没有指令他们代付款的证据，也没有付款后双方或三方或四方关于代付款的确认证据，更没有法院认定这部分款为咱们委托他们通过S公司向D公司付款的判决书，另外，咱们在起诉他们后也别指望他们以后会配合咱们确认此笔代付款，因而咱们在证据和法律关系上难以起诉D公司，最终可能哑巴吃黄连的是咱们。所以，我的意见是咱们只能起诉2500万元，只有这样，咱们才能进退有路。

原想我说完，邢总会立即表示赞同的，而此刻他并没有马上表态。他时而望着天花板，时而看着他办公室那巨大的、快顶到天花板的散尾葵。显然，他在思考。好一会儿，他才似乎猛地想到我们在等他说话，赶忙说：对不起，我想事走神了。李博士，我完全同意你的看法。打官司是不是跟打仗也有相同点，进退有路才是上策？我看这事就这么定，就告他们2500万元。我刚才在想，上次跟公司法务部开会时有的同志提出，S公司是某企业合作公司指派自己的管理层人员在香港设立的公司，股本金肯定是公司的，仅仅是个人顶个名。据我了解，这种派自己公司的人员，以个人名义在香港设立公司的情况在内地国有企业中是比较普遍的，都是上级主管部门甚至中央部委批准的。这种公司实际上是公司设立在香港的窗口公司，其实就是公司的子公司。所以，法务部的同志提出某企业合作公司很有可能主张S公司是他们的子公司，S公司向D公司付款其实就是他们付款。我想他们也会这样说的，那么，咱们应该怎么应对这个问题？

刚才看材料时，我已经从法务部给公司的报告中了解并注意了这一问题，于是我略加思索后说：他们不会仅仅主张S公司是他们的子公司，他们会拿出相关证据。在他们没有咱们指令付款的直接证据的情况下，可以拿出间接证据证明他们已部分付款。他们可以举出的间接证据主要有这样几种：一是他们公司关于设立S公司的决定文件和任命有关人员做S公司股东的文件，证明S公司人、钱都是他们出的；二是上级主管部门比如国务院部委的批准文件，证明他们以这种个人出资名义设立在港子公司的合法性；三是咱们公司与S公司签订的进口合同，证明九十多万美元的用途就是S公司转付D公司用于信用证开证保证金，其目的是为了履行咱们与某企业合作公司签订的《合作协议》，也是S公司为履行与咱们公司所签的进口合同的一种协作行为。我想，他们的这种主张和举证，应该是他们的主要诉讼对策，可能成为本案双方最大的争议点。

说到这儿，我停了下来，整理一下思路，接着说：对这一问题，我还没来得及形成系统的抗辩主张。初步的想法是，第一，举出D公司在某中级法院起诉要求咱们全额偿还信用证项下款项的《民事诉状》和法院判令咱们全额偿还的《民事判决书》，证明咱们交付某企业合作公司的2500万元就是为了支付信用证项下款项的，但咱们委托的开证申请人D公司的起诉和法院的判决已确认D公司支付了信用证项下全额款项，故某企业合作公司并未对外付款，即使S公司向D公司支付了部分款项，也与本案无关。第二，举出禁止国内企业之间代为付汇的国家外汇管理局《进口付汇核销贸易真实性审核规定》，证明咱们因行政规章的禁止性规定，而另行委托非国内企业的香港D公司垫付信用证款项，故并未指令某企业合作公司违规代为付汇。第三，主张虽然S公司的两个自然人股东是某企业合作公司的人员，但是，据此也不能在法律上认为S公司就是他们的子公司或控股公司。对此我相信，法院不会简单地认定A公司的人员以自然人身份作B公司股东，B公司便是A公司子公司或控股公司，也不会基于这种认定而进一步认定B公司的付款行为就是A公司的付款行为。第四，主张因咱们并未指令某企业合作公司对外付款，所以S公司向D公司的付款行为，涉及的是S公司与D公司之间的债权债务关系，至多能够牵连到咱们，与某企业合作公司也无关，所以也与本案的债权债务关系无关。对此我也相信，在没有咱们指令付款的证据的情况下，法院不会以咱们与某企业合作公司、S公司、D公司都有合作关系，而简单地认定S公司所付款项为某企业合作公司代咱们支付的。好了，我初步的想法就是这些。起诉前，我们会向公司拿出系统、详细的意见的。当然，即使有了系统意见，我们也不会一股脑儿地向法院提出的，那样反而会将案件复杂化，而是会根据某企业合作公司的主张和举证逐步抛出的。这是明智的诉讼策略。

说完后，我既担心自己初步的想法是不是太粗略，又担心邢总是不是都能理解。可这次我多虑了，邢总马上就说：好！你说是初步意见，依我看已经挺系统了。我以前管的公司官司很多，跟律师打过不少交道。依我过去的经验，凭你的实力，这个官司对你来说是小菜一碟儿，所以把案子交给你，我完全放心。我没有问题了，你们法务部有什么问题？

法务部的负责人一直在作记录，这会儿抬起头说：还有一个挺重要的问题，就是《合作协议》的效力问题。对方会不会主张协议的内容是国内企业之间代为付汇，违反了国家外汇管理局关于禁止国内企业之间代为付汇的规定，是无效协议？法院如认定协议无效，会不会最终按企业之间借贷处理，这样咱们就只能得到本金，而丧失了取得利息的权利。2500万元两年的利息可不是小数，将近三百万元呢！

刚才在谈我方的诉讼对策时，我已提到国家外汇管理局的禁止性规定问题。虽然没有专门谈合同的效力问题，但已涉及这个问题，因而我是有思想准备的。于是我说：你提的问题很有水平。虽然，《合同法》实施后认定合同效力，必须依据法律和行政法规，不能依据行政规章或地方性法规，但是最高人民法院原副院长李国光在2000年10月全国民事审判工作会议上的讲话中说，对于国务院有关主管部门颁布的行政规章中的强制性规定，在上升为法律或行政法规之前，还要依据有关司法解释予以适用，特别提到了外汇管理方面的规定（后查讲话题目是《当前民事审判工作中亟待明确的法律政策问题》）。因此，国家外汇管理局的禁止性行政规章可以成为认定合同无效的依据。不过，本案的《合作协议》肯定是有效的，咱们的利息肯定能保住。因为，《合作协议》是在国家外汇管理局的禁止性规定出台前签订的，根据《立法法》规定，法无溯及既往的效力，因此，该禁止性规定不能成为认定《合作协议》效力的依据，签订协议时国内企业之间代为付汇并无禁止性规定，所以协议当然是有效的。另外，顺便说一句，即使合同因内容违法而无效，只要不是企业之间非法借贷，法院仍然应该判决返还本金和利息。

法务部负责人点头称是。邢总问我还有什么补充的，我提出在立案的同时应申请法院保全某企业合作公司的财产，因此请公司提供某企业合作公司的财产线索。邢总表示同意。

离开邢总办公室时，他紧握着我的手说：我喜欢你的性格，咱们会成为好朋友的。

换位的思考

虽然，这并不是一个疑难案件，但我这人多年来形成了一个职业习惯：接到标的大些的新案后的那几天，无论再忙，只要有空，就会不由自主地反复想这个新接的案子。而且，总是会把自己设想成对方的代理律师，想着如何来对付或“收拾”我方。

如果我是某企业合作公司的代理律师，我会如何应对某机床公司的起诉呢？

首先，我可能会从程序上把案件复杂化和持久化，要干预诉讼程序和进程，不能让原告顺顺当当地推进程序。具体说就是，在答辩期中申请法院追加S公司和D公司为本案的第三人，让他们两家公司在法庭上接受合议庭关于九十多万美元付款的走向和用途的调查。理由是：一者原告电话指令我公司付款；二者S公司已实际向D公司付九十多万美元；三者经国务院批准我公司派出人员投入股本金，在香港设立了性质为我公司在港窗口企业的S公司；四者S公司与原告签订了进口合同；五者D公司与原告签订了委托开立信用证的协议。这一申请如获法院批准，那么便可达到“一箭双雕”的目的：其一，将诉讼演变成涉外诉讼——涉港案件适用涉外程序，必然大幅度延长诉讼周期；其二，S公司直接出庭举证和陈述，必然加强我方的主张和证据，D公司亦难以举证证明S公司所付款项为双方其他交易项下款项，而这对于法院最终支持我方已部分付款的主张是非常重要的。

其次，我会设法收集新的证据，以加强我方原有证据。D公司在某中级法院起诉本案原告，本案原告在《答辩状》中或代理人的《代理词》中，或者在庭审的陈述中，应该会主张已指令我方通过S公司付D公司九十多万美元，该款应从信用证项下款项中扣除（经我电话询问某机床公司法务部，答复该官司是前任领导委托律师打的，只有判决书，没有其他诉讼文书，故对情况不了解）。因此，我会以最高人民法院《关于民事诉讼证据的若干规定》为依据，申请法院依职权调取该案的有关诉讼文书和庭审笔录。如果原告在这一案件中作为被告时有过已部分付款的主张或陈述，那么，便证明原告在本案中的陈述是虚假的，其确实曾口头指令我方付款。

当然，以后的诉讼实践证明，我的这两个担心不过是我的“心病”而已——某企业合作公司在整个诉讼中始终并未提出上述两个申请。看来，我多虑了，但这并不多余。尽管在以往的诉讼中，我屡次设定的对方的诉讼策略，对方多数都并没有采取，但是，我仍然会在以后的诉讼中继续思考和研究对方的对策。因为，这就是“打有准备之仗”，这就是诉讼谋略，这就是一旦遇到强硬对手时的制胜法宝。

不过，在这里我就不谈我制定的应对上述两个申请的诉讼预案了。因为，我已将此问题留作本案的思考了。

顺利的诉讼

很快，我便代理某机床公司在某中级人民法院完成了立案手续。同时，向法院申请保全某企业合作公司的财产。结果是，我方掌握的有限的两个银行账户都没钱，只得求其次，保全了某企业合作公司在其全资子公司某房地产公司的一千多万元股权（房地产公司通常会有开发项目，故股东预期收益通常大于注册资本）。因再无其他资产线索，诉讼保全只好先这样了。

对于本案的财产保全，我心里是有谱的。即使某企业合作公司有充足的财产可供我方保全，我设定的保全金额也不是我方的诉讼请求金额，即2500万元，而是1800万元。道理很简单，九十多万美元（按当时与人民币的比值应为人民币七百多万元）的争议谁胜谁败尚不能定论，如我方败了，保全2500万元就可能因超范围保全而招致对方索赔的风险。做律师，对于诸如此类的风险当然是要尽力规避的，除非当事人（委托人）坚持。

看到某企业合作公司的《民事答辩状》和所举证据，我多少有点吃惊：答辩意见怎么会这么简单？所举证据怎么会这么单薄？第1条答辩意见，即“香港S公司是我公司控股的公司，我公司对其资金有支配权。接到原告的汇款指令，香港S公司即向香港D公司汇款100万美元。我公司如何与香港S公司结算，是我公司内部的事。故我公司履行了合同义务”，是我方早已料到的。不过，在没有我方指令付款的证据和情况下，这么简单地说几句便罢，甚至连S公司、D公司与我方的法律关系都不说，何以让法院支持？而第2条答辩意见“合同无法继续履行的损失应由原告负责”和第3条答辩意见“我公司与原告的委托合同尚未履行完毕，原告要求退款无法律依据”，则不太靠谱了。我方在诉讼请求中并未要求赔偿经济损失，而是只要求偿还利息——利息属于本金的孳息，属本金范畴，与赔偿损失并非同一法律含义。因而主张应由我方承担损失，显然是无的放矢。D公司已为我方垫付信用证全部款项，且已起诉要求我方返还，还说与我方的委托合同尚未履行完毕——还想将我方的钱付给谁？即使作为一种诉讼策略，也不能这样直白地说不着边际的话。

某企业合作公司仅仅举出了两份证据：一份是S公司的会议纪要；一份是其对S公司股东朱某和詹某的任免通知，想以此种内部文件证明S公司与其的隶属关系。没有举出其上级主管部门或国务院部委批准其在香港设立S公司的批准文件（当然应该有，否则可能涉嫌挪用公款——用公款为个人在境外注册公司），也没有举出我方与S公司签订的进口合同（对其而言，这非常容易取得——我方确信其具有S公司的实际控制权），甚至连S公司向D公司支付款项的付款凭证也没有举出！

放下某企业合作公司的答辩状和证据材料，我摇摇头，深深出了一口气：对方也是“大国”——大型国有企业，怎么就派不出像样的“将领”——

律师？这等缺乏勇气和智慧的、没有章法的脆弱“抵抗”，如何能够阻挡我方“进攻的战车”？

因而，本案一审的庭审不出我所料，非常平庸，根本没有必要在这里记录或描述。至今我仍然能回味起那次庭审后挥之不去的失落感——遇不到对手，打不出好仗，对我来说是难受的。好在我对诉讼争斗并没有瘾，也没想一直干律师，所以这些年来已经很少出庭辩论了。

巴顿的岳父艾尔深知巴顿是以战争为其终生职业的，他对女儿即巴顿夫人说：他是为战争而生的人，没有战争，也就没有巴顿！或许正应验了艾尔的话，当第二次世界大战结束后不久，巴顿竟因车祸而真的死了。

或许从精神层面而言，对手的弱小已瓦解了我的斗志；或许从功利角度而言，我确信一审已赢定了，总之，我写的一审《代理词》很一般，没有出彩的地方。

这里仅说说《代理词》在抗辩被告证据上的几点策略性“机智”：

其一，我说：“首先，仅凭一份会议纪要及一份说明S公司股东中有两个人系被告单位干部的任免通知，根本无法证明S公司与被告的隶属关系。要证明其股权构成，至少需要举出S公司的注册登记文件。”这是明摆着“将”被告的“军”，而被告却无法还手。作为S公司的设立公司，被告肯定有S公司在香港的注册登记文件，但是其不愿意拿出。因为，在这一文件上，作为被告方人员的詹某和朱某仅持78%的股权，另20%为与被告无关的潘某持有（其他股东持2%）。依此文件证明，第一，S公司为自然人登记注册的独立公司，与被告并无法律上的任何关联，更谈不上控股或子公司关系；第二，S公司有与被告无关的其他自然人的权益，怎么能说S公司的付款行为就是被告的付款行为呢？因此，即使我吆喝被告举证，被告也装作没有听到。而这必然让法官认为被告举证不能，无法“打”官司，只能“说”官司。

其二，我说：“其次，被告系在国家工商局注册的中国法人，根据有关工商管理法规规定，企业法人的分、子公司均须在工商局进行登记备案。当这些登记事项发生变化时，须在法定期间内到工商局进行变更登记，否则工商局将对企业法人进行行政处罚。根据我方在起诉前委托我公司纪检委到国家工商局查询被告的工商登记档案的结果，被告的全部13个分、子公司中并无香港S公司。”这是明摆着“气”被告，而被告又无法“还嘴”。香港S公司是被告派其人员控股的公司，法律上没有被告的股权，怎么可能在被告工商登记中备案为其分、子公司呢？当然，被告在此等问题上的无奈并不重要，重要的是我方所举证明被告工商登记档案的证据（我公司纪检委的情况说明），属法律上有效而权威的证据，法院当然会重视的。

其三，我说“第三，被告也无法举出其向S公司投入资本的证明。”这简直是欺负人！被告只有将资本金转给其公司两个工作人员的证据，当然不可能有直接将资本金投入S公司的证据。当然，我的这种对被告举证不能的质疑，势必给法官造成被告主张控股S公司，却连其投资的证据也拿不出的印象。而这，当然对被告十分不利。

于是，一审判决书以被告“所辩称的已委托他方代为付款无相应的证据支持，故不予采信”为由，判决被告全额偿还我方2500万元及利息，当然都在预料之中了。

一审败了，某企业合作公司似乎才“醒来”，于是这才开始在二审中下点功夫。其《民事上诉状》除像一审答辩意见一样，重复说我方指令S公司付款以及造成合同无法履行的责任在我方外，有两点新意：其一，终于开始说S公司、D公司与我方的法律关系了；其二，以“本案涉嫌走私”为由，申请法院中止诉讼。

显然，某企业合作公司下的这点功夫还远远不够，根本不足以动摇一审判决。

其一，如前所述，说清楚我方与S公司、D公司的法律关系，对支持其关于S公司代其付款的主张，是很重要的。但是，仅仅说说不行。正确的做法一是举出证据，即我方与S公司的进口合同和我方与D公司的委托开立信用证协议；二是论证这两份证据对于S公司代其付款主张的证明关系和证明作用。

其二，“涉嫌走私，中止诉讼”的主张过于简单，反映出某企业合作公司的代理人尚不具备有关民事案件涉及刑事犯罪嫌疑的司法解释的基本知识。我在二审《答辩状》中，依据最高人民法院《关于在审理经济纠纷案件中涉及经济犯罪嫌疑若干问题的规定》，轻易就答辩了这一问题，且答辩当然是有力的。而且，我相信二审法院看了我的答辩意见后，便肯定不会再留意这个问题了。

二审开庭也很无聊，走走过场而已。很快，维持原判的终审判决就送达了。

那天宣判后，在某高级法院大门口与某企业合作公司的两位代理人握手告别时（我们之间一直都挺友好），其中一位比我年龄大点的说：唉！其实你心里也明白，这案子我们是有理的，但打起官司就没法说了。我依然客气地微笑着，无语。

在法院大门口与对方的两位代理人握手告别后，他们步履沉重地缓缓走了。夕阳下，他们一个微微摇着头看着天，一个微微摇着头看着地，没有交谈。而我，站着，望着他们的背影……

清晨

鸟鸣惊思绪，
方觉又一夕。
神清不停笔，
身寒须添衣。

第四章

正义的精神与司法的漠视

——委托合同纠纷中的合同解除与违约责任

狄更斯说：正义单靠精神上相信是不够的，它得靠非精神方面的证实，也就是靠法律的认可。（《德鲁德疑案》）

在本案中，对方为了以中外合作方式重组、扩建其各个热电厂，委托我方负责投资方案的制定、招商引资、合同谈判及各种法律文件制作等事项。然而，在我方已完成前期各项委托事务，特别是已促成香港最著名的企业与对方进入实质性谈判，且只待双方正签中外合作经营合同时，对方却以其正在申请发行A股上市为由，解除了委托合同，并拒绝对我方给予任何赔偿或补偿。我方起诉对方，要求其承担违约责任，支付我方的相应报酬。然而，法院最终却驳回了我方的全部诉讼请求。

创作了世界名著——长篇历史小说《双城记》的狄更斯，虽没学过法律，年轻时仅仅在律师事务所当过学徒，但他的上述论断则可作为法律格言。本案中，邪恶战胜正义的事实正是证明狄更斯论断的一个例证。

讼途

导言

1.本案的核心问题在于：在委托人单方解除委托合同，而受托人履行其代理义务并无过错的情况下，法院是应当仅仅判令委托人支付受托人处理委托事务垫付的必要费用？还是应当判令委托人向受托人支付相应的报酬？某投资公司（受托人，我方）没有向某热电公司（委托人，对方）提出支付我方为处理委托事务而垫付的必要费用的诉讼请求，而要求对方支付相应报酬，终遭法院驳回。

《合同法》第398条规定："委托人应当预付处理委托事务的费用。受托人为处理委托事务垫付的必要费用，委托人应当偿还该费用及其利息。"第405条规定："受托人完成委托事务的，委托人应当向其支付报酬。因不可归责于受托人的事由，委托合同解除或者委托事务不能完成的，委托人应当向受托人支付相应的报酬。当事人另有约定的，按照其约定。"

虽然，我方提起诉讼时，《合同法》尚未实施，故法院未依据《合同法》处理本案，但是，即使在《合同法》实施的现今，因委托合同通常都会约定受托人报酬的支付条件，合同提前解除，则条件未成就，故法院仍然会以受托人要求支付相应报酬的诉讼请求不符合合同约定的支付条件为由，驳回受托人的诉讼请求。因此，本案所触及的问题，乃委托合同纠纷的最大问题，对于在经济生活中签订委托合同防范此类纠纷和在司法实践中处理此类纠纷，无疑具有重要的借鉴意义。

2.本案涉及委托合同纠纷案件的管辖问题。B市中级人民法院以本案合同履行地及被告住所地均在S市为由，裁定B市中级人民法院对此案无管辖权，移送S市中级人民法院。我方不服，上诉。我方依据最高人民法院相关司法解释，认为本案案由为委托合同纠纷，委托合同履行地为受托人履行合同约定义务的地点，而我方作为受托人处理委托事务的地点均在B市，故一审裁定混淆本案委托合同的履行地和本案所涉中外合作企业经营合同的履行地（S市），是错误的。B市高级人民法院支持了我方的主张，裁定撤销原审判决，本案由B市中级人民法院继续审理。

3.本案双方关于事实认定的争议之一是，某热电公司主张我方与其签订委托合同，但在我方与某香港公司（某热电公司的合作方）的传真中却有“双方合作协议”的字样，故我方有“一手托两家”之嫌，其与我方的委托合同因此已告终止。我方对此种没有证据、仅仅基于猜测的主张予以反驳。二审判决虽然极力偏袒某热电公司，但也不敢支持这种没有证据的主张。

4.本案双方关于事实认定的争议之二是，委托合同因何原因解除。我方以某热电公司致我方的函件之书证为证，主张某热电公司发函明确提出其已“上报A股上市企业”，单方擅自中止“引进外资”，是委托合同解除的根本原因。某热电公司则举出一份证人证言，并以此主张委托合同解除的原因是“谈判破裂”。二审法院居然支持这一主张，直接认定委托合同解除的原因是谈判破裂。某热电公司致我方的函件只提到其上市而要中止合作，并未涉及谈判破裂的问题，二审法院居然用证人证言（且并未出庭作证）否定书证的效力，违反了最高人民法院《关于民事诉讼证据的若干规定》第69条第一款第（五）项关于“无正当理由未出庭作证的证人证言”不能单独作为定案依据的规定。

5.二审判决认定：“无事实证明某热电公司、某投资公司与某香港公司三方未能达成引资协议这一后果归责于某一方。”但却驳回我方要求某热电公司支付相应报酬的诉讼请求。“无事实证明”、“应归责于某一方”，亦为不能归责于我方（受托方）。《合同法》第405条规定：“因不可归责于受托人的事由，委托合同解除或者委托事务不能完成的，委托人应当向受托人支付相应的报酬。”由此可见二审判决的拙劣：在事实认定上虽然极力为某热电公司开脱责任，但仍然无法规避法律关于支付相应报酬的规定，无奈之下干脆有法不依！

要　目

- 正义呼声
- 力克错判
- 毁约有理
- 诉说冤情
- 挺讲义气
- 分文不给
- 引用新法
- 冷酷无情
- 勉强抗争

序曲

法律与正义有时是相容的，是一家人；有时是分离的，不是一家人。然而，善良的人们总以为，只要是正义的东西，法律就该认，就该保护和支持。于是，当法律把正义视为外人而背过身去时，人们便看到了法律冷酷无情的一面。

某投资公司因与某热电公司发生委托合同纠纷诉至某中级人民法院，委托我作为原告某投资公司的代理人。在一二审和再审诉讼中，我先后向法院提交了下列“正文”中所列起诉状、不服一审管辖权裁定的上诉状、一审代理词、上诉状、二审代理词、再审申请书。

正义呼声

正文

民事诉状

原告：某投资公司

被告：某热电公司

诉讼请求：

1.判令被告支付项目前期开发费和报酬1000万元；

2.判令被告承担本案全部诉讼费；

3.判令原、被告继续履行双方签订的《以中外合作方式重组、扩建S市热电一、二、三、四厂委托协议书》。

案由：委托合同纠纷

事实与理由：

1997年7月，原、被告双方就被告下属S市热电一、二、三、四厂的重组、扩建项目开始接触，并于同年10月31日签订了《以中外合作方式重组、扩建S市热电一、二、三、四厂委托协议书》（以下简称《委托协议书》），约定被告委托原告负责以中外合作方式重组、扩建S市热电一、二、三、四厂的项目前期准备、投资组织及谈判等工作，被告按项目总投资额的2%向原告支付项目前期开发费和报酬；在协议有效期的10个月中，原告拥有唯一的、排他的代理权。双方还就违约责任进行了明确约定，《委托协议书》第8条第一款第二项约定："由于委托方不能履行本协议的责任和义务或因超越本协议赋予的权力使得合作公司不能成立及外来投资资金不能到位时，委托方承担自己的一切损失和费用并且对受托方因此而发生的损失给予等额补偿。"（证据一，《委托协议书》）。该协议签订后，原告方积极与多家外商接触，并制作了《以中外合作方式重组、扩建S市热电一、二、三、四厂项目投资建议书（草）》（证据二，《以中外合作方式重组、扩建S市热电一、二、三、四厂项目投资建议书（草）》），分别提交给有关香港和外国公司，并多次带领外商到S市实地考察。其间，原告不断通过电话、传真、会面等方式进行合同的谈判、协商、修改工作（证据三，四份与某香港公司的往来传真件）。1998年1月28日，某香港公司代表范某、原告方总经理戴某及被告方董事长李某在B市原告处共同签订了《S市118MW热电厂投资协议书》（以下简称《投资协议书》）及《备忘录》（证据四，《投资协议书》和《备忘录》）。三方在《备忘录》中明确表示"对协议书文稿已达成一致意见"，"同意今年2月份（春节后）在S市就本协议正式签字"。之后，原告根据《委托协议书》的要求完成了《股东协议》、《合作公司合同》、《合作公司章程》、《购电合同》、

《购热合同》的起草，并开始谈判组织工作（证据五，原告起草的《股东协议》、《购电合同》、《购热合同》）。三方即将正式签约之时，原告及外方均发现被告就同一项目同时又与“某国际公司”等其他公司签订了合作意向书（证据六，某日报关于“某国际公司合营投资S市电厂”的报道），另外，被告正在申请发行A股上市。1998年4月21日，被告向原告出具《关于“引进外资问题”的函》（证据七，关于“引进外资问题”的函），单方面解除合同。原告就被告方违约行为给原告造成的损失多次与被告交涉，并致函省政府、S市政府，请求政府部门出面调解，均因被告无诚意和解而未获分文补偿（证据八，原告致政府及S市政府的函）。

被告在《委托协议书》有效期间内，违反协议关于原告取得“唯一的、排他的”代理权的约定，私自与其它公司谈判签约的行为本已损害了原告方的利益，更有甚者是在原告方真实、有效地履行代理义务，促成《投资协议书》草签之后，公然单方面解除合同，给原告方的经济利益和商业信誉造成巨大损失。依据《委托协议书》第8条的约定，被告单方解除合同的行为已构成违约，应承担民事赔偿责任。故原告根据《民法通则》第111条的规定和《民事诉讼法》第108条之规定，向法院提起诉讼。

综上所述，恳请贵院查明事实，依法判决，维护法律的尊严，保护原告的合法权益。

此呈

B市中级人民法院

具状人：某投资公司

旁白

如果你是一名正直的律师，你的委托人曾经遭受的屈辱一定会刺激你，让你感同身受。你的这种情感体验很珍贵——你的委托人由此会把你当成自己人，而你的激愤会化作你拼争的激情。但是，千万别让这种情感因素干扰了你的判断，让你失去冷静，否则，你可能会与你的委托人一起，在诉讼中再次遭受更大的屈辱。

力克错判

裁定

一审法院管辖裁定

被告某热电公司认为B市中级人民法院对本案无管辖权，本案应移送给S市中级人民法院审理。B市中级人民法院采信了被告的异议，认为本案合同履行地及被告住所地均在S市，裁定“本院对此案无管辖权，移送S市中级人民法院”。

正文

民事上诉状（不服管辖裁定）

上 诉 人：某投资公司

被上诉人：某热电公司

上诉事由：

不服B市中级人民法院（1998）中经初字第×号民事裁定书，认为该裁定书错误认定本案协议的履行地，请求B市高级人民法院依法进行二审。

上诉请求：

撤销原裁定，依法裁定驳回被上诉人的管辖异议。

事实与理由：

上诉人在B市中级人民法院起诉被上诉人，在法院地域管辖上，就是基于双方所签《委托协议书》的履行地在B市。该协议书的委托方为被上诉人，受托方为上诉人。双方在协议第2条对“委托事项”即该协议的履行内容作了明确的约定：“委托方全权委托受托方按国内有关法律法规和国际惯例、负责本项目的投融资方案设计、对外来投资者进行资格审查、起草和编制有关的合同及其他法律文件和资料的中英文两种文本、组织外来投资者和对外谈判等。”该条款约定的四项协议义务均由上诉人在B市履行。第一，上诉人在本公司（B市）制作完成了《项目投资建议书》（《起诉状》所附证据二，已提交一审法院）；第二，上诉人在B市通过电话、传真、信函等方式与某香港公司等多家公司联系，通过对外来投资者进行资格审查和谈判，最终确定某香港公司为外方投资合作者（《起诉状》所附证据三，四份与某香港公司的往来传真件，已提交一审法院）；第三，上诉人在B市制作《投资协议书》草案，并通过电话、传真等方式与被上诉人、某香港公司共同谈判、磋商该协议书的条款，并于1998年1月28日组织被上诉人、某香港公司来B市在上诉人处草签了《投资协议书》和《备忘录》（《起诉状》所附证据四，已提交一审法院）；第四，草签投资协议后，上诉人即依《委托协议书》的约定在B市制作了《股东协议》、《合作公司合同》、《合作公司章程》、《购电合同》、《购热合同》等合同文书（《起诉状》所附证据五，已提交一审法院）。总之，《委托协议书》第2条“委托事项”约定的四项履行义务全部由上诉人在B市履行并完成，无一项在S市履行。

关于委托合同的履行地问题虽然没有明确、具体的司法解释，但在有关司法解释中，当事人履行合同约定义务的地点为合同履行地则是明确的。例如，最高人民法院《关于如何确定借款合同履行地问题的批复》（法复[1993]10号）就对合同履行地作了明确的概括性解释，规定“合同履行地是指当事人履行合同约定义务的地点”。本案委托协议第2条“委托事项”约定的义务，均由上诉人在B市履行，上诉人不可能在被上诉人所在地S市办公和履行协议约定义务，故上诉人履行委托协议约定义务的地点——B市，为本案合同履行地。

一审《民事裁定书》认定本案《委托协议书》的履行地在S市，是与该协议的约定和实际履行事实相悖的。同时，以委托方的所在地为委托协议的履行地，是没有法律和司法解释根据的，也与民诉法和有关司法解释上的“履行地”的法律精神不符。例如，加工承揽合同的履行地，不是定作方（委托方）的所在地，而是承揽方（受托方）的加工行为地（受托行为地）。另外，如果以项目在S市，则认为本案委托协议的履行地在S市，则更为错误。因为本案为委托协议纠纷，上诉人起诉被上诉人的合同根据就是《委托协议书》，本案所涉《投资协议书》系中外三方草签，因未正式签订，并无纠纷可言，而如正签又发生纠纷，履行地为S市无疑。故如果混淆本案《委托协议书》和本案所涉《投资协议书》之不同的履行地，则必然错误认定本案合同履行地。

综上所述，本案委托协议的履行地在B市，B市中级人民法院依法对本案有管辖权，恳请二审法院查明事实，依法撤销原裁定，裁定驳回被上诉人的管辖权异议，保护上诉人合法的诉权。

此呈

B市高级人民法院

上诉人：某投资公司

裁定

二审法院管辖裁定

B市高级人民法院认为，本案为委托代理协议纠纷，受托人办理委托事务的地点就是委托代理合同的履行地。本案上诉人作为受托人在B市履行了《委托协议书》中的义务，故该协议的履行地为S市不妥，应予纠正。上诉人的上诉理由成立，应予支持。依照《中华人民共和国民事诉讼法》第24条、第154条之规定，裁定撤销原审裁定，本案由B市中级人民法院继续审理。

旁白

诉讼中艰苦的、无聊的弯路，有时是你的愚蠢引导你走出的，有时是因为对方捣乱走出来的，有时是法官逼你走出来的。只要你认识到了自己愚蠢，你就已经变聪明了。对方的捣乱，总还是有办法化解的。唯有法官的逼迫，让你不得不一次次地重走弯路。

——原告被迫打管辖权异议之程序官司，即使胜诉，也是走了延误诉讼的弯路。

毁约有理

背景

被告一审答辩意见

1.我方申请发行A股上市并不意味着招商结束，招商工作仍在继续。

2.1998年4月21日，我方给原告的函件中所称“中止引进外资的工作”，是指中止我方与某香港公司和原告三方的《S市118MW热电厂投资协议书》（下称《投资协议书》）的谈判，与中止我方与原告的《委托协议书》无关。

3.虽然我方与原告的《委托协议书》有效，但该协议在履行中已告终止。某香港公司与某投资公司的往来传真件均提到了某香港公司与某投资公司的“双方合作协议”。因《委托协议书》是一种合作协议，故某香港公司与某投资公司的合作协议也是委托协议。因此，原告有一手托两家之嫌。依据《委托协议书》，原告本应以代理人身份对外签约，1998年1月18日原告以外方乙的身份加入《投资协议书》的签订，说明原告已开始为其自身的利益而参加谈判，其角色已由我方的委托人变为了投资人。《委托协议书》与投资协议是不能并存的，《投资协议书》的签订说明《委托协议书》已经终止了。

4.原告起诉索要1000万元缺乏事实和法律依据。

5.1998年1月4日香港某报纸关于“香港某国际公司拥有40%股份的中国某投资公司刚刚与S市有关单位签订意向书，拟投资于S市一热电厂”的报道是在《委托协议书》终止之后，不能视为我方违约。

6.三方关于《投资协议书》的谈判最终夭折的原因在于：原告成为合作方后，其身份角色发生变化，我方谈判底牌被香港方全部知晓，使我方在谈判中非常被动；而原告起草的协议又过于苛刻，难以接受；要求的价格优惠政策不能落实；香港方条件无法执行。

旁白

当你认为对方律师歪曲事实、满嘴胡扯时，你需要尽快摆脱这种愤慨情绪，把精力投入到如何有力回击的冷静思考中去。摆脱情绪的办法很简单：换位思考——你设想如果你是对方的律师，你难道不会这样吗？你的高明之处或许也就是懂得自圆其说吧？

诉说冤情

正文

代理词（一审）

尊敬的审判长、审判员：

作为本案原告某投资公司的委托代理人，现我们在两次开庭审理的基础上，就原告诉被告某热电公司委托合同纠纷一案，提出如下代理意见。

一、本案《委托协议书》合法有效，约定明确具体

（一）合法有效之根据

1.协议合法。从协议形式上看，协议双方均加盖公司公章且由代表签字。从协议内容上看，具备委托代理合同必备的所有条款且无遗漏和无瑕疵，内容无与法律法规相抵触之嫌。

2.项目合法。原告、被告、某香港公司三方草签的《投资协议书》序言载明：“……故省市政府同意引进外商合作，在重组现有资产的基础上扩建该四个厂，已在省计委立项，并已取得批文同意。”

（二）约定明确、具体

《委托协议书》约定了委托事项（第2条）、授权范围（第3条和第4条）、委托方和受托方的权利义务（第5条和第6条）、支付条款（第7条）、违约条款（第8条）等，为司法实践中并不多见的约定明确具体的委托协议。为准确认定本案基本事实提供了一个确实、充分的书证。

二、原告方真实有效地处理了委托事务

原告方提供的大量书证证明，原告方按照《委托协议书》第2条“委托事项”约定的四项委托事务，真实有效地履行了受托方的义务，且全部完成了四项委托事务。

1.第一项事务为：“委托方全权委托受托方按国内有关法律法规和国际惯例，负责本项目的投融资方案设计。”

原告方根据被告提供的某热电厂现状资料，独立制作并完成了《投资建议书》，且获得被告的认可同意。《投资建议书》的制作难度较大，涉及几个专业，如法律专业（中外合作公司的法律框架）、资产重组专业、扩建工程专业、热电专业、财会专业（项目预算和成本核算）及市场项目开发专业等。

2.第二项事务为：“对外来投资者进行资格审查。”

原告方促成多家香港和外国公司形成投资意向，经资格审查，并经被告方同意，确定某香港公司为外方合作者。该公司良好资信在国际上获得认同。

3.第三项事务为：“起草和编制有关的合同及其他法律文件和资料的中英文两种文本。”

原告方独立制作并完成了《股东协议》、《购电合同》、《购热合同》等合同文本。

4.第四项事务为：“组织外来投资者和对外谈判等工作。”

原告方多次组织外商到S市被告处实地考察项目，按照协议约定的项目内容和项目条件，多次与外商谈判，特别是促成某香港公司草签《投资协议书》及附件和《备忘录》。

至此，原告方已全面完成了《委托协议书》约定的委托事项。

三、被告方违约事实清楚，应承担违约责任

1.违约事实。《委托协议书》第4.10条款约定：“委托方保证在本协议有效期

内不得单方面停止或延缓本项目的投资建设或改变项目的中外合作投资方式。”

被告方在协议有效期内（第9条协议终止条款有约定）致函原告，以其“上报A股上市企业”为由，单方擅自中止“引进外资”，且发函后便停止工作，使三方一致同意正签的《投资协议书》无法签订，严重损害了原告方和某香港公司的利益，损坏了国内企业的声誉。

2.承担违约责任的协议根据。《委托协议书》第8.1.2条款约定：“由于委托方不能履行本协议的责任和义务或因超越本协议赋予的权力使得合作公司不能成立及外来投资资金不能到位时，委托方承担自己的一切损失和费用并且对受托方因此而发生的损失给予等额补偿。”

被告方单方中止协议的履行后，拒不按协议对原告方的损失给予等额补偿。根据协议约定，依据法律规定，被告应承担违约补偿责任。

3.承担违约责任的法律根据。《民法通则》第111条规定：“当事人一方不履行合同义务或者履行合同义务不符合约定条件的，另一方有权要求履行或者采取补救措施，并有权要求赔偿损失。”

由于委托方的违约致使受托方无法完成委托事务，委托人应当向受托人支付相应报酬，这是历年来处理委托合同纠纷案件的司法实践做法。新颁布的《合同法》对这一司法实践做法予以概括和法定。该法第405条规定：“受托人完成委托事务的，委托人应当向其支付报酬。因不可归责于受托人的事由，委托合同解除或者委托事务不能完成的，委托人应当向受托人支付相应的报酬。当事人另有约定的，按照其约定。”

4.被告的补偿范围。《委托协议书》第7.1条款约定：“按照国际惯例，受托方所承担的项目前期开发费用和报酬为项目总投资额的2%。”项目总投资约104620万元，2%为2000万元。鉴于因被告违约致使外商资金无法投入，原告方请求法院判令被告补偿前期开发费用和报酬1000万元，为约定的1/2。这一诉讼请求有《委托协议书》支付条款和违约条款的约定根据，亦有被告违约和原告损失的事实根据，在定量上是适当的。

四、被告的主张没有事实根据和法律依据，不能成立

被告方认为，原告方作为《委托协议书》的受托方（代理人），却在草签的《投资协议书》中成为外方投资者，故原告方为“一手托两家”，代理行为违法，致使《委托协议书》无效。其提出的法律依据为《经济合同法》第7条“下列经济合同为无效：……三、代理人超越代理权限签订的合同或以被代理人的名义同自己或者同自己所代理的其他人签订的合同……”[1]这一主张完全不能成立。

1.原告方从未以被告方的名义同自己签订合同——原告以自己的名义与被告签订《委托协议书》，也未以被告方的名义同自己代理的其他人签订合同——原告没有与某香港公司签订委托协议，不是该公司的代理人，更未以被告的名义与该公司签订投资协议。原告的主张毫无事实根据，既然主张，必须举证，否则毫无诉讼意义。本案铁的事实是被告以自己的名义与某香港公司和原告草签了《投资协议书》。因此，被告所举上述法律规定根本无法适用于本案事实，原告的处理委托事务的行为和参与投资的行为并无违背该规定之嫌。

2.原告作为委托协议的受托方，同时作为投资协议仅占5%投资比例的投资方，这是被告认可的，在草签的《投资协议书》中被告明确加以确认，且其后从未提出过异议，现在提出“违法”，纯属打官司之举。原、被告共同书面确认的原告的这种先作受托方后作投资方的行为，在现行法律法规和司法解释中并无禁止性规定，应受法律保护。故被告之主张既无事实根据，亦无法律依据。

3.《投资协议书》第10条明确约定：“如果外方乙（即原告）不能履行委托协议中规定的义务和责任，外方乙应赔偿中方（即被告）相应的损失。”这一约定证明，被告在确定原告作为小额投资者的同时，强调与原告所签《委托协议书》继续有效，且重申如原告不履行委托协议义务和责任，则应向被告赔偿。这充分表明，被告所谓签了投资协议，委托协议便无效之主张与其自己在协议中的明确确认自相矛盾。

---

[1] 该法已于1999年10月1日被《合同法》废止，该条款已被《合同法》第48条、第49条代替。

尊敬的审判长、审判员：

本案事实清楚，证据确实、充分。《委托协议书》合法有效，且约定明确具体，原告方真实有效地完成了委托事务，被告方违约事实清楚，应承担违约责任，其所谓原告违法的主张无事实根据和法律依据，不能成立。恳请合议庭公正地判决此案，在目前市场经济条件下，用坚定的判决保护契约。

谢谢！

旁白

我可没有现今不少律师的那种文书写作本事——即使是复杂案件，一边想着一边敲着键盘，用不了太大功夫就完成了。我笨，总是先列个提纲，把各个诉讼主张的要点按重要程度或逻辑顺序，一一列出，然后在每个主张之下列出诸项理由要点，最后面对这个提纲发呆，反复琢磨，反复修改。正式写起来，又会有新的想法，新的调整。写完后，仍觉不少地方不好，还得改……

挺讲义气

判决

一审判决

B市中级人民法院查明本案的主要事实为，因被告需重组、扩建其下属热电厂，而自身资金不足，故于1997年10月31日与原告签订了《以中外合资方式重组、扩建S市热电一、二、三、四厂委托协议书》（下称《委托协议书》），委托原告对外进行招商引资工作。《委托协议书》约定引资金额为10亿元，引资成功后，原告可获得2000万元报酬。《委托协议书》协议签订后，原告为招商引资项目进行了工作，并于1998年1月28日作为投资人与某香港公司和被告签订了《投资协议书》及《备忘录》。三方约定于1998年2月在S市就投资事宜签订正式协议。但正式协议未如期签订。1998年3月，原告、被告及某香港公司继续谈判，谈判最终破裂。1998年4月21日，被告函告原告因其准备进行A股上市，故中止引进外资工作。原告对此提出了反对意见，要求继续履行合同或由被告对原告予以补偿。

B市中级人民法院认为，(1) 双方签订的《委托协议书》合法有效。(2)《委托协议书》已不可能也不必要继续履行。原因是被告委托招商引资筹集资金重组、扩建S市热电一、二、三、四厂的目的已因发行A股上市而达到，原告为被告继续招商引资已毫无意义，且被告已函告原告中止履行《委托协议书》。(3) 被告认为原告一手托两家主张不能成立。因《投资协议书》是原告、被告和某香港公司各自的法定代表人或全权代表人所签，构成三方的合意；合作协议概念和委托协议的概念是并列关系而非种属关系，原告与某香港公司的合作协议不能推定为委托协议。故原告的行为不具备一手托两家的形式特征和实质特征，不能视为一手托两家。(4) 因某省供电局的承诺函承诺当热电厂面临价格风险时，可以对电热的价格进行相应的调整，且《委托协议书》的首要目的在于谋求引资成功，而不在于谋求优惠政策，价格风险问题完全可以通过当事人的协商解决，故本案中无发生价格风险导致《委托协议书》无法继续履行的情形。(5)《投资协议书》具有两方面的法律意义。首先，它是原告履行《委托协议书》的结果，表明经过原告的努力，被告的引资目标完全能够实现，且表明被告对原告加入投资是认可的。其次，《委托协议书》存在原告处分其预期利益参加投资的内容，原告参加投资的根本原因在于某香港公司同意签订《投资协议书》的事实足以使原告相信《委托协议书》中约定的2000万元报酬可以实现，故将此预期利益予以支配。原告方将报酬转作投资交给合作成立的公司，自身只作为参与投资方参与分配利润并承担风险，有利于引资工作的成功，客观上有利于被告，故从公平的角度出发，原告作为投资一方签订《投资协议书》不应确认为原告违约的理由。(6) 1998年3月25日三方在香港的谈判破裂不能视为双方委托关系终止的原因。即使谈判破裂是某香港公司提出的条件无法执行所致，从1998年3月起至1998年8月31日也还有5个月的时间，加上前期铺底工作的节时效应，原告仍有可能在规定的期限内继续履行《委托协议书》，另行为被告招商引资。事实上，本案《委托协议书》是因为被告1998年4月21日被告致函而解除的。此解除行为不可归责于原告，被告应向原告作出补偿。鉴于无可参照的法律规定或标准，本案具体补偿数额应酌情确定。故依据《中华人民共和国经济合同法》第7条第一款第三项、第26条第一款第三项、第二款的规定，判决：一、解除原告与被告的《委托协议书》；二、被告补偿原告100万元人民币；三、驳回原告的其他诉讼请求。

某投资公司与某热电公司均不服一审判决，分别提起上诉。

旁白

有的判决书闪烁着法官的法律良知的光芒。在涉及正义、公理与法律有所冲突的案件中，他不是冷酷地站在法律一边，也不是热情地站在正义一边，而是运用他的法律智慧，尝试着在正义和法律之间寻求一种平衡。

分文不给

背景

某热电公司的上诉意见

某热电公司上诉请求撤销一审判决，驳回某投资公司的起诉。理由是：

（一）原审判决认定事实不清

1.原判未认定委托协议在履行中已经实际终止的事实。1997年12月19日，被上诉人（某投资公司）与某香港公司的“合作协议”是上诉人、被上诉人和某香港公司三方《投资协议书》的基础。在合作协议中，被上诉人向某香港公司提出利益要求，而某香港公司要求被上诉人不再要求在该公司达到某一收益后从该公司分利，完全可以说明合作协议是针对上诉人的引资工作而来的。

被上诉人参加签订《投资协议书》，表明其从受托人改变为投资一方，可以说明《委托协议书》已经终止。

2.原判错误地认定被上诉人可以在《委托协议书》规定的期限内另行招商。被上诉人由受托方变更为投资一方，给我方造成极大的损害，《委托协议书》实际就此终止。此时距《投资协议书》约定的资金到位时间仅剩3个月，被上诉人在此期间是不可能为我方另行招商的。原判认定还有5个月的引资时间不准确。

（二）原判适用法律不当

被上诉人与外商的“合作协议”是其损害上诉人合法权益的关键性证据，是追究其违约责任的关键性证据。根据《最高人民法院关于民事经济审判方式改革问题的若干规定》第30条：“有证据证明持有证据的一方当事人无正当理由拒不提供，如果对方当事人主张该证据的内容不利于证据持有人，可以推定该证据成立。”原审法院未适用该规定认定被上诉人与某香港公司的《合作协议》是错误的。

（三）原审判决上诉人补偿被上诉人100万元人民币，没有事实和法律依据

双方在合同中对中止与补偿已有明确约定，即对发生的损失给予等额补偿。然而，被上诉人未向法庭提交发生实际损失的证据。一审法院的“酌情”判决是违背法律的。

旁白

用完你了，一分钱也不愿给——这种人在社会生活中是不敢这样公然叫嚣的，但是，在诉讼中他不仅敢，而且理直气壮。为什么？因为他知道，法律有可能支持他。

引用新法

正 文

民事上诉状

上 诉 人：某投资公司

被上诉人：某热电公司

上诉理由：

上诉人因不服B市中级人民法院（1999）中经初字第×号《民事判决书》，认为该判决书适用法律错误，判决结论不公，故请求二审法院在查明事实的基础上，正确适用《合同法》有关规定，撤销一审判决书判决内容第二项，依法改判。

上诉请求：

1.判令被上诉人支付上诉人报酬及赔偿损失1000万元；

2.判令被上诉人承担二审诉讼费用。

事实与理由：

一、一审判决错误地适用《经济合同法》，未正确适用《合同法》，未判令被上诉人支付报酬

最高人民法院关于适用《中华人民共和国合同法》若干问题的解释（一）（法释[1999]19号）第1条规定："……合同法实施以前成立的合同发生纠纷起诉到人民法院的，除本解释另有规定的以外，适用当时的法律规定，当时没有法律规定的，可以适用合同法的有关规定。"本案案由为委托合同纠纷，《合同法》之前的法律对于委托合同没有具体规定，因此本案属合同法实施以前成立的合同发生纠纷，当时没有法律规定，应适用合同法关于委托合同的专门规定。

1.上诉人与被上诉人签订的《委托协议书》具备委托事项、权限、报酬、合同期限等主要条款，一审判决书对该《委托协议书》有效的认定是正确的。一审判决书认定："本案委托协议乃因1998年4月21日某热电公司致某投资公司的函而告解除，此解除行为之发生不可归责于某投资公司。"该认定表明，被上诉人（即委托方）在合同约定期限内不履行合同的行为导致委托合同解除，而上诉人（即受托方）对此不承担责任。

《合同法》第405条规定："……因不可归责于受托人的事由，委托合同解除或者委托事务不能完成的，委托人应当向受托人支付相应的报酬。"该规定主旨在于明确委托人有支付报酬的义务，且委托人支付报酬并不以受托人成功地处理受委托事务为要件。对于因不可归责于受托人的事由，而致委托合同解除或委托事务不能完成的，合同风险由委托人负担，委托人应当向受托人支付相应的报酬。原因在于，委托合同的目的，在于处理一定的事务，它不像承揽合同必须以工作的完成为目的，因而，对不可归责于受托人的事由（如本案依委托人的意思终止委托合同）导致委托合同解除时，如若不规定给予受托人报酬，受托人的权利将没有任何保障，委托人可以在任何时候，甚至是在委托事务将完成之时，单方解除委托合同，轻易取得受托人的工作成果，而不向受托人支付报酬。而且，按受托人的劳务确定相应的报酬，并不违背委托的宗旨。所以，合同法规定，受托人对其已处理部分，有权请求委托人给付相应的报酬。

上诉人作为受托人，履行《委托协议书》规定的受托人义务，并无瑕疵，且已促成被上诉人、某香港公司、上诉人三方草签《投资协议书》，大量细致、复杂的工作均已完成，受托人已基本完成受托义务。如果不是被上诉人要通过上市方式融资而致函上诉人终止《委托协议书》，三方即可正签投资协议，受托事务即彻底完成。故根据上诉人已完成的受托工作来考量，上诉人要求被上诉人支付相当于全部报酬50%的1000万元作为已完成部分的报酬的请求是合理的。一审判决未依最高人民法院《关于适用〈中华人民共和国合同法〉若干问题的解释（一）》之规定，未适用《合同法》关于委托合同的明确规定，无视上诉人作为受托人已基本完成受托义务的事实，未对被上诉人作为委托人，应根据受托人已完成事务支付相应报酬的数额作出判决，严重损害了上诉人的合法权益。判决书错误地适用《经济合同法》，无视《合同法》关于委托合同的特殊规定，当然只能酿成错误判决。

2.《合同法》第410条规定：“委托人或者受托人可以随时解除委托合同。因解除合同给对方造成损失的，除不可归责于该当事人的事由以外，应当赔偿损失。”其意为委托人单方解除委托合同时，除应依第四百零五条向受托人支付相应报酬外，如其解除行为给受托人造成损失，除不可归责于委托人的事由以外，委托人还应当赔偿损失。

由于《投资协议书》外方为国际上颇有影响的某香港公司，因而，被上诉人的单方解约行为给上诉人的商业信誉带来了无可弥补的损失，上诉人系专业投资公司，商业信誉乃是公司生存的重要基础。故上诉人要求被上诉人对上诉人的商誉损失予以赔偿。

旁白

在诉讼中，如果与你的案子有关的新的法律或司法解释出台了，你一定得毫不犹豫地将有利于你的新规定运用于案件中。虽然新的法律无溯及力，但你应努力用它去影响法官。当然，如果是新的司法解释，当你的案子未出一审判决时，法官就应当适用。

——我在上述《上诉状》中着重引用了新颁布实施的《合同法》的规定。

二、判决书关于100万元的补偿数额过低，损害了上诉人的合法权益

判决书判决内容第二项判令被上诉人偿付上诉人100万元毫无标准，也无任何根据。判决书虽客观上认定《委托协议书》有效，认定上诉人基本完成受托事务的事实，即“为某热电公司的招商引资项目进行了工作，并作为投资人与某香港公司、某热电公司于1998年1月28日共同签订了《S市118MW热电厂投资协议书》及《备忘录》"，认定委托合同无法继续履行的事实，即"实际上，本案委托协议乃因1998年4月21日某热电公司致某投资公司的函而告解除，此解除行为之发生不可归责于某投资公司"，却只象征性地判决被上诉人赔偿100万元。试问，100万元与上诉人完成的大量招商引资工作（已草签合同，正签合同后上诉人即可获得2000万元的报酬）能否"相应"？100万元的判决毫无标准，更无根据，根本不能体现《合同法》对于不可归责于受托人的事由而致委托合同解除，受托人有权获得"相应报酬"的立法原意。实际上，100万元的判决结果并未使上诉人作为受托人的权利得到保护，反而纵容被上诉人视契约为儿戏，任意毁约的行为。

因此，上诉人认为，判决书判决的100万元赔偿数额过低，没有法律根据，没有考虑到上诉人已完成的大量委托事务，未能保护上诉人的合法权益，系严重错误，应予改判。

综上所述，一审判决书适用法律错误，导致判决结论错误，上诉人恳请二审法院查明事实，正确适用法律，撤销一审判决，依法改判，维护法律尊严，保护上诉人的合法权利。

此呈

B市高级人民法院

上诉人：某投资公司

正文

代理词（二审）

尊敬的审判长、审判员：

作为上诉人某投资公司的代理人，我们根据庭审调查阶段查明的事实，发表如下代理意见。

一、一审判决书认定事实基本准确，我方完成委托事务并无瑕疵，《委托协议书》因某热电公司发函而告解除

（一）我方身份问题

我方作为受托人与某热电公司签订《委托协议书》，完成了全部四项委托事务，即制作《投资建议书》、对外来投资者进行资格审查、起草和编制有关的合同及其他法律文件、组织外来投资者和对外谈判，真实有效地履行了受托方义务。某热电公司主张我方违反受托义务，与外商“恶意串通，损害委托人利益”，却举不出任何有力证据。比较《投资建议书》、《委托协议书》与三方草签的《投资协议书》，看不出《投资协议书》中涉及中方权益的条款比前两份文件的内容有大的不同，不知某热电公司所谓损害其利益所指为何。

我方作为外方乙参与投资系某热电公司认可，其在《投资协议书》中签字确认，之后也从未以任何形式提出过异议。我方以受托人的身份参与投资的行为，是应外商要求，按国际惯例以小股份参与合作，以保障外商资金顺利到位，有利于中方引资成功，在现行法律法规中并无禁止性规定，应受法律保护。《投资协议书》第10条约定：“如果外方乙不能履行委托协议中规定的义务和责任，外方乙应赔偿中方相应的损失。”该条款强调在《投资协议书》签订之后，《委托协议书》继续有效，我方如不履行委托协议规定的义务和责任，则应向某热电公司赔偿损失。这充分说明某热电公司不但完全认可我方的受托人与投资人的双重身份，还要求我方必须继续履行《委托协议书》，与其代理人庭上提出的我方身份已从受托人变更为投资人，故《委托协议书》已终止履行的主张自相矛盾，更无所谓损害委托人利益的事实。

因此，某热电公司认为我方身份变化，损害委托人利益，导致《委托协议书》已终止的主张没有证据，不能成立。相反，有关协议证明《委托协议书》继续有效，双方委托关系并未因我方身份变化而告解除，我方有义务继续履行受托义务。

（二）有关某香港公司与我方的“合作协议”

《委托协议书》第6.2.3条款约定外方的投资比例不低于项目总投资的

65%，我方若同意外方的要求参与其投资，共同承担项目风险，当然要与其商讨合作问题，但两方从未签订过任何书面形式的协议。《投资协议书》已对原《委托协议书》的项目内容作了变更，某香港公司以外方甲的身份参与，股份从65%变更为60%，我方以外方乙的身份参与，占5%小额股份，两方的权利义务已不言自明。合作协议的内容应该是规定双方的权利义务，既然《投资协议书》中已对三方各自的权利义务作出明确约定，我方与某香港公司又有何必要再去另签一份协议？又有什么其他的、《投资协议书》中没有涉及的权利可以行使呢？外方只不过从一家变成两家，中方股份未减，也未因此减少分利，利益丝毫未损，某热电公司关于我方与外商串通损害中方合法权益，构成违约的主张不知是如何推论出来的。

（三）《委托协议书》解除的原因

某热电公司代理人在庭审中关于《委托协议书》解除的说法有两种：一种认为委托协议因三方《投资协议书》的签订，我方身份的变化而告解除；另一种认为某热电公司于1998年4月21日致函我方，仅表示“中止引进外资工作，不是中止委托”，委托工作可以继续进行，不过从S市政府外资局局长李某证言中所提的1998年3月25日双方谈判破裂时起至外商第一期资金应到位的6月30日仅剩余三个多月的时间，我方“不可能”再找到外商投资，故委托协议事实上无法继续履行而告解除。上述两种说法互相矛盾，但均不能成立。《投资协议书》第10条约定我方仍需承担委托协议规定的义务，否则将向某热电公司承担赔偿责任的约定有力地驳斥了对方第一种说法。委托协议的全部、唯一的内容就是引进外资，中止引进外资，委托协议即失去了最重要的内容——委托事项，委托事务消灭，委托合同已无存在的基础，故中止引资就是中止委托，这是毫无疑问的。我方认为1998年4月21日的函是导致委托协议解除的唯一原因，其实质就是某热电公司想通过上市融资而单方解除合同。退一步讲，即使需要在3个月内另找一家外商谈判签约并投资到位，也并非不可能，我方从委托协议生效到与某香港公司草签投资协议也仅两个半月时间，某热电公司如何认为我方不能继续履行受托事务而单方解除委托协议？故，其第二个说法同样不能成立。一审判决书关于委托协议系“因1998年4月21日某热电公司致某投资公司的函而告解除”的认定是正确的。

故，我方作为受托方，从始至终，忠实履行受托义务，完全履行受托事务，并无不妥，某热电公司主张我方履行受托义务有瑕疵，且委托协议已因我方原因解除，我方无权要求报酬，不能成立。

二、一审判决适用法律错误，未正确适用《合同法》，判令某热电公司向我方支付相应报酬

本案属合同法实施以前成立的合同发生纠纷起诉到人民法院的，当时法律对委托合同无明确规定，故根据最高人民法院《关于适用〈中华人民共和国合同法〉若干问题的解释（一）》第1条之规定，应适用合同法关于委托合同的规定。

《合同法》第405条规定：“……因不可归责于受托人的事由，委托合同解除或者委托事务不能完成的，委托人应当向受托人支付相应的报酬。”该规定非常明确，受托人取得报酬不以成功处理委托事务为要件，对于委托合同解除或委托事务不能完成的，只要是基于不可归责于受托人的事由，则委托人应向受托人支付报酬，而不是仅仅支付受托人从事委托事务支出的费用。比照《合同法》第427条关于居间合同中“居间人未促成合同成立的，不得要求支付报酬，但可以要求委托人支付从事居间活动支出的必要费用”的规定，可以看出合同法中“报酬”与“费用”是两个不同的法律术语。合同法给予委托人随时解除委托合同的权利，但对于非因受托人原因所致委托人解除合同或受托人不能完成委托事务，合同法也给予了有效的保护，即受托人有权依据已处理部分向委托人要求相应的报酬。

我方作为受托人，完全履行了受托人义务，并无瑕疵，且已促成某热电公司、某香港公司、我方三方草签《投资协议书》并制作了全部合同文本——《股东协议》、《购电合同》及《购热合同》等。如果不是某热电公司因欲上市而致函我方解除《委托协议书》，三方即可正签投资协议，某香港公司作为国际上颇有影响的公司，投资到位无须怀疑，我方受托事务即彻底完成。故根据我方已完成的受托事务来考量，要求某热电公司支付相当于全部报酬50%的1000万元作为已完成部分的相应报酬是合理的。一审判决未正确适用《合同法》关于委托合同的规定，无视我方作为受托人已基本完成受托事务的事实，未对因委托人原因致委托协议解除，委托人应向受托人支付相应报酬的数额作出判决，严重损害了我方作为受托人的合法权益。

三、一审判决补偿100万元数额过低，不能体现《合同法》的立法原意

一审判决书判令某热电公司偿付我方100万元既无标准，也无根据。判决书认定我方作为受托人已促成投资协议草签的事实及委托协议因某热电公司致函而解除的事实，却仅象征性地判决某热电公司赔偿100万元，根本不能体现合同法关于“相应报酬”的立法原意。我方完成全部受托事务，外方资金到位80%，我方即可取得全部2000万元报酬，现我方已完成前期大量细致、复杂的工作，又已促成《投资协议书》草签，难道能认为我方仅完成5%的受托事务吗？100万元的判决结果没有法律依据，违反了合同法的规定，并未使受托人的权利得到有效保护，系严重错误，应予改判。

综上所述，本案事实清楚，证据确实、充分，某热电公司责任明确。一审判决书适用法律错误，导致判决结论不公，损害了我方的合法权益，恳请二审法院准确认定本案事实，正确适用法律，撤销一审判决，依法改判，维护法律尊严，保护上诉人的合法权益。

谢谢！

旁白

《代理词》通常有两种写法：一种是系统式——全面阐述诉讼主张及理由；一种是重点式——着重针对案件焦点问题或对方的主张阐发意见。如果是一审原告，因《民事诉状》通常并不展开诉讼主张，《代理词》采系统式为宜。如果是一审被告或二审原、被告，如已在《答辩状》、《上诉状》中系统阐述诉讼主张及理由，则《代理词》可采重点式。

——本案中我的《代理词》写法，一审为系统式，二审为重点式。

冷酷无情

判决

二审判决

某高级人民法院查明：1997年10月31日，某热电公司与某投资公司签订《委托协议书》，委托某投资公司负责“以中外合资方式重组、扩建S市热电一、二、三、四厂项目”的前期准备、投资组织及谈判工作。《委托协议书》约定受托方就此项目所获得的委托在该协议生效后10个月内是唯一的、排他的，委托方保证在协议有效期内不单方面停止或延缓项目的投资建设或改变项目的中外合作投资方式；外来投资者的投资比例不低于项目总投资的65%，受托方负责督促外来投资者履约并承诺外来投资者的资金在本协议生效后8个月内到位；受托方的报酬为项目总投资的2%即2000万元；由于一方不履行本协议义务或超越本协议赋予的权力致使合作公司不能成立及外来投资者的资金不能到位时，该方承担自己的一切损失和费用，并且对对方因此而发生的损失给予等额补偿。

《委托协议书》签订后，某投资公司为某热电公司的招商项目进行工作，并于1998年1月18日，作为投资一方与某香港公司、某热电公司签订了《投资协议书》。该协议的主要内容是：项目内容以中外合作方式重组并扩建S市热电一、二、三、四厂；项目的外方甲是某香港公司的全资子公司，外方乙是某投资公司的境外公司；投资比例为外方甲60%、外方乙为5%。同日，三方签订《备忘录》，一致同意于1998年2月在S市签订正式协议。但三方并未如期签订正式协议。

1998年3月25日，三方继续谈判。最终，谈判破裂。

1998年4月21日，某热电公司向某投资公司发函称“最近省证券委正式通知我们上报‘A股上市企业’预选材料，列入我省指标。根据国家发行A股的法律，我们只好中止引进外资的工作”。

1998年4月29日，某投资公司致函某热电公司，反对中止委托合同，要求某热电公司继续履行合同或作出补偿。双方为此多次协商未果。上诉人遂诉至法院。

二审法院认为，双方签订的《委托协议书》合法有效。无证据证明某投资公司与某香港公司之间存在委托合同关系，因而不能认定某投资公司同时为两家利益相对的委托人处理委托事务。无事实证明某热电公司、某投资公司与某香港公司三方未能达成引资协议这一后果应归责于某一方。依据《委托协议书》，某投资公司若按期完成委托事务，在合作公司成立且外来投资者的资金到位后方可按期按比例获得报酬。因谈判未成功，合作公司未成立，外方资金亦未到位，其取得报酬的条件未成就，故某投资公司的上诉请求没有依据，本院不予支持。某热电公司《关于引进外资问题的函》是其终止《委托协议书》的意思表示。依据《委托协议书》的约定，某热电公司应当补偿因终止《委托协议书》而给某投资公司造成的实际损失，但因某投资公司未向法庭提供所受损失的证据，故对其要求赔偿损失、支付费用的上诉请求不予支持。某热电公司的上诉请求成立，应予支持。原审判决部分事实认定错误，适用法律不当，判决某热电公司补偿100万元无事实和法律依据，应予撤销。依照《中华人民共和国民事诉讼法》第153条第一款第二项、第三项的规定，维持原判主文第一项、撤销原判第二项、第三项，驳回某投资公司的诉讼请求。

某投资公司不服二审判决，提出再审申请。

旁白

凶狠的判决对于有的律师来说，反而激发了诉讼斗志——我就是这样，一案的惨败逼着我在多案中拼争，以求自我救赎；而对于有的律师来说，却挫伤了诉讼勇气——我的一位同事曾经就是这样，一案的惨败影响到她在多案中的信心，好久才摆脱自我怀疑。

律师是需要遭受凶狠判决的打击的——那种挥之不去、刻骨铭心的痛楚，不仅能使你不自觉地深沉起来，更重要的是让你不察觉地智慧起来——你该感谢凶狠的法官！

勉强抗争

正 文

再审申请书

申 请 人：某投资公司

被申请人：某热电公司

申请事由：

B市高级人民法院（2000）高经终字第×号《民事判决书》认定事实错误导致适用法律错误，系典型错判，故申请立案再审。

请求事项：

1.撤销B市高级人民法院（2000）高经终字第×号《民事判决书》；

2.判令被申请人赔偿申请人损失1000万元（约定代理报酬2000万元的一半）；

3.判令被申请人承担本案一、二审诉讼费用。

事实与理由：

一、本案基本事实

1.1997年10月31日，申请人与被申请人签订《委托协议书》（证据一），约定被申请人作为委托方委托申请人负责其“以中外合作方式重组、扩建S市热电一、二、三、四厂（被申请人下属厂）项目”的前期准备、投资组织及谈判等工作。具体委托事项为：“委托方全权委托受托方按国内有关法律法规和国际惯例，负责本项目的投融资方案设计、对外来投资者进行资格审查、起草和编制有关的合同及其他法律文件和资料的中英文两种文本、组织外来投资者和对外谈判等工作”（第2条）。还约定了申请人取得报酬的标准：“按照国际惯例，受托方所承担的项目前期开发费用和报酬为项目总投资额的2%。”

即项目总投资额为十亿余元，其2%为2000万元（第7条）。协议还专门约定了“违约、中止与补偿”条款：“由于委托方不能履行本协议的责任和义务或因超越本协议赋予的权力使得合作公司不能成立及外来投资资金不能到位时，委托方承担自己的一切损失和费用并且对受托方因此而发生的损失给予等额补偿”（第8条）。

2.上述协议签订后，申请人经多次实地考察被申请人四个热电厂，组织多方面专家制作完成了《以中外合作方式重组、扩建S市热电一、二、三、四厂项目投资建议书（草）》（证据二），分别提交有关香港和外国公司，并多次带领外商到S市实地考察。

3.1998年1月28日，某香港公司代表范某、申请人方总经理戴某及被申请人方董事长李某在B市申请人处共同签订了《S市118MW热电厂投资协议书》及《备忘录》（证据三）。三方在《备忘录》中明确表示“对协议书文稿已达成一致意见”，“同意今年二月份（春节后）在S市就本协议正式签字”。

4.上述《投资协议书》和《备忘录》签订后，申请人根据《委托协议书》的要求完成了《股东协议》、《购电合同》、《购热合同》等合同文本（证据四）。

5.1998年4月21日，被申请人出具《关于引进外资问题的函》（证据五），称“我公司在省、市政府和省证券委、国家证监委的积极支持下，最近省证券委正式通知我们上报‘A股上市企业’预选材料，列入某省指标。根据国家发行A股的有关法律，我们只好中止‘引进外资’的工作，请你们谅解，并对贵方为我们公司引进外资的前期工作表示感谢”，单方面解除合同。

6.申请人接到上述函告后，即就被申请人的违约行为给申请人造成的损失多次与被申请人交涉，并致函某省政府、S市政府，请求政府部门出面调解，均因被申请人无诚意和解而未能按双方的协议得到补偿（证据六，申请人致某省政府及S市政府的函）。

二、诉讼情况

1.1998年7月，申请人在B市中级人民法院向被申请人提起诉讼（证据七，

《民事诉状》）。

2.2000年5月，B市中级人民法院作出一审判决（证据八，《民事判决书》）。判决如下：一、双方签订的《委托协议书》有效；二、被申请人偿付申请人100万元；驳回申请人其他诉讼请求。

3.申请人不服上述判决，向B市高级人民法院提起上诉（证据九，《上诉状》）。提出一审判决认定事实基本正确，但适用法律错误。即，错误地适用《经济合同法》，未适用《合同法》。《合同法》第405条明确规定："……因不可归责于受托人的事由，委托合同解除或者委托事务不能完成的，委托人应当向受托人支付相应的报酬。"判决偿付100万元过低，不符合《合同法》"支付相应的报酬"的规定，要求偿付1000万元的报酬。

4.2000年11月，B市高级人民法院作出二审判决（证据十，《民事判决书》）。判决如下：一、维持一审判决第一项；二、撤销一审判决第二、三项；三、驳回申请人的诉讼请求。

三、终审判决认定事实和适用法律的错误

（一）终审判决在本案"损失"问题上的认定错误

终审判决在"本院认为"一节中称："依据双方委托协议第八条'违约、中止与补偿'条款的约定，某热电公司应当补偿因中止委托协议给受托方某投资公司造成的实际损失"。而《委托协议书》第8条"违约、中止与补偿"第8.1.2条款的原文则是"……对受托方因此而发生的损失给予等额补偿"。终审判决说是"依据双方委托协议"，却刻意在损失二字前面加上的"实际"二字，其表面是"依据"协议约定，其实质是变造协议约定。因为"损失"和"实际损失"在法律上是性质完全不同的法律术语，约定"损失"还是约定"实际损失"所引起的法律后果完全不同。

《合同法》第113条第一款规定："当事人一方不履行合同义务或者履行合同义务不符合约定，给对方造成损失的，损失赔偿应当相当于因违约所造成的损失，包括合同履行后可以获得的利益，但不得超过违反合同一方订立合同时预见到或者应当预见到的因违反合同可能造成的损失。"该条明确规定，损

失包括合同履行后可以获得的利益。申请人诉讼请求为1000万元，仅是委托协议履行后可以获得的2000万元的1/2。依据该条规定，被申请人擅自单方解除合同，不履行合同义务，而委托协议明确约定对申请人的损失给予等额补偿，故申请人请求判令1000万元，既有法律依据，也有合同根据（按照协议关于等额的约定，请求判令2000万元，也符合法律规定）。而“实际损失”则是《合同法》第398条规定的“受托人为处理委托事务垫付的必要费用”，并不包括第113条规定的“合同履行后可以获得的利益”。

另外，关于委托人解除合同应当向受托人支付相当报酬的问题，《合同法》有专门性规定，第405条规定：“受托人完成委托事务的，委托人应当向其支付报酬。因不可归责于受托人的事由，委托合同解除或者委托事务不能完成的，委托人应当向受托人支付相应的报酬。”第410条也规定：“委托人或者受托人可以随时解除委托合同。因解除合同给对方造成损失的，除不可归责于该当事人的事由以外，应当赔偿损失。”

上述《委托协议书》关于“损失”的真实约定，《合同法》关于损失赔偿金额范围的规定，关于实际损失含义的规定以及《合同法》关于委托人解除合同应向受托人支付相应报酬的规定，都证明终审判决故意将委托协议约定的损失变造成“实际损失”，系无视合法有效的合同的明确约定，无视法律关于损失和实际损失的明确规定，其目的在于偏袒被申请人，使其违约、违法行为合法化，从而驳回申请人诉讼请求，使守约守法行为不受法院的保护。这种在法院法律文书中故意变造当事人约定的行为和判决的目的不是审判观点或水平的问题，而是具有枉法裁判之嫌。

（二）终审判决在“谈判未果”问题上的认定错误

终审判决在“本院经审理查明”一节中称：“1998年3月25日，三方在香港继续谈判……最终，三方谈判破裂，未能签订任何协议。”在“本院认为”一节中称：“某热电公司、某投资公司、某香港公司三方谈判破裂，最终未能达成引资协议。”

上述认定显然是错误的，其错误在于，认定“谈判破裂”这种在合作过程中重大的法律事实，却无任何客观的书证。三方于1998年1月18日草签了

《投资协议书》，3月25日在港谈判，因税收优惠问题未正签合同，这一事实过程怎么能够概括为“谈判破裂”？终审判决的上述认定的依据就是云某个人的书面证言，但是在云某的《在港谈判情况的说明》（证据十一）中，云某也未敢断言三方谈判破裂，而是称“最终未签订任何协议，中外三方谈判到此为止”。是3月25日在港的谈判到此为止，而不是三方关于投资合作的谈判就此破裂。客观地说，三方的这次谈判因未签订会议纪要或备忘录，只能概括为“谈判未果”（一审判决正是这样认定的，是正确的）。

终审判决如此主观臆断，是有其明确目的的。其目的就是为了以“谈判不成功、合作公司未成立、外方资金亦未到位、某投资公司获取报酬的条件未成就”（“本院认为”一节之理由）为由，驳回申请人的诉讼请求。故应予依法纠正。

综上所述，本案事实清楚，证据确实、充分，被申请人的违约行为确定无疑（一二审判决均予以认定），依合同、依法应赔偿申请人的损失，即偿付申请人应得的1000万元报酬。终审判决不是一般的认定或认识错误，而是肆意篡改当事人的约定，刻意编造本案基本事实，故意错误适用法律的错判。在重契约、重法律的市场经济条件下，在国家正大力发展知识经济，鼓励并保护促成中外经济合作的委托代理、中介服务的今天，法院用坚定的判决保护契约，保护守约方，促进中外经济融合，并进而维护市场经济规则，显得越来越至关重要。因此，申请人恳请贵院重视本案的再审审查，依法纠正错判，支持申请人的再审请求。

此呈

B市高级人民法院

申请人：某投资公司

终局

B市高级人民法院接到某投资公司的《再审申请书》及所附证据后，未就是否立案召开听证会，仅经书面审查，即驳回了某投资公司的再审申请。某投资公司未在最高人民法院申请再审。

尾 声

委托人中途解约，让受托人最终两手空空的事例，这样警示我们诉讼律师：别跟信誉不好的人签代理合同，别跟你不了解的人签风险代理合同，否则，你不仅会两手空空，而且会满心愤愤。

思考

1.探究败诉案件的价值在于，探明败诉结果的主、次原因及条件性因素，以求取值得借鉴的教训。试考虑以下各项，何为败诉结果的主、次原因？何为败诉结果的条件？

其一，我方某投资公司以对方某热电公司致我方的函件为证，主张对方发函明确提出其已“上报A股上市企业”，“中止引进外资”，是委托合同解除的根本原因。对方则举出一份证人证言，并以此主张委托合同解除的原因是“谈判破裂”。二审法院采信了对方的证人未出庭作证的证人证言，否定了对方致我方函件的书证。

其二，二审判决认定：“无事实证明某热电公司、某投资公司与某香港公司三方未能达成引资协议这一后果归责于某一方。”无事实证明应归责于某一方，亦为不能归责于我方（受托方）。《合同法》第405条规定：“……因不可归责于受托人的事由，委托合同解除或者委托事务不能完成的，委托人应当向受托人支付相应的报酬。”但二审法院未依据《合同法》保护我方应得的相应报酬，而是以委托合同约定的受托人报酬支付条件为外商投资到位，而该条件事实上未成就为由，驳回了我方的诉讼请求。

其三，在一般人的观念中，受托人既然没有办成事，委托人也没责任，那么受托人就不应该取得相应报酬。这种与《合同法》明确规定相抵触的“法律”意识，或多或少也存在于本案二审法官的观念中。

其四，我方未考虑放弃要求委托人（对方）支付相应报酬的诉讼请求，未提出要求对方偿还我方为处理委托事务而预支的费用的诉讼请求。

2.代理本案败诉后，我要求我所的律师们在我所的委托代理合同中，凡涉及部分或全部风险代理的（视诉讼、仲裁效果支付代理费），在约定付款条件的同时，必须在“违约责任”一节中约定，因不可归责于受托人的事由，委托合同解除或委托事务不能完成的，委托人应当向受托人支付一定比例的报酬。那么，这样做，在委托人擅自单方解除委托代理合同的情况下，能否有效地避免本案受托人败诉的后果？

课题

论委托合同解除与委托人支付相应报酬 论文

《合同法》关于“赔偿损失”的不同规定及实践价值 文章

关于委托合同纠纷中的受托人“一手托两家”问题 文章

通过个案看书证与证人证言的较量 文章

关于委托合同纠纷案件的管辖 文章

心路

那天是周五，下午我按照惯例放下工作，带领所里的青年律师们爬香山。还没爬到一半，总裁便电话通知我二审判决下来了，驳回了我方的上诉请求。于是，无心天边的峰峦落日，无意耳畔的鸟啼虫鸣，只觉双腿像灌了铅似的，越走越沉……不过，回首俯瞰夕阳下形同调皮孩子的零乱积木般的城郭，片刻之间，我便从世间得失纷扰之中解脱出来，重新感受着山上的开阔和清凉……

要　目

- 明知艰险
- 初战告捷
- 最终落败

今天，我将前两天写的这个案子的近两千字“心路”都废了。原因是，虽然这个案子距今已经近五年了，但重拾起来我仍然不能以平常之心看它、想它。而平和和冷静当然是理智和智慧的情绪基础。

冷静地想，这个看似应该胜诉的案子彻底败掉的原因是多方面的，有协议本身的约定问题，有新旧法交替，新法（《合同法》）尚不能切实实施的因素，更有法官倾向性认识的决定性作用。

明知艰险

接这个案子前，我已成功为某投资公司代理了两件诉讼案件（其中一件联营合同纠纷案件也选录于本卷）。因而，第一次与某投资公司总裁及其下属商讨此案时，只谈如何打的问题——当然得由我来代理。

总裁五十出头，但他那“罗马头”（我对那种头发不分、不背，而垂于额前之发型的戏称），以及他眼神、言语、动作所散发出的活力，都使他显得比同龄人年轻得多。当然，更重要的是，他人品正派，意志坚定，思维敏捷。另外，早在这之前，为某投资公司打第一单官司而与他初次接触时，我就发现他在法律问题上拥有很高的悟性。不泛谈事情经过，重合同约定和履行凭证；不枉谈道理，重法律依据和司法实践。当他的部门经理说到一个自认为很重要的情节时，他会打断质问：有书面证据吗？当我的助理谈看法时，他也会打断问：有相关的规定吗？从他每次看完我写的法律文书所提出的疑问中，我清楚地知道，他基本明白我的观点体系和思辨过程。我一直很佩服他的这种法律上的悟性，因为这对于一个法律业外人士来说，是非常难得的，况且，在法律业内，缺乏这种悟性的人也并不少见。

这次开会讨论案件与以往的“气氛”一样——被我和他两支老烟枪搞得“乌烟瘴气”。虽然，因某热电公司的单方解约，他和他的团队大半年的辛苦努力都泡了汤，但是，他却仍保持着惯常的积极心态，自信而轻松地谈论着案子。他介绍说，某香港公司董事局主席就是那位世界著名的香港首富。这次某热电公司毁约，严重损害了某投资公司的商业信誉（他的公司力荐香港公司投资）。接着他谈了对案子的基本看法，概括地说，第一，我方（某投资公司）全面履行了《委托协议书》，无任何违约行为。仅仅因为某热电公司的单方解约行为，与香港公司的《投资协议书》未能签订。第二，某热电公司的违约是确定无疑的。1998年元月，我方、某热电公司和香港公司三方代表草签了《投资协议书》及《备忘录》，《备忘录》约定，三方已对协议书文稿达成一致意见，同意同年2月份正式签字。但是，4月某热电公司即向我方发函称其申请发行A股上市，单方解除委托协议。第三，委托协议明确约定，委托方不履行协议的责任使得合作公司不能成立及外来投资资金不能到位，则应对受托方因此而发生的损失给予等额补偿。委托协议约定某热电公司按项目总投资额的2%向我方支付项目前期开发费和报酬。项目总投资为10亿元，2%为2000万元。鉴于因某热电公司违约致使外商资金无法投入，我方的诉讼请求，即请求判令某热电公司支付我方的项目前期费和报酬，定为约定的一半，即为1000万元，是适当的，法院应予支持。

说实话，对于那种言而无信，出尔反尔的行为，我一向深恶痛绝，甚至将其视为大恶而疾恶如仇。在中国大陆做律师，特别是诉讼律师，谁能不遇到假借诉讼委托，实为免费咨询的事？像本案这种中途变卦，让受托人白干一场的事，比起商界，恐怕在律师界要更为常见吧！我过去的一个合伙人，曾因为类似事情起诉过委托人。而我，虽然也遇到过类似事情，但从来就没有动过打官司的念头。这是由我的个性和观念所决定的。就个性而言，25岁前，涉及我的正当利益问题，我一定会争。但25岁之后，如为单位，为他人（包括后来做律师）我是能争则争，而如果为自己，则得过且过。就观念而言，其他律师维权是对的、应该的，但我过去没有，将来也不会起诉失信的委托人。因为在我看来，失信的人就是垃圾，又脏、又臭，还是躲远点为好，免得脏了自己，恶心了自己。当然，代理公司起诉失信的委托人，则是我的职业。

以往，对于这类委托合同纠纷的认定和处理，我是关注的。故对于总裁的意见，在认定纠纷的“因”上我完全赞同，但在处理纠纷的“果”上我不敢苟同。我对总裁及与会者谈了以下意见：

首先，在认定纠纷的“因”上，我方应坚持本案的三项基本事实。即其一，《委托协议书》合法有效；其二，我方忠实履行协议，且已基本完成了协议约定的我方的受托事项，无任何违约行为；其三，协议被解除的根本原因就是某热电公司申请发行A股上市，终止引进外资的致函行为，依据协议的约定，某热电公司应承担赔偿我方损失的责任。

其次，在处理纠纷的“果”上，总裁的意见尚有法律规定空白和司法实践做法这两方面的障碍。第一，虽然《民法通则》第111条规定：“当事人一方不履行合同义务或者履行合同义务不符合约定条件的，另一方有权要求履行或者采取补救措施，并有权要求赔偿损失。”但是，关于委托合同中的委托人单方解除合同，应否向受托人支付相应报酬的问题，法律并无规定（当时《合同法》尚未实施）。第二，在司法实践中，如委托合同约定委托人报酬的支付条件为完成委托事务，在受托人完成委托事务之前，委托人解除委托合同的，法院只会判令委托人向受托人赔偿实际损失，即赔偿受托人为办理委托事务所支出的费用，而不会判令委托人向受托人支付相应报酬。为了说明这一司法实践的惯常做法，我举出了我的一位律师朋友起诉委托人的案例。该律师与某公司所签《委托代理合同》约定，律师胜诉并通过执行程序取得执行款后，公司按其实际收到的执行款的10%向律师支付代理费。然而，在律师一二审均胜诉，并请求公司协助办理执行申请手续（盖章）时，公司解除了《委托代理合同》，理由是10%的风险代理费比例过高。律师起诉公司，请求法院判令公司支付二审判决胜诉金额10%代理费的1/3的代理费（胜诉金额10%的代理费为六十多万元，诉讼请求为二十余万元）。法院一审判决驳回律师的请求，理由是代理费支付条件（公司取得执行款）并未成就。律师未上诉而另行起诉公司，诉讼请求为赔偿律师为办理案件所支出的合理费用三万余元，一审法院判决公司赔偿律师直接的实际损失一万余元，律师上诉，二审维持原判。签收二审判决时，公司的法定代表人得意地对律师说：你不是大律师吗？跟我玩！演砸了吧？现眼了吧？

说到这儿，原本应该做个简明的结论，但见总裁猛吸了几口烟，缓缓摇头，我停了下来——他是明白人，无须再就此说什么。

会议室静下来后，窗外长安街上车流的噪声显得越来越大。大家心里都明白，该总裁表态了，但似乎是怕给他压力，并没人看他。沉默了好一会儿，总裁好像意识到大家在等他，猛然抬起头，捻灭烟头，环视大家……

总裁说：照法院的判法，我们组织热电专业、工程专业、财会专业、法律专业等各方面专家历时一个多月制作并完成《投资建议书》，就直接损失而言，能够用证据证明又不扯皮的，就是一百多页一本，共几十本的成本费。一本就高算一百块钱，赔个几千块钱就算两清了事，你是法学博士，你说说这是什么法律？我不假思索地回答：这是恶法，惩善扬恶的恶法。

总裁接着说：我估算了一下所谓直接实际损失。主要是我们去几趟香港的差旅费和多次去S市调研及陪港商到S市考察的差旅费，大概也就二十多万元。像我们这样每年投资额少则几千万元，多则上亿元的公司（他们公司的主营业务是采取BOT方式投资），是不会去打几十万元标的的官司的。干脆把他们（指某热电公司）当成要饭的，白送了得了。

会议室又一次陷入寂静中。面对这种风险极高，甚至可说是败诉已定的案子，我从法律和司法实践两方面说清楚即可，不宜对打与不打问题发表意见。其实与会者除了叹气外，也不便参与决策。看得出严酷的司法现实对总裁打击不小，他谋划好的诉讼方案，被打乱了，陷入打与不打的两难境地。

沉思良久，总裁终于下定了决心。他说：咱们这个案子跟你说的那个律师的案子是有不同的。不同在于咱们的委托协议明确约定了委托人如不履行协议，要对受托人的损失给予等额补偿。当然，说到底，关键还在于法院如何理解协议中“损失”二字的含义。我不否认，官司败的概率大，但是，不打打试试就放弃，不符合我的性格，也没法向公司董事会交待。你放心大胆地去打，死马当作活马医。打败了公司不会怨你，打胜了公司奖励你。我看这事就这么定了。

现在冷静地想，当时我是应该劝总裁先放放，不要打无把握之仗。但是，我与总裁相似的个性，特别是我对失信委托人的情绪因素，使我不仅没有去劝，反而也下定决心去打。

初战告捷

起诉后不久，法院就通知签收某热电公司的《管辖异议申请书》。本案审判长是个女的，一见面就给我来了个下马威。她阴沉着脸说：你还是撤诉到S市去打吧，不撤的话，我肯定裁定移送管辖。我客气地说：对不起，我在这儿立案的原因是，这个案子是委托合同纠纷，受托人办理委托事务的地点B市就是合同的履行地，所以应该由你们院管辖。她很不耐烦地说：你说得不对，我也没必要跟你说那么多，回去自个儿琢磨吧。说完起身说：就这样儿，我这儿正忙着呢！几乎是把我赶出了她的办公室。

第二天，我即带着匆匆写就的管辖异议《答辩状》找她。她没让我进办公室，在门口接下文书就要转身。我谦卑地说：能向您请教一下案子的管辖问题吗？她丢下一句话：甭向我请教，我没空，就转身回到座位上，把我的文书扔在一边，低头做她的事。

直接赶到某投资公司后，向总裁说了法官的态度。总裁盯着手里的烟，缓缓地说：要是到了S市，客场作战，这官司就没法打了。接着问我有没有把握打赢管辖官司。我肯定地回答：在法律上有把握打赢，不过，一审看来要败。

果不然，不到一周，裁定书就出来了。正如女法官事先所说的那样，裁定案件移送S市法院管辖。我提起上诉一个月后，某高级法院裁定撤销了一审裁定，案件又回到了B市某中级法院。当然，依照程序规定，那位女法官不能作为该案的审判长了——另行组成合议庭。

顺便说一句，至今那位女法官判我代理的案子败诉的共三件，两个实体的，一个本案管辖的，都被上级法院纠正了。

最终落败

一审开庭前，本案的命运遇到了重大转机，《合同法》正式实施了。《合同法》第405条关于因不可归责于受托人的事由，委托合同解除或者委托事务不能完成的，委托人应当向受托人支付相应的报酬的规定，填补了法律的空白，否定了以往司法实践中法院只判赔偿实际损失，不判支付相应报酬的做法。

一审开庭辩论时，我着重强调了本案委托合同的解除不应归责于我方（受托方）的事实和委托人应当支付相应报酬的《合同法》依据（某热电公司所谓我方一手托两家之指称根本不堪一击）。但是，当我向审判长递交代理词时，他翻阅后说：本案纠纷发生在《合同法》实施前，经请示领导，看来不能适用《合同法》。我说：最高人民法院《关于适用〈合同法〉若干问题的解释（一）》第1条就规定，合同法实施以前成立的合同发生纠纷起诉到法院的，适用当时的法律规定，当时没有法律规定的，可以适用合同法的有关规定。合同法之前的法律对于委托合同并无具体规定，依据司法解释，可以适用合同法。他为难地说：法律适用问题不是小事，我可没有最终的决定权。

一审判决虽然没有适用《合同法》，仅酌情判决某热电公司赔偿我方100万元损失，但从字里行间，我看到了审判长的正义感。他非常认真和负责地详写判决理由，逐项阐述了法院对双方争议问题的认识和立场，其实质是逐条驳斥了某热电公司的抗辩理由。

但是，在二审开庭时，我就清醒地认识到，最终可能连一审的结果都保不住。二审审判长的倾向性过于明显。一者在我方有某热电公司声称上市，中止引进外资工作的致函（书证）的情况下，居然仅凭某热电公司在二审中提出的个人证言，就当庭认定委托合同的解除原因是双方"谈判破裂"。二者根本就不听取我的代理意见，不是插话打断，就是故意与其他法官当庭交头接耳。故庭后我立即告知总裁，二审可能会全面驳回我方的诉讼请求。

那天是周五，下午我按照惯例放下工作，带领所里的青年律师们爬香山。还没爬到一半，总裁便电话通知我二审判决下来了，驳回了我方的上诉请求。于是，无心天边的峰峦落日，无意耳畔的鸟啼虫鸣，只觉双腿像灌了铅似的，越走越沉……不过，回首俯瞰夕阳下形同调皮孩子的零乱积木般的城郭，片刻之间，我便从世间得失纷扰之中解脱出来，重新感受着山上的开阔和清凉……

根据总裁的要求，我申请了再审，亦很快被驳回。总裁最终放弃了在最高人民法院申请再审。

好在总裁说话算话，并没怨我——证据是这之后又委托我为他的公司打官司（虽也艰难，但赢了）。不过，近来与他联系少了。应该专门抽空去看看他——跟他一起“吞云吐雾”，纵横谈论，是一种享受。

冤 狱

死鬼又归来，

万幸赵作海！

骂罢公检法，

敢问谁主宰？

第五章

宏观的机器与微观的齿轮

——联营合同纠纷中的代理关系与合同效力

列夫·托尔斯泰说：……不懂机器构造的人，无法想象机器最重要的部分之一，是那个无声地转动的小小的连接齿轮。（《战争与和平》）

在本案中，某经贸公司未按约定向双方设立的联营公司投入经营场地，使联营公司无法经营。我方鉴于该公司资产状况不好，故同时起诉该公司和其上级主管单位某铁路局，而法院则以该公司为独立法人，某铁路局依法不应承担连带责任为由，拒绝受理。我接手本案后，经调查取证和研究，发现了某铁路局与该公司以及整个案件之间的“连接齿轮”——代理与被代理关系，一举促成法院受理我方对某铁路局的起诉，最终打赢了官司。

俄国大文豪托尔斯泰年轻时曾在喀山大学法律系学习过，且当过法庭陪审员。我们在认识犹如机器般复杂的案件时，应铭记托翁的上述“齿轮说”。然而，实践中要发现“连接齿轮”则是不易的，因为它是“小小的”，且“无声地转动的”。

讼途

导言

1.某贸易公司（我方）欲同时起诉某铁路局和某经贸公司（对方），但其原代理律师所提主张，即某铁路局发文批准设立某经贸公司和某铁路局向某经贸公司投入了C站多种经营场地，法院以上级主管单位并不承担下属企业的民事责任为由，拒绝受理，故本案历时四个多月未能立案。我偶遇本案后经从工商局调查取证，重新主张某铁路局与某经贸公司为委托代理关系，促使法院受理了本案。因而，某铁路局与某经贸公司的法律关系问题，亦即某铁路局应否承担本案合同责任，为本案的争议焦点之一。

2.被告某经贸公司在诉讼中主张，虽然双方所签联营合同约定了联营场地的交付日期，但其后的协议变更了这一约定，修改为“C站系国家重点工程项目，非甲方（某经贸公司——我注）之原因，场地交付日期难以确定……对此，乙方（某贸易公司，即我方——我注）表示理解，并表示愿意继续合作下去”，故某经贸公司不应承担违约责任。我方抗辩：《民法通则》第88条第二款第（二）项规定：“履行期限不明确的，债务人可以随时向债权人履行义务，债权人也可以随时要求债务人履行义务，但应当给对方必要的准备时间。”（《合同法》也有类似规定，但诉讼之初《合同法》尚未实施）。我方在协议签订后曾发函要求某经贸公司交付联营场地，故某经贸公司仍应承担违约责任。

3.被告某经贸公司在诉讼中还主张，双方在联营合同履行中签订的协议已将违约金变更为补偿金，这一事实亦证明其并无违约事实，不应承担违约责任。我方抗辩：无论违约金还是补偿金，均说明某经贸公司不履行合同义务的行为给我方造成了损失，并且有责任弥补损失。依照我国法律，无论约定违约金还是法定违约金均为补偿性质，即补偿守约方因对方的违约而遭受的损失。如果某经贸公司无违约行为，又如何会发生补偿问题？

4.法院以某铁路局在未取得C站西附楼、东附楼产权的情况下授权某经贸公司开发经营为由，认定本案联营合同及相关协议无效，判令某铁路局和某经贸公司返还我方投资款1799万元及利息，并赔偿经济损失400万元。

5.本案还涉及地方法院与铁路运输法院之间的管辖问题。结合相关司法解释，探究本案管辖问题，便可基本掌握涉铁路运输法院管辖的相关规则。

要　目

- “擒王”
- 拆招
- 喊冤
- 强辩
- 抗衡
- 靠谱

序曲

在合同诉讼中，原告要的不仅仅是漂亮的花朵——胜诉判决，更重要的是丰硕的果实——执行成果。所以作为原告律师，在接案之初，在考虑能不能打赢的同时，还要考虑能不能执行。反正别打可能两手空空的官司——原告两手空空，律师也将两手空空。

某贸易公司因与某铁路局、某经贸公司发生联营合同纠纷，委托我担任原告某贸易公司的代理人。在诉讼中，我向法院提交了下列民事诉状、关于管辖权异议的答辩状以及代理词。本案一审即结案。

“擒　王”

正文

民事诉状

原告：某贸易公司

被告：某铁路局

被告：某经贸公司

诉讼请求：

1.判令解除原、被告双方的联营合同；

2.判令被告偿还原告投资本金及损失共计3000万元整；

3.判决被告承担本案诉讼费用。

案由：联营纠纷

事实与理由：

1993年7月26日，第一被告某铁路局通知其下属机构C站多种经营筹备处，铁路局同意成立第二被告某经贸公司，该公司“与C站多种经营筹备处一个机构两块牌子”（证据一，某铁路局文件《关于成立某经贸公司的通知》铁劳[1993]×号）。1994年3月29日，第一被告向第二被告发出批复：“经研究，路局（即第一被告——原告注）决定将C站中属局直管多种经营场地〈东附楼、西附楼、东方体、西方体中约六万平方米场地〉向你公司投入，并授权你公司代表路局开发，经营这一场地。”（证据二，某铁路局《关于授权开发经营C站多种经营场地的批复》铁经复[1994]×号）

1995年10月27日，第二被告根据第一被告的授权，与原告签订联合经营C站西附楼一、二层多种经营场地的合同书及补充协议各一份。合同约定：双方组建紧密型联合经营C站西附楼一、二层多种经营场地的法人实体某商贸公司，公司注册资金为100万元，双方各承担50%，原告分三期投入经营资金。第一期投资款于合同签约之日投入，金额为800万元人民币，第二期投资款于1995年11月30日前投入，金额为1000万元人民币，第三期资金在场地交付之日付清，第二被告必须于1996年2月20日之前交付西附楼之多种经营场地（证据三，《合同书》）。补充协议进一步约定：“如甲方（即第二被告——原告注）在2月20日前，未将经营场地交付合作公司使用，则每延期一天，甲方将按乙方（即原告——原告注）已付总资金的2‰付给乙方违约金。”（证据四，《补充协议》）

合同签订后，原告本着诚实信用原则如期履行了合同项下的投资义务，两次向被告投入资金共计1799万元整（证据五，原告向第二被告付款凭证），及联营公司注册资金50万元。但是，时至1996年2月20日止，乙方却不能交付场地，致使联营公司被迫退还第一期招租收入600万元。

鉴于此，原告本着协商退让的精神，又与第二被告分别签订了1996年6月21日之《协议》（证据六，《协议》）和1997年6月6日之《协议书》（证据七，《协议书》）。但是，时至今日，虽经原告长期多次催促第二被告交付联营场地，履行联营合同项下的义务，但第二被告以种种理由未履行交付义务（证据八，原告致第二被告函《关于要求退回我方资金的请求》、第二被告复函）。

综上所述，第二被告不能于1996年2月20日之前按约定履行联营合同义务，已构成严重违约，原告由此获得解除合同权及违约赔偿请求权。第一被告授权第二被告开发、经营第一被告所有的多种经营场地，故第一被告与第二被告为委托代理关系，第一被告应依法对第二被告的代理行为引起的法律后果承担民事责任。第二被告虽为代理人，但却以自己的名义签约并收款，亦应与第一被告共同承担民事责任。两被告长期占用原告的巨额资金，拒不履行约定义务，给原告造成巨大经济损失，应共同对原告承担返还投资本金和赔偿经济损失的民事责任。因此，恳请贵院查明本案事实，依法解除联营合同，判令两被告返还原告投资本金并赔偿损失，维护原告的合法权益。

此呈

某中级人民法院

具状人：某贸易公司

附：诉状副本二份

证据八份

旁白

合理的不一定合法，合法的不一定合理。当合理性与合法性冲突时，你得设法让合理性冒充合法性或掩盖不合法性。不过，你或许能够侥幸蒙住粗心的对方律师和法官，但你必须清楚，这不是诉讼功夫，只是诉讼伎俩。

——上述《民事诉状》主张：“第二被告虽为代理人，但却以自己的名义签约并收款，亦应与第一被告共同承担民事责任”。这看上去虽然合理，但合法吗?

拆　招

背景

某经贸公司提出的管辖权异议

某经贸公司认为某中级人民法院没有管辖权。其理由是：

最高人民法院《关于适用〈中华人民共和国民事诉讼法〉若干问题的意见》第30条规定："铁路运输合同纠纷及与铁路运输有关的侵权纠纷由铁路运输法院管辖。"最高人民法院《关于铁路运输法院对经济纠纷案件管辖范围的规定》第12条规定："上级法院指定铁路运输法院受理的其他经济纠纷案件"由铁路运输法院专门管辖。某高级人民法院《关于执行〈最高人民法院关于铁路运输法院对经济纠纷案件管辖范围的规定〉第十二条规定的通知》指定某铁路运输中级法院及所属铁路运输基层法院，可以受理铁路部门及其所属企业为一方当事人的经济合同纠纷案件。因此，本案应由某铁路运输中级法院行使专门管辖权，某中级人民法院没有管辖权。

裁定

一审法院对管辖权异议的裁定

某中级人民法院认为，依据最高人民法院《关于铁路运输法院对经济纠纷案件管辖范围的规定》和某高级人民法院《关于执行〈最高人民法院关于铁路运输法院对经济纠纷案件管辖范围的规定〉第十二条规定的通知》，本案属两个以上人民法院都有管辖权的诉讼，应由最先立案的人民法院管辖。故对被告提出的关于将本案移送某市铁路运输法院管辖审理的意见，不予支持。依据《中华人民共和国民事诉讼法》第35条的规定，裁定驳回被告某经贸公司对本案管辖提出的异议。

背景

某经贸公司对管辖权异议裁定提起上诉

某经贸公司不服某中级人民法院驳回其管辖异议裁定，向某高级人民法院提出上诉，请求撤销该裁定，并裁定某市中级人民法院将本案移送某市铁路运输中级法院审理。其理由与其向某中级人民法院提出的《管辖异议申请书》相同。

正文

民事答辩状（针对被告管辖权异议上诉状）

答辩人：某贸易公司

答辩人就上诉人某经贸公司不服某中级人民法院关于管辖权裁定所提出的《民事上诉状》提出如下答辩意见。

上诉人关于铁路部门及所属企业为一方当事人的经济纠纷案件应由铁路运输法院专门管辖的认识是对最高法院及某高级法院发布的有关司法解释内容的误解，是完全不能成立的。

最高人民法院《关于铁路运输法院对经济纠纷案件管辖范围的规定》（法交发[1990]8号）第1条至第11条所规定的11类与铁路运输有关的经济合同纠纷和侵权纠纷案件属于应当由铁路运输法院专属管辖的案件，排除了地方法院对这类案件的管辖[1]。而某高级人民法院针对该8号文第12条下发给某铁路运输中级法院的《关于执行〈最高人民法院关于铁路运输法院对经济纠纷案件管辖范围的规定〉第十二条的通知》（高法[1991]146号）中规定“指定你院及所属铁路运输基层法院可以受理下列铁路部门及其所属企业为一方当事人的经济纠纷案件”。该文中列明的五类纠纷案件依法应由地方法院受理，但如一方当事人为铁路部门或其下属企业，则铁路运输法院亦有权受理，即《民事裁定书》中认定的“属两个以上人民法院都有管辖权的诉讼”。这五类案件不同于最高人民法院法交发[1990]8号文中规定的前十一类应当由铁路运输法院专属管辖的案件。上诉人未能正确辨别“可以”的法律含义，错误地认为可以由铁

[1] 该司法解释已于2013年1月4日被废止，2012年8月1日施行的《关于铁路运输法院案件管辖范围的若干规定》进一步细化了铁路运输法院的案件管辖范围。

路法院受理就是只能由铁路法院受理。上诉人基于这种错误认识而提出的原审法院无管辖权的主张，原审法院依法予以驳回，是完全正确的。

正是基于最高人民法院法交发[1990]8号文和某高级人民法院高法[1991]146号文的规定可能产生地方法院与铁路运输法院就同一案件的管辖产生争议，某高级人民法院在[1991]146号文的最后一段明确规定："受理上述案件如与地方法院发生管辖权争议，应依照我国《民事诉讼法》第三十五条、第三十七条第二款，以及最高人民法院《关于审理经济纠纷案件具体适用民事诉讼法（试行）的若干问题的解答》[1]的规定办理。"本案即为高院[1991]146号文规定的某中级人民法院与某铁路运输中级法院均有管辖权的经济纠纷案件，依据《民事诉讼法》第35条之规定，原告可以向其中一个人民法院起诉。故本案由中级人民法院受理的主张有充分的事实基础，明确的法律依据，应当得到二审法院的支持。

综上，上诉人对管辖权的异议没有法律依据，不能成立，恳请二审法院依据有关法律及司法解释，正确认定本案，依法驳回上诉，维持原裁定。

此呈

某高级人民法院

答辩人：某贸易公司

裁定

二审法院关于管辖权异议的裁定

某高级人民法院经审理，驳回某经贸公司的上诉，维持某中级人民法院的裁定。

---

[1] 该司法解释于1997年1月28日被废止，废止原因为已被1992年7月14日最高人民法院发布的《关于适用〈中华人民共和国民事诉讼法〉若干问题的意见》代替。

旁白

有时，原告起诉设定的战场（管辖法院），或者被告申请管辖权异议预设的战场，对对方而言，简直就是埋伏圈。一旦进去，即使原本打得过对方，也会被围住、拖住。所以，对于这种埋伏圈，进去了一定要设法出来，没进去千万要躲开。

——铁路法院的经费来自于铁路局的行政拨款，如果在铁路法院告铁路局，后果可想而知。

喊 冤

背景

被告某铁路局的答辩意见

被告某铁路局认为其与某贸易公司未签订联营合同，不存在任何法律关系，故不应成为本案被告，请求法院驳回原告某贸易公司的诉讼请求。其理由是:

1.某经贸公司是某铁路局全资子公司，依法独立享有民事权利和承担民事责任。该公司自始至终都是以自己的名义与原告合作。在合作过程中，所有的法律文件均是该公司与原告签署的，这是该公司作为与原告合作法律关系主体的最为明确的标志和最有力的证明。原告认定某铁路局为与其发生法律关系的实际主体，无事实和法律依据，不能成立。

2.原告以某铁路局《关于成立某经贸公司的通知》载明的“经研究同意成立某经贸公司，与C站多种经营筹备处一个机构两块牌子”和某铁路局《关于授权开发经营C站多种经营场地的批复》（下称《批复》）载明的“经研究，路局决定将C站中属局直管的多种经营场地向你公司投入，并授权你公司代表路局开发经营这一场地”证明某铁路局是本案当事人，是错误的。

C站多种经营筹备处是临时性机构非独立法人，某经贸公司是独立法人，是独立承担民事责任的主体。二者分属两个主体。原告认为两个主体承担连带责任，某经贸公司与原告签约就当然地代表C站多种经营筹备处，无法律依据。

《批复》中明确“路局决定将这些场地向你公司投入”，表明某铁路局与某经贸公司是母、子公司资产投入的关系,而不是委托代理关系。原告与被告1997年6月6日的协议书载明“某经贸公司拥有其东附楼、东方体的产权，已由国家计委、铁道部、某铁路局的一系列相关文件所确认”。对此，原告看过文件，了解其情况，确认产权的归属为某经贸公司。另根据某经贸公司的资产负债表固定资产总额栏中“1亿8千万”进一步证明了某经贸公司是其产权所有人。原告当庭出示的从工商局调取的产权证明和产权变更的证明，是该公司工商登记时住所使用地证明，并非公司经营固定资产的产权证明，因此不能以此证明C站东附楼的产权不属于某经贸公司而属于某铁路局。某经贸公司作为独立法人，独立承担责任，某铁路局作为投资人不承担任何责任。

从程序上看，原告如真的认定某铁路局与某经贸公司为委托代理关系，则依法只应起诉某铁路局，不应要求某铁路局与某经贸公司共同承担责任。

旁白

有时，律师已经接近了真理——提出了正确的主张，但却没有抓住真理——未能根据事实、依据法律展开论述。这时，细心的法官或许会重视，而粗心的法官肯定会忽视。

强　辩

背景

某经贸公司答辩意见

1.我公司与某铁路局系两个独立法人，不存在委托关系。故某铁路局不应承担责任。某铁路局与我公司是投资人与被投资人的关系。原告出示的某铁路局文件，向工商局的年报记载某铁路局投入的场地已进入我公司固定资产账户，原告与我公司1997年6月6日的协议书确认其产权属于我公司，这三项证据证明我公司对于本案涉及的东附楼场地，是自主经营。原告主张我公司与某铁路局是委托代理关系无事实根据，主张代理人与被代理人共同承担责任，亦无法律依据。

2.双方在协议中变更了场地交付日期，我公司并未违约，其诉讼请求不应得到支持。

双方分别于1996年6月21日和1997年6月6日两次对联营合同中约定的交付日期（1996年2月20日）进行修订，确认修订的原因是“C站的竣工日期及国家验收时间均非某经贸公司所能控制”，“C站系国家重点工程项目，非甲方之原因，场地交付日期难以确定……对此，乙方表示理解，并表示愿意继续合作下去”。一方面将原合同对我公司场地迟延交付的违约金变更为补偿金，不具体约定交付日期而约定“某经贸公司应尽快使场地达到交付状态”；另一方面约定前述补偿金的给付，不是按天数直接给付而是在场地交付时一次性从原告的第三期资金中冲抵，即将原合同对原告的第三期资金的给付方式从确定的数额变更为抵减前述补偿金后的余额。故场地未能交付，不属于我公司的违约行为。原告以原联营合同向我公司主张违约责任，与协议修订的事实相悖，不应得到法院的支持。

原告所追加的退回联营公司注册资本50万元的诉讼请求，因该款已用于办理新公司注册，应在清算后按投资比例返还。其诉讼请求不应得到支持。

鉴于联营合同事实上已没有继续履行的必要，我公司同意解除合同，返还原告的投资款，不同意给付违约金。

旁白

千万别以为你的诉讼主张形同铁壁，对方律师只能来碰壁——律师是这样一群人：他们在任何情况下都有话可说，而且振振有词。

抗　衡

正文

代理词（一审）

尊敬的审判长、审判员：

作为原告某贸易公司的代理人，根据庭审调查阶段查明的事实，发表如下代理意见。

一、本案联营合同合法、有效

原告与第二被告某经贸公司于1995年10月27日根据某铁路局《关于成立某经贸公司的通知》（铁劳[1993]×号）和《关于授权开发经营C站多种经营场地的批复》（铁经复[1994]×号），就共同经营C站多种经营场地签订了《合同书》，并陆续签订了《补充协议》、《协议》、《协议书》。

合同确立了双方的联营关系，约定了双方共同投资（原告方投入资金，某经贸公司投入经营场地使用权）、共同经营、共担风险。在利益分配上，合同明确约定了双方的分配比例，未约定保底条款。双方订立的合同系双方真实意思的表示，明确规定了双方的权利义务，为合法、有效的联营合同，是本案的基本事实根据。

二、某铁路局当然应为本案被告，承担民事责任

两被告代理人均主张第一被告某铁路局与第二被告某经贸公司之间为母、子公司之间资产投入关系，即某铁路局将C站中属局直管多种经营场地（包括东附楼、东方体、西附楼、西方体）以固定资产的形式投入某经贸公司，某经贸公司合法拥有C站多种经营场地的产权。由此，两被告代理人均认为第一被告某铁路局不是本案当事人，不应承担民事责任。这显然是无视事实与法律，欲将全部责任推给注册资金仅200万元，根本没有偿债能力的第二被告，以达到两被告继续占用原告巨额资金的目的。

（一）两被告系委托关系，联营场地产权归属第一被告某铁路局

我方所举证据二某铁路局《关于授权开发经营C站多种经营场地的批复》的内容，就是某铁路局根据某经贸公司申请授权经营C站多种经营场地的请示，同意授权该公司“代表路局开发，经营这一场地”。某铁路局这种授权行为并非政府机构的政策行为，而是企业法人之间的一种委托关系，铁路局将自己所有的资产委托某经贸公司经营，某经贸公司只能行使占有权、使用权、部分收益权，并不拥有所有权的全部权能，尤其不具处分权。因此，两被告之间的法律关系只能是委托关系，不可能是被告代理人所主张的母、子公司资产投入关系。原因如下：

1.某经贸公司在工商登记的组建单位、投资人均为某铁路对外服务公司，而不是某铁路局。某铁路对外服务公司是正式注册的国有独资公司，具有独立法人地位，与某经贸公司之间为母、子公司关系。经我方在工商局查询，某铁路局与某经贸公司之间并无资产投入关系。因此，所谓母公司向子公司资产投入的说法不过是某铁路局逃避民事责任的讼辞。

2.被告所举资产负债表不能证明多种经营场地产权归属某经贸公司。该资产负债表系某经贸公司自己制作的财务报表，无证据证明效力，根本不能证明经营场地的产权属于某经贸公司。既未取得多种经营场地的产权，甚至连经营权也未能取得，故而一直不能经营且屡次被诉讨债，何以凭空生出“1亿8千万元”的固定资产来?

3.在1995年10月27日我方与某经贸公司签订合同时，合同确定的联营场地为西附楼，其产权归属某铁路局。1997年6月6日协议变更为东附楼，原因在于产权人某铁路局将西附楼授权给某铁路局旅游局经营（旅游局已于1997年8月对西附楼进行了装修），而东附楼的产权至今仍归某铁路局所有。某经贸公司于1998年12月25日将其经营场所由原址的180平方米变更为C站东附楼1000平方米，该面积为东附楼地下室，且未办产权登记。至于合同约定的联营场地东附楼一、二层的4200平方米产权仍归某铁路局所有。某经贸公司除了自己制作

的一张财务报表外，根本提不出任何合法、有效的证据，证明联营场地的权属已转移至己方名下。故联营场地的产权属于某铁路局，某铁路局授权某经贸公司代表某铁路局开发经营该场地，两被告之间存在委托法律关系，作为产权人、委托人的某铁路局与经营人、受托人的某经贸公司均应对原告的诉讼请求承担民事责任。

需要补充强调的是，认定某经贸公司是否具有合同约定面积的产权，当然必须以签约时约定面积的权属为根据。

旁白

对案情的掌握达到了这种程度你就厉害了：在文书中或法庭上说起案情，你就像说自己亲身经历的事情一样，甚至案件亲历者当事人后来也夸你比他更熟悉案情。要做到这一点，你就得注意细节，不能满足于当事人给提供的证据材料和情况，要自己去调查，要反复核实与案件相关的所有情况。

（二）两被告应对原告的诉讼请求共同承担责任

《民法通则》第63条第二款规定："代理人在代理权限内，以被代理人的名义实施的民事法律行为，被代理人对代理人的代理行为，承担民事责任。"某铁路局作为委托人，授权某经贸公司代表其经营联营场地，其作为委托人的法律责任非常明确，本案联营合同不同于一般合同，联营的一方即某经贸公司是受托人。在涉及委托代理关系的债务纠纷中，怎么能说委托人与此纠纷无关呢？代理人在代理权限内实施的民事法律行为，被代理人应承担民事责任，这就是某铁路局作为本案当事人的法律依据。当然，在一般涉及委托代理关系的债务纠纷中，代理人即受托人并不与被代理人即委托人共同承担责任。这是因为在一般委托代理中，代理人是以被代理人的名义从事代理行为，并不以自己的名义直接与相对人签约和自行收款，仅仅从委托人处取得代理费或报酬。但在本案中，某经贸公司作为代理人即受托人，是以自己的名义从事代理行为，即签约、收款，且其因获得授权取得了经营权，不同于一般代理人。故某经贸公司不同于一般代理人，应与某铁路局共同承担责任。

综上，第一被告某铁路局作为本案当事人有充分的事实根据和明确的法律依据。两被告作为联营场地的产权人和经营者、委托人和受托人应对我方投入的资金及损失共同承担责任。

三、我方严格如约履行合同义务，无任何违约行为

我方与某经贸公司签订的《合同书》约定我方承担向某经贸公司支付购买联营场地经营权50%资金的付款义务，并约定于该合同签字之日，支付800万元，于1995年11月30日前支付1000万元，其余资金在某经贸公司交付场地之后付清。我方分别于1995年10月20日、1995年11月24日向某经贸公司汇款800万元、849万元、100万元及50万元。某经贸公司于1995年10月21日向我方出具了800万元的收条，于1995年11月29日向我方出具了999万元的资金往来发票，另外，我方还于1995年11月24日向该公司汇款50万元作为联营公司的注册资本。至此，我公司已按照合同全部履行了我方义务，1996年6月21日的《协议》第1条也确认我方已投入一二期资金总额为1790万元整。对于我方如期如数投资的行为，双方均无异议。

四、被告某经贸公司违约事实清楚，依法应承担违约责任

被告认为，双方于1997年6月6日签订的《协议书》没有约定明确的交付日期，因而其从1995年至今一拖再拖，一直不能交付场地、履行合同的行为不能认定为违约行为，原因在于：一、原告在1996年6月21日的协议中对某经贸公司未按时交付场地表示理解，并表示愿意继续合作；二、将原约定的每日2‰的违约金条款变更为补偿金条款；三、约定补偿金在场地交付时一次性从原告应付的第三期资金中冲抵；四、1996年6月21日的协议和1997年6月6日的协议书均未明确约定交付期限。本代理人认为，被告的上述主张和理由源于对合同条款的曲解和对法律规定的误解。

1.关于某经贸公司不能交付场地的原因。某经贸公司与另一家合作伙伴某公司就合作经营场地事发生纠纷，双方于1996年在铁路中级法院就合作合同纠纷进行诉讼，并于1996年9月10日调解结案，某经贸公司向对方返还投资款，并支付高达21%的利息补偿。另外，某经贸公司还因装修问题于1996年、1997年在某中级人民法院与某城建公司就装修合同纠纷进行诉讼。某经贸公司之所以一直不能交付场地，并非由于什么上级机关原因，而是由于其反复涉讼、资金不足，无法进行装修。前文所述原联营场地西附楼于1997年由某铁路局授权给旅游局经营后，已于1997年8月开始装修，同样的场地，为何东附楼便不能装修？更有甚者，1998年某铁路局出资2500万元指令某经贸公司装修东附楼3—7楼，唯独与原告联营的1—2层依然不能装修、交付。因此，被告拒绝交付场地的行为显系有意违约，其目的就是要继续占用原告的巨额资金。

2.原告对于某经贸公司不能按期交付场地表示理解，并愿意继续合作是基于被告从来不否认其违约，且在双方多次签订的新的协议中以违约金、补偿金和一次多于一次的优惠条件，约定被告违约责任的承担方式。

3.无论是违约金还是补偿金，均说明被告不履行合同义务的行为给我方造成了损失，并且有责任弥补损失。我国法律规定的违约金，无论是约定违约金还是法定违约金均为补偿性质，即补偿守约方因对方的违约而遭受的损失，这是基本法律常识。如果被告无违约行为，又如何会发生补偿问题？至于其是否从第三期资金中抵扣只是违约金的支付方式问题，并不能改变其违约补偿的性质，更不会对被告违约行为的定性产生影响。

4.双方于1997年6月6日签订的《协议书》中的确没有明确交付期限。原因在于该《协议书》并非孤立的一份合同，而是在前几份合同的基础上订立的。被告一直未能遵守前几份合同规定的交付日期，因此才产生了1997年6月6日《协议书》。没有约定具体的交付日期，并不是原告放弃了要求被告履行交付义务的权利，而是被告主动放弃了对合同履行期限的抗辩权，赋予原告随时要求履行的权利。《民法通则》第88条第二款第（二）项明确规定："履行期限不明确的，债务人可以随时向债权人履行义务，债权人也可以随时要求债务人履行义务，但应当给对方必要的准备时间。"故作为债权人的原告随时均有权要求某经贸公司交付场地，而某经贸公司无权以履行期限为由抗辩。从《协议书》签订到我方起诉长达近两年时间，难道两被告仍未做好交付准备吗？

旁白

当合同的约定对你不利时，你可以辩解，也可以诡辩，但真正有效的抗辩是找出相关法律规定，用法律规定突破合同约定对你的围困。

在此，本代理人提请合议庭注意，被告某经贸公司在长达四年的时间内，一再拖延，多次承诺给予原告越来越多的优惠条件，占用原告的巨额贷款，但至今1平方米场地也未交付，这是本案铁的事实，不容辩驳。被告的违约行为事实清楚，证据确凿，应承担违约责任。

五、被告应承担违约金及赔偿责任

《民法通则》第112条规定："当事人一方违反合同的赔偿责任，应当相当于另一方因此所受到的损失。"《经济合同法》第31条规定："当事人一方违反经济合同时，应向对方支付违约金。如果由于违约已给对方造成的损失超过违约金的，还应进行赔偿，补偿违约金不足的部分。对方要求继续履行合同的，应继续履行。"[1]

我方向被告投入的1799万元资金系由与我方联营的某市化工厂向建设银行高息借贷的，我方已向法院提交了所有的借款合同。被告人占用我方资金长达4年，已使我方遭受了支付银行利息和赔偿逾期罚息的巨大经济损失。因此，我方要求被告在承担合同约定的违约金基础上，赔偿我方因被告严重违约而遭受的贷款利息损失，即贷款利息与违约金之间的差额。此项请求请合议庭慎重考虑。

综上所述，恳请合议庭根据双方所签合同及被告严重违约的事实，联营

[1] 该法已于1999年10月1日被《合同法》废止。该条规定与《合同法》第114条的规定一致。

场地产权归属的事实，两被告之间委托法律关系的事实，依法判令两被告承担违约责任，并赔偿我方遭受的经济损失，维护我方的合法权益。

谢谢！

靠谱

判决

一审判决

某中级人民法院经审理查明，1993年7月26日被告某铁路局发文给C站多种经营筹备处，同意其成立某经贸公司，并与该处系一个机构，两块牌子。1994年3月30日，该铁路局发文给某经贸公司，同意将C站中属该局直管的多种经营场地（包括东附楼、西附楼、东方体、西方体）投入该公司，并授权该公司进行经营。1995年10月27日原告与被告某经贸公司签订一份联营合同，约定就C站多种经营场地进行联营，并成立联营公司，双方各投资50%。联营公司购买某经贸公司所属的C站西附楼一二层中建筑面积3523.85平方米经营场地的经营权，总价款为6520万元，经营场地的初装修由某经贸公司完成。某经贸公司对场地有经营权，并有偿交给联营公司经营30年并占出资总额的1/2。原告出资3260万元，在双方签订合同时付800万元，同年11月30日付1000万元，第三期资金1460万元在某经贸公司交付场地时支付。同日，双方签订补充协议，约定如某经贸公司未在1996年2月20日前交付场地，则每延误一天，按原告已付总资金的2‰给付其违约金。原告按期交付了到期款项。某经贸公司到期未能交付经营场地。1996年2月21日，双方签订一份协议书，将场地交付日期改为实际交付日，并对原告投入的资金按国家贷款利率给予补偿，并可在第三期投入的资金中予以冲抵。1997年6月6日，双方又签订一份协议，将原定西附楼一二层场地变更为东附楼一二层，场地面积由原3523.85平方米变更为4500平方米，原告已到位的资金从交付之日起，由某经贸公司按年利率10.98%支付利息，该协议还增加了原告享有的优惠条款。但某经贸公司仍未交付场地。

某中级人民法院经审理认为，原告与某经贸公司签订的联营合同、补充协议及协议书无效。某铁路局在未取得C站西附楼、东附楼产权的情况下授权某经贸公司开发经营，对造成联营合同无效负有责任。两被告应共同返还原告投资款及经济损失。某铁路局以与原告无任何法律关系为由，不同意返还投资款及赔偿经济损失的意见，法院不予支持。对某经贸公司不同意赔偿经济损失的意见，亦不予支持。原告对合同无效亦有责任，其要求被告赔偿经济损失确属过多，本院酌情减少。原告要求返还联营公司投资款的诉讼请求，因涉及清算问题，故不予处理，原告可另行起诉。依据《民法通则》第61条第一款之规定，判决原告与被告所签联营合同、补充协议及协议书无效；两被告于本判决生效后10日内返还原告投资款1799万元及利息，并赔偿经济损失400万元。

终局

我方某贸易公司接受一审判决，某铁路局与某经贸公司在上诉期内亦未提出上诉，故判决生效。很快，我方便通过一审法院合议庭收取了两被告给付的投资款本金、利息及400万元赔偿款。

尾声

在浮躁的当今中国，青年律师还是不要太在意眼前利益。无论案子大小，无论律师费多寡，都应该不惜时间和精力，使自己的付出超越当事人的愿望。或许这在精明的律师看来，属于傻干。但是，前苏联的斯科罗杜莫夫说过：只有对自己提出高标准的人，只有诚实和忘我劳动的人，只有表现出主动性和努力勤奋的人，只有这样的年轻人，才能赢得成就、赞赏、威信。

思考

1.即使在《合同法》实施前，依据《民法通则》的规定，我方同时起诉某铁路局（委托人）和某经贸公司（受托人）也是不成立的。法院判决两被告共同承担返还投资款和利息及赔偿经济损失的责任，也是错误的。这一法理很简单，如认定两被告是委托代理关系，则在法律上应由委托人承担其代理人行为引起的法律后果。

2.依据《合同法》来看本案，便可知某铁路局和某经贸公司属于间接代理的关系，即受托人（某经贸公司）以自己的名义，在委托人（某铁路局）的授权范围内与第三人（某贸易公司）订立合同。因此，试根据本案基本事实，依据《合同法》第402条和第403条的规定，分析承担本案还款及赔偿损失责任的主体，是某铁路局还是某经贸公司。另外，作为第三人的某贸易公司可否选择某铁路局或某经贸公司作为相对人从而主张权利。

（《合同法》第402条规定：“受托人以自己的名义，在委托人的授权范围内与第三人订立的合同，第三人在订立合同时知道受托人与委托人之间的代理关系的，该合同直接约束委托人和第三人，但有确切证据证明该合同只约束受托人和第三人的除外。”第403条规定：“受托人以自己的名义与第三人订立合同时，第三人不知道受托人与委托人之间的代理关系的，受托人因第三人的原因对委托人不履行义务，受托人应当向委托人披露第三人，委托人因此可以行使受托人对第三人的权利，但第三人与受托人订立合同时如果知道该委托人就不会订立合同的除外。

受托人因委托人的原因对第三人不履行义务，受托人应当向第三人披露委托人，第三人因此可以选择受托人或者委托人作为相对人主张其权利，但第三人不得变更选定的相对人。

委托人行使受托人对第三人的权利的，第三人可以向委托人主张其对受托人的抗辩。第三人选定委托人作为其相对人的，委托人可以向第三人主张其对受托人的抗辩以及受托人对第三人的抗辩。”）

课题

论间接代理纠纷案件的实体与程序问题 论文

委托人与受托人共同承担责任之辨析 文章

关于履行期限约定不明合同中履行方违约责任的认定问题 文章

关于铁路运输法院与地方法院均有管辖权的民商事案件的管辖 文章

心路

这个案子之后，开车路过那座所谓优美的仿古造型、宏伟的建筑规模，所谓被誉为“亚洲第一大站”，但金玉其外，败絮其中的C站时，我时常会想到这个案子，想到赵总……

要　　目

- “拣”来的案子
- 案子当然有救
- 顺利完成立案
- 先打起了管辖
- 开庭很顺利
- 外来干涉压了上来
- 案件事实也发生了巨变
- 主管副院长召见
- 最终的结果不错

做专职律师的10年间，我代理了好几件联营合同纠纷案。本书商事诉讼类案例中，当然应该有实践中较为普遍存在的联营合同纠纷案。因而，我经反复比较，挑选了法律知识含量和诉讼经验含量较高，且能够显现律师获取诉讼业务能力的本案。

“拣”来的案子

拣的前提是要有运气碰上。说这个案子是“拣”来的，当然也是说案子是偶尔“碰”上的。

1999年春天的一个下午，一走出某中级法院阴冷的法庭大楼，我便被春日暖洋洋的阳光包围。站在高高的台阶上，我侧身避开有些刺眼的斜阳，点上一支烟，如释重负地吐纳。心想，这一庭开得真不错，我最担心的问题，对方没提，法官没问，看来这一次又可以“搪”过去了。

望着法院大门旁的立案庭小楼，我猛然想起前两天听说市高级人民法院刚调高了中级人民法院管辖涉外案件的标的金额，而我正在准备一件涉外案件的立案。于是，去立案庭询问（高院的这类内部规定，律师不易知晓）。

立案庭的办公室都开着门。我走进能说上话的一位法官的办公室，见一位律师（西装领带加提包——律师“行头”）正与法官说话，便打个招呼等在一旁。过了会儿，法官对律师说：就这样吧，你这案子确实没法立，还是那句老话，不符合立案条件。接着转头问我：什么事？我还未开口，律师便对我说：你先等等行吗？我还没说完。我点头说：没问题。又过了一会儿，法官不听那律师说了，又问我。我只好说想问问涉外案件的管辖问题。那律师当然也看得出我是律师，便不客气地说：你就用这问题打断我吗？我告诉你吧，民事诉讼法明确规定，涉外案件由中级人民法院管辖，你还有什么问题？我没吭声，法官忍不住了，连珠炮似地说：你怎么这样？你以为你是博士，人家是中国诉讼法第一届的老博士。你知道以前中院和高院管辖涉外案件的金额界限吗？你知道上周高院怎么调整的吗？那位博士知道我是法大毕业的后，问：你认识我们北大的贺卫方吗？他以前也是法大的。我答：认识。过去我们都在法大比较法研究所工作。又问，你认识陈瑞华吗？答：认识。他是我的师弟。又问：他们都很厉害，很有名，我怎么没有听说过你？答：因为我不厉害，没有名。

从那位法官办公室出来，路过接待组组长办公室时，被组长看见了，叫我进去。他办公室也有人，一位肯定也是律师（西装领带加提包），另一位穿着皱巴巴的廉价西服和圆口布鞋，一副农村干部打扮。组长当着他们的面对我说：上周我们给你做的可是诉前保全，都快10天了，你不交诉状立案，15天一到我们肯定裁定解除保全。其实，前两天我已专门打电话告诉他，双方正在协商和解。而他是那种特认真的人，且今天又当着其他当事人和律师的面，多少有点显摆的意思。于是我说，谢谢你的提醒。请你放心，调不成，我肯定交诉状交费立案，否则，过期你就依法办。

再次向组长道谢后，我正欲告辞，组长又叫住了我，说：你是博士，你给他们（那两位）说说，他们的案子能立案吗？他们跟某经贸公司签的联营合同，某经贸公司收了他们的钱不履行合同，而他们非要告铁路局，因为他们说某经贸公司欠外债太多，可能要破产了，还不起他们的钱，而某铁路局呢，当然有的是钱。他们告某铁路局的理由是两个：一是某铁路局发文批准了某经贸公司的设立，而某经贸公司与某铁路局下属的C站多种经营筹备处是一个机构两块牌子。这个理由根本不成立。如果是筹备处跟他们签合同，筹备处是某铁路局的下属分支机构，告某铁路局没问题，但签合同的不是筹备处，是某经贸公司。他们告某铁路局的第二个理由是某铁路局发文将某铁路局所有的多种经营场地投入到某经贸公司，由某经贸公司开发经营，这个理由也不成立。某铁路局是政企不分的上级主管单位，某经贸公司是独立法人。某经贸公司对外签订合同，应当依法独立承担民事责任。某铁路局无论作为上级主管单位，作为上级公司，还是作为投资人，都不应承担本案的合同责任。所以，他们要求某铁路局和某经贸公司承担连带责任，在事实上说不通，又违反法律规定。

这是问题吗？这是结论和理由。所以，既不知道案件证据材料，同时也不能质疑法官意见的我，当然不能谈什么看法，只能含混地说：要是这样的话，这个案子还真不太好办。

组长毫不客气地说：什么不好办？根本就没法办。他们从去年12月就一直找法院，都快5个月了。告诉他们要告只能告某经贸公司，他们就是不听，等某经贸公司真的破产了，那可就全瞎了。再说，就算告某经贸公司能立案，但他们能不能打赢也是个问题。因为，他们与某经贸公司签的最后一份协议把前面的合同和协议全废了（意为失效），而这最后的协议却没有规定某经贸公司交付经营场地的期限。所以，他们的债权是不是到期债权，还是个问题呢，这案子有的一打。

那位一直没说话的律师开口了。他没说案子，而是一边给我递名片一边说：李老师，我硕士是在法大读的，一直都很佩服你，这事还请你多多关照（事后知道，他在法大硕士毕业后在北大读了博士，故应是我的校友。他称我老师，可能是因为他在法大读书时，我已留校工作）。并介绍说：这位就是公司的老板、法定代表人赵总。赵总则赶忙上来跟我握手、递烟，并操着浓重的河南口音夸张地说：今天可真是福星高照，终于见到了大博士。俺现在可是叫天天不应，叫地地不灵啊！您老可一定得帮帮我啊（当时我整40岁，有那么老吗？）。其他的一切都好说，俺这个人一向是说到做到。

还没等我说话，组长就先说话了。他对赵总（当然也是对我）说：我也不是没对你说过，你这事早就报过上面了，庭里、院里领导早就定了，不能告铁路局。这跟你请谁当你的律师毫无关系，你请谁也只能这样。

一边琢磨着组长介绍的案件情况，一边跟组长告辞。而赵总及其律师也跟着我出来，一直跟到法院大门外。赵总的律师把我叫到一边小声对我说：这事你可一定得帮帮我的忙，都四个多月了，就是立不上案，我已经骑虎难下了。再说，我们主任也很重视这事（他们所主任是全国著名刑辩律师，1995年我们一起从法大辞职出来），如果你能做，我现在就可以把案子完全转给你，我就不用一趟一趟跑法院求爷爷告奶奶了。

我并没有认真听律师说话，仍在无法摆脱地琢磨着案子。接过赵总又一次递过的烟，还没点燃，我猛地一醒，要过案件材料，翻看了某铁路局向某经贸公司投入经营场地并同意其开发经营的批文，特别是某经贸公司的企业法人营业执照副本复印件。

我抽着烟，望着已经偏西但依然灿烂的太阳，对他们说：你们给我一周时间，一周后我就告诉你们这事儿有没有救。

这个春日的下午真够特别的，意外地遇到了两位北大的博士，意外地碰到了一件案子。如果那天不开庭，或者开庭后不去立案庭，那么就不可能碰到这个案子了。当然，今天也就不可能写这篇文章了。唉！世间人与事常常潜藏着的偶然性与必然性的因果链条，谁人能知？谁人能晓？

案子当然有救

其实，在法院大门边上时，我已经知道案子有救，即应该能够告铁路局。我的思辨过程是这样的：其一，某铁路局已经发文将其所有的经营场地投入到某经贸公司，但某经贸公司最终却不能向合营公司交付经营场地，这证明，某铁路局的经营场所投入，一直停留在文件上，并未实际投入。这一点非常重要，因为这证明，在某经贸公司已经完成工商注册登记后，某铁路局发文投入经营场地，却一直未能实际投入，这一投入行为的性质不是对公司的实物投资，不是企业增资扩股，而是一种授权委托行为，即委托某经贸公司对其经营场地进行开发经营，故某铁路局与某经贸公司之间是委托代理关系。其二，C站是国家重点建设项目。工程规模巨大，多种经营面积很多（我多次到该站接送人，除中间部分已经运营外，东西两侧大量的面积闲置，且从外观看，建设质量极差），故作为一家经贸公司是不可能通过某铁路局的所谓投入而取得这么多面积的产权的。无产权而有经营权，当然意味着是接受委托（被授权）经营。其三，看了某经贸公司的企业法人营业执照副本复印件，知道其注册资金只有200万元，我便确信上述判断是正确的。即，某铁路局所有的价值巨大的C站多种经营场地（面积）并未投入到该公司——否则，怎么可能就这么点注册资金。故某铁路局与某经贸公司之间不是投资与接受投资的母子公司关系，也不是单纯的上级主管单位与下属企业的关系，而是委托代理关系。结论是，作为被代理人的某铁路局依法应对某经贸公司的代理行为引起的法律后果承担民事责任；某经贸公司虽为代理人，但以自己的名义签约并收款，亦应与某铁路局共同承担民事责任。

那么，我当时为什么不向赵总及其律师讲明自己的分析和判断？这当然有律师获得业务的技巧的成分，更重要的是，这仅仅是判断，尚不成定论。因为，还必须到工商局查明某经贸公司的股东或投资人或设立人是谁，以证明某铁路局到底是不是投资人；某经贸公司自用的办公（经营）场所从何而来，以证明其到底拥有多少经营面积。另外，还有一个很难的“坎”要“过”。这就是法院立案庭和院领导已经对此事有了定论，当然得像赵总的律师说的那样“求爷爷告奶奶”，争取让他们接受我新的立案意见和新的证据（工商登记证明文件）。

次日，我派律师查阅并复印了某经贸公司的工商登记证明文件，真是不出我所料。第一，某经贸公司在工商登记的组建单位、投资人均为某铁路对外服务公司，而不是某铁路局。某铁路对外服务公司是国有独资公司，具有独立法人地位，与某经贸公司之间为母、子公司关系，而某铁路局与某经贸公司之间既无资产投入关系，也无母、子关系。第二，某经贸公司于1998年12月25日将其自用的办公（经营）场所由原址的180平方米变更为C站东附楼的1000平方米（地下室），但一直未办产权登记。除此仅有使用权的自用面积外，并无其他不动产（房屋）。

当天晚上，我的母校中国政法大学学生会给我安排了一个讲座。在回答大学生有关律师的问题时，我提到了这个案子，旨在强调专业水平和诉讼经验乃律师从业之本。有人接着发问：你现在仅仅有了你认为的正确的案件认识，这是涉及专业的问题，也就是打官司的问题。但毕竟你还没有成功立案，那么下一步是不是就剩下打关系的问题？如果关系打不通，法院坚持不给立案，那么，正确的案件认识不是也没用吗？我答：你提的问题很好。在中国大陆，无论为官、经商，还是做律师，你所说的关系，现在流行的好听话叫人脉，越来越显得重要。这不是实话实说的问题，是不说人人都知道，说假话骗不了人的问题。所以，我完全同意你的看法，咱们之间没有分歧。宏观上的问题这样说就行了，微观上的这个案子的问题，我相信我能完成立案，万一不能，我只好放弃。至于专业和关系，对律师来说孰重孰轻的问题，我还是要坚持专业第一的说法。因为，不断地提高专业水平和积累诉讼经验，是我们靠个人努力都能做到的，但是人脉的培养、拓展和巩固，对不少人来说，因客观上种种条件的限制因素和主观上自身的观念、性格因素，往往难以做好，这也正是只有少数人能够做好的原因。将靠主观努力即能做到的事情放到第一位，将视客观条件争取做到的事情放到第二位，这是基于务实的选择。我说完后，全场一片寂静。我知道，对于这个有似于鸡生蛋，蛋生鸡的难题，我的回答因不能给学子们解惑，是难以获得共鸣的。

顺利完成立案

因尚未取得案件的证据材料，我只能根据已了解的基本情况和新收集的工商证明文件，写个纲要性的立案意见，并据此立即赴法院“做思想工作”。

我先找了接待组组长。他先是不耐烦地拒绝听我说，但在我把工商登记证明都摆在他桌上后，他安静了下来，匆匆翻阅后便叫来几位法官，让我详细说明新的意见和理由。在我回答了他们的所有质疑后，除个别法官未表态外，多数认为我的意见和理由成立。最后，组长对此事表态了。他提出了一个要求，即我必须向赵总及其律师说明，立案庭再次研究这个案子的立案问题，是因为我提出了某铁路局与某经贸公司是委托代理关系，不是母、子公司关系和单纯的上、下级关系的新的主张，并且提交了证明这一主张的新的证据，而赵总的律师从来未提过这种主张（以原诉状为证），也没有提交有关这种主张的证据。他表示，我能够向赵总及其律师说明这点，他就将案子再报送庭长，否则，不报。我理解他的用心，无非是要消除法院办人情案之嫌，故我当然完全接受。

事情往往并没有想象的那么难。仅两天后，组长就通知我，经立案庭和院主管领导研究决定，此案可以办理立案手续了，同时提示我在新的诉状中要直接写明某铁路局与某经贸公司的委托代理关系。

回到办公室，将这一消息告诉年轻律师们后，一位感慨地说：别的律师用四个多月时间立不上案，你才用了4天就搞定了，而且没有托人，这不就是一个认识问题嘛！

不过，在这里我得补充说明一句：像本案这样的、仅靠一个新的认识便改变了法院原有态度的情况，在实践中是并不多见的。

虽然我告知赵总一周后给他消息，其实这些天他每天给我打电话，因而去工商查档的事和去法院陈述新意见的事，他都知道。当天傍晚，赵总一进我办公室就问怎么样？我反问：你说呢？他坐下晃着脑袋，一拍大腿说：依俺看，这事儿齐了（河南方言，成了）。见我点头称是，他赶忙给我递烟说：你说说你说说，俺这人看人准吧！那天俺一见你就知道你不是一般人，这事儿交给你准没错儿。你可甭（河南方言发音为“白”）说俺这人好吹，不信你问俺儿子，昨天俺就让他准备诉讼费了。

赵总的某贸易公司在河南，但他不同意我提出的电汇诉讼费的建议，执意要向法院交十六万多元的现金，说是好事不能拖，夜长梦就多（顺口溜）。看来，他嘴上虽说让我办没问题，心里却就怕事情会有变故。

先打起了管辖

被告方提管辖异议，即打管辖，有“真打”和“假打”之分。“真打”又可分“善打”和“恶打”。“善打”是被告方针对原告故意规避管辖约定或规定的立案行为的。在此种情况下，原告或基于地方保护主义或基于本省或本地区的人脉基础，而故意在没有管辖权的法院立案，被告则只得依法律或依约定提出管辖异议申请，力图使案件管辖合法。“恶打”则是被告方明知原告的立案并无管辖错误，但为了达到利用地方保护主义，或者运用本省或本地区人脉的目的，故意提出根本不成立的管辖异议。“假打”则是被告方明知原告的立案并无管辖错误，但基于己方诉讼准备工作（收集证据或聘请律师等）尚未就绪，或基于有关诉讼的人脉工作尚未落实，为了拖延诉讼周期而提出管辖异议申请。

本案中某经贸公司所提管辖权异议申请，当属“真打”中的“恶打”。

我方告的第一被告就是某铁路局，而某经贸公司主张有管辖权的某铁路运输中级法院的经费，正是来自于某铁路局的行政拨款。我真不想对这种中国式的怪胎体制说什么，只想说，必须打赢管辖，否则我方不会有什么好下场。

依据最高人民法院《关于铁路运输法院对经济纠纷案件管辖范围的规定》和某市高级人民法院《关于执行〈最高人民法院关于铁路运输法院对经济案件管辖范围的规定〉第十二条的通知》，十一类与铁路运输有关的经济合同纠纷和侵权纠纷案件属于铁路运输法院专属管辖的案件，而本案不属这十一类。五类铁路部门及其所属企业为一方当事人的经济纠纷案，市高院指定铁路运输法院可以受理，但这五类案件同时又是地方法院有权管辖的案件，本案即属于这五类之一。因此，依据《民事诉讼法》第35条的规定，在两个以上的法院都有管辖权的情况下，我方有权选择一个法院起诉，且并不存在法院管辖错误的问题。

在我向法院合议庭递交了含有上述抗辩内容的《答辩状》后（该《答辩状》因与管辖权诉讼的二审《答辩状》内容基本相同，故“正文”中未选录），审判长专门约我方到法院就管辖问题进行了谈话。仅半个多月后，某市中级法院便裁定驳回了某经贸公司对本案管辖权提出的异议。

某经贸公司不服裁定向某市高级法院上诉后，我向二审法院递交了《答辩状》，但一个多月过去了，二审裁定迟迟没有出来。又过了一个多月，仍不见动静。这期间，赵总常常不约自到，在我办公室坐着抽闷烟，抽得满屋子乌烟瘴气。好在后来终于等到了市高院维持原裁定的裁定。

开庭很顺利

这年的10月中旬，也就是我方立案半年后，本案合议庭开庭审理了本案。

庭审对我方来说，没有任何悬念。某铁路局代理人的意见当然是其与我方某贸易公司无任何法律关系，不应成为本案被告。理由无非是：一、某铁路局是投资人，将多种经营场地投入到某经贸公司；二、某铁路局与某经贸公司是母、子公司关系；三、某经贸公司拥有多种经营场地的产权，应独立承担民事责任。至于证明其主张的证据，就是一份某经贸公司的资产负债表，其中载明某经贸公司有“1亿8千万元”的固定资产。某经贸公司代理人的意见当然主要是，双方最后签订的《协议书》没有约定场地的交付日期，故其并不构成违约。

对于某铁路局的主张，我运用我方工商登记证明文件即可予以驳斥。一、无任何证据证明某铁路局将多种经营场地投入到某经贸公司，本案的基本事实是至今某经贸公司仍未获得场地的使用权（别说产权），故至今无法向联营公司交付场地；二、无任何证据证明某铁路局与某经贸公司是母、子公司关系；三、无任何证据证明某经贸公司取得了多种经营场地的产权，工商登记证明文件证明其自用的经营场所至今仍未获得产权。至于某经贸公司的资产负债表，根本不值一驳，因其根本不具有证明经营场地的产权归属的证明效力。简单地说，想要证明自己对房屋有产权，必须拿出产权证，拿出自己制作的财务报表管什么用?

对于某经贸公司的主张，我运用我方签订《协议书》后的要求某经贸公司履行合同的函件，适用《民法通则》的有关规定即可予以驳斥。双方于1997年6月6日签订的最后一份《协议书》，确实没有约定场地交付期限，但在某经贸公司拒不履行该协议后，我方于1998年12月2日即向其发函，要求其履行义务，否则退回我方投资和支付协议约定的利息，但其仍拒不履行。《民法通则》第88条第二款第二项规定：“履行期限不明确的，债务人可以随时向债权人履行义务，债权人也可以随时要求债务人履行义务，但应当给对方必要的准备时间。”从《协议书》签订到我方起诉长达近两年时间，难道某经贸公司还没做好交付准备吗?

看得出，审判长及合议庭其他成员对某铁路局和某经贸公司的抗辩主张和理由并不感兴趣。因此，案件到目前为止尚一切正常。

外来干涉压了上来

1999年的秋天似乎很短暂。10月中旬开庭时还是秋高气爽，月底便一场秋雨一场寒。刚进入11月，已是寒风瑟瑟了。

或许是某铁路局的代理人通过开庭已知法院的态度，且向局里作了汇报，或许是局里通过有关渠道探明了法院的态度。总之，开庭后不久，审判长便约我和赵总谈话，我们知道案件的审理发生了重大变化。

审判长完全不谈本案的证据、合同和法律，只希望我们从所谓大局出发（什么“大局”我们始终不知），争取与某经贸公司达成调解，调解内容应限于偿还本金。更让我们不可能接受的是，希望我们撤回对某铁路局的起诉。

撤回对某铁路局的起诉，与欠债累累，谁知将来是否有能力还债的某经贸公司签订调解协议，而且只还本金（还要分期），按双方协议约定算出的一千多万元利息和损失完全放弃。这是调解吗？这不是逼我们无条件投降吗？

我很冷静地一边劝阻情绪激动的赵总，一边一板一眼地告诉审判长：我们不可能接受法院建议的任何一条。既然官司打到了法外，我们将拒绝任何形式、任何条件的调解。赵总在一旁附和着说：对，拒绝，肯定拒绝。

走出法庭大楼，赵总就急切地问：这是咋回事来？我答：肯定是某铁路局找有关领导向法院批转了他们的报告。

次日，赵总就通过有关渠道摸清了情况，证实了我的判断。

有关党政机关领导批案子的问题，我罗列部分材料如下：

1.1954年《宪法》第78条规定“人民法院独立进行审判，只服从法律”。

2.1957年反右运动中，司法独立原则遭到批判和否定。

3.十年“文革”，公、检、法机关被砸烂，何谈司法独立。

4.1979年9月9日中共中央《关于坚决保证刑法、刑事诉讼法切实实施的指示》（中发[1979]64号）规定，中央决定取消各级党委审批案件的制度。

5.1979年《人民法院组织法》第4条规定：“人民法院独立进行审判，只服从法律。”

6.1982年《民事诉讼法》（试行）第6条规定：“人民法院依照法律规定对民事案件独立进行审判，不受行政机关、社会团体和个人干涉。”（1991年《民事诉讼法》第6条的规定与1982年《民事诉讼法》（试行）的规定相同。）

7.1982年《宪法》第126条规定：“人民法院依照法律规定行使审判权。不受行政机关、社会团体和个人干涉。”

8.1996年《刑事诉讼法》第5条规定：“人民法院依照法律规定独立行使审判权。人民检察院依照法律规定独立行使检察权，不受行政机关、社会团体和个人干涉。”

9.1995年8月19日在北京召开的第六届亚太地区首席大法官会议通过了《司法机关独立基本原则的声明》（又称“北京声明”），我国代表在该声明上签字。该声明第3条规定：“司法独立是指：（一）司法机关依其对事实的认定和法律的理解自由作出裁判，不受来自任何方面直接或间接的不当影响。（二）司法机关对具有司法性质的所有法律争议直接管辖权或复审管辖权。”第4条规定：“维持司法机关的独立对于法治与自由社会中其目标的实现及审判职能的行使至关重要。国家应当保证司法机关独立并由宪法和法律予以规定。”

10.2002年2月21日，江泽民与来访的美国总统布什在联合举行的中外记者招待会上，在谈到宗教问题时说：“在中国，无论信仰何种宗教，教徒都必须遵守国家的法律。如果说有人被扣押，那是因为他触犯了法律，并非因为他信仰某种宗教。作为国家主席，我也无权干涉司法独立。”

11.在改革开放的二十多年里，党委审批案件的制度虽说取消了，但各级党委领导、各级政府领导、各级人大领导，及至各级政协领导批示案件的情况，愈演愈烈。

以上材料是从我写的一篇关于中国司法独立问题的文章资料中选取的。最终我放弃了这篇文字的发表。本书旨在记述律师诉讼历程，因而对上述材料进行分析，乃至对我国司法独立问题进行评说，对旨在研习诉讼的本书读者来说，是跑题了。

不跑题的是，在这里我必须说明，律师在法官面前表明己方的强硬立场，在中国是下下策。做律师10年的我，仅有过数得着的三两次。而且，我的这种表态均有个不变的前提，即明知法院受到了外来干预，承受了沉重的压力且“喜欢”听到我的强硬表态。所以可以说，我从不是真的跟法院对着干。为什么？不用讲什么道理，只讲维护委托人利益的效果，求着法院的效果比与法院对着干的效果，通常要强十万倍（二审时与一审判决对着干以及与生效判决对着干，不在此列）。

通常，在对方找有关领导批了案子的情况下，最好的办法是自己这一方的当事人找比对方所找领导地位更高或起码地位相当的领导批案子。在双方都找领导批了的情况下，案子就有可能重新回到正常的法律途径上。但是，本案中，我的委托人是河南企业，赵总虽也想了办法找领导，但最终还是没有找到。

当时我就知道，我方已被动到无力抗争的地步了。在无路可走时，我只能向中级法院的领导写紧急情况反映。虽然这通常没什么用，但我还能做什么呢？

案件事实也发生了巨变

2000年的2月，冷得人透心凉。

审判长又一次约见我和赵总。他的话让我在法庭内感受到比法庭楼外更凛冽的寒风。

他告诉我们，经某铁路局举证证明和法院的调查，现已查明，某铁路局并没有取得双方《协议书》中约定的，C站东附楼一、二层4200平方米多种经营场地的产权，原因是该客运站的建设单位铁道部、某市和某铁路局至今尚未对三方合建的该面积确权，即尚未划分权属。因此，某铁路局本无权发文授权开发经营该经营场地，某经贸公司亦无权就该经营场地与我方签订联营协议，故联营协议是无效的。

我立即提出，无论某铁路局的新证据，还是法院新近调取的证据，都必须经开庭质证才能作为定案根据，况且本案开庭时并未涉及联营协议效力这种案件重大问题，因此，我请求再次开庭。审判长则无奈地说：院里已决定，本案不再另行开庭了。

赵总嘴唇颤抖地说：这，这不是胡来吗？我叫他起身，并说：走吧，这里不是说理的地儿，我会让媒体帮咱们说理的。审判长忙说：你不是这种人啊！今儿怎么了？我说：你就赶快向院里汇报吧。

出来后，赵总问说：你说找媒体，当真？我答：不当真，我就是要让他

（指审判长）把我的话递上去。

某铁路局打官司真够混的，真够阴的。开庭后，先是通过找领导批示，压住法院。现在又推翻答辩状的全部主张和开庭时的当庭全部陈述（即其已将经营场地的产权投入到某经贸公司，某经贸公司已获得经营场地的产权——以达到其摆脱民事责任的目的），居然举证证明别说某经贸公司，连自己也没有经营场地的产权，打起了联营协议无效，目的无非是继续试图摆脱民事责任——无效合同的处理是签约双方的事，同时试图使我方要求的巨额利息和违约损失失去根据——无效合同的双方均有责任，还本另付银行同期利息了事。

本案到了关键时刻，我必须静下来征求赵总的意见，确定我方的对策。赵总现在已完全信赖我，执意让我来定我方的方案。当然，作为律师，对委托人的这种表态既不能当真，更不能接受（委托人事后反悔并不少见），因而，我只给他提出了三项建议，即我方坚持的三项原则：一、某铁路局必须承担本案的合同责任（无论有效还是无效）；二、两被告必须一次性偿还我方的投资本金；三、如果法院认定合同无效，则判决赔偿利息和损失的金额不应低于500万元（我估算过，1799万元本金4年得500万元，即一年得125万元，高于银行贷款利率），否则上诉。

赵总当场就表示同意，但我仍然坚持让他再考虑几天后答复我。几天后，他表态，三项原则作为一个整体考虑，还是不错的，就是赔偿利息和损失低了点，可以作为保底，尽量争取多些。

这次见面时，赵总带来了一堆另一个案子的证据材料。该案是赵总公司与一家河南企业在河南合作开发房地产的纠纷，争议标的六千多万元，当然应由河南法院管辖。他表示，通过本案，他非常佩服我的为人和水平，因而要委托我打这个新的案子，且他在当地党政机关的基础很好，主要让我在法律上把关。

送走赵总后，助理和所里其他律师向我道贺，我摇着头说：你们当真了？嘿！赵总对我没必要这样。助理问：你就那么确定？我答：没错。

主管副院长召见

去年春季接了这个案子，转眼又迎来了第二个春天。

这天，审判长通知我，中级法院主管副院长约我谈话（当事人——赵总不参加）。

我无缘认识这位副院长，仅有的一次近距离接触是几年前办理一件执行案件时。当时，我代理申请执行一家某市政府重点扶持的大型国有企业（其生产的电视机当时为全国知名品牌），因该企业有资产而消极地不履行生效判决，在执行庭难以执行下去，而我方也没有向院里写情况反映的情况下，这位副院长主动亲自过问了此案。那天下午，他让执行员通知该企业董事长和我方在院审委会会议室开会。待人都到齐后，身材高大，留着大背头的他进来了。他就那么站着，语气坚定地说：今天是你们达成执行和解的最后时机，如果达不成的话，明天我们就依法办。我有事，下班时听你们的信儿。说完转身就出去了。拖了半年的执行难事，那天全部解决了。5点整，他进来了，听执行员说执行和解协议马上就签，他说了声好，转身又走了。

这次他约见我，我想无非是让我理解法院的难处，做通我的当事人的工作，适当让步，不要使案件复杂化（看来审判长向他汇报了我所说的话）。过去与他仅有的一次接触，给我留下了深刻的印象，因而我也很想见见他。我当然会在坚持我方基本原则的前提下，听取并接受他的建议——我信任他。

进他办公室时，他正在伏案写东西，抬头看了审判长和我一眼，对审判长说声你可以走了，便又低头写。我自己坐下，看到他手里拿着烟，便也掏出烟点上。他放下笔，像对熟人说话般说：你也是杆老烟枪，便走过来伸出大手跟我握手。

他首先讲了C站的立项和建设情况，强调铁道部、某市政府和某铁路局至今确实尚未界定本案当事人双方联营协议约定的经营场地的权属，并解释其原因主要是政府行为，所以不好说某铁路局和某经贸公司欺诈（我在致该院领导的紧急情况反映中使用了欺诈的用语）。他对我方巨额资产被某经贸公司长期占用表示同情，对我方的诉讼主张和态度表示理解，但提醒我某经贸公司涉讼不少，特别是欠银行的贷款1个多亿。他希望我多做做当事人的工作，相信法院最终会顶住任何外来压力，合法并妥善地处理本案，最后，他让我说说我方的想法。

我首先向他表示感谢，顺便提到过去他亲自督办的执行案（他已想不起来了——可见他操心督办的事多了）。我请他放心，我肯定会配合法院工作的，至于找媒体的事，我解释自己从未因任何案子找过媒体，仅仅是鉴于法院也承受了外来压力的策略之举（他笑着点头）。当我说我方的三项基本要求（也是原则）时，他回到桌前记了下来。

告辞时，他拍着我的肩膀说：不好意思，没空儿跟你多聊，回去放心等着吧。

走出他的办公室，我就禁不住想，如果我不做律师，或他不做法官，我会争取跟他做个好朋友。而且我自作多地想（年轻人说这词都不带那个字），如果那样的话，他或许也会有这个愿望。

赵总听完我的介绍后，很满意。但又担心地问：他（指副院长）不会蒙人稳住咱们吧？我肯定地答复：他这个人不会。赵总现在对这个案子比以前实际多了，他说，要是三个要求能够同时满足的话，我就烧高香了。

这个在春暖花开的季节接手的案子，经过了“寒秋”和“严冬”，终于迎来了“第二个春天”。然而，虽然春光明媚，但我不敢“春风得意”，而在心里默默祈祷，这个春天千万不要发生“倒春寒”。

最终的结果不错

不久，中级法院便作出了一审判决。虽然判决认定联营协议无效，但我方的三项基本要求都得到了满足。即某铁路局与某经贸公司共同承担民事责任；返还我方的1799万元投资款；返还投资款4年的利息，另赔偿经济损失400万元，两项相加，超过500万元。

正当我和赵总关注某铁路局和某经贸公司是否提出上诉时，本案审判长通知我，两被告不上诉，并向法院提出，通过本案的一审合议庭直接向我方偿还投资款和利息以及400万元赔偿款。于是，刚过一审判决的上诉期，我方便收到了全部款项，免了二审程序和执行程序——这是我做律师多年很少遇见的。

收到钱的当天晚上，赵总请我喝酒。他说的比喝的多得多，而且尽是些肺腑之言。但酒量差远了，二两白酒下肚就趴在桌上了。时而醒来，便拍拍我，重复着那句老话：俺什么都不说了。

虽然，他没有遭受多少损失，但在京城投资大项目的梦这一次彻底破灭了（他说在北京他一毛钱的生意也不做了）。

他走后我们就没有联系了。委托我代理他的房地产案件的事，当然是说说而已。不过，对于他在案件最困难的时候为了让我恪尽职守而发挥的一点小聪明，我完全理解，没有任何不好评价——谁人不曾耍过小聪明！国人对河南人多有微词，但我所交道过的河南商人（当然是大商人）都是相当讲信用的。依我个人经历和体会而言，在南方，广东商人最好；在北方，河南商人不错。

这个案子之后，开车路过那座所谓优美的仿古造型，宏伟的建筑规模，所谓被誉为“亚洲第一大站”，但金玉其外，败絮其中的C站时，我时常会想到这个案子，想到赵总……

杂咏

春兴

桃花开窗畔，
喜鹊落阶前。
且忘名利事，
信步草木间。

第六章

细小的空隙与茁壮的错误

——联营合同纠纷中的合同效力与纠纷处理

歌德说：实际存在的各种事物的轨迹总是彼此吻合的，不过，它们之间的空隙还是给产生错误以及扩散错误留下了足够的余地。（《歌德的格言和感想集》）

本案合同约定，对方提供大厦，我方负责经营并向对方支付固定费用。一审法院以该合同“不具有联营性质，却具有房屋租赁性质”为由，认定合同无效。于是，一审法官利用合同无效双方便等于未约定房屋使用费这个“空隙”，“拍脑门”定出了近7000万元的房屋使用费——对方的诉讼请求也不过3000万元！我方上诉，要求二审法院对房屋使用费进行评估鉴定，纠正一审的错误，终获成功。

有意思，歌德和海涅都是德国诗人，都在年轻时获得过法学博士学位。本案的“空隙”仅仅貌似空隙，并不是歌德所说的真的空隙。不过，这种假的空隙在诉讼中也往往成为生成错误的真的余地。因此，无论真的还是假的空隙，律师都必须保持警觉。

讼途

导言

1.本案《合作合同》的性质，或称合同当事人之间法律关系的性质，亦即本案的案由，涉及四种不同的定性：合作合同、联营合同、名为联营实为租赁、变相出租集体土地使用权。

原告某农工商总公司（对方）为了实现《合作合同》中约定的权利，避免合同中约定的保底条款被认定无效，而含混地主张合同的性质就是合作合同，且在诉状中强调其也承担一定的风险，其用意无非是既不直接说合同的性质是联营合同，又要否定合同中其收回固定收益的条款是保底条款。

被告某投资开发公司、某科技产业集团和某国际期货经纪公司（我方）为了促使法院全面驳回对方的诉讼请求，同时也为了避免合同被认定为名为联营实为租赁的无效合同——合同无效我方仍要支持房屋使用费，而主张《合作合同》的性质是合法有效的联营合同，但其中的我方支付对方固定收益的条款为保底条款，是无效的。

但是，一审法院以《合作合同》“不具有联营性质，却具有租赁性质”“未到房地产部门办理出租备案等手续，出租亦不合法”为由，认定合同无效。二审法院则以原告某农工商总公司“在自有的集体土地上以建设综合服务楼项目而建的某大厦，却在实际使用时改变其经申报被批准的用途，将某大厦以合作的名义整体提供给三方公司经营，违反了关于使用集体所有土地的法律规定”为由，认定合同无效。

2.名为联营实为房屋租赁的合同被认定无效后，房屋的使用方应向房屋的出租方支付房屋使用费。在法院遇有合同无效，应认定房屋使用费价格问题时，应依照《民事诉讼法》的规定，将价格问题作为专门性问题，委托鉴定机构进行鉴定，从而定价。然而，本案一审法院却并没有委托鉴定，而是自行定价，这显然是严重违反程序的。

3.我方不服一审法院的定价，认为是“拍脑门估价”，故将法院应委托鉴定机构进行价格鉴定作为上诉意见之一。二审法院接受了我方的这一上诉意见，委托鉴定机构进行了鉴定，但这又涉及二审法院能否进行鉴定的问题（这样的鉴定结论违反了我国《民事诉讼法》的两审终审制原则，剥夺了当事人的上诉权），故二审法院是否应以事实不清证据不足为由，发回一审法院重审，由一审法院委托鉴定？

4.原告以合同有效为由，以合同条款为依据起诉并提出诉讼请求，一审法院却认定合同无效并直接以无效合同判决本案。一审法院未依规定行使释明权，告知原告应变更诉讼请求，这是否属于程序错误？

5.原告的诉讼请求为3000万元，一审法院经自行定价后却判出了六千九百七十八万余元（二审法院判出3731万元），这是否属于最高人民法院司法解释禁止的法院超范围审理和判决？

6.原告在起诉的同时，申请保全我方的财务账册（证据保全），并申请法院委托会计机构审计。原告以为我方每年的收益至少在1000万元以上，审计结果却是3年累计亏损三千三百九十八万余元。因此，能否说原告的这一诉讼策略和步骤有误，不仅不利于其诉讼目的的实现，而且拖延了诉讼时间？

7.最后，需要提示的是，我方最终依赖价格鉴定结论取得了本案二审的胜诉，而价格鉴定问题是具有其专业性的。因此，律师在遇有此类专业性问题时，不仅要学懂、掌握，而且要善于向法院和鉴定机构提出己方的鉴定意见。

要　　目

- ·看上去有理
- ·看上去有力
- ·看上去合理
- ·判得够狠的
- ·翻案有戏了
- ·翻案成功了

序曲

你能想象出，原告的诉讼请求只有3000万元，法官居然敢帮原告判出七千多万元吗？——诉讼有时就像脱了法律缰绳的野马，肆意奔腾，而你必须手持套杆，狂追它。

某农工商总公司因联营合同纠纷，作为原告起诉被告某投资开发公司、某科技产业集团、某国际期货经纪公司。我作为被告方的委托代理人，在一、二审诉讼中写作并向法院提交了一审答辩状、代理词和二审上诉状、补充上诉意见、代理词等诉讼文书。

看上去有理

背景

某农工商总公司的起诉意见

案由：合作合同纠纷

诉讼请求：

1.请求法院依法维护原告在合作合同中的合法权益，判令被告履行在合同订立后一九九八年度以来应承担的合作义务，给付原告壹仟伍佰万元及相应的利息。

2.判令被告继续履行合同。

3.判令被告因擅自单方解除合同的行为向原告给付违约金壹仟伍佰万元。

4.判令被告支付本案的诉讼费、保全费。

事实与理由：

1996年1月原告与上述被告签订合作合同，合同约定四家两方共同合作经营原告所属的某大厦，合作经营期限为30年。合同约定先期由甲方（或称原告）完成某大厦主体土建和电、水、通讯、娱乐餐饮系统的工作，投资陆仟万元。乙方（或称被告）负责某大厦后期一些小工程，如煤气、监控、办公自动化、节能控柜、直线电话二百条初装费、卡拉OK、餐厅冷冻、冷藏、后厨等设备，以便于乙方对外招商。

合同还约定在大厦完工后，双方的合作权利及义务。

甲方的主要权利：a.有将建设某大厦的6000万元银行贷款还本付息的债务（合作经营期限前七年）全部转归被告方承担的权利；b.在合作经营期第八年到第三十年，有权收取折旧费、管理费，每年合计1500万元，收取税后利润50%的权利；c.财会监督权。

主要义务：a.办理房屋产权证、土地使用权证书（集体土地），将能够经营商业性综合楼（餐饮、娱乐、宾馆、写字楼出租等）营业手续提交给被告方，并在双方签署合作合同前授权被告方经营管理某大厦；b.负责某大厦大部分土建、建安、装修、设备工程；c.双路用电、中央空调、通讯系统、餐饮娱乐系统、上下水系统。

乙方的主要权利：a.全权管理某大厦的经营权（招租、招商、广告、物业）；b.对某大厦的土建、建安、装修、设备的收尾工程接受保质金（尾款），并对建设施工单位和供货商具有结算权和约束权；c.有权就合作经营期第八年以后的收益中优先清偿其投入某大厦建设中追加的投资本金和利息。

主要义务：a.在合作经营期间前七年还6000万元本金和利息的义务，每年不低于1000万元；b.在合作经营期间第八年至第三十年，每年交折旧、管理费1500万元的义务；c.不得对某大厦对外进行产权转让、抵押贷款；d.合作经营期满后交付可运营的大厦。

合同还规定违约条款，甲方违约行为主要为：a.大厦质量存在问题或建设过程中缺少相应完备手续或少缴相关费用而无法使乙方对大厦开展正常经营；b.不能按合同规定及时向乙方交付房、地证、全面验收合格证及有关物业经营手续以致严重妨碍或影响大厦开展经营管理；c.合同期满前单方解约每提前一年应支付违约金。

乙方违约行为主要为：a.不能交付定金1000万元，不能在合作经营期前七年清偿6000万元本金和利息，每年清偿额不低于1000万元；b.不能在经营期第八年至第三十年期间每年支付甲方1500万元的费用及相应利润；c.合同期满前单方解约每提前一年应支付违约金。

被告方至今已正常经营大厦三年半，被告方只履行了二年的还本息义务，1998年度至今，终止履行还本息义务，至今仍欠本息约1500万元。

原告方发现被告方欠款后及时发函催收，但被告方公然来函表示终止履行合同，已明显违约。被告方以原告没有办理某大厦房产证、土地证为由，拒不履行合作合同，这是毫无道理的抵赖。由于政府政策的调整，大厦房产证暂时停办，但大厦的产权权属及土地权属是甲方的，这早在甲、乙双方合作合同签订时，就由某市某区房屋土地管理局专门出函证明。

经查，被告方经营某大厦三年半，每年的经营收入均超过1000万元，经营收益很好，根本不受原告方是否有大厦房产证的影响。

因此，我们认为本案涉及的合作合同纠纷，其实质是第一阶段甲方合作建楼，乙方合作收尾工程及结算；第二阶段甲方转让还贷义务给乙方，乙方取得大厦经营权并承担还贷款本息义务（第一年至第七年）的合作关系；第三阶段合作双方就大厦经营共同分享收益（第八年至第三十年），并优先抵扣乙方对大厦后期投资的款项及每年15%的利息。该合作合同充分考虑了双方的投资利益和实际风险，是公平的合作经营关系。合作合同现已实际履行的是合作经营还贷第二阶段。

而被告在合作的初期第三年，就已违约，因此原告方不存在违约的问题。

更加重要的是，尽管存在一些条件尚未全部满足的情况，被告方已实际履行两年多，而未提出异议，因此被告方现在提出终止履行合作合同，是不能被法律保护的。

旁白

当你在对方的诉讼中看到对方律师在论证法律关系，或论证证据运用，或论证法律适用，你就应该立即警觉起来——你的对手是有备而来，不好对付，虽然他（她）过早地暴露了诉讼意图。

看上去有力

正文

民事答辩状（一审）

答辩人：某投资开发公司

某科技产业集团

某国际期货经纪公司

答辩人就贵院（1999）某经初字×号案原告某农工商总公司《起诉书》，答辩如下：

一、《合作合同》的法律性质

《合作合同》第1条约定："甲乙双方合作经营甲方所属的某大厦"。《合作合同》其他条款约定的原告某农工商总公司与答辩人三家公司的合作方式为，某农工商总公司投入其所有的某大厦（第3条），并有权派出财会人员监督答辩人对某大厦的日常经营（第4条第五款），答辩人负责某大厦建设追加投资（第3条第九项），并全权负责某大厦的日常经营，即物业管理和招租、招商、广告、收发等（第5条第三款）。

根据《民法通则》关于联营的规定和最高人民法院有关审理联营合同纠纷案件的司法解释，完全可以认定，原告某农工商总公司与答辩人之间的合作关系属内资企业之间的横向经济合作关系，其法律性质就是联营。因此，本案应适用的法律只能是《民法通则》关于联营的规定及最高人民法院有关联营的司法解释。

《合作合同》第7条约定："甲乙双方的合作经营不属联营，甲方不承担经营风险和亏损，乙方承担经营风险、亏损并负责缴纳经营中应上缴的税费。"原告某农工商总公司在其《起诉书》中亦回避了双方《合作合同》和合作关系的法律性质问题。但是，在法律上，上述《合作合同》第7条的约定是无效的，某农工商总公司也无法在双方的联营法律关系之外寻找到一种受法律保护的合作关系。因为，在法律上并不存在合作一方不承担经营风险和亏损，另一方承担经营风险和亏损的合作经营关系。或者说这种单方承担经营风险和亏损的合作经营关系，在法律上没有依据，不受法律保护，甚至是法律所明令禁止的。

原告某农工商总公司《起诉书》对双方合作合同所谓"实质"的"三阶段说"也是不能成立的。原告称"第一阶段甲方合作建楼，乙方合作收尾工程及结算"。合作建楼与本案合同关系无关，原告与答辩人之间当然不存在合建关系（合建必须办理合建报批登记手续和办理土地变更登记手续），答辩人也并不负责收尾工程，而是"工程设备质量在保质期满时对供货商或建设施工单位约束和结算"。（《合作合同》第4条第十款）在以物业为联营体的联营中，投入物业的一方在交付物业的同时转移工程、设备保质期的权利和义务，是常见的联营合同行为。原告称"第二阶段甲方转让还贷义务给乙方，乙方取得大厦经营权并承担还贷款本息义务（第一年至第七年）的合作关系"。本案并不存在还贷义务转让问题。还本付息义务的转让须经贷款方、借款方和还本付息义务受让方三方签订新的借款合同，这是法律常识，无须赘言。《合作合同》第5条"乙方的权利义务"第四款约定："确保合作经营期间前七年实现利润，清偿甲方为建设某大厦在某银行某支行的6000万元贷款及其在这七年期间的利息，并有权获得剩余利润。"故所谓原告还本付息义务全部转归答辩人承担，其实就是答辩人确保前7年实现6000万元贷款及7年利息的利润，交付原告，原告向银行还本付息。原告称"第三阶段合作双方就大厦经营共同分享收益（第八年到第三十年），并优先抵扣乙方对大厦后期投资的款项及每年15%

的利息”。《合作合同》第5条“乙方权利义务”第十二款约定：“在合作经营期第八年开始，每年有权优先从乙方的物业管理公司应向甲方缴纳的1500万元以上部分（不含1500万元）清偿其投入到某大厦建设追加投资本金及利息。”故所谓“优先抵扣”其实是在确保支付原告1500万元的前提下优先清偿追加投资本金及利息。

原告的“三阶段说”的实质是要解释双方的《合作合同》“充分考虑了双方的投资利益和实际风险，是公平的合作经营关系”。虽然刻意避开联营关系不谈，但却又心虚地从联营的“实际风险”角度来粉饰《合作合同》的“公平”。

二、《合作合同》有效，保底条款无效

《合作合同》约定了双方合作经营的联营体——原告所有的某大厦（原告已向法院提交了大厦的证明文件），约定了联营体某大厦所应具备的条件，详细约定了双方的权利和义务，明确了双方的合作方式等，并且约定了违约责任和不可抗力。根据法律和有关司法解释，这种一方投入大厦物业并对大厦的经营进行财务监督，另一方追加大厦建设投资并经营管理大厦的联营关系，在整体上是受法律保护的。故从基本性质和基本内容上看，《合作合同》是合法有效的。

《合作合同》整体上的有效性无法掩盖其部分内容的无效性。这就是指《合作合同》中的保底条款。

《合作合同》中的保底条款主要是下列各条款：

1.第5条“乙方的权利义务”第四款：“确保合作经营期间前七年实现利润，清偿甲方为建设某大厦在某银行某支行的6000万元贷款及其在这七年期间的利息，并有权获得剩余利润。”第二项：“保证在合作经营期间前七年，每年偿还6000万元贷款本息共计不低于1000万元。”

2.第5条第五款：“确保合作经营期间第八年至第三十年，每年分四次向甲方交付折旧费、管理费合计1500万元，下一季度交付上一季度费用，年终后交足1500万元。如仍有剩余利润（税后）有权分享其中的50%。”

3.第5条第七款：“如在合作经营期间，前七年不能清偿甲方在某银行某支行的6000万元贷款及利息，或在第八年至第三十年，每年不能分配给甲方1500万元，乙方应以其自有资金向甲方补足。”

4.第7条：“甲乙双方的合作经营不属联营，甲方不承担经营风险和亏损，乙方承担经营风险、亏损并负责缴纳经营中应上缴的税费。”

最高人民法院《关于审理联营合同纠纷案件若干问题的解答》第4条“关于联营合同中的保底条款问题”第一项规定：“联营合同中的保底条款，通常是指联营一方虽向联营体投资，并参与共同经营，分享联营的盈利，但不承担联营的亏损责任，在联营体亏损时，仍要收回其出资和收取固定利润的条款。保底条款违背了联营活动中应当遵循的共负盈亏、共担风险的原则，损害了其他联营方和联营体的债权人的合法权益，因此，应当确认无效。”

根据上述司法解释，完全可以认定，《合作合同》中的上述答辩人在合作期间前7年每年向原告交付1000万元，第8年至30年每年交付1500万元，如不能按约分配，则答辩人以自有资金向原告补足，以及原告不承担经营风险和亏损的约定，均是典型的保底条款，是无效的，不受法律保护。

应当指出，《合作合同》中的这些保底条款，当然均属极力保护原告某农工商总公司的条款。其实，这均是某农工商总公司签订该合同的前提条件。故从订立无效合同条款的责任上看，某农工商总公司的不容改变的合作条件成为合同条款，从而致使这部分合同条款无效，当然应对这部分合同条款的无效承担主要过错责任。

旁白

诉讼有时需要针锋相对，有时需要避其锋芒，有时需要将计就计……总之，就是要学习毛泽东打蒋介石的那一套，见机行事。

——对方主张《合作合同》有效，目的是要让我方按合同约定付款，我将计就计，也主张合同有效，但认为付款条款属于违法的保底条款——只有主张合同为联营合同，才能套上保底条款的约定。

三、某农工商总公司的诉讼请求不能成立

《民法通则》第58条第二款规定："无效的民事行为，从行为开始起就没有法律约束力。"原告的第一项诉讼请求，即请求法院判令答辩人给付1998年度以来的1500万元及相应利息，其合同根据正是保底条款（合作前7年每年1000万元，一年半1500万元）。这种无效条款从《合作合同》订立之日起对答辩人就没有法律约束力，故原告的上述诉讼请求不能获得法院的支持和保护。

原告的第三项诉讼请求为："判令被告因擅自单方解除合同的行为向原告给付违约金壹仟伍佰万元。"原告指责答辩人擅自单方解除合同毫无事实根据。其所谓答辩人"公然来函表示终止履行合同"，纯属杜撰。1998年8月24日答辩人委托某物业管理公司向原告复函，指出"鉴于某大厦目前状况，我方再次明确提出以下三种解决方案，供贵司选择"。一是终止执行《合作合同》方案，二是共同经营管理大厦方案，三是变更每年代为还本付息金额，答辩人继续经营管理方案。其全部内容完全是就《合作合同》的终止、变更和继续履行进行协商，根本没有答辩人单方终止合同的意思表示。故原告根据复函要求给付单方解除合同的违约金1500万元，同样不能获得法院的支持和保护。

原告的第二项诉讼请求为"判令被告继续履行合同"。答辩人未履行的合同条款为无效条款，而这种不履行是受法律保护的。且答辩人并未单方解除合同，只是针对保底条款对答辩人合法权益的严重损害提出三种解决方案，与原告协商。故原告要求答辩人继续履行保底条款是非法的，如要求答辩人履行其他有效的合同条款，而答辩人仍在继续经营管理大厦，并未撤离，也未表示单方解除合同，那么这种继续履约的要求便是无的放矢。

四、某农工商总公司的违约事实及责任

在《合作合同》履行过程中，原告某农工商总公司存在一系列的违约行为：

1.《合作合同》第4条第一款约定原告有责任办理某大厦的房屋产权证书、土地使用权证书。但两年多来，虽经答辩人多次催促，原告仍然拖延不

办。原告的《起诉书》中称已向答辩人出示过不能办理上述证照的说明和有关政府文件。但时至今日，答辩人从未见到原告所谓的不能办理产权和土地证书的政府文件，且在原告的举证材料中也无此类政府文件。故原告的“不可抗力”说不能成立。在此合同约定上，构成违约无疑。

2.《合作合同》第3条第三款约定原告于1996年5月1日前保证大厦双路供电，但至今仍未落实，致使答辩人对某大厦无法正常开展经营管理。例如，1997年7月3日早5点30分至9点40分，由于某大厦西口10KV高压线因雷击断线，造成大厦停电，正值大厦上班期间，因无双路供电造成电梯无法使用，电脑无法运行，客户反映很强烈，餐厅海鲜由于无法供氧死亡。又如大厦客户某实业投资有限公司从事证券期货业务，由于断电造成该公司不能及时看到行情变化而无法交易，为此向我们提出巨额索赔并拒付房租，并诉至法院，经过法院调解，我方不得不做出很大让步，才保证客户续租。另外，1997年9月19日晚，外线事故造成断电，大厦2号开利冷水机组各项信息丢失。因该机组工作性质属于常年热备，不能长时间断电。为此，答辩人不得不花27，000元重新更换电脑板。

3.《消防条例实施细则》第11条规定：“工程竣工时，建设单位应当对工程的消防设施进行验收。”[1]由于消防系统设备存在种种严重问题，原告于工程质量验收之后，一直无法通过消防验收。1997年4月3日开始对消防水泵系统进行调试，问题较大，但原告迟迟不能整改。经答辩人多次交涉协商，1997年12月底开始对大厦的消防水泵系统进行整改，但仍不完善。1998年元月请消防科验收，仍未通过，至3月消防水泵系统基本通过消防科的验收。而大厦的全部消防直至1998年12月2日才通过验收。

4.《合作合同》第3条第七项约定了上下水系统：“下水排水畅通。”但是，某大厦很多下水经常不通，有的地漏甚至根本无下水及连接管路，如桑拿吧台下方强排水池未设电源、未安装排水泵、未与任何自动装置连接、未做排放管线；有的直接排向下层屋顶，如1997年3月由于一层餐厅水池下水管未与

---

[1] 该法已于2001年10月6日被废止，该条文与1998年9月1日施行的《消防法》第13条的规定基本一致。

主管路连接，使下水直接排放至桑拿贵宾间休息厅屋顶，造成顶棚严重损坏，筒灯部分进水损坏。时至今日，各层下水严重堵塞情况时有发生，均属施工单位未按照国家标准施工所致。虽经答辩人多次交涉，原告并未妥善处理。

5.中央空调系统质量问题较大。从1996年11月中旬供暖开始，各层房间发现多处温度上不去，有的根本没有。由于设计问题，冷暖空调系统达不到使用要求。为此答辩人不得已重新投入资金二十余万元加装分体空调机30台。由于冷却泵安装不合理，法兰螺栓磨击软连接，致使软连接破裂，造成地下室大面积浸泡。风机盘管与管路软连接已发生三十余起破裂，给答辩人客户造成严重损失。

6.1997年初大厦餐饮部门和职工食堂正式营业，为此杂货电梯投入使用，运行后发现经常无故触底。1997年5月以后，故障频繁发生，给员工就餐及餐厅经营造成很大困难，多次发生摔坏餐具、损坏食物现象。为此，答辩人遭到多次投诉，我方工程人员多次与厂家联系，而且厂家多次派人来修理。厂家技术人员反映，由于安装初期电梯井道歪斜，偏差太大，土建施工不符合安装要求，目前现状根本无法解决问题，现杂货梯一直停用，已造成我公司餐厅运输困难。

上述原告的违约行为仅为主要和严重的，其他违约事实这里不作列举。根据《合作合同》第6条“违约责任”第一款“甲方违约责任”的第一二项的约定，原告应承担支付违约金和赔偿答辩人经济损失的责任。对此，答辩人将在一审中适当时间向原告提起反诉。

旁白

用履行凭证揭示对方的种种履约问题永远是对的——在合同有效时，这可能成为对方的违约事实；在合同无效时，这可能成为对方的过错事实。即使不能成为认定事实的根据，这些情况也会在情理上影响法官。

——我方对对方的种种指责，在二审时成为房屋使用费鉴定结论所考虑的“鉴定对象（大厦）不完善折扣率”的诸种因素。

综上所述，本案《合作合同》的法律性质就是联营，《合作合同》整体有效，但其中的保底条款无效，答辩人无违约行为，某农工商总公司的诉讼请求不能成立，且应对其一系列违约行为承担违约责任。故恳请贵院查明本案事实，依法认定本案合同的性质和条款的效力，慎重处理本案，维护答辩人的合法权益。

此呈

某中级人民法院

答辩人：某投资开发公司

某科技产业集团

某国际期货经纪公司

背景

法院实施的证据保全和审计

原告某农工商总公司在提起诉讼的同时，申请法院证据保全，即查封三被告共同委托的某物业管理公司的全部财务账册。同时，申请法院对三被告经营管理某大厦期间的财务状况进行审计（原告在《起诉书》中称：“经查，被告经营某大厦三年半，每年的经营收入均超过壹仟万元”）。某会计师事务所有限责任公司接受法院的委托，实施了审计，出具了《审计报告》。审计结论为，自1996年至1999年9月，某大厦累积亏损33,985,092.77元。

旁白

在诉讼中申请法院采取一定的诉讼措施，诸如调查取证、保全证据、审计或追加第三人等，要深思熟虑，不可草率行事。否则，轻者无谓地拖延了诉讼周期，重者为对方输送了打击自己的“炮弹”。

——本案中对方申请的审计，不仅将诉讼拖延了1年，审计结论还成为我方后来的抗辩理由。

正文

代理词（一审）

尊敬的审判长、审判员：

作为被告某投资开发公司、某科技产业集团、某国际期货经纪公司的代理人，就本案的事实认定及法律适用发表如下代理意见：

一、《合作合同》的性质为联营合同，合法有效，保底条款无效

《合作合同》约定双方合作经营原告所属的某大厦。合作方式为，原告投入其所有的某大厦房产使用权，并有权派出财会人员监督我方对某大厦的日常经营；我方负责某大厦建设追加投资，有权组建物业管理公司对某大厦进行物业管理。合同第5条第十六款约定我方有义务在合作经营期满时向甲方交付可运营的某大厦。

《民法通则》第52条规定了合伙型联营的法律特征，即“企业之间或者企业、事业单位之间联营，共同经营，不具备法人条件的”。本案中，原告与我方通过《合作合同》所建立的合作关系具备上述法律特征。双方共同投资，原告投入大厦房产使用权，我方投入后期追加投资及流动资金共同经营，原告派出的财务人员一直在我方成立的某物业公司财务部工作，直至双方发生争议，起诉后才离开。共同经营，原告负责煤气工程的申报、施工、通气；协调解决大厦门前道路出口问题（双方争议后，由于不再合作，故大厦门前道路出口早已封闭）；协调同主管部门的关系；更重要的是，某物业公司与客户签订的每一份合同均送交原告方审查管理，由原告向房地局协调为客户办理房产使用证明。我方负责大厦的日常物业管理，招租等，且有义务在合作经营期满时交付可运营的大厦。我方与原告之间成立合伙型联营法律关系。但是，《合作合同》第7条“甲乙双方的合作经营不属联营，甲方不承担经营风险和亏损，乙方承担经营风险、亏损并负责缴纳经营中应上缴的税费”是原告为了规避法律及司法解释对联营双方共担风险、共负盈亏的强制性规范而订立的，应认定无效。

《合作合同》第5条“乙方权利义务”第四款、第五款、第七款分别约定以我方在合作经营期间每年应支付的固定利润，根据最高人民法院《关于审理联营合同纠纷案件若干问题的解释》第4条关于保底条款的规定，系典型的保底条款，不受法律保护，应当确认无效。根据该司法解释的规定，《合作合同》其他条款的内容合法有效，保底条款的效力不影响整个《合作合同》的有效性，更不能改变《合作合同》的联营性质。

二、《合作合同》的性质不是租赁合同

我方认为，双方的合作关系符合联营的法律规范，却不具备租赁的法律特征。

第一，原告无权出租某大厦。

1.原告未取得某大厦房产证，未申领房屋租赁许可证，依法不得出租大厦。

建设部于1995年4月28日发布的《城市房屋租赁管理办法》第3条规定：“房屋所有权人将房屋出租给承租人居住或提供给他人从事经营活动及以合作方式与他人从事经营活动的，均应遵守本办法。”第6条规定：“有下列情形之一的房屋不得出租：（一）未依法取得房屋所有权证的……（九）有关法律、法规规定禁止出租的其他情形。”第13条规定：“房屋租赁实行登记备案制度。签订、变更、终止租赁合同的，当事人应当向房屋所在地市、县人民政府房地产管理部门登记备案。”第16条规定：“房屋租赁申请经市、县人民政府房地产管理部门审查批准后，颁发《房屋租赁证》。”第17条规定：“《房屋租赁证》是租赁行为合法有效的凭证。”[1]

某市房屋土地管理局1997年4月4日发布的《关于在全市范围实行房屋租赁登记备案工作的通知》第3条规定：“有下列情形之一的房屋不得出租：（一）没有房屋所有权合法证明的；……（九）依照法律、法规规定不得出租的其他房屋。”第4条规定：“已经出租房屋而未领取《房屋租赁证》或《临

[1] 该办法于2011年2月1日被《商品房屋租赁管理办法》废止，上述条文中除了第13条与新办法第14条的规定一致外，其他条文均已被修改。

时房屋租赁证》的单位或个人应于一九九七年六月一日前申请补领。”（此文于1997年4月4日起实施，双方《合作合同》于1996年1月18日签订，如为租赁合同，原告方应依法申请补领房屋租赁证，但至今未办。）第7条规定：“房屋租赁双方应当订立书面租赁合同，并到房屋管理机构办理登记备案。”第11条规定：“对违反本通知，伪造、涂改《房屋租赁证》的或不按期申报、领取《房屋租赁证》的，按《城市房屋租赁管理办法》及其他有关规定进行处罚。”

原告所有的某大厦至今没有产权证，未申领也不可能获批取得房屋租赁许可证，未办理登记备案。因此，原告作为出租方出租没有产权证书的某大厦是行政规章所明令禁止的非法行为。

2.某大厦是原告在集体所有土地上建设的农村基建房屋，依法不得出租。

1982年2月24日，某市人民政府发布《关于贯彻执行国务院一九八二年四号、二十九号文件制止乱占滥用耕地加强土地管理的紧急通知》（某政发[1982]23号）第2条规定：“对以买卖、租赁房屋的方式变相买卖、租赁土地的，除按上述原则处理外，其房屋由所在县、区政府没收。”第5条第三款规定：“禁止私自向农村社队租买土地，或以购买社队和社员房屋为借口，变相租买土地等错误做法。”1983年某市人民政府发布《关于抓紧处理租赁买卖社队土地问题的通知》（某政发[1983]177号）中《关于清查租赁买卖或变相租赁买卖社队土地的情况和处理意见的报告》中明确提出“所有租赁、买卖（包括变相租赁、买卖）社队土地的‘协议’、‘合同’一律无效”、“对于出租、出卖社队土地的非法所得，包括资金、材料和其他物资，区别不同情况，没收其一部分、大部分或全部，上缴国库，用于村镇建设事业等有关方面。”

《土地管理法》第81条规定：“擅自将农民集体所有的土地的使用权出让、转让或者出租用于非农业建设的，由县级以上人民政府土地行政主管部门责令限期改正，没收违法所得，并处罚款。”

中共中央、国务院于1997年4月15日发布的《关于进一步加强土地管理切实保护耕地的通知》第4条“加强农村集体土地的管理”中明确规定：“除国家征用外，集体土地使用权不得出让，不得用于经营性房地产开发，也不得转让、出租用于非农业建设。用于非农业建设的集体土地，因与本集体外的单位和个人以土地入股等形式兴办企业，或向本集体以外的单位和个人转让、出租、抵押附着物，而发生土地使用权交易的，应依法严格审批，要注意保护农民利益。”

原告所有的某大厦是原告以“为解决周围地区居民理发、家电维修诸多不便而建设综合服务楼”的名义立项报批的，计委下达的计划是农村基建项目。农村集体所有土地上的基建房屋未经批准不得对外出租，如果出租，则属上述法规规定的以租赁房屋的方式变相租赁土地，是国务院及某市政府明令禁止的违法行为，双方签订的协议一律无效。原告在订立《合作合同》之初，正是由于大厦不能对外出租，才要求与我方联营，签订《合作合同》。在实际履行中，原告方也从未取得过《房屋租赁证》，从未向我方收取过租金。我方认为，原告对外租赁集体土地上的农村基建房屋是严重违法行为，而双方采取的联营方式，法律并不禁止，故双方只存在联营关系，并无非法租赁关系。

第二，双方有共同投资的约定和履行事实。

《合作合同》第3条第九款约定大厦尚未具备的煤气系统、监控系统、办公自动化管理系统、节能控柜、通讯系统、卡拉OK厅音响灯光等设备及餐厅冷冻、冷藏及后厨等设备由我方负责投资，这是联营的法律特征。而在租赁法律关系中，出租人有义务提供可供使用的租赁物，承租人无义务对租赁物和各种必备设施追加投资；实际履行中，我方确实就《合作合同》第3条所约定的煤气系统、监控系统等作为可使用的大厦必不可少的设施及其他原告未依约提供的设备追加投资五百多万元。共同投资系典型的联营合同条款，而非租赁合同的内容。

第三，双方有共同经营的约定及履行事实。

《合作合同》第4条第五款约定“甲方（即原告）有权派出财会人员监督乙方对某大厦的日常经营。”第八款约定原告“有义务负责完成对某大厦煤气工程向主管部门申报及督促有关部门在1996年3月1日前完成煤气工程施工并通气”。第九款约定原告“有义务在1996年1月31日前通过公安交通部门解决某大厦在某路上的出口问题”。第十款约定原告“有义务按有关某大厦的建安、装修、设备等合同，将合同中规定的保质金（或尾款）转让给乙方，由乙方负责对某大厦的土建、装修、设备、设施等工程、设备质量在保质期满时对供货商或建设施工单位约束和结算。如供货商或建设施工单位要求的结算款超出其转让给乙方的保质金或尾款，超出部分由甲方负责承担”。第十一款约定原告“负责某大厦中央空调的仪表的配置”。第十二款约定原告“在1996年5月1日前完成某大厦北部外装修（贴瓷砖）和某大厦正面两侧喷泉工程”。第十三款约定原告“有义务协助乙方在经营某大厦期间，协调同有关主管部门及其下属的某饭店的关系”。实际履行过程中，原告一直派有财会人员在我方的物业公司内工作，直到双方发生争议后才离开。更为重要的事实是，由于大厦不具备产权证及租赁证，我方物业公司与租户签订的合同均提交原告方备案，并由原告方与区房地局协调为租户出具房产使用证明，以办理工商变更登记手续，而双方发生争议后，原告拒绝履行该项义务，导致我方物业公司经营极为困难，凡需要房产使用证办理工商变更登记手续的租户均不能承租，物业公司因此不得不放弃了绝大部分新客户，老客户又纷纷到期退租，物业公司亏损迅速增大。履行事实证明双方确为共同经营，我方没有权利单独经营，且原告方在经营中承担重要责任。合同约定及履行情况证明双方确为共同经营，不存在一方交付租赁物，另一方使用的租赁合同关系。

第四，双方《合作合同》不具备租赁合同的主要条款。

《城市房屋租赁管理办法》第9条规定房屋租赁合同应当具备的条款包括房屋坐落、面积、装修及设施状况、租赁用途、租赁期限、租金及交付方式、房屋修缮责任、转租的约定等。其中，租金及交付方式、房屋修缮责任、转租的约定均为租赁合同的必备条款。

《合作合同》没有约定原告向我方收取租金，而是约定前7年我方保证原告方收回贷款本息，第8年开始交付折旧及管理费，并且约定如有剩余利润，原告有权分享50%。租赁合同租金条款数额明确，出租方对承租人的剩余利润无权分享，分享利润是联营合同的典型条款。《合作合同》对于大厦的修缮责任没有约定，且一般房屋租赁合同中，修缮责任均为出租方承担，而在原告与我方合作经营期间，所有房屋的修缮责任（如屋顶每年做防水层等），锅炉等设备保养、大修、更换均由我方承担（我方已向法院举出后期追加投资的证据能够证明），不是租赁合同的要求。承租人转租条款，《合作合同》未约定原告出租，更未约定我方转租，且《城市房屋租赁管理办法》第28条规定：“房屋转租，应当订立转租合同。转租合同必须经原出租人书面同意，并按照本办法的规定办理登记备案手续。”由于原告与我方并非租赁关系，故《合作合同》中不可能约定转租条款。《合作合同》不具备房屋租赁合同应当具备的主要条款，双方之间不存在租赁关系。

第五，原告及我方从未主张双方存在租赁合同关系。

原告《起诉状》中主张双方为合作关系，后原告又根据联营分享利润的原则要求对我方物业公司的账目进行盈亏审计，以确定我方有否可分利润。原告的审计请求也是基于双方并非租赁合同关系，而是联营关系，租赁合同的出租方不关心承租人的经营利润，不论盈亏均按时收取租金。原告代理人提交的代理词中仍然主张双方合作关系，而非租赁关系。我方提交《答辩状》及庭审中均认为与原告之间的合作关系就是联营，联营合同有效，保底条款无效。故原告与我方从未主张过双方存在租赁合同关系。

综上，原告与我方的《合作合同》不具备租赁合同的必备条款，双方实际履行《合作合同》的行为不具备租赁合同的法律特征，双方之间不存在租赁合同关系。

旁白

律师应该机警地利用一切与法官接触的机会，诸如质证、谈话、调解等，“侦察”法官的判决意图，并及时提出有针对性的意见。

——在调解中，法官显露出本案合同关系不是联营，而是租赁的意思，故我将租赁问题作为《代理词》的主要内容。

三、本案的处理意见

1.我方认为，《合作合同》的性质为联营合同，内容真实，合法有效。其中，原告不承担经营亏损的保底条款因违反法律规定而无效。集体土地上的基建房屋未经批准不得对外出租，因此，双方不存在租赁合同关系。如认定双方为租赁关系，则为用司法判决将法律禁止的非法租赁关系合法化。

2.根据《审计报告》的结论，联营体经营亏损额度很大，这是本案铁的事实，在本案处理上，不应无视亏损的审计结果。依据联营合同共担风险共负盈亏的法律原则，联营一方依据保底条款收取的固定利润应退出，双方应分担经营亏损。另外，鉴于双方难以继续合作，原告方投入的大厦及设备已实际使用5年，我方愿意在原告返还我方追加投资的基础上，承担大厦的折旧费用。

综上所述，本案合同的性质为联营，联营审计结果亏损的事实清楚，恳请合议庭依法判决，保护我方的合法权益。

谢谢！

背 景

为防止法官自行确定出高额房屋使用费，我方委托某会计师事务所，对某大厦周边的四个大厦和一个酒店的出租经营及盈亏情况进行了调查。我方向法院提交的、会计师事务所出具的《调查报告》证明，各大厦的租金无一家达到每平方米3元。

旁 白

律师一旦发现法官可能做出对自己不利的判决，不能坐以待毙，要想方设法，采取相应的诉讼步骤。无论法官接受与否，律师应当对委托人尽责。

看上去合理

判决

一审判决

某中级人民法院对本案作出一审《民事判决书》。判决书“经审理查明”一节内容如下：

经审理查明，1996年1月，甲方与乙方就甲方所属某大厦签订一份合作合同，约定，合作期限为30年。甲方交付的某大厦应具备如下条件：建筑面积为17989.06平方米；拥有双路供电、中央空调、通讯、娱乐餐饮、上下水等设施。某大厦尚未具备的设施：煤气、监控、办公自动化系统、节能控柜、卡拉OK厅音响灯光设备、餐饮冷冻、冷藏及后厨等设备，以上投资为乙方投入，并自实际投入之日按年息15%计息。同时合同中约定，甲方的主要权利：a.有将建设某大厦的6000万元银行贷款还本付息的债务（合作经营期前7年）全部转归乙方承担的权利；b.在合作经营期第8年到第30年，有权收取折旧费、管理费，每年合计1500万元，收取税后利润50%的权利；c.财会监督权。甲方的主要义务：a.办理房屋产权证、土地使用权证书等相关手续，将某大厦的建安、装修、设备等合同的质保金转入给乙方；并负责某大厦中央空调的仪表的配置等；b.负责某大厦大部分土建、建安、装修、设备工程；c.提供双路用电、中央空调、通讯、餐饮娱乐、上下水等设施。乙方的主要权利：a.拥有全权管理某大厦的经营权；b.对于全大厦的土建、建安、装修、设备的收尾工程接受保质金，并对建设施工单位和供货商具有结算权和约束权；c.有权就合作经营期第八年以后的收益中优先清偿其投入某大厦建设中追加的投资本金和利息。乙方主要义务：a.合同生效后向甲方交付1000万元定金；b.在合作经营期间前7年还6000万元本金和利息，每年不低于1000万元；在合作经营期间第8年至第30年，每年交折旧、管理费1500万元；c.不得对某大厦对外进行产权转让、抵押贷款；d.合作经营期满后交付可运营的大厦等。且合同中明确约定，甲乙方的合作经营不属联营，甲方不承担经营风险和亏损，乙方承担经营风险，同时还约定了违约条款。1996年3月25日，甲方乙方共同签订补充协议，约定，定金中先扣除合同明确规定的工程尾款109万元，乙方已于1996年2月16日付定金600万元，补充协议签订后3日内将剩余291万元定金给付甲方。协议签订后，乙方正式接收大厦。乙方接收后除收尾工程外在经营中对大厦又做了部分装修并添置部分设备。对此，乙方提供了花费5，619，383.13元的票据，其中甲方承认3，244，041.96元的费用支出。另，乙方自经营以来已给付甲方29，266，071.83元（双方对账确认）。再查，乙方提供自1996年至2000年大厦出租价格的平均值为2.57元，甲方提供大厦的出租价格的平均值为3.83元，故双方的平均价位为3.2元。根据该大厦竣工图纸表明该大厦建筑面积为17，338.72平方米，乙方提供2000年其实际出租大厦的面积为11，361平方米。现甲方认可该大厦使用面积可按11，147平方米计算。另，在审理期间，双方均要求本院委托审计部门对乙方经营期间的账目进行了审计，结论为：自1996年至1999年9月某大厦亏损33，985，092.77元。

上述事实，有合作合同、相关票据、图纸、对账笔录及庭审笔录等证据在案佐证。

判决书“本院认为”一节内容及判决结论如下：

本院认为，原被告所签合同虽名为“合作合同”，但其内容却约定：经营的标的物为原告某农工商总公司一方所有；经营由被告方全权负责，经营风险由被告方承担，经营期间前7年由被告方偿还原告某农工商总公司为建大厦在银行所贷6000万元本金和利息，每年不低于1000万元；第8年至第30年，被告方每年交折旧、管理费1500万元等；故其根本不具有联营性质，却具有租赁性质。但又因未到房地产部门办理出租备案等手续，出租亦不合法。因此，双方所签合作合同无效。对此，双方均有责任。原告某农工商总公司依据合同所取得的29，266，071.83元应返还给三被告；三被告应将某大厦返还给某农工商总公司。鉴于被告方已实际使用了大厦且进行对外出租等经营活动，故应赔偿原告某农工商总公司一定的使用费（以面积11，147平方米，按每日每平方米3.2元计，自1996年3月20日起算）。因合同无效给合同各方造成的其他损失应各自承担。庭审中三被告提出在经营中对大厦进行了一定的投入（包括装修、设备等）计5，619，383.13元，原告某农工商总公司承认应给付三被告的费用为3，244，041.96元，考虑到三被告所列费用中有的属经营中的必要耗费，有的设备应进行折旧等因素，故本院酌情判令原告某农工商总公司赔偿三被告设备损失4，495，500元。由于该案不属联营，故审计报告的结论无法使用，该审计费由四方均摊。由于被告单方经营，因此，经营亏损与原告某农工商总公司无关。原告某农工商总公司以合同有效要求被告承担违约责任的请求于法无据，本院不予支持。依照《中华人民共和国民法通则》第58条第一款第（五）项及第二款之规定，判决如下：

一、原告某农工商总公司与被告某投资开发公司、被告某科技产业集团、被告某国际期货经纪公司四方所签合作协议无效。被告某投资开发公司、被告某科技产业集团、被告某国际期货经纪公司于本判决生效后10日内将某大厦交还给原告某农工商总公司。

二、原告某农工商公司于本判决生效后10日内返还被告某投资开发公司、被告某科技产业集团、被告某国际期货经纪公司29,266,071.83元。

三、被告某投资开发公司、被告某科技产业集团、被告某国际期货经纪公司于本判决生效后10日内赔偿原告使用费（自1996年3月20日至实际付清之日止，按11，147平方米及每平方米每日3.2元计）。

四、原告某农工商总公司于本判决生效后10日内赔偿被告某投资开发公司、被告某科技产业集团、被告某国际期货经纪公司损失4,495,500元。

五、驳回原告某农工商总公司其他诉讼请求。

案件审理费160,010元，由原告某农工商总公司负担64，000元（已交纳），由被告某投资开发公司、被告某科技产业集团、被告某国际期货经纪公司负担96,010元（于本判决生效后7日内交纳）；财产保全费25,520元，由被告某投资开发公司、被告某科技产业集团、被告某国际期货经纪公司负担（于本判决生效后7日内交纳）；审计费112,000元由原告某农工商总公司负担28，000元，由被告某投资开发公司、被告某科技产业集团、被告某国际期货经纪公司各负担28，000元（均已交纳）。

旁白

有的法官非常高明，能够把自己非常离谱的判决意图，演绎成看上去挺靠谱的判决。细心研读这种判决，一定能让人大长诉讼见识。

判得够狠的

正文

民事上诉状

上诉人：某投资开发公司

某科技产业公司

某国际期货经纪公司

上诉请求：

1.撤销某人民法院（1999）某经初字第×号《民事判决书》；

2.以《审计报告》为依据，判由上诉人返还被上诉人某大厦的实际孳息或折旧费，并判令无效合同的主要过错方被上诉人向上诉人赔偿经济损失；

3.由被上诉人承担本案一审诉讼费、保全费、审计费和二审诉讼费。

事实与理由：

上述判决书无视法律、司法解释规定的无效合同的处理原则，刻意偏袒被上诉人，认定合同具有租赁性质，因不合法而无效，却故意按租赁合同处理本案，将法律、法规明文禁止并予以处罚的非法出租行为合法化，并使被上诉人获得非法的巨额利益。同时，该判决在认定无效合同过错责任上，在审理与判决的程序上亦有严重错误，系典型错判，依法应予纠正。

一、原判在定性和处理上自相矛盾的错误，依法处理本案无效合同的正确方法

原判在定性上，认定双方所签《合作合同》“根本不具有联营性质，却具有租赁性质。但又因未到房地产部门办理出租备案等手续，出租亦不合法。因此，双方所签合同无效”。但在处理上，则认为“鉴于被告方已实际使用了大厦且进行对外出租等经营活动，故应赔偿原告某农工商总公司一定的使用费（以面积11147平方米，按每日每平方米3.2元计，自1996年3月20日起算）”。

（一）先看看上述判决给被上诉人带来的非法利益

1.判决书认定的具有租赁性质的合同，约定第1~7年被上诉人每年应得的款项（性质为租金）为1000万元，但按上述判决，上诉人则应每年赔偿上诉人13,019,696.00元，比约定的租金高出三千多万元。

2.双方所签合同具有租赁性质，但无效的原因并非判决书所认定的未办理出租备案等手续，而是因为某大厦为集体所有土地上建设的农村基建房屋，依法不得出租或变相出租，根本不可能取得房屋租赁证，何以办理租赁登记手续？但是，上述判决却试图使被上诉人通过合法的判决取得比无效合同还要好的巨额非法利益。而依据有关法律、法规，被上诉人的非法出租行为是应受到房屋土地主管部门行政处罚的。

3.经被上诉人申请证据保全（上诉人方账目）并经被上诉人申请审计，一审法院委托审计的《审计报告》证明，某大厦从1996年至1999年9月累计亏损33,985,090.77元，但上述判决却在上诉人方经营的大厦不仅无收益且严重亏损的事实面前，在认定合同无效的前提下，判令上诉人每年赔偿被上诉人一千三百多万元“使用费”。

4.被上诉人在一审中举证主张大厦建设贷款为6000万元，且不说被上诉人举不出借款合同和催款通知等证据，其所举自制的贷款表格中多数贷款均经质证证明为虚假建设贷款。假设就按6000万元建设款计，按上述判决所计算的“使用费”，从1996年3月20日至2001年7月31日（上诉人签收判决书），上诉人应付被上诉人69,780,220.00元，被上诉人不仅用五年多时间收回了6000万元的大厦建设款，还另外净得近一千万元。可见，被上诉人通过无效合同，通过法律禁止的出租行为取得了签订有效租赁合同也不可能取得的巨额非法利益。

（二）再看看原判的错误所在

1.原判一方面认定合同具有租赁性质，那么合同约定的每年1000万元的款项当然就是租金，但在此无效合同的处理上，则以上诉人实际使用了大厦为由，判由上诉人每年赔偿被上诉人“使用费”一千三百万余元，完全无视法律和司法解释明文规定的无效合同的处理原则，且一概不考虑大厦客观的经营成本和必然的空房率，更不顾经审计证实的亏损事实。原判名曰“使用费”，其实就是按所谓可出租面积和所谓平均租金价位来确定租金。这种判决不仅使被上诉人利用法律、法规明令禁止出租的大厦获取了非法的租金收益，更严重的是通过判决将法律、法规禁止并规定予以处罚的非法租赁关系合法化。这种在认定上和处理上的自相矛盾是显而易见的。

2.原判认定，对无效合同，“双方均有责任”，且认为各方损失应各自承担，未认定和区分双方在无效合同上的过错责任及过错责任的大小，但却判令上诉人向被上诉人支付超过约定租金的巨额赔偿金（所谓使用费），故意混淆无效合同的各自返还和过错赔偿两项原则的界限。依据法律和司法解释的规定，上诉人返还被上诉人大厦时，应一并返还大厦的孳息，如无孳息，则只能按大厦的折旧返还被上诉人大厦每年的折旧费，至于赔偿则必须首先认定过错责任。原判在认定过错责任时，各打五十大板，但却判令一方给另一方巨额赔偿，又陷入了自相矛盾的境地。

3.原判以11，147平方米的面积，每日每平方米3.2元的租金价格计算“使用费”，也是错误的。首先，大厦的实际可出租面积不是11，147平方米，而是7711平方米（后述）。其次，以3.2元的租金价格定使用费也完全是错误的。第一，假设大厦不属法律法规禁止出租的物业，而属可合法出租物业，且办理了产权证、租赁证和登记备案手续，也因合同无效而需判定使用费，这种使用费也不能是承租人承担销售成本的销售收入，只能是承租人的收益。但是，某大厦属于法律法规禁止出租的物业，根本不可能办理有关证照和登记手续，因此，进一步讲，即使计算使用费也必须扣除客观存在的经营成本、公用管理面积和空房率，同时必须依据《审计报告》证明的使用收益来计算“使用费”。第二，经上诉人委托会计师事务所对某大厦周边的四个大厦及一个酒店的出租经营及盈亏情况进行调查，该事务所出具的《调查报告》证明：一、各大厦的租金无一家达到每日每平方米3元，且各大厦的配套设施均比本案大厦齐备（本案大厦的煤气系统、监控系统、办公自动化系统、通讯系统及餐饮设备等均为上诉人投资，《合作合同》有明确约定，上诉人为此实际投资500余万元）；二、各大厦除一个大厦有盈利（1998年最高，也不过36万元），其他大厦则历年亏损。有必要说明的是，如房屋土地管理部门不对被上诉人的非法出租行为进行处罚，即使按上诉人的上诉请求判决，被上诉人通过其非法出租行为仍可获得比周边的其他大厦更好的收益。故请二审合议庭考核《调查报告》，并依据本案《审计报告》，纠正原判计算“使用费”的错误。

（三）依法返还大厦孳息或折旧费的正确处理方法

通过以上分析，可以清楚地看出，原判所谓赔偿使用费的判决是错误的，是违反法律和司法解释明文规定的。对于非法出租大厦的无效合同，承租人在返还大厦的同时，只应返还大厦的实际孳息或折旧费。

根据《审计报告》，某大厦自1996年3月至1999年9月累计亏损33,985,092.77元。如减除上诉人依据无效合同支付被上诉人的部分款项计入成本及提取的财务费用因素，截止1999年9月，大厦盈利5,245,313.65元，平均每年盈利1,498,661.04元。这是大厦的实际孳息，上诉人在返还大厦的同时，应一并返还这一大厦孳息。而被上诉人获得此孳息后，还应依据《土地管理法》等法律和法规，接受房屋土地管理部门对其非法变相出租集体土地和非法出租房屋的行政处罚。

另外，返还大厦折旧费亦为处理非法出租大厦的无效合同的正确方法。折旧费计算方式可为，被上诉人主张的大厦建设贷款6000万元除以折旧年限25年，每年折旧费为240万元。

二、原判在认定无效合同过错责任上的错误及被上诉人应赔偿上诉人的损失

原判认定签订无效合同双方均有责任，损失各自承担，即各打五十板，是错误的。在非法出租房屋的无效合同中，出租方应承担主要过错责任。在本案中，《合作合同》第4条“甲方权利义务”和第1条就明确约定由被上诉人办理房屋产权证书、土地使用权证书以及有关登记备案手续，但被上诉人却采取欺诈手段，隐瞒其大厦属不得出租的集体土地上农村基建房屋的事实，在合同中承诺办理所有证照和登记备案手续，其实根本不可能取得房屋所有权证、房屋租赁证，更不可能办理租赁登记手续，致使合同无效，故当然应承担主要过错责任。

原判不仅在认定过错责任上错误，同时为了保护被上诉人的非法利益，丝毫不顾由于认定合同无效而必然给上诉人造成的一系列损失。例如，与上诉人签订租赁合同的大厦的承租单位均对其所承租的房屋进行了不同程度的二次装修，且有些添置了与建筑物不宜分离的设备。因此，一审合议庭在认定本案合同无效并进行处理时，应委托有关工程造价评估机构对大厦承租人的装修和设备进行造价评估。被上诉人在收回大厦时应对这部分装修和设备进行折价赔偿。否则，如按原判的错误处理，大厦承租单位向上诉人索赔，则必然造成上诉人一系列的经济损失。

三、原判在审理和判决程序上的严重错误

被上诉人的一审诉讼请求为1500万元及利息，另要求给付违约金1500万元，合计3000万元整，且在一审判决送达前，始终未增加诉讼请求（判决书在“原告诉称”一节中已予确认）。但是，一审判决竟然判决上诉人赔偿被上诉人近7000万元。

最高人民法院《全国经济审判工作座谈会纪要》（法发[1993]8号，依据《合同法》实施后最高法院的司法解释，该《纪要》仍然有效）第2条第三项规定：“法院审理、判决的范围不应超过当事人的诉讼请求。”据此，原判审理、判决超出被上诉人诉讼请求一倍还多，确属直接违反明确的司法解释的严重程序错误。

上诉人认为，上述司法解释属司法实践常识性解释，一审合议庭是知悉的。因此，在一审判决中只判令按多少面积多少租金价位赔偿，故意不依此公式算出每年赔偿多少，刻意规避司法解释。

更为严重的是，原判认定合同无效，但涉及无效合同处理的过错责任问题、损失问题、损失涉及的评估问题等一系列重要问题，一审合议庭均未经过法庭双方举证、质证和辩论，即过错责任和损失问题未经审理就进行了判决。这显然也是违反程序的。

四、原判的其他一系列错误认定和错误判决

1.原判判令上诉人返还被上诉人大厦时，判令被上诉人同时赔偿巨额“使用费”，但在判令被上诉人返还上诉人依无效合同支付的29,266,071.83元时，却连一分钱利息也舍不得让被上诉人付。

2.原判第7页称“乙方（指上诉人）提供2000年其实际出租大厦的面积为11，361平方米。”这纯属编造。在上诉人提供给一审合议庭的《某大厦可出租面积明细》（见一审卷宗）中，载明“套内建筑面积（即轴线间面积）非使用面积及可出租面积，总计11310m^2。经实际测算，可出租面积7711m^2。”原判的刻意由此可见一斑。

3.被上诉人在一审中，同时提出证据保全申请（保全上诉人方的全部账目）和审计申请（申请书应存入一审卷宗），但原判第7页却称：“在审理期间，双方均要求本院委托审计部门对乙方经营期间的账目进行了审计”，由此判令上诉人承担审计费的3/4。其实，一审法官在被上诉人申请保全和审计后，要求上诉人三个单位同被上诉人一同预支审计费，上诉人无奈只能服从，谁知原判却无视被上诉人申请账目保全和账目审计的事实，认定双方都要求审计。依据有关规定，被上诉人申请账目保全和账目审计，而如审计报告结论与本案审理和判决无关，则实属被上诉人申请保全和审计不当，应全部承担审计费。

4.原判在签订无效合同的责任上认定双方均有责任，没有认定被上诉人为主要过错方，也不可能认定上诉人为主要过错方。但是，却判令上诉人承担60%的案件受理费。依据原判，上诉人不是无效合同的主要过错责任方，为何要承担更多的案件受理费？

综上所述，一审判决在无效合同的处理上严重违反法律和司法解释的规定，用判决保护法律和法规明文禁止并予处罚的非法出租行为，并错误认定无效合同的过错责任，且具有直接违反司法解释的严重程序错误。故恳请贵院慎重审查本案，依法撤销原判，维护法律的尊严，支持上诉人的上诉请求。

此呈

某高级人民法院

具状人：某投资开发公司

某科技产业集团

某国际期货经纪公司

旁白

如果你被打得鼻青脸肿，你去告状，最后可能不了了之；如果你被打断了腿，通常就不会没人管了——不怕判决大错，就怕判决小错。

正文

补充上诉意见

上诉人在《上诉状》中指出，原判在定性上认定《合作合同》无效，具有租赁性质，但出租亦不合法，在处理上则定出比合同约定还高的“使用费”，这种判决的实质是通过判决将法律、法规禁止并规定予以处罚的非法租赁关系合法化。并指出，本案的正确处理方法是上诉人在退还大厦的同时，只应返还大厦的实际孳息或折旧费。

这里，上诉人提出，退一步说假设赔偿所谓使用费，原判未经法定鉴定部门对大厦“使用费”即租金进行价格鉴定，而是自行定价——法官拍脑门估价，亦属严重违反审判程序。理由是，合同无效，即对大厦的“使用费”双方无有效的约定，亦即大厦的“使用费”并无价格。价格问题在诉讼中当然属于专门性问题，依据《民事诉讼法》第72条的规定[1]，人民法院对专门性问题应当交由法定鉴定部门鉴定。某高级人民法院、某人民检察院、某公安局、某物价局《关于加强某市涉案财产价格鉴定管理的通知》（某高法发[2000]359号），某市人民政府1999第46号令《某市涉案财产价格鉴定管理办法》，均对民事诉讼中涉案财产（包括不动产）的价格鉴定作了明确规定。上诉人经咨询某市法定价格鉴定部门某市物价局下属价格评估事务所，该所明确答复，民事诉讼中涉及房屋使用费或租金问题，只要合同无效，或被法院变更或撤销，该价格的鉴定权，在某市只属于该所。故原审法院对本案的价格这一专门性问题，应依法委托法定价格鉴定部门进行鉴定，而不应自行定价。因此，恳请二审法院充分注意原判对专门性问题未经法定鉴定程序进行鉴定，而是自行定价的严重违反程序的错误，依法予以纠正。

此呈

某高级人民法院

上诉人：某投资开发公司

旁白

光有招儿不行，还得适时出招儿。即使好招儿，出晚了也可能变成废招儿。

——应当在一审中及早放弃联营主张的幻想，提出房屋使用费作价鉴定申请。在二审中才提出这种申请显然晚了，法院通常不会接受。

说明：因我同时代理三家被告公司一审败诉，故除某投资开发公司继续委托我代理其进行二审外，某科技产业集团和某国际期货经纪公司在我代表三家公司向法院提

[1] 该法于1991年4月9日施行。2013年1月1日实施的第二次修正的《民事诉讼法》中该条文序号变更为第76条。

交《民事上诉状》后，另行委托其他律师代理。因此，《补充上诉意见》为我代理某投资开发公司一家向二审法院提供的。

正文

代理词（二审）

尊敬的审判长、审判员：

作为上诉人某投资开发公司、某科技产业集团、某国际期货经纪公司的委托代理人，我们根据开庭审理查明的事实，依据有关法律、法规和司法解释，发表如下代理意见。

一、原判判令支付租赁性质的“使用费”是错误的

原判名曰“使用费”，其实就是按所谓法官自定的可出租面积和租金价位来确定租金。这种判决不仅使被上诉人利用法律、法规明令禁止出租的大厦获取了巨额的非法租金收益，更严重的是通过判决将法律、法规禁止并规定予以处罚的非法租赁合法化。

上述主张的理由是，某大厦是被上诉人在集体所有土地上建设的农村基建房屋，依据有关法律法规，出租农村基建房屋就是变相出租农村集体土地的使用权，而这种行为则是法律法规明文禁止的。

（一）某大厦为农村基建房屋的证据。

1.某市某区计划经济委员会《关于某农工商公司申请建设综合服务设施的批复》（某计经[1992]87号），证明是农村基建项目批复，不是开发项目批复［被上诉人一审证据三（1）］。

2.某区计委三份《固定资产计划追加、调整通知单》，在题头载明“计划分类：农村基建”［被上诉人一审证据三（2）、（3）、（4）］。

3.某区房地产管理局《证明》，证明某大厦为被上诉人在集体土地上建设［被上诉人一审证据六（1）］。

（二）农村基建房屋不得出租的法律、法规依据。

1.中共中央、国务院于1997年4月15日发布的《关于进一步加强土地管理切实保护耕地的通知》第4条“加强农村集体土地的管理”中明确规定：“除国家征用外，集体土地使用权不得出让，不得用于经营性房地产开发，也不得转让、出租用于非农业建设。”这一通知的发布人之一是国务院，故其性质是行政法规，而不是国务院部、委、办发布的行政规章。

2.《土地管理法》第81条规定：“擅自将农民集体所有的土地使用权出让、转让或者出租用于非农业建设的，由县级以上人民政府土地行政主管部门责令限期改正，没收违法所得，并处罚款。”

被上诉人代理人主张，未取得房屋租赁证，未办理租赁登记并不影响租赁合同的效力，其理由是，房屋租赁证和办理租赁登记的规定是建设部的行政规章和某市的地方性法规和规章。显然，这是不成立的。依据上述国务院行政法规和全国人大制定的法律，完全能够认定出租某大厦的违法性，由此当然能够认定租赁合同的无效性。

原判一方面认定出租不合法，合同无效，另一方面又按高于合同约定金额的“使用费”处理本案，违反法律、法规禁止性规定，违反法律关于无效合同的处理规定，保护了被上诉人非法利益，损害了上诉人的合法权益。

二、法律有关无效合同的处理规定为本案的判决依据

法律对无效合同规定了明确的处理原则，概括地说就是各自返还，过错赔偿。原判既然认定合同无效，就应当依照法律的规定处理本案，即我方在返还大厦的同时，只应返还大厦的实际孳息或折旧费。

返还大厦的实际孳息或折旧费，不仅符合法律有关无效合同的处理原则，而且对被上诉人亦相对有利。一审法官认为，如只返还大厦孳息或折旧费，我方又实际使用了大厦，则我方实际受益了，对大厦所有人不公平。这种观点显然是错误的。第一，这种观点不是建立在合同无效的认定基础上，而是基于租赁合同虽无效，但可以按租赁关系处理本案的错误认识。第二，返还大厦孳息或折旧费，我方未获分文收益。一审法院委托审计的《审计报告》证明，某大厦自1996年3月至1999年5月仅三年半时间就累积亏损三千三百多万元。我方从何处受益？应该说我方仍有相当损失。第三，返还大厦孳息或折旧

费，被上诉人所得仍将超过其自行经营所得。经上诉人委托某会计师事务所对某大厦周边的四个大厦及一个酒店的出租经营及盈亏情况进行调查，该事务所出具的《调查报告》证明：各大厦的配套设施均比某大厦齐备，但除一个大厦略有微利（1998年最高也只有36万元），其他大厦则历年亏损。可见即使判折旧费，被上诉人通过打官司仍“获得”了较高的“经济效益”。

三、被上诉人为无效合同的主要过错方，依法应赔偿上诉人的损失

原判认定签订无效合同的双方均有责任，损失各自承担，这显然是错误的。在非法出租房屋的无效合同中，出租方应承担主要过错责任。被上诉人采取欺诈手段，隐瞒其大厦属不得出租的集体土地上农村基建房屋的事实，在《合作合同》中承诺办理所有证照和登记备案手续，并实现双路供电、完备消防系统、上下水系统和中央空调系统等基本条件，但实际上或无法履行或没有履行。虽然合同中明确“合作经营期限”自这些条件都成就之日起计算（见《合作合同》第2条），但仍强行索要“合作经营利润”。当上诉人在支付了3000万元人民币而不得不交涉时，被上诉人采取了先告状则先入为主的做法欲颠倒违约责任和合同无效的过错责任。故恳请合议庭认定被上诉人应承担主要过错责任的事实。

四、原判在审理和判决程序上的严重错误

这里，我们补充指出原判未经鉴定部门对大厦进行价格鉴定，却自行定价的严重违反审判程序的错误。

在指出原判的这一程序错误之前，我方必须重申，原判判令我方赔偿“使用费”，本身就是违法的，应当判令返还大厦孳息或折旧费。这里只是指出原判未经鉴定部门对大厦“使用费”即价格进行鉴定，而是自行定价，亦属严重违反审判程序。

合同无效，即对大厦的“使用费”双方无有效的约定，亦即大厦“使用费”并无价格。价格问题在诉讼中当然属于专门性问题，依据《民事诉讼法》第72条的规定，人民法院对专门性问题应当交由法定鉴定部门鉴定。某高级人民法院、某人民检察院、某公安局、某物价局《关于加强某市涉案财产价格鉴定管理的通知》（某高法发[2000]359号），某市人民政府1999第46号令《某市涉案财产价格鉴定管理办法》，均对民事诉讼中涉案财产（包括不动产）的价格鉴定作了明确规定。上诉人经咨询有关部门明确答复，民事诉讼中涉及房屋使用费或租金问题，只要合同无效，或被法院变更或撤销，该价格的鉴定权，专属于价格鉴定部门。故原审法院对本案的价格这一专门性问题，应依法委托法定价格鉴定部门进行鉴定，而不应自行定价。

需要说明的是，由于原审法院在双方均主张联营合同有效的情况下，并未按无效合同审理本案，故我方未提出价格鉴定申请。但是，这绝不是原审法院不委托鉴定，而自行定价的理由。在民事诉讼中，凡涉及专门性问题，即使当事人未提出鉴定申请，法院依法也有责任委托鉴定。尤令上诉人不服的是，原判在不按法定程序而自行定价的过程中采取了以下做法：1.上诉人按一审法院要求报告大厦套内建筑面积（包括非使用面积）为11, 310m^2，可出租面积为7711m^2，原判则假称上诉人提供“2000年其实际出租大厦的面积为11, 361 m^2”，故判按“甲方认可”的11, 472m^2计算。2.上诉人按一审法院要求报告可出租面积的实际出租面积（扣除空房）平均出租价为2.57元/m^2，但原判则在“判定可出租面积”基础上再判定出租价为3.2元/m^2。3.大厦出租房价是提供运营服务的零租房价，提供运营服务是通过直接经营成本、公用管理（如水、电、气、暖、空调、清洁、保安等等）和服务面积来获得的。但原判故意将上诉人自己承担成本的“使用费”和这种提供服务的零租房价混为一体。通过上述做法，原判就刻意判决出较正常价格高出七八倍的所谓“使用费”。

综上所述，本案原判在无效合同的处理上严重违反法律和法规，用判决保护法律和法规明文禁止并予以处罚的非法出租行为，并错误认定无效合同的过错责任，且具有直接违反法律和司法解释的严重程序错误。故恳请合议庭慎重审查本案，依法撤销原判，支持上诉人的上诉请求。

谢谢！

说明：我所写《代理词》同时作为三家上诉公司共同的二审意见。

旁白

俗话说：吃下第七个馒头才吃饱，你不能说前面六个馒头都白吃了。诉讼要一个文书一个文书地写，一个步骤一个步骤地走。不能反过来以结果来说，前面相似的文书或步骤没有用。

——上述《代理词》与上诉意见相近，但却起着推进、强化我方主张的作用。

翻案有戏了

背景

某市价格事务所《涉案财产鉴定结论书》内容

某高级人民法院在二审开庭后，接受了我代理某投资开发公司提出的《某大厦房屋使用费鉴定申请书》。

某市价格事务所接受某高级人民法院的委托，对某大厦房屋使用费（租金价格）进行了鉴定。

该价格事务所出具了《涉案财产价格鉴定结论书》，价格鉴定如果如下：

标的鉴定价格分别为：

1.在只考虑鉴定对象不完善折扣率的情况下，1996年3月20日至2002年2月19日，采用公开市场价值标准确定各年客观合理的市场零租价格如整楼全按零租价租出，则总额：8098.50万元（人民币大写：捌仟零玖拾捌万伍仟元整）。

2.在考虑鉴定对象不完善折扣率和出租率的情况下，1996年3月20日至2002年2月19日，采用公开市场价值标准确定其客观合理的市场整租价格为：3731.77万元（人民币大写：叁仟柒佰叁拾壹万柒仟柒佰元整）。

3.在考虑鉴定对象不完善折扣率和出租率及经营管理成本的情况下，1996年3月20日至2002年2月19日，采用公开市场价值标准确定其客观合理的市场整租价格为：2073.73万元（人民币大写：贰仟零柒拾叁万柒仟叁佰元整）。

该价格事务所的《价格鉴定技术报告》对上述价格鉴定结果进行了说明，主要内容如下：

一、鉴定对象不完善折扣率

根据《关于某大厦交接情况的说明》（争议双方确认），某大厦交接后使用过程中存在一些缺陷，对租金产生一定的影响，在本次鉴定中考虑鉴定对象如下不完善产生的折扣率：

1.关于鉴定对象无房产证、土地使用权证问题。由于鉴定对象无房产证、土地使用权证，致使租户等有关单位办理工商注册登记等手续时困难，确定由此引起的折扣率为2%（注：只重事实未分责任）。

2.关于鉴定对象双路供电问题。由于鉴定对象双路供电至今未落实，造成租户投诉、无法应对一些紧急情况，确定由此引起的折扣率为0.5%（注：只重事实未分责任）。

3.关于鉴定对象中央空调系统质量问题。由于鉴定对象实际建筑面积比设计增加了近2000平方米，冷暖空调系统无法满足大厦1—4层的使用要求，造成鉴定对象中央空调系统的缺陷，确定由此引起的折扣率为1%。

4.鉴定对象消防、防水、煤气系统、停车场出口等其他问题。由于鉴定对象在消防、防水、煤气系统、停车场出口等方面存在一些问题，确定由此引起的折扣率为1.5%（注：只重事实未分责任）。

二、1996年至2002年价格鉴定对象出租率

根据某市房地产市场的变化规律，结合鉴定对象的具体情况，1996年3月20日正式接受大厦时尚有部分收尾工程未完成，加上需要宣传，确定1996年出租率为25%；确定鉴定对象1997年出租率为44%；从1997年到2002年变化规律以1997年为基数，从1997年到1999年期间每年在前一年的基础上递增10%；自2000年，由于针对价格鉴定对象的纠纷，影响大厦的正常经营，鉴于此，2000年出租率在1999年基础上下调2%，2001年和2002年出租率与2000年保持一致。

三、估价基准期鉴定对象经营管理成本

根据对价格鉴定对象类似的出租案例调查了解，结合价格鉴定对象的具

体条件，确定价格鉴定对象经营管理成本为市场租金价格的44.43%。

另外，某市价格事务所对三家上诉公司在某大厦的追加投资也进行鉴定。结论为：投资额如下：不动产400万元（折旧后为220万元）；物品613万元，其中400万元物品已报废，剩余213万元（折旧后为106.5万元）的物品以实际交接为准。

旁白

在案件的定量处理有赖于造价或价格鉴定结论的案子中，鉴定结论出来了，判决结论也就基本出来了。虽然，鉴定结论往往会根据相关证据、情况或因素，给出几种供法院选择的意见，但法院通常会选取不高不低的中性意见。

正文

关于《价格鉴定结论书》和投资评估的意见（二审）

一、关于《价格鉴定结论书》

（一）《价格鉴定结论书》的科学性和客观性

《价格鉴定技术报告》采取市场比较法，首先，通过比较鉴定标的与其他案例，求取综合比准价格（平均零租价），以双方确认的鉴定对象不完善事实确定折扣率，同时根据鉴定对象租赁价格变化规律，评出鉴定对象的历年零租价；其次，以此零租价为基准，确定和计算鉴定对象的出租率和经营管理成本，最终得出价格鉴定结果："综上计算，鉴定标的在1996年3月20日至2002年2月19日期间，采用公开市场价值标准确定其客观合理的市场整租价格为2073.73万元。"

上述报告所采取的估价方法和估价过程是科学严谨的，故最终的结论也是扎实可靠的。同时，上述最终结论与一审法院委托审计的《审计报告》对上诉人财务收支情况的审计结论也是接近的，证明其具有客观性。因此，上诉人从整体上接受《价格鉴定结论书》。

（二）对《价格鉴定结论书》的保留意见

1.上诉人整租被上诉人的大厦，整租后经营零租必然发生经营管理成本，这是不容置疑的，是本案铁的事实。因此，《价格鉴定结论书》为最终求取含有经营管理成本的整租价格，在估价过程中先求取作为评估整租价基础的零租价是正常的，但是，将只考虑折扣率的零租价格和只考虑折扣率的整租价格的这种鉴定过程性（而非结论性）的价格分列出来，则毫无必要，与本案的基本事实不符，故与本案的处理也无关。本案可适用的结论只有一个，即考虑折扣率和出租率及经营管理成本的整租价格。

2.一审判决书认定的零租价是3.2元/平方米，认定的使用面积为11，147平方米。《价格鉴定技术报告》确定的历年零租价表面上看比一审判决低，但只要审视其确定的分摊后出租建筑面积14，825.51平方米和计算出的零租总金额，便可看出其所确定的零租价比一审判决的认定还要高。

3.《价格鉴定技术报告》确定大厦无房产证、土地使用权证的折扣率仅2%，这是否过低？无房产证、土地使用权证的房屋，在出租时势必造成承租单位办理工商注册登记等手续时困难，不仅影响租金价格，而且影响出租率。

4.《价格鉴定技术报告》在确定出租率时，未扣减不可能出租的大厦物业公司办公用房、保安、服务员、维修工工作间、员工餐厅等经营管理面积。

二、关于投资评估的异议

在某市价格事务所致贵院的投资评估报告中，加注了上诉人投资的不动产和物品的折旧。上诉人认为这是不正确的。

上诉人追加的投资，不是上诉人为提高出租率自行投资的，而是上诉人依据双方的合同约定，对于被上诉人应完善而未完善的工程、系统、设施、设备，上诉人替被上诉人完善。而且，这些投资的部分（所谓折旧）已化为整租租金而由被上诉人收取。故上诉人的投资性质是被上诉人向上诉人借款，理应如数返还，全无打折之理。

上述意见请贵院及价格事务所予以考虑。

此呈

某高级人民法院

上诉人：某投资开发公司

旁白

即使鉴定结论对你非常有利，在提质证意见时，除了肯定它之外，必须装模作样地提出一些保留性意见（不要求重评的意见）。当然，这些意见不能不动脑子地随便说说，要专业，争取让法官觉得你也挺亏的。

翻案成功了

判决

二审判决

某市高级人民法院作出终审《民事判决书》。判决书查明的事实与一审判决相似，此略。判决书关于房屋使用费和三上诉人追加投资的鉴定，以及某大厦性质等事实认定如下：

因三方公司与某农工商总公司在一审法院审理期间，即对某大厦的出租价格、建筑面积认定有争议，二审期间，对此仍未达成一致意见。三方公司向本院提出价格评估申请，经某市价格事务所对某大厦进行价格鉴定，鉴定结论为，价格鉴定基准期为1996年3月20日至2002年2月19日，使用面积11，147平方米，分摊后出租建筑面积14，825.51平方米，鉴定价格分三种情况作出不同的结论：1.在只考虑鉴定对象不完善折扣率的情况下，采用公开市场价值标准确定各年客观合理的市场零租价格如整楼全按零租价租出，总额为8098.50万元。2002年的日租金为41，363元；2.在考虑鉴定对象不完善折扣率和出租率的情况下，采用公开市场价值标准确定其客观合理的市场整租价格为3731.77万元。2002年的日租金为21，645元；3.在考虑鉴定对象不完善折扣率和出租率及经营管理成本的情况下，采用公开市场价值标准确定其客观合理的市场整租价格为：2073.73万元。2002年的日租金为8239元。价格鉴定技术报告第六项价格鉴定结果确认，综上计算，鉴定标的在1996年3月20日至2002年2月19日期间，采用公开市场价值标准确定其客观合理的市场整租价格为2073.73万元。某市价格事务所对相关事项作出说明：鉴定对象的不完善产生的折扣率包括鉴定对象无房产证、土地使用权证、双路供电未落实、中央空调系统质量问题、消防、防水、煤气系统、停车场出口等存在的其他问题；出租率是根据某市房地产市场的变化规律，结合鉴定对象的具体情况，如1996年大厦尚有部分收尾工程未完成加上需要宣传，某市价格事务所确定1996年出租率为25%，1997年出租率为44%；自1997年至1999年每年在前一年的基础上递增10%；自2000年，由于针对价格鉴定对象的纠纷，影响大厦的正常经营，2000年出租率在1999年基础上下调2%，2001年和2002年出租率与2000年保持一致；经营管理成本是根据对鉴定对象类似的出租案例调查了解，结合鉴定对象的具体条件，确定为市场租金价格的44.43%。此外，某市价格事务所就三方公司是否追加投资一节，由各方当事人友好协商，达成一致意见的基础上，确认三方公司追加了投资，其中不动产400万元，折旧后为220万元；物品613万元，其中400万元物品已报废，剩余213万元，折旧后为106.5万元的物品以实际交接为准。

另查，1992年4月13日，某市某区计划经济委员会某计经（1992）87号《关于某农工商公司申请建设综合服务设施的批复》，主要内容为，同意你公司为不断发展壮大集体经济，为解决周围地区居民理发、家电维修诸多不便而建设综合服务楼。某市某区房屋土地管理局出具证明，主要内容为，某农工商总公司在自有集体土地上建有某大厦，已申请房产证，但因按有关文件规定，集体土地上所建房暂缓办理正式房产证。

上述事实有合作合同、建设某大厦的相关证明、相关票据、对账清单及相关笔录、工商证明、审计报告、价格鉴定结论书及相关材料、附件、庭审笔录等证据在案佐证。

判决书“本院认为”一节内容及判决结论如下:

本院认为，根据查明的事实及依法应予采信的证据，对本案争点问题做如下认定:

一、关于合同的性质及效力问题。某农工商总公司与三方公司所签合同虽名称为合作合同，但根据合同约定的权利义务内容及实际履行的事实，应认定该合同具有租赁性质，据此，一审法院对合同的性质认定为房屋租赁合同正确。某农工商总公司在自有的集体土地上以建设综合服务楼项目而建的某大厦，却在实际使用时改变其经申报被批准的用途，将某大厦以合作的名义整体提供给三方公司经营，违反了关于使用集体所有土地的法律规定，自签订合同至今未能办理房屋产权证，三方公司明知某大厦尚无房产证仍与对方签约并使用某大厦。签约各方在主观上具有规避国家土地管理及房地产管理法律、法规之故意，故一审法院以合同相关条款及各方合意违反我国土地、房屋管理的相关法律规定为由，认定各方所签合同无效并无不当，可予维持。对于造成无效合同的财产后果，签约各方均有过错。

二、关于合同无效造成的财产后果的处理问题。无效合同自订立起就不具有法律效力。合同虽已履行，亦应通过返还财产、赔偿损失等方式使当事人的财产恢复到合同订立之前的状态。同时因无效合同的签订方均有过错，各自应当承担相应的民事责任。各方因此使用对方的财产或自对方取得的财产应相互返还。且因三方公司已实际使用并经营某大厦至今，理应赔偿某农工商总公司相应的使用费，同理，三方公司在经营中对某大厦的添附，也应由某农工商总公司予以相应赔偿。综上，一审法院对本案确定的处理原则，并无不当，应予维持。但一审法院在确定三方公司赔偿某农工商总公司某大厦使用费时，仅将各方当事人分别提供的某大厦的出租价格的平均值再予以平均，以此平均数作为三方公司赔偿某农工商总公司某大厦使用费的数额，未经各方当事人的确认，亦无直接证据支持，应予纠正。

三、关于合理采信鉴定结论的问题。三方公司在本案审理期间，就某大厦的使用费等相关问题提出价格评估申请的理由成立，应予支持。对于某市价格事务所出具的鉴定结论书，三方公司接受第三项鉴定价格即市场整租价格为2073.73万元的鉴定结果。某农工商总公司虽对本案进行价格鉴定及某市价格事务所的鉴定方法与鉴定结论提出异议，但未提供应采用何种鉴定方法及相关证据，故本院对其提出的异议不予采信。根据某市价格事务所出具的鉴定结论书所附的价格鉴定技术报告，第一项鉴定价格是某市价格事务所在假设如整楼全按零租价出租的情况下作出的，与某大厦的实际经营情况不符，亦有违房地产市场的惯例，故这一结论不予采信。第三项鉴定价格除考虑鉴定对象不完善折扣率和出租率外还计入了经营管理成本，因某大厦的实际经营是由三方公司设立的物业管理公司进行经营，且一审法院在判决中已就经营中的损失予以相应判定，故再将经营管理成本计入，亦有失公平。经平衡，比较某市价格事务所出具的鉴定结果的三种计算方式的合理性，为公平地保护各方合法权益，本院认为，由于本案各方当事人签订的合同为无效合同，某市价格事务所通过市场调查，综合某大厦位置与环境、权属状况等项内容，采用第二项鉴定价格，即考虑鉴定对象不完善折扣和出租率的情况下，采用公开市场价值标准确定其客观合理的市场整租价格更为公正，应予采信。

综上，三方公司关于以审计报告为依据，对本案作出返还实际孳息或折旧费，并由某农工商总公司赔偿其经济损失的上诉请求，无事实及法律依据，本院不予支持。依据《中华人民共和国民事诉讼法》第153条第一款第（三）项之规定，判决如下：

一、维持某中级人民法院（1999）某经初字第×号民事判决的第一、二、四、五项。

二、撤销某中级人民法院（1999）某经初字第×号民事判决的第三项。

三、某投资开发公司、某科技产业集团、某国际期货经纪公司于本判决生效后10日内赔偿某农工商总公司某大厦的使用费，其中自1996年3月20日至2002年2月19日，给付使用费为37，317，700元；其余使用费自2002年2月20日起，按每日21，645元计算至某大厦整体返还之日止，同时付清。

四、驳回某投资开发公司、某科技产业集团、某国际期货经纪公司其他上诉请求。

一审案件受理费160，011元，由某农工商总公司负担64，000元（已交纳）；由某投资开发公司、某科技产业集团、某国际期货经纪公司负担96, 010元（于判决书生效后7日内交纳）；财产保全费25, 520元，由某投资开发公司、某科技产业集团、某国际期货经纪公司负担（于判决书生效后7日内交纳）；审计费112, 000元由某农工商总公司负担28, 000元，由某投资开发公司、某科技产业集团、某国际期货经纪公司各负担28, 000元（均已交纳）。二审案件受理费160, 010元，由某农工商总公司负担40, 002.50元（于判决书生效后7日内生效）；由某投资开发公司、某科技产业集团、某国际期货经纪公司各负担40, 002.50元（已交纳）；鉴定费5万元，由某农工商总公司负担12, 500元（于判决书生效后7日内交纳）；由某投资开发公司、某科技产业集团、某国际期货经纪公司各负担12, 500元（均已交纳）。

本判决为终审判决。

尾 声

大多数一审判决的这样那样的错误，都被二审判决“维持原判”四个字给掩盖、维护或谅解了。只有少数太过分的错误，才可能被纠正。因此，律师接二审案子当慎重。如果相信了“有错必纠”的瞎话，就可能误人误己。

思考

对于原告某农工商总公司来说，本案终审判决结果简直惨不忍睹：按双方《合作合同》约定，原告每年得1000万元，6年得6000万元，然而，终审判决的结果却是，原告6年仅仅能得到三千七百三十一万余元！

那么，原告还有办法推翻终审判决，挽回损失吗？

试想，如果原告以法院未按规定行使释明权（原告主张合同有效，法院认定合同无效）、违反最高法院司法解释超过当事人诉讼请求范围审理和判决（原告诉讼请求为3000万元，一审判出六千九百七十八万余元，二审判出三千七百三十一万余元），特别是二审法院委托鉴定违反《民事诉讼法》规定的两审终审制原则——剥夺了当事人对鉴定结论的上诉权等这些程序性错误为由，申请再审，以谋求在再审中对房屋使用费重新鉴定，那么，是否有成功可能？

提示：如某农工商总公司申请再审，可否将本案二审判决采信鉴定结论第二项鉴定价格作为重点突破口？即有关房屋使用的无效合同的房屋使用费，可考虑房屋的不完善折扣率，但不应再考虑出租率——两种“考虑”之间就差了四千多万元！

课题

论集体土地房屋对外合作的相关法律禁区 论文

为何将案件性质搞得这般混乱？文章

—— 从个案看双方律师和一二审法院的诉讼博弈

民事审判中的法院定价与价格鉴定问题 文章

法院可否告知当事人增加诉讼请求 文章

二审鉴定与两审终审制原则 文章

心路

一场连续下了一天一夜的中雨，一扫京城持续的燥热。我开车赶往某投资开发公司。一上立交桥，就禁不住放眼眺望一下雨后晴空中的朵朵白云。京城雨后的清新和清凉，最易让我从终日忙碌的昏昏然中获得片刻的清醒，这会儿，才会稍离尘世，感受到自然。

要　　目

- 对方的顾虑与策略
- 我方的对策与答辩
- 审计的实施与评价
- 法官的倾向与应对
- 一审的大败与机遇
- 二审的鉴定与完胜

无论从实体上看，还是从程序上看，这个案子都是很有分量的。然而，在本书是否选录本案问题上，我却一直犹豫不决。

在实体上，对方以“合作合同纠纷”起诉，我方以联营合同纠纷答辩——双方基于各自的利益和诉讼目的，都主张双方所签《合作合同》有效。然而，一审法院以合同“不具有联营性质，却具有租赁性质”，“未到房地产部门办理出租备案等手续，出租亦不合法”为由，认定合同无效。二审法院则认为原告某农工商总公司“在自有的集体土地上以建设综合服务楼项目而建的某大厦，却在实际使用时改变其经申报被批准的用途，将某大厦以合作的名义整体提供给三方公司经营，违反了关于使用集体所有土地的法律规定”，认定合同无效。合作合同、联营合同、名为联营实为租赁、变相出租集体土地使用权，这四种不同的定性，取决于对本案基本事实的不同认定和对相关法律、法规、司法解释的不同适用。

在程序上，首先，原告以合同有效为由，以合同条款为依据起诉并提出诉讼请求，一审法院却没有行使释明权，告知原告变更诉讼请求，而是直接以无效合同处理本案。其次，一审法院在遇有房屋使用费价格这样的专门性问题时，没有委托鉴定机构进行鉴定，而是自行定价。二审法院虽委托进行了鉴定，但这又涉及二审法院能否进行鉴定的问题（这样的鉴定结论违反了我国民事诉讼法的两审终审制原则，剥夺了当事人鉴定结论的上诉权），故二审法院是否应以事实不清证据不足为由，发回一审重审？最后，原告的诉讼请求为3000万元，一审法院却判出六千九百七十八万余元（二审法院判出三千七百三十一万余元），这是否属于最高人民法院司法解释禁止的法院超范围审理和判决？

从诉讼胜败上看，本案也很有意思。其一，原告在起诉的同时申请保全我方的财务账册，并申请法院委托会计机构审计。原告以为我方每年的收益至少在1000万元以上，审计结果却是3年累积亏损了三千三百九十八万余元。因此，可以说原告这一诉讼策略和步骤是错误的，不仅不利于其诉讼目的的实现，而且拖延了诉讼周期。其二，按双方《合作合同》约定，原告每年得1000万元，6年得6000万元，但终审判决的结果是6年仅仅能得到三千七百三十一万余元。因此，可以说原告历经三年多时间，最终打败了官司。那么，是否可以说原告根本不该打这场彻底废止自己合同权利的官司？

那么，既然案件如此错综复杂、跌宕起伏，我何以不立马选入书中呢？因为，虽然在一审中我采取了妥当的诉讼策略，在二审中准确地指出了一审判决的错误和提出了价格鉴定申请，虽然我方一二审的全部诉讼文书都是我写的，但是，我方最终胜诉的主要功劳不归我，而应当归功于某科技产业集团和某国际期货经纪公司在二审中委托的其他律师。

因此，我选录本案的顾虑有两个：一是担心在叙述本案中有“贪天之功”之嫌；二是担心我方胜诉的关键性因素——二审价格鉴定对读者有误导之嫌。

然而，本案丰富的专业含量和曲折的诉讼历程最终让我无法割舍。于是，又想到自己的顾虑是多余的。贪功的目的是为了名利，我写作本书要什么名利？名对我有什么用？我已低调到“谷底”了，绝无攀升之心。写书能挣什么钱？对我这种写东西咬文嚼字的人来说，写书挣钱无异于卖血！说清楚这个案子我方最终胜诉功在他人不就得了！至于本案二审鉴定问题，点明不当，对读者正确认识此类问题不是挺有益吗？

于是，我终于静下心来回顾本案的历程，思考本案的得失。

对方的顾虑与策略

本案的由来很简单。我的硕士同学（和我住同一房间上下铺）、已合作10年的合伙人孙律师，是某投资开发公司的常年法律顾问。对于某农工商总公司的起诉，某科技产业集团和某国际期货经纪公司决定，由某投资开发公司全面负责委托律师等应诉工作。于是，孙律师和我成为三家被告公司的一审代理人。

本书第四章在记叙某投资开发公司的另一单委托合同纠纷官司时，曾说到该公司总裁的“罗马头”和很高的法律悟性。这次仍然是他负责诉讼的领导工作。

1999年6月中旬，一场连续下了一天一夜的中雨，一扫京城持续的燥热。我开车赶往某投资开发公司。一上立交桥，就禁不住放眼眺望一下雨后晴空中的朵朵白云。京城雨后的清新和清凉，最易让我从终日忙碌的昏昏然中获得片刻的清醒，这会儿，才会稍离尘世，感受到自然。

本案的第一次会议内容很简单，主要是研究一下原告某农工商总公司的诉状，部署一下我方的应诉工作。

在某投资开发公司总裁办公室的会议区，雨后柔和的阳光透过巨大的落地窗，洒在会议桌上。阳光中，我和总裁两杆老烟枪吐出的团团白烟，很是显眼。会议开始时，包括某科技产业集团的代表和某国际期货经纪公司的代表在内的与会者，都低头翻阅孙律师刚从法院取回的某农工商总公司的诉状。

当孙律师介绍说某农工商总公司的代理律师是我们俩的硕士同学黄某时，我笑了。读硕士时，孙律师是班长，我是研究生会主席，黄律师是研究生会学习部部长。这次诉讼，黄律师代理原告，我和孙律师代理三方被告，老同学分属“国”、“共”，“战场相见”，有意思！不过，我马上就冷静下来。在我印象中，黄律师读书时学业很好，虽是女生，且岁数小（大学应届考上硕士生的），但科研能力和工作能力都较强。记得与她一起在研究生会工作时，她曾多次单独找我提工作意见和建议，而且意见往往正中我的弱点，建议常常被我们采纳。她意志坚定，做事执着，身上有股不达目的不罢休的劲头。因而，这次老李和老孙遇到的可不是小女子，而是强硬对手！

待大家都看完了诉状，总裁又点起一支烟，深深吸一口说：大家都知道，咱们三家公司自1996年接管大厦以来，年年亏损，现在都亏了三千多万了。可是按照合同，咱们在头7年必须每年向农工商总公司交1000万元。如果按原合同执行，咱们是亏上加亏，是支撑不下去的。所以，从去年起，咱们交不出钱了，多次请求他们（指某农工商总公司）调整合同，他们不理。现在在法院告咱们了，违约金就要了1500万元。咱们现在很被动，因为咱们签了这个合同，而且三家公司都在这里办公。如果咱们打败了这个官司，不仅要还本金，赔违约金，而且可能被他们从这里赶出去。所以，这个官司事关咱们三家公司的重大利益，也就是说涉及了咱们三家公司的生存和发展问题。所以，咱们没有退路，只能全力以赴打好官司。今天晚上，三家公司的高层要开会专门研究这个案子。今天咱们开这个会，主要是先听听律师对他们诉状的看法，接下来由律师抓紧研究咱们的对策，写出答辩状来，咱们再具体研究和定稿。

我看看孙律师，他老兄依然像以往那样，不说话，只是微微笑笑，点点头。于是我也就不客气地说：客观地说，他们的黄律师很有智慧，把一个原本很难写的状子写得似乎挺合法、挺合理。这主要体现在四个方面。第一，将案由定为合作合同纠纷，即不是联营合同纠纷，也不是租赁合同纠纷，为文章先埋下了合法与合理的伏笔。第二，是对合同性质的分析，也就是诉状最后的“三阶段说”。所谓第一阶段双方合作建楼，第二阶段甲方向乙方转让还贷义务，乙方经营大厦并还贷，第三阶段双方共同分享大厦收益。并由此分析，得出“该合同充分考虑了双方的投资利益和实际风险，是公平的合作经营关系”的结论。第三，利用我方在给他们的复函中提出了终止合同的解决方案，套上合同关于单方解约承担违约金赔偿责任的约定，向我方提出赔付违约金要求。第四，要求继续履行合同，套牢我方，同时避免他们承担单方解除合同的违约责任。

我喝口茶，正欲接着说，某投资开发公司的马总（总会计师）插话道：李博士，我是外行，但我有不同看法。我看不出他们有什么智慧。合同的名称就是合作合同，说案由是合作合同纠纷也是顺理成章。说三阶段也不高明，合同就是这样约定的。第一阶段咱们确实要完成收尾工程，第二阶段咱们代他们还贷，第三阶段就是第8年到第30年，确实约定要优先抵扣咱们的投资款项和15%的年息。至于解除合同，咱们确实想解除，而且向他们提出了要求。这个合同对咱们不公平，对他们很有利，他们当然不愿意解除。

总裁若有所思地望着我，我赶紧接着说：黄律师之所以要杜撰案由和解说三阶段，就是因为她明白，合同关于每年向他们给付固定款项和他们不承担经营亏损的约定是无效的。因为她知道最高人民法院1990年《关于审理联营合同纠纷案件若干问题的解答》明确规定，联营合同中的保底条款，也就是一方只收取固定利润，不承担亏损责任的条款，是无效的。因此，她要规避司法解释，就必须规避联营关系，杜撰合作合同纠纷这个案由和解说双方共担风险而且公平合理的所谓三阶段，目的正在于此。可以说，这就是他们起诉的顾虑和策略。但是，他们的这种策略是过不了法律关的。因为，在法律上并不存在合作一方不承担经营风险和亏损，另一方承担经营风险和亏损的合作经营关系。进一步说，这种单方承担经营风险和亏损的合作合同关系或称合作经营关系，不受法律保护，甚至是法律明令禁止的。至于"三阶段说"，不过是又想刻意避开联营关系不谈，又心虚地着眼于司法解释关于联营合同必须共担风险的规定，拐弯抹角地分析出双方都是有"实际风险"的，因此合同的约定是公平的。但是，在合同关于"甲方不承担经营风险和亏损"的明确约定面前，这种分析是自欺欺人和苍白无力的。

总裁用力地点着头，眼镜片后面的目光一闪，立即让孙律师从网上给他下载我说的司法解释。然后让我接着说。

我说：这样看来，咱们签了这个合同显然被动，但是他们签了保底条款却又要打官司，应该说比咱们还要被动些。因此，这个官司双方有的一打。至于要求咱们承担违约责任，我看是胡扯。咱们给他们的复函，同时提出了三种解决方案，终止合同仅仅是方案之一。因此，咱们复函的性质是协商，不是通知。由此来追究咱们的违约责任，是无视事实的，不靠谱的。当然，他们要求继续履行合同，只要咱们能够攻破合同的保底条款，何乐不为？

精明的总裁扶扶眼镜，盯着我说：照你这么说，他们要求偿还1500万元本金违反了司法解释，要求赔偿1500万元违约金没有事实根据，那么能不能说他们应该全面败诉？他们还有没有别的的招儿？法院会不会有别的判法？

我笑着说：你现在肯定比一般律师高明，因为这个问题不是一般法律业内人士可以提出来的。我可以明确地说，本案双方的合作性质，不是他们主张的合作合同关系，也不是咱们主张的联营合同关系，而是变相租赁集体土地使用权的合同关系。大厦的建设用地是集体土地，不是国有出让土地；大厦的建设项目是农村基建项目，不是房地产开发项目。因此，农村乡镇企业（某农工商总公司）将这种性质的大厦拿出来跟其他企业合作，收取固定款项，不承担经营风险和亏损，就是变相出租集体土地使用权。《土地管理法》明确规定，擅自出租集体土地使用权的，由县级以上人民政府土地行政主管部门责令限期改正，没收非法所得，并处以罚款。因而从集体土地的角度看，本案合同内容被法律明令禁止，是无效的。

马总说：无效好啊！咱们正愁没法终止这个合同呢！

总裁又让孙律师给他找《土地管理法》，然后问：如果认定合同无效，这种情况法院一般会怎么处理？

我答：认定无效的，咱们也不能白使用房屋，况且大部分面积咱们都出租了。所以法院通常会判决房屋使用人向房屋所有人赔偿房屋使用费。

这时，总裁翻看着孙律师给他下载的关于保底条款无效的司法解释，点着头，自言自语地说：看来咱们还得在这上面做文章。

我理解他的意思，马上说：没错！咱们的答辩应该将计就计，他们主张合作合同关系，而且合同有效，咱们主张联营关系，合同整体有效，但是向他们支付固定款项的保底条款无效，由此请求法院驳回他们的诉讼请求。

总裁说：好！我看目前将计就计是上策，咱们的答辩状就按这个思路写。大家谈谈意见。

大家你一言我一语的说了起来，其中有人一口气说了不少自己的分析和判断。但是，基本都是外行话，没有什么参考价值，这一点也不奇怪，我所参加的公司案件讨论会，通常都是这种情况。律师通常只能和老总或法务人员形成有价值的对话，其他与会人员说的看法总是与法律和证据关系不大。

总裁见孙律师一直没吭声，便要他谈谈看法。老孙先肯定了我的意见，然后说：他们主张合同有效，说咱们不付款违约，咱们也主张合同有效，而且也要抓住他们的违约不放。他们在大厦双路供电、消防验收、下水排水、中央空调、电梯等问题上存在一系列违约行为。所以，我会尽快向公司各部门收集这方面的证据材料，提供给老李（指我）。这样，老李才能写进答辩状。其他问题，会后我和老李再具体商量，这里就不说了。

我会意地笑了，心说：不愧是老江湖，一说一个准，而且点到为止。不像我，总是啰里巴嗦的。

会后，总裁很正经地握着我的手说：老李，拜托了！只要咱们同心同德，全力以赴，无论结果怎样，我都不会怨你的。

在我服务的企业中，只有个别老板称我老李。我是很受用这个称呼的，比叫李博士、李老师强多了。因为，从中我能感受到亲近。

我方的对策与答辩

两天后，我便完成了《民事答辩状》。

应该说答辩状的亮点集中在第一节"《合作合同》的法律性质"上，第二节"《合作合同》有效，保底条款无效"、第三节"某农工商总公司的诉讼请求不能成立"都是主张《合作合同》的性质属内资企业的联营的必然结论。至于第四节"某农工商总公司的违约事实及责任"，则是在主张合同整体有效的基础上，运用一系列证据材料对原告进行的违约反击。

答辩状的功夫应当主要在反论上，即反驳对方的主张和理由，故本案答辩状的第一节亦是在反论上发出了"光亮"，形成了全文的亮点。这主要体现在对原告合作合同关系的案由和维护合作合同关系的"三阶段说"的反驳上。对原告所确定案由的反驳结论是"在法律上并不存在合作一方不承担经营风险和亏损，另一方承担经营风险和亏损的合作经营关系。或者说这种单方承担经营风险和亏损的合作经营关系，在法律上没有依据，不受法律保护，甚至是法律所明令禁止的。"应该说这一反论结论是准确和有力的。对原告"三阶段说"的反驳，是有智慧或机智成分的。其一，以双方并不存在法律上的合建关系为由，否认"第一阶段说"；其二，以双方并不存在法律上债务转让为由，否认"第二阶段说"；其三，以原告所称"优先抵扣"尚有保底条款更优先之条件为由，否认"第三阶段说"。

从整体上说，答辩状贯彻了我方的既定对策，即将计就计，主张合同有效，保底条款无效，可以说在双方第一个回合的较量中还是占据优势地位的。

面见某投资开发公司总裁，征求他对答辩状的意见之前，已经将稿子发给了他。据近来几乎天天在公司的孙律师说，总裁关起门，认真看了半个上午。

在总裁主持的、三家公司代表都参加的会上，大家对答辩状评价很高，有的人甚至在发言中表示这个官司三家公司赢定了。然而，已了解了《土地管理法》关于禁止变相出租集体土地使用权规定的总裁，则一直很冷静。

总裁问：对方主张合作合同关系，咱们主张联营合同关系，而且咱们的主张肯定可以打败他们的主张，但是，老李你给客观地说说，法院不管集体土地的问题，支持咱们的联营合同关系主张的概率有多高？

我答：概率非常低，可能性不大。因为，禁止变相出租集体土地使用权问题，并不是一个生僻的法律问题，法官通常是了解的。再者，即使一审法院忽略了，二审法院也会注意和重视这个问题。

又问：照你这样说，法院最终不会支持咱们的答辩意见，驳回对方的诉讼请求，那么，咱们这样答辩的意义何在？虽然上次会上咱们决定将计就计，但是今天看了你的答辩状，我还是有些犯嘀咕。

又答：俗话说仗要一仗一仗地打，饭要一口一口地吃，打官司也是同理。咱们针对对方起诉的答辩，其实质是把双方的诉讼较量先设计出第一个回合或第一场战役。这样做的目的就是，在第一个回合中先打掉《合作合同》中最要命的保底条款，这样也就击破了对方的诉讼方案，击败了对方的原诉讼请求。同时，这样答辩也使法院明白，肯定不能根据合同的约定判决本案。关于联营的司法解释已经足以否定保底条款的效力，咱们一开始为何要放着对咱们有利的司法解释不用，而要主张合同因违反《土地管理法》的规定而整体无效呢？

再问：那么下一步法院提出集体土地的问题时，咱们怎么办？

再答：到了那一步，咱们就要面对两个现实问题了。一个是合同整体无效，双方的合作关系要终止了，咱们要撤离大厦了。一个是咱们要给对方支付房屋使用费。关于房屋使用费如何支付的问题，法律、司法解释都没有规定。司法实践中，法院在双方当事人不能通过调解或协商确定的情况下，通常采取两种做法：一是委托价格鉴定部门进行价格评估；二是根据房屋周边平均租金价格，酌情确定使用费标准。因此，官司走到这一步时，在对方不申请评估的情况下，为防止法官定出高额的使用费，咱们就必须申请评估了。

总裁又问了一些相关问题，大家也议论了一番。最终确定提交答辩状，展开第一个回合的较量。

审计的实施与评价

原告某农工商总公司在提起诉讼的同时，申请法院证据保全，即查封三家被告公司共同委托的某物业管理公司的全部财务账目。与此同时，又申请法院对三被告经营管理某大厦期间的财务状况进行审计。

显然，证据保全、财务审计这种诉讼专业色彩较浓的招儿，是律师出的。由此，我可以看出黄律师可能的诉讼心思。其一，她对主张双方是合作关系，不是联营关系信心不足。申请证据保全和财务审计是因为她估计法院会认定双方是联营关系，她轻信她的委托单位关于某大厦每年的经营收入都超过1000万元的说法，因而申请的目的在于，即使法院认定联营关系，也应该按每年超过1000万元的审计结果，依照《合作合同》的约定，判决原告每年取得1000万元的收益。这样的判决结果在她看来，是符合司法解释关于联营纠纷处理的规定的，体现了共同分享利润（超过1000万元的部分归三被告所有）、共同分担风险的联营法律精神，而且，更重要的是有效地避免了保底条款之嫌（保底条款是一方不论亏赢，均收取固定利润）。其二，她尚未意识到集体土地的问题，或者说她虽已意识到，但认为最终法院会以联营关系处理本案。否则，她就不会采取申请审计的步骤了。

因某大厦三年多的经营账目时间长、科目多、内容杂，故某会计师事务所的审计进行得非常缓慢。从1999年6月起，至2000年6月止，整整进行了一年。当然，让原告沮丧的并不仅仅是审计时间大大延长了诉讼周期，而且是审计结果。我的三家委托单位告诉我的情况是准确的，审计结论是某大厦三年多累积亏损三千三百九十八万余元!

这里我不得不说，原告申请审计的诉讼步骤是冒险的，审计结论证明这一步骤也是错误的。确切地说，审计结论对原告是有害无益的。这样做，不仅使原告设定的诉讼目的落空，且无谓地拖延了对原告来说很是重要的诉讼周期，更严重的是，审计结论在以后的诉讼中被我方所利用。

法官的倾向与应对

本案审判长是位女法官，因代理案件，过去跟她打过交道。平心而论，她的专业水平、办案经验，均不敢恭维。

在本案头一年的审计过程中，她一方面多次催促或主持双方对账，以配合会计师事务所的审计，一方面对我方关于本案法律关系的主张和原告违约的举证视而不见。这充分证明，她和原告方一样，在耐心等待审计结论。也就是说审计结论一出，她就会简单开个庭，然后判我方按《合作合同》约定还钱。因而，也可以说原告方申请审计的诉讼意图和目的，她是心领神会的，而且已经变成了她的审判意图和意志。

对此，我方是冷静的。因为，我方坚信，他们等待的审计结论是不会如他们愿的。

我想，一年后会计师事务所作出的审计结论，一定让他们吃惊而失望。整个一年的努力和等待泡汤了，审计结论是某大厦连年严重亏损！那么，在这种铁的事实面前，仍然按《合作合同》的约定判我方还钱，就肯定犯了司法解释关于保底条款的禁了。于是，她要求双方进行调解。当然，我方虽同意调解，但任何以保底条款为基础的调解方案都是我方最终所不能接受的。

在调解中，法官显露出这样的意思：本案的合作关系根本不是什么联营，而是名为联营，实为租赁。而且双方没有到房管部门办理出租备案手续，故出租不合法，合同无效。因而，我方应参照合同的约定金额，向原告支付房屋使用费。

我立即建议某投资开发公司总裁召集三家公司代表开会研究对策。

会议的中心议题是我方在最后一次正式开庭时，是否提出本案合同因违反《土地管理法》而无效，是否申请房屋使用费评估鉴定。

我的倾向性意见是，现在是提出无效和申请评估的时候了。因为，第一，这样才能避免一审法官简单地以租赁合同无效为由，不经评估，参照合同约定的金额酌定出高额的使用费；第二，这样才能避免因二审通常不受理鉴定申请而使我方陷入程序上的被动，避免二审维持原判的风险。当然，我也提出，假如我方不申请鉴定，一审酌定了使用费，在二审中我方仍然有程序上的救济途径。这就是，以一审未经评估自行定价，属认定事实不清，故请求二审法院依据民诉法规定，以事实不清为由发回一审法院重审，我方在重审的一审中再申请鉴定。

总裁的倾向性意见与我不同，他认为我方仍应坚持双方为联营关系，否定租赁关系，理由是：第一，一审法官到目前为止，毕竟还没有注意到合同无效的原因是大厦建设用地为集体土地，而其认为的租赁关系并不成立，因此，我方应继续主张联营关系；第二，一审法官如果真的就敢认定租赁关系，又不经评估自行定价，那么就是错上加错，这正好便于我方在二审翻案；第三，如果二审法院不接受我方的评估申请，那也不应该认为一审不评估是对的，应该发回一审法院重审，作为被告方咱们不怕官司长期地打下去。

会议最终决定按总裁的意见办。当然也采纳了我提出的、在《代理词》中指出集体土地问题的意见——我分析，一审法官认定租赁关系的目的就是为了酌定出高额的房屋使用费（相当于租金），故提出集体土地的问题，一则可以提示一审法官，二可以为二审铺垫。应该说，会议的决定是有折中性的。既不申请鉴定，又不单纯主张联营，而是提出集体土地问题。

因此，我写的一审《代理词》，正是贯彻这次会议决定的产物。

《代理词》除第一部分坚持联营主张和第三部分提出处理意见外，主要篇幅是第二部分"《合作合同》的性质不是租赁合同"（当然是针对一审法官的意见的）。内容为五点：第一，原告无权出租某大厦，因为其一，原告未取得某大厦房产证，未申请房屋租赁许可证，依法不得出租大厦，其二，某大厦是原告在集体所有土地上建设的农村基建房屋，依法不得出租（提出集体土地问题）；第二，双方有共同投资的约定和履行事实——共同投资系典型的联营合同条款，而非租赁合同的内容；第三，双方有共同经营的约定及履行事实——共同经营及联营特征，与租赁不符；第四，双方《合作合同》不具备租赁合同的主要条款；第五，原告及我方从未主张双方存在租赁合同关系。

我虽然明知某大厦建设用地的集体性质，将粉碎对本案合作性质的其他所有主张，当然包括我方的联营关系主张，但是，《代理词》看上去还是振振有词的。消极地说，做律师没办法，再难做的文章也得做；积极地说，这或许就是律师的功夫。

在这里，我就不记录庭审经过了。不仅仅是因为开庭不过是走走过场而已，而是因为法官一边倒的庭审真的没什么意思。这就如同看体育比赛，那种裁判一边倒的比赛，最好不看，看了太憋气。

庭审后，为了应对法官可能自行定出高额的房屋使用费，我建议我们三方被告委托会计师事务所，对某大厦周边的四个大厦及一个酒店的出租经营及盈亏情况进行调查。某会计师事务所接受了我方的委托，进行了调查。该事务所出具的《调查报告》证明，各大厦的租金无一家达到每日每平方米3元，且各大厦的配套设施均比本案大厦齐备；各大厦除一个大厦盈利（1998年最高，也不过36万元），其他大厦则历年亏损。我向合议庭递交了某会计师事务所的《调查报告》，但是心里明白，审判长肯定不会搭理的。

一审的大败与机遇

2001年7月底，连续数日阴雨连绵，终日不见阳光。这种天，不像盛夏，倒似深秋。

官司打了整整2年，一审判决终于出来了。

那天我和孙律师一起去法院签收判决书。拿到判决书，我像以往那样，直接翻到最后先看判决内容。当看到“自1996年3月20日至实际付清之日止，按11,147平方米及每平方米每日3.2元计”，我头皮发麻。镇静一下，拿出手机一算，截至2001年7月31日，我方就应付69,780,220元！《合作合同》约定头7年每年付1000万元，按此判决，每年要付一千三百多万元，真够狠的！而且，从判决行文上看，挺公平。原告也要返还我方已付的二千九百多万元，还要赔偿我方近500万元（我方对大厦的追加投资），而我方应付原告的使用费则并无总金额，仅有起止时间、面积和单价，真够阴的！

就这样，我和孙律师在本案的一审中，被我们的同学、对方的律师彻底打败了！在回公司的路上，我一边开车，一边对神情凝重的孙律师说：你老孙在福建前线当兵保卫边疆的时候，我老李在新疆下乡种地建设边疆的时候，她小黄（指同学）还扎着小辫在上小学呢！嗨！怎么咱们就成了她的手下败将了呢？！孙律师没好气地说：你有病啊？现在还有心思瞎掰！想想下一步怎么办吧。

总裁看完判决书后，并没有埋怨我们，更无因此解除与我们的委托关系的意思。对判决书，他只说了一句话：这帮家伙，胆够大的，敢这么搞！接着便让我谈谈判决书的主要错误和我方上诉、二审的基本想法。

关于判决书在法律上的主要错误，我主要谈了五点意见：其一，判决书的实质是将法律、法规禁止并予以处罚的非法租赁关系合法化，使原告通过无效合同获得了非法的巨额利益；其二，判决书认定《合作合同》无效的理由，即合同具有租赁性质但未到房地产部门办理出租备案手续，当然是错误的，合同无效的根本原因是违反了关于使用集体土地的法律规定；其三，一审未经法定鉴定部门对大厦"使用费"即租金进行价格鉴定，而是自行定价——法官拍脑门估价，属严重违反审判程序；其四，一审法院在酌定"使用费"时，未考虑某大厦无房产证、无双路供电、中央空调、消防等系统存在严重质量问题这些影响使用费的重大因素，亦未考虑非常重要的出租率和经营成本因素；其五，原告的诉讼请求为3000万元，一审判决竟然判决我方支付近7000万元的使用费，依司法解释，这属于法院超出当事人的诉讼请求进行判决的严重程序错误。

关于我方上诉、二审的基本想法，我主要谈了三点意见：一者在二审中我方必须提出使用费价格鉴定申请，只有鉴定能够救我方。二者虽然目前并无二审不得鉴定的规定，但二审鉴定毕竟有违两审终审制原则。因此，能否在二审鉴定，取决于二审法官、领导的个人因素，故建议我继续担任某投资开发公司的代理人，负责全部法律文书的写作、开庭及鉴定技术性意见的提出，另两家公司另行委托律师作为二审代理人。三者由我尽快联系有关价格鉴定机构，了解有关不动产租金价格鉴定的具体规定，并研究本案大厦租金价格鉴定的各项技术性问题。

最后，我显得挺深沉地对总裁说：一审虽然败了，但是一审判决走得太远了，尤其在法官拍脑门估价问题上以及认定合同无效的理由上，错得离谱了。所以，这种判决虽然挺狠，但也很蠢，为咱们翻案留下了非常大的余地，也可以说就是咱们翻案的机遇。我坚信，这种判决二审法院是不会简单维持了事的。要么鉴定后改判，要么发回重审。

总裁对我谈的意见是满意的，临出门又一次握住我的手说：老李，你是老江湖了，我相信你肯定不会泄气，这个案子咱们肯定能够翻过来。

孙律师送我下楼（他在公司还有事），对我说：你小子还是有谱的，见总裁前，我还真有点为你担心。

经总裁与某科技产业集团、某国际期货经纪公司协商，采纳我的建议，这两家公司另行委托律师，我继续代理某投资开发公司进行二审。三家公司的《民事上诉状》由我写。但是，他们一致认为，上诉状先不提应该对房屋使用费进行评估鉴定的事，提出我方只应向对方返还大厦孳息或折旧费的主张和理由（他们仍然不想按评估价格支付房屋使用费）。于是，我按这个要求，代表三家公司写了《民事上诉状》。

然而，上诉状提交法院后，我一直惴惴不安。都什么时候了，还不提一审法官拍脑门的估价的错误和价格鉴定申请！在通过价格鉴定机构了解了有关民事诉讼中涉案财产（不动产）的价格鉴定规定后，我迫不及待地主动上门找总裁，提出立即申请价格鉴定的意见，并说明二审法院不可能接受我方关于仅应返还大厦孳息或折旧费主张的理由。甚至“威胁”他说，如果再拖延申请而延误了时机，我是不承担延误的责任的。他“被逼无奈”，只好同意我仅代表某投资开发公司向二审法院指出一审法院未经评估的错误和提出价格鉴定申请。于是，我向法院递交了《补充上诉意见》。

二审的鉴定与完胜

很快，另两家公司就委托了某律师事务所的王律师。我与他一见如故，相谈甚欢。他很虚心地听取我的二审意见，并同意由我来把握案件的法律问题，包括我们三家公司的鉴定技术性意见。

一个月以后，二审法院开庭审理本案。我代表某投资开发公司发表了《代理词》，王律师代表我方另两家公司表示他们的二审意见与我的代理意见相同。

我一直奇怪的是，我在《补充上诉意见》和《代理词》中明确提出了请求二审法院进行价格鉴定的申请（另外当庭递交了我方三家公司的《鉴定申请书》），某农工商总公司的代理人却始终未对二审实施鉴定提出任何异议。这让我明白，对方的代理人并不清楚二审鉴定的实质是剥夺了当事人对鉴定结论的上诉权，即违反了两审终审制原则。另外，我方还有小的疑惑，这就是黄律师代理某农工商总公司取得了一审的大胜，在二审中，该公司居然换了律师，黄律师退出了诉讼。

直到2002年初，也就是我方上诉半年后，二审法院终于决定对本案大厦的使用费进行价格鉴定。于是，在官司打了两年半之后，我方终于看到了胜利的曙光!

在某市价格事务所的鉴定过程中，我方及时提出了一系列影响价格评估的重要因素。这些因素分为三个部分：一是大厦不完善因素，即无产权证、土地使用证，无双路供电，中央空调、消防、防水等系统的严重质量问题；二是大厦的出租率因素；三是大厦的经营管理成本因素。

我方所提影响大厦使用费价格评估的一系列重要事实，均有证据证明，且经得起审查和鉴定，因而，某农工商总公司的代理人不能提出有力的抗辩理由。

2002年5月，价格事务所作出了《涉案财产价格鉴定结论书》，基本采纳了我方的鉴定意见。该鉴定结论书作出了三种不同的鉴定价格：即一是在只考虑鉴定对象（大厦）不完善折扣率的情况下，1996年3月20日（大厦交付我方日）至2002年2月19日（评估基准日）的价格总额为八千零九十八万余元；二是在考虑鉴定对象不完善折扣率和出租率的情况下，价格总额为三千七百三十一万余元；三是在考虑鉴定对象不完善折扣率和出租率及经营管理成本的情况下，价格总额为二千零七十三万余元。该鉴定结论书并未定出法院应采信的价格总额，而是同时提出上述三种价格，供法院选取。

在二审法院开庭质证鉴定结论书时，我代表某投资开发公司发表了《关于〈价格鉴定结论书〉和投资评估的意见》。其实，这篇东西是我按捺住内心的兴奋，作出冷静状写出来的。其实，我方完全拥护鉴定结论书，并无真的异议。

2002年8月，二审法院作出了终审判决，采信了鉴定结论书的第二种评估价格，即自1996年3月20日至2002年2月19日，我方给付某农工商总公司三千七百三十一万余元！当然，终审判决认定本案合同无效的原因是大厦建设用地为集体土地，是无须赘言的。

按一审判决，自1996年3月20日至2002年2月19日，我方应付对方八千多万元（每年1300万元），一审判决与二审判决居然相差了四千多万元！

我必须再次强调，我方能有如此完胜，应当归功于王律师！

正如我在本文序言中所述，本案有不少值得思考的问题。因而，在这里我不解析本案尚留的疑问，而作为思考问题留给读者。

我曾代理过不少二审胜诉或再审胜诉的案件（本书各卷中均有收录），这些案件其实就是其他律师一审或二审打败后由我接手二审或再审。而在本案中，其实也就是我打败了一审后由其他律师接手二审——仅仅是我没有退出二审而已。

我有我的无奈，其他律师有他们的无奈，中国大陆诉讼律师有着英美等法治国家诉讼律师所不可能有的无奈！

杂咏

黄昏

日落永定河，
风起军都山。
寂寞黄昏路，
何处可凭栏？

第七章

敏感的情理与麻木的法理

——中外合作经营企业合同纠纷中的法律禁区与合同效力

大仲马说：法律可有眼睛来看您的愁容吗？法律可有耳朵来听您那甜蜜的声音吗？法律能回忆你竭力想唤醒的那些柔情蜜意的往事吗？不，夫人，法律已发出命令，而当它发出命令的时候，它就要打击。（《基督山伯爵》）

在本案中，我方作为医学院，为引进外资，改善附属医院医疗设备和设施，与香港某洋行（对方）签订了合作经营医院的协议。数年后，对方以如约投资却一直未分得利润为由，起诉了我方。我代理我方抗辩：依据有关法律和行政法规，双方所签协议无效。一审法院支持了我的主张，驳回了对方的诉讼请求。对方不服上诉至最高人民法院，最终以我方给予对方适当补偿的调解方式结案，故对方欲按约定取得医院经营利润的诉求未能实现。

20岁时前往巴黎想当一名律师的大仲马，对法律的揭示，可谓一针见血。法律有时确实很麻木——无眼看愁容，无耳听哀求；常人以为入情入理的事，法律却会禁止，甚至打击。

导言

香港某洋行（原告，对方）与某口腔医学院（被告，我方）协商，借用我方下属校办企业某保健科技公司的名义，签订《某医业公司合同书》（下称合同）及《章程》，约定共同投资设立某医业公司，并签订《关于双方与某口腔医学院分院关系的协议》（下称协议），约定某口腔医学院分院隶属于某医业公司（双方设立的合作公司），分院的财政收入属某医业公司所有。后双方实际进行了投资，但我方未按约定将分院的收入交合作公司，亦即对方未能按约定获得分院的收益。故对方起诉我方，要求我方按约定分配分院的利润。我方抗辩合同和协议无效，法院应驳回对方的诉讼请求，因此，本案双方的争议焦点为合同和协议的效力问题。

1.我方主张合同无效的依据是国家对外经济贸易部和国家工商行政管理局颁布的《关于严格审核举办中外合资经营企业中方法人资格的通知》。该通知规定，院校不应作为中外合资经营企业或中外合作经营企业的中方合营者，而双方借用我方下属校办企业的名义设立中外合作经营公司的行为，实属规避法律的行为。

2.我方主张协议无效的依据是国务院颁布的《医疗机构管理条例》。该条例规定，医疗机构的设置和执业，必须按照报批程序申请，取得医疗机构执业许可证。故双方签订协议将国有医疗机构直接归属中外合作经营公司所有，而不是按报批程序申请设置中外合作医院并取得医疗机构执业许可证，违反了行政法规的强制性规定。

3.我方主张签订无效的合同和协议，双方属于混合过错，且对方应承担主要过错责任。理由是借用我方下属校办企业的名义签订合同，并将我方分院归属中外合作经营公司，均是对方的基本要求和基本的合作条件。这种主张成立吗？

4.在诉讼中，对方申请将双方设立的中外合作经营公司某医业公司作为本案具有独立请求权的第三人。我方基于对方实际控制该公司，该公司的诉讼主张必然依附对方，故提出种种理由，主张中外合资或中外合作经营企业合同纠纷的诉讼主体就是中外双方，中外合营企业不能作为具有独立请求权的第三人参与诉讼。这种主张成立吗？

5.对方在一审败诉后的上诉状中提出了几项一审判决程序违法的主张。主要为：其一，对方是依协议提起诉讼，一审判决却认定合同无效，属超范围审理；其二，在我方并未就合同和协议的效力提起反诉的情况下，法院认定合同和协议无效是错误的；其三，合同约定了仲裁条款，故法院无权审理合同的效力问题。我方的抗辩为：其一，对方起诉的依据为合同和协议，并不仅限于协议，且合同和协议是基于同一法律关系和同一法律事实的一案事实，故当然属于本案的审理范围；其二，合同和协议同为对方诉讼请求的合同根据，属于本案审理范围，我方只需对此予以答辩或抗辩即可，没有必要提起反诉；其三，合同约定的仲裁条款并未明确约定仲裁委员会，依《仲裁法》规定，对仲裁委员会约定不明确的，当事人可以补充协议，达不成补充协议的，仲裁协议无效。

要　　目

- 约定分红必须给
- 约定无效就不给
- 认定无效不能给
- 判决违法应当给
- 判决合法不应给
- 经济补偿可以给

序曲

马克·吐温说：人的思维是了不起的，只要注重于某一项事业，那就一定会做出使自己感到吃惊的成绩来。诉讼也是一样，当你看到判决书，想到你接案时最初的一个想法，经过漫长的诉讼考验，最后变成了法院判决书的判词，你也会感到吃惊的。

某口腔医学院因与香港某洋行之中外合作经营企业合同纠纷，委托我作为某口腔医学院的代理人。在诉讼中，我先后向法院提交了下列“正文”中的一审答辩状、关于本案第三人诉讼主体资格的代理意见、一审代理词、二审民事答辩状、二审代理词。

约定分红必须给

背景

香港某洋行的起诉意见

香港某洋行因与某口腔医学院发生中外合作合同纠纷诉至某高级人民法院。诉称，香港某洋行与某口腔医学院就成立医、工、贸一体的某医业公司进行协商，于1993年11月11日签订《关于建立某医业公司意向书》，于1994年2月6日签订成立某医业公司的《某医业公司合同书》及《章程》，约定共同投资设立某医业公司，双方利润分配及风险比例为4：6。1994年2月6日，双方签订《关于双方与某口腔医学院分院关系的协议》，约定某医业公司下属的医疗单位对社会开放挂某口腔医学院分院的招牌，并以其名义开展医疗工作。合作医院的经营模式、规模、经营管理、财政等按合作公司的合同、章程办理，其财政收入属合作公司所有。香港某洋行在上述合同、协议生效后依约进行了投资。双方的合作公司经批准成立后，即组建了董事会。不久合作医院对外开业。但某口腔医学院在合作中采取了种种手段隐瞒实际收入，做假账，不分配利润。香港某洋行为友好解决纠纷，多次发函给某口腔医学院，多次与某口腔医学院谈判，均因某口腔医学院无诚意而告吹。故请求判令某口腔医学院按合同、协议规定将某口腔医学院分院成立以来的财政剩余按6：4的利润分配比例分成给香港某洋行1300万元（1998年4月2日，香港某洋行将该诉讼请求变更为“判令某口腔医学院将某口腔医学院分院成立以来的财政剩余2200万元上交合作公司，由合作公司按规定分配给香港某洋行”）；判令某口腔医学院赔偿香港某洋行经济损失500万元（1998年4月2日，香港某洋行将该诉讼请求变更为“责成某口腔医学院完善合作医院的合法手续”）；判令某口腔医学院承担本案全部诉讼费和财产保全费。

旁白

对方损害了你的合同权利，你可以去跟他交涉，要求他履行义务以实现你的权利，这时他自知无理，只能与你周旋。但是，你不可以轻率去法院告他，要求法院保护你的权利，这时他理直气壮，肯定与你抗争。原因是，合同权利并不一定就是法律权利，一项合同书中的合理权利，可能是判决书中的非法权利。所以，你不能让合同蒙住了你的双眼，更不应在心中把合同当成了法律。

约定无效就不给

正文

民事答辩状（一审）

答辩人：某口腔医学院

答辩人就香港某洋行诉答辩人中外合作经营企业合同纠纷案之民事诉状提出如下答辩。

原告之诉讼请求主要为两项。其一，要求答辩人返还利润1300万元；其二，要求答辩人赔偿其经济损失500万元。答辩人认为，此两项请求既无合同和事实根据，亦无法律依据，不能成立。原告的诉讼理由有三：一者答辩人做假账，隐瞒资金七十多万元；二者答辩人将某洋行应得利润据为己有；三者答辩人单方控制分院，收入不入合作公司，使董事会形同虚设。答辩人认为，此三条理由均与事实不符。以下分别答辩。

一、《某医业公司合同书》无效

1994年2月6日，答辩人下属校办企业某保健科技公司与原告签订了中外合作经营企业合同，即《某医业公司合同书》及《章程》。同日，答辩人、某保健科技公司、原告三方签订了《某医科大学口腔医学院与香港某洋行关于借用某保健科技公司名称、公章筹办某医业公司的协议》，协议约定，答辩人与某洋行借用某保健科技公司名称并使用其公章，办理建立某医业公司（以下简称合作公司）的各项程序事宜，在领取合作公司营业执照之日起，某保健科技公司与合作公司及某洋行之间无任何关系及约束，相互之间亦不承担任何法律、经济责任。这一先签合同后签补充协议之合同行为，在法律上为，后签之补充协议变更了原签合同的中方合作主体，即补充协议将合同中方合作主体某保健科技公司变更为答辩人，且明确约定，仅仅是借某保健科技公司的名称、公章设立中外合作经营企业，取照之日起，某保健科技公司与合作公司及某洋行无任何关系及约束。原告将答辩人列为本案唯一被告，其合同根据即为补充协议关于中方合作主体的变更内容。

国家对外经济贸易部、国家工商行政管理局于1987年9月21日颁布并实施《关于严格审核举办中外合资经营企业中方法人资格的通知》（第6条规定该通知适用于中外合作经营企业的中方合作者）。该通知第1条规定中方合营者必须是根据《民法通则》第36条至第49条规定依法成立的“企业法人”或取得法人资格的其他经济组织，第2条明确规定学术机构、研究机关、院校不应作为中方合营者对外洽谈、签订设立中外合营企业的合同、章程等法律文件（合同及补充协议的签订日期在此通知之后）。

答辩人为院校单位，依法不具备对外洽谈、签订设立中外合作企业的合同、章程的主体资格，不能作为合作企业的中方合作者，双方借用某保健科技公司名称和公章签订合作合同和章程并报政府主管部门批准和工商登记，属规避法律的行为。故双方所签合同书及补充协议均属无效，不受法律保护。

二、合同无效决定原告的两项诉讼请求不能成立

根据《经济合同法》关于无效经济合同的处理规定[1]，无效合同的处理原则为，第一，各自返还。即双方依据无效合同取得的财产，应返还对方。第二，过错赔偿。即有过错的一方应赔偿对方因此所受的损失，如果双方都有过错，则各自承担相应的责任。

（一）原告的利润分配请求依法不成立

无效合同的内容不受法律保护，本案无效合同约定的双方利润分配比例不受法律保护。故原告要求答辩人按合同约定的利润分配比例返还利润，依法不能成立。无效合同不能派生正当、合法的利润，无效合同的各方主体也不能依据合同取得正当、合法的利润。对于无效合同履行中收支节余，只能根据各方的实际投资，以投资孳息形式进行分割。

---

[1] 该法已于1999年10月1日被《合同法》废止，该规定与《合同法》关于无效合同的处理的规定一致。

原告提出答辩人分院成立以来的财政剩余为2200万元，要求分给其1300万元利润，但却未举证证明2200万元财政剩余的存在。其实，这一巨额财政剩余，不过是原告的臆断而已。事实上，分院1995年的收支节余仅为342,666.62元，1996年的收支节余为2,657,873.53元，两年收支节余提取2%的院长基金后，合计为2,940,529.35元（1997年的收支节余账尚未做出，待尽快做出后同1995、1996年账目一起报法庭）。

（二）原告的赔偿经济损失请求依法不成立

无效合同从订立之日起就无法律约束力，根本不存在违约问题。原告要求答辩人赔偿经济损失500万元，却未举证说明此巨额赔偿的计算根据和方式。根据原告第一项请求分析，其赔偿要求的根据无非是答辩人延期支付其所谓利润的滞纳金。但是滞纳金的性质为延期付款的违约金，而这种违约问题因合同无效并不存在。故原告的这一诉讼请求依法不能成立。

导致本案合同无效的主要过错方为原告。本来，某保健科技公司是有资力作为合作中方的（有能力以价值50万美元的房产出资），但是，原告因其为答辩人下属校办企业，不信任其资信，一再要求只有答辩人作为合作中方，才能投资。故答辩人为了引资成功，只得接受原告的要求，先由某保健科技公司与原告签订形式合法的合同，再以补充协议变更答辩人为中方合作者，规避法律，终酿成合同无效，形成诉讼，双方均将遭受损失的后果。因此，作为无效合同的主要过错方，原告应承担主要过错责任（答辩人未按合同与原告分配利润的原因在下节中阐述）。

三、原告的三条诉讼理由与事实不符

（一）分院的利润无法合法分配

答辩人与原告在合同签订的当日，另行签订了《关于双方与某医科大学口腔医学院分院关系的协议》，约定合作公司所属的医疗单位挂某医科大学口腔医学院分院的招牌，使用医学院的财务用章和发票，对外开展口腔医疗服务，继续承接分院原合同医疗单位，其财政收入属合作公司所有。但是，1994年4月，工商行政管理局在批复合作公司营业执照时郑重申明，某医业公司不能行医，更不能办医院。合作公司营业执照规定的营业范围也无可提供医疗服务的内容。国家卫生部主管部门明确告知答辩人，中方医院与任何外方公司私下签署的关于建立医疗机构的任何协议都是不予承认的。故双方所签协议因内容违反医疗行政法规，如履行必然招致有关部门查处。因此，从1995年3月6日分院对外营业至今，一直由答辩人管理，使用答辩人财务用章和发票，属答辩人下属社会福利事业单位。1997年1月作为答辩人的一个科室参加某市三级甲等医院的资质评审。

不过，分院毕竟使用了原告投入到合作公司的设备，原告理应享受收益。但是，分院在法律上的隶属关系和财务制度，使答辩人无法直接从分院账上以利润分配方式分给原告利润。故双方为了使原告合法得到利润，曾商议申办合资医院，但终因审批手续繁杂、时间长，亦因国家规定合资医院不能进入我国医疗保险体系而未成。答辩人为此请示了合作公司审批机构某市外经委，该委建议可以采取答辩人向合作公司租赁设备的方式或双方技术协作的方式，通过双方协议将原告应得利润以资金形式给予原告。但是，双方通过多次协商，终因原告坚持分院归合作公司，收入归合作公司所有而未能就租赁方式或技术协作方式达成一致（原告提交法庭的董事会记录为证）。后终因答辩人无法合法支付原告收益，双方又不能就合法方式达成一致而形成纠纷。

因此，答辩人绝非原告所称，将利润据为己有，分文不给原告，而是从未表示不给原告利润（原告无法举证），仅仅因为尚无合法分利的合同根据和方式，而未能解决分利问题。分院的利润至今全部存在银行账户上，答辩人分文未动，分院账册和银行对账单均能证明。

（二）答辩人并未隐瞒分院收入

原告所称答辩人做假账，欺骗原告，隐瞒收入，与事实不符。分院为了返还借用答辩人一年的资金和补充奖金不足部分以及急用储备，采取了收入暂存的做法。但在具体做法上，保留全部原始凭单，没做任何涂改或隐匿，账外账记载清楚准确，有据可查，并未全面作假，将资金移作他用。因此，原告才一查便明。但坐支现金是违反财务制度的，也影响了双方的相互信任关系，故答辩人在董事会上做了深刻检查，并及时妥善进行了账务处理，财政收入并未受到损失（原告提交法庭的董事会记录为证）。

（三）答辩人管理分院并无过错

原告称答辩人单方控制分院，收入不入合作公司，使董事会形同虚设，这也是与事实不符的。如上文所述，合作公司依法不得设立、经营医院，答辩人管理分院有医疗行政法规依据，有政府卫生部门批准的医疗执业许可证，并且接受政府卫生部门的监管，因此是正当合法的。但鉴于分院使用了原告投入合作公司的设备，分院的账目对原告从来都是公开的，原告可随时委托会计师对分院进行财务检查（原告提交法庭的财务检查报告为证）。故答辩人对分院是合法管理，并非所谓单方控制，分院和修复中心的收入依法不应入合作公司的账，在此问题上，答辩人不依无效的协议办事，而是依法办事，并无过错。董事会均由原告方召集召开，每次会议均有记录。答辩人在董事会上坚持依法不应将分院置于合作公司管理之下，使原告方法定代表人作为合作公司董事长的权利在此问题上未能实现，故而原告称董事会形同虚设，董事长有职无权。这种指责的依据是无效协议，而不是医疗行政法规，不能成立。

综上所述，原告的两项诉讼请求既无合同和事实根据，亦无法律依据，不能成立；原告的三条诉讼理由均与事实不符。答辩人认为，因本案合同及补充协议无效，要做到公正、合法地处理本案纠纷，就须全面查明本案事实，一并解决双方的所有纠纷。恳请法庭慎重考虑答辩人的建议。

此呈

某高级人民法院

具状人：某口腔医学院

旁白

针对对方的违约指责，你可以有三种实体性抗辩方式：一是在合同约定不明或约定有瑕疵时，你可以主张对方的起诉缺乏合同依据，你并不违约；二是在双方都有不履约行为时，你可以主张对方违约在先，你的不履约具有法律上的先履行抗辩权；三是在你确有不履约行为而对方没有时，你可以主张合同约定无效。

对于主张合同无效，作为旁观者的老百姓会这样说：当初想和人家合作，一条一条都答应了，还白纸黑字地写出来，等到人家老老实实按合同做了，你却就是不做，说话不算话。这会儿打起官司，就想推翻合同，完全不认账了，天理何在？——律师不必太在意这种寻常观念，但一定要懂这个理。因为，法官懂这个理。

背景

诉讼第三人某医业公司的主张

在诉讼中，经香港某洋行请求，某高级人民法院追加某医业公司作为第三人参加诉讼。第三人在诉讼中称，1994年2月6日，某口腔医学院为了达到引进外资举办合作医院的目的，同意香港某洋行以第三人的名义与其签订《关于双方与某口腔医学院分院关系的协议》。当时第三人虽未领取营业执照，但经批准成立后，便依照协议的约定提供了场地、设备和资金，招聘了医务人员。但某口腔医学院却将合作医院和合作医院的收入占为己有。故第三人同意香港某洋行的诉讼请求，并请求判令某口腔医学院按约定将某口腔医学院分院成立以来的财政收入上交第三人，判令原告、某口腔医学院继续履行原协议，维护第三人的合法权益。

正文

关于本案第三人诉讼主体资格的代理意见（一审）

尊敬的审判长、审判员：

在原告香港某洋行诉我方某医科大学口腔医学院之中外合作经营企业合

同纠纷案中，原告申请追加原、被告合作经营企业某医业公司为本案第三人。1998年4月8日合作公司提出《增加诉讼请求申请书》（由原告方董事长、合作公司董事长曾某签署），试图作为具有独立请求权的第三人。我方认为，从补充协议、行政法规、实际履行、司法实践各个方面来看，合作公司不应作为本案有独立请求权的第三人，即中、港合作经营企业不能在诉讼中作为向中方提出独立请求权的第三人。

一、补充协议

本案纠纷源于《某医科大学某口腔医学院和某医业公司关于双方与某医科大学口腔医学院分院关系的协议》（以下简称补充协议）的签订及其履行。该补充协议的题目、内容、落款均为我方和合作公司，但却盖了某洋行的印章。在第一次开庭时，原告律师坚持称落款为合作公司是笔误，但当法官问及协议题目为何是合作公司时，原告律师无言以对。事实是，协议双方确为我方和合作公司，而在签订协议时，合作公司尚未报外经委批准，更未办理工商登记，该公司作为法人尚未出生，根本不具有签约的法人身份和资格。故合作公司怎么能够依据自己尚未出生时签订的，在法律上并不成立的补充协议，作为本案第三人，甚至向中方提出独立的诉讼请求呢？退一步说，按原告律师的说法，协议题目、内容、落款为合作公司均为笔误，某洋行盖了章，协议双方就是我方和港方，那么，纠纷完全发生在中、港双方之间，与合作公司无关，港方为什么非要追加合作公司为第三人，甚至操纵中、港合作公司向中方提出诉讼请求呢？

二、行政法规

合作公司在工商注册时，因名称有“医业”字样，工商局根据工商行政法规，明确告知中、港双方，合作公司不得行医，不得举办医院，合作公司的企业法人营业执照规定的经营范围中亦无行医和办医院的经营权。根据国务院发布《医疗机构管理条例》的规定，医疗机构的设置和执业，必须按照报批程序申请，取得执业许可证。补充协议约定“为简化申办手续”，将我方下属分院作为合作公司所属医疗单位。这种中、港双方不申办合资医院，而是申办合作公司，由公司经营医院的做法，是违反工商行政管理法规和医疗机构管理法规的行为，一句话，是国家行政法规明令禁止的行为。因此，如果允许合作公司作为第三人，向我方提出向其上交分院医疗财政收入的诉讼请求，实际上等于在诉讼中认可了违反行政法规的行为。

三、实际履行

因补充协议内容违法，无法履行，故在中、港合作过程中该协议并未实际履行。分院始终作为我方下属的一个科室，由我方管理。分院作为全民所有制医疗机构，对外承接医疗合同单位，并享受国家完全免税政策。合作公司从未经营、管理过分院，中、港双方也未申办合资医院。原告方曾某凭借其合作公司董事长的身份，操纵合作公司向中方提出要求上交分院财政收入和双方继续履行补充协议的诉讼请求，其目的无非是既要获取分院主要靠合同单位和免税政策而得到的财政收入，又要通过诉讼使原本内容违法的协议“合法化”，将分院置于其经营和控制之下。我方认为，曾某在中、港合作过程中未达到的目的，通过诉讼是同样达不到的。

四、司法实践

在司法实践中，中外合资或中外合作经营企业合同纠纷的诉讼主体就是中外双方，中外合营企业不能作为具有独立请求权的第三人参与诉讼。原因有二：其一，合营企业作为第三人，无论对中方或外方提出诉讼请求，作为被诉的中方或外方当然都会反对。在中外合作经营企业章程中，须经董事会一致通过的重大事宜中均包括“公司终止、解散”，而合作公司参与诉讼，作为第三人向中方或外方提出诉讼请求，当然属于涉及合作公司终止、解散问题的重大事宜，须经董事会一致通过（此事宜不属于多数通过即可的一般事宜），而被诉的中方或外方只要提出反对，就无法通过。在本案中，合作公司作为具有独立请求权的第三人参与诉讼，实际就是曾某单方控制合作公司，将中方排挤出公司，并将合作公司作为中方诉讼对立面的例证。对此做法，我方当然反对。

在司法实践中，这种中方或外方单方控制合作公司向中方或外方进行诉讼的做法，是不应获得法院认可或支持的。其二，合营企业作为具有独立请求权的第三人参与诉讼，必然导致诉讼内容和诉讼结果的混乱。第一，在诉讼内容上，因我方在合作公司中有40%的投资，故合作公司针对我方的请求，实际上应有40%属于我方的请求，而我方对合作公司的反驳，实际上应有40%是我方反驳自己。第二，在诉讼结果上，假如合作公司胜诉，我方败诉，则我方作为合作公司中方应有40%胜诉；假如我方胜诉，合作公司败诉，则我方作为合作公司中方亦有40%败诉。可见，这种混乱是显而易见的。

综上所述，恳请合议庭充分考虑我方的上述意见，驳回香港某洋行关于追加合作公司为本案第三人的申请，驳回某医业公司的诉讼请求，保障本案诉讼程序顺利进行。

谢谢！

旁白

有时律师明知一个诉讼主张是不成立的，但是，基于当事人的要求和诉讼的必要，他会振振有词地把这个错误主张说得像模像样。这时，你有证据，就用证据反驳他；你有法律或司法解释依据，你就用规定反驳他；如果都没有，就找出案例反驳他。总之，你不能上他的当，跟他陷入说理的纠缠之中。

——我写的上述代理意见的论点和论证是不成立的。

正文

代理词（一审）

尊敬的审判长、审判员：

作为本案被告某口腔医学院的诉讼代理人，这里，我根据法庭调查阶段查明的事实，依据应适用于本案的法律、法规，本着忠于事实、忠于法律的律师执业立场，就本案的事实认定，法律适用和案件处理问题发表代理意见。

我方认为，本案主合同《某医业公司合同书》无效，本案从合同《某医科大学口腔医学院和某医业公司关于双方与某口腔医学院分院关系的协议》无效，某口腔医学院的利润依法不能与作为港商的原告分配，本案应按无效合同各自返还的原则处理。

一、本案主合同无效

我方已向法庭提交了对外经济贸易部、国家工商行政管理局《关于严格审核举办中外合资经营企业中方法人资格的通知》（以下称《通知》）。该《通知》于1987年9月21日发布实施（本案合同于1994年2月6日签订），为有效的行政规章。该《通知》第2条明确规定，学术机构、研究机关、院校不应作为中方合营者对外洽谈、签订设立中外合营企业的合同、章程等法律文件。主合同《某医业公司合同书》及《章程》虽是我方下属校办企业某保健科技公司和香港某洋行签订，但在签订合同的当日，上述合同双方又与我方签订了《某口腔医学院与香港某洋行关于借用某保健科技公司名称、章程筹办某医业公司的协议》。正是这种“借用”行为，使外经委和工商局在审查中方合营者法人资格时被蒙蔽，以为中方为独立核算的企业法人，不在行政法规的禁止之列而批准、核准合营企业注册登记。显然这种规避行政法规的合同行为和合同本身是无效的，是不受法律保护的。

原告方举出最高人民法院《关于在审理经济合同纠纷案件中具体适用〈经济合同法〉的若干问题的解答》[1]来反驳我方举出的行政规章，这是完全不能成立的。第一，从内容看，本案不能适用该司法解释。该司法解释第2条第二款规定：“借用人与出借单位有隶属关系或者承包关系，且借用人签订合同是进行正当的经营活动，则可不作为无效合同对待。”本案合同无效的原因并不在司法解释的“借用”问题上，而在行政规章的“禁止”问题上。也就是说，如我方不是行政规章明文禁止的院校，而是企业法人借用了下属二级企业

[1] 该司法解释已于2000年7月25日废止。

法人的名称和公章，签订了中外合作经营企业合同，则可不作为无效合同对待。而且，司法解释关于“则可不作为无效合同对待”的解释是附条件的，即“借用人签订合同是进行正当经营活动”，而本案借用人签订合同不是不正当问题，而是违反行政规章的问题。可见，这里并不存在行政规章和司法解释相抵触问题。第二，从颁布实施时间上看，上述司法解释是1987年7月21日颁布实施，而行政规章是1987年9月21日颁布实施，解释早规章整整两个月。从新法效力高于旧法的法理上说，当然应当适用行政规章 。第三，从用语上看，司法解释使了“则可”的用语，行政规章使用了“不应”的用语。在法律上“则可”为法院的裁量留有了余地，“可以”与“不可”法院可酌情决定。但“不应”则未留裁量余地，“应当”与“不应”法院只依法律规定。第四，从适用范围上看，上述司法解释只适用于国内经济合同法，而并不适用于涉外经济合同法。而行政规章则专门适用于中外合资和合作经营企业合同法。

我方举出的最高人民法院《关于适用〈涉外经济合同法〉若干问题的解答》，才是本案应当适用的司法解释（《涉外经济合同法》的适用范围包括中外合作经营企业合同）。该司法解释至今有效，颁布实施时间是1987年10月16日，即晚于原告所举1987年7月21日司法解释，也晚于我方所举1987年9月21日的行政规章。该司法解释第3条“关于无效涉外经济合同的确认问题”的第(一)项规定：“订立合同的当事人不具备合法主体资格的”，第2条规定：“订立合同的我国当事人未经国家主管机关批准授予对外经营权的”，应当确认合同无效。[1]因此，在认定本案合同无效的问题上，行政规章和司法解释是统一的，相辅相成的。

导致本案合同无效的主要过错方为原告。本来，我方下属某保健科技公司是有资格作为中方合作者的（有能力以价值50万美元的房产出资），但是，原告根本不信任校办企业的资信，一再要求只有我方作为中方合作者，才能投资。而我方为了引资成功，只能接受原告的要求。故原告应承担主要过错责任。

[1] 该司法解释已于2000年7月25日废止。

二、从合同无效

本案从合同《某医科大学口腔医学院和某医业公司关于双方与某医科大学口腔医学院分院关系的协议》是无效的。其无效的原因并不仅仅因为作为合同一方的中外合作经营企业当时尚未向外经委报批，未在工商局注册，尚不能作为企业法人对外签约，更重要的是协议的内容决定了协议的无效。该协议的内容主要为，“为简化申办手续”，将我方下属分院作为合作公司所属的医疗单位，使用我方的财务用章和发票，分院的管理和财政等皆按合作公司的合同和章程办理，分院的财政收入属合作公司所有。这一内容完全违反了国家工商行政管理法规和医疗机构管理法规。第一，违反工商行政管理法规。原、被告在工商局注册合作公司时，因名称有“医业”字样，1994年4月2日工商局外资处副处长专门约见合作公司申办人员，明确告知，医业公司虽然批了，但公司绝不能行医，更不能办医院，如发现，即吊销营业执照。合作公司的企业法人营业执照的经营范围中也没有行医和办医院的经营权。故公司办医院显然违反工商行政管理法规。第二，违反医疗行政管理法规。合作公司办医院不仅仅是一般的超经营范围经营，而是违反国家行业许可证制度的经营。根据国务院发《医疗机构管理条例》的规定，医疗机构的设置和执业，必须按照报批程序申请，取得医疗机构执业许可证。而原、被告签订协议的目的，就是所谓“为了简化申办手续”，不申办合资医院，直接由合作公司经营医院，而如果这一协议内容实际履行了，那么就是违反医疗机构管理法规的、卫生行政管理部门应依法取缔的无照行医行为。1995年6月卫生部医政司处长看过该协议后明确指出：“中方医院与任何外方私下签署的关于建立医疗机构的任何协议都是不予承认的。”

这里需要强调的是，这一内容违法的协议并未实际履行。分院从1985年至今，始终为我方下属的一个科室，由我方管理。分院作为全民所有制的社会福利事业单位，其80%以上的病人来源为医疗合同单位，且同时享受国家完全免税政策和医疗价格补贴政策。分院按卫生系统行政事业单位财务制度做账，接受我方和我方上级主管单位某医科大学双重财务监管，不在外经委、工商部门和税务部门的监管之列。1997年1月，分院作为原告的一个科室参加某市三级甲等医院的资质评审。1997年5月，在卫生部依法重新核发原告的《医疗机构执业许可证》的备注中，分院被审定为原告的门诊部。合作公司从未经营、管理过分院。中、港双方也从未正式申办过合资医院。

导致本案从合同即上述协议无效的主要过错方亦为原告。原告为了使其投资的设备分流，同时在合作公司和分院获得最大的利润，在双方进行主合同谈判时，执意要求直接将分院隶属于原告控股的合作公司之下。原因很简单，分院既有稳定的医疗合同单位，不愁没有病人来源，无须在医疗市场上竞争，又有国家的完全免税政策优惠，不愁投资经营还要交营业税，盈利要交企业所得税，另外，某口腔医学院分院的牌子本身就对争取非公费医疗病人具有优势。因此，签订主合同的当日，必须签订将分院隶属于合作公司的协议，是原告与我方合作的先决条件。因此，该协议才有了“为了简化申办手续”即不申办合资医院的约定。至于原告在诉讼中指责我方拒不办理申办合资医院的手续不过是如今诉讼的说辞而已。这里需要陈述一下事实。当我方1994年4月通过工商局知悉合作公司办医院系违法经营后，6月即主动去卫生部医政司外事局咨询举办合资医院事宜。该局主管合资的董某明确答复“合资医院可以办，要你们医大提出申请，经过卫生部、国家对外经济贸易部审批，但你们要注意两个问题：首先，双方已经验资注册了公司，再办合资医院注册资金从哪儿来，如无新的资金注入，不能重复验资、注册。另外，合资医院不能进入现行我国医疗保险系统，要考虑病人来源和经济效益是否有保证”之后，我方即就合资医院的申办问题与原告协商，但因无法解决注册资金，避免重复验资和合资医院不能进入国家医疗保险系统，如申办将丢掉分院所有的合同医疗单位，不能再享受国家完全免税的政策和价格上的补贴政策等问题，未能达成一致。1996年7月卫生部医政司赵某就原、被告争议建议我方：“依照《医疗机构许可证》行医是合法的，任何规避变通的方式都是非法的，都要受到查处。你们与某医业公司签订的协议是无效的。你们使用了设备引起的纠纷，可以采取部分或全部买断股权方式解决。”合作公司的主管部门某市外经委的刘副主任对我方指出：“某医业公司不能行医，不能办医院是不容置疑的，你们使用了公司的设备，可以以租赁设备的方式或技术协作等形式，双方协议以资金的形式给予补偿。”按照上述卫生部和外经委领导的建议，双方先后就股权转让、租赁、联营等方案进行长期商谈，至1996年底，各个方式终因双方利润的测算差距过大而未达成协议，直至原告起诉前，双方仍在进行谈判。总之，将已经验资的合作公司的资产进行重复验资，申办合资医院是不可能的，而其他各种合作方案，双方又无法达成协议。故我方在未申办合资医院的问题上并无过错。至于原告指责我方不履行协议，单方控制分院，这属于法外议论，不值得辩论。因为，不履行内容违法的协议，并不构成违约或过错。

三、分院利润不能与港商分配

如上所述，分院作为全民所有制的医疗机构，属于国家社会福利事业单位，其主要利润来自于医疗合同单位的公费医疗和国家完全免税的优惠政策，其全部利润的性质为全民所有。原告作为港商在内地医疗行业的投资，不得进入国家医疗保险系统，即不得沾公费医疗的光，更不能享受只有社会福利单位才能享受的完全免税的优惠政策。原告如果按其投资比例取得分院的利润，就是违反医疗机构管理法规的违法行为和违反《外商投资企业和外国企业所得税法》[1]的逃税行为；分院如将利润分给原告，就是协助原告违法和逃税。当然，分院毕竟使用了原告投资于合作公司的设备，原告理应享受收益，由于双方在诉前未就此事宜达成协议，故在诉讼中只能以设备使用费的形式使原告得到收益，且此收益仍须依法纳税。因此，所谓将分院成立以来的财政收入上交合作公司，再按原告的投资比例分成给原告的诉讼请求依法不能成立。

原告指责我方不按投资比例将利润分给原告，一直据为己有，而我方的书证和证人证言都证明，原告未全部得到分院的收益是因为我方无法向原告支付，双方又未能就合法方式达成协议。我方主动向法院提交的载明分院历年财务总节余的银行对账单证明，我方也分文未得分院的利润，原告指责我方将分院的利润据为己有毫无根据。在此问题上，我方亦无过错，依法不履行内容违法的协议，而寻求合法的合作方式，不能引发民事责任。

原告的诉讼请求称分院利润为2200万元，要求分1300万元，这种凭主观估算，毫无任何证据材料的请求在诉讼上是不严肃的。我方已向法庭提交分院

---

[1] 该法已于2008年1月1日被《中华人民共和国企业所得税法》废止。

三年以来的收支明细表，总财务节余为五百一十五万多元，而银行对账单证明，分院的总余额为六百六十五万多元。

四、本案的处理原则

本案主合同因依行政规章和司法解释中方不具有作为中外合营企业中方主体资格而无效，从合同即与分院关系的协议因内容违反工商行政法规和医疗机构管理法规而无效，因此，本案应按最高人民法院《关于适用〈涉外经济合同法〉若干问题的解答》有关涉外经济合同被确认无效的处理问题的规定处理。即原、被告各自返还投资，原告应当得到在分院的设备收益，但这部分设备应当折旧返还（我方已向法庭提供分院使用原告的设备和折旧清单）。

这里，我方必须指出，除了因合同无效，原、被告无法继续合作外，原告在一手把持、经营合作公司过程中的一系列违法乱纪的行为，也使我方不可能与原告合作下去。我方已向法庭举出某会计师事务所对合作公司的审计报告，此报告对合作公司和原告的种种违法行为的揭示，概括起来有以下各种：

1.审计报告指出“某洋行在合作公司的投资中的‘水分’高达30%，即高于某洋行一般商业折扣率的30%”。这一结论是会计师事务所将某洋行自己的投资报价表和自己的1994年及1995年“牙科器材价目表”的报价相比较得出的客观结论。

2.报告指出：“（香港）某洋行作为某医业公司的投资人，同时又是某医业公司的主要供应商，而且某洋行的投资人曾某本人又出任某医业公司的董事长，可以说双方的交易具有典型的关联企业交易特征。”曾某将其香港的商品高价卖给合作公司，使其不仅受益，而且提前收回投资。报告仅以“远西牙科治疗台”为例，指出截至审计基准日（1996年11月15日），合作公司共从某洋行进货101台，进价四百二十多万元，高于询价一百三十多万元。“投资水分”和关联企业交易是港商在内地投资牟取高额不当利益，坑害合作中方的惯常手法。

3.报告指出曾某进口挟带走私的问题。1995年至1996年中财务凭证摘要为“曾某带货”的就达二百四十多万元。挟带货物不报关，逃避海关监管。款项直接在账上反映并向曾某结算。

4.报告指出合作公司将已计入固定资产的投资设备私售，1996年4月被海关查处，6月补交海关关税八万七千多元，补交增值税十四万多元。

5.报告指出合作公司倒卖增值税发票的问题，即从河南长垣县某加工厂购增值税发票，付给该厂三万七千多元，偷税额十七万多元。报告认为这是公认违法事实，其实，这属于严重违法行为。

6.报告揭示出合作公司的小金库问题和做假账问题。其实，合作公司自1994年成立之后就背着中方建立了小金库，报告指出做假账的手法是“大头小尾”、涂改入库单、涂改发票、无发票入账、单据不匹配、缺乏原始凭证等。

由于原告的种种违法乱纪行为，特别是投资水分和关联企业交易及私售投资设备的问题，致使合作公司连年亏损，至今我方在合作公司分文未得。试想，这种合作能够继续下去吗？原告关于继续履行合同的诉讼请求，其目的无非是一方面继续把持合作公司，继续进行关联企业交易，另一方面将分院隶属合作公司合法化，分享医疗机构的利润，这是我方所不能接受的。

旁白

如果你在法律上居于优势，在情理上居于劣势，那么你就得设法改变这种态势，以防止你在道义上的负面形象影响法官的判断。最好的办法就是，找出并利用证据，指责对方并非善主，和你一样，也不地道。

——我在上述《代理词》第四节指责原告方香港某洋行的种种违法乱纪行为，虽与合同效力问题无关，但据此揭示对方并非善意守约方，这对于改善我方在情理上的劣势，是有作用的。

审判长、审判员：

最后，我方认为，本案的基本事实是清楚的，法律和司法解释的适用也是明确的。恳请各位法官充分考虑我方的上述代理意见，依法裁判本案。

谢谢！

认定无效不能给

判决

一审判决

某高级人民法院认为，某口腔医学院作为院校单位，依行政规章不具有对外洽谈、签订设立中外合资企业的合同、章程的主体资格，不能作为合资企业的中方合作者。某口腔医学院借用其下属校办企业的名称和公章与香港某洋行签订成立某医业公司的合同书和章程，报政府主管部门批准并进行工商登记，属规避法律的行为，故双方所签成立某医业公司的合同无效，不受法律保护。同样，双方签订的《关于双方与某口腔医学院分院关系的协议》，亦违反有关医疗机构管理法规的规定，也是无效的。香港某洋行依协议主张权利于法无据，本院不予支持。香港某洋行、某口腔医学院对第三人及某口腔医学院分院的清算及善后问题应根据《外商投资企业清算暂行办法》[1]办理。故依据《中华人民共和国中外合资经营企业法》第2条第二款之规定、《中华人民共和国民法通则》第58条第一款第（七）项、第二款之规定，判决某口腔医学院与香港某洋行签订的《某医业公司合同书》无效；某医业公司以香港某洋行名义与某口腔医学院签订的《关于双方与某口腔医学院分院关系的协议》无效；驳回香港某洋行的诉讼请求。

旁白

律师胜诉的快乐和败诉的痛苦，就像白昼和黑夜一样，是相互交替的。所以，律师要像正常人那样，适应这一切。

[1] 该法规已于2008年1月15日废止。

判决违法应当给

背景

香港某洋行的上诉意见

香港某洋行不服一审判决，向最高人民法院提起上诉。请求撤销一审判决，判令某口腔医学院（被上诉人）将其分院开业以来的利润上交第三人，再由第三人按约定分配给香港某洋行，并赔偿因多年不分配利润而造成的香港某洋行负债的利息损失。理由是：

1.一审判决严重违反诉讼程序。

(1) 拖而不判近二年，远远超过法定审限。

(2) 某口腔医学院未就本案所涉及的合同的效力提出反诉，但一审法院却判决本案合同无效。

(3) 香港某洋行发现某口腔医学院突击加大分院支出，企图将分院的利润化为乌有后，向一审法院提交了《证据保全申请》，请求一审法院查封分院1995年3月到1997年10月的会计账簿。但一审法院不理睬香港某洋行的证据保全申请。为保证审计的客观，香港某洋行提出了书面意见，请一审法院转交审计所，但一审法院不向审计所转交，而是送给了某口腔医学院征求意见，致使审计报告不客观，为某口腔医学院的不实财务报表披上了合法的外衣。

(4) 香港某洋行在一审中向一审法院递交了请求责令某口腔医学院停止其非法行为的紧急书面报告，但一审法院偏袒某口腔医学院，置之不理，由此导致某口腔医学院的侵权行为变本加厉。

2.一审判决本案合同无效无事实根据和法律依据。

(1) 1993年12月17日，某市对外经济贸易委员会下发了《关于合作经营某医业公司立项及可行性研究报告的批复》；1994年3月3日，某市人民政府下发了《关于合作经营某医业公司合同、章程及董事会组成人员的批复》；1994年3月17日，某医业公司经某市人民政府批准，领取了《中华人民共和国外商投资企业批准证书》；1994年4月18日，某医业公司经国家工商局批准，领取了《营业执照》。可见，本案《关于建立某医业公司意向书》、《某医业公司合同书》和《章程》经过有关部门层层审批，手续完备。

(2) 合作双方已按约定全面、实际地履行了义务，合作公司至今仍在运转。

(3) 认定合同无效的唯一依据是某口腔医学院、某保健科技公司和香港某洋行三方签订的《某口腔医学院与香港某洋行关于借用某保健科技公司名称、公章筹建某医业公司的协议》。但关于借用的约定与实际情况不相符合，事实上根本不存在借用某保健科技公司名称和公章的问题。批准上报成立合作公司的申请文件、相关批文以及实际投资人都是某保健科技公司。本案合作合同主体适格、内容合法，不存在规避法律的情形。

(4) 根据国家对外经济贸易部和卫生部《关于开办外宾、华侨医院、诊所和外籍医生来华执业行医的几条规定》，国家是允许中外合作办医院的。

(5) 依据最高人民法院《关于贯彻执行〈中华人民共和国经济合同法〉若干意见》的规定，经济合同内容不规范，只要不违法，完善即可，不影响其合同的有效性。如果手续不完备，补办即可，不要轻易认定合同无效。因此分院手续虽不完备，但只要补办，合同效力不受影响。

3.某口腔医学院对合作医院的有关手续拖而不办，隐瞒分院的收入，违反协议，将分院和口腔加工中心占为已有，其过错责任事实清楚，证据确凿。

综上所述，香港某洋行要求分配利润合理合法，并非一审判决所谓的“于法无据”。一审法院判决合同无效，驳回香港某洋行的诉讼请求，将某口腔医学院的非法占有合法化，是错误的。

旁白

有的律师非常敬业，非常认真，他把自己想到的和当事人强调的，通通有条理地写进诉讼文书。然而，在案件的争议焦点问题上，他的意见要么缺乏力度，要么针对性不强——抗辩的第一要则是“准”，第二要则是“狠”。

判决合法不应给

正 文

民事答辩状（二审）

答辩人：某口腔医学院

答辩人就上诉人香港某洋行《民事上诉状》提出如下答辩意见。

答辩人认为，某高级人民法院（1997）高经初字第×号《民事判决书》认定事实准确、适用法律正确、审理程序合法、判决结论公正。上诉人香港某洋行的上诉请求和理由无事实根据和法律依据，且与法律、行政法规和司法解释直接抵触，为行政法规明令禁止。故答辩人请求二审法院依法驳回上诉，维持原判。

一、一审判决认定事实准确

一审《民事判决书》认定的本案基本事实主要有以下两项：一、本案主合同《某医业公司合同书》无效；二、本案从合同《关于双方与某医科大学口腔医学院分院关系的协议》无效。

（一）认定主合同无效的根据

1.1993年11月11日某口腔医学院与香港某洋行签订的《关于合作建立某医业公司意向书》（附件一，《意向书》）。

该意向书为非合同、协议性质的书证，证明双方在中方合作主体问题上，最初的共同意向是由答辩人某口腔医学院作为中方合作者与上诉人香港某洋行签订合作合同。

2.1994年2月6日某保健科技公司与上诉人香港某洋行签订的《某医业公司合同书》（附件二，《合同书》）。

该合同书为合同性质的书证，证明答辩人与上诉人变更了原意向书约定的中方合作主体，即由原答辩人某口腔医学院变更为答辩人下属校办企业某保健科技公司。其变更原因即是判决书“经审理查明”一节中所述“因国家有规定不允许院校与外商合作办公司”。

3.1994年2月6日（即签订合同书的当日）答辩人、某保健科技公司、上诉人三方签订的《某医科大学口腔医学院与香港某洋行关于借用某保健科技公司名称、公章，筹办某医业公司的协议》（附件三，借用协议）。

该协议为合同性质的书证，其内容不仅有借用的范围（名称、公章）、借用的目的（办理建立合作公司的各项程序事宜），而且明确约定了法律后果，即“某保健科技公司与某医业公司和香港某洋行之间无任何关系和约束。相互之间亦不承担任何法律、经济责任”。证明三方约定合同书的中方合作主体其名为某保健科技公司、其实为答辩人，某保健科技公司对合同书不承担履行义务，与合作公司和上诉人无任何关系和约束。

4.1994年4月13日和5月6日某会计师事务所《报告书》（附件四，两份验资报告）。

这两份验资报告验证某保健科技公司作为合同甲方投入价值4,647,600.00元人民币（折合美元536,767.34元）的房产使用权。其实，该房产为位于某市某大街甲37号的答辩人分院房产，其产权归答辩人所有，而非某保健科技公司所有。在答辩人某医科大学口腔医学院《医疗机构执业许可证》（附件五，许可证）的备注一栏中载明：“某区某大街甲37号为原口腔医院旧址，现改为门诊部。”这两份验资报告所验证的特定房产的所有权归答辩人所有，这证明合同书的实际履行者，即中方投资者是答辩人，而非某保健科技公司。判决书据此在“经审理查明”一节中认定：“某口腔医学院以房产使用权投入价值4,647,600.00元人民币，折合537,767.34美元。”

5.上诉人起诉答辩人的诉讼事实。合同书的实际履行均在上诉人与答辩人之间，发生争议后的交涉、协商也在上诉人与答辩人之间（上诉人在一审中提交了诉前上诉人致答辩人的有关函件），特别是上诉人将答辩人列为唯一被告提起和进行诉讼的诉讼事实，均证明答辩人为真实的中方合作主体，而非某保健科技公司。否则，上诉人本应将某保健科技公司列为唯一被告提起诉讼，这证明答辩人作为合同书的中方合作主体，上诉人始终是确认无疑的。

上述五项主要事实根据中的一系列书证和情况证据，组成一个完整、有序的证据体系，各个证据相互印证，共同证明了本案主合同中方合作主体的铁的事实：上诉人与答辩人共同借用了某保健科技公司的名称和公章，签订合同和章程，经报批和登记成立了合作公司，中方投资和履行责任由答辩人承担，与某保健科技公司无关，上诉人对此始终确认无疑，故本案中外合作经营企业合同的中方合作者名为某保健科技公司，实为答辩人。

上诉人在《民事上诉状》第二节中称“一审判决认定本案合同无效，是无事实根据也无法律依据，根本不能成立”。其“无事实根据”之理由，概括地说就是“事实上，上报批准成立合作公司的申请文件、相关批文，以至实际投资人都是某保健科技公司，根本不存在借用某保健科技公司名称和公章的问题”。试问，如果不存在借用问题，某保健科技公司就是真实的中方合作者，上诉人为何要与答辩人签订借用协议和与答辩人所属分院关系的协议？答辩人所属分院的房产真的为某保健科技公司所有吗？合作公司中方董事中有某保健科技公司的成员吗？发生争议后上诉人为何只与答辩人协商，为何要向答辩人多次发函，为何要将答辩人列为唯一被告提起诉讼？倘若上诉人如此坚持，就须撤回对答辩人的起诉，没有进行二审的余地，而应另行对某保健科技公司提起诉讼。显然，上诉人的上述主张不堪一驳。

（二）认定从合同无效的事实根据

判决书认定《关于双方与某口腔医学院分院关系的协议》（附件六，协议）无效，其根据不仅在于主合同无效，从合同无效，更重要的在于该协议的内容。该协议第1条约定：“为简化申办手续，为与现行国家有关的医务政策、法律、规章、标准相适应与对接；为能使用某医科大学口腔医学院财务用章和发票，继续承接原合同医疗单位；为能充分利用原某医科大学口腔医学院在社会上的声望，吸引并便利广大患者就诊。为此某医业公司所属的医疗单位，对社会开放挂医科大学某口腔医学院分院的招牌，并以其名义开展医疗工作。”第4条约定：“某医科大学口腔医学院分院的经营模式、规模、经营管理、财政等皆按某医业公司的合同、章程办理。其财政收入属某医业公司所有。”

上述协议内容证明了以下两点：

1.双方约定“为了简化申办手续”，直接将某口腔医学院分院作为合作公司所属的医疗单位，分院的经营模式、规模、经营管理、财政等皆按合作公司的合同、章程办理，而只字未约定如何申办中外合作医院。

2.未约定共同申办中外合作医院绝非疏漏，而正是目的所在。第一，“对社会开放挂某医科大学口腔医学院分院的招牌，并以其名义开展医疗工作”，不仅“能充分利用某医科大学某口腔医学院在社会上的声望，吸引并便利广大患者就诊”，更重要的是由此便能将原本应独立经营的中外合作公司纳入了国家医疗保险体系，享有了国有医疗机构才能享有的社会福利事业单位的一系列法律和政策权益。第二，“使用某医科大学口腔医学院财务用章和发票”，则能够全面享受只有社会福利单位才能享受的国家完全免税的税法和政策待遇，同时亦享受国家价格优惠政策。第三，“继续承接合同医疗单位”，不仅使中外合作公司从医疗合同单位的公费医疗中直接受益，而且以国有医疗机构的身份占据医疗市场。第四，分院“财政收入属某医业公司所有”，即将国家社会福利事业单位依靠国有医疗机构在医疗市场上的优势地位、国家公费医疗政策、完全免税政策、价格优惠政策而创造的财政收入归中外合作公司所有，港商获取其中的大部分。

上述协议证明了本案铁的事实：双方签订与分院关系的协议，旨在将国有医疗机构直接归属中外合作公司所有，毫无设立中外合作医院的意思表示。

二、一审判决适用法律正确

（一）认定主合同无效的行政规章和司法解释依据

1.对外经济贸易部、国家工商行政管理局《关于严格审核举办中外合资经营企业中方法人资格的通知》（1987年9月21日发布实施。附件七，通知）。

该通知第1条规定：“中方合营者必须是根据我国《民法通则》第三十六条至第四十九条规定依法成立的‘企业法人’，或是取得法人资格的其他经济组织。”第2条规定：“各级党政机关及行政管理部门，包括党、政、军、工、青、妇以及跨行业、跨地区或全国性具有行政管理职能的各种行政性机构，各种协会，民间团体，群众组织，学术机构，研究机关，院校，公安劳改系统的单位等，不符合我国《民法通则》的有关规定，不具备法人资格的，不应作为中方合营者对外洽谈、签订设立中外合营企业的合同、章程等法律文件。”第6条规定：“本通知适用于中外合作经营企业的中方合作者。”

2.最高人民法院1987年10月19日发布的《关于适用〈涉外经济合同法〉若干问题的解答》（附件八，解答）。

该解答的适用范围包括中外合作经营企业合同。该司法解释第3条“关于无效涉外经济合同的确认问题”规定：“涉外经济合同有下列情形之一的，应当确认无效：1.订立合同的当事人不具备合法主体资格的；2.订立合同的我国当事人未经国家主管机关批准授予对外经营权的。”

依据上述行政规章，答辩人作为院校单位，不能作为中方合营者对外洽谈、签订设立中外合作经营企业的合同、章程等法律文件。但是，上诉人与答辩人却借用某保健科技公司名称和公章，申报合作公司，使外经委和工商局在审查中外合营者法人资格时被蒙蔽，以为中方合作者为主体合格的企业法人，不在行政规章的禁止之列，而批准、核准合作企业注册登记。其实三方明确约定仅仅借用合法主体的名称和公章，实际投资人和合同权利义务承受人均为答辩人。显然，这种规避行政规章的合同行为和合同本身是无效的，是不受法律保护的。上述司法解释关于无效涉外合同的解释，将主体资格的合法与否列为首要问题，适用于本案，同样得出答辩人不具备合法主体资格，合同无效的结论。故判决书在“本院认为”一节中关于答辩人作为院校单位，不能作为合作企业的中方合作者，借用行为属规避法律的行为，合同无效，不受法律保护的明确认定，在适用法律上是准确的。

（二）认定从合同无效的行政法规依据

国务院1994年8月1日颁布实施的《医疗机构管理条例》第15条规定：“医疗机构执业，必须进行登记，领取《医疗机构执业许可证》。”第24条规定：“任何单位或者个人，未取得《医疗机构执业许可证》，不得开展诊疗活动。”第44条规定：“违反本条例第二十四条规定，未取得《医疗机构执业许可证》擅自执业的，由县级以上人民政府卫生行政部门责令其停止执业活动，没收非法所得和药品、器械，并可以根据情节处以1万元以下的罚款。”第46条规定：“违反本条例第二十三条规定，出卖、转让、出借《医疗机构执业许可证》的，由县级以上人民政府卫生行政部门没收非法所得，并可以处以5000元以下的罚款；情节严重的，吊销其《医疗机构执业许可证》。”

依据上述医疗机构管理法规，上诉人与答辩人如欲设置中外合作医院，以中外合作医疗机构的身份执业，从事诊疗活动，必须向国务院卫生行政部门提出设置申请，经审查批准，并取得设置医疗机构批准书后，方可申请医疗机构执业登记，经审核合格，予以登记，发给《医疗机构执业许可证》。但是在本案中，上诉人与答辩人却通过签订从合同即《关于双方与某口腔医学院分院关系的协议》，将国有医疗机构直接归属中外合作经营公司所有，且协议根本没有设置中外合作医院的约定内容。该协议内容直接与上述医疗机构管理法规相抵触，为法规明令禁止。故判决书在“本院认为”一节中关于“双方签订的《关于双方与某口腔医学院分院关系的协议》亦违反了有关医疗机构管理法规的规定，也是无效的”的明确认定，在适用法律上是准确的。

需要说明一点，假如双方在协议中不是约定将国有医疗机构直接归属中外合作经营公司所有，而是约定设置中外合作医院的诸项事宜，即使未提出设置申请，未获批准和登记，未取得《医疗机构许可证》，也不能简单认定为无效协议，而应认定为效力未定协议。如果这样，还能产生未申请或未登记的过错责任问题。

上诉人在《民事上诉状》第二节中称一审判决认定协议无效无法律根据，坚持协议有效。其所谓法律根据是“根据最高人民法院关于贯彻执行《经济合同法》若干意见中指出：合同内容不规范只要不违法，完善即可，不影响其合同的有效性。如果手续不完备，补办即可，不要轻易认定合同无效。因此，上诉人认为这份协议是有效的”。试问，协议内容仅仅是不规范而不违法吗？《医疗机构管理条例》是不是行政法规？况且，本案是涉外经济案件，其审理问题最高人民法院有专门司法解释，并不适用国内经济纠纷案件的有关司法解释。退一步说，假如按上诉人引用法律的理解，其上述主张也不成立。其一，通览上诉人所说的最高人民法院《关于贯彻执行〈经济合同法〉若干问题的意见》（［1984］法办字第128号），答辩人无法找到上诉人所转述的上述规定。其二，该司法解释第1条第二款“审查合同内容是否合法”规定：“……第三是审查合同的内容是否违反国家利益或社会公共利益，有无规避法律的行为。”第四款“审查合同是否履行了法定的审批手续”一节规定：“法律、法规规定必须经过主管部门审核批准才能生效的合同，如果没有履行法定的审批手续，则不具有法律约束力。”上诉人的主张是否符合这些规定，无须分析。

三、一审判决审理程序合法

客观地说，一审法院在审理本案的程序上是非常慎重的。本案历经多次公开开庭审理（第一次开庭有硕士研究生集体旁听）、法官主持双方或单方谈话、调解，双方均有律师代理，均向合议庭提交了各种法律文书。回顾一审法院全部审理活动，并无违反法定程序之嫌。

这里仅就审理、判决范围问题阐述如下：

1.一审审理和判决范围并未超出上诉人的诉讼请求。上诉人《民事起诉状》的第一请求事项为：“判令被告按合同、协议规定将其某医科大学口腔医学院分院成立以来的财政剩余2200万元的6：4利润分配比例分成给原告1300万元”，其“事实与理由”的第一段陈述了双方签订意向书、合同书和与分院关系的协议的经过和内容，第二、三段陈述了上诉人依合同书、协议投资的情况和合作公司与分院的开业情况，第四段以后各段陈述了答辩人不按约给付上诉人分院利润的情况。

上述《民事起诉状》的内容充分表明：第一，上诉人请求判令答辩人给付分院利润的诉讼请求的合同根据，是合同书和协议，而不仅仅是协议；第二，上诉人的“事实与理由”与诉讼请求相辅相成，将合同书和协议及其履行共同作为诉称上诉人“守约”、答辩人“违约”的事实根据，而并非只限于协议及其履行。

基于上诉人的请求范围及请求的两项合同根据——合同书和协议，答辩人在一审提交的《答辩状》和《代理词》中（附件九，答辩状与代理词），均明确以主合同——合同书和从合同——协议均无效为由，辩称上诉人的诉讼请求依法不能成立。在两次开庭审理中，合议庭均将合同书的签订及其履行和协议的签订及其履行作为审理重点。一审判决书基于上诉人的请求范围和请求根据，判决合同书和协议无效，驳回上诉人的诉讼请求。这一判决符合有关司法解释关于法院审理、判决的范围的规定，并未超出上诉人的诉讼请求。

2.主合同与从合同是基于同一法律关系和同一法律事实的一案。从法律关系上说，本案双方为中外合作经营企业合同关系，签订主合同《某医业公司合同书》，旨在约定双方共同投资、设立、经营中外合作公司的权利义务关系，签订从合同《关于双方与某口腔医学院分院关系的协议》，旨在约定将分院归属合作公司，作为中外合作医院由合作公司所有、经营和受益，故主合同——合同书派生出从合同——协议，二者同属于一个法律关系，即中外合作经营企业合同关系，作为从合同的协议并不构成另一性质不同的新的法律关系。从法律事实上说，合同书的签订和履行，是产生双方中外合作经营企业合同关系的事实，协议的签订和履行，则是在分院问题上产生中外合作经营企业合同关系的事实，二者同属于一个法律事实。故一审判决将合同书与协议作为一案判决，符合有关司法解释关于基于同一法律关系或同一法律事实而发生纠纷，应按一案审理的规定。

3.答辩人无须提起反诉。在本案审理过程中，因合议庭曾对审理合同书的效力问题有所顾虑（认定案件事实属认识范畴，认识的上升过程是认识的规律），答辩人曾以请求判决认定合同书无效为请求事项向合议庭提交了《民事反诉状》，合议庭未予受理。答辩人对此未提异议，也未就合同书的效力问题另案提起确认之诉，而是相信合议庭终会在此问题上根据事实，依据法律，做出准确的认定。故答辩人坚持《答辩状》和《代理词》关于合同书无效、协议无效的诉讼主张。其实，合同书和协议同为上诉人诉讼请求的合同根据，上诉人提起原诉，合同书和协议便纳入了审理范围，答辩人只需对此予以答辩和抗辩即可，没有必要提起反诉。主张只有在答辩人提起反诉的条件下，才能审理合同书的效力问题，不符合有关司法解释和民事诉讼法理，不能成立。

4.合同书并未约定有效的仲裁条款。在本案一审过程中，上诉人曾以合同书有“仲裁条款”，法院不能对此审理为由，对答辩人关于合同书效力的主张进行抗辩。为此，答辩人曾向合议庭提交了《关于〈某医业公司合同书〉之“争议的解决”条款的意见》（附件十，意见）。

合同书第二十一章“争议的解决”第60条约定：“在履行本合同过程中发生的一切争议首先应友好协商解决，如争议双方在一个月内不能协商解决，则以双方书面同意，提交中国仲裁机构进行仲裁。仲裁裁决为终局裁决，对双方都有约束力。”

上述条款有两个致命的问题，使其不能成为有效的仲裁条款。第一，双方并未明确约定发生争议，协议不成，提交仲裁，而是约定如争议在一个月内不能解决，则经双方书面同意，提交仲裁，即双方须另以书面形式约定是否仲裁。这属于对仲裁事项没有约定的情况。第二，双方约定提交中国仲裁机构进行仲裁，到底在哪一个仲裁机构仲裁，并未明确约定。这属于对仲裁委员会约定不明确的情况。

《仲裁法》第18条明确规定：“仲裁协议对仲裁事项或者仲裁委员会没有约定或者约定不明确的，当事人可以补充协议；达不成补充协议的，仲裁协议无效”。另外，最高人民法院《关于审理涉港澳经济纠纷案件若干问题的解答》（法经发[1987]28号）[1]、《全国沿海地区涉外涉港澳经济审判工作座谈会纪要》（法经发[1989]12号）均对仲裁协议不明确和法院受理问题作了规定。因此，一审法院依法审理合同书效力，并无仲裁条款阻却事由。

上诉人《民事上诉状》开篇即大谈“一审判决严重违反诉讼程序”问题，其5条“违法”指称或与法律抵触或无法律依据，不能成立。其一，超过法定审限问题的指称，与法律的明确规定不符，属上诉人不了解《民事诉讼法》第250条关于涉外民事诉讼程序的审限特别规定。[2]其二，一审法院只根据答辩人未经法庭认可的“反诉”判案的指称错误，一审法院既不是根据“反诉”判案，也不是根据答辩人关于合同无效的答辩和抗辩判案。在认定合同无效问题上，一审法院除依据行政法规和司法解释的明确规定外，也是基于上诉人的诉讼请求和请求根据，以及合同与协议属于同一法律关系和法律事实。上

---

[1] 该司法解释于2013年1月18日废止。

[2] 该法于1991年4月9日施行，后于2013年1月1日被修正，修正后该条文序号变更为第270条。

诉人在此问题上不能指出一审法院在法律、法规、司法解释哪条上违法。其三，关于一审法院不向会计师事务所转送上诉人审计意见的指称无根据，且法律在此问题上并无专门规定。而将上诉人审计意见这种一方当事人诉讼文书送达答辩人，则符合有关诉讼文书送达的规定，上诉人指责有误。其四，对一审法院的调解工作的指责，与法律解释不符。根据有关司法解释，对不涉及追缴、罚款的无效合同（本案协议未实际履行，不涉及罚款），可以用调解书确认和处理。且一审法院的调解主要基于维护上诉人的利益，使其及时得到投资和孳息，对此责难过矣。其五，指称一审法院不制止答辩人分院的“非法行为”，偏袒和支持答辩人，这也过矣。协议内容违法而无效，答辩人管理分院合法，法院怎能如上诉人所愿，以无效协议为根据，责令答辩人停止管理分院。

四、一审判决书判决结论公正

一审判决书判决合同书无效，协议无效，驳回诉讼请求，其公正性源于认定事实的准确，适用法律的正确和审理程序的合法，前文对此已作详述。这里仅就判决书在准确认定无效合同的混合过错责任上的公正性，作一阐述。

一审判决书认定双方签订无效合同书和协议属混合过错责任的体现，为判决书关于案件受理费双方各负担50%的判决。答辩人认为，这一判决是基于合同书、协议的签订事实和双方合作的事实的，是公正服人的。

（一）答辩人关于上诉人过错责任的主要主张

1.导致合同书无效，上诉人有其过错。上诉人根本不信任答辩人下属校办企业的资信，一再要求只有答辩人作为真实中方合作者，才能投资。而答辩人为引资成功，应其要求，故上诉人亦应承担相应过错责任。

2.导致协议无效，上诉人应承担主要过错责任。上诉人为使其作为投资的设备分流，同时在合作公司和分院获取最大利润，执意要求直接将答辩人所属分院归属上诉人控股的合作公司所有，否则就不签合同书，不投资，故双方于签订合同书的当日，同时签订了协议。上诉人之目的非常明确，就是要以港商身份分享国有医疗机构的优势地位、免税政策和价格优惠政策以及合同医疗单位的市场。

3.合作公司成立和开业以来，上诉人逐步单方把持了合作公司，答辩人无法参与合作公司的人事、经营、财务管理，至今从合作公司未获得分文收益，亦不了解合作公司的经营和财务状况，故上诉人在双方合作过程中有其过错。

4.答辩人在一审曾举出某会计师事务所《某医业公司审计报告》（附件十一，审计报告）。该报告证实，上诉人在一手把持、经营合作公司的过程中有一系列的违法乱纪行为。诸如，上诉人在合作公司的投资，其“水分”高达30%；大做典型的关联企业交易，将其低价买入的货物高价卖给合作公司；进口挟带走私，逃避海关监管；私售已计入固定资产的投资设备，被海关查处补交关税和增值税；倒卖增值税发票，涉嫌犯罪（附件十二，倒卖增值税发票的有关凭证）；在合作公司私设小金库和做假账等等。上诉人的一系列违法乱纪的行为在民事责任上为过错行为，应承担相应过错责任。

（二）上诉人关于答辩人过错责任的指称不实

1.上诉人在《民事上诉状》中称答辩人拖延不办合作医院的有关手续，并无事实根据。协议并未约定申办合作医院，况且假如约定申办，将已经验资投入到合作公司中的房产和设备重复验资作为合作医院的投资，也无可能获批。

2.关于所谓答辩人做假账问题，答辩人保留全部原始凭单，账外账记载清楚准确，且早在诉前双方对账务已做纠正处理，责任人员向上诉人做了深刻检查，并未引起财政收入受损的后果。故在诉讼中，上诉人将已妥善处理完毕事由作为答辩人过错责任根据，即使作为诉讼之举也未免过矣。

3.所谓答辩人将分院和口腔加工中心（二者原为一体）占为己有，于法无据。答辩人在工商部门强调合作公司不得行医和卫生部门指出协议属私下签署的建立医疗机构的协议，不予承认后，并未实际履行内容违法的协议。分院从1985年至今，始终为答辩人下属的一个科室。1997年1月，分院作为答辩人的一个科室参加市三级甲等医院资质评审。不履行内容违法的无效协议，并非过错行为，在法律上无过错责任。

分院的利润未分给上诉人，非答辩人不分，而是不能直接以利润性质分配，否则答辩人就是协助港商违法行医和逃税。答辩人主动向一审法院提交了载明分院历年财务总节余的银行对账单证明和历年会计报表以及记账凭证。经法院指定的会计师事务所审计，答辩人报账属实（附件十三，某会计师事务所《关于某口腔医学院分院经济案件的审计报告》）。鉴于分院使用了价值390万元的合作公司的设备，答辩人为了上诉人合法地取得分院的利润，主动采取了有利上诉人的行为，第一，将分院历年利润全部存在银行账上，答辩人未取分文；第二，1996年答辩人曾向上诉人支付分院使用其设备的使用费（附件十四，设备使用费发票），后因上诉人拒绝以租赁方式收款而停止支付。双方就分院利润上诉人受益问题曾进行过多次协商，曾商议过包括财产租赁、合伙联营、转让股权等各种方案（附件十五，四份双方未正签的协议、合同和意向书），均因上诉人要求过高而未达成一致。上诉人以无效的合同书和协议为根据，要求直接分配分院利润，并指称答辩人不依约分配利润，应承担过错责任，依法不能成立。

综上所述，一审法院《民事判决书》在认定事实、适用法律、审理程序和判决结论上，均无错误之嫌，上诉人的《民事上诉状》诸项依法不能成立，故恳请二审法院驳回上诉，维持原判，维护法律尊严，保护答辩人合法权益。

此呈

最高人民法院

具状人：某口腔医学院

旁 白

律师总是这样，看自己胜诉的判决，就像看自家的孩子，看着就是顺眼，即使有毛病，也不愿人家说；看自己败诉的判决，就像看人家的孩子，总有不顺眼处，即使只有一点毛病，也会说得挺严重。

正 文

代理词（二审）

尊敬的审判长、审判员：

作为被上诉人某口腔医学院的代理人，根据庭审调查阶段查明的关于双方缔约的过程、履行情况，分院的财产状况及经营状况等事实，发表如下代理意见：

一、主合同无效的事实根据清楚、法律依据明确

（一）认定主合同无效的事实根据

1.1993年11月11日我方与上诉人签订的《关于合作建立某医业公司意向书》证明双方最初的合作意向即某口腔医学院作为中方合作主体。

2.1994年2月6日上诉人与我方下属校办企业某保健科技公司签订的《某医业公司合同书》证明因国家规定不允许院校与外商合作办公司，故双方合意变更了原定的中方合作主体，代之以某口腔医学院的校办企业某保健科技公司。

3.1994年2月6日某口腔医学院、某保健科技公司、上诉人三方签订的《某口腔医学院与香港某洋行关于借用某保健科技公司名称、公章、筹办某医业公司的协议》证明三方约定主合同的中方主体名为某保健科技公司，实为某口腔医学院，某保健科技公司对合作合同不承担履行义务，与合作公司及上诉人无任何关系和约束。

4.1994年4月13日和5月6日，某会计师事务所两份验资《报告书》证明某保健科技公司投入位于某市某大街甲37号价值4,647,600.00元人民币的房产使用权。事实上，该房产产权归我方上级单位——某医科大学所有，由某口腔医学院使用，某保健科技公司根本无权处分。故中方投资者实为某口腔医学院，而非某保健科技公司。

5.合作合同的实际履行均在我方与上诉人之间。合作公司董事会中并无某保健科技公司成员，中方董事均为我方派出人员。发生争议后交涉、协商也在上诉人与我方之间。我方在一审中提交了部分双方协商提出的解决草案，如租赁合同、联营合同、股权转让协议等均将某口腔医学院作为中方主体。

6.上诉人以某口腔医学院为唯一被告提起合作经营合同纠纷之诉讼，主张我方应给付其合作经营之利润，并未以我方为侵权人提起侵权纠纷之诉。上诉人的诉讼行为事实充分证明，某口腔医学院作为中方合作主体是双方约定的、认可的，实际经营过程中也确是如此履行的。

上述六项主要事实根据中的一系列书证和情况证据，组成一个完整、有序的证据体系，各个证据相互印证，共同证明了本案主合同中方合作主体的铁的事实；上诉人与被上诉人共同借用了某保健科技公司的名称和公章，签订合同和章程，经报批和登记成立了合作公司，中方投资和履行责任由被上诉人承担，与某保健科技公司无关，上诉人对此始终确认无疑，故本案中外合作经营企业合同的中方合作者名为某保健科技公司，实为答辩人。

（二）主合同无效的法律依据

1.对外经济贸易部、国家工商行政管理局《关于严格审核举办中外合资经营企业中方法人资格的通知》（1987年9月21日发布实施。附件七，通知）。

该通知第1条规定："中方合营者必须是根据我国《民法通则》第三十六条至第四十九条规定依法成立的'企业法人'，或是取得法人资格的其他经济组织。"第2条规定："各级党政机关及行政管理部门，包括党、政、军、工、青、妇以及跨行业、跨地区或全国性具有行政管理职能的各种行政性机构，各种协会，民间团体，群众组织，学术机构，研究机关，院校，公安劳改系统的单位等，不符合我国《民法通则》的有关规定，不具备法人资格的，不应作为中方合营者对外洽谈、签订设立中外合营企业的合同、章程等法律文件。"第6条规定："本通知适用中外合作经营企业的中方合作者。"

2.最高人民法院1987年10月19日发布的《关于适用〈涉外经济合同法〉若干问题的解答》（附件八，解答）。该解答的适用范围包括中外合作经营企业合同。该司法解释第3条"关于无效涉外经济合同的确认问题"规定："涉外经济合同有下列情形之一的，应当确认无效：1.订立合同的当事人不具备合法主体资格的；2.订立合同的我国当事人未经国家主管机关批准授予对外经营权的。"

依据上述行政规章，被上诉人作为院校单位，不能作为中方合作者对外洽谈、签订设立中外合作经营企业的合同、章程等法律文件。但是，上诉人与被上诉人却借用某保健科技公司名称和公章，申办合作公司，使外经委和工商局在审查中外合营者法人资格时被蒙蔽，以为中方合作者为主体合格的企业法人，不在行政法规的禁止之列，而批准、核准合作企业注册登记。其实三方明确约定仅仅借用合法主体的名称和公章，实际投资人和合同权利义务承受人均为答辩人。显然，这种规避行政法规的合同行为和合同本身是无效的，是不受法律保护的。上述司法解释关于无效涉外合同的解释，将主体资格的合法与否列为首要问题，适用于本案，同样得出答辩人不具备合法主体资格，合同无效的结论。

二、《关于双方与某口腔医学院分院关系的协议》无效事实根据清楚，法律依据明确

（一）协议无效的事实根据

1.协议第1条约定“为了简化申办手续”，直接将某口腔医学院分院作为合作公司所属的医疗单位，分院的经营模式、规模、经营管理、财政等皆按合作公司的合同、章程办理，而只字未约定如何共同申办中外合作医院。

2.未约定共同申办中外合作医院绝非疏漏，而正是目的所在。第一，“对社会开放挂某医科大学口腔医学院分院的招牌，并以其名义开展医疗工作”，不仅“能充分利用原某医科大学口腔医学院在社会上的声望，吸引并便利广大患者就诊”（协议第1条），更重要的是由此便能将原本应独立经营的中外合作公司纳入了国家医疗保险体系，享有了国有医疗机构才能享有的社会福利事业单位的一系列法律和政策权益。第二，“使用某医科大学某口腔医学院财务用章和发票（协议第1条）”，则能够全面享受只有社会福利单位才能享受的国家完全免税的税法和政策待遇，同时亦享受国家价格优惠政策。第三，“继续承接原合同医疗单位”（协议第1条），不仅使中外合作公司从医疗合同单位的公费医疗中直接受益，而且以国有医疗机构的身份占据医疗市场。第四，分院“财政收入属某医业公司所有”（协议第4条），即将国家社会福利事业单位依靠国有医疗机构在医疗市场上的优势地位、国家公费医疗政策、完全免税政策、价格优惠政策而创造的财政收入归中外合作公司所有，港商获取其中的大部分。

上述协议证明了本案铁的事实：双方签订与分院关系的协议，旨在将国有医疗机构直接归属中外合作公司所有，毫无设立中外合作医院的意思表示。

（二）协议无效的法律依据

国务院1994年8月1日颁布实施的《医疗机构管理条例》第15条规定："医疗机构执业，必须进行登记，领取《医疗机构执业许可证》"。第24条规定："任何单位或者个人，未取得《医疗机构执业许可证》，不得开展诊疗活动。"第44条规定："违反本条例第二十四条规定，未取得《医疗机构执业许可证》擅自执业的，由县级以上人民政府卫生行政部门责令其停止执业活动，没收非法所得和药品、器械，并可以根据情节处以1万元以下的罚款。"第46条规定："违反本条例第二十三条规定，出卖、转让、出借《医疗机构执业许可证》的，由县级以上人民政府卫生行政部门没收非法所得，并可以处以5000元以下的罚款；情节严重的，吊销其《医疗机构执业许可证》。"

依据上述医疗机构管理法规，上诉人与答辩人如欲设置中外合作医院，以中外合作医疗机构的身份执业，从事诊疗活动，必须向国务院卫生行政部门提出设置申请，经审查批准，并取得设置医疗机构批准书后，方可申请医疗机构执业登记，经审核合格，予以登记，发给《医疗机构执业许可证》。但是在本案中，上诉人与答辩人却通过签订从合同即《关于双方与某口腔医学院分院关系的协议》，将国有医疗机构直接归属中外合作经营公司所有，且协议根本没有设置中外合作医院的约定内容。该协议内容直接与上述医疗机构管理法规相抵触，为法规明令禁止。

需要说明一点，假如双方在协议中不是约定将国有医疗机构直接归属中外合作经营公司所有，而是约定设置中外合作医院的诸项事宜，即使未提出设置申请，未获批准和登记，未取得《医疗机构执业许可证》，也不能简单认定为无效协议，而应认定为效力未定协议。如果这样，还可能产生未申请或未登记的过错责任问题。

三、签订无效合同书和协议属双方混合过错责任

一审判决书认定双方签订无效合同书和协议属混合过错责任的体现，为判决书关于案件受理费双方各负担50%的判决。我方认为，这一判决是基于合同书、协议的签订事实和双方合作的事实的，是公正服人的。

1.导致主合同无效，上诉人有其过错。上诉人根本不信任答辩人下属校办企业的资信，一再要求只有答辩人作为真实中方合作者，才能投资。而答辩人为引资成功，应允其要求，故上诉人亦应承担相应过错责任。

2.导致协议无效，上诉人应承担主要过错责任。上诉人为使其作为投资的设备分流，同时在合作公司和分院获取最大利润，执意要求直接将答辩人所属分院归属上诉人控股的合作公司所有，否则就不签合同书，不投资，故双方于签订合同书的当日，同时签订了协议。上诉人之目的非常明确，就是要以港商身份分享国有医疗机构的优势地位、免税政策和价格优惠政策以及合同医疗单位的市场。

3.上诉人在《民事上诉状》中称答辩人拖延不办合作医院的有关手续，并无事实根据。协议并未约定申办合作医院，况且假如约定申办，将已经验资投入到合作公司中的房产和设备重复验资作为合作医院的投资，也无可能获批。

分院的利润未分给上诉人，非答辩人不分，而是不能直接以利润性质分配，否则答辩人就是协助港商违法行医和逃税。答辩人主动向一审法院提交了载明分院历年财务总节余的银行对账单证明和历年会计报表以及记账凭证。经法院指定的会计师事务所审计，答辩人报账属实。鉴于分院使用了价值390万元的合作公司设备，答辩人为了上诉人合法地取得分院的利润，主动采取了有利上诉人的行为，第一，将分院历年利润全部存在银行账上，答辩人未取分文；第二，1996年答辩人曾向上诉人支付分院使用其设备的使用费，后因上诉人拒绝以租赁方式收款而停止支付。双方就分院利润上诉人受益问题曾进行过多次协商，曾商议过包括财产租赁、合伙联营、转让股权等各种方案，均因上诉人要求过高而未达成一致。上诉人以无效的合同书和协议为根据，要求直接从分院分得利润，试图通过诉讼获取非法所得，保护其投资收益的行为，相信

不会得到贵院的支持。

综上所述，一审判决事实清楚，证据确实充分，适用法律正确。恳请法院驳回上诉，维持原判。维护法律尊严，保护国家利益，保护答辩人的合法权益。

谢谢！

旁白

对案件的认识犹如爬山一样。有时你爬上了一座山，接着就向另一座更高的山进发了；有时你爬上高山后，发现附近并没有更高的山了。这时，你就可以坐下来，浏览你的风光了。

经济补偿可以给

终局

二审裁定及结案

最高人民法院经审理认为，某高级人民法院的一审判决漏列当事人（即某保健科技公司），故依据《中华人民共和国民事诉讼法》第153条第（四）项的规定，裁定撤销一审判决，将本案发回某高级人民法院重审。

重审期间，双方在法院主持下达成调解协议，结束了合作关系，某口腔医学院给予香港某洋行适当经济补偿。

说明：因某口腔医学院在某高级法院重审期间未通知我继续代理——我一直不知原因为何，故尚不知具体补偿金额。

尾声

官司打败了，你得出局，官司打赢了，你仍然会出局。你说不知何故，其实冷静想一下不外乎以下几种可能：一是你已经没用了；二是当事人不想给你代理费尾款了；三是其他律师把你挤出来了。当然，有一点是确定的，只要你打赢了官司，就说明你没什么大错，所以不会因为你自身的问题被赶出局。不过，你没有必要为此伤神，谁让你选择了律师这个行当？既然选择了，就应该时常用那个俗语安慰和鼓励自己：无怨无悔。

思考

1.关于本案合同的效力问题。某口腔医学院主张本案《某医业公司合同书》无效的事实根据是，该合同是借用某口腔医学院下属校办企业某保健科技公司的名义签订的，所谓法律依据主要是，国家对外经济贸易部和国家工商行政管理局《关于严格审核举办中外合资经营企业中方法人资格的通知》（规定院校不应作为中外合资或中外合作经营企业的中方合营者）。本案诉讼期间《合同法》尚未实施，如依《合同法》及其司法解释，认定合同无效的依据只能是法律和行政法规的强制性规定，而不能是行政规章（上述《通知》属行政规章）或地方性法规及地方性规章。

那么，如本案的诉讼在《合同法》实施之后，某口腔医学院能否依据法律或行政法规的规定，继续主张合同无效？再者，本案双方的利益之争集中在某口腔医学院分院的财政收入是否应入合营公司上，亦即香港某洋行应否分配分院的利润上，而认定《关于双方与某医科大学口腔医学院分院关系的协议》无效的依据则是国务院《医疗机构管理条例》（行政法规），那么，某口腔医学院应否放弃合同无效的主张，而仅坚持协议无效的主张？这样做对某口腔医学院的诉讼目的有无影响？

另外，当然还应该考虑在适用《合同法》的情况下，香港某洋行应如何抗辩？

2.如上所述，本案《关于双方与某医科大学口腔医学院分院关系的协议》的无效是有行政法规依据的，那么，应如何认定中外双方签订无效协议的过错责任？是单方过错，还是混合过错？如是混合过错，中方和外方哪方应承担主要过错责任？

3.另外，如果你是香港某洋行的代理律师，在《关于双方与某口腔医学院分院关系的协议》的无效已无力改变的情况下，是否会考虑放弃原要求分院利润入合营公司从而使某洋行获得利润的诉讼请求，提出某口腔医学院应承担无效协议的过错赔偿责任的诉讼请求？如果这样，应如何设计诉讼请求的金额、事实根据和理由？

课题

论企业与国有医院合作的相关法律禁区 论文

中外合资、合作经营企业中方合作者的法律禁区问题 文章

法院审理超越起诉事实不属于超范围审理 文章

抗辩合同无效无须提起反诉 文章

依据无效合同起诉的诉讼请求设计问题 文章

心路

那天，陪外地来的朋友去香山，路上，我说起了本案一审胜诉后的困惑。好在车过玉泉山，朋友问我山上的玉峰塔时，转移了话题。我按书上的介绍说：玉泉山是元、明、清三朝皇帝的行宫，里面的世界大着呢，漂亮着呢！乾隆把园里的风景定为“十六景”，还曾赏赐朝廷的大学士、尚书们随他游玩，胡广因此作了首诗：“玉泉之山下出泉，泉流树色镜中悬；却带西湖连内苑，直下通津先百川。”但是，直到今天这里仍不对外开放，是所谓军事禁区，其实不过是专供当代权贵们享用而已。

要　　目

- 点穴并非难事
- 获聘后的疑虑
- 一审胜得挺难
- 糊里糊涂出局

提起此案，一言难尽，故值得一书。

为此案，我曾先后写了五万多字的文书，本书仅选录了一二审程序中的主要文书。接受委托前向某口腔医学院提交的《法律意见书之一》和《法律意见书之二》，以及本案所涉诸多诉讼环节的专项文书均未选入。我写作，向来通宵达旦。为此案，不知熬过多少个不眠之夜。

点穴并非难事

那年冬季，我正在广州出差。晚上，正与多年不见的友人开怀畅饮，北京的助理来电话了。说是昨天得到了某口腔医学院与港商打官司的信息，经电话联系，被某口腔医学院以已有律师为由拒绝，今天下午赴某口腔医学院再次遭拒，未能面谈，故尚不知案件情况，问我意下如何。我正酒酣耳热，只觉意气飞扬，不可一世，答曰：查明讼争原委，简易之事作罢，疑难之事舍我其谁！

次日晚11时后，助理来电话称刚见过某口腔医学院主管后勤的副院长（诉讼由他主管）。经过是，下午两位助理再次求见，副院长以正开会研究案件为由拒绝。傍晚，在副院长回家的路上堵住了他，他说晚饭后接着开会研究案件。助理说我们仅仅是想得到案件材料，以义务地为某口腔医学院出具法律意见，即使不用我们也无妨，故请他在会上提提。他被助理们的执着感动，答应试试。两位助理于是躲在他家的楼门洞里，忍受着饥饿和穿过楼门的寒风，一直等到夜里11点，等到了他。他摇着头说：你们可真行！院里同意明天上午给你们几份合同和协议复印件，你们必须保证跟对方（港商）绝无接触。助理问我拿到材料怎么办？我当即决定，次日（周五）下午赶回北京，晚上通宵写法律意见书，争取周六下午与某口腔医学院领导们面谈，周日赶往广州，不会影响周一上午在广州的开庭。

赶回北京时，已近黄昏。已约好明天（周六）下午要与某口腔医学院领导们面谈，今夜必须写完法律意见书。于是，放下行李，顾不得吃饭，立即就与助理们开始工作。

仅仅两个小时，我们在快速研读了某口腔医学院提供的几份主要案件材料后，迅速形成了观点体系，并准确地“点住”了本案的“穴位”（我所说案件“穴位”指决定案件整体——全局之法律性质的关键点）。在这两个小时里针对本案关键点所确立的主要观点，在整个一审、二审中，我始终不渝地坚持着，不仅成为一审判决的判词，而且最高人民法院在二审中也未撼动，最终成为双方调解结束合作关系的认识基础。

在这个观点体系之中，最重要的，也是决定整个案件命运的观点主要是以下两点：

一、本案主合同《某医业公司合同书》无效

事实根据是：（1）某口腔医学院与香港某洋行签订的《关于合作建立某医业公司意向书》。证明双方在中方合作主体问题上，最初的共同意向是由某口腔医学院作为中方合作者与香港某洋行签订合作合同。（2）某保健科技公司与香港某洋行签订的《某医业公司合同书》。证明某口腔医学院与香港某洋行变更了原意向书约定的中方合作主体，即由某口腔医学院变更为其下属的校办企业某保健科技公司。变更之原因就在于国家有规定不允许院校与外商合作办公司。（3）某口腔医学院、某保健科技公司、香港某洋行三方签订的《某医科大学口腔医学院与香港某洋行关于借用某保健科技公司名称、公章，筹办某医业公司的协议》。其内容不仅有借用的范围（名称、公章），借用的目的（办理建立合作公司的各项程序事宜），而且明确约定了法律后果，即“某保健科技公司与某医业公司和香港某洋行之间无任何关系和约束。相互之间亦不承担任何法律、经济责任”。（4）某会计事务所的验资报告。验证某保健科技公司作为合同甲方投入了房产使用权。其实，房屋产权归某口腔医学院所有，而非某保健科技公司所有。这证明《某医业公司合同书》的实际履行者，即中方投资人是某口腔医学院，而非某保健科技公司。

法律依据是，（1）对外经济贸易部、国家工商行政管理局《关于严格审核举办中外合资经营企业中方法人资格的通知》（行政规章）。该通知第1条规定，中方合营者必须是根据我国《民法通则》第36条至第49条规定依法成立的企业法人，或者取得法人资格的其他经济组织。第2条规定，院校等单位不符合我国《民法通则》的有关规定，不具备法人资格，不应作为中方合营者对外洽谈、签订设立中外合营企业的合同、章程等法律文件。第6条规定，本通知适用于中外合作经营企业的中方合作者。（2）最高人民法院《关于适用〈涉外经济合同法〉若干问题的解答》。该解答的适用范围包括中外合作经营企业合同。该司法解释第3条“关于无效涉外经济合同的确认问题”规定：“涉外经济合同有下列情形之一的，应当确认无效：1.订立合同的当事人不具备合法主体资格的；2.订立合同的我国当事人未经国家主管机关批准授予对外经营权的。”

二、本案从合同《关于双方与某口腔医学院分院关系的协议》无效

事实根据正是该协议的内容。双方约定“为了简化申办手续”，直接将某口腔医学院分院作为合作公司所属的医疗单位。第一，“对社会开放挂某医科大学某口腔医学院分院的招牌，并以其名义开展医疗工作”，将原本应独立经营的中外合作公司纳入国家医疗保险体系，享有国有医疗机构才能享有的社会福利事业单位的一系列法律和政策权益。第二，“使用某医科大学某口腔医学院财务用章和发票”，全面享受只有社会福利单位才能享受的国家完全免税的税收政策待遇，同时亦享受国家价格优惠政策。第三，“继续承接合同医疗单位”，不仅使中外合作公司从医疗合同单位的公费医疗中直接受益，而且以国有医疗机构的身份占据医疗市场。第四，分院“财政收入属医业公司所有”，港商获取其中大部分。

法律依据是，（1）国务院行政法规《医疗机构管理条例》。该条例第15条规定：“医疗机构执业，必须进行登记，取得《医疗机构执业许可证》。”第24条规定：“任何单位或者个人，未取得《医疗机构执业许可证》，不得开展诊疗活动。”香港某洋行如欲与某口腔医学院合作行医，就必须向国务院卫生行政部门提出申办中外合作医疗机构的申请，经审查批准取得《医疗机构执业许可证》。将国有医疗机构直接归属中外合作经营公司所有，与医疗机构管

理法规抵触，为法规明令禁止。（2）违反工商行政管理法规。合作公司的名称虽有“医业”字样，但其《企业法人营业执照》的经营范围中没有行医的经营权。故《关于双方与某口腔医学院分院关系的协议》约定合作公司拥有、管理、经营医院，是无效的。

东方既白，西山如黛。写完《法律意见书之一》（之一为对案件性质、合同效力的整体认识及基本诉讼对策，之二拟定写具体事项的答辩意见和处理本案的具体意见——我通常在签订《委托代理合同》后提交），我和助理们走出办公室。冬日的早晨，天寒风大，我却展臂呼吸，甚觉畅快。助理笑言，你在广州的酒话（“舍我其谁”）要成真了。

获聘后的疑虑

周六下午，某口腔医学院党委会整个班子的成员都参加了会议。会议只有一个议题，就是我谈对本案的看法和回答他们的问题。

会议开始之前，当两位助理给他们分发洋洋万字的《法律意见书》时，他们个个抬头冷静地审视我（他们基本都是教授专家，且多数拥有博士学位。依我的经验，沾上商字的高级知识分子比商人更老谋深算）。只有主管后勤的副院长（军转干部）说了句：你们够神的，昨天才拿到材料，今天就拿出书面意见了（关于写作《法律意见书》或《案件分析报告》，我给我所的律师们定下七字规则：“主动写、快写、详写。”）。

当我依据《法律意见书》，谈完我们的基本观点和理由以及诉讼对策建议后，会场很沉静，只有那位副院长顺口说，主合同（指《某医业公司合同书》）无效问题倒是我们没想到的。他刚要接着说，列席会议的院长办公室主任（她其后一直参与本案）用手扒了一下他，他便止住了。

接着，他们开始提问。他们提出了主合同与从合同（《关于双方与某医科大学某口腔医学院分院关系的协议》）无效的相关法律依据问题；关于香港某洋行指称某口腔医学院隐瞒实际收入，做假账，不分配利润的答辩问题；关于某口腔医学院是否具有过错的问题；关于法院能否下决心以主合同和从合同无效为由驳回香港某洋行的诉讼请求问题；关于香港某洋行提起的是要求分红和继续履行合同的诉讼，能否通过此次诉讼彻底结束与其合作关系的问题；以及法院如最终判决终止双方的合作关系，某口腔医学院会返还及补偿香港某洋行多少钱的问题等。这些问题，都是我在研读案件材料和写作《法律意见书》时反复思考的问题。当然能够给予他们确定的答复。看得出，他们多数人对我的答疑是满意的。

但是，一个副院长（医学博士）对我所述的其中两个意见非常不满。即一个是无效合同中的过错问题。我认为虽然我方可主张某口腔医学院并无过错，但在司法实践中，如涉及中外合资或合作经营企业合同无效时，法院一般会认定中、外双方均有过错，即认定为混合过错，也有法院会认为中方应负主要过错责任。一个是对香港某洋行的返还和补偿问题。我认为虽然合同无效，但在司法实践中，法院会从改革开放、引进外资的大局出发，重视保护外商在大陆的投资权益，即使一般法理是不能从无效合同中获益，但法院会考虑港商的投资收益。而这位副院长则坚持认为，过错责任应全部由香港某洋行承担，某口腔医学院没有过错；某口腔医学院只返还香港某洋行的投资本金和利息，一分钱收益也不能给。

最后，他们请我和助理们出去回避一下，他们要讨论研究是否聘请我们作代理人。在楼梯间，我低头抽烟。助理说：怎么和以往竞聘有点不一样？我若有所思地说：是啊。

大约十多分钟后，我们被叫回会议室。温文尔雅，一直没怎么说话的院长代表他们说话了，大意是感谢我们为院里的事操心费神，他们很敬佩我们的敬业精神和法律水平，因此决定正式聘请我们作为院里的诉讼代理人。

事后我们了解到，某口腔医学院接到香港某洋行的诉状一周后，仍未形成系统的抗辩主张和理由。在两次专门召开的案件讨论会上，大家七嘴八舌，但从未涉及主合同《某医业公司合同书》的效力问题，且因对案件未形成有理有据有力的抗辩观点体系，多数人认为败诉可能性居大。正是在这种背景下，我们出现了，且拿出了当场就征服了他们的《法律意见书》。于是，我们又一次凭借专业水平和诉讼经验，在法律服务市场的竞争中获胜。

然而，那天成功竞聘后，我和助理们都无兴奋感觉，默默地走出办公楼，默默地走向大门，一副应聘失败的模样。是从医院领导中有人过高的要求，预想到诉讼的艰难？还是感觉跟他们在“人和”上有问题——与有些人没“接通气场”？抑或是已料想到将来跟他们的合作会有不愉快？搬用那句老话：人的感觉呀，真复杂，有时连自己也说不清。

一审胜得挺难

第一次开庭，中国政法大学三十多位法学硕士生参加旁听，足见法院对此案的重视。同时，也显露出法院将此案作为重大、疑难案件的迹象。

庭审前，我深知，我方在本案的法律上（合同、协议无效均有法律依据）居强势，但在情理上则居弱势（引进港商口腔医疗设备，装备了某口腔医学院分院，使分院连年盈利，却不按约定分给港商利润，现又以合同、协议无效抗辩）。因此，着力收集香港某洋行单方控制合作公司并存在一系列违法违纪情况的证据。某口腔医学院委托某会计师事务所对合作公司进行了审计。审计报告揭示出香港某洋行的六项违法违纪行为：（一）投资“水分”高达30%；（二）香港某洋行董事长曾某（也是合作公司董事长）向合作公司高价出售医疗设备，大肆进行关联企业交易；（三）曾某进口挟带走私，合作公司收购走私物品；（四）合作公司将已计入固定资产的投资设备私售，被海关查处；（五）合作公司倒卖增值税发票；（六）合作公司私设小金库和做假账，隐瞒收入。我将此审计报告作为证据向法院提交，并在拟发表的《代理词》专门阐述和强调。这样做的全部用心就在于，试图扭转法官们在本案情理上非常可能的倾向性。

因双方的诉讼主张针锋相对，加之又有法学硕士研究生们旁听，故双方在举证、质证和辨论中，争论是激烈的。香港某洋行的曾先生文质彬彬，很有教养。他的女律师系我的校友（本科生），刚柔相济。而他的那位老年男律师则一直气势汹汹的。总的来说，对方的两位律师很认真，准备很充分，发挥得不错。只是法律功底和诉讼经验尚有不足。以下二例可以证明：

例一，他们在举证上的失误。他们为证明曾先生的投资全部系其在香港民间借贷，借款均为高息，从而主张因某口腔医学院不分利润使曾先生遭受了重大经济损失，举出了曾先生与香港居民的若干份借据。看来审判长对此很重视，要求我方对此证进行质证并答辩。我接过书记员递来的一叠借据原件，翻一下就要说话，审判长马上说：你先认真看看再说。我说：审判长，我注意到这些材料均未经香港公证律师公证，在形式上尚不具有证明效力，所以不能在法庭上进行质证。审判长很机智地说：你给对方说说为什么。我说：根据司法部的有关规定（当时我没法准确地说出规定名称，庭后查阅，应为《中国委托公证人（香港）管理办法》，1995年颁布），证明在香港地区发生的法律行为的文书，如在内地使用，必须由经中央政府司法部委托的香港公证律师进行公证。[1]审判长转向对方说：你们听清楚了吗？这个证据的质证就这样。

例二，他们在司法解释的适用上的失误。为了主张本案主合同有效，他们提出了司法解释的依据，即最高人民法院《关于审理经济合同纠纷案件中具体适用〈经济合同法〉的若干问题的解答》（现已废止）。该司法解释第2条第二款规定："借用人与出借单位有隶属关系或者承包关系，且借用人签订合同是进行正当的经营活动，则可不作为无效合同对待。"我当庭对此进行了详细的答辩（见一审《代理词》）。我的结论性观点，即他们所举司法解释只适用于国内经济合同纠纷，本案为中外合作经营企业合同纠纷，应适用最高人民法院《关于适用〈涉外经济合同法〉若干问题的解答》，是切中要害的。从审判长提示双方不要再就此问题进行第二轮辩论来看，他们的司法解释适用主张当庭就没有被合议庭接受。

然而，尽管我在庭审中举证证明并着重阐述了香港某洋行一手操纵中外双方设立的合作公司的事实和一系列严重损害国家利益，损害中方投资人利益的违法乱纪的行为，但是，审判长在此次庭审结束前的"小结"中还是说了一番直接指责某口腔医学院的话。她说话的大意是：双方的合同经过外经委和工商部门批准，已实际履行，你们说无效就无效吗？老实讲，我都没有这个权利认定合同无效。原告打官司也是被迫的，人家投了资，你们一分钱也不分给人家，你们做得也太过分了，简直有损国家形象。从情理上说，审判长这番话无可厚非。但是，审判长就本案实体问题作庭审"小结"，特别是指责一方当事

[1] 该规章已于2002年4月1日被《中国委托公证人（香港）管理办法》（司法部令第69号）代替。

人不讲道理，显然是违反审判程序和规则的，也不符合法官在庭审中应保持的中立裁判者的身份（这位审判长是副庭长，我有几个二审案子都是她做审判长，每份判决书都彰显出她相当高的法律水平，而且她做人公道清廉，是很难得的好法官。这次之所以会作这种“小结”，我想主要是基于她对本案的情理或道义观念，硕士生们的旁听或许也是一个因素）。

本来，对于我方来说，此次庭审效果相当不错。然而审判长最后的“小结”，让大家都闷闷不乐。此后，在几次研究案子的会上，有人多次说我开庭时应当更强硬些。似乎我的所谓软弱，“显露”了我方的“心虚”，从而招致了审判长的指责。我此次开庭确实态度温和，言词平和。要问为什么？很简单。我一向不喜欢那种咄咄逼人、以势压人的出庭作派，况且在这个案子庭审中，我的感性认识和理性认识是统一的，都让我在态度上既不卑不亢，又平稳缓和。故我没有接受个别人的提醒，也未作过多解释。

此后，在长达近两年的一审中，又开了几次庭。期间法院执意主持双方多次调解，我也力促某口腔医学院和解结案，但终因双方虽都伸出了手，却都不愿向前多走一步，而根本无法握手言和。

最终，法院下决心判决了。驳回了香港某洋行的全部诉讼请求，且判决书“本院认为”一节完全接受了我方关于主合同与从合同无效的诉讼主张。

官司一审打赢了，某医学院却反而不怎么跟我联系了。

那天，陪外地来的朋友去香山，路上，我说起了本案一审胜诉后的困惑。好在车过玉泉山，朋友问我山上的玉峰塔时，转移了话题。我按书上的介绍说：玉泉山是元、明、清三朝皇帝的行宫，里面的世界大着呢，漂亮着呢！乾隆把园里的风景定为“十六景”，还曾赏赐朝廷的大学士、尚书们随他游玩，胡广因此作了首诗：“玉泉之山下出泉，泉流树色镜中悬；却带西湖连内苑，直下通津先百川。”但是，直到今天这里仍不对外开放，是所谓军事禁区，其实不过是专供当代权贵们享用而已。

糊里糊涂出局

香港某洋行提出上诉后，我立即潜心写作《答辩状》。完稿后送某口腔医学院，该院通知我说，某口腔医学院分院的法律顾问与我共同代理二审，该律师审阅我的《答辩状》后，认为不行，要重写。虽然，这之前某口腔医学院并未安排我与那位律师交换意见，我感觉有点突然，但我未提任何异议。

一审判决全面接受了我一审《答辩状》和《代理词》的诉讼主张、法律依据和适用理由，况且香港某洋行的《上诉状》并无任何新意，怎么几个通宵写的一万多字的二审《答辩状》就不行了？而且根本不能用，要重写？我无法理解，当然也就无法解除助理们比我更甚的疑惑。

后来，我应某口腔医学院通知，在最高人民法院开了一次庭。那之后，他们就再也不与我联系了。我主动打过几次电话，终因怕他们烦而不便联系了。约数月后听说，最高人民法院以案件遗漏了应参与诉讼的当事人某保健科技公司为由，裁定撤销一审判决，将案件发回某高级人民法院重审。在某高级人民法院重审期间，双方在法院的主持下达成调解，结束了合作关系，某口腔医学院给予香港某洋行一定经济补偿——显然，如没有原一审法院认定主合同与从合同均无效的判决，香港某洋行是不会拿补偿走人的。

糊里糊涂被赶出局，当时我是首次遇到，故不仅感受了苍凉，而且体验了悲壮。至今虽未遇二次，但今后如再次领教，或许还会滋生那种情怀。

杂咏

乡梦

狂朋猜拳叫，
佳人回眸笑。
梦醒怨子规，
西窗寒月照。

第八章

错误的绳索与拆解的要领

——质押合同纠纷中的合同效力与监管责任

雨果说：重大的错误，和粗索子一样，是许多细微部分组成的。你把一根索子分成丝缕，你把所有起决定性作用的因素分析开来，你便可以把它们一一粉碎。（《悲惨世界》）

在本案中，某市高级人民法院以我方人员向贷款人出具借款担保人股票市值的虚假证明为由，终审判决我方承担借款人不能清偿部分的50%补充赔偿责任。我先将“这根绳索分成丝缕”，然后找出起决定性作用的一环，最后将“它们一一扯断”：决定整个案件命运的贷款合同无效——判决书认定主合同有效，违反法规的强制性规定；主合同无效致担保合同无效且担保人有过错的，担保人承担民事责任的部分不应超过债务人不能清偿部分的1/3——判决书判令不是担保人的我方承担大于担保人的50%责任，违反《担保法》司法解释。于是，我代理我方毅然申请再审，并获得最高人民法院支持，最终双方和解结案。

作为19世纪法国浪漫主义文学领袖人物的雨果，早在一百五十多年前就为人们提供了解析和粉碎重大错误的基本要领。不过，拆除粗壮、结实的错判绳索，无疑是律师最难做、最难成的事情。

讼途

导言

本案的核心问题集中在定性和定量两个问题上。在定性上，本案主合同《资金信托贷款合同》是有效还是无效？亦即认定该合同效力是否有相应的行政法规的强制性规定？在定量上，在债权人、债务人、担保人、质押物监管人均有过错的情况下，应如何划分各方应承担的过错份额？亦即是依法律或司法解释还是酌情确定合同各方当事人应承担的过错责任？另外，围绕定性和定量这两个核心问题的认定，必然引发一系列相关法律问题的争议。可以说，这正是本案复杂性和疑难性的症结所在。

因本案历经一审、二审，特别是两次再审，故如欲使读者先概括了解诉讼全貌，有必要简要分述诉讼各方当事人与各级法院在各诉讼程序中的主要诉讼主张和认定意见。

一、一审

1.原告某信托投资公司在诉状中主张某证券经纪公司及其证券营业部应承担民事责任的理由和方式是："第二被告（担保人刘某某，后撤回对刘的起诉——我注）以虚假资产提供担保，第三被告（质押物监管人某证券经纪公司某证券营业部——我注）明知第二被告提供的担保证券根本不存在的情况下，仍与原告签订关于证券监管内容的协议，并在协议履行期间，持续出具虚假的市值清单，其民事欺诈行为客观上协助第一被告（债务人某房地产公司——我注）完成了资金信托贷款并逾期不还，存在过错，应该与第一被告承担连带清偿责任。”注意：在承担民事责任的方式上既无约定也无法定的情况下，以对方有过错而主张对方应与债务人承担连带清偿责任，是不成立的。好在律师可以不懂，法院是懂的，故最终判出的是补充赔偿责任，而不可能是连带清偿责任。

2.某证券经纪公司及其证券营业部的两方代理律师的答辩意见概括起来有五点。其一，主张《资金信托贷款合同》、《质押担保合同》及约定证券（股票）监管责任的《协议书》均无效。问题是，原告某信托投资公司主张某证券经纪公司及其证券营业部承担民事责任的理由并不是基于合同的约定，而是基于过错。那么，如果主张合同无效而不与过错赔偿责任的免除或者减轻问题挂钩，那这种主张的诉讼价值为何？再者，主张主合同无效，但却没能举出法律或行政法规的强制性规定，所举依据要么是法律、法规的一般性规定，要么甚至是行政规章的规定，这是主张主合同无效的致命缺陷。其二，主张某证券营业部的“合同监管责任”实际并未成立。主要理由是原告划款时和对贷款四次展期时，均未告知某证券营业部。此处的问题与上述第一项主张的问题相似，原告主张某证券营业部承担连带清偿责任的理由不是“合同监管责任”成立，而是某证券营业部负责人签订了内容虚假的监管协议和出具了内容虚假的股票市值证明。那么，这一主张是否也存在无的放矢的问题？其三，主张原告某信托投资公司存在一系列重大过错。这一抗辩思路正确。不过，以对方存在重大过错为由试图免除或减轻己方的责任，而不能找到认定责任份额的法律依据，即使在理论上也无法摆脱法院因“酌情认定”而同时追究双方责任的危险。其四，原告的经济损失与某证券营业部无法律上和事实上的因果关系（因果关系是一项法律事实，并无法律上和事实上的因果关系之分——我注）。主要理由是原告在收到某证券营业部负责人沈某某的股票市值证明之前就已经放款，这一主张是有意义的。不过，由于因果关系问题无法律和司法解释的具体规定，故此种主张往往徒具法律意味，因此作为策略性方式没错，作为主要的、战略性主张是靠不住的——法院通常不会据此认定民事过错责任的有无。其五，原告对某证券经纪公司及其证券营业部的诉讼已超过诉讼时效。主要理由是，原告在发放贷款前，特别是在贷款到期时，某证券营业部没有在展期合同上盖章，尤其是沈某某也调离该部却仍以该部名义出具证明，原告应当知道“自己的权利受到了侵害”。诉讼时效主张是非常厉害的，如成立可以一举决定案件命运。不过，本案原告试图追究某证券营业部责任的理由完全基于该部沈某某出具了虚假证明。原告在诉状中举证陈述，其于2005年6月20日经向中国证券登记结算有限责任公司某市分公司查询，方知沈某某出具的股票市值证明的内容完全虚假。那么，主张此前其就“应当知道”沈某某出具的证明内容虚假，说理不行，应当拿出证据证明。

3.某市中级人民法院一审判决某证券经纪公司及其证券营业部对债务人某房地产公司不能清偿部分的60%承担补充赔偿责任。其主要理由为：其一，《资金信托贷款合同》有效，因为“根据《合同法》规定，一方以欺诈等手段使对方在违背真实意思的情况下订立的合同，受损害方有权请求变更或撤销。鉴于本案中原告主张确认资金信托贷款合同的效力，并未行使撤销权，故本院认为系争资金信托贷款合同为有效”。其二，内容虚假的质押登记证明及市值证明均系被告某证券营业部负责人沈某某利用职务便利，以该部名义出具，故该部应承担民事赔偿责任，鉴于该部系被告某证券经纪公司下属分支机构，故该公司理应对其分支机构不能清偿的部分承担补充赔偿责任。其三，原告对质押担保人、质押物的真实性未尽到审核义务，使得犯罪嫌疑人以虚构质押担保人及质押物的方式非法取得系争贷款，故原告对其主张的损失亦存在过错，理应自行承担一定的民事责任。其四，“从现有证据看，原告是在向中国证券登记结算有限责任公司某市分公司查询质押物情况时才知晓质押物虚假的事实，故本案诉讼时效理应自此开始计算。被告某证券营业部以系争贷款到期日作为诉讼时效起算日，缺乏事实依据，原告提起本案诉讼并未超过诉讼时效”。

二、二审

1.某证券经纪公司及其营业部的主要上诉意见为：其一，继续主张主合同无效，不过，虽然举出《信托法》、《信托投资公司管理办法》和《贷款通则》的相关规定，但仍然没能提出法律或行政法规的强制性规定。另外，仍然未能搞清主合同无效的主张对其赔偿责任的减免具有何种意义。其二，继续主张沈某某的个人犯罪行为与某信托投资公司的损失之间并不存在必然直接的因果关系。理由之一是，某证券营业部不是法定的质押登记机关，根本不具有出具合法质押登记证明的资格，故所谓质押登记证明根本不应具有任何法律效力。其三，主张本案作为民事案件在部分事实的认定上是以相关刑事案件的事实认定结果为依据，故本案在相关刑事案件审结前应予中止。其四，继续主张原告诉讼请求已超过诉讼时效，理由仍然是本案诉讼时效应自2003年7月24日监管协议到期时起算，故原告起诉时已超过诉讼时效，丧失胜诉权。

2.一审判决下达后，某证券经纪公司的控股股东某航天集团委托著名民商法和刑法教授对本案进行了论证，《专家论证意见》主要内容为：其一，本案贷款合同无效，理由是，一者“从刑法规定上看，贷款合同是犯罪嫌疑人张某为达到非法占有贷款的目的而采用的犯罪手段，该行为严重扰乱了金融管理秩序，因此，该贷款合同应为无效”。二者“从《合同法》角度看，贷款合同第8条约定了该合同生效的条件是‘担保合同生效’，但是，事实上，本案中的质押担保合同无效，被担保的贷款合同依法自然也不能有效”。不过，专家们也未能拿出合同无效的法律或行政法规的强制性规定，同样也未说明主张主合同无效对于减免某证券经纪公司及其营业部的赔偿责任到底有何种意义。其二，《专家论证意见》用大量篇幅论证了合同各方当事人的过错，特别是某信托投资公司的一系列重大过错，其结论是：“本案当事人共签订了三份合同，在三份合同中，信托公司均是当事人，而且均有重大过错，信托公司自身的过错行为形成一个过错链条，是其遭受损失的主要原因，应当对借款人不能偿还贷款的损失承担主要责任。营业部管理不善，负责人提供虚假证明，也有过错，承担少量责任比较合理。”专家们的这一意见有理有据，严谨缜密，不过，因专家们也未能找到划分本案各方当事人过错责任份额的法律依据，故仍然是说理说情，仍然无法摆脱法院“酌情处理”而给某证券经纪公司及其营业部带来的诉讼风险。其三，专家意见认为，在诉讼时效问题上：“一审法院仍认定知道时间，未认定应当知道时间，明显的适用法律不当。”其认为的本案诉讼时效起算时间有二：一是“2002年8月12日，沈某某出具质押登记证明时，信托公司应当知道该质押登记证明与事实不符，其权利受到侵害”。二是“2003年4月14日，沈某某代表与本案营业部无关的其他营业部向信托公司出具相关证明文件时，信托公司也应当知道沈某某出具的证明与事实不符，其权利受到了侵害”。应当说，专家的本案诉讼时效意见是牵强的，显然是受到了某证券经纪公司及其营业部代理律师们的影响。证券营业部出具质押登记证明不符合法定的要求和程序，那么据此就可以得出相对人应当知道质押登记证明内容虚假的结论吗？沈某某从某证券营业部调离后，以其新任职的其他营业部名义出具其他营业部监管协议项下的股票市值证明，同时仍以原营业部名义出具本案监管协议项下的市值证明，那么据此就可以得出相对人应当知道市值证明内容虚假的结论吗？

3.某市高级人民法院二审改判某证券经纪公司及其营业部对债务人某房地产公司不能清偿部分的50%承担补充赔偿责任（较一审减了10%）。其主要理由为：其一，关于《资金信托贷款合同》的效力问题，认为本案系争贷款并非一般的银行贷款，而是信托贷款，目前尚无法律明文禁止信托资金流入股市，故该合同有效。其二，关于诉讼时效问题，与一审判决认定相同，认为本案诉讼时效应自某信托投资公司到证券登记结算机构查询之日即2005年6月20日起算。其三，关于某证券经纪公司及其营业部的过错责任问题，认定该营业部负责人沈某某出具虚假证明的犯罪行为与某信托投资公司的损失之间存在直接的因果关系，依有关司法解释，该部应对沈某某的行为后果承担民事责任。其四，某信托投资公司自身对于借款人过于轻信，对质押人和质押物疏于审核也是造成贷款损失的重要原因。

三、再审

1.我接受某证券经纪公司及其营业部委托，向某市高级人民法院提出再审申请。《再审申请书》的四个主要诉讼主张，前两个为核心性主张，后两个为策略性主张，概括如下：

（1）关于本案借款合同效力的认定。行政法规《金融违法行为处罚办法》明令禁止包括信托投资公司在内的金融机构为证券提供信贷资金，故借款合同因违反行政法规的强制性规定而无效，但终审判决却以“目前并无法律明文禁止信托资金流入股市”为由，认定合同有效。有法不依，却枉称无法。

（2）关于过错责任的认定。《担保法》司法解释明文规定主合同无效而导致担保合同无效，担保人有过错的，其承担民事责任的部分不应超过债务人不能清偿部分的1/3（即33%），但终审判决却“自由裁量”，“酌情”判令不是担保人，仅仅是担保人的协助人的申请人承担大于担保人责任的50%的补充赔偿责任，直接违反司法解释的规定。鉴于司法解释并未规定处于担保人从属地位的协助人的过错赔偿责任，故申请人依法不应承担补充清偿责任。

（3）关于司法解释的适用。终审判决故意删除司法解释中规定的重要的适用条件，将经过变造的所谓司法解释规定作为认定申请人承担民事责任的依据。

（4）关于本案因果关系的认定。终审判决一方面认定债权人在申请人原职工沈某某出具虚假的股票市值证明之前，就已经向债务人发放了贷款，一方面又认定沈某某的行为与债权人贷款损失之间具有直接的因果关系，自相矛盾，违反因果关系的一般原理。其实，沈某某的行为与贷款损失之间不过是条件关系而已。

2.我在某市高级人民法院就我方所提再审申请召开的听证会上发表了《代理词》。该《代理词》对我方《再审申请书》提出了补充、加强性的意见，以下摘要几点：

（1）关于担保人的身份。依据《担保法》及其司法解释，担保人的身份是由当事人通过约定而设定的，是不能由法院认定的。

施某某因直接签订担保合同而为担保人，其冒用他人名义之因素，以及本案一二审法院均未追究其担保责任之因素，在法律上并不影响其担保人的身份和应承担的担保过错责任。

（2）关于申请人的身份和作用。按照《协议书》的约定，申请人的身份是债权人和担保人共同委托的质押物监管人，但实际作用是协助了担保人。

（3）关于终审判决判令申请人承担50%清偿责任的错误。终审判决没有引用《担保法》司法解释，也没有认定申请人就是担保人或实际起着担保人的作用，但判令申请人承担50%的清偿责任，就是将《担保法》司法解释规定的主合同有效担保合同无效情形下担保人的1/2的民事责任，强加在不是担保人的申请人的头上。

（4）关于申请人不承担补充清偿责任的理由。《担保法》司法解释规定担保人承担1/3的责任，就是把债权人、债务人、担保人作为三方，按照均分计算法，由三方各承担1/3的责任。故这一规定已将主合同无效担保合同无效，且担保人有过错情形下各方应承担的过错责任划分完毕，没有遗留责任由法院酌定由各方当事人之外的其他人承担。故任何追究申请人责任的做法，都是将司法解释规定应由各方当事人承担的责任，强加于申请人的做法，是直接违反司法解释的。

3.某市高级人民法院对我方的再审申请作出《驳回再审申请通知书》。我立即向最高人民法院申请再审。在致最高人民法院的《再审申请书》中，除坚持原诉讼主张体系外，专门加了一节，题为“某市高院的再审意见在法律、法规和司法解释的明确规定面前，在终审判决和刑事判决认定的基本事实面前，居然‘背过身去’，蛮横无理，坚持错误”。很快，最高人民法院便作出《民事裁定书》，以原生效判决适用法律错误为由，裁定指令某市高级法院再审本案。

4.某市高级法院开庭审理了本再审申请案。庭上，我发表的《代理词》内容与《再审申请书》及听证会《代理词》基本相同，不过，将原主张：“鉴于司法解释并未规定处于担保人从属地位的协助人的过错赔偿责任，故申请人依法不应承担补充赔偿责任”，变更为：“依司法解释，我方不应承担大于或等于担保人的责任”，旨在为可能的调解预先做出让步，也为消除某市高级法院对我方再审申请中的强硬主张的消极乃至逆反心理。

5.某市高级法院作出再审终审判决，判令某证券经纪公司及其营业部对债务人某房地产公司不能清偿部分的40%承担补充赔偿责任（又减了10%！）。该判决除与原判的相同点之外，有两点新意。一者认为“国务院《金融违法行为处罚办法》的相关规定，旨在管理和处罚违反规定的行为，但并不否认该行为在民商法上的效力，目前并无法律明文禁止信托资金流入股市”，故坚持主合同有效。二者认为“某某路营业部是质押资产监管人，并非原审上诉人所称的是担保人的协助人，两者在法律上的性质及所承担的民事责任是不同的”。故认定本案不应适用或参照适用《担保法》及相关司法解释。

6.该判决作出后，我代表某证券经纪公司及其营业部与某信托投资公司达成和解。我方除通过再审判决减付1700万元（四案总标的1.7亿元的10%）外，另减付510万元（将再审判决确定的40%降为37%），再者，免除我方应付的全部利息计二千六百余万元。

要　目

- 都是假证惹的祸
- 说来说去不该赔
- 判得毫不客气
- 还是老说法
- 专家说得挺全面
- 没有大的改动
- 换个全新打法
- 强力驳斥
- 冷酷的面孔
- 言辞过于激烈
- 最高法院发话了
- 收成小了点
- 握手言和了

序曲

我钦佩欧洲骑士视荣誉高于生命的高贵品质。虽然，我所处的国度和时代与骑士精神格格不入，但是，唯有这种精神让我在震撼、感动之余，总有学习、效仿之心。

某证券经纪公司及其下属证券营业部因质押合同纠纷，被某信托投资公司起诉。某市高级人民法院终审判决某证券经纪公司及其营业部对债务人某房地产公司不能清偿部分的50%承担补充赔偿责任（1亿元的50%，即5000万元）。某证券经纪公司的主管单位某航天集团就此再审申请案招聘代理律师。我经竞聘，成为某证券经纪公司的再审申请案代理人，写作了下列“正文”中我方的所有文书。

因本案为再审申请案，故在“背景”中须先行阐明原告方的起诉意见、被告方的答辩及代理意见以及一审和二审判决的认定和判决。我方在一审败诉后，曾组织国家顶级民商法、刑法专家就本案出具了《专家意见书》，在此亦应介绍。

都是假证惹的祸

背景

原告某信托投资公司的起诉意见

原告在某市中级人民法院同时起诉借款本金分别为7000万元和3000万元的两个案件，因基本事实相同，这里仅介绍7000万元标的的案件的起诉意见。

原告：某信托投资公司（即债权人——我注，下同）

第一被告：某房地产公司（即债务人）

第二被告：刘某某（即担保人）

第三被告：某证券经纪公司某证券营业部（即质押物监管人）

第四被告：某证券经纪公司（第三被告为其分支机构）

诉讼请求：

1.判令第一被告偿还信托贷款资金人民币7000万元和贷款利息318.5万元；

2.判令第二被告、第三被告、第四被告对上述还款承担连带责任；

3.判令本案诉讼费用由被告承担。

事实与理由：

2002年8月9日，原告与第一被告签订《资金信托贷款合同》，约定原告向第一被告提供资金信托贷款人民币7000万元，贷款期限为11个月12天，自2002年8月12日起至2003年7月24日止，借款用途为流动资金贷款。同日，原告与第二被告签订了《质押担保合同》，由第二被告以其持有的股票账户A393089339及资金账户02006711项下的所有股票和资金为第一被告前述贷款提供担保，并约定2002年8月15日以前担保物价值应达到人民币18900万元整。第三被告亦于2002年8月12日出具《质押登记证明》，并于2002年8月15日出具证券市值证明文件，证明截至当日第二被告股票市值及资金总计193,652,756

元整。

原告与第二被告、第三被告亦于2002年8月9日签订《协议书》，就上述担保账户约定监管事宜，协议约定：第三被告对协议中约定的第二被告名下股票账户A393089339及资金账户02006711项下的所有股票和资金的总市值的变动向原告负有监控和通知义务。当总市值之和小于协议约定金额15120万元，第三被告应该通知原告，并负有向第二被告的警示义务，以便于第二被告追加担保；当总市值之和小于协议约定金额13230万元，第三被告应该通知原告，以便于原告即时按照本协议行使平仓变现权利。

上述协议签订后，原告依照约定于2002年8月12日向第一被告发放资金信托贷款7000万元，第三被告于每周向原告传真监管账户市值。2005年6月20日，第三被告出具证明确认第二被告监管账户股票市值及资金总计为58,896,256元整。

其后，原告、第一被告、第二被告分别于2003年7月24日、2003年10月8日、2003年12月22日、2004年11月22日签署四份《信托资金贷款展期合同》，对前述《资金信托贷款合同》项下7000万元贷款进行展期，约定其中2000万元贷款延期至2005年6月22日，5000万元贷款延期至2005年10月9日。

原告于2005年6月20日向中国证券登记结算有限责任公司某市分公司查询第二被告刘某某名下股票账户A393089339上的托管市值和股份变动情况，发现股票余额为零，且自2003年3月4日至2004年11月17日，该账户指定交易在某证券有限公司的席位上，并未指定交易在第三被告处。

综上，原告认为，原告与第一被告签订的《资金信托贷款合同》合法有效，且原告已经依约履行合同义务，但第一被告以虚构担保的方式获得该笔贷款，应当清偿贷款资金。第二被告以虚假资产提供担保、第三被告明知第二被告提供的担保证券根本不存在的情况下，仍与原告签订关于证券监管内容的协议，并在协议履行期间，持续出具虚假的市值清单，其民事欺诈行为客观上协助了第一被告完成了资金信托贷款并逾期不还，存在过错，应该与第一被告承担连带清偿责任。由于第三被告系第四被告的分支机构，故第四被告亦应承担连带清偿责任。

旁白

界定某一被告的合同违约责任或过错赔偿责任，是不难的。如果多个被告的合同违约责任和过错赔偿责任交叉在一起，该如何界定他们各自应承担的责任？当原告方律师拿不准时，或想要让几个被告同时（而不是先后）都承担全部（而不是部分）责任时，便会在诉状中简单而强硬地要求几个被告承担连带责任，把最终如何认定的球踢给法院。这种“就高不就低”的诉求选择，在诉讼策略上似无不妥，但想要在合同约定或法律规定之外求得“连带责任”，谈何容易。

——原告方某信托投资公司主张第三被告某证券经纪公司某证券营业部和第四被告某证券经纪公司对第一被告的贷款债务承担连带责任，无合同约定和法律规定之依据。

说来说去不该赔

背景

某证券营业部代理律师的答辩意见（提纲）

一、《资金信托贷款合同》、《质押担保合同》和《协议书》均为无效合同

1.《资金信托贷款合同》无效。违反《贷款通则》关于“不得用贷款在有价证券等方面从事投机经营”的禁止性规定，属于违法的无效合同。

2.《质押担保合同》无效。签约主体刘某某、徐某某不真实，签署该合同并非本人真实意思表示，且质押物不存在，此情况原告和第一被告均应明知。

3.《协议书》无效。签约主体、监管委托人刘某某、徐某某不真实，被监管对象不真实。

二、原告某信托投资公司在签署无效合同、违规发放贷款过程中具有重大过错，应当与第一被告共同承担全部的法律责任

代理律师在此提出原告的十项重大过错，包括明知第一被告炒股，却违规放贷；明知刘某某、徐某某不在场，却与其签订《质押担保合同》和所谓三方监管《协议书》；作为金融机构，明知股票质押的登记机关为某市证券登记结算公司，却接受犯罪嫌疑人沈某某提供的无效的《质押登记证明》；在沈出具虚假的《质押登记证明》（02/8/12）和《证券市值证明》（02/8/15）之前，即已向第一被告发放了巨额贷款等等。

三、本案第三被告的"合同监管责任"实际并未成立

主要理由是原告划款时和对贷款四次展期时，均未告知第三被告。

四、原告对本案的诉讼时效已经超过

原告在发放贷款前，特别是在贷款到期时，应当知道"自己的权利受到侵害"，第三被告并未实际承担"监管责任"，却未对第三被告主张权利，而屡次对贷款展期，如今对第三被告提起诉讼已超过诉讼时效。

旁白

在被告方律师的所有反击中，主张合同无效算是最凶猛的。但是，如果主张合同无效却拿不出法律或行政法规的强制性规定，甚至不能落实到如何给自己免责或减责——合同无效是有过错赔偿责任的，那么就会因为手中没有攻击利器，甚至脑中没有攻击目的，而使反击呈现出"纸老虎"的模样。

背景

某证券经纪公司代理律师的代理意见

1.贷款合同无效。本案贷款合同的实质是原告为牟取非法息差，向第一被告提供巨额资金用于坐庄炒股。该行为直接扰乱了证券市场的秩序，违反了证券法、信托法及贷款通则。这种以合法形式掩盖非法目的的贷款合同，根据《合同法》第52条的规定应认定为无效合同。

2.质押合同无效。质押合同将股票作为质押品的，根据《担保法》第78条的规定，应自证券登记机构办理出质登记后生效。而本案质押合同的第7.1条第三款却规定向券商办理登记手续后生效，这显然与《担保法》的规定相违背。

3.三方监管协议无效。监管协议以上述股票质押合同为前提，质押合同无效，监管协议当然无效。签署协议书的乙方均为案外人徐某某或刘某某，该二人系他人假冒签名，对本案无真实意思表示，据此不可能在法律上认定其效力。再次，原告与事实上不参与协议的乙方共同委托第二被告监管的股票也不存在，一份合同连主体和标的都是假的，不应被认定为合法有效。

4.原告的经济损失与第二被告无法律上和事实上的因果关系

首先，质押证明没有写明股票的具体名称和数量，也没有具体的市值金额，完全不具备质押证明的内容要件。其次，原告早在收到沈某某交给的市值证明前三天就已经放款。显然，原告的放款并非依据沈某某提供的市值证明，而是根据与张某贷款合同的约定于8月12日放款。再次，如前所述，原告自始不享有法律上的质权，即使股票真的存在，原告也不得合法地处置该股票。另外，沈某某于2003年5月离开了第二被告。沈某某此后的行为概与第二被告无关。作为第二被告上级公司的第三被告当然也不应承担任何法律责任。

5.原告对第二、第三被告的诉讼已超过时效。本案贷款合同于2003年7月24日到期。第二被告没有在展期合同上盖章，此时沈某某也已经离开第二被告，第二被告已不可能再为沈某某个人行为负责。因此，如果原告认为第二、第三被告应对本案承担责任，则应在2005年7月24日之前起诉。现原告已过时效，依法丧失胜诉权。

旁白

被告方主张诉讼时效已过，犹如防御方发动一场解决战斗的奇袭。打得好，便吹响了凯旋号角；打不好，便不过是战役插曲而已。就攻击方法而言，必须在战术上环环相扣——先论述诉讼时效何时起算、是否中断、何时届满的事实与理由，再反驳对方主张，而不应该只有炮击却无攻击部队的挺进——仅仅概括、笼统地主张，却未详细、具体地阐述。

说明：原告在诉状中列刘某某为第二被告，后因刘签订担保合同系施某某冒用其名义而撤销对刘起诉，故上述代理意见中的第二被告为某证券营业部，第三被告为某证券经纪公司。

判得毫不客气

判决

一审判决

某市中级人民法院一审判决“经审理查明”一节内容如下：

1.2002年8月9日，原告与被告某房地产公司签订信托贷款合同一份，约定：原告向被告某房地产公司发放贷款人民币7000万元；用途为流动资金贷款；期限自2002年8月12日至2003年7月24日，利率为月息4.8675‰。

该节事实，有资金信托贷款合同佐证。

2.同日，原告与刘某某签订质押担保合同一份，约定：刘某某将其股票账户A393089339及资金账户02006711项下所拥有的股票和资金质押给原告，作为被告某房地产公司履行上述贷款合同项下义务的担保并承担连带保证责任；当质押物价值减少至人民币15,120万元，刘某某未按原告要求将质押物价值减少部分以现金形式解入原告指定账户，或当质押物价值减少至人民币13,230万元时，原告有权将质押物强制平仓；本合同在双方授权代表签署、合同约定之质押物已由有关证券营业部进行相应监管、原告与刘某某就本质押行为向券商办妥登记手续或向公证处办妥登记手续时生效。

该节事实有质押担保合同佐证。

3.同日，原告与被告某证券营业部及刘某某签订协议书一份，约定：原告与刘某某共同委托被告某证券营业部对刘某某在被告某证券营业部所开立的股票账户A393089339及资金账户02006711进行监控；监控期间自原告资金划付被告某房地产公司并得到被告某证券营业部确认之日起至该笔资金清偿后止；在本协议期间，被告某证券营业部应于每周一三五收市后将刘某某持仓及市值情况书面通报原告，原告可根据自身需要，随时向被告某证券营业部查询受控账户市值情况；当受控账户的总资产在本协议期间不足人民币13,230万元或不足人民币15,120万元后两个交易日内未追加资金时，原告可凭本协议，从受控账户中卖出刘某某账户中的股票。

该节事实，有协议书佐证。

4.2002年8月12日，被告某证券营业部就上述质押物出具质押登记证明，载明：质押人为刘某某；质押权人为原告；质押物标的为A393089339股票账户所有股票及02006711资金账户所有资金。该质押登记证明还就质押担保范围、被担保债权种类和数额及债务人履行期限作了记载。2002年8月14日至2005年4月29日、2005年6月20日，原告持续收到由被告某证券营业部出具的市值证明，证明上均载明了质押物截至当天收市时的市值。其中2005年6月20日的市值证明上载明质押物的市值总计人民币58,896,256元。上述市值证明及质押登记证明上均加盖“某某路证券营业部”的印章。

上述事实，有质押登记证明及市值证明佐证。

5.2002年8月12日，原告按约向被告发放系争贷款人民币7000万元。

该节事实，有支款凭证佐证。

6.2003年7月24日，原告与被告某房地产公司签订展期合同，约定系争贷款延期至2003年10月9日归还人民币5000万元、2003年12月22日归还人民币2000万元；展期期间贷款利率为月利率5.0325‰。此后，原告与被告某房地产公司分别于2003年10月8日、2003年12月22日签订展期合同各一份，约定：系争贷款中人民币5000万元延期至2004年10月9日，贷款利率为月利率5.0325‰；人民币2,000万元延期至2004年6月22日，贷款利率为月利率7.5‰。2004年11月22日，原告与被告某房地产公司又签订展期合同一份，约定系争贷款中人民币2000万元延期至2005年6月22日、人民币5000万元延期至2005年10月9日，贷款利率为月利率7.5‰，逾期贷款利率为日利率0.375‰。

上述事实有四份展期合同佐证。

7.2005年6月3日，原告收到由被告某证券营业部出具的证明一份，载明包括刘某某A393089339账户在内的四个账户及其下挂所有子账户均指定交易在该营业部席位。该份证明下方签有“阮某”的名字。2005年6月6日，原告收到由被告某证券营业部出具的市值情况说明一份，对包括刘某某在内的四个账户项下的股票市值及资金金额作了说明。上述两份证明上落款单位名称为“某证券营业部”，所盖印章名称为“某某路证券营业部”。

上述事实，有2005年6月3日的证明及2005年6月6日的市值情况说明佐证。

8.2005年6月20日，中国证券登记结算有限责任公司某市分公司出具投资者记名证券持有数量表及持有变动记录表，显示刘某某在被告某证券营业部未开立资金账户及股票账户。

该节事实，有投资者记名证券持有数量表及持有变动记录表佐证。

9.被告某房地产公司法定代表人张某、被告某证券营业部原经理沈某某因犯贷款诈骗罪，已被某市人民检察院第二分院提起公诉。刘某某系张某之嫂，其从未参与本案系争贷款的发放，上述质押担保合同及协议书均系由施某某受其妻张某指使假冒刘某某名义签订。刘某某未在被告某证券营业部开立过资金账户，质押登记证明及市值证明均系沈某某利用其职务便利出具的虚假证明。

上述事实，有起诉书及当事人的陈述佐证。

10.被告某证券营业部原名某市证券经纪有限责任公司某某路证券营业部，于2004年5月更名为某市证券经纪有限责任公司某证券营业部，于2005年8月变更为某证券经纪有限责任公司某证券营业部。2004年8月5日，某市证券经纪有限责任公司收回原某某路营业部的印章。沈某某原系某某路营业部负责人，于2003年5月离职。现被告某证券营业部营业执照上记载的负责人仍为沈某某，而实际负责人为林某。阮某系某某路营业部工作人员，于2003年6月离职。

上述事实，有被告某证券营业部及被告某证券公司的工商登记材料、某某路营业部营业执照、变更公告、关于被告某证券营业部启用新印章的通知、关于免去沈某某职务的通知、被告某证券营业部营业执照及其负责人身份证明和当事人陈述佐证。

该判决“本院认为”一节内容如下：

1.关于本案是否应中止审理的问题。虽本案涉及刑事犯罪，但刑事案件的审理并不影响民事纠纷的审理，故本案不符合中止审理的条件。被告某房地产公司提出本案应中止审理的主张，缺乏依据，本院不予采信。

2.关于本案系争资金信托贷款合同、质押担保合同、协议书之效力问题。根据合同法规定，一方以欺诈等手段使对方在违背真实意思情况下订立的合同，受损害方有权请求变更或撤销。鉴于本案中原告主张确认资金信托贷款合同的效力，并未行使撤销权，故本院认定系争资金信托贷款合同为有效，该份合同对原告及被告某房地产公司均具有法律约束力。从本案已查明的事实看，他人冒用刘某某的名义签订了质押担保合同及协议书，质押担保人刘某某从未参与质押担保合同及协议书的签订，该两份合同均不是刘某某的真实意思表示，且质押担保合同项下的质押物也系虚假。由此可见，质押担保合同及协议书的签订均是被告某房地产公司法定代表人为达到其骗取贷款的非法目的而实施的行为，质押担保合同及协议书应为无效。

3.关于被告某房地产公司所应承担的民事责任问题。原告与被告某房地产公司签订系争资金信托贷款合同后，已按约发放系争贷款。然被告某房地产公司在借款展期期限届满后仍未能履行还款义务，显属违约，理应承担向原告归还借款并支付相应利息的民事责任。

4.关于本案是否应由刘某某承担责任的问题。根据现已查明的事实，系争质押担保合同及协议书上刘某某的签名均系他人假冒，刘某某未曾参与系争质押担保合同及协议书的签订，故质押担保合同及协议书无效的法律后果不应由刘某某承担。对于被告某证券营业部就此提出的抗辩理由，本院不予采信。

5.关于被告某证券营业部以及被告某证券经纪公司在本案中所应承担的责任问题。根据现已查明的事实，质押担保合同项下的质押物系虚假，相关的质押登记证明及市值证明均系被告某证券营业部原负责人沈某某利用职务便利出具。虽部分市值证明出具时某某路营业部已更名，但从时间上看，原告收到的市值证明是持续出具，且符合协议书中的相关约定；从形式上看，落款处均加盖有“某某路营业部”印章，作为收到该市值证明的相对方而言，有理由相信其真实性。况且至今被告某证券营业部的营业执照上负责人栏仍记载为沈某某。故被告某证券营业部以其更名的事实及沈某某的离职时间来推定原告应当明知市值证明的虚假性，显然缺乏其合理性。关于被告某证券营业部及被告某证券经纪公司辩称市值证明及质押登记证明是其原负责人沈某某利用职务便利向原告出具，涉及沈某某的个人犯罪行为，与单位无关一节，由于市值证明及质押登记证明是以被告某证券营业部前身某某路营业部名义出具，故沈某某涉嫌贷款诈骗被提起公诉的事实并不影响作为被害人的原告向沈某某所在单位追究民事赔偿责任的权利。对于被告某证券营业部及被告某证券经纪公司的该节抗辩理由，本院不予采信。

6.关于原告在本案中所应承担的责任问题。从本案系争质押担保合同及协议书的签订过程看，原告对于质押担保人刘某某的身份未曾进行审核，致使他人冒用刘某某名义在质押担保合同及协议书上签名。同时原告作为取得金融许可证的单位，在发放系争贷款前以及贷款展期时未就质押物的真实性尽到审核义务，使得犯罪嫌疑人以虚构质押担保人及质押物的方式非法取得系争贷款。由此可见，原告对于其主张的损失亦存在过错，理应自行承担一定的民事责任。

7.关于被告某证券营业部提出原告诉请已超过法定诉讼时效一节，根据法律规定，诉讼时效期间从知道或应当知道权利被侵害时起计算。从现有证据看，原告是在向中国证券登记结算有限责任公司某市分公司查询质押物情况时才知晓质押物虚假的事实，故本案诉讼时效理应自此开始计算。被告某证券营业部以系争贷款到期日作为诉讼时效起算日，缺乏事实依据，原告提起本案诉讼并未超过诉讼时效。对于被告某证券营业部该节抗辩理由，本院不予支持。

综上，本案系争资金信托贷款合同合法有效，双方均应恪守。质押担保合同及协议书系被告某房地产公司法定代表人以合法形式掩盖其非法目的而订立，应属无效。原告在系争贷款发放前及展期时均未尽审慎义务，为犯罪嫌疑人实施贷款诈骗行为提供便利条件，原告理应自行承担一定的过错责任。被告某证券营业部未尽严格管理，使其负责人利用职务之便出具虚假市值证明及质押登记证明，使犯罪嫌疑人的诈骗行为得逞，被告某证券营业部的过错行为与原告主张的损失形成之间存在因果关系，被告某证券营业部理应对被告某房地产公司不能归还贷款部分的60%承担赔偿责任。鉴于被告某证券营业部系被告某证券经纪公司的下属分支机构，故被告某证券经纪公司理应对其分支机构不能清偿的部分承担补充民事赔偿责任。据此，依照《中华人民共和国民法通则》第5条、第106第二款、第137条，《中华人民共和国合同法》第52条第

（三）项、第54条第二款、第205条、第206条之规定，判决如下：

一、原告某信托投资公司与刘某某于2002年8月9日签订的质押担保合同及原告某信托投资公司与被告某证券经纪公司某证券营业部、刘某某于2002年8月9日签订的协议书均无效；

二、被告某房地产公司应于本判决生效之日起10日内偿还原告某信托投资公司借款本金人民币7000万元；

三、被告某房地产公司应于本判决生效之日起10日内偿付原告某信托投资公司自2004年12月21日至2005年6月21日的利息（以人民币7000万元为基数，按照月利率7.5‰计付）；

四、被告某证券经纪公司某证券营业部对被告某房地产公司上述第二、三项不能清偿部分的60%承担补充赔偿责任；

五、被告某证券经纪公司对被告某证券经纪公司某证券营业部上述第四项不能清偿部分承担补充赔偿责任；

六、对于原告某信托投资公司其余诉讼请求不予支持。

说明：某市中级人民法院对原告起诉的借款本金为3000万元的案件，亦作出了某证券经纪公司及其营业部对债务人不能清偿部分的60%承担补充赔偿责任的判决。

旁白

根据证据、依据法律作出的判决，如想击倒它，是有明确的靶子的——要么否定其证据的证明力，抄它的底；要么否定其法律适用的正确性，打掉它的依托。最难对付的是“酌情”判决——没有根据具体的证据，没有依据具体的法律，而是既考虑了案件基本事实，又考虑了案件相关情况，更考虑到事理或情理。因而，在这种“全面考虑”的判决中，是难以找到可以攻击的靶子的，但是，就复杂、疑难案件而言，没有判决是不能攻击的。在判决书之内找不到靶子，那就在判决书之外找武器，从而把整个判决当成靶子——找出法律依据，指出判决的“酌情处理”违背了或规避了法律的明确规定，是有法不依，任意裁判。

还是老说法

背景

某证券经纪公司及其营业部的上诉意见

某证券经纪公司及其营业部不服一审判决，同时提起上诉，主要上诉意见如下：

上诉请求事项：

一、撤销一审判决主文第四、第五项；

二、判令驳回被上诉人在一审中对上诉人的全部诉讼请求；

三、一、二审案件受理费由被上诉人承担。

事实与理由：

一、某信托投资公司在明知其贷款将被用于炒股的情况下，仍以所谓流动资金贷款名义与某房地产公司订立贷款合同并予放贷的事实，足以证明本案的关键合同即《资金信托贷款合同》是一份明显无效的合同；某信托投资公司是该无效合同的直接过错方，理应自行承担该无效合同所造成的损失。

我国现行法律已对信托资金的用途及贷款审批发放的程序要求作了明确的规定：

1.《信托法》第5条规定："信托当事人进行信托活动，必须遵守法律、行政法规，遵循自愿、公平和诚实信用原则，不得损害国家利益和社会公共利益。"

2.《信托投资公司管理办法》第31条规定："信托投资公司经营信托业务，不得有下列行为：（二）将信托财产挪用于非信托目的的用途。"[1]

3.《贷款通则》第20条：对借款人的限制中第四项"不得用贷款在有价证券、期货等方面从事投机经营"。

---

[1] 该规章于2002年5月9日公布施行，于2007年3月1日被《信托公司管理办法》废止。该条规定与《信托公司管理办法》第34条规定一致。

依据本案的事实对照上述法律的明文规定可见：

1.某信托投资公司在明知贷款资金被用于炒股的情况下，违反《贷款通则》不得将贷款资金用于股市投机的禁止性规定，与某房地产公司合谋虚构贷款用途签订信托贷款合同的行为，故意违法的性质明显，该信托贷款合同理应被认定为无效。

2.某信托投资公司对某房地产公司以流动资金名义发放信托贷款的行为本身即已违反《信托法》和《信托投资公司管理办法》的有关禁止性规定，应属无效。

二、上诉人原职工沈某某在本案中虽然存在刑事犯罪行为，但沈的个人犯罪行为与某信托投资公司的损失之间并不存在必然直接的因果关系；上诉人不应对此承担责任。

第一，上诉人不是法定的质押登记机关，根本不具备出具合法质押登记证明的资格。所谓"质押登记证明"，根本不应具有任何法律效力。

第二，某信托投资公司应当在《资金信托贷款合同》及质押协议签订时履行规定的调查义务即可发现担保人身份虚假、担保财产根本不存在的事实。

第三，某信托投资公司早在2002年8月12日就已将贷款全部直接划入了张某所控制的账户；而沈某某最早所出具的虚假市值证明是在2002年8月15日。

第四，某营业部早在2004年5月即已更名为某证券营业部并作了公告，对此某信托投资公司应当是明知的。而沈某某在2004年5月之后所出具的全部虚假市值证明却仍然一直加盖的是某某路营业部的无效印章。

第五，沈某某早在2003年5月即已从某营业部离职并担任与上诉人无关的其他证券营业部负责人，在此之后其出具虚假市值证明的行为与上诉人已没有事实和法律上的关系，根本不能代表上诉人。

三、本案作为民事案件在部分事实的认定上是以相关刑事案件的事实认定结果为依据，故本案在相关刑事案件审结前应予中止。

四、依据本案事实，沈某某擅自以上诉人名义与某信托投资公司及所谓"担保人"间订立的协议书的期限仅至2003年7月24日。在此日期之后，该协议书对上诉人即已无约束力。同时，某信托投资公司一再对某房地产公司予以展期的行为对上诉人也无任何约束力。因此，某信托投资公司对上诉人主张权利的起算日期亦应为2003年7月24日。因而某信托投资公司在本案中对上诉人的诉请已超过诉讼时效，丧失胜诉权。

旁白

如果一审判决刻意回避你的诉讼主张，那就说明你的主张是不好对付的，你应该在上诉中继续坚持。如果一审判决通过正面分析，否定了你的主张，那就说明你的主张是不难对付的，你得在上诉中设法提出新的主张。否则，你的上诉意见就会被二审法官看成“车轱辘话”。

专家说得挺全面

背景

专家论证意见

某证券经纪公司及其营业部一审败诉后，某证券经纪公司的控股股东某航天集团委托著名民商法和刑法教授对本案进行论证，专家们向二审法院某市高级法院出具了《专家论证意见》，该意见主要内容如下：

某航天集团提出的需要论证的问题：

一、本案贷款合同是否有效？

二、本案当事人的过错及其与信托公司所受损失之间的因果关系如何？

三、信托公司对某证券营业部请求权的诉讼时效起算点为何？

专家们就前列文件资料和提出的问题，发表了三个方面的论证意见。

一、关于本案贷款合同的效力，从刑法方面看，属于无效；从合同法方面看，由于合同中约定了生效条件，而事实上不具备约定的生效条件，把这个合同认为是有效合同，违反了《合同法》第45条的规定

（一）因本案有关人员涉嫌诈骗犯罪，从刑法角度看，诈骗行为导致的合同，是无效合同。

（二）从合同法角度看，贷款合同第8条约定了该合同生效的条件是“担保合同生效”，但是，事实上，本案中的质押担保合同无效，被担保的贷款合同依法自然也不能有效。

二、从民法角度看，本案当事人都有过错，信托公司在所有合同中都有重大过错，尤其是交付贷款，过错重大，其过错是造成损失的主要原因，营业部在出具虚假证明问题上、监管协议问题上，也有重大过错，但是，其过错不是信托公司损失的主要原因

（一）信托公司交付贷款在先，沈某某出具证明在后，不能由此得出出具证明行为与信托公司损失之间有因果关系的结论。

（二）本案三份合同，各合同中当事人的过错不相同。

1.贷款合同签订及续展中各当事人的过错。贷款合同的当事人为信托公司与借款人某房地产公司，营业部并非该合同的当事人，不存在过错。

信托公司签订贷款合同时明知某房地产公司贷款用于炒股，但仍违反有关金融管理规章及操作规范的要求，以流动资金借款为名贷出巨额款项。放贷前，信托公司对借款人的责任财产和偿债能力等，未尽到应有的注意义务，在借款合同签订过程中存在重大过失。

借贷合同到期后，信托公司在质押人不在场及未见授权书的情况下，与借款人及伪造的质押人连续四次对贷款合同展期，同样存在重大过失。

2.质押合同中各当事人的过错。质押合同的当事人为信托公司及伪造的质押人，营业部并非该合同的当事人，不存在过错。

质押合同关系中，信托公司存在一系列重大过错。

第一，信托公司在既未见到质押人，又未见到质押人授权书的情况下，与伪造的质押人签订质押合同。

第二，信托公司从未审核质押财产的真实性和确定性。本案约定的质押标的为质押人股票账户中的股票及资金账户中的余额，该标的于质押合同签订时并不确定，有违《担保法》关于质押财产应当确定的规定。

第三，从质押合同登记看，本案系争质押合同约定信托公司与质押人

“就质押行为向券商办妥登记手续或向公证处办妥登记手续”时生效，违反了《担保法》第78条第一款“以依法可以转让的股票出质的，出质人与质权人应当订立书面合同，并向证券登记机构办理出质登记。质押合同自登记之日起生效”的规定。信托公司作为专业机构，对此法律规定应属明知而故意违反。

第四，从交付贷款看，信托公司在前述三个重大过错的基础上，又不待股票市值证明、不计风险，于8月12日将贷款交付借款人，营业部提供虚假证明有过错，而证明在后，信托公司不计风险交付货款在前，主观上也有重大过错。

3.监管协议中各当事人的过错。监管协议书的当事人为信托公司、质押人及营业部。营业部存在管理不善而导致印章被冒用的过错，但信托公司在协议书签订及接收沈某某出具的虚假证明的过程中，有重大过错。

第一，信托公司在从来未见质押人、签订监管协议时质押人不在场且未见质押人的情况下，签订监管协议书。

第二，沈某某利用职务之便以营业部的名义出具质押登记证明和市值证明，该两份证明丝毫不具备股票质押的法定条件，而信托公司作为专业机构，对沈某某出具的证明未尽起码的审查义务，导致其被犯罪嫌疑人诈骗成功。

第三，从时间上看，质押登记证明出具的时间与信托公司交付贷款系同一天，而向借款人交付贷款，是在出具第一份股票市值证明的三天之前，表明信托公司不等营业部的股票市值证明而已经交付贷款。

第四，原告作为专业的投资机构，有义务知道通过证券登记结算机构查询股票市值，而不应仅凭沈某某出具的证明信赖质押物的真实性。

第五，在沈某某出具证明的过程中，营业部发生更名及更换印鉴等重大变更事项，并已在某市证券报上登报公示，信托公司作为专业的投资机构，对此应当知道。前述事项变更后，本案中存在股票市值证明及其他证明上的营业部名称与变更公示后的营业部名称不一致的问题，并且存在营业部名称与印鉴相互冲突的问题。信托公司对这一有明显的严重的瑕疵的证明仍然接受，自身的重大过错无可否认。

此外，监管协议书中并未约定营业部履行监管义务的对价，属于无偿的委托合同，是减轻营业部过错及责任的理由。

4.各当事人的过错及其与信托公司所受损失之间的关系。本案当事人共签订了三份合同，在三份合同中，信托公司均是当事人，而且均有重大过错，信托公司自身的过错行为形成一个过错链条，是其遭受损失的主要原因，应当对借款人不能偿还贷款的损失承担主要责任。

营业部管理不善、负责人提供虚假证明，也有过错，承担少量责任比较合理。

三、关于信托公司对营业部请求权的诉讼时效问题

一审法院认为，从现有证据看，信托公司是在向中国证券登记结算有限责任公司某市分公司查询质押物情况时才知晓质押物的事实，故本案诉讼时效理应自此开始计算。专家指出，一审法院认定的是信托公司实际知道其权利受到侵害之时，而非应当知道其权利受到侵害之时。对于信托公司应当知道其权利受到侵害的时点，需要结合本案事实进行具体判断。

第一，2002年8月12日，沈某某出具质押登记证明时，信托公司应当知道该质押登记证明与事实不符，其权利受到侵害。

第二，2003年4月14日，沈某某代表与本案营业部无关的其他营业部向信托公司出具相关证明文件时，信托公司也应当知道沈某某出具的证明与事实不符，其权利受到了侵害。

一审法院仅认定知道时间、未认定应当知道时间，明显的适用法律不当。

旁白

指出原判决的种种错误，且有理有据，看上去似乎足以动摇原判决。但是，如果这些意见并不能否定己方的责任或得出己方只有轻微责任的结论，那么至多也只能起到促使法院适当减轻己方责任的效果——改良性意见是不可能起到推翻作用的，那是革命性意见的使命和功效。

没有大的改动

判决

二审判决

某市高级人民法院的终审判决意见

某市高级人民法院对本案作出终审判决。鉴于该判决认定的案件事实与一审判决相同，以下仅摘录该判决“本院认为”一节。

本院认为，本案的争议焦点有三：一是《资金信托贷款合同》的效力；二是本案是否已过诉讼时效；三是两上诉人应承担的责任。

关于《资金信托贷款合同》效力问题，本院认为，第一，本案系争贷款并非一般的银行贷款，而是信托贷款，目前并无法律明文禁止信托资金流入股市，故关于《资金信托贷款合同》内容违法的依据不足。第二，《质押担保合同》虽被认定无效，但《资金信托贷款合同》已经事实上得到全面履行，且某信托投资公司在得知《质押担保合同》因主体和内容虚假而被认定为无效后，并未提出撤销《资金信托贷款合同》，故两上诉人以合同约定的生效条件未成就为由主张《资金信托贷款合同》无效的理由不能成立。第三，根据合同法规定，一方以欺诈等手段使对方在违背真实意思情况下订立的合同，受损害方有权请求撤销，鉴于某信托投资公司对《资金信托贷款合同》按有效主张，故应认定《资金信托贷款合同》有效。

关于诉讼时效问题，《资金信托贷款合同》到期后经多次展期，期限至2005年5月31日，沈某某以营业部名义连续出具虚假市值证明直至2005年6月。虽然，沈某某离开原某某路营业部后，有代表其他证券营业部向某信托投资公司出具证明的行为，但是，在工商资料中沈某某仍然是某证券营业部的负责人，某信托投资公司有理由相信沈某某能够代表某证券营业部。某信托投资公司2005年6月对两份落款和公章不一致的证明有怀疑并经查询后，才知道其权利受到侵害，故时效起算点应为2005年6月20日，某信托投资公司主张权利未过诉讼时效。某证券营业部和某证券经纪公司主张以合同到期日以及沈某某调离时起算诉讼时效理由不足。

关于两上诉人应承担的责任问题。根据刑事裁定书认定的事实，沈某某以营业部名义出具质押登记证明和股票市值证明的行为，导致某信托投资公司相信借款人有足够的资金用于归还贷款，从而向某房地产公司发放贷款，并数次展期，故沈某某的犯罪行为与某信托投资公司的损失之间存在直接的因果关系。沈某某出具的证明是以营业部的名义，最高人民法院《关于在审理经济纠纷案件中涉及经济犯罪嫌疑若干问题的规定》第3条规定，单位直接主管人员以单位名义对外签订经济合同构成犯罪的，除追究行为人的刑事责任外，该单位对行为人签订、履行该合同造成的后果，依法应承担民事责任。因此，沈某某的犯罪行为所产生的民事责任后果应由某证券营业部承担。

某信托投资公司对质押人身份和质押物情况没有进行必要的审核，且在未收到市值证明情况下就发放大额贷款，显属极不谨慎；在出现沈某某代表不同单位出具证明等疑点时，也没有及时予以核实。某信托投资公司作为专业性金融公司，对资金安全应当高度重视，且对核押方法、查询渠道理应非常熟悉，其只要在任一时间、任一环节审核，即可避免或减少损失。特别是其在尚未取得沈某某以营业部名义出具的市值证明时，就已经向某房地产公司发放本案系争贷款，可见沈某某出具市值证明的行为并非某信托投资公司发放贷款的唯一原因，其自身对于借款人过于轻信，对质押人和质押物疏于审核也是造成贷款损失的重要原因。

综上，某证券营业部和某信托投资公司对贷款损失的发生均存在过错，均应各自承担相应责任。原审判决某证券营业部对某信托投资公司的贷款损失承担60%的主要责任处理不当，本院根据当事人的过错程度确定某证券营业部对贷款损失承担50%的责任。据此，本院依照《中华人民共和国民事诉讼法》第153条第一款第（二）项、第158条之规定，并经本院审判委员会讨论决定，判决如下：

一、维持某市第二中级人民法院（2006）某二中民三（商）初字第×号民事判决第一、二、三项；

二、撤销某市第二中级人民法院（2006）某二中民三（商）初字第×号民事判决第四、五、六项；

三、上诉人某证券经纪公司某证券营业部对原审被告某房地产公司原审判决第二、三项不能清偿部分的50%承担补充赔偿责任；

四、上诉人某证券经纪公司对某证券经纪公司某证券营业部上述第三项不能清偿部分承担补充赔偿责任；

五、对被上诉人某信托投资公司原审其余诉讼请求不予支持。

负有金钱给付义务的当事人如未按本判决指定的期间履行给付义务，应当按照《中华人民共和国民事诉讼法》第232条规定，加倍支付延迟履行期间的债务利息。

本判决为终审判决。

旁白

“酌情”判决是有其“死”与“活”两面的。说它“死”，是因为它已经考虑了各方面的情况，你说的情况它似乎也有考虑，所以你无法整个推翻它。说它“活”，是因为既然是“酌情”，还是有可能“再酌情”的，也就是再适当调整一下——二审判决只要仍在一审判决的“酌情”之中打转转，那就不可能有大的改变。

换个全新打法

背景

我代理某证券经纪公司及其营业部向某市高级法院申请再审。我在《再审申请书》中对本案的诉讼主张和理由，与我方原代理律师、我方聘请的专家们的意见，以及一二审法院的认定均不相同。

鉴于我方对7000万元与3000万元两个案件的终审判决的再审意见相同，

故以下仅列7000万元标的案件的《再审申请书》。

旁白

接下复杂案件，有的律师静下来，潜心研究；有的律师动起来，抓紧落实人脉；有的律师不静不动，走一步瞧一步。

正文

再审申请书

申请人：某证券经纪公司

申请人：某证券经纪公司某证券营业部

再审请求事项：

1.申请人不服某市高级人民法院（2006）某高民二（商）终字第×号《民事判决书》（下称终审判决），认为终审判决确有不容掩盖的、严重的适用法律错误及认定事实错误，系典型错判，故请求贵院依法对终审判决提起审判监督程序，予以再审；

2.请求撤销终审判决第三、四项关于申请人承担50%补充赔偿责任的判决，撤销终审判决关于申请人承担部分案件受理费的判决；

3.请求判决驳回债权人某信托投资有限公司（下称某信托公司）对申请人的全部诉讼请求，并判决申请人不承担本案一二审案件受理费。

再审理由要点：

1.关于本案借款合同效力的认定。行政法规《金融违法行为处罚办法》明令禁止包括信托投资公司在内的金融机构为证券提供信贷资金，故借款合同因违反行政法规的强制性规定而无效，但终审判决却以“目前并无法律明文禁止信托资金流入股市”为由，认定合同有效。有法不依，却枉称无法。

2.关于过错责任的认定。《担保法》司法解释明文规定主合同无效而导致担保合同无效，担保人有过错的，其承担民事责任的部分不应超过债务人不能清偿部分的1/3（即33%），但终审判决却“自由裁量”，“酌情”判令不是担保人，仅仅是担保人的协助人的申请人承担大于担保人责任的50%的补充赔偿责任，直接违反司法解释的规定。鉴于司法解释并未规定处于担保人从属地位的协助人的过错赔偿责任，故申请人依法不应承担补充清偿责任。

3.关于司法解释的适用。终审判决故意删除司法解释中规定的重要的适用条件，将经过变造的所谓司法解释规定作为认定申请人承担民事责任的依据。

4.关于本案因果关系的认定。终审判决一方面认定债权人在申请人原职工沈某某出具虚假的股票市值证明之前，就已经向债务人发放了贷款，一方面又认定沈的行为与债权人贷款损失之间具有直接的因果关系，自相矛盾，违反因果关系的一般原理。其实，沈某某的行为与贷款损失之间不过是条件关系而已。

序：本案一、二审诉讼情况概述

1.2006年3月13 日，某信托公司起诉第一被告（借款人及债务人）某房地产公司、第二、三被告为本案再审申请人。以申请人客观上协助第一被告某房地产公司贷款并逾期不还，存在过错为由，请求法院判令申请人对第一被告某房地产公司所贷7000万元及利息承担连带清偿责任。（附件一，某信托公司《民事起诉状》）

2.申请人在《答辩提纲》和代理人的《代理意见》中主张本案借款合同、担保合同及监管协议均无效，原告某信托公司在签订无效合同、违规发放贷款过程中具有重大过错，应当与第一被告共同承担全部法律责任，故请求法院驳回原告对申请人的诉讼请求。（附件二，申请人《答辩提纲》及《律师代理意见》）

3.2006年10月20日，某市第二中级人民法院作出（2006）某二中民三（商）初字第×号《民事判决书》，以申请人未尽严格管理，使其负责人利用职务之便出具虚假市值证明及质押登记证明，使犯罪嫌疑人的诈骗行为得逞，申请人的过错行为与原告主张的损失形成之间存在因果关系为由，判决申请人

对被告某房地产公司不能清偿部分的60%承担补充赔偿责任。（附件三，一审《民事判决书》）

4.申请人对一审判决提起上诉，认为本案主合同即借款合同无效，某信托公司是该无效合同的直接过错方，理应自行承担无效合同所造成的损失；申请人原职工沈某某的犯罪行为与某信托公司的损失之间不存在必然直接的因果关系，故申请人不应对此承担责任。因此，请求撤销一审判决针对申请人的判决，驳回某信托公司针对申请人的全部诉讼请求。（附件四，《民事上诉状》）

5.2007年4月12日，某市高级人民法院作出终审判决，以申请人原职工沈某某的犯罪行为与某信托公司的损失之间存在直接的因果关系，且最高人民法院司法解释规定单位直接主管人员以单位名义对外签订经济合同构成犯罪的，该单位对行为人签订、履行该合同造成的后果，依法应承担民事责任为由，改判申请人对原审被告某房地产公司不能清偿部分的50%承担补充赔偿责任。（附件五，终审《民事判决书》）

一、终审判决在认定合同效力上的严重错误——行政法规明令禁止金融机构为证券提供信贷资金，终审判决却枉称："目前并无法律明文禁止信托资金流入股市"

1.终审判决认为"无法可依"。终审判决将本案《资金信托贷款合同》的效力问题列为本案的第一个争议焦点，认为："第一，本案系争贷款并非一般银行贷款，而是信托贷款，目前并无法律明文禁止信托资金流入股市，故关于《资金信托贷款合同》内容违法的依据不足"。

2.行政法规的明令禁止——有法可依。《金融违法行为处罚办法》（国务院令[第260号]）第2条第二款规定："本办法所称金融机构，是指在中华人民共和国境内依法设立和经营金融业务的机构，包括银行、信用合作社、财务公司、信托投资公司、金融租赁公司等。"（本案原告某信托公司即为信托投资公司）

第18条规定："金融机构不得违反国家规定从事证券、期货或者其他衍生金融工具交易，不得为证券、期货或者其他衍生金融工具交易提供信贷资金或者担保，不得违反国家规定从事非自用不动产、股权、实业等投资活动。”第二款规定了对违反前款规定的具体处罚办法。（附件六，《金融违法行为处罚办法》）

为了准确理解上述行政法规关于禁止信托投资公司为证券提供信贷资金的规定，申请人在此列举中国银行业监督管理委员会《关于加强信托投资公司风险监管防范交易对手风险的通知》（银监发[2004]93号）。该通知第2条规定：“信托投资公司不得以任何形式将信托财产转委托给证券公司或其他机构进行证券投资，不得利用信托方式为证券公司或其他机构进行证券投资类的融资。”（附件七，该《通知》）

为慎重起见，申请人专门委托律师就信托投资公司为证券交易（炒股）提供信托贷款问题，向中国银监会进行了咨询。该会非银行金融机构监管部人员明确答复，法律、行政法规及行政规章明令禁止信托投资公司为证券交易（炒股）提供信托贷款，且该会曾三令五申出文禁止。

3.本案借款合同无效。《合同法》第52条规定：“有下列情形之一的，合同无效：……（五）违反法律、行政法规的强制性规定。”

《金融违法行为处罚办法》为行政法规无疑。该行政法规中的“不得”规定和处罚规定当然是强制性规定，或称为禁止性规范。

终审判决认为《资金信托贷款合同》有效的第二个理由是该合同“已经事实上得到全面履行”。殊不知，在法律上认定内容违法的合同无效，是全然不受该合同是否实际履行的影响的。因为，无效的合同对合同当事人自始没有法律约束力，合同当事人本不该履行，即使履行完毕，也不能改变无效的性质。

终审判决认定本案主合同有效的第三个理由是：“根据合同法规定，一方以欺诈等手段使对方在违背真实意思情况下订立的合同，受损害方有权请求撤销，鉴于某信托公司对《资金信托贷款合同》按有效主张，故应认定《资金信托贷款合同》有效。”其实，本案《资金信托贷款合同》同时符合《合同法》第52条规定的两项合同无效的情形和第54条规定的一项合同可变更或者撤销的情形。即第52条第三项“以合法形式掩盖非法目的”（某房地产公司法定代表人张某以贷款合同的合法形式掩盖其诈骗贷款的非法目的），第五项“违反法律、行政法规的强制性规定”（如上所述），第54条第二款：“一方以欺诈、胁迫的手段或者乘人之危，使对方在违背真实意思的情况下订立的合同，受损害方有权请求人民法院或者仲裁机构变更或者撤销。”这属于法条竞合，即一个合同行为同时违反了数个法条规定，应采取“重法优于轻法”的原则，选择适用一个法条认定合同行为的性质（效力）。因此，在本案中，人民法院应着重维护法律、法规的尊严，认定本案借款合同违反金融法规的强制性规定，扰乱金融秩序，为无效合同。而不能消极地放弃司法干预权，置国家利益于不顾，认定本案原告某信托公司因被欺诈订立合同，并因其放弃撤销权进而认定合同有效。

另外，申请人坚定地认为，从法理上说，当经济合同被刑事判决认定为犯罪人的犯罪手段时，这种被刑事法律作了彻底的否定性评价的所谓经济合同，是不能在民事法律上作合法、有效的肯定性评价的。如果认为，一个行为在刑事法律上是犯罪，是恶，但在民事法律上则可以是合法，是善，那么这种认识显然是有悖法理的。

综上，在本案借款合同效力问题上，明明有法可依，且《金融违法行为处罚办法》是国务院处罚金融违法行为的基本法规，但终审判决却视而不见，枉称无法可依，进而有法不依，其认定借款合同有效的客观效果，就是用人民法院的判决保护了金融违法行为。因此，这是极不严肃的，这种适用法律的错误也是严重的，必须予以纠正。

合同效力的认定决定着合同纠纷的处理，故终审判决认定合同效力的错误必然导致其在处理本案纠纷上继续走向错误。

二、终审判决在认定过错责任上的严重错误——《担保法》及其司法解释明确规定了主合同无效而致担保合同无效情形下的过错责任承担，终审判决却有法不依，“酌情裁量”申请人承担50%的补充赔偿责任

1.终审判决的“酌情裁量”。终审判决认为：“综上，某证券营业部和某信托公司对贷款损失的发生均存在过错，均应各自承担相应责任。原审判决某证券营业部对某信托公司的贷款损失承担60%的主要责任处理不当，本院根据当事人的过错程度确定某证券营业部对贷款损失承担50%的责任。”

可见，无论一审判决的“60%”，还是终审判决的“50%”，都是法院运用其“自由裁量权”，“酌情”认定和裁判的。

2.《担保法》及其司法解释对本案过错责任有明确规定。《担保法》第5条第一款规定：“担保合同是主合同的从合同，主合同无效，担保合同无效。担保合同另有约定的，按照约定。”（本案《质押担保合同》对此并无特别约定）。

一审判决认定《质押担保合同》和申请人原职工沈某某以申请人名义参与签订的所谓监控股票账户的《协议书》无效。其理由是：“他人冒用刘某某的名义签订了质押担保合同和协议书，”“且质押合同项下的质押物也系虚假。”“由此可见，质押担保合同及协议书的签订均是被告某房地产公司法定代表人为达到其骗取贷款的非法目的而实施的行为，质押担保合同及协议书应为无效。”终审判决维持了一审判决第一项《质押担保合同》及《协议书》无效的判决。

其实，因主合同《资金信托贷款合同》内容违反金融法规的强制性规定而无效，作为担保主合同的从合同《质押担保合同》，以及作为保障从合同的《协议书》，当然也随之无效，故担保合同无效的主要原因应该是主合同内容违法。当然，一审判决对《质押担保合同》和《协议书》的本质的揭示——为达到骗取贷款的非法目的而实施的行为，是准确的。遗憾的是在主合同《资金信托贷款合同》的效力认定上，则忽视了这一要点。

最高人民法院《关于适用〈中华人民共和国担保法〉若干问题的解释》第8条明确规定了主合同无效而致担保合同无效情形下过错责任的承担，即“主合同无效而导致担保合同无效，担保人无过错的，担保人不承担民事责任；担保人有过错的，担保人承担民事责任的部分，不应超过债务人不能清偿部分的三分之一。”

因此，暂且撇开本案担保人刘某某系他人冒用名义签订担保合同的因素不说（冒用人施某某签订了担保合同，应依法承担担保合同无效的过错清偿责任），从《担保法》司法解释上说，在主合同无效而致担保合同无效的情形下，即使担保人有过错，其应承担民事责任的部分也不应超过债务人（某房地产公司）不能清偿部分的1/3。

3.申请人的法律地位决定申请人不应承担补充赔偿责任。申请人不是本案的担保人。申请人原职工沈某某以申请人名义实施的行为是对担保人的担保进行协助或辅助。因此，申请人在本案中的法律地位，不过是担保人的协助人而已。鉴于《担保法》司法解释规定的担保人的过错赔偿责任也不过是不应超过债务人不能清偿部分的1/3，且并未规定处于担保人从属地位的协助人的过错赔偿责任，故申请人依法不应承担补充清偿或赔偿责任。

由此可见，终审判决判令申请人对债务人某房地产公司不能清偿部分的50%承担补充赔偿责任，显然严重违反了《担保法》司法解释的明确规定。担保人依法也就承担33%的责任，而担保人的协助人却要承担大于担保人责任的50%的责任。这种无视司法解释的判法是申请人所不能容忍的，必须予以纠正！

在法律或司法解释没有明确而具体的案件处理规定（或尺度）的情况下，法院可以行使其自由裁量权，根据案件实际情况酌情处理。在法律或司法解释有明确而具体的案件处理规定（或尺度）的情况下，法院无视法律或司法解释的规定，做出违反法律或司法解释的“酌情裁量”的判决，就是错判！

三、终审判决在适用司法解释上的严重错误——对司法解释的规定断章取义，将变造后的所谓司法解释作为申请人应承担民事责任的依据

终审判决称：“沈某某出具的证明是以营业部的名义，最高人民法院《关于在审理经济纠纷案件中涉及经济犯罪嫌疑若干问题的规定》第3条规定，单位直接主管人员以单位名义对外签订经济合同构成犯罪的，除追究行为人的刑事责任外，该单位对行为人签订、履行该合同造成的后果，依法应承担民事责任。因此，沈某某的犯罪行为所产生的民事责任后果应由某证券营业部承担。”

为揭示终审判决的变造，以下摘录上述司法解释第3条的规定：“单位直接负责的主管人员和其他直接责任人员，以该单位的名义对外签订经济合同，将取得的财物部分或全部占为己有构成犯罪的，除依法追究行为人的刑事责任外，该单位对行为人因签订、履行该经济合同造成的后果，依法应当承担民事责任。”（划线处为终审判决刻意删除的）

终审判决为什么要删除“将取得的财物部分或全部占为己有”一节呢？原因很简单，因为沈某某虽然以申请人的名义出具质押登记证明和股票市值证明，但是，并没有通过该行为从债权人某信托公司取得部分贷款，也没有通过债务人某房地产公司取得部分贷款，因而根本谈不到“占为己有”的问题，甚至没有收受某房地产公司张某或其他人员的贿赂（对沈的终审《刑事裁定书》并未认定其犯有受贿罪）。

上述司法解释第3条的适用条件非常明确简单，即，第一，犯罪主体必须是单位直接负责的主管人员或其他直接责任人员；第二，犯罪行为必须是以该单位的名义对外签订经济合同；第三，犯罪结果必须是将取得的财物部分或全部占为己有构成犯罪。这三个适用条件亦即构成要件缺一不可，因为，司法解释在具备这三个条件的情况下，对单位的民事责任的规定是严厉的，即单位对行为人因签订、履行经济合同造成的后果，依法应当承担民事责任，亦即对所有经济损失的后果要承担全部民事责任（并未规定承担民事责任的比例）。

可见，终审判决显然是为了追究申请人的民事责任，而故意删除、变造司法解释的规定，并进而作为认定申请人民事责任的依据。

四、终审判决在认定本案因果关系上的错误——将沈某某行为与某信托公司的损失之间的条件关系，认定为因果关系

终审判决称：“根据刑事裁定书认定的事实，沈某某以营业部的名义出具质押登记证明和股票市值证明的行为，导致某信托公司相信借款人有足够的资金用于归还贷款，从而向某房地产公司发放贷款，并数次展期，故沈某某的犯罪行为与某信托公司的损失之间存在直接的因果关系。”

虽然，沈某某在刑事上的故意犯罪行为亦能证明其在民事上具有主观上的过错，但是在民事上，其过错行为与某信托公司的贷款损失结果之间并不存在因果关系，更谈不上直接因果关系，而是一种条件关系（刑事判决只能作为

认定民事行为的参考，而不是作为依据，这是由刑事判决与民事判决不同的特性所决定的。正如刑事判决在追究张某的刑事责任时，并不考虑某信托公司在放贷过程中的种种过失行为，而在本民事案件中，终审判决则必须考虑民事侵权责任上的加害人与受害人的混合过错，从而认定受害人某信托公司的过错行为“也是造成贷款损失的重要原因”）。

其一，本案的因果关系为，张某向某信托公司提供伪造的财务报表，编造虚假的投资项目，以签订借款合同的手段诈骗贷款的行为，张某指使其夫施某某签订虚假的担保合同的行为，与某信托公司的种种失职、失察行为及知悉和认可其贷款被用于股票炒作的行为，共同导致了某信托公司贷款损失结果的发生。张某及其夫的行为、某信托公司的行为这两个方面的原因，与贷款损失结果之间具有引起与被引起的必然联系，为直接的因果关系。这反映出因果关系的客观性（客观存在）和多样性（多因一果）。

其二，沈某某的行为在刑事上是起次要、辅助作用的从犯行为，在民事上是贷款损失结果发生的条件，而不是原因。沈某某的行为为张某及其夫实施贷款诈骗行为提供了条件，也是某信托公司轻信张某及其夫和失职、失察的条件之一。但是，沈某某的行为与贷款损失结果之间并不存在一种引起与被引起的必然性联系。简单地说，即使沈某某出具虚假的质押登记证明和股票市值证明，如果没有张某及其夫的诈骗行为，或者没有某信托公司的失职、失察行为，贷款损失结果也是不会发生的。这反映出因果关系的相对性（因果关系总是一定条件下的因果关系，一定的原因总是通过一定的条件，引起一定的结果）。

其三，终审判决关于因果关系的认定违反了因果关系的顺序性原理（原因在前，结果在后，是因果关系的一般原理）。某信托公司在2002年8月12日就已将贷款全部划入了张某所控制的账户，而沈某某第一次出具虚假股票市值证明的时间是某信托公司已经划款后的2002年8月15日。终审判决在认定某信托公司的过错责任时，也强调：“特别是其在尚未取得沈某某以营业部出具的市值证明时，就已经向某房地产公司发放本案系争贷款。”贷款损失结果的基础性或前提性事实是发放出贷款——没有放贷，何以发生贷款损失？故先行放贷的事实证明，沈某某的行为不仅不是贷款损失结果的原因，甚至不是发放贷款的条件，而仅仅是贷款发放后的条件。

综上，沈某某的行为与贷款损失结果之间不是具有引起与被引起的必然性联系的直接因果关系，也不是具有引起与被引起的偶然性联系的间接因果关系（行为人在此情形下并不承担民事侵权责任），而是被作为原因的行为所利用（张某的行为）和所依赖（某信托公司的行为）的条件。因此，作为不具有民事上因果关系的申请人，依法不应承担补充清偿或赔偿责任。

旁 白

在法律没有具体规定的情况下，凭借扎实的理论功底，对案件事实进行法理性分析，且言之有物，合情合理，这往往让诉讼经验不多的人感觉很有说服力。然而，当法官不愿接受这种分析时，仅说一句：法律依据是什么？这种分析便只能留给分析者自我欣赏了。

——这正是我将本案的因果关系的分析意见置于《再审申请书》最后一节的原因。

综上所述，终审判决在认定合同效力上有法不依，却枉称无法；在认定过错责任上有司法解释不依，却作出与司法解释相悖的“自由裁量”；在适用司法解释上故意篡改、变造；在认定因果关系上违反因果关系的一般原理，故申请人确认并确信，终审判决是民事审判实践中少见的，错误严重的典型错判。因此，恳请贵院重视申请人的申请，慎重审查本案，依法提起审判监督程序，坚决予以改判，以维护法律的尊严，保护申请人的合法权益。

此呈

某市高级人民法院

申请人：某证券经纪公司

某证券经纪公司某证券营业部

旁白

创造性思维是律师使二审或再审案件起死回生、化险为夷的法宝。而这是需要律师经历一番痛苦的思考过程的。另外，如果没有一定的积累，是难以“灵机一动”“茅塞顿开”的。

背景

在我方递交《再审申请书》一个月后，某市高级人民法院便通知该院决定对本案召开立案审查听证会。在该次听证会上，我发表了下列《代理词》。

正文

代理词（再审）

尊敬的审判长、审判员：

作为再审申请案申请人某证券经纪公司和该公司下属某证券营业部的委托代理人，我们在本次听证会上发表如下代理意见，敬请各位法官在审查并决定本再审申请案是否立案时，予以充分考虑。

首先，我方阐明，经本次听证会对本案事实认定和法律适用诸事项的调查，我方进一步确认并确信，我方的再审申请主张和理由是扎实的，稳健的，本案终审判决确有应予改判的严重错误。因此，我方坚持《再审申请书》的主张，我们的代理意见是对《再审申请书》主张和理由的补充和加强。

在这里，我们主要谈四个大的问题：一、本案主合同无效和担保合同无效问题；二、担保人责任与申请人不应承担责任问题；三、关于本案司法解释适用问题；四、对《再审申请书》予以补充之意见概述。

一、本案主合同无效和担保合同无效问题

1.主合同无效的双重原因——既违反了《金融违法行为处罚办法》的强制性规定，又符合《合同法》关于“以合法形式掩盖非法目的”的规定。本案主合同《资金信托贷款合同》无效的第一个根本性原因就是其违反了《金融违法行为处罚办法》第18条关于包括信托投资公司在内的金融机构，不得为证券提供信贷资金的强制性规定。

我方在《再审申请书》中列举了中国银监会《关于加强信托投资公司风险监管防范交易对手风险的通知》，旨在准确理解上述行政法规的强制性规定。该通知第2条规定："信托投资公司不得以任何形式将信托财产转委托给证券公司或其他机构进行证券投资。"那么应如何理解规定中的"以任何形式"和"转委托"的用语呢？《信托投资公司管理办法》第5条规定："本办法所称信托财产，是指信托投资公司因承诺信托而取得的财产。"[1]也就是说，信托财产就是信托投资公司作为受托人，接受委托人的委托，从而从委托人处取得的委托财产。因此，信托投资公司"以任何形式"当然包括贷款的形式，将信托财产转出去，其实质就是"转委托"。本案的事实是，债权人某信托公司明知债务人某房地产公司将贷款用于股票交易，仍予以放贷，故就是以贷款的形式将信托财产转委托给债务人（文中之其他机构）进行证券投资。

上述行政法规规定的是"信贷资金"，终审判决强调本案贷款是信托资金。其实，只要看一下中国人民银行《信贷资金管理暂行办法》第3条关于信贷资金范围的解释便清楚，信托投资公司的资本和其他金融资产，当然包括信托财产，都属于信贷资金的范围。

因此，本案主合同因直接违反金融行政法规的强制性规定而无效，是确定无疑的。

本案主合同无效的第二个根本性原因是该合同符合《合同法》第52条第三项关于"以合法形式掩盖非法目的"的规定。我方在《再审申请书》中已指出这一点。

终审判决引述了刑事裁定对张某的定罪结论，即"张某以虚假的质押物，向某信托公司骗取贷款13笔，共计62,745万元。"张某的犯罪性质是贷款诈骗罪，因此，张某是以贷款的合法形式，掩盖其进行贷款诈骗犯罪的非法目

---

[1] 该规章于2002年5月9日公布施行，于2007年3月1日被《信托公司管理办法》废止。但2001年10月1日施行的《信托法》第14条第一款的规定与本章引用的《信托投资公司管理办法》第5条的规定一致。

的，故本案贷款合同完全符合《合同法》规定的“以合法形式掩盖非法目的”的无效情形，属无效合同无疑。由此可见，终审判决认定主合同有效，是仅仅着眼于合同的外在合法形式，无视合同的内在非法目的，这种只看现象，不看本质的司法认识，显然是错误的。当然，这种认定的适用法律错误在于，《合同法》明确要求认定合同效力时，不能仅仅停留在合同的合法形式上，而应当在合同具有非法目的时，认定该合同无效，而终审判决却无视这一明文规定。

在此，我们再次重申我方在《再审申请书》中的观点：申请人坚定地认为，当经济合同被刑事判决认定为犯罪人的犯罪手段时，这种被刑事法律作了彻底的否定性评价的所谓经济合同，是不能在民事法律上作合法、有效的肯定性评价的。如果认为，一个行为在刑事法律上是犯罪，是恶，但在民事法律上则可以是合法，是善，那么这种认识是近乎荒谬的。

在本节的最后，我们仍需强调《再审申请书》对终审判决关于主合同有效之理由的反驳意见：在本案中，人民法院应维护法律、法规的尊严，认定本案借款合同违反金融法规的强制性规定，扰乱金融秩序，且以贷款的合法形式掩盖诈骗贷款的非法目的，为无效合同。而不能消极地放弃司法干预权，置国家利益于不顾，置法律于虚设，认定某信托公司因被欺诈订立合同，并因其放弃撤销权进而认定合同有效。

2.担保合同无效的根本原因——主合同因违反行政法规和以合法形式掩盖非法目的而无效。《担保法》第5条规定，担保合同是主合同的从合同，主合同无效，担保合同无效。因此，本案主合同无效，决定了作为从合同的担保合同无效。

终审判决认定《质押担保合同》无效的理由有两条：一是“他人冒用刘某某（或徐某某）的名义签订了质押担保合同及协议书”；二是“且质押合同项下的质押物也系虚假”，“由此可见，质押担保合同及协议书的签订均是张某为达到其诈骗贷款的非法目的而实施的行为”。

其实，冒用他人名义签订担保合同，仅仅是担保合同无效的形式上的或现象上的无效情形；诈取贷款的非法目的，才是担保合同无效的内容上或本质上的无效情形。因此，终审判决认定担保合同无效的第2条理由是准确的，第一条理由是多余的。

因此，准确地说，本案的主合同的无效导致了作为从合同的担保合同的无效。

二、担保人责任与申请人不应承担责任问题

我方在《再审申请书》中，以最高人民法院《关于适用〈中华人民共和国担保法〉若干问题的解释》第8条为依据，主张主合同无效而导致担保合同无效，担保人有过错的，担保人承担民事责任的部分不应超过债务人不能清偿部分的1/3，但终审判决却“酌情”判令不是担保人，仅仅是担保人的协助人的申请人承担大于担保人责任的50%的补充赔偿责任，直接违反司法解释的规定。鉴于司法解释并未规定处于担保人从属地位的协助人的过错赔偿责任，故申请人依法不承担补充清偿责任。

在这里，我们将对这一主张进行补充和加强。

1.担保人的身份依法必须从约定，而不能司法认定。《担保法》第2条第一款规定：“在借贷、买卖、货物运输、加工承揽等经济活动中，债权人需要以担保方式保障其债权实现的，可以依照本法规定设定担保。”《担保法》司法解释第1条也规定担保由当事人设定。

因而，也可以说，整个《担保法》及其司法解释，就是对当事人之间通过约定而设定的担保，进行有效担保的保护和无效担保的处理。

因此，依据《担保法》及其司法解释的规定，担保人的身份是由当事人通过约定而设定的，是不能由法院认定的。简单地说就是，某一合同当事人或诉讼当事人是否为担保人，只能看合同是怎么约定的，约定为担保人就是担保人，约定不是担保人就不是担保人。法院不能撇开当事人的约定，根据某一合同当事人在合同中的作用，将不是担保人的当事人认定为担保人，并进而适用《担保法》及其司法解释来追究其担保责任。

在本案中，《质押担保合同》约定的担保人是刘某某和徐某某，但因施某某冒用这两人的名义签订了担保合同，且担保合同无效，因此，签订人施某某为担保人，应承担担保合同无效的担保人的过错责任。这里必须指出，施某

某冒用他人名义签订担保合同以及他是否有能力承担担保人的过错赔偿责任之因素，在法律上并不影响其担保人的身份和应承担的担保人过错责任。当然，本案一二审判决均未追究其担保责任，同样在法律上并不影响其应承担的担保人过错责任。

因此，因施某某直接签订了担保合同，且担保合同无效，其显然有过错，依《担保法》司法解释规定，其应承担债权人不能清偿部分的1/3的民事责任。

2.申请人的身份是债权人和担保人共同委托的质押物监管人，实际所起作用是协助了担保人。《质押担保合同》是某信托公司与施某某签订的，申请人没有参与该合同的签订，当然不是本案的担保人。

在某信托公司与施某某及申请人原职工沈某某以申请人名义签订的《协议书》中，第1条约定质押权人与质押人共同委托申请人对质押人的股票账户进行监控。因而，申请人的身份是债权人和担保人共同委托的质押物监管人。我方在《再审申请书》中认为申请人是担保人的协助人，是客观地着眼于因沈某某为担保人出具虚假市值证明，从而使申请人协助了担保人之事实。应该说，我方在此问题上是尊重事实的。

这里还必须强调一项铁的事实，这就是，债权人某信托公司与担保人签订的《质押担保合同》已经明确约定了质押物的价值（金额），而后才有了《协议书》，再后来才有了沈某某出具的虚假市值证明。这充分证明，即使撇开申请人在约定上的监管人身份不说，就是从申请人所起的实际作用上看，申请人也不过就是担保人的协助人而已。

3.终审判决判令申请人承担50%清偿责任的错误所在。正如《再审申请书》所述，终审判决这一错判的根本原因在于，错误地认定主合同有效和违反《担保法》司法解释关于担保人承担1/3责任的规定。这里有必要对这一错误作进一步的揭示。

申请人认为终审判决的这一错判是基于“自由裁量”，是因为终审判决没有引用《担保法》司法解释的规定，其认定理由是“本院根据当事人的过错程度确定某证券营业部对贷款损失承担50%的责任”。

其实，对照《担保法》司法解释第7条关于主合同有效而担保合同无效，债权人、担保人有过错的，担保人承担民事责任的部分，不应超过债务人不能清偿部分的1/2的规定，便自然会发现，终审判决的认定和判决与该司法解释的规定惊人的相似。即一是主合同有效而担保合同无效；二是债权人也有过错；三是承担1/2或50%的责任。但是，终审判决为什么不引用该规定呢？原因很简单，没法引用！因为规定是担保人承担1/2的责任，申请人不是担保人！

那么，终审判决是否参照了该规定？如果是，申请人则必须指出，参照这一司法解释进行“自由裁量”的做法是完全错误的，法院既不能在判决书中公开违反当事人的约定，认定不是担保人的申请人为担保人，也不能在判决书之外，私下里“把担保人的帽子扣在申请人的头上”。因为，无论公开的做法还是不公开的做法，都是公然违反《担保法》司法解释的错误做法。

4.申请人不应承担补充清偿责任的理由。

第一，《担保法》司法解释对担保合同无效的各方过错责任以及过错责任的份额（比例）作了严格而具体的规定，填补了法律在此问题上没有处理尺度的空白。规定在主合同和担保合同都无效，且担保人有过错的情形下，担保人承担1/3的责任，就是把债权人、债务人、担保人作为三方，按照均分计算的方法，由三方各承担1/3的责任。规定不应超过债务人不能清偿部分的1/3，就是将1/3作为上限，由法院在此以下视过错大小，酌情确定，有似于刑法规定的3年以下有期徒刑。

《担保法》司法解释已经对主合同和担保合同均无效情形下合同各方当事人的过错责任，作了严格、详细、具体的规定。可以说，这些规定已将各方应承担的过错责任划分完毕，没有遗留责任由法院酌定由各方当事人之外的其他人承担。因此，不属于担保人的申请人，依此司法解释，不应承担任何补充清偿责任。故任何追究申请人责任的做法，都是将司法解释已规定应由各方当事人承担的责任，强加于申请人头上的错误做法，是直接违反司法解释的。

第二，我方在《再审申请书》中提出了第二个我方不承担补充清偿责任的理由。这就是，虽然，沈某某在刑事上的故意犯罪行为亦能证明其在民事上具有主观上的过错，但是在民事上，其过错行为与某信托公司的贷款损失结果之间并不存在因果关系，更谈不上直接因果关系，而是一种条件关系。换言之，沈某某的行为与贷款损失结果之间不是具有引起与被引起的必然性联系的直接因果关系，也不是具有引起与被引起的偶然性联系的间接因果关系（行为人在此情形下并不承担民事过错责任），而是被作为原因的行为所利用（张某的行为）和所依赖（某信托公司的行为）的条件。因此，作为不具有民事上因果关系的申请人，依法不应承担补充清偿或赔偿责任。

在此，我们坚持我方关于本案因果关系、条件关系的主张。

三、关于本案司法解释适用问题

终审判决引用了最高人民法院《关于在审理经济纠纷案件中涉及经济犯罪嫌疑若干问题的规定》，撇开我方在《再审申请书》中对终审判决断章取义适用该规定的揭示不说，可以说终审判决认为应适用该经济纠纷涉及犯罪嫌疑的司法解释。我方则认为，处理本案过错责任的依据应为《担保法》司法解释。那么，这两个司法解释是什么关系？本案到底应适用哪一个司法解释呢？

经济纠纷涉及犯罪嫌疑司法解释与《担保法》司法解释的相同点是，都规定了民事过错责任的承担；其不同点在于，前者着重规定涉及犯罪嫌疑的民事纠纷中的过错责任问题，后者着重规定担保合同纠纷中的过错责任问题。

我们认为，本案应适用《担保法》司法解释，而不应适用经济纠纷涉及犯罪嫌疑司法解释，理由如下：

第一，本案过错责任的认定问题，同时涉及了这两个司法解释的规定内容，即既涉及担保合同无效的过错责任问题，又涉及与犯罪有关的过错责任问题，所以从观念上说，似乎这两个司法解释都可以适用。但是，适用司法解释的目的是为了找到认定具体纠纷的依据和处理纠纷的尺度，即就是为了案件的实际操作。而从可操作性上看，《担保法》司法解释具体规定了各方当事人承担过错责任的份额或称比例，经济纠纷涉及犯罪嫌疑司法解释仅仅规定在何种情况下应承担过错责任，并没有规定承担过错责任的份额（比例），因此，在划分过错责任的份额上，前者具有可操作性，后者不具有可操作性。

第二，涉及犯罪嫌疑的经济纠纷，又会涉及各个不同的案由，如本案就涉及了担保合同纠纷之案由。因此，从这个意义上说，经济纠纷涉及犯罪嫌疑司法解释是一般规定，《担保法》司法解释为特别规定，参照《立法法》第83条关于特别规定的效力高于一般规定的规定，应适用《担保法》司法解释。

第三，经济纠纷涉及犯罪嫌疑司法解释颁布的时间是1998年4月，《担保法》司法解释的颁布时间是2000年9月。参照《立法法》第83条关于新的规定的效力高于旧的规定的规定，应适用《担保法》司法解释。

四、对《再审申请书》予以补充之意见概述

1.关于主合同无效的根本性原因。主合同无效的第一个根本性原因是违反行政法规的强制性规定，第二个根本性原因是符合《合同法》规定的“以合法形式掩盖非法目的”的无效情形。

2.关于担保合同无效的根本性原因。主合同因内容违法和非法目的而无效，是导致作为从合同的担保合同无效的根本性原因。

3.关于担保人的身份。依据《担保法》及其司法解释，担保人的身份是由当事人通过约定而设定的，是不能由法院认定的。

施某某因直接签订担保合同而为担保人，其冒用他人名义之因素，以及本案一、二审法院均未追究其担保责任之因素，在法律上并不影响其担保人的身份和应承担的担保过错责任。

4.关于申请人的身份和作用。按照《协议书》的约定，申请人的身份是债权人和担保人共同委托的质押物监管人，但实际作用是协助了担保人。

5.关于终审判决判令申请人承担50%清偿责任的错误。终审判决没有引用《担保法》司法解释，也没有认定申请人就是担保人或实际起着担保人的作用，但判令申请人承担50%的清偿责任，就是将《担保法》司法解释规定的主合同有效担保合同无效情形下担保人的1/2的民事责任，强加在不是担保人的申请人的头上。

6.关于申请人不承担补充清偿责任的理由。《担保法》司法解释规定担保人承担1/3的责任，就是把债权人、债务人、担保人作为三方，按照均分计算法，由三方各承担1/3的责任。故这一规定已将主合同无效担保合同无效，且担保人有过错情形下各方应承担的过错责任划分完毕，没有遗留责任由法院酌定由各方当事人之外的其他人承担。故任何追究申请人责任的做法，都是将司法解释规定应由各方当事人承担的责任，强加于申请人的做法，是直接违反司法解释的。

7.关于本案司法解释的适用。《担保法》司法解释在本案中具有可操作性，而经济纠纷涉及犯罪嫌疑司法解释则不具有可操作性。更重要的是，前者为特别规定、新的规定，后者为一般规定、旧的规定，故参照《立法法》规定，应适用《担保法》司法解释。

各位法官，在我们结束本代理意见前，我们要重申《再审申请书》的最后结论：本案终审判决是民事审判实践中少见的、错误严重的典型错判。因此，我们恳请各位法官慎重审查本案，向贵院提出决定立案的意见。

谢谢！

旁白

永远也不要以为自己完成的案件论证意见是什么终极性的东西。在提交诉讼文书之后，案件最终结果出来之前，一定要反复自我反省，自找毛病，预测对方律师的反驳意见和法官可能的不同看法，从而充实、修正、完善原论证意见。

在整个诉讼进程中，要像罗马帝国那样保持强大，而不能像大清帝国那样先强后弱，以致衰败。

——与本案《再审申请书》相比，《代理词》在诸多重要方面进行了新的论证，显示我方再审攻势的继续增强之势。

强力驳斥

背景

在本案立案审查听证会上，我针对某信托投资公司代理律师对我方再审主张的抗辩主张，提出了反驳意见。会后，将该反驳意见成文，递交某市高级法院。

说明：某信托投资公司的代理律师没有提交书面的答辩状和代理词。

正文

针对被申请人抗辩主张的反驳意见（再审）

尊敬的审判长、审判员：

作为再审申请案申请人某证券经纪公司和该公司下属某证券营业部的委托代理人，我们就被申请人某信托投资公司委托代理人于2007年7月3日在本案听证会上提出的主要抗辩主张及理由，阐述反驳意见如下：

反驳意见要点：

1.被申请人代理人对《金融违法行为处罚办法》第18条规定的理解有误。该条同时规定了三项“不得”，第一项和第三项“不得”，均有“不得违反国家规定”，唯有第二项不得为证券交易提供信贷资金，没有“不得违反国家规定”。

2.被申请人代理人所举行政规章《证券公司股票质押贷款管理办法》，不能用于质疑甚至否定行政法规的强制性规定，且该行政规章的基本内容与本案信托投资公司为股票交易提供贷款的一系列基本事实不符，不能参照。再者，申请人为准确理解行政法规而举出行政规章，为上述行政规章颁布后不久出台的，其禁止性规定与上述行政规章并不矛盾。

3.被申请人代理人所称高民尚《关于审理证券、期货、国债市场中委托理财案件的若干法律问题》一文，在尚无法律和司法解释规定的委托理财案件的处理中，有参考借鉴意义。但是，本案主合同为借款合同，从合同为担保合同，申请人为担保合同项下质押物的监管人，更重要的是本案纠纷《担保法》及其司法解释已有明文规定。故弃司法解释不用，参考文章观点进行判决，是错误的。

一、被申请人对行政法规的理解有误

被申请人代理人在答辩中认为，申请人对《金融违法行为处罚办法》理解错误，提出该行政法规第18条规定的金融机构不得为证券交易提供信贷资金的前提，是不得违反国家规定，而被申请人并未违反国家规定，故不适用该条。

被申请人对行政法规的这一认识显属曲解。

第18条规定："金融机构不得违反国家规定从事证券、期货或者其他衍生金融工具交易，不得为证券、期货或者其他衍生金融工具交易提供信贷资金或者担保，不得违反国家规定从事非自用不动产、股权、实业等投资活动。"

该条同时规定了三项"不得"，第一项和第三项"不得"，均有"不得违反国家规定"，唯有第二项不得为证券交易提供信贷资金，没有"不得违反国家规定"。这当然不是立法疏漏。该法条的文字便充分表明了立法本意，即该法规本身就是禁止为证券提供信贷资金的国家规定，无须再依据其他国家规定适用本条的禁止性规范。

二、被申请人用其理解的行政规章许可性规定质疑行政法规的禁止性规定不能成立

被申请人代理人在答辩中举出中国人民银行和中国证监会2000年2月2日颁布的行政规章《证券公司股票质押贷款管理办法》（2004年11月2日修订），主张银行都可以向证券公司提供贷款，故信托投资公司亦可向证券交易提供贷款。

这一主张显然不成立。

1.暂且撇开行政规章的基本内容并非被申请人所述，仅从《立法法》上说，假设行政法规的规定与行政规章的规定不一致，当然必须依据行政法规，而用行政规章质疑甚至否定行政法规，当然是错误的。这是常识，无须赘言。

2.被申请人曲解了上述行政规章的基本内容，错误地套用于本案。行政规章规定的是经中国银监会批准可经营股票质押贷款业务的商业银行，以股票质押方式，对证券公司进行短期不得展期的贷款，由证券公司用于弥补其流动资金的不足，而非允许证券公司将贷款用于股票交易。因此，行政规章的基本内容与本案信托投资公司为股票交易提供贷款的一系列基本事实不符，当然不能适用或参照。

3.上述行政规章修订时间是2004年11月2日，申请人为准确理解行政法规的禁止性规定而列举的中国银监会行政规章《关于加强信贷投资公司风险监管防范交易对手风险的通知》，是上述行政规章修订后不久的2004年12月16日颁布的。银监会的通知明确规定“信托投资公司不得以任何形式将信托财产转委托给证券公司或其他机构进行证券投资”。比较这两个行政规章可以看出，二者规定的基本内容虽完全不同，但并不矛盾。被申请人举出上述行政规章进行主张，其实质也是对银监会的通知进行质疑乃至否定，这当然也是不成立的。

4.2007年6月18日，中国银监会宣布对被企业挪用信贷资金从事证券投资（炒股）的工商银行、中国银行、招商银行等八家银行的分支机构进行行政处罚。该事实证明，行政法规关于不得为证券交易提供信贷资金的规定并无变化，银行信贷资金进入股市是被严令禁止的。

三、被申请人主张终审判决以一篇有关委托理财的文章为依据，追究申请人的监管责任，倘若如此，终审判决错误无疑

被申请人代理人在答辩中称，被申请人要求申请人承担的责任是监管责任，而不是担保责任；贵院作出终审判决的依据是高民尚关于委托理财的文章（原话为该文章对法院审判有指引意义）。

我们查阅了高民尚《关于审理证券、期货、国债市场中委托理财案件的若干法律问题》一文（下称高文）。高文“六、关于监管合同性质和监管责任的认定”之“（三）关于监管责任的认定和承担”之（3）认为：“委托理财合同有效而监管合同中监管人担保条款无效的，委托人无过错的，监管人与受委托人承担连带赔偿责任；委托人、监管人有过错的，监管人承担民事责任的部分，不应超过受托人不能清偿部分的70%。”（被申请人代理人称贵院以此意见为依据，酌情判决申请人承担50%的补充赔偿责任）

倘若被申请人代理人所述属实，那么，终审判决无论是依据、参照或参考高文判决，都错误无疑。

1.在司法实践中，当人民法院遇有某类案件或某项纠纷的处理缺乏法律和司法解释依据之情况时，参考借鉴有关著述，是正常的。但是，在有法律和司法解释的规定的情况下，弃之不用，而以某篇文章的观点作为判决的依据或参考，则是错误的。本案主合同的性质是借款合同，从合同的性质是担保合同，申请人是担保合同项下质押物的监管人。《担保法》司法解释明确规定了主合同有效和无效两种情形下，担保合同无效时债权人、债务人及担保人的过错责任份额，由此完全能够认定从属于担保人的申请人是否应承担责任。因此，将《担保法》司法解释弃之不用，而参考与本案性质和事实完全不同的，委托理财监管合同的探讨性文章观点进行判决，则肯定是错误的。

2.如上所述，《担保法》司法解释规定的是主合同有效和无效两种情形下担保合同无效时债权人、债务人及担保人三方的过错责任份额，这里的监管人因监管质押物，从属于担保人。而高文探讨的是委托理财合同有效和无效两种情形下监管合同无效及监管合同中监管人担保条款无效时，委托人、受托人及监管人三方的过错责任份额，这里的监管人因监管受托财产，独立于委托人与受托人。故两种不同法律关系中的不同主体、不同法律地位、不同作用、不同过错，是不能相互混同的。更重要的是，借款合同所牵连的担保合同项下的质押物监管人，与委托理财合同所牵连的监管合同中的受托财产的监管人，在监管责任的发生根据上、监管物的性质上、监管责任的作用上、监管过错的损害后果上，均截然不同。

3.当事人之间约定的担保合同项下质押物的监管，与当事人之间约定的委托理财监管合同中受托财产的监管，在法律的评价上是不同的。《担保法》第78条规定，质押合同以依法可以转让的股票作为质押物的，自证券登记机构办理出质登记后生效。2004年8月28日修正的《证券法》第146条规定，证券登记结算机构为证券交易提供集中的登记、托管与结算服务。[1]因此，被申请人委托申请人原职工沈某某出具质押登记证明是违反《担保法》的；委托监管质押物（股票）是违反《证券法》的。而委托理财监管合同中受托财产的监管，法律并未作规定，故并不违反法律。由此可见，作为本案债权人的被申请人弃合法监管，选违法监管，其过错责任与委托理财监管合同中选择合法监管的委托人，当然是不同的，而这种不同当然决定了两种监管人过错责任的不同。

综上所述，被申请人代理人的主要抗辩主张和理由是不成立的。我们恳请各位法官充分考虑上述反驳意见，并相信贵院对本案所涉法律和司法解释适用及相关理论参考的争议问题，会作出正确的评判。

谢谢！

旁 白

注意对方律师诉讼文书中的敏感文字，记住对方律师在法庭上说的每一句话，然后找出谬误，抓住它，毫不客气地强力驳斥。

宽容是人类的高尚品德，妥协是人类解决争端的文明方法。然而，进入诉讼中的律师则不然——律师跟战士、运动员一样，不应宽容对手，更不应向对方妥协。

---

[1] 该法于2013年6月29日修正，修正后的《证券法》第155条第一款的规定与本章引用的2004年修正的《证券法》第146条的规定一致。

冷酷的面孔

背景

《驳回再审申请通知书》

在听证会后两个月内，某市高级法院向我方送达《驳回再审申请通知书》，内容如下：

某证券经纪公司、某证券纪公司某证券营业部：

你们与某信托投资公司（以下简称某信托公司）、某房地产公司借款纠纷一案，不服本院（2006）某高民二（商）终字第×号民事判决，以某信托公司与某房地产公司之间签订的《资金信托贷款合同》违反国务院令1999[第260号]关于《金融违法行为处罚办法》（以下简称《处罚办法》）等有关规定，且该合同系张某为掩盖欺诈贷款的非法目的而签订，应认定为无效。该合同被认定为无效后，本案的担保合同和协议书亦应随之无效，你们作为担保人的监管人在本案中不应承担50%的补充赔偿责任等为主要申请再审理由，向本院申请再审，并要求再审后，撤销原判，改判对某信托公司在原审中的诉讼请求不予支持。

一、关于《资金信托贷款合同》是否因违反法律禁止性条款而无效

经审查，国务院上述《处罚办法》第18条第一款虽规定："金融机构不得为证券、期货或者其他衍生金融市场工具交易提供信贷资金或担保……"但该条第二款规定对金融机构违反前款规定的，给予警告、没收违法所得并处罚款等行政处罚。并不直接影响相关民事合同的效力。而目前我国除《处罚办法》外，尚未有其他法律、行政法规明文禁止信托资金流入股市。故你们主张涉案《资金信托贷款合同》因违反法律规定而无效，缺乏法律依据。

二、关于《资金信托贷款合同》是否因欺诈而无效

本案中，如果某房地产公司以欺诈手段使某信托公司在违背真实意思情况下订立了合同，则损害的是某信托公司的利益，并非合同法上规定的国家利

益。故本案应适用《合同法》第54条第二款及第55条的规定，即一方以欺诈手段使对方在违背真实意思情况下订立的合同，另一方有权请求撤销；具有撤销权的当事人自知道撤销事由之日起一年内没有行使撤销权的，或者知道撤销事由后明确表示或以自己的行为放弃撤销权的，撤销权消灭。鉴于本案中某信托公司对涉案的《资金信托贷款合同》并未行使撤销权，故原一、二审法院认定该合同有效是正确的。

三、关于《资金信托贷款合同》是否因“以合法形式掩盖非法目的”而无效

经查，本案中的某房地产公司等采用欺骗的手段与某信托公司订立合同，其真正的目的是为了实现合同利益，获取贷款，并非用合法的合同形式掩盖其他非法目的，故该行为的实质应为以欺诈的手段订立合同。你们主张适用《合同法》第52条第三款的规定，认定《资金信托贷款合同》无效，与法相悖。

四、关于《资金信托贷款合同》是否已生效

涉案的《资金信托贷款合同》虽约定，该合同生效的条件为：借款人以抵押、质押、或第三方抵押、质押、保证的方式向某信托公司提供担保的担保合同生效时生效。但本案双方当事人根据原担保合同，已实际履行了《资金信托贷款合同》，即某信托公司按约发放了贷款，某房地产公司也接受并使用了贷款。故你们再行主张《资金信托贷款合同》尚未生效，于法不符。

综上，你们要求确认本案《资金信托贷款合同》无效或未生效，缺乏事实和法律依据，本院不予支持。

五、关于50%补充赔偿责任是否合理

某证券营业部原负责人沈某某以某某路营业部的名义故意出具虚假的质押登记证明及市值证明，证明质押人享有质押物，且已办理了质押登记手续。该行为导致某信托公司相信质押人有足够的资金用于担保，从而向某房地产公司发放大额贷款，并数次同意展期。2003年5月，沈某某虽从某证券营业部离职，但某证券营业部营业执照上的负责人仍记载为沈某某。致使某信托公司据此相信沈某某系以某证券营业部的名义出具市值证明。因此，对于某信托公司

的损失，某证券营业部负有过错，理应承担相应的民事责任。某信托公司作为金融机构，在签订金融《质押担保合同》和《协议书》以及发放大额贷款和数次同意展期时未尽审慎的审查义务。故某信托公司对其所受到的损失，也负有过错，也应承担相应的民事责任。二审根据查明的事实，并经审委会讨论决定，依法判决由你们对某房地产公司不能清偿部分承担50%的补充赔偿责任并无不当。

你们对本案的申请再审理由，不符合《中华人民共和国民事诉讼法》第179条第一款规定的再审条件，应予驳回。

特此通知。

旁白

即使你下了很大功夫，即使你自认为构筑了强大的证据与法律的观点体系，也难免落个惨败——你的话法官一句也不想听，根本不搭理你。做律师，无论做过多少年，也无法躲避这种惨痛经历。当然，如果你还有抗争机会，那真是不错，继续拼争吧。

背景

我遂代理某证券经纪公司及其营业部向最高人民法院申请再审。因《再审申请书》与第一次在某市高级法院申请再审时的《再审申请书》与《代理词》内容基本相同，故以下仅摘录《再审申请书》中对某市高级法院《驳回再审申请通知书》的反驳意见及首、尾文。

言辞过于激烈

正 文

再审申请书（节选）

申请人：某证券经纪公司

申请人：某证券经纪公司某证券营业部

再审事由：

1.申请人不服某市高级人民法院（2006）某高民二（商）终字第×号《民事判决书》（下称终审判决），认为终审判决确有不容掩盖的、严重的适用法律错误及认定事实错误，系典型错判，故请求该院依法对终审判决提起审判监督程序，予以再审；

2.某市高级人民法院于2007年9月10日作出《驳回再审申请通知书》，完全无视行政法规《金融违法行为处罚办法》关于金融机构不得为证券交易提供信贷资金的明确规定；肆意曲解《合同法》关于以合法形式掩盖非法目的的合同无效的规定；全面回避申请人提出的本案处理依据——贵院作出的《担保法》司法解释；故意掩盖申请人揭露出的终审判决肆意变造司法解释并作为其判决依据的严重错误，为中国民事审判实践中罕见的蛮横无理的错误法律文书；

3.因此，终审判决符合《民事诉讼法》第179条规定的“原判决、裁定适用法律确有错误的”之再审情节，故申请人依法向最高人民法院申请再审。

……

五、某市高院的再审意见在法律、法规和司法解释的明确规定面前，在终审判决和刑事判决认定的基本事实面前，居然“背过身去”，蛮横无理，坚持错误

1.对国家行政法规的解释简直形同儿戏。《驳回再审申请通知书》（下称驳回通知）在“一、关于《资金信托贷款合同》是否因违反法律禁止性条款而无效”一节中称：“经审查，国务院上述《处罚办法》第十八条第一款虽规定：‘金融机构不得为证券、期货或者其他衍生金融工具交易提供信贷资金或担保……’但该条第二款规定对金融机构违反前款规定的，给予警告、没收违法所得并处罚款等行政处罚。并不直接影响相关民事合同的效力。而目前我国除《处罚办法》外，尚未有其他法律、行政法规明文禁止信托资金流入股市。故你们主张涉案《资金信托贷款合同》因违反法律规定而无效，缺乏法律依据。”

这一对行政法规的解释拙劣到令人不敢相信居然出自高级人民法院的法律文书之中。申请人相信，被申请人也不敢这般肆意解释。

第一，行政法规中的“不得”即为强制性或禁止性规定，依据《合同法》关于违反法律、行政法规的强制性规定的合同无效的规定，违反这种规定的合同就是无效合同。那么，在明确的法规规定面前，怎么还敢说本案借款合同合法有效呢?

第二，行政法规对其禁止的行为当然要做出相应的行政处罚规定，而这种处罚规定的实质就是要追究违法行为的责任。令人称奇的是，驳回通知居然敢利用行政法规的处罚规定，演绎出“并不直接影响相关民事合同的效力”。这是不是在说，国家法规愿意禁止就禁止，愿意处罚就处罚，但我们法院仍然可以认定禁止的和处罚的行为，在民事上就是合法、有效的行为？——这难道还不够荒谬吗?

第三，所谓目前我国除《金融违法行为处罚办法》外，尚未有其他法律、行政法规明文禁止信托资金流入股市之说法，其实质是将行政法规的强制性规定视同为间接证据，一个不行，必须多个。

2.故意放弃国家利益，突出公司利益。驳回通知在“二、关于《资金信托贷款合同》是否因欺诈而无效”一节中称：“本案中，如果某房地产公司以欺诈手段使某信托公司在违背真实意思情况下订立了合同，则损害的是某信托公司的利益，并非合同法上规定的国家利益。故本案应适用合同法第五十四条第二款及第五十五条的规定，即一方以欺诈手段使对方在违背真实意思情况下订立的合同，另一方有权请求撤销……鉴于本案中某信托公司对涉案的《资金信托贷款合同》并未行使撤销权，故原一、二审法院认定该合同有效是正确的”。

第一，本案借款合同违反金融法规的禁止性规定，使信贷资金流入股市，扰乱国家金融秩序，当然损害了国家利益，怎么能说“损害的是某信托公司的利益，并非合同法上规定的国家利益”？

第二，张某实施贷款诈骗的犯罪行为，被检察机关代表国家公诉法院判刑，怎么能说这一犯罪行为仅仅损害了某信托公司的利益，与国家利益无关呢？

第三，本案借款合同无效的本质是违反了金融法规的禁止性规定和符合《合同法》关于“以合法形式掩盖非法目的”的合同无效的规定，仅仅在现象上有似《合同法》规定的欺诈、可撤销的情形。驳回通知为了维护终审判决的错误，继续置国家利益于不顾，置法律、法规于虚设，只看现象，不看本质，认定某信托公司因被欺诈订立合同，并因其放弃撤销权进而认定合同有效，显然是错误的。

3.无视本案涉及犯罪的基本事实，故意曲解合同目的。驳回通知在“三、关于《资金信托贷款合同》是否因‘以合法形式掩盖非法目的’而无效”一节中称：“经查，本案中的某房地产公司等采用欺骗的手段与某信托公司订立合同，其真正的目的是为了实现合同利益，获取贷款，并非用合法的合同形式掩盖其他非法目的。”

第一，某市高级法院《刑事裁定书》认定张某签订《资金信托贷款合同》的目的，就是为了以虚假的质押物骗取某信托公司的巨额贷款，因此构成贷款诈骗罪，本案终审判决亦引述了《刑事裁定书》的认定和判决。但是，驳回通知仍然敢说“其真正的目的是为了实现合同利益，获取（不是骗取！）贷款，并非用合法的合同形式掩盖其他非法目的”。

第二，以签订合同的形式达到骗取钱财的目的，是典型的以合法形式掩盖非法目的。这是非法律人士也能轻易明白的法律常识，难道作为高级法院的职业法官们真的就是不懂吗？

4.自说自话，误解合同所附生效条件。驳回通知“四、关于《资金信托贷款合同》是否已生效”一节，申请人不知所云。申请人在《再审申请书》和律师的《代理词》中始终坚持本案借款合同无效，而不是未生效。虽然申请人曾在本案一审和二审中提出过这一主张，但驳回通知在此抓住这一点做文章，仍然说了外行话。合同既然约定了生效条件，那么即使合同已实际履行，但如果合同所附条件没有成就，合同仍未生效，甚至无效。因为，《民法通则》明确规定："民事法律行为可以附条件。附条件的民事法律行为在符合所附条件时生效。"

5.故意规避司法解释，坚持法外"自由裁量"。驳回通知在"五、关于50%补充赔偿责任是否合理"一节中，完全回避申请人提出的《担保法》及其司法解释关于主合同无效，担保合同无效的过错责任划分的具体规定，亦完全回避申请人在本案中的法律地位问题，仍然坚持终审判决无视司法解释的"自由裁量"观点。貌似在讲理，实则在司法解释之外另搞一套。

6.刻意回避终审判决的一系列严重错误。

第一，申请人揭露了终审判决故意变造司法解释的规定，并进而作为其判决依据的铁的事实，但驳回通知只字不敢涉及这一严重问题。

第二，刻意回避终审判决认定结果在前，原因在后的因果关系的错误。

第三，被申请人在听证会上提出了一系列抗辩主张，申请人在《针对被申请人抗辩主张的反驳意见》中一一予以强有力的反驳，但驳回申请亦全面予以回避。

综上，驳回通知只有两个特点：一是开口胡说——无视法律、法规，或故意曲解法律、法规和本案基本事实；二是避开不说——故意规避法律和司法解释，回避本案的一系列主要问题。

面对这样的驳回通知，申请人对继续申请再审充满信心，更加深信再审申请的主张和理由是正确的、扎实的、有力的。

综上所述，终审判决在认定合同效力上有法不依，却枉称无法；在认定过错责任上有司法解释不依，却作出与司法解释相悖的"自由裁量"；在适用司法解释上故意篡改、变造；在认定因果关系上违反因果关系的一般原理。故申请人确认并确信，终审判决是民事审判实践中少见的，错误严重的典型错判。某市高院的驳回通知曲解法律，规避司法解释，不仅法律水平严重缺失，更严重的是为了坚持错误，在法律和事实面前"背过身去"。因此，恳请贵院重视申请人的申请，慎重审查本案，依法提起审判监督程序，坚决予以改判，以维护法律的尊严，保护申请人的合法权益。

此呈

最高人民法院

申请人：某证券经纪公司

某证券经纪公司某证券营业部

旁白

猛烈抨击你认为的错判，毫不客气，毫不留情，毫无顾忌！唯此，才能导出判决错得离谱的结论；唯此，才可能引起上级法院的注意。

最高法院发话了

裁定

最高人民法院《民事裁定书》

最高人民法院分别对我方申请再审的7000万元和3000万元两案作出《民事裁定书》，主要内容如下（两案裁定内容相同）：

再审申请人某证券经纪公司、某证券经纪公司某证券营业部为与再审被申请人某信托投资公司、原审被告某房地产公司借款纠纷一案，不服某市高级人民法院（2006）某高法民二（商）终字第×号民事判决，向本院申请再审。经本院审查认为，申请人的申请理由符合《中华人民共和国民事诉讼法》第170条第一款第（三）项规定之条件。依照《中华人民共和国民事诉讼法》第177条第二款、第140条第一款第（八）项及第三款之规定，裁定如下：

一、指令某市高级人民法院再审本案；

二、再审期间，终止原判决的执行。

说明：《民事诉讼法》（旧法）第179条第一款规定："当事人的申请符合下列情形之一的，人民法院应当再审：……（三）原判决、裁定适用法律确有错误的。"[1]

旁白

如果你确实下了功夫，如果你确实没有走偏，那么你的意见还是有可能被上级法院接受的——接近真相、接近真理的观点，是不应该总遭抛弃的。

收成小了点

背景

某市高级人民法院开庭审理了本再审申请案。

庭上，我发表的《代理词》内容与《再审申请书》及听证会《代理词》基本相同，不过，将原主张"鉴于司法解释并未规定处于担保人从属地位的协助人的过错赔偿责任，故申请人依法不应承担补充赔偿责任"，变更为："依据司法解释，我方不应承担大于或等于担保人的责任"，旨在预先为调解作出让步。故再审开庭的《代理词》此略。

经法院主持调解，双方未达成调解协议。

判决

再审《民事判决书》

某市高级人民法院作出再审终审判决，其"本院认为"一节及判决主文如下：

---

[1] 该规定与2013年1月1日施行的《民事诉讼法》第200条第一款第（六）项的规定一致。

本院再审认为：国务院《金融违法行为处罚办法》的相关规定，旨在管理和处罚违反规定的行为，但并不否认该行为在民商法上的效力，目前并无法律明文禁止信托资金流入股市，原审上诉人以此主张系争《资金信托贷款合同》内容违法、应认定为无效的理由没有法律依据。某信托投资公司在知晓《质押担保合同》因主体和内容虚假而被认定无效，其有权请求撤销《资金信托贷款合同》的情况下，仍主张《资金信托贷款合同》有效，原审据此认定《资金信托贷款合同》有效，于法有据，应予支持。

关于某证券营业部、某证券经纪公司是否应承担责任以及应承担什么性质的责任问题。沈某某作为原某某路营业部的负责人，在质押人刘某某并未在该营业部指定交易以及开具资金账户的情形下，于某信托投资公司放款的当日，出具了质押登记证明，在某房地产公司借款期间以及未按期归还贷款时，仍出具虚假的市值证明，致使某信托投资公司相信某房地产公司有还款能力，从而向某房地产公司放款并数次展期。上述虚假的证明，沈某某均是以营业部名义出具的，沈某某的行为已被生效刑事裁定认定为犯罪，按照最高人民法院《关于在审理经济纠纷案件中涉及经济犯罪嫌疑若干问题的规定》第3条规定，单位直接主管人员以单位名义对外签订经济合同构成犯罪的，除追究行为人的刑事责任外，该单位对行为人签订、履行该合同造成的后果，依法应承担民事责任。因此，沈某某的犯罪行为所产生的民事责任后果应由某证券营业部承担。

对于原审上诉人提出的即使其承担责任，承担的比例按照《担保法》司法解释的规定不应超过债务人不能清偿部分1/3的主张，本院认为，某某路营业部是质押资产监管人，并非原审上诉人所称是担保人的协助人，两者在法律上的性质及所承担的民事责任是不同的。沈某某以营业部名义故意出具虚假市值证明，帮助贷款人骗取某信托投资公司贷款造成巨大损失，其行为侵犯了某信托投资公司的合法权益，按照规定，因其侵权行为而产生的相应的民事责任应由单位承担。需要指出的是，本案中某某路营业部的监管责任指的是其有义务将担保人质押的股票账户内所有的股票及资金动态情况如实按期地向某信托投资公司通报，该义务是独立于债务人及担保人的，对债务人的债务及担保人的行为其均无担保责任。因此，原审上诉人认为本案应适用或参照适用《担保法》及相关司法解释的规定来确定其所应承担的过错责任显然依据不足，本院不予采信。

综观本案事实，纵然沈某某的犯罪行为与某信托投资公司的损失之间存在因果关系，但某信托投资公司本身的过错亦不容忽视。某信托投资公司作为专业性金融公司，在向某房地产公司发放系争贷款时，仅凭沈某某以某某路营业部名义出具的一纸证明就放弃了实质性审查，其对质押人身份和质押物情况没有进行必要的审核即发放贷款的行为，存在明显过错，且在相关股票市值证明出现明显疑点时，亦未予以应当的注意和及时予以核实。某信托投资公司只要在任一时间、任一环节予以审核，即可避免或减少损失。因此，某信托投资公司对质押人和质押物疏于审核是造成贷款损失的重要原因。

综上，本院认为系争贷款损失系某信托投资公司与原审上诉人混合过错造成的，某信托投资公司对质押人和质押物疏于审核以致犯罪分子的犯罪目的得逞，是造成贷款损失的主要原因，对系争贷款损失应负主要责任。原审判决某信托投资公司与原审上诉人对贷款损失均担责任不合理，从本案某信托投资公司与原审上诉人存在的过错程度来看，某信托投资公司应承担贷款损失的60%，原审上诉人应承担贷款损失的40%。依照《中华人民共和国民事诉讼法》第130条、第153条第一款第（二）项、第186条之规定，判决如下：

一、撤销某市高级人民法院（2006）某高民二（商）终字第×号民事判决；

二、维持某市第二中级人民法院（2006）某二中民三（商）初字第×号民事判决第一、二、三项；

三、撤销某市第二中级人民法院（2006）某二中民三（商）初字第×号民事判决第四、五、六项；

四、原审上诉人某证券经纪公司某证券营业部对原审被告某房地产公司（2006）某二中民三（商）初字第×号民事判决第二、三项不能清偿部分的40%承担补充赔偿责任；

五、原审上诉人某证券经纪公司对原审上诉人某证券经纪公司某证券营业部上述第四项不能清偿部分承担补充赔偿责任；

六、对原审被上诉人某信托投资公司原审其余诉讼请求不予支持。

本判决为终审判决。

旁白

对于上级法院发回重审或指令再审的案件，你千万别以为下级法院只有改判一途。大改、小改、不改——下级法院可以做出种种选择。于是，你有时皆大欢喜，有时悲喜交加，有时空喜一场。

握手言和了

终局

双方和解结案

在酝酿于最高人民法院再次申请再审期间，我突然得知某信托投资公司与其他同类案件的债务人达成了和解，遂通过某市高级人民法院，促成我们代理的某证券经纪公司及某证券营业部与某信托投资公司最终达成和解。

经和解，我方除通过再审判决减付1700万元（四案总标的1.7亿元的10%）外，另减付510万元（将再审判决确定的40%降为37%），再者，更重要的是，免除了应付的全部利息计二千六百万余元。

正文

我起草了《和解撤诉协议书》和《执行和解协议书》，某信托投资公司及其代理律师、该公司上级主管单位某投资股份公司及其法律顾问（律师）经审查，只字未改，予以签署。

一方律师起草的、涉及双方重大利益且有些复杂的协议，另一方及其律师只字不改的情况是罕见的，故我认为有必要在这里附上《和解撤诉协议书》和《执行和解协议书》，或许对青年读者有益。

和解撤诉协议书

甲方：某信托投资公司

乙方：某证券经纪公司

丙方：某证券经纪公司某证券营业部（原某市某某路证券营业部）

甲、乙、丙三方就甲方在某市第二中级人民法院（下称某二中院）依据某二中院（2007）某二中民三（商）初字第×号、第×号两份《民事判决书》判决主文的和解及乙、丙方撤回上诉事宜，达成如下和解协议：

一、本金金额的确认

三方一致同意，乙、丙方依据某二中院第×号判决书和参照某市高级人民法院（下称某高院）（2008）某高民二（商）再终字第×号、第×号《民事判决书》，应赔偿甲方的本金金额为1850万元，依据某二中院第×号判决书和参照上诉某高院第×号、第×号判决书，应赔偿甲方的本金金额为740万元，两项合计2590万元。甲方放弃其余全部本金债权。

二、还款期限

三方一致同意，乙、丙方于2008年12月28日之前向甲方支付2590万元。

三、免除本金利息

甲方同意免除某二中院第×号和第×号判决书判令乙、丙方赔偿的全部利息和逾期利息。

四、支付案件受理费

依据某二中院第×号判决书，乙、丙方应向甲方支付75,793.75元案件受理费；依据某二中院第×号判决书，乙、丙方应向甲方支付36,587.50元案件受理费，两项合计112,381.25元。乙、丙方应于2008年12月28日之前向甲方支付该款。

五、赃款归属

三方一致同意，通过刑事程序追赃、退赃所收回的所有款项均归甲方所有，乙、丙方放弃冲抵本两案本金的要求。甲方表示，如尚未发还的款项甲方实际取得，则甲方将该款项用于冲抵甲方认为与乙、丙方有关的其他尚未成讼的争议款项。

六、撤回上诉

自本协议生效之日起3日内，乙、丙方向某高院提交请求撤回针对某二中院第×号和第×号判决书的上诉。

七、已无其他争议

三方已通过本协议书解决本协议序言所列判决书的执行约定问题，故三方就本两案已无其他争议。

八、违约责任

如乙、丙方未按本协议第2条，第4条的约定按期如数支付款项。则甲方有权依据某二中院第×号、第×号判决书判令乙、丙方赔偿甲方的本金及利息，向某二中院申请执行。

本协议自三方盖章签字之日起生效，一式四份，甲、乙、丙方各执一份，交某高院存卷一份，具有同等法律效力。

执行和解协议书

甲方：某信托投资公司

乙方：某证券经纪公司

丙方：某证券经纪公司某证券营业部（原某市某某路证券营业部）

甲、乙、丙三方就甲方在某市第二中级人民法院（下称某二中院）依据某二中院（2006）某二中民三（商）初字第×号和×号《民事判决书》、某市高级人民法院（下称某高院）（2006）某高民二（商）终字第×号和第×号《民事判决书》（该两份判决已被某高院（2008）某高民二（商）再终字第×号和第×号《民事判决书》改判），申请执行乙、丙方案件，达成如下执行和解协议：

一、本金金额的确认

三方一致同意，乙、丙方依据某高院（2008）某高民二（商）再终字第×号《民事判决书》赔偿甲方的本金金额为2590万元，依据某高院第×号《民事判决书》赔偿甲方的本金金额为1110万元，两项合计3700万元。甲方放弃其余全部本金债权。

二、还款期限

三方一致同意，乙、丙方于2008年12月15日之前向甲方支付3700万元。

三、解除财产保全

三方一致同意，自乙、丙方按上述第2条的约定履行完毕之日起5日内，甲方申请并督促某二中院办理完毕财产保全的解除事宜，即解除法院对乙方办公楼（某号1、2幢）的查封。

四、免除本金利息

甲方同意免除本协议序言所列判决书判令乙、丙方赔偿的全部本金利息和逾期利息。

五、免除案件受理费和财产保全费

依据某高院（2006）某高民二（商）终字第×号《民事判决书》，一审受理费、财产保全费（甲方预支）乙、丙方应向甲方支付181,613.75元，二审受理费（乙、丙方预支）甲方应向乙、丙方支付187,967.50元。两项相抵，甲方应向乙、丙方支付6,353.75元，乙、丙方同意放弃。

依据某高院（2006）某高民二（商）终字第×号《民事判决书》，一审受理费、财产保全费（甲方预支）乙、丙方应向甲方支付79,437.25元，二审受理费（乙、丙方预支）甲方应向乙、丙方支付83,614.50元。两项冲抵，甲方应向乙、丙方支付4,177.25元，乙、丙方同意放弃。

六、赃款归属

三方一致同意，通过刑事程序追赃、退赃所收回的所有款项均归甲方所有，乙、丙方放弃冲抵本两案本金的要求。甲方表示，如尚未发还的款项甲方实际取得，则甲方将该款项用于冲抵甲方认为与乙、丙方有关的其他尚未成讼的争议款项。

七、撤回执行申请

自乙、丙方履行本协议第2条的付款义务之日起3日内，甲方向某二中院申请并办理撤回执行申请之事宜。

八、已无其他争议

三方已通过本协议书解决本协议序言所列判决书的执行约定问题，故三方就本两案已无其他争议。

九、违约责任

如乙、丙方未按本协议第2条的约定按期如数支付本金款项，则甲方有权依据某高院（2008）某高民二（商）再终字第×号、第×号《民事判决书》判令乙、丙方赔偿甲方的本金及利息，向某二中院申请执行。

本协议自三方盖章签字之日起生效，一式四份，甲、乙、丙方各执一份，执行法院存卷一份，具有同等法律效力。

尾 声

继续打下去？还是坐下来和谈？筋疲力尽的交战双方是各有考虑的。选择和谈，无外乎是进攻方知道继续进攻不一定能获得新的战果，从而愿意通过和谈再获得少许战果，而防御方知道继续防御有可能遭受新的损失，从而愿意通过和谈做出少许让步。

战争中的和谈与诉讼中的和解同理，都是打出来的，不是谈出来的。

思考

本案的核心性问题就是两个：第一个是主合同《资金信托贷款合同》的效力问题，确切地说就是应否适用行政法规《金融违法行为处罚办法》的强制性规定认定主合同的效力；第二个是合同各方当事人的过错责任认定问题，确切地说就是应否适用《担保法》司法解释划分合同各方当事人的过错责任份额。我或许有点自负地认为，我在这两个问题上的观点，最高法院还是基本接受的，否则最高法院指令再审裁定的理由，即原判决适用法律错误所指为何？也就是说，如果最高法院认为应酌情减轻我方的责任，那么干嘛要指出原判决适用法律错误？不过，某市高级法院还是强硬地，且似乎有理有据地全面驳斥了我的主张。因此，这两个核心性问题在本案中并无定论，值得深入思考探究。

1.《金融违法行为处罚办法》第18条的规定到底属于什么性质的强制性规定？

我主张，作为金融机构的本案债权人明知债务人借款的用途是炒股，却予以放贷，违反了《金融违法行为处罚办法》第18条关于金融机构不得为证券提供信贷资金的强制性规定，依据《合同法》第52条关于违反法律、行政法规的强制性规定的合同无效的规定，本案主合同《资金信托贷款合同》是无效的。

某市高级法院的再审判决则认为，国务院《金融违法行为处罚办法》的相关规定，旨在管理和处罚违反规定的行为，但并不否认该行为在民商法上的效力，目前并无法律明文禁止信托资金流入股市。

本案再审后的2009年4月24日，最高人民法院公布并自2009年5月13日起施行的最高人民法院《关于适用〈中华人民共和国合同法〉若干问题的解释（二）》第14条规定："合同法第五十二条第

（五）项规定的‘强制性规定’，是指效力性强制性规定。”

那么《金融违法行为处罚办法》的规定到底属于什么性质的强制性规定？是属于效力性强制性规定，还是属于管理性强制性规定？

另外，债务人法定代表人张某已构成贷款诈骗罪，那么，可否适用《合同法》第52条第（三）项关于“以合法形式掩盖非法目的”的合同无效的规定，认定本案主合同无效？再者，我从法理上认为：“当经济合同被刑事判决认定为犯罪人的犯罪手段时，这种被刑事法律作了彻底的否定性评价的所谓的经济合同，是不能在民事法律上作合法、有效的肯定性评价的。”这是否成立？

2.应否适用或参照适用《担保法》司法解释认定本案各方当事人的过错责任份额？

我主张：《担保法》司法解释明文规定主合同无效而导致担保合同无效，担保人有过错的，其承担民事责任的部分不应超过债务人不能清偿部分的1/3（即33%），但终审判决却“自由裁量”，“酌情”判令不是担保人，仅仅是担保人的协助人的我方承担大于担保人责任的50%的补充赔偿责任，直接违反司法解释的规定。

某市高级法院的再审判决认为，我方营业部是质押资产监管人，并非我方所称的是担保人的协助人，两者在法律上的性质及所承担的民事责任是不同的……本案中我方营业部的监管责任指的是其有义务将担保人质押的股票账户内所有的股票及资金动态情况如实按期地向某信托投资公司通报，该义务是独立于债务人及担保人的，对债务人的债务及担保人的行为均无担保责任。因此，我方认为本案应适用或参照适用《担保法》及相关司法解释的规定来确定其所应承担的过错责任显然依据不足，法院不予采信。

那么，名为股票账户监管人的我方（法律上无此种监管人，股票质押的合法途径是在证券登记机构办理出资登记，而不是由证券营业部监管），其所起作用表明其到底是什么身份？是担保人的协助人？还是独立于担保人的股票监管人？到底应否适用或参照适用《担保法》司法解释认定本案各方当事人的过错责任份额？

另外，应当注意到，虽然再审判决否定《担保法》司法解释在本案的适用或参照适用，但是，其改判我方承担40%的补充赔偿责任，虽为酌情裁量，但似乎也受制于《担保法》司法解释。因为，《担保法》司法解释规定，主合同有效而担保合同无效，债权人、担保人有过错的，担保人承担民事责任的部分，不应超过债务人不能清偿部分的1/2（即50%），原终审判决判令我方承担50%的责任，与担保人相同，再审判决改判我方承担40%的责任，这其中某市高级法院是否有我方责任应轻于担保人的考虑，如有，考虑的依据不就是《担保法》司法解释吗？

最后，需要指出，法院一旦酌情裁量判决，其结论往往是没什么谱的。本案一审判60%，二审判50%，再审判40%，而总标的的1.7亿的案子，降个10%就是1700万元！因而一审判决与再审判决的金额之差就是3400万元！这正是法院酌情判决没谱的证据！因此，适用或参照适用法律或司法解释的规定，是何等的重要！

课题

论效力性强制性规定与管理性强制性规定 论文

论股票质押监管人的法律地位及法律责任 论文

主张合同无效必须拿出法律或行政法规的强制性规定 文章

—— 以个案看代理律师主张合同无效的得失

合同为犯罪手段时可否认定以合法形式掩盖非法目的 文章

可否对同一行为分别作出刑事上构成犯罪和民事上合法有效的认定 文章

关于主合同无效致担保合同无效情形下“三分之一”责任的理解 文章

法院可在“酌情判决”的“广阔天地，大有作为”吗？ 文章

—— 一件质押合同纠纷案件的启示

担保人身份可由当事人设定而不能由法院认定 文章

关于受欺诈方请求变更、撤销或维护合同的选择权问题 文章

关于冒名签订担保合同的担保人及其担保责任的认定问题 文章

如何认定过错责任上的因果关系与条件关系 文章

—— 以一件质押合同纠纷案件为背景

关于诉讼时效起算问题上的“知道”与“应当知道” 文章

心路

清晨，虽一夜未眠，但精神挺好。想到在这个城市救活了一个死案，应当给自己留下点城市记忆，于是毫不犹豫地赶到了过去曾多次来过的外滩。朝阳中，外滩边上的哥特式、罗马式、巴洛克式等风格各异的建筑群，尤其是那座顶部是曾被誉为“亚洲第一大钟”的原汇丰银行大楼，在新的一天里又展露雄姿，仿佛再次向世人炫耀着当年“东方华尔街”的辉煌。晨练的老人们让我突然想到，鲁迅、郭沫若、茅盾、巴金，还有张爱玲、丁玲，还有蒋中正、杜月笙，当然还有江青，或许都曾在这里凭栏、眺望、沉思、遐想……

要　目

莫说运气

2007年4月底，春天进入了“壮年”期。太阳已流露出夏季刺眼的光芒，树叶已由翠绿变成了墨绿，空气也由早春的湿润变得有些干燥了。

午后，开完会的我迎着西斜的阳光，开车往所里赶——客人在办公室等我。电话来了。是刘总打来的——他任某航空仪表公司总经理时，我曾代理该公司打过一单漂亮完胜的房屋租赁官司（该案收录在本书第一卷《房地产诉讼选录》中），他现任某航天集团总会计师（还是正局级，不过进入党组了）。

他过于冷静的语气与以往有所不同，显示出他要说的事很重要。他首先问我：最近忙吗？你有没有可能拿出相当多的时间和精力来办我们集团的案子。

我第一感觉当然是惊喜，故不假思索地答道：哪有不忙的时候！但是刘总你是知道我的，凡事不干则已，干就不惜时间精力，干到底！

他很满意我的答复，连声说好，并说我还是老样子，没变，他就喜欢我身上的这股子劲头。接着说到了正题上：我们集团在某市有几单连环官司，总标的达到1.7亿元。现在正在选聘律师，有好几家律师事务所都在竞聘。我专门向集团推荐了你，而且把你说成了常胜将军。所以，你可一定要高度重视这事，再说这是我来集团直接过问的第一个官司，可不能有闪失啊！

我一边打灯并线，一边依旧不假思索地说：刘总，我跟你说过，你肯定还有印象，我做律师最大的兴奋点就是参与竞聘。原因是我在竞聘中总能拿出与所有其他律师都截然不同的观点体系，所以到目前为止，竞聘成功率是百分之百，竞聘案件的胜诉率也是百分之百（在本书中我已多次提到这点，这虽是事实，但由我自己说，且反复说，充分反映出我的不谦虚和不大气。真不好意思！）。

他提醒我这次可不能大意，据他了解这几单连环官司虽情况差不多，但很复杂，而且对集团来说很艰难。他通知我当天就派人到集团法律部拿材料，明天看一天，后天就到集团参加竞聘，也就是当着办公厅、法律部和财务部各方领导的面，谈谈我的诉讼主张和诉讼方案。

随车与我一起开完会回所的两位助理，听着我通话，先是兴奋，后是喜悦。李律师说：你总说你不相信运气，这不运气来了吗？1.7亿元，听起来就过瘾！吴律师则说：博士，我建议你以后千万不要说不相信运气的话了。不相信运气，没有运气或者运气不好之类的话，是一种心理暗示，越说越背。我不满地想，你们可真会把握时机教育启发人。不过，此刻我心情很好，甚至有点得意。因而只是笑笑，然后将音量调大。伴着2006年维也纳新年音乐会施特劳斯家族轻快的圆舞曲，感觉车也轻快起来了。

再说所里的客人是过去服务过的一家公司老板的雇员，事是老板嘱托我为这个雇员提供法律咨询服务。这种由官员、老板、同学、朋友、熟人交代的事，常有不断，而且几乎全是公民个人的民事纠纷或刑事案件。好在介绍人都知道我和我所的业务范围（只为企业提供法律服务），故一般不会要求我代理或派所里的律师代理案件，只是让我亲自接待——当然是免费的。

这种客人通常表面上看都是很诚恳、很朴实、很谦卑的，一副很无辜、很不幸、很孤立无援的样子，但其实他们中的绝大多数都是猴精猴精的。他们通过关系人的介绍，让你免费为他们服务，解答法律问题，分析证据，查找和打印法律规定，甚至让你代写诉讼文书。其目的无非是分文不花地让你为他们打工。而你基于介绍人的因素，或着眼于人脉和业务，或囿于朋友之情或熟人面子，一点儿也不敢有所怠慢。

不过，今天我比往常更认真。不仅认真负责地作出答复和提出建议，而且主动地伏案写出诉讼主张与理由的纲要，交给客人。因为今天我得到了重要的业务信息，似乎将要获得重大业务，这心情用现今流行的港话说“开心”还远远不够，只能用一个“爽”字形容。

不知道其他律师如何，作为我，即将获得重大业务时的心情，要好过打赢官司时。此时的那种兴奋、激动、振奋、昂扬、期待、渴望，是我这支拙笔所无法真切而透彻地描述的。而彼时即胜诉时，虽满足、喜悦，但每次都有挥之不去的失落、茫然……

送走客人，已傍晚六点多了，去某航天集团拿案件材料的秘书还没回来。

天渐渐长起来了。此时，太阳已落到西山后面了，而且已收走了所有的余辉，但天色还挺亮，像阴天时的白天。我站在东方广场办公室落地窗前，望着对面国家商务部前面、长安街边上高大树木上密密麻麻的乌鸦，敞亮的心境立刻被蒙上了阴影，就像刚洗完车，明净的车窗被瞬间吹上了一层灰。不知何故，也许天安门两侧的长安街是京城乌鸦最集中的地方，不信你路过商务部门前时往树下看看，一地白花花的乌鸦粪，向东、向西绵延……

两位助理也没下班，正在说说笑笑地等待。

秘书终于回来了。我让助理们到会议室一起研读材料，并让秘书留下给大家买饭和准备复印打印。

然而，仅仅不到20分钟，越看脸越灰的我们，先后把材料扔在了会议桌上，摇头叹气。我走出会议室，对秘书说：你先走吧，一会儿我们也走。问：不加班了？答：不加了。这案子没法做，什么也不用写。

对于这类过错赔偿案件，我们太熟悉不过了，过去办过了多起。别的不说，就说他们航天系统某研究院的保险合同纠纷案吧（该案收录于本书第二卷《金融诉讼选录》中）。某保险公司已买断工龄解除劳动关系的业务经理伙同另两人，使用过期的盖章保单和收据，私刻印章伪造特约承保书，并以保险公司名义，用私刻的印章开立账户，骗取了某研究院1600万元保费。在这种事实和情节之下，我们代理某研究院（也是竞聘）以某保险公司在签订和履行保险合同过程中存在一系列严重过错为由，打赢了一审和二审，最后未经执行程序，便使某保险公司赔付某研究院全部保费本金。

而只须看看本案的终审判决就知道，在本案中，其一，沈某某是某证券经纪公司下属营业部的主任；其二，在沈以营业部名义签订的《协议书》和以经营部名义出具的质押登记证明和股票市值证明上，均加盖着营业部的真章；其三，上述《协议书》和质押登记证明，特别是沈连续近三年出具的数十份股票市值证明，内容全部虚假，致使债权人某信托投资公司轻信沈所代表的营业部的证明，将1亿元借款贷给犯罪人张某控制的两家公司，并数次展期，终导致巨额借款无法收回。仅此三点，判某证券经纪公司及其营业部承担50%的补充赔偿责任，有什么冤的！如果这也叫冤，那么某保险公司只因其离职的业务经理利用其盖章保单和收据（主要是私刻印章）诈骗了保费，就要承担100%的赔偿责任——不是对不能清偿部分承担补充赔偿责任，那不是比窦娥还冤吗？人家保险公司怎么就认了，服判了，不经执行程序就拿出了全部钱了？你们航天集团怎么就觉得冤死了，必须打再审，一定要把案子翻过来？

况且一审、二审，你们请了某直辖市顶尖的大律师，一审败后不仅请了国家顶级的教授们作了《专家论证意见》，而且还促使中央政法委直接过问了二审，但是最终还不是败了（二审仅仅是把一审的60%责任变成了50%责任）？这种在法律上死路一条的案子，你们也已穷尽了程序上的手段，已经走到了尽头，还找我做甚！这种案子你们还好意思拿出来让律师们竞聘？你们不明白，而我明白，凡参加竞聘的律师，要么死马当活马医，或许目的就是要向你们讨要前期代理费；要么就是没见过什么世面，一根筋，以为肯定能把案子翻过来。

再说，这些年除代理某国际企业打赢了一单调解书再审案件（该案收录于本书第一卷《房地产诉讼选录》中）和一单撤销仲裁裁决案（有似于再审案。该案收录于本书第二卷《金融诉讼选录》中）外，对于再审案件，我原则上不接。这里仅说经验主义范畴的原因：我曾代理某银行办理一单终审判决错得离谱的案子，法院竟然无视司法解释关于法院依职权调查的规定，拒绝了我请求调取案件重大证据的申请，简单驳回了再审申请（收录于本书第二卷《金融诉讼选录》中）。这个案子像警钟一般，每当我接触再审案件时，钟声便长鸣于耳畔……

我代理再审案件的成败经历和对再审案件的基本态度，二位助理都知道。因此，她们跟我一样，在看完本案的终审判决后，随便翻了翻律师们的代理意见和《专家论证意见》，便完全没兴趣继续看下去了。

吴律师毕竟跟了我十余年了，了解我此时的心态，除了说刘总他们错把石头当玉石外，没说什么。来所仅三年多，多少有点“二”的李律师则说：博士，看来你的运气真的够糟的。看到吴律师在给她递眼色，她伸了下舌头，打住不说了。

其实，我从来没有说过自己运气不好，当然更没说过我运气好，只是说我从不相信运气。我从新疆到北京，从烧酒工人到法学博士（1991年我博士毕业时，我的故乡报纸《石河子日报》就是用“从烧酒工人到法学博士”这句话作为标题报道的），从没遇到什么运气，靠的仅仅是个人奋斗。记得哥哥总是对父母姐妹和旁人说，弟弟的运气是他所知道的所有人中最好的，好到想要什么就能得到什么。他的解释是，全社会崇尚学历时，我就抢先搞上了博士；全社会追逐金钱时，我就抢先挣到了钱。有一年回家，下岗后多年什么也没做的他，当着全家人的面摇着头说：我不和你比，谁也没法和你比，你的运气简直太好了，我的朋友们都说，要有你的运气，肯定比你混得更好（他和父母对我辞掉大学的副研究员，而去做律师有所不满，尤其是他和母亲对我没走仕途甚为失望）。一直在经济上帮助他，且将父母接到北京赡养的我，心中有火却不敢发，但是道理还是要讲的。我缓缓地问：考大学、考硕士、考博士，靠的是运气？你的朋友怎么不去碰碰这个运气？做律师挣钱，熬更守夜写文书，装孙子四处求人，跑不完的腿，陪不完的笑脸，请不完的客。如果可以靠运气，干嘛要这么辛苦？这么无奈？这么下贱？

今年（2007年）8月回新疆参加高中毕业30年聚会和到石河子大学政法学院办讲座，哥哥对我平和多了，从未提运气的话题。可姐姐对我说，他仍然坚信我的运气极好。姐姐说：要说运气，我和他的运气比你好，孩子考得不好，都靠你办到了大学，而且学费都由你掏。可是，你一人在外闯荡，你又能靠谁呀！——哥哥的女儿去年高考落榜，我托人送到了重点军校，4年大学每年16,000元学费，全部我掏。而姐姐的孩子已经从中国政法大学毕业，在我所工作。

我从不相信运气，从不依靠运气。因为，运气从来就没有帮助过我，所谓运气对我来说从来都是靠不住的。在我个人的所有经历中，从来没有运气不运气的因素，因而运气与我无关。我不贬低或抱怨运气，也不期盼或感激运气。运气于我，有似于我肉眼无法顾及的外太空天体，与我毫不相干，连月亮也不如——月亮于我，远不是“代表我的心”那么含混，那么浅显，那么简单。

好了，回到本案上吧。

倒也没什么可说的了。总之，我决定放弃本案的竞聘，但基于刘总的情分，可以见面谈谈我的看法，不过我不想专门准备了，也就是不写书面意见了。

离开办公室时，李律师见我就像今天没发生这事一样，显得很正常，很自然，于是说：你的承受力真的不错。我反问：这事有什么需要承受的吗？打个不恰当的比方吧，广泛宣传的国产大片，看完了说它不好，说它没法看，说完了不就得了，还需要为看场电影承受什么吗？

凝望画像

当晚回家写本书，一气儿写到天亮，然后一觉睡到中午。打开手机一看，刘总又是打电话，又是发短信，信息有七八条。赶忙打他手机，却无人接听，估计是在午休。他们集团是机关，不少人有午睡习惯。记得来北京在中国政法大学读书、工作的10年，我也有午睡习惯。做律师后至今已12年了，从没睡过午觉。况且，我这种经常通宵不睡，中午才起床的人，如果再睡午觉，黑白颠倒得就太过分了。今年回到新疆的次日下午，我兴致勃勃出门要见几个人，可打电话、打手机均无人接听，望着寂静的街道，我才突然醒悟：现在是新疆的下午3点，正是大家午睡的时间。于是，我呆立在树荫下，回想起少年时夏季总是在午睡时偷偷跑出去，在水草翠绿的鱼池游泳的灿烂时光……

去所里的路上，打通了刘总的手机。他很沉静地听我解释，一句话都不说，以至于我几次都以为电话断了，自己在对着空气说话。

说完后，好一会儿才传来他的声音：老兄，这你就不够意思了。这让我怎么下台？这让我怎么做人？

又没了声音。——唉！我这人怎么总是这样！原本很简单的事，能做就做，不能做就说做不了，不就完了吗？可我，解释来解释去，又抱歉又遗憾，显得既理亏又心虚。难怪人家会觉得你欠了人家的！为什么我无论在工作上还是在生活中，总是把自己整成债务人？是性格？是善良？还是懦弱？

刘总终于又说话了：实话实说倒也好，没有信心就应该坦白，这起码说明你不是那种忽悠律师，这种人我们也见得多了。但是无论如何今天你必须好好准备一下，明天当着那么多人的面，你要讲出点水平，不能驳我的面子。就这样吧，我们会考虑其他律师。

回到所里，一堆事等着我做，我却呆坐在桌前。心情很复杂，说不太清楚。一位年轻律师敲门进来要说他负责的投资项目谈判陷入僵局的化解问题，我有气无力地说稍等。另一位年轻律师居然不问前一位为何没谈成，推门就进来，开口就说起他办的案子的司法解释理解问题，我叹口气又说稍等。手机响了，一看是政法大学的号码，估计是那几位年长我一轮以上的老朋友约我“五一”长假喝酒打麻将，一会儿再回吧。

呆坐着，东张西望。当目光移到挂在墙上的卢梭画像时（在本书第一卷《房地产诉讼选录》第一章中，我写下了小文“卢梭画像”，可参阅），便停住不动了。瞬间，脑海里便闪过一个个有关卢梭的镜头：一位产后妇人手搭在刚出生一周的婴儿襁褓上，面色苍白地死去了——她就是卢梭的妈妈，襁褓里的婴儿就是卢梭；一个钟表匠却佩带着上等阶层的佩剑，在日内瓦大街上迈着罗圈腿炫耀，被警察追捕——他就是卢梭的父亲；5岁的卢梭就无家可归了，抹着眼泪被穿戴破旧、没好气的舅舅拉扯着快步走着；16岁时还没正规上过学的他，站在后来成为他的恩人的华伦斯夫人府前，结结巴巴地乞求夫人帮助他；他在低头读书，他在散步思考，他在奋笔疾书；34岁时他在巴黎廉价的小旅社里，教他恋上的打工妹识数：“一年有12个月，这个是需要记住的；”他流泪望着打工妹抱着他们刚出生的孩子，走向弃儿收容所；法国国王路易十六在皇宫里阅读他的哲学著作《社会契约论》，在枫丹白露的宫廷观看他的歌剧《乡村法师》；66岁时借住在农庄里的他因中风倒地，他56岁时才成为他夫人的打工妹扶起了他，但没有唤醒他；英国女王站立在卢梭墓前，鞠躬拜谒……

望着卢梭画像，就这么一会儿，我似乎就醒了。

忙完一下午，晚上应酬后，又回到办公室。看完所有材料，列了个提纲，准备明天上午去讲。

长篇大论

赶到某航天集团大厦，离开会时间还差十多分钟，可办进门手续误了点时间（当然是武警把门），到会场时，里面已经坐满了人。

微笑着点头跟大家示意，除个别人还以微笑外，多数人表情严肃，没有反应。不过，这对于我来说早已习惯了——哪次参加竞聘面试不是这样？“考官”本不必对“考生”客气。

刘总先说话了——虽然办公厅、财务部、法律部的头儿都来了，但刘总作为集团党组成员，应该是今天会议的主持人。他讲话的大意有两层：一是本案事关集团重大利益云云；一是以其与我过去的合作（官司）经历为据，说我如何敬业和能耐。最后说今天的会议主要是听我谈谈对案件的看法，然后大家提出问题，由我答复。

我的开场白是这样的：各位领导，现在我简单汇报一下我对本案的初步看法。说初步是因为，我得到本案材料也就一天半时间。我首先必须坦白，依我的经验和对本案的初步分析，我对自己是否有能力将本案翻过来，是没有信心的，所以我决定放弃竞聘本案代理律师的机会。我已经将这个意思告诉了刘总，但刘总高看我，还是让我来谈谈对本案的认识。我希望我谈的意见能对本案的再审有点参考意义，并想以这种方式感谢各位为我提供竞聘机会。

我用了一个半小时的时间，谈了三个方面的问题。一是对案件的基本看法；二是对我方诉讼的基本评价；三是对再审的几点建议。主要谈了第一个问题，这就用了将近一个小时。

我首先谈了对终审判决的总体评价，结论是：定性基本正确，定量有失公平。认为终审判决认定混合过错（即加害方与受害方均有过错）是正确的，即原告（某信托投资公司）与我方（某证券经纪公司及其营业部）均有过错，且过错行为与原告贷款损失之间均有因果关系。但是，终审判决认定均等过错（各50%），并由此得出均等责任的结论，则是错误的。某信托投资公司应为主要过错方，应自行承担主要过错责任，而某证券经纪公司及其营业部为次要过错方，应承担次要的补充赔偿责任。但是，终审判决的这一错误，说到底是定量上的偏差——五五开与四六开仅仅差了10%，不属于重大错误，故难以通过再审程序翻案。这也正是我对本案的再审没有信心的基本原因。

在第一个问题“对案件的基本看法”中，我主要谈了三个具体问题：一是过错责任；二是合同效力；三是诉讼时效。

第一，过错责任问题。

终审判决认定我方有过错，结论是没有问题的，但认定的理由和依据却都没找到，充分暴露出主审法官及某高级法院（终审判决经该院审判委员会讨论决定）在此类案件上审判经验的缺乏。

终审判决认定的理由很简单，就是沈某某以某证券经纪公司营业部的名义出具了质押登记证明和股票市值证明，故沈的犯罪行为与某信托投资公司的损失之间存在直接的因果关系。认定的依据是最高人民法院《关于在审理经济纠纷案件中涉及经济犯罪嫌疑若干问题的规定》的第3条。即，单位直接主管人员以单位名义对外签订经济合同构成犯罪的，除追究行为人的刑事责任外，该单位对行为人签订、履行该合同造成的后果，依法应承担民事责任（当时我尚未注意到终审判决在引用该司法解释第3条时的删改问题）。

其实，简单地说，认定我方具有过错的理由的正确表述是，沈使用单位的印章，签订内容虚假的《协议书》（终审判决认定该《协议书》无效却遗漏了无效合同过错责任的认定）、出具内容虚假的质押登记证明和股票市值证明，这充分证明了某证券经纪公司及其营业部在印章管理上和人员管理上的过错。而认定的依据则应该是上述司法解释的第5条第二款的规定，即：“行为人私刻单位公章或者擅自使用单位公章、业务介绍信、盖有公章的空白合同书以签订经济合同的方法进行的犯罪行为，单位有明显过错，且该过错行为与被害人的经济损失之间具有因果关系的，单位对该犯罪行为所造成的经济损失，依法应当承担赔偿责任。”沈的行为就是擅自使用单位的公章，而且某证券经纪公司及其营业部的过错也是明显的，与某信托投资公司的贷款损失之间是有因果关系的。但是，不知终审判决为何没有引用这一条？

另外，关于过错责任中的因果关系问题，终审判决是有理不会说，仅仅生硬地下了个“存在直接的因果关系”的结论。因而，我方当然不服。我方原代理律师便以发放贷款在前（2002年8月12日），出具股票市值证明在后（2002年8月15日）为由，否定沈的行为与某信托投资公司贷款损失的结果之间的因果关系。

其实，本案因果关系是多因一果。也就是说，某信托投资公司（债权人）的失察原因、张某控制的两个公司（债务人）的诈骗贷款的原因、张某丈夫施某冒用他人身份（担保人）的出质原因，以及某证券经纪公司下属营业部（质押物监管人）的签订监管协议和出具虚假证明的行为，共同导致了债权人贷款的损失结果。至于发放贷款在前，出具股票市值证明在后的问题，如果一审法院或终审法院有点审判水平，将沈签订监管协议（已载明了质押物——股票账户和资金账户的市值和金额）、出具质押登记证明（监管协议的签订时间在发放贷款之前，质押登记证明的出具时间在发放贷款当日）与出具股票市值证明这三个连续的行为作为一个整体来认定，那么，我方的发放贷款在前，出具股票市值证明在后，因而不存在因果关系的主张，还能站得住脚吗？——虽然我后来形成了全新的观点体系并满怀信心地代理了本再审案件，但这一“整体论”仍然是我的心病之一（好在一直无法官或法院发现或挥起这一具有杀伤力的武器）。

第二，合同效力的问题。

本案的主合同《资金信托贷款合同》的效力问题是双方代理律师争论及一二审法院认定的本案第一个焦点问题。可惜的是，我方的一二审代理律师拿出的《贷款通则》既不能针对信托投资公司，又仅仅是行政规章；而拿出的《信托法》及《信托投资公司管理办法》却根本没有针对信托贷款效力的强制性规定。因此，终审判决便大胆地说：“目前并无法律明文禁止信托资金流入股市。”

其实，国务院行政法规《金融违法行为处罚办法》第18条明确规定：“金融机构（当然包括信托投资公司——我注）不得违反国家规定从事证券、期货或者其他衍生金融工具交易，不得为证券、期货或者其他衍生金融工具交易提供信贷资金……”股票交易为证券业务之一，禁止信托投资公司为证券提供信贷资金，就是禁止为股票交易提供信贷资金。本来，这一金融法规是基本的，常用的法规，但不知为何，我方律师和民商法专家们以及法官们怎么会都不知道。

另外，终审判决认定主合同有效的另两个理由，也是胡扯！所谓“《资金信托贷款合同》已经事实上得到全面履行”（贷款合同没还贷，怎么叫全面履行？），完全说了外行话。合同是否全面履行或履行完毕，与合同效力的认定全无关系。准确地说，即使合同已全面履行或履行完毕，法院仍然能够依法认定其无效。再说得简单点，买卖婴儿的合同，即使履行完毕，一手钱一手孩儿，也是无效合同。而所谓“一方以欺诈等手段使对方在违背其真实意思情况下订立的合同，受损害方有权请求撤销，鉴于某信托投资公司对《资金信托贷款合同》按有效主张，故应认定《资金信托贷款合同》有效”。则是故意规避《合同法》第52条第一项关于损害国家利益的欺诈合同无效的规定——违反金融法规，破坏金融秩序的合同行为，当然是损害了国家利益。

但是，应该注意到，即使认定主合同无效，仍然无法回避无效合同的过错赔偿责任问题。因此，在本案中抗辩主合同的效力，即使达到了认定主合同无效的目的，也无法减轻或免除我方的过错赔偿责任。

（我拿出金融法规作为主张本案主合同无效的依据，在本案中可说是具有首创性的——我方原一二审代理律师和本案一二审法院，以及那些国家顶级的专家们，均未发现或提出或涉及这一主合同无效的依据。但是，此时我尚未想到《担保法》司法解释关于主合同无效导致担保合同无效的，担保人有过错的，应承担不超过1/3的补充清偿责任的规定，也就是尚未意识到主合同无效对本案各方过错责任份额的划分所具有的决定性意义。）

第三，诉讼时效问题。

在此问题上，我方原代理律师试图搅乱法院的思路，但一二审判决认定本案诉讼时效期间从原告某信托投资公司经查询证券登记机构，得知某证券经纪公司下属营业部所出具的证明内容虚假时起算，是正确的。

这个问题的关键点在于，原告知道或者应该知道自己被侵害的权利的内容是什么？客观地说，就原告针对我方的索赔诉讼而言，其被侵害的权利的内容应该是，我方营业部主任沈出具了虚假的证明，因而原告的诉讼时效期间应该从其知道或应该知道沈出具了虚假证明，侵害了其权利时起算，而不能以其他事由起算，更不能进行有利于己方的主观推测。

我方原代理律师在一审中主张2003年7月24日贷款合同到期时，原告就应当知道自己的权利被侵害了，故应在2005年7月24日之前起诉；在二审中则修正了原主张，提出约定监管责任的《协议书》于2003年7月24日到期，因此原告"主张权利的起算日期亦应为2003年7月24日"（连诉讼时效期间的起算这种简单的法言法语也不会说）。而《专家论证意见》则提出了两个并列的诉讼时效期间起算意见——这本身就是自相矛盾的，到底应从两个事由中的哪个事由起算？其一是2002年8月12日，沈出具质押登记证明时，原告就应当知道可以通过证券登记结算机构进行查询，就可以得知质押人未在某证券经纪公司下属营业部开立资金账户及股票账户的真相，知道自己的权利受到侵害；其二是2003年4月14日，沈已调离后仍以某证券经纪公司下属营业部的名义出具股票市值证明，而同日沈又以其他证券公司下属营业部的名义与原告签订与本案监管协议内容相类似的监管协议，因此，这个情形发生时，原告应当知道自己的权利受到了侵害。

但是，我不得不说，我方的律师们和专家们在本案诉讼时效问题上的观点都是不成立的。无论是借款合同或监管协议的到期事由，还是对于沈出具的质押登记证明是可以通过查询得知真相的事由，以及沈调离后仍代表我方出具证明且同时代表其他方签订监管协议的事由，都不能证明原告知道或应当知道沈与其签订的监管协议、向其出具的质押登记证明和股票市值证明，内容全部是虚假的（《刑事裁定书》也认定原告方人员知道借款用于炒股，但不知道沈签的协议和出具的证明内容虚假）。

我刚要接着说第二个问题"对我方诉讼的基本评价"，法律部王主任打断了我的话，他说：现在说这么多也没什么用，你说一说你认为我们下一步应该怎么办吧。

刘总却毫不犹豫地说：李博士谈的问题对我们客观认识案件和下一步扬

长避短找出办法来，都很重要，我的意见还是让李博士接着说。

其实，我早就注意到，在我刚才发表“长篇大论”时，多数人表现出并不在意的神情，只有刘总在聚精会神地听着、记着。于是，我决定后两个大问题说简单点，反正我又不是来竞聘的！

关于“对我方诉讼的基本评价”问题，我针对我方代理律师的诉讼文书和专家们的论证意见，概括地提出了三点不同意见：其一，诉讼时效问题在再审中不要再提了，审判水平一般的法官都不会被本案诉讼时效期间已过的观点迷惑；其二，因果关系问题可以谈，特别是在法官和法院尚不懂得将沈的一系列行为作为整体认定的情况下，应该谈，但不要作为主要理由谈，否则引起再审法院的注意，同样难以过关；其三，总体说来，我方观点零散无力，因此可以肯定，我方目前尚未找到制胜的法宝，也就是没有找到足以使法院判定我方只应承担很小一部分责任的、由法律作为依据的观点体系。

关于最后一个问题，“对再审的几点建议”，我首先坦言，由于时间紧和水平有限，我同样没能找到我方制胜的法宝，因此所谈建议是初步的，也许是没用的。其一，我建议系统有序地举证论证原告方的几大过错，其目的无非是得出其为主要过错方的结论；其二，查找并适用最高人民法院司法解释，以解决本案的定量问题，也就是说找出原告承担大部分责任，我方承担小部分责任的司法解释依据，比如最高人民法院关于存单案件的司法解释就有20%补充清偿责任的规定，可否参照适用？——总之，拿不出规定，仅靠说理是无法推翻本案的定量判决的，因为在法律、司法解释并无尺度性规定时，法院有权酌情裁量；其三，要潜下心来，仔细查找和研究终审判决的重大错误或疏漏，在再审的观点体系中，应该有那么几条是指责终审判决太不像话的错误的。

我的发言终于完了。原以为他们多少会提出几个问题，谁想全场哑然——是不是已经到了中午吃饭的时间了，机关的人们才不会因开会误了吃饭？

还是刘总说话了。他的话把从我刚完成任务的那份轻松之中，引入了将要领受新任务的那份沉重之中。他说：没想到李博士用这么短的时间就拿出了这么透彻的案件分析意见。谢谢你了！我认为今天这个会开得很有意义，起码我明白了，如果我们不能找到，并且拿出制胜的法宝，还在以前的观点中打转转，对以前的观点修修补补，要想翻案，看来是没有希望的。我也听出来了，李博士建议我们找，说明法宝是有的，就看能不能找到。这也说明，这个案子还是有救的。所以，我想给李博士提个建议，给你一个礼拜的时间，请你下功夫重新论证一下，帮我们找找出路，5月5日、6日，我们大家牺牲一下过节的时间，开会听李博士讲讲。

我问：我要是找不到，不是耽误了时间吗？

他答：反正就一周时间，又赶上要过节了。

大家都没有意见，我也默认了。——为什么刘总这么肯定地向我提出建议，而我又没有拒绝呢？是他了解我的性格？还是他从我的发言中探出了我不甘心就这么放弃本案的潜意识？

苦心孤诣

原计划利用“五一”长假与友人聚会，特别是陪家人出游，只能取消了。

“五一”前夜，给自己放了个假，看了一整夜HBO（美国家庭电影频道）。中午起来，吃了饭，想到今天是节日，应该在小区里转转，透口气，下午和晚上还得想这个弃之可惜，做则为难的案子。

我在这个小区已住了10年了。小区很大，长和宽都将近一公里。用一片葱绿形容小区并不夸张。道路两旁成排的树木树冠高大，各栋小楼前花园里的各种绿化树、果树也都是粗壮的大树。小区住着各色人等，主要是生意人和演艺界人士。陈凯歌、陈佩斯、陈小艺、陈红等都住在这里。当然，不只是姓陈的在这里扎堆，我父母就和李雪健很熟，还去人家家里坐过；我家前面的楼里住着于荣光，刚搬来我栽云杉树时他还问我在哪儿买的；刘晓庆因税案被拍卖的两套带花园的房子，也在这个小区……

天空蓝蓝，白云朵朵，微风习习，庭院静静。可惜，我却没有雅兴，满脑子还是这个案子。走了不到20分钟，做了几个扩胸运动，就往家赶了。

坐在一楼餐厅，落地窗敞开着。时而凝望那随风飘落的粉色桃花，时而追寻那在草坪上跳跃奔跑的胖胖的喜鹊……

我原定的思考方向是，论证原告某信托投资公司的几大过错，查寻可参照适用的我方仅承担很小部分责任的司法解释规定。然而，此时我意识到，此路不通。

终审判决对原告的过错问题不仅没有疏忽，而且做了毫不留情、一针见血的论证。其概括了原告的三大过错，即一、对质押人身份和质押物情况没有进行必要的审核；二、在未收到市值证明的情况下就发放大额贷款，显属极不谨慎；三、在出现沈某某代表不同单位出具证明等疑点时，也没有及时予以核实。其结论是："某信托投资公司作为专业性金融公司，对资金安全应当高度重视，且对核押办法、查询渠道理应非常熟悉，其只要在任一时间、任一环节审核，即可避免或减少损失。特别是其在尚未取得沈某某以营业部出具的市值证明时，就已向借款人发放本案系争贷款，可见沈某某出具市值证明的行为并非某信托投资公司发放贷款的唯一原因，其自身对于借款人过于轻信，对质押人和质押物疏于审核，也是造成贷款损失的重要原因。"

可见，终审判决对原告过错的论证水平是相当高的——正是在这种证论的基础上或前提下，判决原告自行承担其贷款不能清偿部分50%的责任。那么，现在我还有什么本事再给原告找出几条过错来？更重要的是，我怎么评说终审判决在认定原告过错问题上的错误？

至于寻找可参照适用的司法解释的思路，也断了。简单地说，关于存单纠纷案的司法解释，虽然20%的补充清偿责任十分诱人，但是该司法解释规定的情形与本案的事实完全套不上！

草坪、树木上的夕阳余晖慢慢淡去，天色渐渐朦胧。我仍枯坐着，一筹莫展……

与同住小区的朋友们一起吃了晚饭，又喝茶聊天后，晚11点了，我才又坐在餐桌前——几年来，我很少在书房写作，因为一楼餐厅既宽敞，又临着落地窗户。

我仰着头，东张西望，想来想去，全无新的思路。于是又盲目地翻翻这个材料，看看那个材料。至夜里两点钟时，算上下午的4小时，已经苦思冥想了7个小时的我，终于有些动摇了。要想翻案，当然必须拿出全新的且有力的观点体系。对于一个军官来说，要求他每接受一个战斗任务就要拿出与人不同的全新作战方案，并且打赢，是困难的，而如果这个战斗任务是扭转败局，要求他拿出新的作战方案并转败为胜，则难上加难。即使“二战”时斯大林的救火队长朱可夫，虽然打赢了诺门坎战役，猛揍了日本人，虽然顶住了德国人的强攻，保住了列宁格勒，但是在德军围攻基辅时，却不惜以丢掉苏军总参谋长职务的代价，顶撞斯大林，坚持放弃基辅——以当时战况，保卫基辅是不可能的。我总是自我要求凡接受委托就必须拿出新的、足以制胜的诉讼主张，是不是把本为凡夫俗子的自己神化了？英雄化了？本案是不是有似于“基辅”，已经没法救了？况且，我并没有答应去救，只是同意想想法子，故退路是现成的，该退了吧？

我沮丧地起身走到客厅，打开电视，仰在沙发上。原定通宵不睡的，喝了不少茶。这会儿既不想睡，电视又看不进去，而写书又全无心思，干脆就这么两眼无神地望着电视，呆坐着。然而，满脑子还是这个案子。

想着想着，我开始比较我与我方律师、专家，与一二审法院在本案认识上的异同。在双方过错认定和过错责任份额问题上，我与我方律师和专家一样，都没能形成强有力的见解。我虽然认识到一二审法院均未能全面和准确地概括出我方的过错，但这不是证明我方不仅有过错而且过错明显吗？在诉讼时效和因果关系上，我虽然与我方律师和专家认识不同，但仅仅是否定他们，并没有新的认识，可说是“只破未立”。至于看出一二审判决在因果关系的认定上尚不会将沈的一系列行为作为一个整体来认定，只不过是找出了对我方更为不利的根据。唯独在主合同《资金信托贷款合同》的效力问题上，我与我方律师、专家，与一二审法院均截然不同，我首次拿出了认定主合同无效的行政法规。然而，合同无效接下来的认定和处理问题就是，过错责任的认定和过错责任份额的划分。而这，不是又回到了双方的过错问题上了吗？所以，对我方而言，主张主合同无效的意义何在？

我脑海里不断回响着“主合同无效”、“主合同无效”的声音。想着这是我与所有参与本案的法律人士的最大不同点，而这个不同点能够成为本案的突破点吗？应该是吧？否则，注意案件的其他点，最终还是要在现有的观点之中打转转，是找不到出路的。可是，我的这个点，应该怎么向前延伸，找到突破口，进而最终使这个点成为突破点呢？对了，不能仅仅停留在通常的合同无效，过错赔偿的观念上，要前进，要找出主合同无效，我方仅承担小部分责任的思路来……

“嘭”的一声，我一拳砸在沙发上。嗨！原来就这么简单！《担保法》司法解释不是规定主合同无效而导致担保合同无效，担保人有过错的不过就承担不超过1/3的清偿责任嘛！我冲动地从沙发上跳起来，迅速趴到餐桌上，一口气拉出了思路提纲。即一、《金融违法行为处罚办法》明令禁止包括信托投资公司在内的金融机构为证券提供信贷资金，故本案《资金信托贷款合同》无效，终审判决认定“目前并无法律明文禁止信托资金流入股市”属有法不依，却枉称无法；二、最高人民法院《关于适用〈中华人民共和国担保法〉若干问题的解释》明文规定主合同无效而导致担保合同无效，担保人有过错的，其承担民事责任的部分不应超过债务人不能清偿部分的1/3（即33%），但终审判决却“自由裁量”，“酌情”判决不是担保人，仅仅是担保人的协助人的我方承担大于担保人责任的50%的补充赔偿责任，直接违反司法解释的规定。

我深深吸口烟，长长吐出，点着头，笑着想，担保人仅承担不超过33%的责任，我方不过是担保人的协助人，承担20%的责任，已经够高了。目前败诉的两单要赔5000万元（1亿元的50%），打到20%，就减少了3000万元的损失。不错，还是有味道的！

我反复欣赏着我的这两条提纲，如同陶匠欣赏其刚出窑的精品陶瓷。我的得意并不仅仅在于这两条的原创性——本案的所有法律人士，包括国家顶级的民商法专家，谁也没有想出这两条，更在于这两条是以行政法规和司法解释为坚实基础的，不是说理，而是说法，故足以震撼终审法院，足以动摇终审判决！

欣赏的同时，我又自问：老李这次眼见着没招了，怎么又找到了大招、绝招？当然，不相信运气的我，绝不会喊出天助我也，只会自恋地归功于自己的直觉、悟性、灵性……

天大亮了，该睡觉了，不容我再臭美了。

左右逢源

觉没睡好，四个多小时就醒了。原因无非是睡前太兴奋，睡中老做梦。醒来想不起梦到了什么，大概是对人说啊说的，没完没了，好像与这个案子有关。倒是精神还行，一起床，脸没洗，牙没刷，喝口水，点根烟，便坐在餐桌前翻看本案材料。家人开始埋怨我了，于是嬉皮笑脸地说：这灵感来了可不能断呀，反正你们还没做好中午饭嘛。

就这样，在饭前的一小时中，本着“主题先行”的原则——就是要找出终审判决的其他严重错误来，光靠两条定性（主合同效力）和定量（过错责任份额）观点还稍显单薄，我如愿地找出了终审判决变造司法解释的严重错误来！并“阴险”地冷笑：哈哈，狐狸尾巴露出来了吧！

终审判决称“沈某某的犯罪行为所产生的民事责任后果应由某证券经纪公司下属营业部承担”的司法解释依据是，最高人民法院《关于在审理经济纠纷案件中涉及经济犯罪嫌疑若干问题的规定》的第3条。其引述的规定是：“单位直接主管人员以单位的名义对外签订经济合同构成犯罪的，除追究行为人的刑事责任外，该单位对行为人签订、履行该合同造成的后果，依法应当承担民事责任。”但是，一经对照该司法解释的该条规定，便清楚地看出终审判决在引述中，把原文中的“将取得的财物部分或全部占为己有”一句删除了。

我确信，终审判决的这一做法是刻意为之。原因很简单，沈某某在整个犯罪过程中分文未得——有对她的刑事裁定为证。这个中年妇女很怪异，不图丝毫私利，却冒着坐牢的风险，在长达3年期间为不沾亲不带故的诈骗犯张某连续出具几十份虚假证明。当然，也正是她的怪异，为难了本案的法官们，致使他们为了追究我方的民事责任而变造司法解释。

那么，终审判决删除的规定内容是不是可有可无呢？当然不是。“将取得的财物部分或全部占为己有”是对犯罪结果的要求，是适用该规定追究单位民事责任的条件之一。如果某单位的主管人员虽然以单位名义参与了犯罪，但并没有取得财物，更没有占为己有，而是其他单位的主管人员通过犯罪行为，取得了财物并占为己有，那么这种情形就跟该司法解释规定的适用条件不同了，就不能依此规定让该单位对其主管人员因签订、履行经济合同造成的后果承担全部民事责任了（该司法解释并没有规定承担民事责任的比例，因而应理解为承担全部责任）。

我搞不明白二审法院的法官们在想什么呢！——我的解释是真够笨的！该司法解释的这一条明摆着不能用，干嘛要删改适用呢！你们可以糊弄当事人和一般律师，但却过不了我这一关！其实你们完全可以适用该司法解释的第5条第二款嘛。在上文“长篇大论”一节中，我已提到该条规定，即“行为人私刻单位公章或者擅自使用单位公章（沈就是擅自使用营业部公章——我注）、业务介绍信、盖有公章的空白合同书以签订经济合同的方法进行的犯罪行为（没要求将取得的财物部分或全部占为己有——我注），单位有明显过错的（我方的过错不是严重，也是明显——我注），且该过错行为与被害人的经济损失之间具有因果关系的（从沈行为的整体看，在发放贷款前，使用我方公章签订监管协议，出具质押登记证明，发放贷款后又连续出具股票市值证明，证明我方过错行为与原告贷款损失之间具有因果关系——我注），单位对该犯罪行为所造成的经济损失，依法应当承担赔偿责任（是全部赔偿责任，判我方50%的补充赔偿责任是轻的——我注）”。

话说回来，既然终审判决犯了这一错误，那我肯定要抓住不放——在试图纠正二审或终审判决的错误时，当然要靠方向性、路线性的观点，但也要善于使用策略性、技巧性的观点，要争取把二审或终审判决驳得“体无完肤”！

想到自己又有了一个新的突破，我得意地忘乎所以，没刷牙就想吃中午饭了……

饭后，顿觉困倦，干脆躺在沙发上看电视、打瞌睡。

午后的斜阳只照到客厅的一角时，我才醒来。

我又开始琢磨。虽然，客观地说我方多少还是要承担过错责任的，但是，在诉讼策略上，我方是可以主张免责的。因为，《担保法》司法解释规定的担保人的过错赔偿责任也不过是不应超过债务人不能清偿部分的1/3，特别是并未规定处于担保人从属地位的协助人的过错赔偿责任。但是，我方不能不承认我方有过错，尤其是如果承认我方的过错行为与原告的贷款损失之间具有因果关系，那么，这不与上述主张免责的观点自相矛盾了吗？——有过错又有因果关系，但不赔偿，这说不通呀！

于是，我开始思考因果关系问题。很快我便找到了出路：否定我方与损失之间的因果关系，主张我方与损失之间是条件关系——沈的行为与损失之间的联系与作用是无法否认的。

循着这一思路，我慢慢理出了头绪。第一，本案的原因有三：一是张某的诈骗行为；二是施某某出质的作假行为；三是某信托投资公司的失察行为。这三个原因共同导致了贷款损失的结果，这反映出因果关系的多样性（多因一果）。第二，沈的行为为张某及其夫实施贷款诈骗行为提供了条件，也是某信托投资公司轻信张某及其夫和失职、失察的条件之一，但沈的行为与贷款损失结果之间并不存在一种引起与被引起的必然性联系。也就是说，即使沈出具了虚假证明，如果没有张某及其夫的诈骗行为，或者没有某信托投资公司的失职、失察行为，贷款损失结果也是不会发生的。这反映出因果关系的相对性（因果关系总是一定条件下的因果关系，一定的原因总是通过一定的条件，引起一定的结果）。第三，再加上某信托投资公司发放贷款在前，沈出具股票市值证明在后这一条——我方原代理律师在一二审中均主张过，由此得出终审判决关于本案因果关系的认定违反了因果关系的顺序性原理的结论（原因在前，结果在后，是因果关系的一般原理）。

这一条件关系观点，虽是根据事实在说理，不是说法——法律、司法解释并无有关因果关系的具体规定，但却是有理论水平的，而且不仅协调，甚至加强了过错责任（免责）观点。

我起身在客厅、餐厅之间兴奋地走来走去。这两天过节，收获真是大大的。不仅想明白了主合同无效的重要价值，寻找到了我方只承担很小部分责任或免责的司法解释，而且发现了终审判决变造司法解释的错误，思考出了我方与损失之间条件关系的观点。

再审申请书的轮廓就这样出来了。第一部分写终审判决认定主合同效力的错误——主张依据行政法规，主合同无效；第二部分写终审判决酌情裁量我方承担50%责任的错误——主张依据《担保法》司法解释，担保人仅承担不超过33%的责任，我方不是担保人，鉴于司法解释并未规定作为担保人的协助人的责任，故我方不应承担责任；第三部分写终审判决故意变造司法解释的错误——主张终审判决为了追究我方的民事责任，不惜变造司法解释的规定，以作为其判决的依据；第四部分写终审判决在认定因果关系上的错误——主张我方虽有过错，但过错行为与原告的贷款损失结果之间是条件关系，不是因果关系。

昨天，在找到《担保法》司法解释的规定时，我已经在内心确定，这个案子接了！此刻，我确信，这个案子当然是我的了！

今天晚上不想了，也不写了，喝酒、遛弯儿、聊天儿、看电视！明天和后天，写完《再审申请书》。

大功告成

有了四个基本主张构成的观点体系，写起状子来就很顺手了。5月3日写完，4日就修改并定稿了。

一篇诉讼文书如同一篇论文或小说一样，无论他人如何评说，作者自己是无须解说的——一切尽在文中。然而，我欲使本书成为法学院系案件教学教材和青年律师自修研习读物，那么就有必要，甚至可以说必须对书中重要文书进行适当说明。故以下我简要说说《再审申请书》。

首先，提示一个技术性问题。写完“再审请求事项”，我没有像通常文书写作方式或习惯那样，直接进入正文，而是先写了“再审理由要点”，也就是先把四个主张一一作个概述。这样做的目的无非是为了提纲挈领，以使法官在阅读全文前，即先了解本文纲要或基本内容。通常法官要看完全部文书后，再回过头来考虑一下，才能全面并准确地掌握文书中的各个观点，故这样写法官就省了这份心思。另外，在当事人基本情况和诉讼理由要点都要录入电脑的当今，法官拿到这样的文书，只照稿打字就成，免了琢磨概括的麻烦。当然，我这样做并不是为了提高法官的工作效率——那关我屁事！只是为了让他们轻松、快捷地了解我的全部观点。从整体到部分，是系统论的方法；从部分到综合，是分析论的方法。孰优孰劣，早有定论（80年代中期我读硕士时认真自修过系统论，还在我的母校新疆政法管理干部学院办过系统论专题讲座。近来看介绍钱学森的电视，才知道现在称系统学。是仅仅名称变了，拔高了，基本原理未变？还是变化很大？尚未来得及查阅）。

关于第一部分《资金信托贷款合同》无效，以下三个问题是至关重要的。

第一，为了加强我举出的行政法规《金融违法行为处罚办法》，我反复查找了相关行政规章——行政规章虽不能作为认定合同无效的依据，但在有法律或行政法规的前提下，用行政规章加强还是有必要的。但是，未能找到本案合同签订前禁止信托投资公司为证券提供信托资金的行政规章，只找到了中国银行业监督管理委员会的《关于加强信托投资公司风险监管防范交易对手风险的通知》。这个行政规章的第2条规定：“信托投资公司不得以任何形式将信托财产转委托给证券公司或其他机构进行证券投资，”这对我方极为有利。然而，该通知的发布时间是2004年12月16日，而《资金信托贷款合同》最后一次展期的时间是该通知发布前的2004年11月22日，故从溯及力上说，该通知不能适用。不过，在没有其他规定的情况下，我只得选用该通知。我的引用技巧是，不作依据，只作参考。故称“为了准确理解上述行政法规……申请人在此列举……”

至于我方专门委托律师向中国银监会咨询一节，是“五·一”节后所为，并补充进申请书中的。

第二，对于终审判决认定主合同有效的《合同法》依据，即一方欺诈，另一方有权请求撤销，而某信托投资公司对主合同按有效主张，故应认定主合同有效，必须予以有力的驳斥。我写道：“本案《资金信托贷款合同》同时符合《合同法》第52条规定的两项无效情形和第54条规定的一项合同可变更或者撤销的情形。即，第52条第三项‘以合法形式掩盖非法目的’（张某以贷款合同的合法形式掩盖其诈骗贷款的非法目的），第五项‘违反法律、法规的强制性规定’（违反《金融违法行为处罚办法》），第54条第二款‘一方以欺诈、胁迫的手段或者乘人之危，使对方在违背真实意愿的情况下订立的合同，受损害方有权请求人民法院或者仲裁机构变更或者撤销。’这属于法条竞合，即一个合同行为同时违反了数个法条规定，应采取‘重法优于轻法’的原则，选择适用一个法条认定合同行为的性质（效力）。因此，在本案中，人民法院应着重维护法律、法规的尊严，认定本案借款合同违反金融法规的强制性规定，扰乱金融秩序，为无效合同。而不能消极地放弃司法干预权，置国家利益于不顾，认定本案原告某信托投资公司因被欺诈订立合同，并因其放弃撤销权进而认定合同有效。”

我觉得，我的这一论述是有一定法律知识含量的，且有理有据，有礼有节，有退有进。

第三，关于成为犯罪人的犯罪手段的经济合同的效力问题。我的结论性意见是：“申请人坚定地认为，从法理上说，当经济合同被刑事判决认定为犯罪人的犯罪手段时，这种被刑事法律作了彻底的否定性评价的所谓经济合同，是不能在民事法律上作合法、有效的肯定性评价的。如果认为，一个行为在刑事法律上是犯罪，是恶，但在民事法律上则可以是合法，是善，那么这种认识显然是有悖法理的（顺畅的写法是‘显然是荒唐的’，但觉太过激烈，改了）。”

我认为这一观点是有认识高度的，是正确和透彻的。早在2003年，针对某研究院诉某保险公司的保险合同纠纷案，我就提出该案中犯罪嫌疑人冒充某保险公司人员所实施的诈骗行为不是表见代理——表见代理行为是有效的，某保险公司应承担的责任是过错赔偿，而不是表见代理行为的民事责任，理由正是构成犯罪的行为是不能在民事法律上作合法、有效认定的（收录于本书第二卷《金融诉讼选录》中）。

专家论证意见在此问题上称，刑法专家指出，从刑法规定看，贷款合同是犯罪嫌疑人张某为达到非法占有贷款的目的而采用的犯罪手段，因此，该贷款合同应为无效。这一结论性意见是精准的。这里所说刑法专家，就是陈兴良教授。早在我读硕士时，就有幸结识作为国家首届刑法学博士的他。记得好像是2002年，他搬新居时，还专门请我到他家喝酒。也是2002年，中国政法大学出版社出版“中青年法学文库”第一批5本书时，他的书是大部头《刑法哲学》，我的书是《刑事诉讼构造论》。两本刑事法学的书，一本为实体法，一本为程序法，这让我觉得跟他挺有缘。以后退出学界后，与他很少联系，但只要看到他的名字或听到有人说他，我就会想或会说，中国刑法界有陈兴良这样的领头羊，就会有学术的发展。想必他非常忙，对本案不过是应邀过问一下。可就这么一下下，就足以让我再次领教了他的厉害。老兄，我在这里向您致敬了！

关于第二部分过错责任份额的主张问题，也有三个问题需要解释。

第一，为什么在这一节开篇不说《担保法》司法解释，而要先说本案《质押担保合同》无效的原因呢？这是因为《担保法》司法解释规定适用第8条的条件之一是主合同无效而导致担保合同无效（之二是担保人有过错）。因而，我担心再审法院会以担保合同的无效自有其原因，与主合同的无效无关，即并不是主合同的无效导致了担保合同无效为由，认为不应适用第8条。因此，我将终审判决关于担保合同无效的认定为我所用——终审判决认定质押担保合同及协议书的签订均是张某为达到其骗取贷款的非法目的而实施的行为，故担保合同及协议书无效，从而得出结论：因主合同《资金信托贷款合同》内容违反金融法规的强制性规定而无效，作为担保合同的从合同《质押担保合同》，以及作为保障性从合同的《协议书》，当然也随之无效，故担保合同无效的主要原因应该是主合同内容违法。这样便为下一步引用《担保法》司法解释奠定了基础。

第二，关于我方的法律地位和责任问题。此问题我是经过慎重考虑的。如果避开我方的法律地位问题，仅仅主张担保人不过仅承担不超过1/3的责任，我方不是担保人，不应承担责任，也未必不可。但是，这样主张难免有无视我方人员沈某某签订虚假协议和出具虚假证明的事实，无视我方确有过错之嫌，易引起再审法院的反感。因此，我较为客观地主张沈以我方名义实施的行为是对担保人的担保进行协助或辅助，故我方在本案中的法律地位不过是担保人的协助人而已。鉴于《担保法》司法解释并未规定处于担保人从属地位的协助人的过错赔偿责任，故我方依法不应承担补充赔偿责任。当然，这里必须指出，这一主张不过是诉讼策略而已，其全部诉讼意义不过是降低我方的过错程度，从而试图以此影响再审法院，使其在确认我方赔偿份额时能够少些。

第三，在本节解说司法解释的规定，评说终审判决的错误之后，我做出了自认为还算出彩的结论。这就是："在法律或司法解释没有明确而具体的案件处理规定（或尺度）的情况下，法院可以行使其自由裁量权，根据案件实际情况酌情处理。在法律或司法解释有明确而具体的案件处理规定（或尺度）的情况下，法院无视法律或司法解释的规定，做出违反法律或司法解释的'酌情裁量'的判决，就是错判！"

至于第三节对终审判决变造司法解释的揭露和第四节关于我方与贷款损失之间是条件关系，不是因果关系的主张，鉴于本文上一节已作交代，这里不再赘述。不过，关于本案因果关系与条件关系的论述，是有理论味道的，值得研读和思考。

心存疑虑

刘总安排5月五六日开会重新听取我的新意见，而我也于5月4日前完成了《再审申请书》，因而照计划正常开会是没有问题的，但是，临到给刘总打电话时，我犹豫了。

兴奋过去，我开始冷静了，而冷静让我生成了几多担心。我的这个观点体系足以推翻终审判决吗？特别是《金融违法行为处罚办法》规定的是金融机构不得为证券提供信贷资金，而终审判决认为"目前并无法律明文禁止信托资金流入股市"，那么，信贷资金与信托资金有什么异同？中国银监会对信托资金流入股市是什么意见？国务院法制办又会对上述行政法规作出何种解释？

想到这儿，我的冷静几乎要变成了冷汗！如果信贷资金与信托资金不同，如果中国银监会和国务院法制办的答复与终审判决的认定差不多，那么我的整个观点体系就如同建在沙滩上的楼阁，必倒无疑！

于是，我通知刘总，我虽然已形成了观点体系，但还须论证和咨询，鉴于这些工作只能待5月8日上班后才能进行，我提议将会议推迟到5月中旬（我需要上班后的一周时间）。他开始有点不快，但听我说已有了全新的观点体系，便爽快地答应了。

中国银监会非银处的答复令我满意和兴奋。他们明确答复，行政法规和行政规章均明令禁止信托投资公司为证券交易（炒股）提供信托贷款——对《金融违法行为处罚办法》的理解与我完全一致，且该会曾三令五申出文禁止。不过，他们介绍的行政规章都是近几年的新规定，无法引用。国务院法制办则未对我们的咨询作出答复。

信贷资金与信托资金这两个词的异同问题，经检索、查阅大量法规、规章，均无法找出确切的认识根据，经专门咨询金融业内人士，也没说出个所以然。本着有利我方的解释原则，我认为《信贷资金管理暂行办法》第3条关于信贷资金范围的规定，可以证明信托投资公司的资本和其他金融资产，当然包括信托财产，都属于信贷资金的范围（这一意见后来写进了《代理词》）。

为了全面衡量《再审申请书》，我专门约请了法律界的朋友们进行论证。让我欣慰的是，他们中的多数人对我的观点体系评价很高，且认为从法律上说，本案终审判决的错误应该被纠正。

不过，无论是咨询还是论证，都未能完全打消我的疑虑。我知道，如果再审法院召开立案审查的听证会，我就必须拿出比《再审申请书》更成熟、更完善的《代理词》。

敲定方案

会议如期召开。

当然是由我先来解说《再审申请书》——与会的财务部、法律部人员在会前都拿到了文书。我最后对我的观点体系的结论性评价是：足以震撼再审法院！足以动摇终审判决！——虽不太谦虚，但方显我的再审信念。

刘总有稳健和激情两面，此刻则表现的尽是激情的一面。不过，这里就不记叙他的溢美之词了，总之，他认为他们选对了律师——他们一直没告诉我其他律师的再审意见和选聘情况，这要么是他们有教养，要么是他们有智谋，抑或二者兼而有之。

会议确定了以下方案和步骤：

1.由我和吴律师任本再审案件的代理人——这是我2007年直接代理的第二

个案子，同时代理某信托投资公司在某市第二中级法院另行起诉某证券经纪公司及其营业部的同类案件的一二审（为两个案子，仍然是由沈某某签订虚假的监管协议和出具虚假的证明引起。两案标的7000万元，如败诉，则我方又要承担50%的责任，即赔偿3500万元）。另外，本再审案件的执行程序已经启动，某市第二中级法院向我方送达的执行通知要求支付败诉金额5000万元及利息。因此执行代理工作也由我们承担。会议接受了我提出的统筹方案，即，挡住执行、拖延诉讼、加快再审。具体说就是：其一，以我方承担的是债务人不能清偿部分的补充赔偿责任，而公安机关在办理张某刑事案件时查封、扣押的财产（主要是张的房产）尚未拍卖变现发还债权人为由，申请某市二中院执行庭暂缓执行，以避免执行在前，再审成功在后，而不得不胜诉后进行艰难的执行回转；其二，对于某信托投资公司另诉的两个新案提出管辖异议——没有正当理由也要提，以迟延诉讼进程，管辖异议程序结束后再申请印章鉴定（我们发现沈某某出具的个别证明上我方的印章有疑），继续拖延，以避免这两案终审后还得再申请再审；其三，立即申请再审，已败诉的5000万元的执行和仍将败诉的3500万元的诉讼，均取决于再审案件的进程和结果。

2.会议接受我的建议，决定由刘总牵头召集国家航天、航空领域及相关军界的全国人大代表，联名向全国人大常委会提出案件监督的建议案（文稿由我写），并由常委会转最高人民法院批某市高级人民法院。通过多名人大代表的集体监督，加快再审程序，促使再审成功。

3.会议决定由集团向全国人大常委会委员长吴邦国发出报告，以求吴批转最高人民法院院长肖扬——在中国大陆现行体制下，权力当然大于法律，关键要看能不能有效地借用到权力。如在会议室或酒楼包间有谁质疑这点，我从不表态，就像用不着对有关太阳到底是从东西哪边出来的问题表态一样。

关于我方是在最高人民法院还是在某市高级人民法院申请再审的问题，与会人员意见不一。有人提出，如在某市高级人民法院申请，无异于与虎谋皮；有人补充：驳回倒也罢了，就怕他们配合二中院，拖着不办，先执行了你了事；有人表态，这事已与有关方面沟通，可以直接在最高人民法院申请。我主张在某市高级人民法院申请，理由有三：其一，最高人民法院有关再审案件的司法解释明确规定，再审申请应向生效判决、裁定及调解书的作出法院提出，不能越级（2008年新的《民事诉讼法》规定当事人可以在终审法院的上一级法院申请再审）；其二，即使有人答应可以直接在最高人民法院申请，但因有司法解释障碍，如最终不成，反而耽误了时间；其三，某市的司法状况是全国公认最好的，我方又拿出了新的行政法规和司法解释依据，另外还有人大代表监督，即使某市高级人民法院不纠正其自身的错误，故意拖延再审程序的可能性也不大。最后，大家同意了我的意见。

这个案子的“大政方针”就这么定了。

百尺竿头

会后，即5月中旬，《再审申请书》及相关证据由吴律师递到了某市高级人民法院；七位全国人大代表联名签署的代表建议案《决不能让国有资产以“合法”的形式流失》（某信托投资公司为非国有企业），也送到了全国人大常委会；某航天集团致委员长的《关于阻止国有资产流失维护社会稳定的紧急情况反映》（我方某证券经纪公司如赔偿四个案子的8500万元，则将破产，数万股民的正常交易必然受到影响），也通过机要渠道发出了。

接下来本来只能是等待，而我却在日常的忙碌中时常抽空琢磨如何深化再审意见。

让人意外和惊喜的是，6月中旬，也就是申请书仅提交1个月后，某市高级人民法院便通知7月3日举行再审案件立案审查听证会。

虽然开完听证会便驳回再审申请是通常的情况，但是我似乎由此看到曙光。那几天，感觉白天总是蓝天丽日，夜晚总是明月清风。正是在这种兴奋、遐想、猜疑、期盼的情绪情感的支配和驱动下，我一鼓作气完成了《代理词》。

毫无疑问，在本案的认识上，《代理词》比《再审申请书》又向前迈了一大步。当然，《代理词》的中心思想和主要内容是补充、加强、充实、巩固《再审申请书》的观点体系。说得简单些，凡是我能想到的质疑、否定《再审申请书》观点体系的主张和理由，以及坚持终审判决错误认定的主张和理由，我都在《代理词》中预先予以阐述。这也可以戏说成：以正论之名，行反论（反驳）之实。

这里，有必要概括地介绍一下我在《代理词》中为什么要超越《再审申请书》，提出一系列问题并予以解答。

1.解释“转委托”。《再审申请书》列举了中国银监会《关于加强信托投资公司风险监管防范交易对手风险的通知》。这一通知虽然是行政规章，虽然在发布时间上晚于本案借款合同的最后一次展期时间，但是其内容的直接性和具体性，对于理解和适用《金融违法行为处罚办法》当然是有助的。该通知第2条规定：“信托投资公司不得以任何形式将信托财产转委托给证券公司或其他机构进行证券投资。”对此，不难推测，某信托投资公司的代理律师除提出该通知为行政规章和无溯及力的抗辩外，或许会提出本案是贷款，不是通知中规定的“转委托”。

针对这一预测的质疑，我在《代理词》中写道：“那么应如何理解规定中的‘以任何形式’和‘转委托’的用语呢？《信托投资公司管理办法》第5条规定：‘本办法所称信托财产，是指信托投资公司因承诺信托而取得的财产。’也就是说，信托财产就是信托投资公司作为受托人，接受委托人的委托，从而从委托人处取得的委托财产。因此，信托投资公司‘以任何形式’——当然包括贷款的形式，将信托财产转出去，其实质就是‘转委托’。本案的事实是，债权人某信托投资公司明知债务人张某控制的两家公司将贷款用于股票交易，仍予以放贷，故就是以贷款的形式将信托财产转委托给债务人（规定中的其他机构）进行证券投资。”这样解释这一行政规章，应该是成立的。

2.给主合同的无效“加第二道保险”。《金融违法行为处罚办法》规定的是“信贷资金”，而本案借款性质为信托资金，因此如再审法院欲否定该行政法规在本案中的适用，则有可能在资金性质问题上做文章。对此虽可以适用中国人民银行《信贷资金管理暂行办法》关于信贷资金的范围包括信托财产的规定精神（属我的解释），予以抗辩，但最终的结论取决于国务院对其行政法规的有权解释。因此，面对这一法规适用的不确定风险，最好的办法无非是找出其他法律或法规的规定，主张合同无效具有双重原因，即违反了两个法律或法规。

正因为如此，我在《代理词》中称："本案主合同无效的第二个根本性原因是该合同符合《合同法》第52条第三项关于'以合法形式掩盖非法目的'的规定。""张某是以贷款的合法形式，掩盖其进行贷款诈骗犯罪的非法目的，故本案贷款合同完全符合《合同法》规定的'以合法形式掩盖非法目的'的无效情形，属无效合同无疑。""《合同法》明确要求认定合同效力时，不能仅仅停留在合同的合法形式上，而应当在合同具有非法目的时，认定该合同无效，而终审判决却无视这一明文规定。"——在《再审申请书》中我虽提出了这一点，但没有达到这个高度。

3.正面提出担保人身份确定和责任承担问题。《终审判决》认定《质押担保合同》系张某之夫施某某用他人名义签订，为无效合同，既未认定谁为本案担保人，更未认定担保人应承担的责任。更重要的是，直接追究了不是担保人的我方50%的补充赔偿责任。那么，终审判决虽然没有直说，但在观念上是不是把我方即某营业部当成了担保人？如果是，则必须从担保人身份的确定这个根上把法律和法理说清楚，还要进一步说明终审判决未追究本案担保人的担保责任，并不影响担保人在法律上应承担的责任。只有这样才能划清我方与担保人的界限。

故而我在《代理词》中依据《担保法》第2条关于债权人可以依照本法规定设定担保的规定，指出："担保人的身份是由当事人通过约定而设定的，是不能由法院认定的。""法院不能撇开当事人的约定，根据某一合同当事人在合同中的作用，将不是担保人的当事人认定为担保人，并进而适用《担保法》及其司法解释来追究其担保责任。""在本案中，《质押担保合同》约定的担保人是刘某和徐某某，但因施某某冒用这两人的名义签订了担保合同，且担保合同无效，因此，签订人施某某应承担担保合同无效情形下的担保人的过错责任。这里必须指出，施某某冒用他人名义签订担保合同以及他是否有能力承担担保人的过错赔偿责任之因素，在法律上并不影响其应承担的担保人的过错责任。当然，本案一二审判决均未追究其担保责任，同样在法律上并不影响其担保人的身份和其应承担的担保人过错责任。"

4.进一步揭示终审判决令我方承担50%责任的错误。《再审申请书》仅仅依据《担保法》司法解释关于担保人承担不超过1/3的责任的规定，揭示了终审判决判令不是担保人的我方承担50%责任的“自由裁量”错误，但尚未能揭示终审判决“自由裁量”背后可能的所谓法律意志。

经过冷静而深入的思考，我在《代理词》中对此进行了揭示：“对照《担保法》司法解释第7条关于主合同有效而担保合同无效，债权人、担保人有过错的，担保人承担民事责任的部分，不应超过债务人不能清偿部分的1/2的规定，便自然会发现，终审判决的认定和判决与该司法解释的规定惊人地相似。即，一是主合同有效而担保合同无效；二是债权人也有过错；三是承担1/2或50%的责任。但是，终审判决为什么不引用该规定呢？原因很简单，没法引用！因为规定是担保人承担1/2的责任，申请人（我方——我注）不是担保人！”“那么，终审判决是否参照了该规定呢？如果是，申请人则必须指出，参照这一司法解释进行‘自由裁量’的做法是完全错误的，法院既不能在判决书中公开违反当事人的约定，认定不是担保人的申请人为担保人，也不能在判决书之外，私下里‘把担保人的帽子扣在申请人的头上’。因为，无论公开的做法还是不公开的做法，都是公然违反《担保法》司法解释的错误做法。”

5.找出司法解释规定“三分之一”责任的根据，且为我所用。我只知《担保法》司法解释规定了主合同和担保合同均无效且担保人有过错情形下，担保人应承担不超过1/3的责任，即知其然。但我不知道为什么会规定1/3的责任，而不是1/4（关于存单案件的司法解释就规定出了1/4的责任），即不知其所以然。对于这种问题，我想绝大多数律师或法官通常都不会去深究——既然这样规定了，就只是个适用与不适用的问题，管它为什么这样规定干嘛。然而我这样一贯较劲的人，当然不会放过自己专业领域内没搞明白的问题。于是，我专门查阅了李国光（原最高人民法院副院长）、奚晓明（现最高人民法院副院长）等人编著的《最高人民法院〈关于适用中华人民共和国担保法若干问题的解释〉理解与适用》一书，不仅搞清了划分1/3责任的原因，而且为我所用——作为我方不应承担责任的新的理由之一。

于是，在《代理词》中，我肯定地说：“《担保法》司法解释对担保合同无效的各方过错责任以及过错责任的份额（比例）作了严格而具体的规定，填补了法律在此问题上没有处理尺度的空白。规定在主合同和担保合同都无效，且担保人有过错的情形下，担保人承担1/3的责任，就是把债权人、债务人、担保人作为三方，按照均分计算的方法，由三方各承担1/3的责任。规定不应超过债务人不能清偿部分的1/3，就是将1/3作为上限，由法院在此以下视过错大小，酌情确定，有似于刑法规定的三年以下有期徒刑。”“《担保法》司法解释已经对主合同和担保合同均无效情形下各方合同当事人的过错责任，作了严格、详细、具体的规定。可以说，这些规定已将各方应承担的过错责任划分完毕，没有遗留责任由法院酌定由各方当事人之外的其他人承担。因此，不属于担保人的申请人，依此司法解释，不应承担任何补充赔偿责任。故任何追究申请人责任的做法，都是将司法解释已规定应由各方当事人承担的责任，强加于申请人头上的错误做法，是直接违反司法解释的。”

当然，我方的免责主张不过是诉讼策略而已，但即使是策略，也应当把它说的有理有据、头头是道才对。

6.解说本案司法解释的适用问题。我深入地想，再审法院即使要坚持其错误判决，也没有能力驳回我提出的《担保法》司法解释在本案中的适用主张。那么，他们有什么招呢？这不用细想，法官们通常的高招就是不理你！即回避《担保法》司法解释，转而去找其他办案依据。终审判决不是就不惜删改也要适用最高人民法院《关于在审理经济纠纷案件中涉及经济犯罪嫌疑若干问题的规定》吗？当然，删改适用是他们水平太差，如果再审中遇到了稍微明白点的法官，他（她）仍坚持适用经济纠纷涉及犯罪嫌疑的司法解释，只不过适用第5条第二款关于行为人擅自使用单位公章、单位有明显过错应承担赔偿责任的规定，那我该如何应对？

因此，我在《代理词》中专门阐述了本案司法解释的适用问题，提出了本案应适用《担保法》司法解释而不应适用经济纠纷涉及犯罪嫌疑司法解释。主要理由有三点。其一，“从可操作性上看，《担保法》司法解释具体规定了各方当事人承担过错责任的份额（或称比例），经济纠纷涉及犯罪嫌疑司法解释仅仅规定在何种情况下应承担过错责任，并没有规定承担过错责任的份额（比例）。因此，在划分过错责任份额上，前者具有可操作性，后者不具有可操作性。”其二，“涉及犯罪嫌疑的经济纠纷，又会涉及各个不同的案由，如本案就涉及了担保合同纠纷之案由。因此，从这个意义上说，经济纠纷涉及犯罪嫌疑司法解释是一般规定，《担保法》司法解释为特别规定，参照《立法法》第83条关于特别规定的效力高于一般规定的规定，应适用《担保法》司法解释。”其三，“经济纠纷涉及犯罪嫌疑司法解释颁布的时间是1998年4月，《担保法》司法解释的颁布时间是2000年9月。参照《立法法》第83条关于新的规定的效力高于旧的规定的规定，应适用《担保法》司法解释。”

这一节的小题目是“百尺竿头”（这一成语的后一句是“更进一步”），看到这里，你就不会觉得用这题目夸张了吧？

我总是这样。接案子时想啊想，办案子时还是想啊想，甚至结了案后仍然想啊想。《再审申请书》证明，接案子时我的思想比参与过本案的其他法律人士高了一筹；《代理词》证明，办案中我的思想又比《再审申请书》高了一筹；本书的本章证明，结案后我的思想当然要比办案过程中又高了一筹。说我是“案痴”也无妨，正是这个“痴”，成就了本案，成就了本书，成就了我。

是很累，但不累能做成点事吗？

听证玄机

我在本书的其他卷里说过，我之所以在书里很少记叙庭审过程，就是因为中国大陆走过场式的庭审，没什么好写的。这也是我的书与美国大律师们的书颇为不同的地方之一——他们书中最精彩的部分就是庭审中的开场白、交叉询问以及最后辩论，而我的书如果也有精彩之处的话，那肯定是案件诉讼思想的形成过程。

这里，我将进一步说，中国大陆的庭审虽然基本都是走过场，但有时这种走过场并非全无意义，却是隐含着玄机的。玄机者，谓深奥玄妙的道理也。我要说的庭审中的所谓深奥道理是，往往自以为在庭审中占有了优势或强势，庭审效果对己方很是有利的一方——事实上也是这样，就是最终的败诉方！为什么会这样？除去胜诉一方的代理律师有理不会说的少数情况外，多数情况是不是有“高深难解的道理”隐含其中呢？

赴某市高级人民法院开完听证会的当天晚上，旁听了听证会的集团中层领导及某证券经纪公司领导频频向我举杯，祝贺听证顺利，预祝再审成功。而我，除了完成听证的轻松之外，一点都兴奋不起来，原因无非是我担心自己会不会最终遭遇“庭审玄机”。

在听证会上，我不想占优势都不行——我方有长篇的《再审申请书》和《代理词》要发表，且有用于听证调查阶段的事实陈述和回答提问的提纲，而对方呢？某信托投资公司的那位享誉全市的大律师没来，来了个小青年律师，没有书面答辩意见，没有代理词，甚至没有带卷宗，回答问题只是凭印象。

当然，主审法官的表现让我方旁听人员更觉得听证会对我方很是有利。

先说听证会结束后的重要信息。当双方都站起来准备签听证笔录时，主审法官问双方能不能和解。在对方律师明确表示不同意和解，一分钱也不让的情况下，主审法官当众做起了我的工作，让我回去跟委托人商量，拿出一个和解方案——在听证会召开前，这位四十多岁的女法官已经正式通知我方应该考虑和解并要我方拿出方案。再审案件尚处在立案审查阶段，法官就提议双方和解，这不是表明法院自认其终审判决确有问题吗？——和解建议应该不是法官个人的意见，因为一个法官是不能对其法院审委会定了的案子做出这种决定的。而这足以让我方看到再审的曙光。

再说听证会中主审法官发问的两个问题。其一，问我，我方关于《资金信托贷款合同》无效的依据《金融违法行为处罚办法》，在案件一审和二审中提出过没有。我回答：没有，从来没有，这次（再审）是第一次提出。这个问题对我方很重要，其意当然是，我方没有提出，你们法院就以“目前并无法律明文禁止信托资金流入股市”为由判决主合同有效，至于我方从未提出，并不能掩盖法院的错误——法律依据与证据不同，我方在一二审中因不知禁止性法规的存在而未能提出，法院应该知道，应该适用。其二，主审法官向双方询问了一个终审判决已经认定，因而是明知故问的问题，这就是沈某某出具第一份股票市值证明的时间和某信托投资公司发放贷款的时间。这次先问了对方律师，而这位小青年则回答，在发放贷款之前，其实沈已经出具了虚假的质押登记证明（回避了发放贷款在前，出具股票市值证明在后的事实）。又问：质押登记证明上有金额吗？答：有啊！然后翻了一下材料，接着说：对不起，没来得及带卷宗，但那上面（指质押登记证明）肯定有金额。主审法官把头转向我，我答：终审判决已认定某信托投资公司在沈某某出具股票市值证明之前便发放了贷款，且认定此为该公司的主要过错之一，对此我方没有异议。接着，我宣读质押登记证明，并指出此证明根本没有金额。听证会后，当我方旁听者乐滋滋地回顾这一段时，我反问：你们没有觉得法官在这个问题上故意让我占上风吗？

当天晚上，虽然我很累了，虽然五星级酒店的大床很舒服，但我没睡好。

针锋相对

某信托投资公司的代理律师在听证会上的口头答辩中，主要提出了三点抗辩主张。本来，就这些抗辩主张的内容和分量而言，是没有必要向再审法院提出书面的反驳意见的，也就是说是不值得一驳的，但一向谨慎且注重文书较量的我，还是在返京后很快写出了《针对被申请人抗辩主张的反驳意见》一文。

总的来说，对方的抗辩主张是单薄的，凌乱的，非专业化的。这样评价对方律师，似乎显得我太牛，但是，客观地说，我由于种种担心而在《代理词》预设预答的涉及本案的一系列重要问题，对方律师确实一项也没涉及，这也确实让我松了口气。因此，这里仅简单介绍一下我写的反驳意见。

第一，针对对方错误理解行政法规的反驳。对方律师首先提出本案不应适用《金融违法行为处罚办法》，理由是该法规规定金融机构不得为证券交易提供信贷资金的前提，是不得违反国家规定，而被申请人并未违反国家规定。

我的反驳意见是，这是对法规的理解错误。该法规第18条同时规定了三项“不得”，第一项和第三项“不得”均有“不得违反国家规定”，唯有第二项不得为证券交易提供信贷资金，没有“不得违反国家规定”。这当然不是立法疏漏。该法条的文字便充分表明了立法本意，即，该法规本身就是禁止为证券交易提供信贷资金的国家规定，无须再依据其他国家规定适用本条的禁止性规范。

我说“理解错误”是客气，其实是阅读错误。那么，有文化的律师怎么会读不懂这样简单明确的文字呢？因而确切地说是睁眼说瞎话！

第二，针对对方所提行政规章的反驳。对方律师举出中国人民银行和中国证监会2000年2月2日颁布的行政规章《证券公司股票质押贷款管理办法》（2004年11月2日修订），主张银行都可以向证券公司提供贷款，故信托投资公司亦可向证券交易提供贷款。

我的反驳意见是，其一，仅从《立法法》上说，假设行政法规的规定与行政规章的规定不一致，当然必须依行政法规，而用行政规章质疑甚至否定行政法规，当然是错误的；其二，对方所举行政规章的基本内容与本案信托投资公司为股票交易提供贷款的一系列基本事实不符，不能参照（详见该反驳意见，这里就不展开了）；其三，我方为准确理解行政法规而举出的行政规章，为对方所举行政规章颁布后不久出台的，其禁止性规定与对方所举行政规章并不矛盾；其四，2007年6月18日，中国银监会宣布对被企业挪用信贷资金进行证券交易的工商银行、中国银行、招商银行等八家银行的分支机构进行行政处罚，证明行政法规关于不得为证券交易提供信贷资金的规定并无变化，银行信贷资金进入股市是被严令禁止的。

第三，针对对方提出终审判决系依文章作出的反驳。对方律师提出，某信托投资公司要求我方承担的责任是监管责任，而不是担保责任，法院作出终审判决的依据是高民尚关于委托理财的文章。

对此问题我作了详细的阐述，这是我的反驳意见一文的主要内容（可参阅该文）。概括地说，我的否定性结论是，高民尚《关于审理证券、期货、国债市场中委托理财案件的若干法律问题》一文，在尚无法律和司法解释规定的委托理财案件的处理中，是有参考借鉴意义的。但是，本案主合同是借款合同，从合同是担保合同，申请人为担保合同项下质押物监管人，更重要的是本案纠纷《担保法》及其司法解释已有明文规定。故弃司法解释不用，参考文章观点进行判决，是错误的。

显然，我的反驳意见，特别是对所谓终审判决依委托理财文章判决的质疑和否定，当然是写给法院看的。对方律师既然敢在法庭上说出法院依文章判决的内情——不仅双方在一二审中从未涉及我方责任与委托理财合同纠纷中监管人责任的关系问题，即使终审判决也未提出我方责任有似于委托理财合同纠纷中监管人责任的意见，那么我就有理由相信这是真的。由此可见，当法院想追究或多追究一方的责任时，胆子是很大的，可以抛开法律和司法解释，可以以文章为依据！

在某航天集团开会讨论我写的反驳意见时，财务部王部长问：你写得再明白，再有力，人家（指法官）要是看都不看，那怎么办？我答：在中国大陆，如果法院就是不跟你讲理讲法，那么，要么你就认了，如果不认，你就必须能够借助权力，逼使法院跟你讲理讲法。

形同儿戏

两单已败诉正申请再审的案件的执行，我们提出我方承担的是补充赔偿责任，故应在依据刑事裁定追缴张某已被公安机关查封的财产之后才能执行我方，法院因此暂缓了；两单某信托投资公司另行起诉的案件，我们提出了管辖异议，没有进入实体审理。

到了8月底，也就是听证会后将近两个月了，虽然还未传来任何不利的消息，但我的担心却莫名地越来越重了。于是，我向刘总提出，我陪他一同赴某市高级人民法院，他以全国人大代表的身份过问本案的再审情况，一则由他直接向法院反映意见，二则试探法院的态度，三则如情况不好则要求法院尽快作出结论——即使第一次再审失败，也不能被法院拖延了时间。刘总接受了我的建议，遂通过最高人民法院人大代表联络部门联系安排。

原申请想见主管副院长或庭长，最后见到的仅仅是主审法官。通过谈话不难看出，主审法官虽然对我方的一系列再审主张提不出什么站得住脚的看法，但她所代表的法院的态度显然是要驳回我方的申请。

返京后不到一周，某市高级人民法院的《驳回再审申请通知书》就送达了。

十余年来，我见过很多法院的裁判文书，除个别一审判决错得离谱外，真的还没见过出自高级人民法院的这般不讲理的文书！

所里收到驳回通知时，我正在外谈事，刘总通知立即到集团开会。在会上，我看完驳回通知，不用进行任何思考，当即就逐条予以批驳，同时揭露其全面回避我方所提《担保法》司法解释的伎俩。刘总摇着头，咬着牙，气愤地说：这法院还是讲法的地方吗？

会后，我便完成了致最高人民法院的《再审申请书》。我在该文的最后一节专门驳斥了驳回通知，该节的题目是“某市高院的再审意见在法律、法规和司法解释的明确规定面前，在终审判决和刑事判决认定的基本事实面前，居然‘背过身去’，蛮横无理，坚持错误”。这里，仅择要阐述。

第一，指出驳回通知对国家行政法规的解释形同儿戏。

驳回通知对我方再审主张的主要依据之一《金融违法行为处罚办法》的解释，简直随意。其认为，该法规第18条第二款（第一款为禁止性规范，第二款为处罚性规范）“规定对金融机构违反前款规定的，给予警告、没收违法所得、并处罚款等行政处罚。并不直接影响相关民事合同的效力。而目前我国除《处罚办法》外，尚未有其他法律、行政法规明文禁止信托资金流入股市”。

《合同法》明确规定违反法律、行政法规的强制性规定的合同无效，《金融违法行为处罚办法》中规定的“不得”即为强制性规定，那么在明确的法律、法规面前怎么还敢硬说本案借款合同有效呢？再者，驳回通知居然敢利用行政法规强制性规定中的处罚规定，演绎出“并不直接影响相关民事合同的效力”呢？这是不是在说，国家法规愿意禁止就禁止，愿意处罚就处罚，但我们法院仍然可以认定禁止和处罚的行为，在民事上是合法、有效的行为？另外，所谓目前我国除《金融违法行为处罚办法》外，尚未有其他法律、行政法规明文禁止信托资金流入股市之说法，其实质是将行政法规的强制性规定视同为间接证据，一个不行，必须多个。这就如同说，除了刑法外，尚无其他法律、行政法规规定杀人有罪，因而杀人是无罪的！

第二，指出驳回通知故意放弃国家利益，突出公司利益。

驳回通知为了坚持终审判决关于借款合同系借款人以欺诈手段签订的认定，称该合同“损害的是某信托投资公司的利益，并非合同法上规定的国家利益”。

本案借款合同违反金融法规的禁止性规定，使信贷资金流入股市，扰乱国家金融秩序，怎么能说没有损害国家利益？再者，张某实施贷款诈骗的犯罪行为，被检察机关代表国家公诉至法院判刑，怎么能说这一犯罪行为仅仅损害了某信托投资公司的利益，与国家利益无关？

第三，指出驳回通知无视本案涉及犯罪的基本事实，故意曲解合同目的。

驳回通知称："经查，本案中的某房地产公司采用欺骗手段与某信托投资公司订立合同，其真正的目的是为了实现合同利益，获取贷款，并非用合法形式掩盖其他非法目的。"

某市高级人民法院《刑事裁定书》认定张某签订《资金信托贷款合同》的目的，就是为了以虚假的质押物骗取某信托投资公司的巨额贷款，因此构成贷款诈骗罪，驳回通知居然敢作出与生效的刑事裁定相反的结论，认为"真正的目的"不是诈骗犯罪，即骗取贷款，而是"为了实现合同利益，获取贷款"。以签订合同的形式达到骗取钱财的目的，是典型的以合法形式掩盖非法目的。这是非法律人士也能轻易明白的法律常识，难道作为高级法院的职业法官们真的就是不懂吗？

第四，揭示驳回通知故意规避司法解释，坚持法外"自由裁量"。

驳回通知完全回避了我方提出的《担保法》及其司法解释关于主合同无效、担保合同无效的过错责任划分的具体规定，亦完全回避我方在本案中的法律地位问题，仍然坚持终审判决无视司法解释的"自由裁量"观点。

我在最后写道："综上，驳回通知只有两个特点：一是开口胡说——无视法律、法规或故意曲解法律、法规和本案基本事实；二是避开不说——故意规避法律和司法解释，回避本案的一系列主要问题。""面对这样的驳回通知，申请人对继续申请再审充满信心，更加深信再审申请的主张和理由是正确的、扎实的、有力的。"

这可不是做文章，这是真的！驳回通知故意曲解行政法规的强制性规定，故意回避《担保法》司法解释，用过去的话说，是正好暴露出其虚弱的本质。而驳回通知的诡辩和无奈，正好印证出我方再审申请主张的雄辩和强大！

虽然第一次申请再审失败了，但此时我过去的种种担心反而大幅度减少了，更清醒了，更坚定了。我非得顽强地把这个官司打到底，看看作出《担保法》司法解释的最高人民法院怎样说！

今年的秋天出奇地短，还未好好感受京城秋季的爽朗，才10月底，仅几天的大风便吹得满城枯叶翻滚。接着，便是感冒流行全城。冬季也不穿毛衣的我，少有地感冒了，而且好些天不见好……

喜从天降

本案直到2008年12月底才有了最终的结果。现在已是2009年2月下旬了，才抽出空来接着写。

在前两天拟订的写作提纲中，本节题目是“喜忧参半”，这会儿觉得自己如今奔五十了，性格怎么反而像是回归到了青年时，遇喜事倒要忧美中不足，于是挥笔改成“喜从天降”！

2007年9月，吴律师到最高人民法院位于永定门的人民来访接待室排队、领号、交《再审申请书》及证据材料。大清早排队，直到下午才办完递交手续。听她说各地来京申请再审的人“乌泱乌泱”，心中祈望，我们的申请可别从此“石沉大海”。

至12月，了解到最高人民法院立案庭本案主审法官的姓名后，我便想到虽然给法官打电话询问情况是难以了解法官态度和案件进程的，但是，从其话语和语气里多少能够探出点信息。于是，我当即设法找到法官电话号码并打了过去。然而，尽管我十分谦卑、诚惶诚恐，法官仍然看穿了我的把戏，十分冷漠地把我顶了回来。不过，他对我“什么时候召开听证会”问题的答复，即：“不知道。正看材料，还没合议。”让我还是悟出这样一个令人欣慰的信息：我们的再审申请案已由合议庭审查，这证明立案庭还是重视的，因此，本案不会像多数再审案那样轻易就被驳回。

这期间，某航天集团财务部王部长多次给我打电话询问情况，我只能毫无新意地反复答复：估计他们（法官）还没合议。

再等等吧，再审案件通常不会那么快。

进入新年2008年了，我想：二月春节，三月“两会”，四月能召开本案立案审查听证会就算快的了。然后，如果顺利的话，正式立案，转审监庭，再正式开庭，最后宣判，今年能完成就算不错了。于是，我常常告诫自己，别着急，急也没用。

元月底的一天午后，连续刮了好多天的西北风似乎停了下来，冬阳已经偏西，但依然暖洋洋的。坐在办公桌前，沐浴着有点泛红的阳光，我像往常一样，一会儿埋头写材料，一会儿接打电话。门被猛地推开了，我一惊，见吴律师好像有点上气不接下气，于是，没好气地说：什么事儿？着什么急！她急切地说：好消息！好消息！最高人民法院下裁定了，指令某市高级人民法院再审，已经给某证券经纪公司发裁定了，公司的副总刚通知我的，裁定马上就传过来。我吃惊不小：这么快？指令再审？

反复看着最高人民法院的两份《民事裁定书》（我们申请再审的7000万元和3000万元两案），我过一会儿便点着头在心中说一遍“太棒了！”虽然最高人民法院没直接审判本案，而某市高级人民法院再次审理本案肯定会有抵触情绪甚至可能会有“抗上”做法，但是，最高人民法院支持我方关于终审判决适用法律错误之诉讼主张的鲜明立场，以及迅速、干脆地作出裁定的果断做法，让我自接本案后第一次真切地看到了本案的胜诉希望。

我感触良多，此刻尚无心思与同事们分享这份体验，于是关起门来，临窗伫立……

我确信，最高人民法院认定终审判决适用法律错误，是接受了我关于终审判决适用法律错误的两个最重要的观点，即，终审判决在定性上未依据《金融违法行为处罚办法》认定本案《资金信托贷款合同》的效力，在定量上未依据《担保法》司法解释的规定处理本案。这两个我独自琢磨出来的、参与本案的所有律师、法官、学者们都未涉及的观点，虽具原创性，但原本因尚未经实践检验而显得过于个性化。但是，现在却被最高人民法院采纳了，作为指令地方高级人民法院再审两件标的达1亿元案件的根据！而独自提出这种可能改变重大案件命运之观点的我，没读过大学，硕士读刑法，博士读刑事诉讼法，完全没有受过正规的民商法教育。这说明了什么？是不是说明一个人不要过于在意自己的起点太低，不要把自己想要踏上的路途想得那么艰难，不要畏惧艰险，不要迷信权威，只要铁心坚守自信，潜心执着修炼，就一定能干好自己想要干好的事情！

进退两难

春暖花开时节，我们热切地期盼着某市高级法院的开庭审理通知……

4月中旬，某市高级人民法院针对我们代理的、与本案事实基本相同的另两件7000万元的二审案件，作出了中止诉讼的《民事裁定书》。这样，我在接受委托之初确定的“六案”统筹方案已得到全面有效地落实（所谓六案，实为四件案件，计1.7亿元。两个1亿元的生效判决，既要面对法院的执行，为执行案，又要申请再审，为再审案，故称为四案。另两案为7000万元的一审案件）。当初确定的统筹方案是“挡住执行、拖延诉讼、加快再审”，现在情况是：其一，两个执行案，我们先以我方被判承担补充赔偿责任，而公安机关在办理张某刑事案件时查封、扣押的财产尚未完全拍卖变现发还债权人为由，促使某市二中院执行庭暂缓执行，后最高法院的指令再审裁定作出了中止执行裁定；其二，两个一审案，我们先以无理的管辖异议拖延诉讼周期，一审判决我方承担7000万元的50%即3500万元责任后即上诉，现因最高人民法院指令再审裁定的作出，二审法院即某市高级法院作出了中止诉讼裁定；其三，两个再审案，虽然第一次申请被某市高级人民法院驳回，但在最高法院的申请不到4个月就出了结果。因此，因切实挡住了执行，拖住了诉讼，并有效加快了再审，现在我们完全不必担心生效判决被执行后，如再审成功还得再启动申请执行回转程序和两个正诉讼的案件作出终审判决后，如再审成功还得另行再启动申请再审的程序。因而原定统筹方案已因全面落实而完成，现在的方案就简单了，只有一条，打好再审仗——执行案和二审案的命运皆由再审案决定！

5月下旬，某市高级人民法院审判监督庭通知6月中旬正式开庭。不知为什么，虽然有最高人民法院的裁定“垫底”，但这会儿我一点儿底气都没有。我感觉，某市高级人民法院在最高人民法院裁定作出近半年后才迟迟开庭，已经在告诉我们，别高兴得太早了，难受还在后面呢！

我随即建议某航天集团相关人员开会，我将提出我方调整诉讼策略的建议，由大家讨论决定是否采纳。

会上，我提出，我方的原诉讼策略，即以《担保法》司法解释已将债权人、债务人、担保人三方责任划分完毕，我方行为与贷款损失结果之间只存在条件关系不存在因果关系为理由，主张我方不应承担补充赔偿责任，应予以调整（其实是变更）。我建议，这次开庭我方应主张：我方不应承担大于或等于担保人的责任——其实是承认承担责任，但同意承担小于担保人的责任。理由是：一者即使有最高人民法院的裁定，我方完全不承担责任也是不现实的；二者这次某市高级人民法院被最高人民法院指令再审，是被动和难堪的，再审法院的审判心理中的“怨”是难免的，因而我方不应继续强硬，而应柔和、务实；三者在某市高级人民法院驳回我方再审申请前夕，我和刘总（全国人大代表）赴某市见本案法官，该法官便以我方在文书上称不承担责任为由，提出是我方导致调解不成（其实，某信托投资公司从开始就根本不同意调解），这次我们调整策略，同意担责，即使调解不成，也不能授人以柄。

经讨论，虽刘总和财务部王部长对我方自认担责心有不甘，但最终大家还是一致同意了我的建议。于是，会后我修改了原《代理词》，除正式提出“依据司法解释，我方不应承担大于或等于担保人的责任”之主张外，删去了关于《担保法》司法解释已将债权人、债务人、担保人三方责任划分完毕的内容和关于我方行为与贷款损失结果之间为条件关系不是因果关系的内容。

提前赴某市，为的是在开庭前一天向某证券经纪公司的另一方股东某集团公司通报情况（某航天集团持70%股权，某集团公司持30%股权）。介绍完“六案”进程的大体情况，当被问及“某市高级法院这次再审可能的判决结果是什么”之问题时，我说：本案这次再审的结果在理论上可分为上、中、下三种。上为我方再审胜诉，只承担20%的责任——这就是最好的结果；中为小胜，承担40%的责任；下为败诉，维持原判，承担50%的责任。所以，对原终审判决结果的调整，上为大调，中为微调，下为不调。从现实可能性上说，这次最大的可能性就是微调。也就是说，某市高级人民法院一方面是想要坚持其原判立场的，不想改变的，另一方面，又迫于最高人民法院裁定的压力，不得不作改变。因此，不改和大改都难，只好作一点儿小的改变，将50%的责任改成40%，即所谓微调。

某航天集团公司的副总马总急切地发问：既然这种可能性最大，那咱们该如何应付？

我答：微调比不调还糟糕。不调，咱们可以转身到最高人民法院争取大调，而微调，则加大了在最高人民法院努力的难度——某市高级人民法院再审已经照顾了我方的利益，最高人民法院会认为咱们没完没了。但是，某市高级人民法院的微调做法肯定是一者否定《金融违法行为处罚办法》在本案中的适用，坚持贷款合同有效；二者否定《担保法》司法解释在本案中的适用，坚持法外酌情处理，而这肯定是有法不依，因此，在最高人民法院继续申请再审，在申请理由上仍然是成立的，未必没有胜诉的可能。

正式开庭仍然没什么意思。某信托投资公司的代理律师与上次在听证会上一样，没有书面答辩和《代理词》，翻着记事本上的提纲说，且其主张和理由与听证会基本相同。上次听证会后，我曾专门写作《针对被申请人抗辩主张的反驳意见》一文，故这里不再议论。有一件小事影响深刻，不妨一说。在辩论中，针对我关于我方为慎重起见，专门就本案借款合同违法违规问题咨询了中国银监会意见的发言，对方律师来了个“彻底否定”：“众所周知，中国的银监会是世界上最烂的银监会！”而法官们对则对这样的辩论方式全无任何反应。

庭后我情绪不高。晚上吃饭时，对众人的敬酒勉强应付。喝高了，不舒服……

在庭审后的2个月中，某市高级人民法院又一次尝试性地建议双方拿出调解方案。我方所报方案是同意承担20%的责任，始终不知某信托投资公司是否报了方案。最后，法院建议我方接受承担1/3（33%）以上责任的方案，我方拒绝。于是，调解工作就此结束。

虽然心里明白，这次再审不会有我满意的结果，但调解结束后，我偶尔也会对再审结果抱有幻想。心理基础是，某市高级人民法院不应该不理睬最高人民法院对本案适用法律错误的定性吧？

9月中旬，某市高级人民法院的再审判决出来了，不出所料，仅减少了10%的责任——判决我方承担40%的责任。虽然，这样我们律师通过再审也为委托人减少了1700万元的损失（四个案子1.7亿元的10%），但这样的结果是我无法接受的。因而，那天开着车知道这一结果时，心里恨恨的，连牙关都咬紧了……

次日，在某航天集团召开的会上，刘总对再审判决意见甚大，但却也说毕竟律师的努力没有白费。王部长说这种判法让我方难以在最高人民法院继续推进。多数意见是先不急于在最高人民法院再审，先放放再定。

我首次在众人面前表现出激愤难平甚至气急败坏的情绪，坚持主张立即着手再次向最高人民法院申请再审。我高声说：某市高级人民法院在判前肯定请示了最高人民法院，所以咱们继续申请再审肯定难度非常大，但是，某市高级人民法院毕竟把最高人民法院关于原判适用法律错误的裁定顶了回去，在案件的处理原则上仍然坚持了过去的错误，难道这个错误咱们就再没办法在最高人民法院纠正吗？某市高级人民法院在作出二审判决前，不是也征求了最高人民法院有关领导的意见吗？咱们不是照样在最高人民法院推翻了吗？所以，我认为咱们不能现在就退缩、就范，就是死，也要死在最后的决战中！也就是说要死在最高人民法院的判决面前！

大家都理解我的情绪和意见，但是，仍然决定案子先放放，待请示集团主要领导后再定。我无奈，毫不掩饰地摇头叹气……

意外和解

10月，随着奥运宣传主题的收官，媒体立即按照部署，开始了声势浩大的改革开放30年成就的宣传运动。中国大陆30年的经济奇迹确实举世瞩目，然而，30年来政治体制的改革却始终未见任何动静，相反，政治和司法的腐败呈愈演愈烈之势。不过，这个话题与本书主题无涉，不说为好。

在等待某航天集团领导决定的日子里，我时常陷入对本案前途和命运的沉思之中。时而亢奋，时而消沉。我清楚，某航天集团主要领导在决策时，肯定会受到集团内本案相关人士意见的影响，因而最终的决策多半是就此罢手。

那么，这四个案子的命运就只能这样走到了尽头？就只能等待法院的强制执行？在这种状况下，我还能做些什么？

一天，我突然获得了一条重要的信息。某信托投资公司与承担补充赔偿责任的另一家证券公司达成了一揽子的和解协议，某信托投资公司让掉了40%的赔偿本金中的一个点，即赔偿本金为39%，让掉全部利息；该证券公司则应于2008年年底之前，一次性向某信托投资公司偿还39%的本金（某信托投资公司向张某控制的两家公司放贷六个多亿元，损失四个多亿元。其中，未偿还的1.7亿元经我们代理某证券经纪公司再审按40%的比例承担补充赔偿责任。我方再审小胜后，该证券公司搭了便车，按原终审判决，其对两亿多未偿还款承担的50%的补充赔偿责任，现在也变成了40%，沈某某先在我方公司下属营业部任主任，出具了虚假证明，后调该证券公司下属营业部任主任，又以该部名义出具虚假证明，致使该证券公司损失比我方还要惨重些）。

据了解，该证券公司是通过其上级主管单位某集团公司，获得某市副市长的批示后，某市高级人民法院才做通了某信托投资公司的工作，促成双方最终和解。

我的大脑迅速运转：1.7亿元本金的40%的利息粗算也是二千多万元，如果全免掉，那就相当不错了。再者，如果40%的本金再减掉三个点——要争取比该证券公司多减两个点，那么又能少给510万元。原终审判决判令我方承担1.7亿元本金的50%的补充赔偿责任，现在我们通过再审，改为承担40%，这就减少了1700万元，如再通过和解争取三个点，承担37%，则又减少了510万元，两项合计，我们就为委托人减少了2210万元本金的损失。如通过和解将原终审判决判令的1.7亿元50%本金的利息全部免掉，那么，我们又为委托人减少了二千六百多万元利息的损失。减少的本金和利息加起来，我们就为委托人减少了四千八百多万元的损失！因此，如果能这样结案，完成代理工作，那么应该说是比较圆满的。可是，该证券公司取得不错的和解成果，是仰仗了某市副市长的批示，我方没这种政治资源，有可能吗？

正当我苦思冥想之际，机会来了。吴律师通知我，某市高级人民法院通知她下周一谈话，内容是她代理的两个二审案件的相关问题（我亲自代理了两个再审案，没代理这两个二审案）。吴律师告诉法官她周一要赴深圳开庭，并说可以给法官传去深圳开庭的传票，请求延期。但法官说，这两个二审案因再审案已结案，判决结果肯定是将一审所判的50%改为40%，所以不用再正式开庭了，就是谈个话，如没有时间也可以不来。不过，如果某证券经纪公司有意和解的话，也可以来一趟。

“和解”二字让我双眼瞪圆，我急问：你快说说他提到和解还具体说了什么。吴律师不解我的过度反应，说：就是顺便提了一下，没说任何具体的。

我踱了几步，随即用右拳重击左掌：太好了！机会来了！

什么机会？吴律师仍不解。

我神经质地不断点着头说：你想想，这两个二审案是正式开庭后裁定中止诉讼的，而咱们的两个再审案已经下判了，为这两个二审案定了调。现在二审案恢复审理，照再审案的判决写个判决书送达不是就结了吗？有什么必要再谈话？谈什么？还有什么可谈的！所以，谈话仅仅是个托词、借口，而顺便提到的和解才是通知咱们到法院的真意，也就是借谈话之名义，向咱们传递和解信息！

吴律师想了想，摇着头说：我接的电话，法官的原话里并没有你分析的意思。我觉得，他顺便提和解的事，不过是让咱们抱个和解幻想，专程赶赴法院，他也就顺利完成他需要的谈话笔录。至于和解，第一次再审听证时已调解过，这次再审开庭后又调解过，某信托投资公司从来都不同意跟咱们调解。这次他们跟其他单位和解，那是迫于市政府领导和法院的双重压力。咱们什么也没做，给人家什么压力也没有，人家凭什么突然改变以往立场，同意和解，做出重大利益让步？况且，咱们再审案只是小胜，并没有把他们打疼，而且他们肯定知道某市高级人民法院在作出再审判决时请示了最高法院，所以根本就不怕咱们继续再审。另外，你要想到，是咱们申请的再审，让他们与其他单位的官司也损失了10%的利益，而且金额比咱们的还要大，所以他们肯定怨恨咱们，跟谁和解也不会跟咱们和解，咱们是他们的冤家呀！

吴律师说的虽然有道理，但是凭着我十多年执业形成的职业悟性，我坚信我的判断是正确的。于是我告诉她，她按计划去深圳，让某证券经纪公司马上给我办《授权委托书》，我亲自去参加“谈话”。

我知道，为了和解，我如果向某航天集团领导提出立即着手争取党政机关领导批示的请求，恐怕他们不会同意。原因是：一者请求领导对民事案件当事人的和解作专项批示，他们会认为不好行文和报送红头文件，也就是认为名不正，言不顺；二者经过一年多的再审，毕竟部分胜诉，减少了1700万元的损失，这是大家已完成的业绩，如继续动用政治资源争取减免利息，如不成则反而搞得本案好像不圆满了。因此，和解的事只能靠我自己了。

经过协调，次日我便主动给某市高级人民法院两个二审案件的主审法官打电话，首先感谢他对我们案件的关心，告知我亲自赴法院配合他的工作，最后拜托他询问某信托投资公司是否有和解愿望，如果有，我负责作我方当事人的思想工作。他赞扬了我的工作态度，表示他会立即请示领导。

挂了给法官的电话，我立即分别给某航天集团公司总会计师刘总和财务部王部长打电话，通报情况和提出建议，他们都表示这是一个好机会，应全力促成和解，并同意由我全权负责和解方案的制订和和解谈判以及协议制作工作，王部长跟我一同赴某市。

周日晚，王部长在他房间召集某证券经纪公司的主要领导和我开会。他的开场白是这样的：李博士，我专程出差，是向集团老总汇报了的，你的信息要准确呀，否则让大家空喜一场，回去可没法交代。

我向大家谈了我拟定的和解方案和策略：第一，利息全免；第二，本金要求对方让5%，即我方承担35%，这是策略，我方保底要求是让3%，即承担37%；第三，我方于2008年年底之前还一半本金，另一半明年（2009年）6月30日之前还清，这是策略，我方保底承诺是今年底全部还清；第四，四个案子一起和解，两个二审案签订《和解撤诉协议》（我方撤回上诉），两个执行案签订《执行和解协议》(我方还钱后对方申请法院解除对我方办公楼的保全)。另外，我告诉大家，上述和解方案，除保底要求和保底承诺外，我已报法官。

次日在某高级人民法院，法官似乎“忘掉了”通知双方参加二审案件“谈话”的事儿，上来就说双方和解的事儿。出乎意料，他居然说：李律师，你就不要解释说明你们的和解方案了，咱们抓紧时间，直截了当，我来代表你说。利息全免，这没的说。让某信托投资公司让本金让到五点，也就是35%，不现实，我代表你们提出让三点，也就是37%。还款期限今年底一半，明年6月份底一半。四个案子，我手里的两个二审案和解撤诉，另外两个执行案执行和解。刘律师（某信托投资公司代理人）你这就给公司老板打电话。

刘律师经向其委托公司汇报，公司同意利息全免，本金让三点，即37%，今年底全部还清。接着，双方就其他问题及细节问题基本达成一致。为使法院留下完整笔录，我将双方初步达成的和解方案做了概括性陈述。

回到某证券经纪公司，我立即伏案起草《和解撤诉协议》和《执行和解协议》。

我将我起草的两份协议书发给某信托投资公司的代理律师刘律师后，他也给我发来了他起草的四个案子的四份协议。我觉得可以将两个二审案合并成一个和解撤诉协议，将两个执行案合并成一个执行和解协议，没有必要每案搞一个协议。当然，更重要的是，他起草的协议过于简单，有些必须约定的事项遗漏了，有的条款有问题。我打电话告诉他，他起草的协议中关于和解协议签订后，某信托投资公司即向法院申请解除我方办公楼的保全，不妥，我起草的协议是我方向某信托投资公司付款后，该公司有义务向法院申请解除保全。虽然我方不会签约后不付款，待他们先行解除了保全，我方便转让办公楼所有权，使他们的执行落空，但是，作为合约必须这样签，以杜绝合同陷阱。他对我表示感谢。

很快他就答复我，某信托投资公司同意按我起草的协议签字盖章，没有任何修改意见。然而，因为我方某证券经纪公司内部股东某集团公司的原因，在某市协商了一周，还是没能签成。

11月初，我方内部的问题解决了，我再次与王部长赴某市。刘律师告诉我，某信托投资公司的上级主管单位某投资股份公司也审查了我起草的协议，也同意一字不改，就此签约。双方签订和解协议后立即到某市高级法院和某市二中院办理了撤回上诉和执行和解的相关手续。

一方律师起草的，涉及双方重大利益且有些复杂的和解协议，另一方两级公司及其律师只字不改，予以签署，这在诉讼实践中是罕见的。我以为，协议起草律师只有切实做到诚信和严谨，才可能成就这种和局。

另外，有必要提到的是，经王部长和我主持某证券经纪公司内部两个股东艰苦谈判，该公司另一股东某集团公司终于同意承担两个和解协议的全部债务。这样，我实际代理的某航天集团公司除承担几百万律师费外，并未遭受其他经济损失。

当晚，我喝高了。酒后唱歌时，时而高扬麦克，吼唱陕北民歌，时而挥舞双臂，激情指挥……

回到酒店，我很奇怪地沉静下来。沏一杯茶，点上烟，拉开窗帘，独坐落地窗前，呆望着这个城市周末的灯火……

从2007年“五一”长假形成再审思想，到2008年年底和解结案，整整一年半了。虽然结果离我的愿景尚有距离，但是，确实救活了死案。我感到很累，但还是痛快的……

案件留下了不少问题，而且是核心问题。在定性上，行政法规《金融违法行为处罚办法》到底应否适用于本案？在定量上，《担保法》司法解释到底应否适用于本案？

窗外，这儿那儿的霓虹灯都熄了，路上的车灯也少了。夜，更静了……

清晨，虽一夜未眠，但精神挺好。想到在这个城市救活了一个死案，应当给自己留下点城市记忆，于是毫不犹豫地赶到了过去曾多次来过的外滩。朝阳中，外滩边上的哥特式、罗马式、巴洛克式等风格各异的建筑群，尤其是那座顶部是被誉为“亚洲第一大钟”的原汇丰银行大楼，在新的一天里又展露雄姿，仿佛再次向世人炫耀着当年“东方华尔街”的辉煌。晨练的老人们让我突然想到，鲁迅、郭沫若、茅盾、巴金，还有张爱玲、丁玲，还有蒋中正、杜月笙，当然还有江青，或许都曾在这里凭栏、眺望、沉思、遐想……

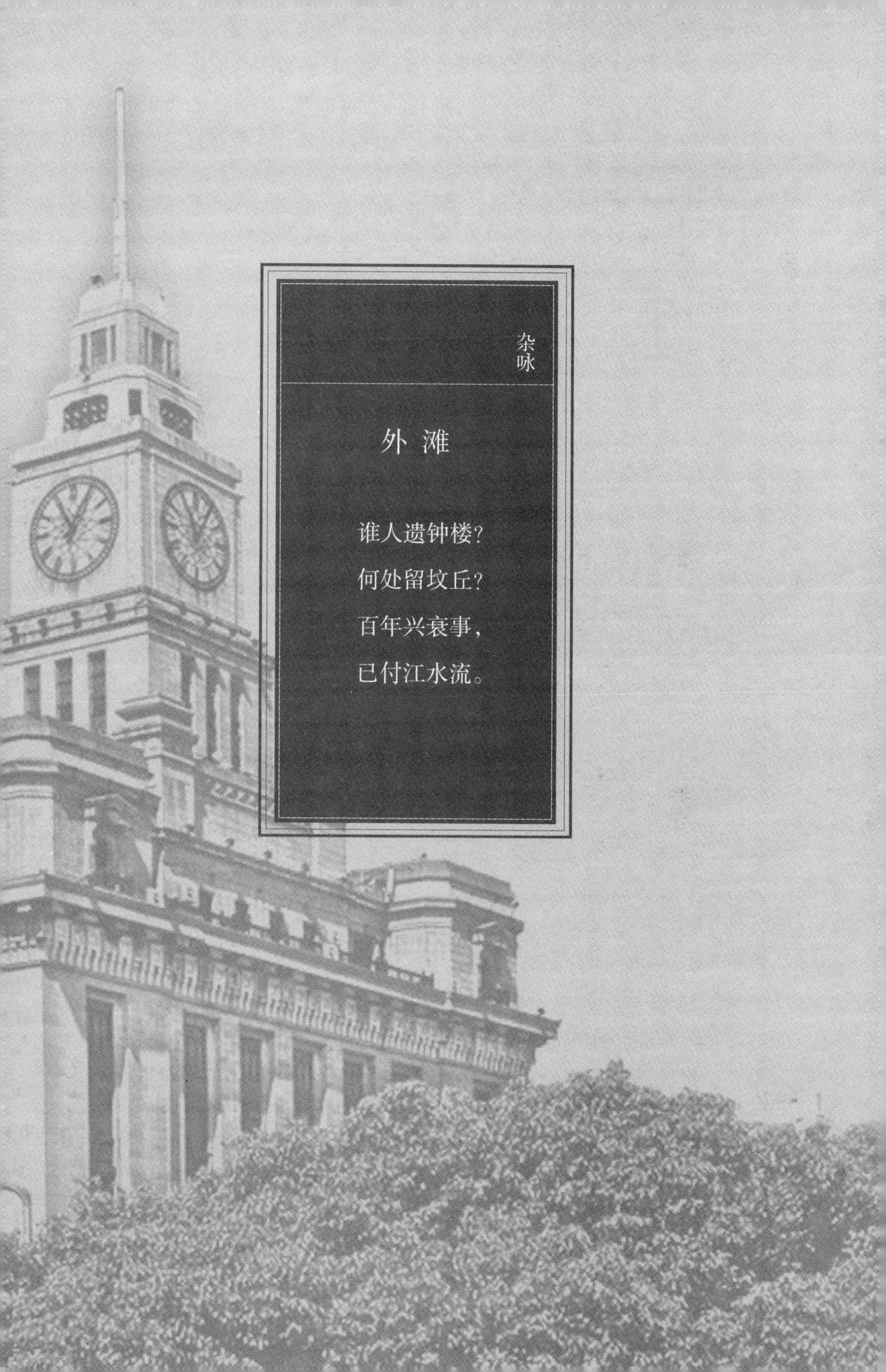

杂咏

外 滩

谁人遗钟楼？
何处留坟丘？
百年兴衰事，
已付江水流。

第九章

证据的骨头与主张的站立

——保证合同纠纷中的保证责任与证据运用

马克·吐温说：在没有证据形成意见的时候硬要造成一种意见，是没有意义的。倘使你造一个没有骨头的人，一眼看上去也许栩栩如生，可是软绵绵地站不起来——证据是意见的骨头。（《冉·达克》）

本案借款合同未约定保证期间，故依《担保法》，债权人应自主债务履行期届满之日起6个月内要求保证人承担保证责任。对方一审败诉后在上诉中举证证明：我方在上述6个月内曾代债务人向债权人支付了一笔借款利息，故主张我方付息的行为正是其向我方主张权利的结果。在二审开庭后才匆匆上阵的我否定了对方证据在本案中的证明效力。二审法院最终接受了我方主张，驳回上诉，维持原判。

出身于律师家庭的马克·吐温虽没读过法律，但对诉讼证据与诉讼意见（主张）之关系的论断形象而准确，可谓精彩的法律格言。虽然，本案对方律师是用证据支撑其主张，似乎是“用骨头造人”，但是，当我否定了他的证据后，他所造的人“便没了骨头”，“软绵绵地站不起来”。

导言

本案借款保证合同未约定保证期间。《担保法》第26条第一款规定："连带责任保证的保证人与债权人未约定保证期间的，债权人有权自主债务履行期届满之日起六个月内要求保证人承担保证责任。"第二款规定："在合同约定的保证期间和前款规定的保证期间，债权人未要求保证人承担保证责任的，保证人免除保证责任。"本案的争议焦点应当在于，债权人某银行是否曾在法定六个月的保证期间向保证人某科技投资公司主张过权利，因而保证人应否免除保证责任。

1.本案首先涉及的问题是证明主张权利的证据认定问题。本案借款属委托贷款。债权人某银行（委托贷款的委托人）在二审中举出了案外人某信托公司（委托贷款的受托人）的《关于某自动化公司借款催收情况的说明》。该说明称借款到期后，某信托公司曾经向某自动化公司发送了利息催收单，并通知保证人某科技投资公司承担保证责任。某银行欲以该说明证明债权人方曾在保证期间要求保证人承担保证责任，亦即曾主张过权利。我认为，该说明根本就不能作为证明债权人在保证期间曾要求保证人承担保证责任的证据。原因很简单，从证据种类上说，该说明属一方当事人的陈述（这是由委托贷款纠纷中委托人与受托人同属于债权人方所决定的），债权人在诉讼中称曾主张过权利，却拿不出何时、何地、何人、以何种方式主张权利的证据，是没有诉讼意义的。

2.本案还涉及证据的排他性规则问题。某银行的一二审代理律师分别在一审和二审中举出了两份银行进账单，以证明保证人某科技投资公司曾向某银行返还了部分利息，并以此证明这正是委托贷款受托人某信托公司向某科技投资公司主张权利的结果，亦即债权人某银行向某科技投资公司主张权利的结果。我认为这种似是而非的推理是置简单的证据排他性规则于不顾。保证人付息有被动的可能性——迫于债权人要求限期还款的压力，但也有主动的可能性——为防止债权人起诉，以拖延承担偿还借款本金的保证责任的期限。因此，在没有其他证据的情况下，只主张其中一种可能性是不成立的。

3.本案的关键点在于，假如认定了保证人在保证期间向债权人支付了部分利息的事实，那么是否保证人就应当承担保证责任。一审判决认为，某银行的举证“不能证明某科技投资公司履行保证义务的事实”；二审法官在某银行二审代理律师举出证明某科技投资公司在法定保证期间曾向某银行付息的新证据后，便提示某科技投资公司接受调解，否则就立即判决（言外之意是改判），问题都出在混淆了保证期间与诉讼时效期间的法律界限。诉讼时效中断的法定事由《民法通则》规定了几项，最高人民法院司法解释又规定了几项。其中，当事人一方同意履行义务，为法定的诉讼时效中断事由。但是，消灭保证期间，开始诉讼时效期间的法定事由，《担保法》及其司法解释仅仅规定了一个，那就是债权人要求保证人承担保证责任，即债权人单向的作为，除提起诉讼或仲裁外（受理后撤诉或撤回申请），其他任何事由均不能成为消灭保证期间，引起诉讼时效期间起算的事由。因此，保证人即使在保证期间向债权人付息，也不能成为其应当承担保证责任的事由。

4.本案另外还涉及法律关系上的付款人与事实上的付款人问题。某银行拟证明保证人某科技投资公司向其付息的证据，是付款人为某科技投资公司的银行进账单，但银行则向债务人某自动化公司开具了付息单位名称为“某自动化公司”的利息清单（为收款凭证，由付款人入账）。据此我认为，该笔利息的真正的付款人为某自动化公司，而非某科技投资公司。这就如同，甲公司委托乙律师事务所代理，丙公司向乙律师事务所支付了代理费，乙律师事务所向甲公司出具了发票（收款凭证），虽然乙律师事务所的进账单上载明支票是丙公司的，但不能据此证明丙公司与乙律师事务所之间具有支付的权利义务关系，付款人仍然是收取发票的甲公司。这成立吗？

要　目

- “没踩在点上”
- “似有骨头”
- “抽掉骨头”
- “分而论之”

序曲

当双方律师、法官形成了相同或相近的认识时，你应该想到屈原的这句话：“众人皆醉而我独醒”——他们是不是都陷入了一种错觉？于是，你不受影响，你保持清醒。终于，你发现他们都搞错了！

某科技投资公司因与银行营业部发生借款合同纠纷，委托我代理二审诉讼，以下“正文”中的文书为我的二审代理意见。

“没踩在点上”

背景

某银行营业部起诉意见

某银行营业部因与某自动化公司、某科技投资公司发生借款合同纠纷，诉至某法院。某银行诉称，1996年8月27日，我行与某信托公司签订委托贷款合同，约定我方将自有资金400万元委托某信托公司按照委托贷款程序向某自动化公司发放贷款400万元。合同签订后，我行在合同规定的日期内按照约定数额向某自动化公司发放了贷款。1997年12月1日，我行与某信托公司、某自动化公司签订委托贷款展期协议书，将该贷款展期至1999年6月20日。同日某科技投资公司作为保证人与某自动化公司和我行签订保证合同，约定某科技投资公司对400万元借款承担连带责任。展期到期后，某自动化公司未能还款，我行多次催收未果，为此，诉请法院判令自动化公司还款400万元，并支付利息和罚息，判令某科技投资公司对上述款项承担连带给付责任。

某科技投资公司答辩意见

保证人某科技投资公司辩称，保证人的保证期间已过，保证人从未收到原告的催款通知，故我公司应免除保证责任。

判决

一审判决

某法院认定了原告诉称的委托贷款的事实及该贷款于1997年12月1日展期时某科技投资公司提供连带责任保证的事实。法院认为，委托贷款展期协议书、保证合同合法有效。委托贷款展期协议到期后，债务人某自动化公司未能履行还款义务，债权人有权依照保证合同的约定向保证人行使追偿权。由于保证合同未明确约定保证期间，故保证期间应依法认定为6个月。某银行营业部虽然提供了2001年1月7日银行进账单欲证明某科技投资公司代某自动化公司还款的事实，但由于此进账单仅显示了从某科技投资公司账号向某自动化公司账号划款的过程，并不能证明某科技投资公司履行保证义务的事实。且进账单载明的日期已经超过保证人承担保证责任的法定期限，某银行营业部未能提供其他证据证实在法定期间内曾向保证人主张过民事权利。因此，某科技投资公司关于保证期间已过，保证责任免除的抗辩理由正当。某自动化公司应自行偿还借款本金并承担逾期付款的违约责任。故依照《中华人民共和国民法通则》第84条第一款、第二款，第108条，《中华人民共和国担保法》第26条第一款、第二款之规定，判决某自动化公司自本判决生效之日起10日内返还借款400万元人民币并支付逾期贷款利息；驳回某银行营业部的其他诉讼请求。

旁白

有时，无论诉讼双方律师怎样辩论，法官自有他确定的见解。有时，双方律师的举证论证，引导着法官的思路。当这种引导是一种误导时，轻者，判决书“本院认为”有误；重者，判决书“判决如下”有误。

——如果一审判决认定的2001年1月7日的付款，是某科技投资公司向某银行营业部还款，且在法定保证期间内，那么，判决结论就会因此改变吗？

“似有骨头”

背景

某银行营业部上诉意见

某银行营业部不服一审判决，向某中级人民法院提起上诉。请求撤销一审判决，依法改判。其上诉理由是：

1.展期协议由上诉人、被上诉人某自动化公司和上诉人的代理人某信托公司三方签订，上诉人作为400万元贷款的权利人，某信托公司作为上诉人的代理人十分明确，故被上诉人对某信托公司的行为就是对上诉人的行为。

2.被上诉人返还部分利息正是某信托公司主张权利的结果，也即上诉人主张权利的结果。

3.被上诉人于1999年10月13日返还部分利息，其时距展期期限届满之日不足半年。被上诉人某科技投资公司在债权人于法定期限内主张权利后仍不履行义务，应当承担连带清偿责任。

在二审中，某银行营业部提交了三份新证据，即某信托公司《关于某自动化公司借款催收情况的说明》（下称某信托公司《说明》）、1999年10月13日的进账单和某信托公司给某银行营业部出具的利息计算清单。某信托公司《说明》载明：“我公司于1996年8月27日根据与某银行营业部的《委托贷款合同》，向某自动化公司发放了贷款400万元。该贷款到期后，我公司、某银行、某自动化公司签订了委托贷款展期协议。某科技投资公司为上述协议提供连带责任保证。展期到期后，某自动化公司没有履行还款义务，某科技投资公司没有履行保证义务。1999年9月21日，我公司向某自动化公司发送了利息催收单，并通知某科技投资公司承担保证责任。同年10月13日，某科技投资公司归还贷款利息67,773.33元。次日，我公司将该债权划归某银行营业部。”进账单载明付款人为某科技投资公司，收款人为某信托公司，金额为67,773.33元，并载明有“还息”字样。上诉人欲以此证明在保证期间内保证人（某科技投资公司）向其支付了部分利息，并提出保证人支付部分利息的事实证明其在保证期间内向保证人提出了权利主张。

旁白

律师，因为是律师，所以总是要面对这种考试：对方律师举出的证据或法律，确实是一道或几道难解的题。

律师，因为是律师，所以应该养成这种应试习惯：从来不会被对方律师的难题所吓倒，总是相信自己有可能破解难题。

背景

二审两次开庭后，法官通知一周后下判。某科技投资公司的负责人及原代理人认为官司要败，匆匆委托我为代理人。

“抽掉骨头”

正文

关于保证责任的认定意见（二审）

尊敬的审判长、审判员：

作为某科技投资公司的代理人，现就我公司的保证责任问题，提出如下意见，请予以充分考虑。

我公司认为，上诉人某银行营业部在二审所举新的材料和所提新的主张，依法不能证明和得出我公司应当承担保证责任的结论，应予驳回；一审判决关于保证期间已过，保证责任免除的认定和判决，认定事实准确，适用法律正确，应予维持。

一、保证责任免除的事实认定

（一）上诉人及某信托公司不能举证证明在法定保证期间要求我公司承担保证责任

上诉人在一审和二审期间，一直无法举出上诉人或某信托公司在法定保证期间内要求我公司承担保证责任的证据。也就是说，在本案一审和二审卷中，没有上诉人或某信托公司致我公司的、经我公司签收或证明我公司收到的任何形式函件。这是上诉人及某信托公司无法辩驳的、本案铁的事实。因此，上诉人在《上诉状》中只能苍白地称“虽经上诉人主张权利……”采取何种方式主张权利？则闭口不谈——其实无法说清。故只能以“被上诉人返还部分利息正是某信托公司主张权利的结果”这种似是而非的推理方式，来推定某信托公司“肯定”主张过权利。

上诉人在二审举出的某信托公司《说明》，称：“1999年9月21日，我公司向某自动化公司发送了《利息催收单》，并通知某科技投资公司要求其承担担保责任。”采取何种方式通知？也闭口不谈——其实也无法说清。其实，由于某信托公司作为委托贷款的受托人，属债权人方的，故从证据种类上说，该《说明》不过属于一方当事人的陈述。而在诉讼中，任何一方当事人的陈述都不能作为其曾经主张权利的证据。

结论：根本没有能够证明上诉人或某信托公司要求我公司承担保证责任的证据。

（二）上诉人及某信托公司在法定保证期间不可能要求我公司承担保证责任

1999年6月20日借款期限届满，即主债务履行期限届满。但是，上诉人及某信托公司并未要求债务人还本付息。相反，某信托公司在借款期限到期后，接受了债务人迟付的该年度第二季度（6月20日）的利息，于10月13日接受了债务人迟付的第三季度（9月20日）的利息，且均出具利息单，以便于债务人下账。在这之前，上诉人及某信托公司对债务人只付息不还本的行为予以接受，并未提出任何异议，根本没有要求债务人偿还本金。而上诉人及某信托公司的接受利息并不提异议的行为，证明虽然还本付息期限已过，但只要债务人继续付息，则债权人并不要求按期还本。某信托公司《说明》称“1999年9月20日，我公司向某自动化公司发送了《利息催收单》……”这证明，虽然借款期限到期后3个月了，但某信托公司只催收利息，而并不要求债务人还本。将此《说明》和前述某信托公司按季接受利息，并不提异议的行为相结合起来看，完全可以认定，虽然借款期限已过，但只要债务人还息，则某信托公司并不要求还本，因此，上诉人及某信托公司不可能向债务人主张偿还到期债务——还本付息的权利。

上述某信托公司在借款期限届满后不仅不要求债务人还本，而且继续接受利息而不提异议的事实，充分证明某信托公司所谓在催促债务人还息的同时通知我公司“承担担保责任”——还本付息的说法，上诉人所谓某信托公司向我公司主张权利——要求还本付息的说法，完全背离本案借款期限届满后的基本事实，且在一般常理上也无法说通，故纯属杜撰。

结论：上诉人及某信托公司没有证据证明在法定保证期间要求我公司承

担保证责任。而且，本案借款期限届满后的基本事实证明，在法定保证期间内（6月21日至12月21日）上诉人及某信托公司不可能要求我公司承担保证责任。

（三）我公司交付的转账支票的性质是债务人支付季度利息

某信托公司于1999年10月13日收到的67,773.33元，是我公司与债务人资金往来过程中若干往来款中的一笔（我公司为作为中外合资企业的债务人的中方大股东，两公司之间经常发生资金往来，债务人至今尚欠我公司多笔资金）。债务人收到我公司转账支票后，未入其账户，而作为季度利息支付某信托公司。某信托公司向债务人出具了《某信托公司利息清单》，并加盖了某信托公司的业务用章（补充证据一，利息清单），该利息清单载明，付息单位名称为“某自动化公司”，即债务人。该利息清单的性质为收款人交付付款人的收款发票或收款有效凭证，付款人直接将此作为已付款的凭证入账——银行和非银行金融机构收取利息后，即以此盖章利息清单作为收款凭证交付付款人，均不另开税务发票或有效收据。故债务人将此利息清单作为付款凭证入账。而我公司则不可能将此利息清单作为我公司已付款的凭证入我公司账目，因为，利息清单上载明的付款单位是债务人，而非我公司，故我公司不能作为付款单位将此利息清单入账，是财务制度常识。

另外，除上述1999年度第三季度（1999年9月20日）的利息清单外，这之前第一季度（3月20日）、第二季度（6月20日——迟付至借款期限届满后）的利息清单，这之后的第四季度（12月20日）的利息清单，付款单位均为债务人（补充证据二，三份利息清单），这证明借款期间届满前后一年的利息支付单位一直是债务人，从无变化，与我公司无关（这四份利息清单同时也证明，债权人在借款期限届满后，接受债务人所付利息，从未提出异议，故而不可能向债务人和我公司主张权利的事实）。

某信托公司向债务人出具付款单位为债务人的收款凭证——利息清单，债务人作为付款单位将此利息清单入账的证据和事实证明，我公司向债务人交付的、被债务人用于自己付息的转账支票的性质，是债务人向某信托公司支付季度利息，绝非我公司直接向某信托公司支付利息。

上诉人在《上诉状》中和在法庭上抓住此笔利息的支付大做文章，试图以此来主张我公司直接向某信托公司付息，却隐瞒了某信托公司向债务人而非我公司出具作为收款凭证的利息清单的事实。上诉人所举某信托公司进账单，只能证明该笔利息的进账事实，不能证明该笔利息支付的权利义务关系。这就如同，甲公司委托乙律师事务所代理，但所付代理费则是丙公司的转账支票，虽然乙律师事务所的记账单上载明支票是丙公司的，但不能据此证明丙公司与乙律师事务所具有支付的权利义务关系。至于上诉人以此进账单来主张“正是某信托公司主张权利的结果”，“被上诉人对自己应承担400万元贷款连带清偿责任的确认”，以及“被上诉人在债权人于法律规定的期限内主张权利后仍不履行义务，应当承担连带清偿责任”（《上诉状》语）则属于尚未抓住一点，便不计其余了（本文已在上两节反驳上诉人的“主张权利”之说，所谓“确认”之说在下一节反驳）。

旁白

在战争中，进攻方是需要有第二、三梯队的，防守方是需要有第二、三道防线的。诉讼也是一样，抗辩应该有第一手和第二手的谋划。

——上文中主张向债权人支付利息的是债务人而非担保人，这是我抗辩的第一手，或称是进攻的第一梯队、防守的第一道防线。下文中主张假设是担保人付息，也不能证明债权人在保证期间向担保人主张过权利，这是我抗辩的第二手，或称进攻的第二梯队、防守的第二道防线。

二、保证责任免除的法律适用

依据《担保法》第26条第一款和第二款的规定、《担保法》司法解释第34条第二款的规定，完全可以对本案的法律适用问题作出如下结论：

1.本案保证合同确实只字未约定保证期间，上诉人亦对此毫无异议（在《上诉状》中承认保证期间为半年），故应适用《担保法》第26条第一款，认定法定保证期间为6个月。

2.依据《担保法》第26条第二款和《担保法》司法解释第34条第二款的明确规定，在保证期间届满前，消灭保证期间、引起诉讼时效期间的法定事由只有一个，就是债权人要求保证人承担保证责任，即债权人单向的作为，除提起诉讼或申请仲裁之外的其他任何事由均不能成为消灭保证期间、引起诉讼时效期间的事由。债权人如主张已要求保证人承担保证责任，则必须举证证明何时、何地、何人、以何种方式要求的，且必须举证证明保证人知悉债权人的要求。上诉人确实没有任何证据证明其曾在1999年6月21日至12月21日的法定保证期间内要求我公司承担保证责任——还本付息，故我公司依法应免除保证责任。我公司并未在法定保证期间与债权人发生付息的权利义务关系，债权人确认的付息人确为债务人。假设我公司向债权人付息，债权人向我公司出具付款单位为我公司的收款凭证，且我公司得以入账，即上诉人所谓的保证人在保证期间通过付息“确认”自己的连带清偿责任，但这一付息行为和所谓“确认”意思表示均不是消灭保证期间、引起诉讼时效期间的法定事由。对《担保法》及其司法解释的明确规定进行任意的扩大解释，将法定的单一事由解释成法外的多样事由，将法定的债权人单向的作为解释成法外的债权人以外的保证人的作为，都是完全不能成立的。

综上所述，上诉人在二审中举证不能，主张错误。恳请各位根据本案基本事实，依照《担保法》及其司法解释，驳回上诉，维持原判。

谢谢！

旁 白

了解一个法律条文的含义并不难，难的是准确把握类似的、相关的法律规定之间的界限。

——可以说，一审中双方代理人和法官的错觉，二审中双方代理人和法官开庭时的错觉，都是因为混淆了保证期间与诉讼时效期间的法律界限。

背景

上述文书递交法院后，法院推迟了下判时间（原定最后一次开庭后一周内下判）。虽未就我的新的抗辩意见再次开庭，但接受了我的主张。

“分而论之”

判决

二审判决

某中级人民法院经审理，对上诉人提交的某信托公司的《说明》形式上的真实性、进账单的真实性和证明效力予以确认，对某信托公司《说明》的证明效力、利息计算清单的真实性和证明效力均不予确认。认为，上诉人与被上诉人某自动化公司签订的委托贷款展期协议书、上诉人与被上诉人某科技投资公司签订的保证合同合法有效。展期到期后，债务人某自动化公司未能履行还款义务，债权人某银行营业部有权向保证人某科技投资公司行使追偿权。由于保证合同未明确约定保证期间，债权人某银行营业部有权自展期届满之日起6个月内要求保证人承担保证责任。现上诉人提交的证据仅能证明保证人在保证责任期间曾向债权人偿还过部分利息，不能证明上诉人在保证期间向保证人主张过权利。故上诉理由不成立。原审认定事实清楚，适用法律正确，处理并无不当，应予维持。故依据《中华人民共和国民事诉讼法》第153条第一款第（一）项之规定，判决驳回上诉，维持原判。

尾声

有时，仅仅凭借对一个法律条文的准确理解，就能决定一个案件的命运。这种功夫和功效，你在事后来看好像也挺简单。但是，只有你今后也身处类似事情之中，你才能体会到底简单不简单。

思考

两个关联公司，由空壳公司借款，由实力公司担保。因银行的失误，实力公司免除保证责任，而空壳公司也还不起债。正义乎？有疑！合法乎？无疑！

好了，在诉讼中撇开法律谈价值理念是没有意义的。这里，咱们为某银行想想，看看其在诉讼中是否还有其他自救的出路。

我在《关于保证责任的认定意见》中提出，某银行及某信托公司在法定保证期间不可能要求某科技投资公司承担保证责任。理由是，1999年6月20日已展期的借款期限届满后，债权人并未要求债务人偿还借款本金，而且接受债务人支付的季度利息，并无异议；仅仅是因为债务人迟延付息，才向债务人发送了《利息催收单》。据此可以认定，虽然借款期限已过，但只要债务人按时还息，则债务人并不要求还本，故也不可能要求保证人承担还本的保证责任。

某银行可否“将计就计”，据此借款期限届满后债务人与保证人认可的基本事实，主张其起诉时并未超过法定保证期间？理由是，已展期的借款期限届满后，虽然某信托公司（债权人）与某自动化公司（债务人）及某科技投资公司（保证人）未签订再次展期的协议，但三方的实际履行证明，借款期限事实上又一次展期了，且保证人付息的行为证明其知悉并同意借款期限的变更；在债务人和保证人停止付息时，展期的借款期限事实上届满了，而距离此时不足6个月，债权人某银行便提起了诉讼，故某银行起诉时并未超过法定保证期间，保证人某科技投资公司应承担保证责任。

这一主张和理由成立吗？

课题

心路

周六的早晨，写完文书的我开车往城北的家里赶。东方泛白，西山如黛，空气清新，道路空旷。伴着流水滴石般的钢琴曲，感受着仪表盘上层层镀上的霞光，我很爽，丝毫没去想周一将面对什么。

要　　目

- 都说坏了
- 我说没事儿
- 法官很烦
- 案子维了

都说坏了

周五的傍晚。昨晚突如其来的一场大雨，下了整整一夜，终于让人在持续的盛夏燥热之中，享受到短暂的清凉。此刻，夕阳柔和，清风徐徐。今晚没有应酬，同事们约好一起吃饭聊天。可是，刚准备出门，一个电话就让我退出了。

来电话的是某科技投资公司的企业法务人员。两个人轮着说，说完补充再补充。两个都是女的，都是法律本科，一个是在法院工作了若干年出来的，一个是在检察院工作了若干年出来的。她们都打着张总的大旗，反复强调张总如何重视这个案子。张总何许人？乃归国博士、著名企业家，北京到处都是他开的超市。过去我为张总打过不小的官司，眼前正在为他的企业办一件很难的案子。不用她们提张总，既然案子出了大问题，要败，只要还有诉讼机会，我哪能不管。

赶到公司，张总的副手王总（法学硕士，与我同期，85级的）和她们俩一起向我介绍了情况。

1.一审中，银行举出了2001年1月7日银行收息的进账单，欲证明某科技投资公司代某自动化公司还款的事实。但法院认定此进账单仅显示了从某科技投资公司账号向某自动化公司账号划款的过程，并不能证明某科技投资公司履行保证义务的事实，且进账单载明的日期已超过保证人承担保证责任的法定期限（本案保证期间为1999年6月21日至12月21日）。但是，银行在提起上诉的同时，针对一审法院上述否定性认定，举出了某科技投资公司在法定保证期间（1999年10月13日）直接向某信托公司付息67,773.33元的证据——载明付款人为某科技投资公司的银行进账单。直接针对一审判决的认定，证明某科技投资公司履行保证义务的事实，且在保证人承担保证责任的法定期间之内。

2.银行举出上述某科技投资公司的付息证据，同时欲证明返还部分利息正是某信托公司向某科技投资公司主张权利的结果。

3.在二审中，银行举出了某信托公司《关于某自动化公司借款催收情况的说明》，称1999年9月21日向某自动化公司发送了利息催收单，同时通知某科技投资公司承担保证责任。并用证明某科技投资公司付息的进账单证据，佐证《说明》，共同证明某信托公司确已通知某科技投资公司承担保证责任。

4.二审法院今天（周五）上午第二次开庭审理本案。一审和二审都是她们两个企业法务人员打的，没请律师。原想某科技投资公司的保证责任免责，事实清楚简单，完全能打赢（所以不请律师，不花那个冤枉钱——这是我想的），谁想银行方面二审换了大律师上阵（中国大陆本无大律师之分类，可社会上总这么分，反正我讨厌人家这么称我，因为是虚的），又举出了强有力的证据。而且，她们认为对方的大律师肯定已经做好了法院的关系，称审判长开庭时明显偏向对方（我对此倒不以为然。因为虽然做关系可谓中国大陆司法特色，但总说对方关系硬，也往往是将要或已经败诉的代理人们共用的托辞。四川人说得很到位：小把戏！）。倒是她们所说审判长当庭的表态，让我意识到问题的严重性。她们称审判长说：你们不用再争辩付息问题了，我们完全可以认定你们公司在保证期间履行保证义务的事实。而且，你们想想，如果不向你们催款，你们作为保证人，又不是借款人，会主动付息吗？所以你们应该认真考虑一下调解的问题。当她们以未授权为由拒绝后，审判长说双方下周等通知拿判决。一审赢，二审法院提出调解，十有八九要输。

5.王总介绍说，银行这次打官司就是冲着保证人某科技投资公司来的，该公司有大厦，而某自动化公司系中外合资企业，房无一间，地无一垅，是一个空壳，根本没有执行能力。打掉了保证责任，也就是打赢了整个官司。所以，这个案子一定不能输。

最后，他们三个，一个法学硕士且在大型企业主管法务十多年，两个法学学士且在司法机关工作若干年，都摇着头说：这回坏了，怎么向老板交代……

我说没事儿

我一边听他们介绍，一边翻阅一审和二审材料，他们说完了，我也看完了。我掩饰着对她们两位代理人的失望——她们虽经一审、二审，但至今根本没有搞明白本案的证据运用和法律适用问题。不过，这会儿我只敢说一审法院和二审法院在本案证据运用和法律适用上的混乱认识。

1.我从简单说起，先说了银行的二审新证据——某信托公司《关于某自动化公司借款催收情况的说明》（以下称《说明》）。我告诉他们，这份《说明》根本就不能够作为证明债权人在保证期间曾要求保证人承担保证责任的证据。简单地说，对于主张权利这一证明对象来说，《说明》根本就不是证据。换句话说，举出这种证据想要证明曾主张过权利，跟没举证据并无两样。道理非常简单，从证据种类上说，《说明》属当事人陈述，而不是证人证言（这是由委托贷款纠纷中委托人与代理人的同一性所决定的）。《说明》的效力就如同债权人当庭说曾主张过权利一样，如举不出主张权利的证据，在诉讼上跟没说完全一样。故对方二审律师举出这种所谓的证据，二审法官也拿这种东西说事儿（如果她们所述如实的话），在证据运用上，可说是太“老外”了。

2.假如我方确实付了息，就真的如同对方律师和法官所述，便印证了《说明》？付息就是主张权利的结果？这种似是而非的推理完全置简单的证据排他性规则于不顾。付息有主动和被动两种可能，在没有其他证据的情况下，只认定其中一种可能，离谱了吧！

3.对于对方的《说明》，我结合借款期限届满后对方在法定保证期间（6月21日至12月21日）一直接受付息的基本事实，“反其道而用之”。认定在保证期间，对方仅仅向某自动化公司发送了利息催收单（不是借款期限届满后应发的催款通知，而是借款期限内所发的利息催收单），虽主张通知了我方，但却没有证据，且按季接受某自动化公司只付息、不还本的行为，而未提任何异议。对方《说明》自认的发利息催收单和一方付息一方收息而不涉及本金的基本事实，共同证明，虽然借款期限已经届满，但是只要债务人还息，则债权人并不要求还本，故债权人在法定保证期间不可能一边接受债务人付息，而不要求还本，一方面通知我方“承担保证责任”。因此，对方不仅没有证据证明曾向我方主张权利，而且不可能有这种证据；《说明》不仅不是证据，而且所谓通知我方一节完全是虚假的。

4.现在，我开始讲本案的关键点了。我肯定地告诉他们，本案的证据运用问题对于本案的认定和判决虽然也很重要，但并不决定本案的命运，本案胜败的“穴”在法律适用上。我武断地说，即使我方作为保证人在保证期间向债权人直接付了利息，也不可能引起消灭保证期间，开始诉讼时效期间的法律后果，即我方在保证责任上仍然是免责的。银行方分别在一审和二审中举证欲证明我方在保证期间向债权人支付了利息，其目的是为了诉请法院认定我方应承担保证责任。但是，这种举证与其目的毫无关系，而将这种举证作为诉讼的攻防重点，则完全是在打乱仗。一审法院在“本院认为”一节认定，银行的举证“不能证明某科技投资公司履行保证义务的事实”，要么是受银行一审律师的误导，要么是本来就没有搞清楚保证人是否在保证期间向债权人支付利息与保证人应否承担保证责任并无关系。如果我方两位代理人所述二审审判长的说法属实的话，那么可以说二审审判长也同样没有搞明白。说难听点儿，由于对方一二审律师和法院一二审法官的因素，我方糊里糊涂赢了一审，现在又差点糊里糊涂输掉二审。然而，本案法律适用问题其实并不疑难，这么多人糊涂就糊涂在了保证期间与诉讼时效期间的法律界限上。诉讼时效中断的法定事由《民法通则》规定了几项，最高人民法院司法解释又规定了几项，但是，消灭保证期间，开始诉讼时效期间的法定事由，《担保法》及其司法解释仅仅规定了一个，那就是债权人在保证期间要求保证人承担保证责任，即债权人单向的作为，除提起诉讼和仲裁，其他任何事由均不能成为消灭保证期间，引起诉讼时效期间的事由。我肯定地认为，如果二审法院以本案存在我方在保证期间向债权人支付利息的事实为由，判令我方承担保证责任，那么就是对《担保法》及其司法解释进行任意的扩大解释，将法定的单一事由解释成法外的多样事由，将法定的单向行为解释成法外的双向行为，将法定的债权人的作为解释成法外的债权人以外的保证人的作为。如果二审法院真敢这么判，我们也不用怕，打再审，哪怕打到最高人民法院，最终也能把案子翻过来。

说到这里，他们脸上顿显雨过天晴似的表情。王总反复说：太好了……

5.我接着说：打官司必须找到“穴位”，但中国的司法奇事怪事多多，为稳妥起见，在策略上要避免抓住一点，不计其余。具体说就是，如果我方有证据证明并未向债权人付息，当然也应该举证和论证，可以将此作为我方攻防的第一道防线。我认为，对方举出的银行进账单尚不能证明我方付息的事实，为什么不举出作为付款和收款凭证且须入财务账的利息清单？其中是否有诈？即进账单上显示付款人是我方，但利息清单上付息人为某自动化公司（债务人）。我以律师事务所签约和收款的事例讲了二者的不同，提出应尽快让某科技投资公司与某自动化公司的财务人员查账，核实银行将利息清单开给了哪一家。

王总可谓精明之人。我还没说到查账、核实处，他已经开始给两家财务人员打电话了（某科技投资公司是某自动化公司的中方大股东）。

饭后，我亲自查阅了两家公司的财务账。果然不出所料，利息清单上载明付息单位为某自动化公司，故入在该公司账中。

都已经晚上十点多了，我才说我的工作计划。今晚通宵写完《关于保证责任的认定意见》，将利息清单作为补充证据，并写《再次开庭审理申请书》。明日（周六）下午到公司征求意见、定稿，并办理委托手续（将两位代理人中的一人变更为我）。周一上午到法院递交文书和委托手续，并争取与审判长面谈。

王总送我出楼门，仰着脸站在台阶上，似乎在对夜空说：是不是太晚了？万一人家根本就不听你的，下周就判了怎么办？我说：没事儿。

法官很烦

周六的早晨，写完文书的我开车往城北的家里赶。东方泛白，西山如黛，空气清新，道路空旷。伴着流水滴石般的钢琴曲，感受着仪表盘上层层镀上的霞光，我很爽，丝毫没去想周一将面对什么。

周一在法院谈话室等法官时，我没事儿似的与同来的企业法务人员聊起了他们老总张总这几年的突飞猛进。谁想，女审判长推门进来就拿挺大的眼睛盯着我，嚷嚷道：你们什么意思？两庭都开完了，换代理人？这不是捣乱吗？没你们这么着儿的。要不是我，换作别人，根本就不会搭理你们……好在我没什么出息，没人轰没人赶地自个儿从大学出来，干起了越来越不受法官等官员们待见的律师这行，且这么多年已被法院小青年们训斥“成才”了，比这更狠的也能对付。我陪着笑脸，反复说：您说得对（对什么？完全错！宣判前当事人有权更换代理人并由新的代理人向法院提交新的代理意见），我们这样做确实太不像话了。要在国外，这样搞不好闹个藐视法庭罪（纯属瞎编）。今儿个是碰到您这样的法官了，总是为当事人着想，要不是您，有我们好看的。好在还没宣判，就劳驾您把我写的东西看看，多多批评指教，也是我提高的机会。就这样，气氛缓和下来了（但跟我同来的企业法务人员神情还忿忿的——他们通常不吃法官这一套——与律师生存条件不同）。接着我同女法官套起了近乎，说：听说您也是政法大学毕业的，咱们还是校友呢（我读博士时，她应该在读小学）。女法官正翻着代理人变更申请书和授权委托书等材料，抬头看了我一眼，没搭理我。过了会儿说：不可能再专门给你们开庭了。跟你们也没什么好说的，材料我拿回去看，就这样。说完起身走了。我跟着送出去，而同来的法务人员则坐着没动，两眼茫然，说坏了。我还是那句话：没事儿。

走出法院，法务人员对我说：你还真能忍。我说：没听说中国律师就像春秋战国时期的名人？问：什么名人？答：老子、庄子、孙子。问：什么意思？答：老庄（装）孙子。

案子维了

二审案子改判了，说改了；维持原判了，说维了；不好办了，说改也不是，维也不是。

这个案子近一个月后出了判决，维了。

宣判那天，我正出差，没去。据说法院还是比较重视我的意见的，专门开了庭务会议研究（这种会议在法院是介于审委会研究案件与合议庭评议案件之间的方式）。法院终审判决没有接受我关于是债务人而不是保证人向债权人偿还了部分利息的主张（第一道防线被突破），但接受了我关于本案法律适用的主张，认为：“现上诉人（银行——我注）提交的证据仅能证明保证人在保证责任期间曾向债权人偿还过部分利息，不能证明上诉人在保证期间向保证人主张过权利。故上诉理由不成立。”

虽然案子赢了，但从学习和研究角度说，我还是坚持从付款和收款的法律关系上说，给债权人偿还部分利息的是债务人，不是保证人。

美国律师在打赢艰难官司后，常常会庆祝一番，在中国大陆也会有当事人请律师吃顿饭以示庆祝。但这个案子办完后没有。且不久因我个人的原因从张总所属企业的一个官司中退出（10年执业就这么一次！），张总所属的所有企业人员均不与我联系了。偶尔在中央电视台"对话"节目看到张总时，以及每次看到张总新开张的超市时，我会或浅或深地想到这个案子，同时，也会或多或少地感到一些惆怅……

夏收

今夏樱桃旺，
摘得红满筐。
分装一袋袋，
笑送友人尝。

第十章

混乱的麻团与冷静的梳理

——股权转让纠纷中的多重法律关系与债权界定

泰戈尔说：当我们的认识模糊不清时，我们就容易指责我们的认识对象本身是模糊不清的。（《民族主义》）

本案《股权转让协议》是模糊不清的，因为它所包含的法律关系（案由）混乱，同时涉及股权转让纠纷、出资纠纷、公司盈余分配权纠纷；因为它所涉法律问题复杂，同时存在间接代理、担保责任、约定第三人承担合同义务、履行期限约定不明、合并审理等一系列问题。因而，我只能通过冷静的思考和细心的梳理，才能在《案件分析报告》中一一界定各个法律关系和诸多法律问题。

1913年获得诺贝尔文学奖的印度诗圣泰戈尔，年轻时曾在英国学过法律，特别是出版过哲学、政治学论著。泰戈尔的话教诲我，虽然本案协议制作律师把协议搞得模糊不清，但我不应抱怨和指责，只能耐心梳理。否则，我的认识也会随之模糊不清。

论案

导言

本案法律关系（案由）混乱，同时涉及股权转让纠纷、出资纠纷（或企业借贷纠纷）、公司盈余分配权纠纷（或企业借贷收益纠纷）三种不同的法律关系。本案法律问题复杂，同时涉及合并审理、间接代理、债务转移、担保责任（未约定保证期间及约定合同外第三人保证责任等）、履行期限约定不明等一系列问题。以下分别简述。

1.本案的公司盈余分配权纠纷问题。本案合同名为《股权转让协议》，不过，真正意义上的股权转让，已因股权转让款支付完毕和股权变更登记完毕而无纠纷可言。本案的纠纷之一是，转让协议约定，甲方某投资公司（我方）将在庚方某投资股份公司的股权转让戊方某住房股份公司，庚方的资产总额减去债务剩余5050万元，庚方应将该款作为资本占有费，分配给各股东，并约定甲方应分得80%即4040万元，但庚方未向甲方支付该款。我在为甲方设计的仲裁方案中，将该纠纷确定为公司盈余分配权纠纷，理由为协议约定用语虽为“资本占有费”，但其性质为公司盈余。庚方对此可能的抗辩是，庚方的剩余款项是基于庚方原股东某投资管理公司（非本案合同参与人，甲方受让了其股权）向庚方出借2.55亿元而派生出的，其性质为企业之间借贷款项所产生的利息或利润。因法律禁止企业之间借贷，并不保护借款利息或利润，故庚方有权拒绝支付。

2.本案的出资纠纷问题。《股权转让协议》约定庚方原股东某投资管理公司向庚方出借的2.55亿元，由甲方股权的受让人戊方某住房股份公司代庚方还8500万元，由庚方的控股企业己方某房地产开发公司（庚方持其80%股权）还1.7亿元，并约定己方同意1.7亿元按年利率7%的比例支付利息。戊方向甲方支付了8500万元，己方向甲方支付了1亿元，尚有7000万元未支付。我在为甲方设计的仲裁方案中，将该纠纷确定为出资纠纷，并建议将7000万元的约定利息和己方迟延支付的法定滞纳金一并作为仲裁请求。理由是，2.55亿款项是庚方某投资股份公司的原大股东某投资管理公司为了庚方的绝对控股公司己方某房地产开发公司的某小区项目，而投入的资金，其性质是股东在注册资金之外向公司的项目投资，不是股东与其公司之间的借款，故理应享有适当的投资收益（转让协议仅仅约定了利息），己方某房地产开发公司不按约定履行还款义务，亦应支付法定滞纳金。己方对此的抗辩肯定是，转让协议中明确约定2.55亿元是“贷款”，事实上也是某投资管理公司向庚方的出借的款项，属企业之间借贷。依据有关企业之间借贷的司法解释，7000万元的借款本金仲裁庭可以支持，但应驳回约定利息及法定滞纳金的仲裁请求。

3.本案涉及能否将两个案由合并审理的问题，亦即能否将基于两个不同案由（公司盈余分配权纠纷和出资纠纷）的两种不同的仲裁请求合并审理。如在诉讼中，因两种请求属基于不同法律关系和不同法律事实的不同案由，为两案，且两种请求涉及了不同的诉讼主体，故法院难以合并审理。在仲裁中，因北京仲裁委员会仲裁规则规定合并审理须征得其他当事人（即对方当事人）同意，而本案对方当事人肯定会提出异议，故亦难合并审理。我在为甲方设计的仲裁方案中对此的对策是，在《仲裁申请书》首部设定案由为“股权转让纠纷”，一旦被申请人提出异议，则书面答辩，主张本案案由仅为股权转让纠纷，为一案，至于出资纠纷和公司盈余分配权纠纷皆为股权转让纠纷的从属性纠纷，即皆因股东转让股权、退出公司所生，且偿还申请人出资及利息、分配公司盈余实为股权转让之条件，故不能生硬地划分为两案。

4.本案涉及间接代理问题。《股权转让协议》约定，在甲方某投资公司出具某投资管理公司（2.55亿元的债权人、与某投资公司为关联公司）委托甲方接收款项的委托函后，各方按本协议约定向甲方支付该2.55亿元相关款项。据此，戊方某住房股份公司和己方某房地产开发公司向甲方支付了1.85亿元。我在为甲方设计的仲裁方案中，将尚未支付的7000万元的仲裁申请人主体确定为某投资管理公司，理由是某投资管理公司与甲方某投资公司是委托代理关系——法律上的间接代理关系，即甲方受某投资管理公司委托，以自己的名义与债务人订立还款条款，且甲方与某投资管理公司并未签订债权转让协议，亦未依法向债务人履行债权转让的通知义务。法律依据是，《合同法》第402条规定："受托人以自己的名义，在委托人的授权范围内与第三人订立的合同，第三人在订立合同时知道受托人与委托人之间的代理关系的，该合同直接约束委托人和第三人，但有确切证据证明该合同只约束受托人和第三人的除外。"被申请人对此可能的抗辩是：某投资管理公司不是转让协议的当事人，即未参与协议，未盖章签字，故无权依据该协议申请仲裁，且因其未参与仲裁条款的签署，与被申请人之间无仲裁协议，亦无权提起仲裁。但是，如果甲方某投资公司将自己作为7000万元及利息、滞纳金的仲裁申请人，被申请人又可能以甲方为某投资管理公司的代理人为由，依据《合同法》提出甲方无债权人主体资格的异议。

5.本案涉及债务转移问题。《股权转让协议》在序言中确定，2.55亿元是某投资管理公司向庚方某投资股份公司"垫付的"或"投入的"，从行文上看，该款应当是由庚方投入到其控股企业己方某房地产开发公司开发的某小区项目上。而还款的约定则是，戊方某住房股份公司（受让甲方在庚方的股权）代还8500万元，己方某房地产开发公司还1.7亿元。并且，戊方已还清8500万元，己方还了1亿元。我在为甲方设计的仲裁方案中，将己方确定为尚未偿还的7000万元的仲裁被申请人（债务人），但未陈述理由。其实，这种约定为债务转移条款。而且，债权人某投资管理公司的代理人甲方某投资公司通过其签约行为予以认可。这证明，在法律上，某投资股份公司的1.7亿元债务已转移给己方某房地产开发公司，且债权人某投资管理公司（通过其代理人甲方某投资公司）已同意，再者，新的债务人已实际部分履行还款义务（已还1亿元）。

6.本案还涉及协议未约定保证期间问题。《股权转让协议》约定，戊方某住房股份公司（受让甲方某投资公司股权）及己方其他股东（即庚方某投资股份公司，其持己方80%股权，并参与协议的签署）对己方未按期偿还1.7亿元，承担连带责任。此约定为担保条款，但未约定保证期限。我在为甲方设计的仲裁方案中认为，戊方和庚方并不因转让协议未约定保证期间而免责，应承担保证责任。理由是，依据《担保法》第26条的规定，法定保证期间为自主债务履行期届满之日起6个月。债务人己方某房地产开发公司偿还7000万元欠款期限至2005年12月3日届满，故法定保证期间为2005年12月4日至2006年6月4日。因2006年1月25日担保人戊方、庚方与债务人己方致甲方的复函证明三公司已收到甲方的催款函，故甲方的还款要求已消灭法定保证期间，引起两年的诉讼时效，故戊方和庚方依法应承担保证责任。

7.本案还涉及股权转让协议约定协议外第三人承担保证责任的问题。《股权转让协议》约定某咨询公司（持己方20%股权）对己方某房地产开发公司1.7亿元债务承担连带保证责任，某甲集团（甲方某投资公司为其子公司）对转让协议约定的甲方应承担的责任承担连带保证责任，某乙集团（戊方某住房股份公司为其子公司）对转让协议约定的戊方应承担的责任承担连带保证责任。因某咨询公司、某甲集团和某乙集团均未参与转让协议的签署，属协议外第三人，故依法不承担保证责任。

8.本案除上述一系列问题之外，还涉及履行期限约定不明及合同用语不规范等问题。本案之所以显得复杂和混乱，除多重的法律关系和债权债务关系之因素外，《股权转让协议》的制作者（某律师事务所的律师们）尚不具备驾驭本案合同的基本能力，亦为重要因素。

要　　目

· 就是一堆乱麻

· 冷静理出头绪

序 曲

因为诉讼结果的不确定性，说白了就是没谱，如今不少律师都不爱做诉讼了，甚至有的律师以只做非讼而荣耀。殊不知，如没有丰富的合同诉讼经验，而想要做好非讼中最重要的合同，基本是不靠谱的。

就是一堆乱麻

背景

《股权转让协议》的约定内容和履行情况

说明：本案包含多重法律关系、多种法律问题，且我写作了详细的《仲裁案件分析报告》，但因故并未代理本案。故既有意选录本案，又不能按本书体例陈述。于是，下文只能像一般案例书那样，先述案情。

一、合同约定

2005年5月26日，甲、乙、丙、丁、戊、己、庚七方签订《股权转让协议》（下称转让协议）。下述与争议有关的主要条款。

（一）有关方股权关系的条款

转让协议所述有关方的股权关系：

庚方的注册资本为1000万元，其中甲方持有庚方49%的股权，乙方为1%，丙方为40%，丁方为10%。己方的注册资本为5000万元，其中庚方持有己方80%的股权，某咨询公司（非本合同主体）持股20%。

（二）协议序言有关条款（在协议中为“鉴于”）

……

3.转让方（甲方、乙方）愿意向受让方（戊方）转让庚方的股权，受让方愿意受让该部分股权。

4.庚方股东会已作出决议，同意转让方（甲方、乙方）转让其持有的庚方的股权，且该项决议合法、有效。

5.本协议各方确认，已方开发的某小区项目达到三通一平，且交纳土地出让金、大市政配套费用后价值为4.5亿元。

6.根据转让方和庚方提供的资料，本协议缔约各方确认，庚方目前债务如下:

（1）欠股东款2.65亿元，其中包括某投资管理公司向庚方垫付的2.55亿元，丙方向庚方垫付的1000万元整。

（2）根据已签的合同约定应付未付的款项以及预计尚需花费的拆迁费用等款项为9700万元。

（3）按规定欠大市政费2750万元。

以上债务合计为38950万元。

7.上述第五款确定价值减去第六款负债的差额为6050万元，其中1000万元为庚方实收资本，各方均同意其余5050万元作为庚方付给甲方、乙方、丙方、丁方的资本占用费（以下称占用费）。具体分配比例为：甲方80%，乙方0.4%，丙方4%，丁方15.6%。

8.某投资管理公司系庚方的原股东之一，曾持庚方50%的股权。其已对庚方投入了2.55亿元。2004年11月2日，某投资管理公司将其持有的庚方50%的股权分别转让给本协议的甲方（49%）及本协议的乙方（1%）。在转让方（甲方、乙方）出具某投资管理公司对庚方的债权委托甲方接收款项的委托函后，戊方庚方可以按照本协议的约定向甲方支付该2.55亿元相关款项。甲、乙、丙、丁四方共同确认，戊方及庚方偿还甲方的2.55亿元包含在戊方应付庚方现在的负债中。

（三）有关履行、担保条款

……

5-3-1自本合同签订之日起5个工作日内，戊方将人民币9000万元打入共管账户，该共管账户为甲方设在银行的临时账户，账户共管方式为戊方保管人名章，甲方保管财务专用章。任何资金的支出须经戊方与甲方同时出具人名章及财务专用章后才能支取。

5-3-2共管的9000万元中，490万元是甲方的股权转让款，10万元是乙方的股权转让款，8500万元作为戊方代表庚方及己方偿还甲方的垫款。在戊方获得庚方相应股权并取得己方的实际控制权后，该8990万元支付给甲方，支付乙方10万元。

5-3-3在戊方将人民币9000万元打入共管账户后，甲方及乙方应立即配合戊方办理股权转让手续，将其两方持有庚方50%的股权办到戊方名下。

5-3-4在戊方将9000万元支付给甲方后3个月，由己方按本协议约定将1亿元支付给甲方。

在己方将上述款项支付给甲方后3个月，由己方将甲方投入的款项向甲方付清。

自戊方将9000万元支付给甲方后，就其贷款的余额部分，己方同意按年利率7%向其支付利息。

5-3-5在甲方及乙方与戊方的股权转让手续办理完毕以后，丙、丁方应继续办理完毕某小区项目的前期拆迁手续、达到三通一平和取得土地使用权证。之后，由丙方、丁方与戊方另行签订合作或股权转让协议。

5-3-6本协议相关方一致同意，在本协议中戊方支付的除股权转让款500万元外，其余支付给各方的款项均为戊方向己方融入的资金，代己方向相关方支付的款项。并在本协议签订后，由戊方与己方签订相关的股东借款协议。

5-3-7本协议各方约定，本合同约定的戊方支付的款项，是戊方替己方偿还的款项，戊方及己方其他股东对己方未按期偿还上述款项，承担连带责任。

……

9-4　某甲集团就本协议规定的甲方应承担的责任承担连带保证责任；某乙集团就本协议规定的戊方应偿还的款项承担连带保证责任。

10-3　协商不成的，任意一方均可向某仲裁委员会提出仲裁。

旁白

合同不是律师对当事人谈判结果的记录和整理，合同是律师运用法律智慧对当事人权利义务的设计和安排。如果合同仅仅体现的是生意，而不是法律，那么就不能称其为合同。

合同不仅仅是写给知情的当事人看的，也是写给法官看的。如果法官看不懂，而需要当事人解释，那么合同各方当事人就会有不同解释，于是合同的乱子就出来了。

制作合同最大的禁忌就是不懂装懂或者一知半解——比如把根本不能容于一个合同中的不同性质的法律关系，都装到了一个合同中，就是不懂装懂。比如知道保证责任，但不知道约定保证期间，甚至约定没有参加合同签订的第三人的连带保证责任，就是一知半解。

二、履行情况

1. 2005年6月3日，戊方向甲方支付8000万元。

2. 2005年6月20日，戊方向甲方支付1000万元。

3. 2005年11月10日，己方向甲方支付1亿元。

三、往来函件

1. 2005年11月9日，某投资管理公司向庚方和己方发出《付款委托函》。称，庚方就己方开发的某小区项目，向我公司借款人民币2.55亿元。根据戊方与甲方和乙方签署的庚公司《股权转让协议》的约定，上述借款已由戊方代庚方偿还某小区项目借款人民币8500万元，我公司已委托甲方代为收取。现根据《股权转让协议》的约定，贵公司应偿还我公司某小区项目借款人民币1亿元，我公司委托甲方代为收取。

2. 2006年1月13日，甲方向己方、戊方、庚方及某咨询公司（己方的股东之一，为《股权转让协议》约定的连带责任保证人）发出《催款函》。称，根据贵公司等与甲方、乙方及其他合同当事人签订的《股权转让协议》，已方应向甲方支付下述款项，戊方、庚方、某咨询公司对下述款项应承担连带保证责任：①应当支付某投资管理公司的欠款，计人民币2.55亿元（由我公司代收）；②应按7%的年利率就1.65亿元的欠款支付利息。截至本通知发出之日，本公司仅收到戊方代为支付的人民币9000万元，其中500万元是戊方应付甲方和乙方的股权转让价款，实际收到归还的欠款人民币8500万元；以及已方支付的1亿元。鉴于此，贵司尚余7000万元合同款对我司应付而未付。经我司决定，我司现就上述欠款事宜，正式函告贵司如下：①请贵司在收到此函5日内，一次性向我司支付剩余7000万元余款，及上述第二项的欠款利息（计算至还款之日），以及相应的资金占用费、滞纳金；②如贵司未能按照上述要求履行付款义务，我司保留采取进一步法律措施的权利，并依法追究贵司延迟付款的违约责任。

3. 2006年1月26日，某投资管理公司委托某律师事务所向已方、戊方、庚方及某咨询公司发出《律师函》。该函内容与上述《催款函》相同。

旁白

律师发《律师函》当然是要慎重的。如果向根本不是债务人或担保人的公司发函，轻者人家不搭理你，重者人家投诉你。

——某咨询公司并未参加股权转让协议的签订，也未出具保函，故当然不应承担协议约定的“连带保证责任”。因此，律师不应在《律师函》中将其列为保证人并要求其承担连带保证责任。

4. 2006年1月25日（似有意在函上提前了时间——我注），戊方、庚方和已方向甲方发出《关于偿还甲方款项的函》。称，《催款函》已经收到。因已方开发的项目尚未进行销售，且目前某乙集团（戊方的股东）与某城建集团正进行合并重组，重组后的集团的财务管理方式尚未明确。因此，给我们按时间向贵公司还款造成了一定的困难。为此，我们深表歉意。同时，我们郑重向贵司承诺，我们一定尽快协调与集团的关系并筹措资金，及时向贵司偿还所欠款项。

5. 2006年2月9日，甲方向戊方、庚方和己方发出《回函》。称，贵司1月25日的来函我司业已收悉。对于来函中提及的贵司目前的困难，我司在表示充分理解的同时，也正式函请贵司明确以下事宜：①请贵司明确欠款数额，包括本金及利息、资金占用费和滞纳金等。②请贵司提供切实可行的还款计划，包括具体还款时间和数额。经我司同意后，可与贵司签订还款协议。③请贵司为所欠负债，向我司提供相应担保，以保障我司债权的实现。

背景

我律师所与甲方之上级主管单位某甲集团有合作关系（正在为其代理一件标的额为1700万元的股权转让纠纷案），某甲集团通知我所参与本案代理律师的竞聘，为此，我写作了下述《仲裁案件分析报告》。

旁白

下大气力论证完复杂案件，还不知道能不能代理，能不能挣到钱，就已经有了成就感、满足感、自豪感——律师是需要有这股傻劲的。

冷静理出头绪

正文

仲裁案件分析报告

某甲集团有限公司：

我所研读了贵公司提供的有限证据材料，即《股权转让协议》、三份收款凭证（计1亿9千万元）及五份往来函件，根据贵公司要求，提出初步分析报告。虽研究、写作期限仅为1日，且尚未获得与贵公司交流案情的机会，但我们仍然承诺，我所对所述事实认定和法律适用意见承担律师责任。

对于本仲裁案的总体认识：本案虽因仲裁主体问题、法律关系问题、部分约定的效力问题及部分约定不明的问题等因素，显得复杂，但债权人（即仲裁申请人、下文详述）的主体债权（不限于7000万元）理当胜诉，且因能够有效实施财产保全，故通过法院执行程序最终实现债权，亦有把握。

本报告共分四个部分：一、案件设计；二、仲裁预案；三、实施方案；四、合作建议。

一、案件设计

（一）仲裁主体

1.仲裁申请人

（1）某投资公司（合同甲方）——应为第二申请人。其为庚方某投资股份公司4040万元（5050万元之80%）盈余分配权利人，有权就此债权提出仲裁请求。

（2）某投资管理公司（非合同主体）——应为第一申请人。虽然，《股权转让协议》（下称转让协议）约定9000万元、1亿元及余款（应为7000万元）的收款主体为某投资公司（约定为甲方），且其向债务人及担保人（以下详述主体名称及法律关系）发出催款函，债务人及担保人亦对其复函并承诺及时还款，但是，在法律上，其仅为已收9000万元中的490万元股权转让款的权利主体，不是2.55亿元款项的权利主体。该款项的权利主体仍然是某投资管理公司。

理由：（1）某投资管理公司与某投资公司是委托代理关系——法律上的间接代理关系，即某投资公司受某投资管理公司委托，以自己的名义与债务人订立还款条款。（2）某投资管理公司与某投资公司并未签订债权转让协议，亦未依法向债务人履行债权转让通知义务。

法律依据：《合同法》第402条规定："受托人以自己的名义，在委托人的授权范围内与第三人订立的合同，第三人在订立合同时知道受托人与委托人之间的代理关系的，该合同直接约束委托人和第三人，但有确切证据证明该合同只约束受托人和第三人的除外。”

解释适用：①“直接约束”即委托人直接承受代理人所签合同的权利与义务；②转让协议确认了某投资管理公司的出资款及其 与某投资公司的委托代理关系，债务人在签订转让协议时当然知道此代理关系，故该还款条款直接约束了某投资管理公司与债务人。

仲裁申请人排序说明：7000万元欠款的偿还应为首要仲裁请求，而4040万元的公司盈余分配应为次要的仲裁请求（理由后述），故7000万元的权利主体某投资管理公司应为第一申请人，4040万元的权利主体某投资公司应为第二申请人。

此设计的仲裁程序风险防范：如将某投资公司列为本案唯一的仲裁申请人，被申请人（债务人及担保人）则可依据上述《合同法》的规定，主张某投资公司系某投资管理公司代理人，不具有本案仲裁申请人资格，无权就7000万元及相关欠款利息、滞纳金主张权利，故而请求仲裁庭裁决驳回某投资公司有关7000万元及相关欠款利息、滞纳金的仲裁请求。

补充说明：某房地产顾问公司（合同乙方）仅有20.2万元的公司盈余分配请求权，是否有必要作为第三申请人参与仲裁并主张权利，可由贵公司酌定。

2.仲裁被申请人

（1）某房地产开发公司（合同己方——应为第一被申请人）。虽然，转让协议“鉴于”第6条第一项及第8条均确认某投资管理公司向“目标公司”即某投资股份公司“垫付”或“投入”了2.55亿元，但转让协议第5-3-4条款第一项约定1亿元的债务人（已实际履行）、第二项约定“付清”款项（应为7000万元）的债务人以及第三项1.7亿元利息的债务人，均为某房地产开发公司。

（2）某住房股份公司（合同戊方）——应为第三被申请人（基于表述方便，先论第三被申请人）。虽然，某住房股份公司已按约定完成了9000万元转让款及欠款的支付义务，但转让协议第5-3-7条款约定了其对某房地产开发公司还款“承担连带保证责任”，故依法可将其列为共同被申请人之一。

尽管该担保条款过于简单，缺乏《担保法》第15条规定的保证合同的有关内容，但除明确约定了保证方式外，结合其他条款亦可知被保证的主债权金额、债务人履行债务的期限及保证担保的范围，故应为有效的担保条款。

该担保条款未约定保证期间，依据《担保法》第26条的规定，法定保证期间为自主债务履行期届满之日起6个月。债务人（亦即实际还款人）某房地产开发公司偿还7000万元欠款期限至2005年12月3日届满，故法定保证期间为2005年12月4日至2006年6月4日。况且，2006年1月25日担保人某住房股份公司、某投资股份公司与债务人某房地产开发公司致某投资公司的复函证明三公司已收到某投资公司的催款函，至此，因某投资公司的还款要求，已消灭法定保证期间，引起两年的诉讼时效，故某住房股份公司的保证责任在法律上成立。

（3）某投资股份公司（合同庚方）——应为第二被申请人。作为担保人，其对7000万元及相关欠款的利息、滞纳金应承担连带保证责任，其理由同上述某住房股份公司。

另外，重要的是某投资股份公司应对第二申请人某投资公司4040万元公司盈余分配的仲裁请求承担偿还义务，且为本案该项请求的唯一义务主体。

被申请人排序说明：基于债务人与担保人的法律关系，兼顾仲裁请求顺序（首项应为7000万元及相关欠款利息、滞纳金，后述），将某房地产开发公司列为第一被申请人；基于4040万元公司盈余分配请求的重要性，将某投资股份公司列为第二被申请人；某住房股份公司仅为担保人，列第三适宜。

下述两公司依法均不能列为被申请人：

①某咨询公司。理由：虽然，转让协议第5-3-7条款约定“己方其他股东”承担连带保证责任，但该公司不是该协议主体，即并未参与该协议的订立。其不承担保证责任，为《担保法》常识。另外《合同法》第65条规定：“当事人约定由第三人向债权人履行债务的，第三人不履行债务或者履行债务不符合约定，债务人应当向债权人承担违约责任。”还须说明的是“己方其他股东”之一的某投资股份公司虽亦因该条款的约定成为担保人，但其为转让协议的当事人之一（盖章签字）。②某乙集团公司。理由同上，亦因其为某住

房股份公司（戊方）承担保证责任，而某住房股份公司已完全履行了主债务（9000万元）。

（二）仲裁请求

1.7000万元欠款及1.7亿元的约定利息、法定滞纳金。

（1）2.55亿元的性质与约定利息问题。约定：转让协议“鉴于”第6条第一项确认为某投资管理公司“向目标公司（即某投资股份公司）垫付的2.55亿元”，第8条第一款确认为“已对目标公司投入了2.55亿元”，第二款又说“垫款偿还”。第5-3-2条款有“垫付”字样，最要命的是第5-3-4条款的第三项直露地称“贷款”。其他各条款则使用中性词“款项”。

企业之间借贷违反金融法规、借款合同无效，出借方只能收回借款本金，借入方则应按约定的利率受到收缴利息的处罚（如诉讼法院会作出《民事制裁书》），这是最高法院司法解释早已规定的。故如2.55亿元被认定为借款，则只能在7000万元上胜诉，而约定利息及法定滞纳金请求将会被仲裁庭裁决驳回。

对策：根据转让协议关于“投入”的确认，极力主张该款是作为某投资股份公司大股东的某投资管理公司为了某投资股份公司绝对控股公司某房地产开发公司的某小区项目，而投入的资金，其性质是股东在注册资金之外向公司的项目投资，不是股东与其公司的借款，故理应享有适当的投资收益（转让协议仅仅约定了利息）。当然，这一抗辩获得仲裁庭支持的概率并不高，如贵公司能够举出该2.55亿元为投资，不是借款的协议或履行凭证，则这一抗辩的支持概率则会大幅度提高。

（2）法定滞纳金。法定滞纳金比例可参考同期银行贷款利率上浮30%—50%，故可依此比例请求裁决被申请人自7000万元还款期限届满后赔偿滞纳金。这一请求的成败亦取决于上述2.55亿元款项的性质问题，鉴于仲裁的和解与调解的空间大于诉讼，故作为仲裁策略，应提出此项请求。

另外，被申请人为抗辩利息和滞纳金，势必主张2.55亿元为借款。为有效遏制其抗辩，作为仲裁程序外的一个对策是，明确告知其如在仲裁案中主张借款，则申请人将会从保护国家利益出发，主动向法院出具被申请人的借款答辩，并向法院承认借款，进而请求法院依法对借入方某投资股份公司作出收缴约定利息和罚款归国库的《民事制裁书》。

2.4040万元公司盈余分配请求。转让协议“鉴于”第7条关于5050万元分配的约定存在三个问题：其一，该条为协议序言条款，不是具有履行内容的协议正文条款；其二，“资金占用费”的约定对申请人非常不利（又有借款补偿之嫌），且其分配比例并非股权比例；其三，没有约定支付期限。

对策：其一，该条约定不同于一般合同序言，确有履行内容，且权利与义务关系明确。另，某投资股份公司四方股东除此协议约定外，并未另行签订分配公司盈余的协议（尚属我们的估计）。其二，公司在建房地产项目的价值与公司应付款之间的多余差额，即为公司盈余，在公司占50%股权的股东转让其股权时，当然应约定分配。虽约定用语为“资本占用费”，但其性质为公司盈余，分配比例按各股东对公司的投资贡献的大小计算并无不妥，亦不违法（我们尚需查阅公司《章程》）。其三，该盈余款的支付期限虽未约定，但依据《合同法》第62条第四项关于：“履行期限不明确的，债务人可以随时履行，债权人也可以随时要求履行，但应当给对方必要的准备时间”的规定，基于某投资公司2006年1月13日的催款函及同年1月25日三被申请人的复函，债务人某投资股份公司理应偿还该款。

当然，必须肯定，此项请求有一定仲裁风险，且其与2.55亿元的定性相关。

（三）法律关系

研究案件法律关系的仲裁意义除准确确认权利义务关系或债权债务关系外，还在于准确确定案由（即法律关系的性质），由此才能确定各项仲裁请求为一案或数案。

确切地说，本案转让协议的内容直接涉及了三种性质不同的法律关系，亦即涉及了三个案由或三个案件。结合最高人民法院《民事案件案由规定（试行）》的规定，转让协议所涉案由为：其一，股权转让纠纷（规定之第170种，我们有所调整。该纠纷中的股权转让款已无纠纷，但其他纠纷均由此股权转让所引起）。其二，出资纠纷（规定之第114种，不能定性为第20种借款合同纠纷之第2项企业借贷纠纷），这涉及7000万元及相关款项的利息、滞纳金请求。其三，公司盈余分配权纠纷（规定之第173种，不能定性为企业借贷纠纷中的借款收益纠纷），这涉及4040万元公司盈余分配的请求。[1]

如在诉讼中，因我们设定的上述请求属基于不同法律关系和不同法律事实的不同案由，为三案，且这些请求涉及了不同的诉讼主体，故法院难以合并审理。

《北京仲裁委员会仲裁规则》第26条“合并审理”第一项规定：“仲裁标的为同一种类或者有关联的两个或者两个以上的案件，经一方当事人申请并征得其他当事人同意，仲裁庭可以决定合并审理。”[2]由此简单推论，如本案被申请人不同意合并审理出资纠纷和公司盈余分配权纠纷两个案由，则申请人只能分成两案重新申请仲裁。

但是，仲裁在合并审理问题上远不如诉讼那样严格，且被申请人未必看透此问题（如已作实体答辩，则视为放弃异议权——仲裁规则第3条）。当然，我们还应假设被申请人可能就此问题提出书面异议。

对策：利用本案协议为股权转让之名和出资纠纷、公司盈余分配权纠纷确实皆因股权转让所生之实，一者有意在《仲裁申请书》首部设定案由为“股权转让纠纷”；二者在申请书行文中不露痕迹地陈述股权转让所生之相关纠纷；三者一旦被申请人提出异议，则书面答辩，主张本案案由仅为股权转让纠纷，为一案，至于出资纠纷和公司盈余分配权纠纷皆为股权转让纠纷的从属性纠纷，即皆因股东转让股权，退出公司所生，且偿还申请人出资及利息、分配公司盈余实为股权转让之条件，故不能生硬地划分为两案或三案。

二、仲裁预案

仲裁预案乃被申请人可能的仲裁异议或主张，及申请人的仲裁抗辩对策。

说明：在上文阐述仲裁主体、仲裁请求及法律关系中均已论及被申请人

[1] 《民事案件案由规定（试行）》已于2008年4月1日废止。2011年4月1日施行的《民事案件案由规定》中股权转让纠纷为第249种案由，股东出资纠纷为第245种案由，公司盈余分配纠纷为第254种案由。

[2] 该仲裁规则于2004年3月1日起施行。2008年4月1日施行的新修订的仲裁规则中该条序号变更为第27条。

可能的仲裁异议或主张与申请人的仲裁抗辩对策，故为本仲裁案预案的一部分（仅为叙述方便而优先论及）。因此，下文所述内容为补充性的。

被申请人可能的仲裁异议或主张，从性质和作用上可分为两类：第一类为实体性的，旨在对申请人的请求进行实质性的抗辩或反驳，试图促使仲裁庭驳回。第二类为程序性的，试图以程序异议瓦解申请人的仲裁申请或试图将案件复杂化，疑难化，打乱仗，拖延仲裁进度。

1.对某投资管理公司申请人主体资格的异议与对策。

（1）异议：某投资管理公司不是转让协议的当事人，即未参与协议，未盖章签字，故无权依据该协议申请仲裁，且因未参与仲裁条款的签署，与被申请人之间无仲裁协议，亦无权提起仲裁（此为程序性异议。如以某投资公司为唯一申请人，被申请人则可以某投资公司为代理人为由，提出其无主体资格的异议；如将某投资管理公司列为共同申请人，被申请人又会提出某投资管理公司的主体资格及仲裁协议的异议）。

（2）对策：依据《合同法》第402条有关"……该合同直接约束委托人和第三人"的规定，提出书面答辩即可，至于协议中的仲裁条款当然也直接约束委托人某投资管理公司。

2.某住房股份公司可能的反请求与对策。

（1）反请求：某住房股份公司可能依据转让协议第5-3-6条款有关其代某房地产开发公司向相关方支付500万元转让款之外的款项的约定，特别是"并在本协议签订之后，由戊方（某住房股份公司——本文注）与已方（某房地产开发公司）签订相关的股东借款协议"的约定，主张其已付的8500万元的性质为借款，不过是先支付借款，后签订借款协议而已，故以借款合同无效为由，针对申请人的请求提出反请求，请求仲裁庭裁决申请人某投资公司向其返还已收的该款（此为实体性的反请求。因我们尚不了解某住房股份公司与各方之间的相互制衡关系，不好估计其采取此举措的概率）。

（2）对策：一者，某住房股份公司偿还某投资管理公司部分投资款的约定，并非孤立性条款，实乃本案股权转让的实质性条件之一。转让协议序言（"鉴于"条款）中第6条第一项有关2.55亿元的确认，充分证明了这一点。

二者转让协议并未约定某住房股份公司借款给某投资管理公司，而是约定其代某投资股份公司及某房地产开发公司向某投资公司偿还的款项（第5–3–2条、第5–3–6条及第5–3–7条款均有代或替还款的约定）。至于其与某房地产开发公司签订股东借款协议之约定，不过是其代还款之后与某房地产开发公司确认双方因代还款所生借款关系的约定罢了。

3.7000万元无授权委托书的主张与对策。

（1）主张：被申请人可能依据转让协议“鉴于”第8条有关某投资公司出具某投资管理公司委托其接收款项的委托函的约定，依据2005年11月9日某投资管理公司致某投资股份公司与某房地产开发公司《付款委托函》有关某住房股份公司所付8500万元已委托某投资公司代为收取的确认，以及现委托某投资公司代为收取1亿元的确认，主张某投资管理公司并未出具委托某投资公司代为收取7000万元的委托函，故申请人此项请求尚不具备转让协议约定的还款条件，应予裁决驳回，且不还款并不构成违约，故申请人的滞纳金请求亦不成立，亦应驳回。

（2）对策：被申请人的此项主张无视转让协议实际履行中的基本事实，不能成立。抗辩证据是，2006年1月25日被申请人某住房股份公司、某投资股份公司及某房地产开发公司致某投资公司的《关于偿还某投资公司款项的函》，该函明确承诺“及时向贵公司偿还所欠款项”，此即为对某投资公司代理人身份的确认，且仲裁前被申请人从未就此提出过任何异议。加之，现委托人某投资管理公司亦以仲裁申请人身份参与仲裁，且直接主张其债权，故该主张并无仲裁意义。

4.7000万元并无还款约定的主张与对策。

（1）主张：被申请人可能主张转让协议第5–3–4条款第二项“在已方（某房地产开发公司——本文注）将上述款项支付甲方（某投资公司）后3个月，由已方将甲方投入的款项向甲方付清”的约定，并不能成为申请人主张7000万元的合同依据。其一，“甲方投入的款项”与某投资管理公司投入的款项并非同一概念或含义，故款项性质约定不明；其二，“向甲方付清”，付多少为止不清楚，故款项金额亦约定不明。据此，主张7000万元的还款条款约定不明，且依据《合同法》第62条有关约定不明的履行规定，亦无法履行，故申请人无权就此项并未约定的请求提起仲裁，应予裁决驳回，申请人据此所提滞纳金请求亦应驳回。

（2）对策：被申请人此项主张故意割裂转让协议各条款的关联性，试图通过孤立理解单一条款的手段，以逃避合同义务。第一，转让协议对某投资管理公司2.55亿出资款和500万元的转让款的约定非常明确，且明确约定了9000万元（含500万元转让款）、1亿元出资款的支付期限，结合上下文各条款，即可清楚地看出第5-3-4条款的第二项就是7000万元支付期限的约定。第二，被申请人的上述主张与其2006年1月25日致某投资公司的《关于偿还某投资公司款项的函》中关于及时偿还欠款的承诺自相矛盾，不能成立。

三、实施方案

（一）实施财产保全

1.经我所律师赴本市国土资源局某分局查询，某住宅小区土地至今并无抵押、查封等他项权利限制，故对某房地产开发公司享有完整使用权的该宗土地使用权申请查封，并无法律障碍。

2.该项保全申请的受理和实施法院为本市某中级法院。我们慎重承诺，如我所代理本案，我们将迅速而有效地完成保全。

3.本案财产保全事关仲裁申请人之债权能否最终实现，为证明我所在某中院申请保全的实效，我所向贵公司提供2005年度我所在某中院申请诉前保全成功的诉讼文书（法院一般不接受诉前保全申请），以及在该院申请全新类型的承租经营权保全成功的诉讼文书（该保全为该法院首例）。

（二）仲裁代理方案

1.仲裁员的选定极为重要，根据我所以往选定仲裁员之经验，我们将向公司面陈我所的选定方案（含候选仲裁员），此略。

2.立案前，我们将完成所有的仲裁文书，包括但不限于仲裁申请书、代理词（草案）、专项代理意见——有关申请人主体资格、仲裁协议的依法扩大适用、转让协议部分条款效力等，特别是完成仲裁庭审预案（含书面质证意见），并在立案前向贵公司及申请人提交。

3.有效推进仲裁进程，有力保障申请人胜诉。此项方案面陈，此略。

（三）执行代理方案

1.仲裁后期，即裁决书作出前，即就本案裁决的执行事宜与某中院执行庭协调。

2.有效排除可能的人为阻力，加快查封土地的评估及拍卖公司的选定工作进程，迫使执行被申请人接受法院的执行和解建议，尽早实现裁决书裁决的申请人债权。

3.一旦被申请人拒绝执行和解，则及时启动拍卖程序，以保障申请人及时通过拍卖土地使用权而获得执行款项。

四、合作建议

1.我们有信心且有能力通过本案的合作，在贵公司的法律服务领域再建业绩，以求长期合作。

2.我所承诺，如贵公司选聘我所律师代理本案，我所将派出我所主任、国家首届诉讼法博士李律师为组长的律师组（四人）负责本案。

3.我所承诺，如贵公司要求，我所将全程代理本案，即除仲裁程序、保全程序外，代理执行程序，直至债权全部实现；如贵公司要求，我所在律师代理费上同意完全风险代理方式，即债权实现之前，分文不取，风险代理费比例亦充分听取贵公司的意见。

总之，我们认为，本案在法律专业上和仲裁经验上均富一定含量，且在保全、仲裁及执行各环节上均有一定挑战性，故我们以为，如能代理达成保全成功，仲裁胜诉、执行顺利，则必然能够获得执业的成就感。

匆匆如上，仅供参阅。如贵公司要求，我们将对上述报告补充、修正至完善。

本《仲裁案件分析报告》属应予保密的法律文件，请注意保存。

顺致敬意！

北京市航舵律师事务所

旁白

我是平民律师，不仅始终在体制外，而且远离体制。既不能像权贵律师那样利用体制资源，也不能像著名律师那样利用社会名气。因此，我只能全力争取每一次业务机会，拼力做好每一个业务。

终局

某甲集团对上述报告评价很高，但称选聘律师的事情推迟了，随后就不联系了。因此，我不知道案件的过程和命运。

尾声

当事人通知你参加案件代理人竞聘，催着你限时拿出案件分析报告。然而，你苦心研究完案件，交上报告后，他虽说很好，但却不跟你联系了。这时，你不必去想竞聘是不是圈套，不必跟他计较。你可以小资一下，体验苍凉，甚至悲壮。更应该阿Q一些——我研究了，我提高了，我会越来越强大！

思考

因我未实际代理本案，故无法在本案中呈现对方的抗辩主张，特别是仲裁委的裁决主张，这似乎是读者深入思考本案的障碍。不过，反过来想，这客观上也使读者摆脱了束缚，为思想的驰骋提供了广阔天地。

这里仅作部分思考提示——本案值得深思的问题应当不限于此。

1.我初步设计的将两个案由合并审理的理由是：本案案由仅为股权转让纠纷，为一案，至于出资纠纷和公司盈余分配权纠纷均为股权转让纠纷的从属性纠纷，即因股权转让而生，且偿还出资及利息、分配公司盈余实为股权转让之条件。这虽然是有道理的，但这毕竟属于说理范畴的理由，是不能与法律范畴的理由相碰撞的。即，如果仲裁被申请人依法提出某投资管理公司未参与《股权转让协议》的签署，与被申请人之间无仲裁协议，无权提起出资纠纷中的7000万元仲裁请求，那么，仲裁委员会就会以当事人之间无仲裁协议为由，裁决出资纠纷不属于仲裁管辖。因此，须考虑以下两种选择。

其一，坚持两个案由合并审理的主张，为此增加新的理由。即，依据《合同法》第402条关于受托人与第三人订立合同，第三人知道委托代理关系的，该合同直接约束委托人与第三人的规定，主张受托人甲方某投资公司与被申请人订立的仲裁条款，同样依法约束委托人某投资管理公司与被申请人，故某投资管理公司与被申请人之间是有仲裁协议的。那么，这种新的理由仲裁委应否接受？

其二，改变仲裁策略，即将出资纠纷从仲裁案中剥离出来，用诉讼方式解决。也就是说，由某投资管理公司作原告，起诉债务人己方某房地产开发公司及担保人戊方某住房股份公司和庚方某投资股份公司，要求偿还7000万元及约定利息并赔偿滞纳金。如被告以《股权转让协议》约定了仲裁条款为由提出管辖异议，则以原告未参与协议的签署，与被告之间没有仲裁协议为由予以答辩。那么，采取诉讼方式是否更为稳妥？

2.本案争议最大的问题是7000万元的性质问题，这关系到1.7亿元的约定利息（数额巨大）、滞纳金请求能否获得支付。对方当事人肯定会主张2.55亿元是某投资管理公司向庚方某投资股份公司出借的款项。我设计的对策是该款是作为庚方原大股东的某投资管理公司向庚方控股企业己方某房地产开发公司项目的投资，性质为股东在注册资金之外向公司的项目投资。那么，这两种性质不同的主张，哪种会为仲裁委或法院接受？

3.甲方某投资公司的4040万元公司盈余分配的仲裁请求，也涉及2.55亿元的定性问题。那么，此项请求与1.7亿元的利息请求相比，是否有本质的不同？前者是否比后者更易被支持？

课题

论股东股本金之外投资与企业之间借贷 论文

论公司盈余分配与企业之间借贷 论文

关于子公司代母公司所签担保合同的效力问题 文章

关于股权转让合同项下不同案由的合并审理问题 文章

关于间接代理纠纷中委托人与受托人谁为仲裁申请人的问题 文章

心路

2007年7月，友人来到我新购的光华长安大厦办公室参观时，没聊多久，我便得意地侃起了下大功夫完成了论证但却被人涮了的本案。友人笑我痴，我则依然得意地环顾着自己办公室那八扇面对长安街的落地大窗……

要　目

- 一声叹息
- 一腔热血
- 一番解说
- 一夜成文
- 一去不还
- 一个启示

这些年，股权转让纠纷呈直线上升趋势，且将来势必越来越多，故本书作为商事诉讼卷，当然不能少了这一纠纷类型。

近年来我也过问了我所律师代理的好几单此类纠纷案（我写文书、不出庭）。在接触本案前，我所律师正在为本案债权人某投资公司的上级主管单位某甲集团代理一单1700万元标的股权转让纠纷案。不过，我选来选去，最终还是选中了我们并未实际代理的本案。

本案法律关系（案由）混乱，同时涉及股权转让纠纷、出资纠纷（或企业借贷纠纷）、公司盈余分配权纠纷（或企业之间借款收益纠纷）三种不同的法律关系。本案法律问题复杂，同时涉及间接代理、担保责任（未约定保证期间及约定合同外第三人保证责任等）、履行期限约定不明、合并审理等一系列问题。

当然，选择本案的最重要的原因是我写的《仲裁案件分析报告》是有分量的。

某甲集团以公开招聘代理律师为名，要求我写出详细的案件分析报告，而后参加公开面试。但是，我提交报告后，他们虽答复写得非常好，却并未真的举行招聘，之后便毫无消息。对此，我的助理们一致认为这是一场骗局，旨在骗取我的报告。而我却无心多想，且并无悔意。我在意的是，在十多年的职业生涯中，我几乎每年都参加竞聘，且“百发百中”，无一失手——这是我选择律师职业最感欣慰的事情，当然胜过打赢官司。即使被人忽悠一次，也不会影响我争取竞聘机会的斗志，当然也不可能在我自认为精彩的竞聘画面上抹上一笔黑色。

因而，我能够平和地回顾本案。

一声叹息

前不久的周末，跟朋友们相约在茶社喝茶。身处由古朴的桌椅、素雅的旗袍、轻缓的茶技和幽深的古筝乐曲营造的环境和氛围之中，本应聊点离尘世与生计远点的话题，然而，此地也无法让现代人安静下来，超脱出来。

刚落座，一朋友就对我说：忙什么呢你！喝个茶都约了两周了。前两天我去大学同学的律所办事，那叫气派，整整一层，肯定得花上个几千万。而且，人家可不像你这么忙，该打球（高尔夫）打球，想出国出国。人家就一本科，可你是博士，应该比人家老道，你说说这到底是怎么回事儿？

这话听起来肯定别扭，然而，若论朋友的性格和我们的交情，对我来说便并无犯忌之嫌了。于是，我也调侃地说：你太有才了！一下就抓到了事物的本质——读书越多越没用！

本想这话题就这么回答也就搪过去了，谁想，另一朋友倒认真地说：老李，你给正经说说你们这行的道道。别说年轻人，他们还没定型。就说干律师干了十多年的，怎么会有那么大差异。

我端起小茶杯，与各位轻轻碰一下，小吸一口，慢慢放下，然后卖起了关子：做法不同，效果当然不同。何以做法不同？缘于性格不同。心理学大师威廉·詹姆士谓之：播下一个行动，收获一种习惯；播下一种习惯，收获一种性格；播下一种性格，收获一种命运。

显然，我的“云山雾罩”犯了众怒，大伙同声骂我呆。无奈，为了尽快结束这个“茶社不宜”话题，我只得认真地说：我干律师与过去做学问不同，只顾自己埋头干自己的，不太过问别人怎么干的，所以只能说说大致情况。在中国大陆，大凡干得长而且干得好的律师，是两种类型的人，或一人兼具两种类型。一种是名气型。名气大，什么著名律师啊或大律师啊，时常在电视报纸刊物上露脸，兼着名牌大学的客座教授或社团组织的头衔，特别是兼着全国或某省某市律协的职务，甚至具有全国或地方人大代表或政协委员的身份。这种兼职或身份，对于其培养人脉是非常有利的。因此，这类律师在获取业务和办理业务上的优势是一般律师所不能比拟的。当然，这类律师的社会活动和会议太多，难以亲自做很多业务，所以把不少活都交给了手下。第二类是管理型。经过多年摸索，总结出一套建立和管理大型律师事务所的切实可行的经验和做法，并付诸实践，取得规模化效益。因此这类律师的主要效益并非来自于自己做业务，而来自于本所的大量提成律师的创收。总之，可以说这两类律师的效益最好，如一个人同时兼具这两种类型，那就更厉害了。

一友问：那你是什么类型的？我答：我是工匠型的。匠人是不会有什么名气和社会地位的，带几个徒弟也用不着管理，完全凭手艺吃饭。人家是拥有企业的社会名流或管理着大型企业的大老板，而我就是一个钟表店的业主。问题回答完毕。怎么样？咱们换个有趣的话题？

可另一友又说：我看你挺明白的，不呆嘛！那你怎么不造造名气？办办大所？

我摇头道：我啊，性格使然，正好是反其道而行之！我不仅不追求和营造名气，反而刻意保持低调，为的是安心做业务。我不仅不想办出大所，反而就怕人多事多麻烦多，为的是专心做业务。当然，我这样不可救药也有我个人的客观因素。过去在大学是做研究的，36岁才下海做律师，没做几年就40岁了。我的特长和年龄，也让我钻进业务的思考和写作中就出不来了，哪顾得上什么名气和管理。

终于说得大家只有叹气的份了。然而，新的话题却总是离不开各位的现实。不过，好在我没有再次成为话题。于是，偶尔还能在古筝的乐曲中遐想……

一腔热血

才5月的天，已经很热了。刚进我的办公室，已经适应了车内和楼内冷气的身体，瞬间感到燥热。于是，心中又有了怨气：开放办公区开着冷气，秘书们知道我下午来，也应该知道朝南整个都是落地窗的房间晒个半天肯定够热的，怎么就想不到在我来前，打开中央空调？不过，我还没有燥到立即出门怨她们，只会在适当的时候提醒一下。这种事也得“一分为二”，一方面我对年轻人的期望值总是过高，另一方面年轻人也确实不太用心。

一坐下，就一个电话一个电话地打，一个短信一个短信地发。其间，又不断有律师进门说事。要么是说顾问单位的合同审查或出差尽职调查的事，要么是说官司的疑难问题。而且个个都是急茬，我必须当即解说或安排。

一个多小时后，来所仅两年的年轻律师李律师进来说：某甲集团法务部通知有一个股权转让纠纷案子让咱们参加竞聘，一会儿我就去拿材料。他们也真是，让咱们明天就交书面意见。如果咱们来不及，就给他拖一两天再交。

我问：标的额多少？

答：说是一个多亿呢。

几时打的电话？

今天中午。

我急了：一个多亿的官司，中午打的电话，现在都快三点了，你居然还没有去拿材料，而且不立即通知我。拖，你想什么呢？人家是雇主，咱们是雇工；人家是考官，咱们是考生，有咱们拖人家的份吗？你参加过咱们所的竞聘案例培训，咱们什么时候敢拖呀！恨不得一切都提前，这是竞争啊！好了，我也不说废话了。你现在马上去拿材料，火速赶回，今晚我不睡了，必须写完案件分析报告。你告诉他们，咱们明天准时“交卷”，争取跟他们确定面试时间。

她走后，我立即打电话，以身体不适的谎言，将当天晚上的饭局改期——对其他客户当然不能说竞聘新案的事。然后，安排一个秘书今晚通宵加班。

想到对李律师的责备不要给她带来负面心理影响，以致影响与某甲集团法务部人员见面交流的效果，我立即给她发了条短信。称：抱歉！也许我过于看重竞聘机会了，但愿我的情绪不要影响你。她回复：应该我说抱歉！竞聘机会是难得的，我过于麻木了。我要以此事为戒（标点符号是我加的。他们年轻人发短信，一向不重视标点，至多用一个圆点断开句子）。

做了十余年专职律师了，渐渐的，一切都习以为常了，平淡了，甚至胜诉的消息也只能带来瞬间的欣慰。然而，对于我来说，一直未变的是，竞聘机会总让我兴奋，乃至激动！我的这种状态，真的有点像国内战争后期共军最盛时期的淮海战役中，共军纵队司令领受了打大仗任务时的情形，胃口大张着，眼睛都红了。

处在这种临战的亢奋状态中的我，每次都是还没看到案件材料，还不知道案件情况，便已经相信自己一定能够写出超过其他律师的高质量的书面意见。以前屡次竞聘成功，除专业和经验功底外，当然与这种精神状态以及在这种精神状态下的拼搏有关——我的竞争对手不可能像我这样疯狂，拿到材料就通宵不睡地研究、写作。

此时，我静坐着，抽着烟，想着得到这次竞聘机会的缘由。

李律师通过拓展业务，结识了某甲集团法务部的人员。经过对我所的考察，他们将一件他们集团作被告的股权转让纠纷案委托我们代理。案件大体情况是，对方起诉要求某甲集团支付1300万元的股权转让款，某甲集团的原代理律师欲以对方违约为由，反诉要求对方退还已付的1700万元的转让款。然而，反诉状提交法院4个月了，法院迟迟未接受反诉。某甲集团欲更换代理律师，向我们提出的合作条件是，法院正式受理反诉，付5万元代理费；法院判决支持全部反诉请求即1700万元，驳回对方的全部诉讼请求，付10万元代理费。应该说这种代理费额度低得有点过分，半风险代理，连诉讼标的的1%都不到，故多数有实力的律所都不可能接受。然而，我接受了，目的是用这单官司拓开与某甲集团的合作之路。我曾经接受了某著名国际企业的委托，代理其在法院申请撤销仲裁裁决书（收录于本书第二卷《金融诉讼选录中》）。诉讼标的额是1.65亿，代理费是胜诉后拿50万元，连标的额的0.5%都不到。但是，我用这单官司的最终胜诉换取了与该国际企业的长期、稳定的合作。

接受某甲集团的委托后，我们向法院提出了股权转让合同无效的新的诉讼主张，法院最终接受了我方1700万元的反诉请求。为此，某甲集团的分管法律事务的副总请我们吃饭。席间，针对他所述集团在遇有重大、疑难案件而需要选择律师时总是难以把握之情况，我建议他可以采取公开招聘律师的方式，因为这一方式当然比单独考察律师更客观和科学。

与副总见面才过了一个多月，就传来了他们公开招聘律师的消息，这显然与我的建议有关。

一番解说

下午五点多了，李律师终于回来了。无心干其他事，坐在夏日午后的斜阳中已有点昏昏然的我，立刻精神起来。

我快速翻了翻《股权转让协议》、三份收款凭证和五份往来函件，连声说好。就民商事诉讼或仲裁而言，有了合同约定、履行凭证和往来函件这三部分或三个方面基本材料，就基本上可以进行研究和作出分析了。于是，我安排李律师马上复印一套，我和她分别各看一小时，然后一起交流意见一小时，最后由我执笔写《仲裁案件分析报告》。

几年前，只要遇有竞聘案件，我总是拿到材料后便将自己关在办公室里，谢绝打扰，独自看、想、写。一则是每次都时间紧迫，二则是我骨子里觉得其他律师掺和进来也提不出像样的意见。然而，后来我发现，年轻律师们只要在复杂或疑难案件上拿不定主意时，便总是指望我最后定夺。因此，为了让他们逐步摆脱对我的依赖，近几年我总是要求他们参与案件的论证。

一小时很快就过去了，可李律师没来我办公室。我出去叫她，她说没想好，再给她20分钟。我只好回来，仰在沙发上，脑子飞快地把刚才已形成的思路重新理一遍……

李律师进来后，翻着材料，摇着头说：这合同的主体和关系也太乱了，我看了两遍都没有太明白。好吧，你不就是要考考我吗？那我就先说说案情，然后谈谈看法。

我打断她的话，平和地说：你可能忘了，上次讨论案子，你说大家谈意见对我写文书没有用，我就是为了考考大家。可是除了你，其他律师并不这么想，他们都认为这样做对提高大家的业务水平很有益。另外，跟你们交流的过程，也是我深入思考的过程，所以我也受益啊。

她笑笑说：就我傻，爱说实话。好了，我先说吧。

我又一次打断她的话：你先不要说案情和意见了，我来提出主要问题，咱们抓重点议议。依我看，概括地说，这案子有三个大的基本问题。这就是法律关系、仲裁主体和仲裁请求。咱们先说说法律关系，你认为本案涉及什么法律关系。

她道：我觉得总的法律关系并不复杂，就是股权转让纠纷嘛。问题是股权转让涉及的债权债务关系比较乱。

我说：你说得没错。总的来说，本案的法律关系是股权转让纠纷，其他债权债务关系都是由其引起的。但是，严格的说，股权转让本身已没有纠纷——股权受让方某住房股份公司（戊方）已向转让方某投资公司（甲方）和某房地产顾问公司（乙方）足额支付了500万元股权转让款，纠纷出在由股权转让引起的其他法律关系即债权债务关系上。因此，本案并不是只有单一的一个股权转让法律关系，而是同时涉及了三个不同的法律关系。这就是，第一，股权转让纠纷——从整体上说，其他纠纷所涉法律关系均是由《股权转让协议》约定的，且是由该协议的履行引起的；第二，出资纠纷，即7000万元及利息、滞纳金未付的纠纷——有企业借贷纠纷之嫌；第三，公司盈余分配权纠纷，即4040万元公司盈余分配款未付的纠纷——亦有企业借贷纠纷之嫌。

她一边翻看材料，一边说：噢，我倒没有注意还涉及其他法律关系。不过，其他法律关系反正都约定在一个合同中，而且都是股权转让引起的，可以按一个案由就是股权转让纠纷打吧？所以分这么细、这么清楚有没有法律意义？

我道：没那么简单。一案与另一案或数案的划分，不是以一个合同与另一个合同或数个合同为标准的，而是以一个案由与另一个案由或数个案由为标准的。也就是不能以几个案由（法律关系）都约定在一个合同中为由，将几个案由合并成一个案由来提起诉讼或仲裁。所以，如果我是对方的代理律师，就肯定会提出法律关系的异议，也就是数案合并审理的异议。也就是主张股权转让已无纠纷，故已不存在股权转让纠纷；7000万元是某投资管理公司（本案合同外主体）在作为某投资股份公司（庚方）原股东时对该公司的借款，案由是企业借贷纠纷，故与本案股权转让纠纷案由不同，不能与本案合并审理；4040万元是某投资公司（甲方）要求某投资股份公司（庚方）分配的资本占用费，也属企业借贷纠纷，也不能与本案合并审理。

问：那怎么办？

答：要是诉讼肯定就麻烦了，得分别打两个官司，好在仲裁要求得不是那么严。本市仲裁委员会仲裁规则规定合并审理要经对方当事人同意。而对方为了搅局，肯定不同意。所以，招数只能是将全案定为股权转让纠纷一个案由，一旦对方提出异议，便主张出资纠纷和公司盈余分配权纠纷皆为股权转让纠纷之从属性纠纷，不具有独立性，不能作为与股权转让不同的案由。况且，能够吃透法律关系即案由的律师仅仅是少数，因此从诉讼或仲裁实践上说，这个问题一般是能混过去的。

她点头道：也是，好像咱们以前也有把两个案由混在一起诉讼的，就是因为在一个合同中，对方律师并没提异议。

此时，我已经在想第二个问题，即仲裁主体问题，于是说：仲裁主体是说仲裁申请人和被申请人。你先说说谁是本案仲裁申请人，4040万元的申请人简单，就是某投资公司（甲方），不用说，主要说说谁是7000万元的申请人。

她笑笑说：博士，你把我看得也太弱智了吧？这个问题难道不简单吗？7000万元的申请人当然也是某投资公司。理由有两个：第一，第一个已还的9000万元，其中8500万元协议约定是某投资股份公司（庚方）代某房地产开发公司（己方）偿还某投资公司（甲方）的垫款，已还的1个亿也是由某房地产开发公司直接还给某投资公司（甲方）的，未还的7000万元协议也约定由某房地产开发公司向某投资公司付清；第二，2.55亿元虽然确实是某投资管理公司作为某投资股份公司（庚方）原股东时投入该公司的，但是某投资管理公司不能作为申请人提起仲裁，原因一是它并没有参与本案合同的签订，不是合同的当事人，哪来合同权利，二是它的资金是投入到某投资股份公司（庚方）的，本案协议约定未还的7000万元由某房地产开发公司（己方）还，它怎么能够向某房地产开发公司主张权利呢？怎么样？这个问题我回答得还不错吧？

我也笑了：什么不错啊？完全错误！照你的说法，似乎某投资管理公司已经将自己的2.55亿债权转让给了某投资公司，根本不是这么回事儿。《股权转让协议》第8条约定："……在转让方（甲方、乙方）出具某投资管理公司对庚方的债权委托甲方接收款项的委托函后，戊方、庚方可以按照协议的约定向甲方支付该2.55亿元相关款项。"可见，这是一种委托收款的关系，债权人当然还是某投资管理公司。对于这种间接代理关系，即受托人以自己的名义与债务人订立还款条款，《合同法》第402条规定："受托人以自己的名义，在委托人的授权范围内与第三人订立的合同，第三人在订立合同时知道受托人与委托人之间的代理关系的，该合同直接约束委托人和第三人，但有确切证据证明该合同只约束受托人和第三人的除外。"在本案中，《股权转让协议》的明确约定证明债务人当然知道此代理关系，因此该还款条款直接约束了某投资管理公司与债务人，7000万元的债权人和仲裁申请人当然是某投资管理公司，而不是作为代理人的某投资公司。

她摇头道：嗨，我开始就说，说了也没用，这不，还是说错了，等于没说。

我严肃地说：你这个观念是错误的，心态是消极的。说错了就等于没说吗？！实验做败了就等于没做吗？！没有错哪有对？！没有败哪有成？！

尚缺乏逻辑思维能力，且凡事总是粗线条大概齐的她此时仍像过去一样，连声说：行了行了，我这人就是这样，做了律师也不走脑子。你说说被申请人问题吧。依我看这更简单，没什么说头，可搞不好在你看来又是很复杂。

我点了一支烟，调整一下情绪，想到对于我们律师所这些深受网络影响而习惯了片断式、零散式、跳跃式阅读和思考的年轻人，着急是没有用的，启发、引导和感化是不起作用的，一切都取决于他们的自我醒悟和自我造就。于是，抑制住还想说教几句的冲动，回答她提出的问题：仲裁被申请人问题确实不复杂，仅涉及三个问题。第一个问题是债务转移问题。2.55亿的原债务人即使用人是某投资股份公司（庚方），但《股权转让协议》约定由某住房股份公司（戊方）代还8500万元，其余1亿和7000万元由某房地产开发公司（己方）偿还，而资金的实际使用人某投资股份公司（庚方）作为某房地产开发公司（己方）的绝对控股股东（80%），对该款的偿还承担连带保证责任。对于这一约定，债权人某投资管理公司的代理人某投资公司通过其签约行为予以认可。这证明，在法律上，某投资股份公司的1.7亿元债务已转移给某房地产开发公司（另8500万元由某住房股份公司代还），且债权人（通过其代理人）已同意，再者新的债务人已实际部分履行（已还1个亿），故7000万元的债务人和仲裁被申请人就是某房地产开发公司，某住房股份公司（戊方）和某投资股份公司（庚方）对此债务承担连带保证责任。第二个问题是《股权转让协议》中约定的担保条款未约定保证期间问题。依《担保法》第26条规定，法定保证期间为自主债务履行期届满之日起6个月。债务人某房地产开发公司（己方）偿还7000万元欠款期限至2005年12月3日届满，故法定保证期间为2005年12月4日至2006年6月4日。2006年1月13日债权人代理人某投资公司向债务人某房地产开发公司和保证人某住房股份公司、某投资股份公司发出《催款函》，明确要求保证人对7000万元欠款承担连带保证责任，故已消灭法定保证期间，引起两年的诉讼时效。第三个问题是有关保证责任的约定不成立的问题。《股权转让合同》约定某咨询公司（持己方20%股权）对某房地产开发公司1.7亿元债务承担连带保证责任，某甲集团对本协议约定的某投资公司（甲方）应承担的责任承担连带保证责任，某乙集团对本协议约定的某住房股份公司应偿还的款项承担连带保证责任。因这三家公司均未在《股权转让协议》上盖章或签字，故依法不承担保证责任。在本案中，债权人代理人某投资公司向某咨询公司发《催款函》尚能理解——公司不懂法属正常，但某律师事务所受某投资公司委托，也向并不是保证人的某咨询公司发《律师函》，就有点不像话了——律师不应是法盲。

她又笑了，而且笑得有点得意。她说：怎么样？我说的没错吧？本来简单的问题都能被你说复杂。

我脑子又热了，又想说几句题外话。但是，这次忍住了——没有时间跟她扯了，得赶快说完第三个基本问题，即仲裁请求问题，写作中还要思考仲裁预案呢！于是，我接着说：我赶快说最后一个大问题吧。仲裁请求所涉及的第一个问题就是2.55亿的性质问题。转让协议虽然用了“投入”的字眼，但也用了“垫款”，最要命的是使用了“贷款”的字样。通常看来，这种款项的性质就是公司大股东对公司项目的借款，属企业之间借贷。但是，如果被认定为企业之间借贷，债权人将丧失获得利息和滞纳金的权利，本金这么大，利息和滞纳金可不是小数啊！所以必须抗争，对策就是主张该款的性质是股东在注册资本之外向公司的项目投资，不是股东与公司之间的借款，理应享有适当的投资收益即利息，公司不按期归还，还应承担赔偿滞纳金的责任。仲裁请求涉及的第二个问题是5050万元的性质问题。转让协议约定该款为“资本占用费”。支付主体即债务人某投资股份公司（庚方）的代理律师也会主张该款的性质为公司对股东借款的补偿或利息，以约定之内容违法为由，拒绝支付。对策是，主张公司在建房地产项目的价值与公司应付款（债务及项目应付款）之间的多余差额，即为公司盈余，虽约定用语为“资本占用费”，但其性质为公司盈余。在公司占50%股权的股东转让其股份时，当然应约定分配，既然约定了，公司就应按约履行。好了，仲裁请求问题只能简单说这些，其实还涉及其他相关问题，我会在写作时补充的。

李律师最后说：你都想明白了，而且层次也清楚，写起来就简单了。好了，你写吧。反正我还是觉得不是太明白。你写这么复杂，他们（某甲集团）看得懂吗？

我说：我说了半天，你一个字都没有记，一个疑问也没提出，怎么可能都搞明白！说是一回事儿，写是一回事儿，况且仲裁预案我还没说，也没有完全想好，还得一边写一边想，肯定得写整整一夜。你先回吧，有秘书打印。

她坚持留下加班，我同意了。我一边写，她一边看，对她当然是有益的。至于她的加班对工作的作用，等于零。

一夜成文

窗外，长安街上的华灯早已亮了。说是谈一个小时，谈起来便用了两个小时，此时已是晚上8点多了。

不过，所谓磨刀不误砍柴工。说的过程，正是我系统地想、深入地想的过程，说完了基本也想好了。前面说过，过去我总是自己先想个差不多，然后一边写一边再想，现在为了年轻律师们的提高，总是先想，后说，再写。这样看似多用了功夫和时间，其实写的过程比过去顺畅多了。这是不是又一次证明这样一个人生哲理：从利他开始，最终也利己。

这不，写作速度一向极慢的我，才写到12点便一口气写完了《仲裁案件分析报告》最重要的第一部分“案件设计”的“仲裁主体”、“仲裁请求”和

“法律关系”三大问题。

第二部分“仲裁预案”，即被申请人可能的仲裁异议或主张及申请人的仲裁抗辩对策，则是先拟个提纲，然后一边想一边写。

其一，对某投资管理公司（转让协议外主体、2.55亿元的债权人）申请人主体资格的异议与对策，应该是双方的第一个较量。不少律师总是会陷入这种误区，即以为不是合同当事人一方，没有参与合同的订立，便没有该合同的权利。我设计的对策，即运用《合同法》第402条关于“间接代理”的规定予以抗辩，应该是能够成立的。

其二，某住房股份公司（戊方）可能的反请求与对策，是被申请人确有可能的反击和申请人能够对付的防御。如果某住房股份公司以转让协议明确约定其代某投资股份公司（庚方）和某房地产开发公司（己方）还款和还款后与这两家公司签订股东借款协议为由，反请求已付的8500万元是企业之间借款，属无效合同，收款人某投资公司（甲方）应依法返还，那么，我在文中所设计的对策，即主张该款为代还款性质，不是给某投资公司的借款，虽也是一种抗辩，但缺乏力量，真正有力的抗辩主张是债务转移的主张。不过，为了在面试时在此问题上进一步展露实力，我有意在文中隐去了这一主张，这也可算是一种竞聘技巧。

其三，7000万元无授权委托书的主张与对策，是双方有可能但可能性不大的小较量。因被申请人某房地产开发公司(己方)、某投资股份公司（庚方）及某住房股份公司曾向某投资公司（甲方）发过《关于偿还某投资公司款项的函》，故某投资公司虽然没有按转让协议约定向债务人及保证人出具某投资管理公司（7000万元的债权人）的委托函，但债务人及保证人的发函行为证明他们都知道某投资公司具有代理权。

其四，7000万元并无还款约定的主张与对策，属于文中可写可不写的问题。因为简单地说，债务人及保证人已向债权人的代理人发函承诺还款。而我还是写出来的原因，无非是使仲裁预案更丰满些，仅仅是为了看上去好看，属谋篇和行文小技巧而已。

至于报告的第三部分，也就是最后一部分，就与法律专业没什么关系了，任何律师都会做这种文章。这里仅说明一点：文中所述我所律师对某房地产开发公司开发建设的某花园小区土地情况的查询，是知悉本案前，某甲集团法务部委托我所律师做的。

在写作中，还不到12点钟，我走出办公室到开放办公区给秘书送草稿，就发现李律师已在多张椅子拼成的“床”上睡着了。早晨6点写完全稿时，看到她一直在睡着，根本没有看12点以后打印出的稿子。我所有十多位拿工资和奖金的“薪金”年轻律师（多数都30岁出头）。因为他们不是我不能支配的“提成律师”（实际与所的关系有似于“挂靠”），故按所的制度，我是可以在业务紧张时安排他们加班的。但是，除个别时候因开会或聚餐、唱歌、打球，他们未按时下班回家，我从来就不安排他们下班后加班，更不会安排周末加班。因此，我所除了我和得力的助理律师们及秘书会加班，甚至通宵加班外，只有李律师这次“熬了个通宵”。当然，不是我不安排，是我不敢安排，因为他们不情愿。为什么？因为他们与我有着不同的价值观。在他们看来，工作、事业是不能干扰下班后和周末的生活的。我尊重他们，对于他们对我的生活质量的过低评价，我也能理解——其实，我并不是只看重工作、只会工作的人。但是，我坚定地认为，一个人年轻时将自己相当多的精力和时间都放在“生活”上，是不可能会有出息的，而没出息的生活绝对不是美好的生活。

送出去最后一页草稿，我没有回到桌边，而是站在落地窗前，伸展双臂，向后仰头，深深呼吸。我早就发现，黎明时分，长安街上总是比北京城其他地方曙光多些，显得亮些。当然，这不过是因为这条大街东西走向，异常宽广，跟那座帝王留下的、仍有着现代中国大陆象征意义的天安门毫无关系。

早晨8点，我修改、校对完了全稿。

过去，每次完成案件分析报告时，我都非常兴奋，因为此刻我已看到了胜利的曙光。不过，今天我虽然也很满意自己刚写就的报告，但不知为什么却兴奋不起来。我还算是个能够审视自己情绪的人，一琢磨便知道自己为什么会这样了。我们为某甲集团代理的1700万元股权转让纠纷案，已促成法院受理我方的反诉请求。按《委托代理合同》的约定，某甲集团应在法院正式受理反诉之日起5日内，向我所支付首笔风险代理费5万元。然而，法院正式受理反诉已一个月了，虽然李律师几次提醒，但某甲集团却迟迟连这点代理费都没付。这虽然仅是件小事，但这足以使我对该集团的诚信产生疑问了。

那么，这次招聘到底是不是真的？我的这么完备的报告会不会最终成为他人的“嫁衣”？

一去不还

这个一去不还，可不是荆轲刺秦前在易水河边吟唱的“风萧萧兮易水寒，壮士一去兮不复还”，而是俗不可耐的“肉包子打狗，一去不还”。

某甲集团法务部要求我们在拿到材料的第二天下班前（下午5点）交稿，我们在上午9点便将报告的电子版发过去了。第一天下午4点拿材料至交稿，我们从接触这件复杂的案子到拿出系统而全面的案件分析报告，仅仅用了17个小时。以至于某甲集团法务部的人员都说：这么快就拿出高质量的报告，真有点神了。撇开此次竞聘的特殊情况不谈，应该说，迅速完成并提交观点成型的报告，必然展示了竞聘者的职业精神和专业水平，无疑是成功竞聘的一大法宝。

交出报告后，我几乎是每天都询问李律师面试何时安排。先说某甲集团法务部让等等，后说再等等，最后一个月过去了，法务部人员干脆说不知集团为什么取消了这次招聘。

我的助理和李律师及其他律师们都大骂这帮家伙打着招聘的幌子，干着骗取他人劳动成果的勾当。

因为已有预感，因为多年的磨练，我全然没有了年轻律师们的那份激愤。十多年来一直平和地自认自己是平民律师、普通律师身份的我，做的无偿法律服务的事，不计其数。既然选择了这个职业，既然习惯了这种职业命运，就必须无怨无悔了。

其实，何止无怨无悔啊！2007年7月，友人来到我新购的光华长安大厦办公室参观时，没聊多久，我便得意地侃起了下大功夫完成了论证但却被人涮了的本案。友人笑我痴，我则依然得意地环顾着自己办公室的那八扇面对长安街的落地大窗……

一个启示

说这个案子是复杂案件是毫不夸张的，而这种复杂则应该说是《股权转让协议》的制作者某律师事务所的律师造就的。

以下概括列举该协议在设计和制作上的主要失误：

1.混乱的法律关系。虽然股权转让合同涉及了股东对公司的借款和公司盈余的分配，但是，将不同的法律关系（案由）约定在一个合同之中，则必然引起不同法律关系所涉及的债权债务关系的混乱。正确的做法当然是分别制作《股权转让协议》、《股权出资偿还协议》和《公司盈余分配协议》。

2.混乱的法律意识。法律禁止企业之间借贷且借贷双方约定的利息将被依法收缴。然而，制作者似乎连这点常识也不懂，不仅约定2.55亿元为贷款，约定某住房股份公司（戊方）在代某房地产开发公司还8500万元之后与其签订股东借款协议，甚至大大方方约定了1.7亿元7%的贷款利息。

3.混乱的债权债务关系。协议前面说2.55亿是某投资管理公司投入的，后面又说“由己方（某房地产公司）将甲方（某投资公司）投入的款项向甲方付清”，本来债权人是清楚的，后来又搞模糊了。前面说2.55亿元是投入某投资股份公司（庚方）的，后面又说某住房股份公司（戊方）代某房地产公司（己方）偿还2.55亿中的8500万元，庚方和己方到底谁是债务人？某住房股份公司（戊方）的代还款行为在法律上到底是什么性质？既然债权人的代理人（甲方）及债务人都同意，为什么不明确约定债务转移？

4.混乱的保证责任。凡涉及保证责任，均不约定保证期间。更过分的是，居然约定并未参加合同签订亦未出具保函的第三人承担连带保证责任，闹出低级笑话。

5.混乱的履行期限。5050万元“资本占用费”约定了支付义务人（某投资股份公司——庚方），但忘了约定支付期限。2.55亿元的支付期限约定不明，9000万元打入共管账户有期限，但没有约定股权转让手续的办理期限，因而9000万元支付期限不明，之后3个月的1亿元的支付期限以及再之后3个月的7000万元的支付期限，因此都随之不明。

6.混乱的合同用语。一个2.55亿元就用了“垫付”、“投入”、“贷款”三个词汇。8500万元一会儿说是“垫款”，一会儿说是“戊方向已方融入的资金”，一会儿又说“由戊方与己方签订相关的股东借款协议（戊方受让的是甲乙方持有的庚方的股权，庚方是己方的大股东，但在这里戊方却成为己方的股东）。尤其是5050万元的“资本占用费”，明明可以约定为公司盈余，却似乎当事人怎么说，律师就怎么写，或许连自己也不明白是怎么回事儿。

从《股权转让协议》可以清楚地看出，参与合同制作的律师不仅缺乏起码的《公司法》《合同法》《担保法》及相关司法解释的常识性知识，而且缺乏必要的诉讼、仲裁经验——几乎完全不懂案件的法律关系即案由以及一案、数案的关系。让我疑惑的是，能力如此不及，胆量却如此之大，竟然敢负责这么大的合同的制作！让我遗憾的是，太不认真负责，不应该在行文和措词上搞得这么混乱！

另外，我还有一个疑惑，协议的各方都是具有相当规模的企业，怎么会用了这样的律师?

这是一个启示！是给本书青年读者的一个重要启示！都说中国大陆法律服务市场的竞争越来越激烈，其实，你们将面对的竞争对手通常并不那么强大，有时甚至是很弱小的。将竞争对手从其所占据的市场位置上逐出并取而代之，并没有你们通常所想象的那么难！

临窗

昏昏长安街，
隐隐观象台。
落日幽幽去，
新月娟娟来。

第十一章

冷酷的论证和无情的结局

——（中外）联营合同纠纷中的股权回购与条款效力

巴尔扎克说：没有什么更比一个律师引经据典的理论更为冷酷无情的了。（《死冤家》）

在本案中，某国移动通信公司欲进入中国国产手机市场，遂在《合营公司合同》中特别约定，我方应在签约后一年中将我方所拥有的有关政府许可证和专利许可无偿转让给合营公司，否则我方应购买其股权。然而，我方虽经努力，终未能履约，故该公司起诉我方。我们代理我方抗辩：依据法律和行政法规的强制性规定，该转让条款无效。法院最终支持了我方的诉讼主张，驳回了该公司的全部诉讼请求。

作为法国19世纪伟大小说家的巴尔扎克怎么会如此准确和尖锐地评说律师？应该说，这与他年轻时曾学过法律，且在律师事务所当过见习生不无关系。不过，能否说，律师引经据典的冷酷无情仅仅是表层的？从深层看，真正冷酷无情的是律师所引所据的“经典”——法律？

导言

原告某国移动通信公司（下称原告）与被告某通信科技公司（下称我方）、被告上海某投资公司、被告某移动通信科技公司（下称合营公司）签订《合营公司合同》。该合同第4.6（b）条约定，我方应在合同签订之日起12个月内，将我方拥有的“政府颁发的许可证”、“生产CDMA手机的许可”和“高通许可”（即美国高通公司的CDMA手机专利技术）无偿转让给合营公司。如果未能按期转让或合营公司未能正常生产销售手机达一个月或者一个月以上，则我方和其他二被告共同或者单独购买原告投入的总资本加年利率为8%的利息。该合同签订3年后，相关许可的转让始终未能实现。原告遂依据该合同约定，起诉三被告，要求回购其股权并按约定支付利息。我们代理我方抗辩：《合营公司合同》第4.6（b）条无效。因此，本案的争议焦点问题就是第4.6（b）条的效力问题。虽然二审时案件演变为针对事实认定的证据较量，但决定案件命运的仍然是合同条款的效力问题。

鉴于原、被告双方在一审和二审中的较量有很大的不同，且二审后期双方又进行了大规模的证据较量，故以下分一审、二审两个阶段，分别简要概述双方的攻防情况。

一审较量：

1.针对原告的起诉依据合同第4.6（b）条，我方提出了该条无效的法律和法规依据。即，国务院行政法规原《工业产品生产许可证试行条例》禁止转让生产许可证；国务院行政法规《电信条例》禁止转让电信设备进网许可证；国家法律《合同法》第346条规定专利实施许可合同的受让人不得许可约定以外的第三人实施该专利。

原告对上述主张的抗辩是：其一，CDMA手机的定点生产牌照并非永久性不可转移，只要履行了政府批准程序，转移就可以成为现实；其二，美国高通公司的技术许可并非绝对不能转让，在满足了我方与高通公司所签合同的约定条件的情况下，合营公司可以获得。我方在一审《代理词》中指出原告上述抗辩不成立的致命缺陷是，虽经我方努力，但政府和高通公司最终未批准转让。

2.一审开庭前夜，虽早已写好《代理词》，但我对转让高通许可的无效问题仍很心虚。合同约定的是无偿转让高通许可，而《合同法》规定的是专利实施许可合同的受让人不得许可第三人实施该专利。约定转让专利和第三人实施专利之间显然不吻合。经深入思考，我找到了我方在向高通公司申请之前就允许合营公司实施高通专利技术的证据，进而提出了符合《合同法》规定的新观点，终被一审判决完全接受。

3.原告在一审的质证意见中尖锐地指出，被告承诺转让，却又主张转让条款无效，假如转让条款无效，那么被告的行为就构成对原告的欺诈。我在《代理词》中予以反驳：（1）本案合同条款的无效是基于法律和法规的强制性规定，所谓欺诈主张的认识基础是自己不知法或不应当知法；（2）本案的一系列证据，即证明我方申办转让的事实经过和实际困难的历次《股东会决议》以及证明申请不成对原告进行补偿的《合营公司合同》补充协议等书证，均证明本案绝无欺诈可言。应该说，一二审判决完全未涉及欺诈问题，是与我方基于证据的抗辩主张有关的。

4.原告在一审的质证意见中主张其为外国企业，而我方为专门经营手机业务的中国公司，其依赖包括我方在内的被告签署了转让条款，故过错完全在于被告，其不应承担任何责任。对此，我方的抗辩为，各方合同当事人对签订无效条款都有过错，即属于混合过错。因原告并无实际的经济损失，故双方的混合过错问题，仅有无效条款之签订责任上的认定意义，并无根据过错确实损失赔偿之案件处理上的意义。应该说，一二审判决均未涉及签订无效条款的过错问题，是与我方的上述主张有关的。

5.原告在诉状和质证意见中都强调，由于我方不履行转让条款，致使其投资目的，即参与中国国产手机生产与销售的目的无法实现。我方抗辩认为，本案合营公司《企业法人营业执照》规定的经营范围是：生产电子计算机软硬件，故认定转让条款无效并不影响合营公司合法的经营，当然也并不影响合营公司或原告的合同目的实现。一二审判决均未涉及原告的投资目的因转让条款无效而能否实现问题。

6.我在写一审《答辩状》时因尚未全面掌握案件的全部证据材料，提出了“合营公司股东会和董事会以决议方式变更了《合营公司合同》第4.6（b）条生产许可证的转让约定，故原告的起诉不符合约定条件”的主张，但原告在质证意见中以合营公司其后新的《股东会决议》和《合营公司合同》补充协议为根据，轻易地驳倒了我的主张。

7.我方（某通信科技公司）的另一位代理律师和上海某投资公司的代理律师坚持主张本案《合营公司合同》未依法报国家对外经济贸易主管部门审批，违反了法律的强制性规定，故合同整体无效。我认为这一主张不成立，但为了律师间的协作关系，在《答辩状》中进行了简述，但一审判决对此主张不予采纳，认定合同整体是有效的，二审判决意见相同。

二审的较量

8.一审判决适用《行政许可法》，认定《合营公司合同》第4.6（b）条关于转让政府许可的约定无效。某国移动通信公司在二审《民事上诉状》中指出《行政许可法》颁布实施于本案合同签订之后，故一审判决适用法律错误，并由此得出“没有任何法律、行政法规禁止当事人之间转让CDMA手机生产许可证”之结论。对此，我方答辩指出，在生产许可证的转让问题上，否定《行政许可法》在本案中的适用，虽然成立，但无法否定《工业产品生产许可证试行条例》和《电信条例》这两个行政法规的强制性规定在本案的适用。

9.一审判决采纳我方的主张，依据《合同法》规定认定合同第4.6（b）条关于转让高通许可的约定无效。某国移动通信公司在上诉状中认为：“合同法是最典型的私法，遵循私法的意思自治原则，本身根本就不是规制当事人的强制性法律。”我方答辩反问：依此见，《民法通则》当然也属于“最典型的私法”，也“根本不是强制性法律”，那么，抛开《合同法》和《民法通则》，在民事审判实践中通常应该依据哪部“公法”来认定合同（民事行为）的效力？

10.某国移动通信公司上诉状中一个重要的主张就是我为其命名的“条件二分法”说，即认为合同第4.6（b）条为条件条款，“产生条件的原因与条件本身的法律效力的判断应当分开”，只要条件本身合法，该条件条款即有效，而无论该条件成就系由于合同无效、不生效等因素导致。在本案中，条件本身实质为合营公司不能获得政府许可和高通许可，故不能认定该条件无效。对此，我方答辩指出，依据《民法通则》司法解释关于“附条件的民事行为，如果所附的条件是违背法律规定或者不可能发生的，应当认定该民事行为无效”的规定，即使按对方的说法，将合同第4.6（b）条作为附条件的合同条款，该条款也是无效的。合同所附条件合法，即有效；违法，则无效。对合同所附一个条件划分违法、无效的一面和合法、有效的一面，从而演绎出违法、无效的一面不影响合法、有效的一面的结论，可谓奇谈。因此，对方的“条件二分法”说及条件条款有效的主张，曲解和演绎约定，与司法解释抵触，且有违民法理论，不能成立。二审判决在此问题上接受了我方的抗辩主张，认定合同第4.6（b）条作为条件条款是无效的。

11.某国移动通信公司在上诉状中变造《合营公司合同》补充协议的约定内容，由此演绎出补充协议变更第4.6（b）条约定的结论。我方在答辩状中对此予以揭示，二审判决未支持对方的这一主张。

12.本来，本案可以说是一个典型的法律适用案件。换句话说，事实的认定问题并不复杂，双方的争议焦点和法院的审理要点都应该集中在合同约定条款即第4.6（b）条的效力问题上。然而，某国移动通信公司的二审律师除提交万余言上诉状外，令我意外地发动了大规模的“证据战”——提交了三大本八百多页的证据材料，仅证据说明就达五万字以上！对此“人海战术”，我方如采取“全面防御战术”，则势必会打成“乱仗”。也就是说，我方不能像通常写书面质证意见那样，对对方的证据逐一进行质证。经过对我方战略战术的思考和对对方证据的研究，我采取了“重点反击战术”——概括出对方的主要证明主张，归纳出对方试图证明其主要证明主张的证据材料，抓住主要证明主张和证据材料之间的无关性，特别是矛盾性，予以反驳。从二审判决居然对双方进行了半年时间的大规模“证据战”只字不提而维持一审判决认定的事实这点来看，对方发动的这场“战役”一无所获。但是，双方在这场证据较量中的战略战术和胜败得失是值得研究和思考的。不过，因本章篇幅所限，无法全面介绍对方的证据体系和内容，仅附上我写的两万多字的质证意见，期望读者能通过此质证意见了解并评价双方的这场证据较量。

要　目

- 正当的追究
- 强硬的回应
- 愤怒的谴责
- 冷酷的论证
- 弦外的声音
- 情法的选择
- 深奥的论理
- 透彻的评说
- 强悍的反驳
- 高度的概述
- 无情的结局

序曲

在正义与非正义的较量并不多见，且即使有也并不那么鲜明的民事诉讼中，假如你看出你的委托人可能给对方设置了合同陷阱，你该怎么办？其实，这个问题只是问法学院学生的——律师才不会在意这个问题呢！没有律师会因此而放弃代理权。为什么？是律师麻木了吗？丧失了法律良知了吗？当然不是。你别信律师嘴上说的和在文章或书里写的，他们在实际办案中从来都是把维护自己委托人的利益作为最高价值追求的！从来不会把正义放在第一位。而这在民事诉讼中，并没错。

——我“修炼”得还不行——如果我帮非正义的一方打赢了官司，很长时间都会感到不安，绝无帮正义一方打赢官司的那种痛快感觉。

某国移动通信公司因联营合同纠纷起诉某通信科技公司和上海某投资公司,我所接受某通信科技公司委托，指派律师作为其代理人。我作为案件主管律师，写作了下列“正文”中的所有文书。

正当的追究

背景

某国移动通信公司的起诉意见

案由：合营公司合同纠纷

诉讼请求：

1.请求判令两被告向原告支付股权购买价款，股权价款为3,624,501美元及其自实际支付日为止的相应利息（利息自2002年7月16日起按年利率8%计算至实际支付日止，为计算诉讼费方便，暂算至2005年9月15日的利息为人民币760万元）；

2.请求判令两被告实际履行《合营公司合同》第4.6（b）条，向原告购买原告持有的某移动通信科技公司的16.7%股权；

3.请求判令两被告承担本案全部诉讼费用（含财产保全费用）。

事实与理由：

某移动通信科技公司（以下简称“合营公司”）为两被告共同于2002年1月10日投资设立的企业。2002年4月30日，原告为增资入股合营公司，与两被告及合营公司共同签署了《合营公司合同》（见证据一）。《合营公司合同》第4.1条规定，原告投资相当于人民币30,000,000元的外币，取得占注册资本16.7%的股份，其中8,000,000元人民币计入注册资本，其余22,000,000元人民币作为资本公积金。《合营公司合同》第4.6（b）条规定：“本合同签订之日起十二（12）个月内，某通信科技公司（即第一被告）应当向合营公司无偿转让政府颁发的许可证和转让某通信科技公司获得的生产CDMA手机的许可和高通许可。如果（I）某通信科技公司未在本合同签订之日起十二（12）个月内转让上述许可证，或者（II）本合同签订之日起算12月届满前，合营公司未能正常生产销售达一个月或者一个月以上，某国移动通信公司（即原告）有权要求老股东和合营公司共同或者单独购买某国移动通信公司所持股份，价格为某国移动通信公司投入的总资本加自投资完成日至购买价格支付之日的年利率为8%的利息。”

上述《合营公司合同》签署后，原告与两被告于2002年7月26日共同签署了《某移动通信科技公司章程》（见证据二），原告也如约于2002年7月16日前向合营公司投入了3000万元资金（见证据三）。2002年9月9日，某市工商局向合营公司颁发了原告增资后的新的营业执照（见证据四）。

原告入股合营公司两年以来，为从大局出发，原告作了最大限度的让步，并给予了第一被告多次机会，但第一被告始终未能履行上述《合营公司合同》第4.6（b）条规定的转让手机牌照和高通许可的义务，已给原告造成了较大损失，致使原告的投资目的始终无法实现。据此，原告认为有权行使《合营公司合同》第4.6（b）条中所规定的权利，即要求两被告实际履行合同购买原告持有的全部16.7%股份并支付购买价款。购买价款相当于原告3000万元投资款以及上述投资款自2002年7月16日至被告实际付款之日按8%利率计算后的相应利息，以避免造成更大的损失。

旁白

他为了诱使我投资入股，满口答应如果他不兑现自己的承诺，就退还我的投资，而且白纸黑字地都写了下来，但是，我把钱投给他后，他就变卦了，既不兑现承诺，也不退钱。正义在我这一边，公理在我这一边，更重要的是合同站在我这一边！——不过请问，诉讼中的真理——法律，也在你那一边吗？

强硬的回应

正文

民事答辩状（一审）

答辩人：某通信科技公司

答辩人就原告某国移动通信公司之《民事起诉状》答辩如下：

答辩意见提要：

1.原告诉讼请求所依据《合营公司合同》第4.6（b）条有关许可的转让约定违反有关法律、法规的强制性（禁止性）规定，为无效条款，故应依法驳回原告依无效约定所提诉讼请求。

2.本案《合营公司合同》未依法报国家对外经济贸易主管部门审批，违反了法律的强制性规定，应为无效合同。

3.合营公司股东会和董事会已以决议的方式变更了《合营公司合同》第4.6（b）条生产许可证的转让约定，故仅就约定而言，原告的起诉也不符合合营公司各方股东（含原告）共同约定的条件。

4.合营公司设立后即事实上无偿使用了答辩人的有关行政许可和专利许可，《合营公司合同》第4.6（b）条有关许可的转让约定虽因内容违法而无法履行，但并未影响合营公司CDMA手机的生产和销售。原告所称“致使原告的投资目的始终无法实现”，系无视合营公司实际生产和销售事实的诉讼托辞。

5.原告提起本案诉讼之动机，旨在试图规避因国产手机市场跌入低谷而给合营公司带来的经营亏损风险，有违诚信原则。

旁白

主张合同无效，找到了相应的法律或行政法规的强制性规定，那就靠谱了。不过，对方律师会说你说的法律规定和案件事实并不是一回事儿，法官也会高度重视是不是一回事的问题。因此，光靠谱还不行，你接下来得弄瓷实了。

一、原告诉讼请求所依据的合同条款因内容违法而无效

原告请求判令答辩人购买其股权并支付价款的合同依据，就是《合营公司合同》第4.6（b）条有关许可的转让约定。即："本合同签订之日起十二（12）个月内，应当向合营公司无偿转让政府颁发的许可证和转让某通信科技公司获得的生产CDMA手机的许可和高通许可。如果（Ⅰ）某通信科技公司未在本合同签订之日起十二（12）个月内转让上述许可证，或者（Ⅱ）本合同签订之日起算12月届满前，合营公司未能正常生产销售达一个月或者一个月以上，某国移动通信公司有权要求老股东和合营公司共同或者单独购买某国移动通信公司所持股份，价格为某国移动通信公司投入的总资本加自投资完成日至购买价格支付之日的年利率为8%的利息。"

（一）CDMA手机生产许可证和CDMA手机进网许可证依法不得转让

《合营公司合同》第4.6（b）条约定的"无偿转让政府颁发的许可证和转让某通信科技公司获得的生产CDMA手机的许可"，应为无偿转让CDMA手机生产许可证（俗称手机生产牌照，现国家发改委以批文方式批准生产许可）和CDMA手机进网许可证。但是，无论生产许可证还是进网许可证，都是政府主管部门依法定程序核发给特定企业的行政许可证，依法不得转让。

国务院行政法规原《工业产品生产许可证试行条例》（1984年4月7日施行，2005年9月1日失效）第12条规定："任何单位和个人不得伪造、转让和冒用生产许可证。"新的《工业产品生产许可证管理条例》（2005年9月1日起施行）第35条规定："任何单位和个人不得伪造、变造许可证证书、生产许可证标志和编号。取得生产许可证的企业不得出租、出借或者以其他形式转让许可证证书和生产许可证标志。”（本案《合营公司合同》于2002年4月30日签订，应适用上述旧行政法规中的强制性/禁止性规定）。

国务院行政法规《电信条例》（2000年9月25日施行）第54条规定：“国家对电信终端设备、无线电通信设备和涉及网间互联的设备实行进网许可制度。接入公用电信网的电信终端设备、无线电通信设备和涉及网间互联的设备，必须符合国家规定的标准并取得进网许可证。”第69条规定：“违反本条例的规定，伪造、冒用、转让电信业务经营许可证、电信设备进网许可证或者编造在电信设备上标注的进网许可证编号的，由国务院信息产业主管部门或者省、自治区、直辖市电信管理机构依据职权没收违法所得，处违法所得3倍以上5倍以下罚款；没有违法所得或者违法所得不足1万元的，处1万元以上10万元以下罚款。”

答辩人及第二被告上海某投资公司在签订合同时均不了解上述行政法规的规定，故在原告的一再要求下与原告共同订立了上述无效条款。

（二）答辩人使用的美国高通公司的CDMA手机专利技术依法、依专利许可合同不得转让

《合同法》第346条规定：“专利实施许可合同的受让人应按照约定实施专利，不得许可约定以外的第三人实施该专利。”

答辩人与美国高通公司（QUALCOMM Incorporated,在美国特拉华州注册成立的公司）签订的《技术许可证合同》第5.1.1条约定，答辩人在向高通公司提交通知并取得高通公司的书面批准之后，有权将本合同项下的被授权的许可给其符合中国厂商条件的“关联公司”使用。根据该合同的解释，“关联公司”是指答辩人的母公司和子公司，母公司为持答辩人50%以上股权的公司，子公司为答辩人持50%以上股权的公司。

在原告的一再要求下，答辩人同意订立此条款，但答辩人鉴于答辩人对合营公司的持股尚未达到50%以上，故向美国高通公司多次请求，以求突破原技术许可证合同的限制，最终未能获得该公司的同意。

综上，《合营公司合同》第4.6（b）条有关许可转让约定的内容违反法律、法规明确的强制性（禁止性）规定或有关合同的约定，为无效条款，故贵院应依法驳回原告基于该条款所提诉讼请求。

二、原告提起诉讼所依据的合同无效

原告提起诉讼请求依据的是《合营公司合同》，但该合同因违反了相关法律规定而应认定为无效合同。

《中外合资经营企业法》第3条规定："合营各方签订的合营协议、合同、章程，应报国家对外经济贸易主管部门（以下称审查批准机关）审查批准。"但本案所涉《合营公司合同》未经有关法定部门审批，违反了法律的强制性规定，应为无效合同。

旁白

合作合同已经过政府有关部门批准了，股权变更登记也在工商局做完了，你说批准的有关部门不是规定中的法定部门，所以合同整体无效——你挑战的不是合同，而是政府有关部门的批准效力和工商行政管理部门的登记效力，所以，说说可以，别当真了。

三、合营公司股东会和董事会以决议方式变更了《合营公司合同》第4.6（b）条生产许可证的转让约定，故原告的起诉不符合约定条件

2004年2月12日，合营公司第五届股东会和董事会决议第3条约定："有关CDMA定点生产牌照转移事宜，股东会一致同意：由于某通信科技公司董事会已做出将牌照转移至CECM（某移动通信科技公司，即合营公司——我注）的决议，而且合营公司已经取得综合进出口资格，从而使合营公司在实际操作中能够经营CDMA手机业务，所以在综合进出口资格完全取得的前提下，决议取消以前股东会暨董事会决议中对CDMA牌照转移设定的最后期限。虽然取消了转移期限，但是各方仍需努力在政府主管部门许可时尽早完成CDMA定点生产牌照的转移。在CDMA牌照转移至合营公司前，如果由于CDMA定点生产牌照造成合营公司经营中出现重大问题，某国移动通信公司将保留《合营公司合同》第4.6（b）条的权力。"

原《合营公司合同》第4.6（b）条为附期限履行义务条款，即“本合同签订之日起十二（12）个月内”。上述决议将其变更为附条件履行条款，即“在CDMA牌照转移至合营公司前，如果由于CDMA定点生产牌照造成合营公司经营中出现重大问题，某国移动通信公司将保留《合营公司合同》第4.6（b）条的权力”。

在合营公司的生产和销售中，并未因CDMA生产许可证造成合营公司经营中出现重大问题（这是本案铁的事实，原告亦无法否认。本答辩下一节将专述此问题），故撇开《合营公司合同》第4.6（b）条的效力问题，仅就合营公司各方股东的变更原合同内容的明确约定上看，原告的起诉也不符合约定的条件。

另外，还必须补充说明，上述决议内容除变更了原合同条款，约定“转移条件”外，对原合同条款还有以下两点变更：其一，将原合同约定的“政府颁发的许可证”、“CDMA手机许可”、“高通许可”三项许可变更为一项“CDMA定点生产牌照”，其实为CDMA手机的生产许可证，取消了CDMA手机的进网许可（获得生产许可证即可获得进网许可）和高通许可。其二，变更了原合同约定的自签约之日起12月内转让的期限，即“决议取消以前股东会暨董事会决议中对CDMA牌照转移设定的最后期限”，转让或转移已没有期限，但约定了新的条件。

旁白

错误的诉讼主张可作如下分类：一是知道是错的，但想着法子自圆其说——滑头；二是坚信是对的，其实肯定是错的——愣头；三是以为是对的，提出后很快就发觉是错的——猪头。

——我在本案中做了一回猪头——上述主张是在尚未掌握案件全部证据的情况下提出的，之后看到其他证据，才知道在我所举证据——股东会和董事会决议之后，各方合同当事人又作出了新的决议，对方律师也在之后的质证意见中揭露了这一错误。

四、合营公司事实上无偿使用了答辩人的CDMA手机的生产许可证和进网许可证以及答辩人受让的美国高通公司CDMA手机的专利

原告在其诉状中称："……但第一被告始终未能履行上述《合营公司合同》第4.6（b）条规定的转让手机许可证和高通许可的义务，已给原告造成了较大损失，致使原告的投资目的始终无法实现。"这一指称无视原告明知的、合营公司始终无偿使用答辩人CDMA手机生产许可证和进网许可证以及答辩人受让的高通公司CDMA手机专利的铁的事实，肆意贬毁答辩人为合营公司CDMA手机生产和销售所做出的贡献，完全不能成立，纯系诉讼托辞。

合营公司生产和销售了大量CDMA手机。在生产环节，合营公司使用了答辩人受让的高通公司CDMA手机技术，并且使用了答辩人获批的CDMA手机的生产许可证。在销售环节中，合营公司所售CDMA手机全部贴有答辩人获批的进网许可标——如手机不能获批入网，则根本不能销售和使用。

虽然因《合营公司合同》第4.6（b）条有关许可的转让约定内容违法而无法履行，但是，因为合营公司客观上始终无偿使用着答辩人的有关行政许可和专利许可，故根本不存在原告所称其因此遭受损失，甚至投资目的无法实现的问题。

五、原告起诉的动机为试图规避因国产手机跌入低谷而给合营公司带来的经营亏损风险

2002年4月，正当国产手机产业规模迅速扩大，产销发展快速成长，故国产手机市场份额持续攀高时，原告急于投资国产手机市场，以获高利，因此与答辩人及第二被告签订了《合营公司合同》。合同签订后至2003年年底，合营公司的CDMA手机产销两旺。例如，2003年度的税后利润为一千七百多万元。然而，自2004年起，因诺基亚、摩托罗拉等国际制造商迅速而持续地推出新品，以及国产手机投资过热等因素，国产手机市场陷入低迷，致使国产手机行业普遍出现亏损，甚至几家主流的国产手机制造企业也同时出现不良反应。夏新利润大幅度下跌、TCL销售状况不佳、中科健债务缠身、波导的资金链也越来越紧……

上述市场状况是手机行业乃至社会众所周知的，原告当然也心知肚明，无须举证证明。

面对国产手机受阻的逆市，原告本应与答辩人及第二被告同舟共济。然而，原告却不惜损害合营公司整体利益，试图通过诉讼达到规避经营风险，退出中国国产手机市场的目的，实为有违诚信原则的不义之举。

旁白

合同纠纷案件所涉及的正义、公平、公理、情理问题，都不是决定案件命运的要素。那么，为什么律师们总是在不停地说着这些呢？原因很简单，这些问题或多或少会影响法官的裁判心理。

综上所述，恳请贵院本案合议庭根据原告诉讼请求的依据为无效条款，合营公司事实上无偿使用答辩人的行政许可和专利许可，原告之诉讼动机旨在试图规避经营风险之事实，依法判决驳回原告的诉讼请求，维护答辩人及合营公司的合法权益。

此呈

某市中级人民法院

答辩人：某通信科技公司

愤怒的谴责

背景

原告对答辩意见的抗辩

在双方质证阶段，原告某国移动通信公司的代理律师向法院提交的书面质证意见，基本反映出原告对我方（某通信科技公司）答辩意见的抗辩主张和理由。

1.针对手机生产许可证的抗辩。我方向法院提交了《国家计委关于CDMA手机生产布局意见的批复》以证明我方拥有CDMA手机的定点生产牌照。

原告质证意见称，原告认为，双方对于《合营公司合同》第4.6（b）条的一致理解是：在获得政府批准的情况下，第一被告应将CDMA手机的定点生产牌照转移给合营公司。换言之，该牌照并非永久性的不可转移，只要履行了相应的批准程序，转移就可以成为现实。需要说明的是，原告是一家外国企业，对中国的政策法规并不了解，而第一被告是专门经营手机业务的中国公司，其对中国手机生产和销售的政策及程序非常了解，原告是依赖于第一被告和第二被告的判断与之签署了《合营公司合同》第4.6（b）条。假设《合营公司合同》第4.6（b）条是自始无效的条款，那么两被告，特别是第一被告的行为构成对原告的欺诈，原告不应为此承担任何责任。

2.针对美国高通许可的抗辩。我方提交了我方与美国高通公司签订的《技术转让合同》，以证明虽经我方努力，高通公司仍以该合同条款为依据，不批准我方申请的合营公司的分许可。

原告质证意见称，原告认为该条款恰恰说明美国高通公司的技术许可并非绝对不能转让，在满足第5.1.1条规定的前提下，该等许可可以分许可（实际上达到了转让的效果）给如合营公司一般的“关联公司”。事实上，第一被告为了达到第5.1.1条规定的条件，曾经作过一定努力，这也进一步说明第一被告在主观上并不认为高通公司的技术许可自始无法转让以及《合营公司合同》第4.6（b）条自始无效。假设《合营公司合同》第4.6（b）条是自始无效的条款，那么两被告，特别是第一被告的行为构成对原告欺诈，原告不应为此承担任何责任。

旁白

即使在诉讼中指责对方，也是要慎重的。指责了对方，对自己并非有利——那是没用的指责。指责了对方，对自己反而不利——那是错误的指责。

——原告方既然是依据合同的约定提出诉讼请求的，那么就不应该指责被告方欺诈——并不损害国家利益的欺诈，是变更或撤销合同的法定情形。

3.针对我方关于合营公司股东会和董事会已变更合同之主张的抗辩。我方提交合营公司第五届股东会和董事会决议，证明该决议已变更《合营公司合同》第4.6（b）条的约定。

原告质证意见如下：

（1）该股东会决议不能视为对《合营公司合同》第4.6（b）条内容的修改。所谓“决议取消以前股东会暨董事会决议中对CDMA牌照转移设定的最后期限”仅是对先前涉及CDMA牌照转移期限内容的股东会暨董事会决议的修改和变更，并不构成对《合营公司合同》的修改和变更。特别是该决议第三项最后一句“……某国移动通信公司将保留《合营公司合同》第4.6（b）条的权利”更表明第4.6（b）条的内容没有变更。此外，原告提交的补充证据（一）中的证据六（2004年12月27日的股东会决议）和补充证据（一）中的证据七（2004年12月27日的《合营公司合同补充协议》）是在本次董事会决议后各方针对《合营公司合同》第4.6（b）条作出的最后约定，已经取代了上述董事会决议的内容。根据2004年12月27日两个文件的规定，原告“取消原《合营公司合同》第4.6（b）条的权利”显然仍含有对CDMA牌照转移期限的规定。

（2）该股东会决议并未将《合营公司合同》第4.6（b）条原约定转让的生产许可证、进网许可证和高通许可变更为一项。在该决议第4条明确规定：“有关高通CDMA许可证问题，股东会决议通过：合营公司经营层应积极配合某通信科技公司，努力于下届股东会召开前拿到许可证”，这一规定不仅表明第一被告向合营公司转让高通公司技术许可的义务没有被免除，同时还为其设定了履行该等义务的期限。

旁白

在战争中，发现了对方的错误打法，就应该抓住战机，迎头痛击。同样，在诉讼中发现了对方的漏招，仅仅客气地化解是不够的，还应该不客气地进行抨击——让法官看看对方拙劣的招术。

冷酷的论证

正文

代理词（一审）

尊敬的审判长、审判员：

作为被告某通信科技公司的委托代理人，我们就本案的事实认定和法律适用问题，发表如下代理意见。

本代理意见分为五个部分：一、认定转让条款无效的法律、法规依据明确；二、认定转让条款无效，被告方并不因此构成欺诈；三、原、被告双方对签订无效条款均有过错；四、转让条款无效并不影响合营公司正常经营，亦不影响本案合同目的的实现；五、我方关于本案的处理意见。

一、认定转让条款无效的法律、法规依据明确

原告请求判令被告购买其股权的诉讼请求的依据，就是《合营公司合同》第4.6（b）条，即我方按期无偿转让有关政府许可和高通许可的约定。我方对此提出了该转让条款无效的答辩主张。因此，转让条款的效力问题即为原、被告双方争议的焦点问题。

因此，我们认为转让条款的效力问题是本案的“纲”，原告在质证意见及被告方在答辩状、质证意见中所涉及的其他所有问题均是“目”。“纲举目张”。即，解决了转让条款的效力问题，其他所有问题也就“迎刃而解”了。

1.转让条款无效的法律、法规规定直接、具体而明确。国务院行政法规原《工业产品生产许可证试行条例》禁止转让生产许可证。国务院行政法规《电信条例》禁止转让电信设备进网许可证。《合同法》第346条规定：“专利实施许可合同的受让人应按照约定实施专利，不得许可约定以外的第三人实施该专利。”（法律中的“不得”即为禁止）。

上述法律、法规的规定均为强制性/禁止性规定，对本案转让条款具有不容置疑的针对性，且直接、具体、明确，根本无须解释适用。

因此，我方确信，原告的起诉显然是缺乏法律考量的。在如此明确的法律、法规的强制性规定面前，贵院不应该做出与法律直接抵触的认定和判决。

2.生产许可证和进网许可证的禁止转让是不容变通的。原告在质证意见中称：“在获得政府批准的情况下，第一被告应将CDMA手机的定点生产牌照转移给合营公司。换言之，该牌照并非永久性的不可转移，只要履行了相应的批准程序，转移就可以成为现实。”

这一解释的实质是对法规禁止转让规定的例外性或称变通性解释，是不成立的。因为，《工业产品生产许可证试行条例》和《电信条例》仅有禁止转让的规定，没有经政府主管部门批准可转让或转移的“但书”性质的例外规定。因此，这一解释是原告的臆想或杜撰，不仅没有法规依据，而且直接与法规抵触。

我方经多次努力，终未能获得政府主管部门对我方所有生产许可证和进网许可证的转让或转移的批准，即是实践中政府主管部门不允许对法规规定予以变通的事实例证。

3.转让条款对转让高通许可的约定亦因违法而无效。原告在质证意见中称：“原告认为该条款恰恰说明美国高通公司的技术许可并非绝对不能转让，在满足第5.1.1条规定的前提下，该等许可可以分许可（实际上达到了转让的效果）给如合营企业一般的‘关联公司’。事实上，第一被告为了达到第5.1.1条规定的条件，曾经作过一定努力，这也进一步说明第一被告在主观上并不认为高通公司的技术许可自始无法转让以及《合营公司合同》第4.6（b）条自始无效。”

这一解释显然是不成立的。

第一，《合同法》第346条关于“专利实施许可合同的受让人应按照约定实施专利，不得许可约定以外的第三人实施该专利”的规定，具体而明确，其意就是禁止专利实施许可合同的受让人许可约定以外的第三人实施该专利。我方持合营公司50%的股权，不符合我方与高通公司《技术许可合同》第5.1.1条关于持股50.01%以上为子公司的约定，且在签订本案合同时，未获得高通公司的批准。虽然后来我方经合营公司其他股东同意，增加了所持合营公司股份比例，并向高通公司申请，但终未获其批准。因此，签订转让条款，确实属于我方“许可约定以外的第三人实施该专利”，为法律禁止之列。

第二，在我方与高通公司的《技术许可合同》中，持股比例达到“关联公司”的条件，并非唯一的分许可要求，第5.1.1条“分许可给‘关联公司’的权利”还设定了前提条件，即“在向高通公司提交通知并取得高通公司的书面批准后……”才可将分许可给“关联公司”。高通公司最终未作出同意内容的书面批准，为转让条款无效的根本原因，即我方许可了约定以外的第三人（合营公司）实施高通公司的技术许可。

第三，更重要的是，关于转让高通许可的约定确实损害了专利权人的专利权，为法律所禁止。我方证据五（2）“转账凭证”显示，2002年7月合营公司已在销售CDMA手机，这证明在此前合营公司已在生产手机，即已实际使用高通专利技术。原告补充证据（二）证据五“第一被告负责人致高通公司的函件”显示，2004年3月11日我方高管张某某致函高通公司高管，为合营公司“正式申请从属许可证”。这两项事实表明，2002年4月30日签订《合营公司合同》后，合营公司即开始实际使用高通专利技术进行手机生产，当年7月已开始销售手机，至2004年3月11日我方才正式向高通公司申请合营公司的分许可。这进一步证明，关于转让高通许可的约定，就是我方许可约定以外的第三人（合营公司）实施高通专利，合同签订后合营公司的生产和销售行为，正是对转让高通许可约定的实际履行，故该约定及其实际履行行为损害了专利权人高通公司的专利权。至于合营公司按转让高通许可的约定，进行手机生产和销售一年零八个月之后，我方向高通公司的正式申请行为，则是我方试图将无效的转让约定合法化而做出的、未获成功的努力。

综上，转让条款的无效是法定的，任何人为的、法外的解释都无法撼动法律明确的规定。

旁白

如果你的诉讼主张是根据一定事实，依据相关法律规定提出来的，那么，事实和规定大概齐、差不多是一回事儿，是不行的。你得努力做到二者相同、就是一回事，甚至严丝合缝。而要做到这一点，就应当下这样的功夫：巧妙运用你的证据，使证据证明的事实靠上、贴上、合上法律规定的情形。

——我在《答辩状》中主张“答辩人适用的美国高通公司的CDMA手机专利技术依法、依专利许可合同不得转让”，而《合同法》第346条规定则是：“专利实施许可合同的受让人应按照约定实施专利，不得许可约定以外的第三人实施该专利。”“不得与第三人约定转让专利”和“不得许可第三人实施专利”这之间是有差别的。因此，在本案开庭前夜，我考虑出了有证据支撑的新的主张：“我方许可约定以外的第三人（合营公司）实施高通专利，”从而使诉讼主张与法律规定契合了。

二、认定转让条款无效，被告方并不因此构成欺诈

原告在质证意见中称：“假设《合营公司合同》第4.6（b）条是自始无效的条款，那么两被告，特别是第一被告的行为构成对原告的欺诈，原告不应为此承担任何责任。”

这一指称无视本案基本事实，简单而武断，完全不能成立。

所谓民事欺诈，其意无非是行为人虚构假象或隐瞒真相，诱使对方为一定的、违反自己真实意思的行为。

第一，本案转让条款的无效，不是因为一方制造假象或隐瞒真相，而是基于法律、法规的规定。当合同或合同条款因内容违法而被认定无效时，一方当事人指责另一方欺诈，其实质是认为自己不知法或不应当知法。指责对方虚构或隐瞒了公开发布施行的法律，构成欺诈，其实质就是将自己装扮成无辜的法盲。但是，在法律上，这种基于自己不知法或不应当知法的所谓对方欺诈的主张，显然是错误的。

第二，原告对我方向政府有关部门申请办理生产许可证和进网许可证的转移的事实经过，以及向高通公司申请技术分许可的事实经过，特别是申请的困难和可能申请不成的情况，一直是知悉的，且在其质证意见中也予以承认。例如，关于生产许可证和进网许可证的办理，2002年11月13日合营公司第一届第二次股东会决议约定，由我方派人到相关政府审批部门及公司办理相关手续，包括在信息产业部外经贸部指标与批文处变更备案［原告补充证据（一）证据四］。再如，关于高通许可问题，2003年3月14日合营公司第二届股东会暨董事会《股东会决议》讨论了将我方股份比例由50%增至50.01%以上的提案，目的是为了向高通公司申请分许可［原告补充证据（二）证据六，原告在其“证明事项”中也承认“目的就是使第一被告的持股比例能够满足高通许可之分许可的条件”］。再如，2004年12月27日合营公司第六届第三次股东会暨董事会《股东会决议》约定，原告同意取消原《合营公司合同》中4.6（b）规定的权利，被告方同意给予原告一部分股份作为补偿，同时约定了原告在合营公司和将来上市公司中的股份由16.67%增至20%。同日，合营各方及合营公司签订了《合营公司合同》补充协议，对原告有条件放弃转让条款和增加股份作了专门约定［原告补充证据（一）证据六、证据七］。这证明，原告完全知悉向政府主管部门申请生产许可证和进网许可证，向高通公司申请分许可的艰难和恐难成功，故同意放弃转让条款，要求给予股份补偿。

综上，以不知法为由主张对方欺诈完全不靠谱，且原告知悉我方向政府主管部门和向高通公司申请的经过和艰难，这其中毫无欺诈可言。

旁白

对于对方的欺诈指责，无论其与案件争议焦点问题有无关系，都应该予以反驳。而反驳的基本方法就是：仔细研究证据，找出证明己方没有捏造假象或隐瞒真相的证据，让事实说话，不要陷于说理性的争辩之中。

三、原、被告双方对签订无效条款均有过错

合同条款因内容违法而无效，对于签订合同的各方合同当事人而言，都具有过错，即属于混合过错。因为，对于禁止合同条款约定内容的法律，各方合同当事人都应当知道，故不应当以合同当事人中有的应当知多、知深，有的应当知少、知浅而区分主、次过错责任。

原告在质证意见中认为其为一家外国企业，对中国的政策法规并不了解，而第一被告是专门经营手机业务的中国公司，其对中国手机生产和销售的政策及程序非常了解，故原告是依赖于第一、二被告的判断签署了转让条款。这一主张显然主观和片面。以自己是外国公司，不了解中国法律为由，主张作为中国公司的我方欺诈，而其不承担任何责任，亦即无任何过错，是中国审判实践所不能接受和支持的。

另外，必须指出，虽然转让条款因内容违法而无法实际履行，但是我方将自己所有的生产许可证、进网许可证及高通公司的技术许可无偿地提供给合营公司使用，使合营公司的手机生产、销售并未受到任何影响，使转让条款未履行并未影响到本案合同目的的实现。因此，在认定和处理我方签订无效条款的过错责任问题时，请求合议庭充分考虑这一点。

最后，还必须强调指出，认定签订无效合同的过错责任问题的前提是，合同的一方或双方因合同的无效而遭受一定的经济损失。换句话说就是，在有损失的前提下，才有必要划分过错责任，从而确定赔偿责任。但是，在本案中，原告并无任何实际损失，即原告无法举证证明其曾经或正在因转让条款的无效而遭受经济损失。合营公司经营状况之铁的事实是，2002年各方签约合作，2003年因正值国产手机市场利好时期，故当年合营公司即取得税后利润1700万元的良好业绩。2004年之后出现的亏损状况，皆因国产手机市场跌入低谷，且持续低迷所致，与本案转让条款无效，即无法转让行政许可和专利许可，并无任何关系。因此，转让条款无效并未给原告带来任何直接或间接的经济损失。

综上，因原告并无实际的经济损失，故我方所述在签订无效条款上双方属混合过错，仅有无效条款之签订责任上的认定意义，并无根据过错确定损失赔偿之案件处理上的意义。

旁白

签订内容违法的无效合同或无效合同条款，诉讼双方的律师往往会互指系由对方造成，己方不应承担责任。其实，这类合同或条款的签订，双方都有责任，当然属于混合过错。与其完全依从当事人，坚持法官不会接受的无责论调，不如说服当事人自认有责，以给法官留下尊重事实的良好印象。当然，也得给自己留好签订合同有责，但不应承担赔偿责任的后路。

四、转让条款无效并不影响合营公司正常经营，亦不影响本案合同目的的实现

虽然《合营公司合同》约定了转让条款，虽然该合同也约定了合营公司生产、销售CDMA手机的经营活动，但是，一个公司的经营范围并不是最终由合营各方的约定确定的，而是由工商行政管理局核发的营业执照确定的。本案合营公司《企业法人营业执照》（原告证据四）的经营范围是：生产电子计算机软硬件。对此，原告及合营其他方不仅仅是明知而且是同意的，故要说合营公司或原告的合同目的，正确的说法是《企业法人营业执照》确定的经营范围所体现的合同目的，而不是各方未经政府主管部门批准和未经工商行政部门核准的、约定的合同目的。因此，认定转让条款无效，并不影响合营公司按工商局核准的经营范围进行正常经营，当然也并不影响合营公司或原告的合同目的的实现。

五、我方关于本案的处理意见

1.本案《合营公司合同》第4.6（b）条的约定因违反国家法律、法规的强制性规定，为无效条款，原、被告签订无效条款均有过错。故应依法判决驳回原告的全部诉讼请求，合同各方对签订无效条款各自承担责任。

2.原告的投资款经验资，已投入合营公司用于生产经营，被告方并未收取或使用原告的投资款，故在转让条款无效的情形下，原告无权就其投资款向被告方提出任何权利主张。

审判长、审判员：我方确信，因原告在提起本案诉讼时，未能对转让条款的合法性问题进行慎重研究和评价，故其起诉是轻率的。因此，恳请你们高度重视本案的法律适用问题，依法驳回原告的诉讼请求，维持法律的尊严。

谢谢！

弦外的声音

背景

某国移动通信公司的和解方案

在本案正式开庭中，合议庭鉴于原、被告各方均表示同意调解，故要求各方拿出书面调解方案。

某国移动通信公司的和解方案有两个。第一个方案为：由第一被告即我方某通信科技公司和第二被告上海某投资公司出资2405万元，购买其16.7%的股权中4/5（即13.36%）的股份。理由是，我方伪造股权转让文件，擅自将自己持有的40%股权的4/5转让给北京某投资公司（“伪造”一说原告并未举出确切证据，且涉及其他案由——我注）。故其认为，根据合营合同第6.4条的规定，其享有“共同转让权”，即当我方转让的股份占所持股份30%以上时，其有权依照适用于该转让同样的条款和条件与上述转让同时向受让人转让所持股份。

第二个方案为：其将持有的股权全部转让给我方和上海某投资公司。转让价格为其出资的3000万元中除转为注册资本的800万元之外的剩余2200万元加出资时起至现在按照中国国内法定利率计算的利息后的总金额。理由是，合资当时其除向合营公司注资800万元外又投资2200万元的原因是相信我方会履行将自己拥有的许可转让给合营公司，从而提高合营公司资产价值的承诺，但鉴于我方实际并未履行转让许可的义务，因此其向合营公司投资2200万元已失去了依据，其要求收回这部分投资是合理的。

我代某通信科技公司书写了和解意见。

正文

某通信科技公司和解意见（一审）

现就原告某国移动通信公司(下称原告)诉我公司等联营合同纠纷案的调解事宜，向贵庭报告我公司的和解方案。

一、原则性意见

我公司认为，《合营公司合同》第4.6(b)条（下称转让条款）因内容违反法律、法规的强制性规定，系无效条款无疑。故此为调解的法律基础。简单地说就是，调解应在认定转让条款无效的前提下，对原告进行适当的补偿。这种性质的补偿，不应该具有变相地将无效条款有效化或部分有效化的嫌疑，以避免调解内容违法之嫌（此乃对调解书提起再审的两项法定情形之一）。

合营公司各方股东在《合营公司合同》唯一的一份补充协议中明确约定了“取消《合营公司合同》中第4.6(b)及第7.7条款涉及的各方权利及义务”，从而约定了对原告的补偿方式。取消转让条款，亦即原告放弃转让条款中的权利，其实质等同于转让条款无效，亦即该条款对各方股东无约束力。故各方明确约定的补偿方式，不违反法律，无规避法律之嫌，公平合理，符合原告的利益和意愿，应成为现今处理无效条款的合同根据或各方进行调解的根据。

《合营公司合同》补充协议约定：“一、甲、乙方（即某通信科技公司和上海某投资公司——我注）在合营公司的收益权分别由目前的50%与33.33%减少至48%及32%。二、丙方（即某国移动通信公司——我注）在CECM的收益权从现有的16.67%增加到20%。三、取消《合营公司合同》中第4.6(b)及第7.7条款涉及的各方权利及义务。四、为实现合营公司新加坡上市，各方应设立合营公司（新加坡）公司。各方在发起设立合营公司（新加坡）的最初阶段，某国移动通信公司持有合营公司（新加坡）的股份应从16.67%增加至20%……六，上述第四条的实现是本补充协议第三条生效的前提条件……”

虽然合营公司（新加坡）公司尚未上市成功，但补充协议对原告补偿的股份额度是确定的。因此，我公司同意按补充协议的约定，将我公司在合营公司中的股份或收益权的4%补偿给原告（按约定，另2.66%的股份或收益权的补偿责任应由被告二上海某投资公司承担）。

为促成调解，我公司高层经慎重考虑，愿意充分尊重贵庭的建议，在上述调解方案的基础上，进一步对原告作出适当让步。

二、对原告和解方案的意见

我公司认为，原告的和解方案一，将与本案无关的另一法律事实（所谓我公司擅自转让股权）作为和解的根据，涉及与本案无关的另一法律关系（按司法解释规定，案由为股权转让侵权纠纷）。故贵庭无法并案审理（按司法解释规定，法院不应超过当事人的诉讼请求进行审理和判决——当然包括调解）。原告的和解方案二，实质是在认定转让条款有效的前提下，将约定由老股东购买的3000万元股权，让步为2200万元。如前所述，这当然涉嫌变相地将无效条款部分合法化，有违调解内容必须合法的原则。

上述意见请贵庭充分考虑。鉴于双方和解尚存在巨大距离，客观上给贵庭的调解工作造成障碍，故如各方调解陷入僵局，恳请贵庭依法处理本案。

此呈

某中级人民法院

某通信科技公司

旁白

调解也分真调和假调。假调又可分为两种：一种是“虚伪式”——仅仅为了拖延诉讼周期或不得罪法官；一种是“阴险式”——借写和解方案之机，写出在正式文书中或法庭上不便说出的案件处理意见，试图以此影响法官的裁判。

——我写的《某通信科技公司和解意见》属于“阴险式”一类。

背景

经法院主持调解，终因双方调解方案差距甚大，致调解失败。

情法的选择

判决

一审判决

某中级人民法院作出本案一审《民事判决书》。

鉴于本案虽为法律适用案，但双方对案件事实的理解和解释分歧甚大，故这里引述一审判决关于本案事实的认定，旨在固定案件事实。

结合当事人提供的有效证据，本院确认以下事实：

被告某通信科技公司与被告上海某投资公司共同出资于2002年1月成立了某移动通信科技公司（以下简称合营公司）。2002年3月26日，被告合营公司取得高新技术企业批准证书。2002年4月30日，原告某国移动通信公司与被告某通信科技公司、被告上海某投资公司、被告合营公司共同签署了《合营公司合同》，该合同中第4.1条约定，全部投资将由合营各方完成，其各自对于注册资本的出资比率如下所列：某国移动通信公司：投资相当于人民币3000万元的外币，取得占注册资本的16.7%的股份。其中投资的800万元人民币计入注册资本，其余2200万元人民币作为资本公积金。被告某通信科技公司注资2240万元人民币，占注册资本的46.65%。被告上海某投资公司注资1760万元人民币，占注册资本的36.65%。第4.6(b)条约定，本合同签订之日起十二（12）个月内，某通信科技公司应当向合营公司无偿转让政府颁发的许可证和转让某通信科技公司获得的生产CDMA手机的许可和高通许可。如果（Ⅰ）某通信科技公司未在本合同签订之日起十二（12）个月内转让上述许可证，或者（Ⅱ）本合同签订之日起算12月届满前，合营公司未能正常生产销售达一个月或者一个月以上，某国移动通信公司（原告）有权要求老股东和合营公司共同或者单独购买某国移动通信公司所持股份，价格为某国移动通信公司投入的总资本加自投资完成日至购买价格支付之日的年利率为8%的利息。该合同约定被告上海某投资公司与被告某通信科技公司合称“老股东”，某国移动通信公司与老股东合称“股东”。上述《合营公司合同》签署后，原告某国移动通信公司与某通信科技公司、上海某投资公司于2002年7月26日共同签署了《合营公司章程》，原告某国移动通信公司也如约于2002年7月16日前向合营公司投入了3000万元资金。2002年9月9日，某市工商局向合营公司颁发了原告增资后的新的营业执照。

2002年11月13日被告合营公司召开第一届第二次股东会，并作出决议：将CDMA定点牌照和高通技术许可协议变更到合营公司。从本决议通过起，由某通信科技公司派专人到相关政府审批部门及公司办理相关手续。既包括某通信科技公司与合营公司的独家许可转让协议以及在信息产业部外经贸部指标与批文处变更备案，并在2003年4月30日前完成，并尽快争取办理完毕以满足融资需要（2个月完成）。2003年3月14日，被告合营公司召开第二届股东会暨董事会，并做出了股东会决议，其中第6条规定，股东会讨论了某通信科技公司提出的在第四家股东进入之前某通信科技公司股份比例由50%增至50.01%以上之提案，被告上海某投资公司及某国移动通信公司将在两周之内对此提案做出决议。

2003年4月28日被告某通信科技公司向合营公司各股东发出《关于CDMA定点牌照转移情况的说明》，该说明写明：目前相关手续正在办理过程中，预计到2003年年底方能办理完成。为此，需要将原来规定的时间延长至2003年12月31日。2003年10月8日，被告某通信科技公司做出第四届股东会暨董事会决议，在某通信科技公司CDMA手机品牌和销售权利保留的前提下，同意将某通信科技公司CDMA手机生产资格转移至合营公司。资格转移后某通信科技公司CDMA手机的国家计划指标、入网及生产等工作通过合营公司来实现。同时合营公司要借助某国移动通信公司和新的参股公司，在产品研发和生产方面的资源，加速产业的发展和产品市场占有率。

2004年2月12日，合营公司召开第五届股东会暨董事会，并做出股东会暨董事会决议，其中第三条规定，有关CDMA定点生产牌照转移事宜，股东会一致同意：由于某通信科技公司董事会已做出将牌照转移至合营公司的决议，而且合营公司已经取得综合进出口资格，从而使合营公司在实际操作中能够经营CDMA手机业，所以在综合进出口资格完全取得的前提下，决议取消以前股东会暨董事会决议中对CDMA牌照转移设定的最后期限。虽然取消了转移期限，但是各方仍需努力在政府主管部门许可时尽早完成CDMA定点生产牌照的转移。在CDMA牌照转移至合营公司前，如果由于CDMA定点生产牌照造成合营公司经营中出现重大问题，某国移动通信公司将保留《合营公司合同》中第4.6（b）条的权利。

2004年3月11日，张某某向美国高通公司副总经理发函，表示为被告合营公司正式申请从属许可证。

2004年5月27日，被告合营公司召开第六届股东会暨董事会，并做出股东会决议，该决议第3条规定，有关合营公司取得高通许可证的问题，合营公司经营层与各股东积极配合高通公司，努力尽快拿到许可证。2004年12月27日召开了被告合营公司第六届第三次股东会暨董事会，通过了股东会决议，为使合营公司能够更好地实现新加坡上市并持续稳定地经营，某国移动通信公司同意取消原《合营公司合同》中第4.6（b）条、第7.7条规定的权利，同时各股东同意给予某国移动通信公司一部分股份作为补偿。上述补偿将在合营公司上市股权重组过程中得以实现，具体决议如下：其中第2条规定：在合营公司（新加坡）股权重组过程中，各股东将给予某国移动通信公司股权作为赔偿。但在此之前，现有股东应签署有关协议，协议中应包含以下三个内容：1.各股东同意将某国移动通信公司在合营公司（北京）的收益权从现有的16.67%增加到20%。2.各股东在发起设立合营公司（新加坡）时，补偿某国移动通信公司一部分股份，从而使某国移动通信公司的股权达到20%。3.某国移动通信公司同意取消原《合营公司合同》中第4.6（b）条、第7.7条规定的权力，但有关这些方面的权利取消应在合营公司（新加坡）有关上述第2条中的股权变更完毕后开始生效。

2002年、2003年以及2004年，合营公司即被告合营公司进行了CDMA手机的生产和销售。

2005年9月6日，原告某国移动通信公司向被告某通信科技公司、被告上海某投资公司发送了要求其履行购买义务的书面通知。

另查明：2001年被告某通信科技公司被国家计委批准为CDMA手机生产企业。被告某通信科技公司相继取得16份CDMA手机《电信设备进网许可证》。2001年10月11日，美国高通公司与某通信科技公司订立了《关于若干CDMA用户单元制造与销售的技术许可合同》，其中第5.1.1条规定，分许可给"关联公司"的权利，在向高通公司提交通知并取得高通公司的书面批准之后（高通公司不应无理地不予批准），受许可方应有权将其在本合同项下被授予的任何权利仅分许可给其符合中国厂商条件的"关联公司"。"关联公司"对任何公司、合伙企业或商业联合体（包括高通公司和任何受许可方）而言，指该公司、合伙企业或商业联合体的任何现在或将来的母公司和子公司，但这些关系只限于这些母公司或子公司分别持续为该公司、合伙企业或商业联合体之母公司或子公司的期间。2005年9月，被告某通信科技公司将其1920万元的出资转让给某投资管理公司，占被告合营公司注册资本的40%，被告某通信科技公司变更为占10%。

判决书"本院认为"一节内容及判决主文如下：

本院认为：关于本案的法律适用，依据最密切联系原则，本案《合营公司合同》是当事人在中华人民共和国境内订立的，履行地也在中华人民共和国境内，因此解决本案纠纷应适用中华人民共和国的法律。

原告某国移动通信公司与被告某通信科技公司、被告上海某投资公司、被告合营公司签订的《合营公司合同》，系当事人真实意思表示，且未违反法律法规的强制性规定，应为有效，双方当事人均应严格履行。关于被告某通信科技公司提出的《合营公司合同》第4.6（b）条违反有关法律、法规的强制性规定为无效条款的抗辩意见，首先，《合营公司合同》第4.6（b）条中关于无偿转让政府颁发的许可证的约定是否有效的问题，因为《中华人民共和国行政许可法》第9条规定，依法取得的行政许可，除法律、法规规定依照法定条件和程序可以转让的外，不得转让。因此，《合营公司合同》第4.6（b）条中关于无偿转让政府颁发的许可证的约定，违反了上述法律的强制性规定，应为无效。且原告某国移动通信公司在订立上述合同时，对上述法律规定应是明知的。其次，《合营公司合同》第4.6（b）条中关于转让高通许可的约定是否有效的问题，因为被告某通信科技公司与美国高通公司于2001年10月11日订立的《关于若干CDMA用户单元制造与销售的技术许可合同》，该合同第5.1条约定，“高通公司在此向受许可方授予高通公司知识产权项下的世界范围内、不可转让、非独占性（无权分许可，除以下第5.1.1小节另有规定外）、仅限于‘无线应用’的许可”。第5.1.1条约定，“在向高通公司提交通知并取得高通公司的书面批准之后，受许可方应有权将其在本合同项下被授予的任何权利仅分许可给其符合中国厂商条件的‘关联公司’”。但是，被告某通信科技公司将该专利技术分许可给被告合营公司，最终未能获得专利权人美国高通公司的批准，而实际上被告合营公司在签订《合营公司合同》后，就开始销售CDMA手机，使用了美国高通公司的专利技术。因此，依据《中华人民共和国合同法》第346条规定，专利实施许可合同的受让人应当按照约定实施专利，不得许可约定以外的第三人实施该专利；并按照约定支付使用费。《合营公司合同》第4.6（b）条中关于转让高通许可的约定，违反了上述法律的禁止性规定，应为无效。原告某国移动通信公司在签署《合营公司合同》时，对于被告某通信科技公司与美国高通公司订立的《关于若干CDMA用户单元制造与销售的技术许可合同》的具体内容应是明知的，应认识到被告合营公司是否能获得分许可，取决于美国高通公司的批准。综上，被告某通信科技公司提出的《合营公司合同》第4.6（b）条违反有关法律、法规的强制性规定为无效条款的抗辩意见成立，本院予以采信。原告某国移动通信公司依据《合营公司合同》中第4.6（b）条的约定，主张收回其投资及相应利息的诉讼请求，因缺乏法律依据，本院不予支持。依据《中华人民共和国行政许可法》第9条、《中华人民共和国合同法》第7条、第346条，《中华人民共和国民法通则》第55条第一款第三项之规定，判决如下：

驳回原告某国移动通信公司的诉讼请求。

案件受理费191,870元，由原告某国移动通信公司负担（已交纳）。

如不服本判决，原告某国移动通信公司可在判决书送达之日起30日内，某通信科技公司、被告上海某投资公司、被告合营公司可在判决书送达之日起15日内，向本院提交上诉状，按照对方人数提交副本，并交纳上诉案件受理费人民币191,870元，上诉于某市高级人民法院。如未在上诉期满后7日内交纳上诉案件受理费，按自动撤回上诉处理。

旁白

诉讼是有一定规律的——你预想得难，准备得充分，打得辛辛苦苦，赢得反而轻松。相反，你预想得容易，准备得不够充分，打得轻轻松松，想赢就很难了。

——我是没有想到一审法院会如此直接下判的。因为，按照规定，如原告依据合同起诉，法院对合同效力有不同看法，不应直接驳回原告的诉讼请求，而应当行使释明权，告知原告可以变更诉讼请求，诉讼由此转向，双方就新的案由（法律关系）展开较量。

深奥的论理

背景

某国移动通信公司的上诉意见

该公司不服一审判决，提出上诉。鉴于其《民事上诉状》观点和理由颇多，洋洋万余言，为使读者全部了解其观点体系，以下摘录其主要内容。

一、《合营公司合同》第4.6（b）条是各方当事人约定的某国移动通信公司解除合同项下义务的条件，该条件约定合法有效

各方当事人订立《合营公司合同》第4.6（b）条在于保证某国移动通信公司投资的某移动通信科技公司能够以自己的名义取得相关的生产许可与技术许可，以实现某国移动通信公司使某移动通信科技公司能够自主实现“在中国进行CDMA2.5G及3G的手机设计及生产”的目的。如果该条件不能满足，则某国移动通信公司不能实现其投资目的，各方当事人同意在条件不能满足的情况下，某国移动通信公司有权选择退出某移动通信科技公司的经营，合同的其他各方当事人应当按照约定价格收购某国移动通信公司持有某移动通信科技公司的股权。

对于《合营公司合同》的性质与效力判断应当适应中华人民共和国法律，各方当事人并无争议。《中华人民共和国合同法》第93条规定，“当事人协商一致，可以解除合同。当事人可以约定一方解除合同的条件。解除合同的条件成就时，解除权人可以解除合同”。根据前述事实分析，《合营公司合同》第4.6（b）条的实质是当事人约定的一方当事人某国移动通信公司单方解除其合同项下义务的条件条款。

由于第4.6（b）条系当事人行使合同解除权的条件条款，对于条件条款的法律效力的判断与义务条款存在本质的区别。在义务条款，由于义务产生于法律规定或者合同约定，合同约定无效，则不存在义务，则义务条款当然无效，当事人不承担违反义务的违约责任。而在条件条款，由于条件是一种将来客观

上不确定的事实，产生条件的原因与条件本身的法律效力的判断是应当分开的。无论产生条件的原因是什么，只要条件本身，即约定的事实本身合法，该条件条款即应为有效，而无论该条件成就系由于合同无效、不生效导致，还是基于违约、不可抗力、意外事件等导致。在第4.6（b）条，当事人约定的条件（“事实”）的内容实质为“某移动通信科技公司不能获得政府许可、高通许可”或者“未能正常生产销售达一个月或者一个月以上”，就该事实本身而言，不存在违法事由，因此，不能认定该条件无效。原审判决以导致条件的原因无效认定条件条款无效、同时以偏概全省略“未能正常生产销售达一个月或者一个月以上”的条件认定第4.6（b）条全部无效，适用法律错误。

二、《合营公司合同补充协议》变更了第4.6（b）条的条件约定，但保留了该条关于法律后果的约定

2004年12月27日各方签订《合营公司合同补充协议》。该补充协议约定，为实现某移动通信科技公司新加坡上市，各方应设立某移动通信科技（新加坡）公司，各方在发起设立某移动通信科技（新加坡）公司的最初阶段，某国移动通信公司持有某移动通信科技公司（新加坡）的股份应从16.67%增加至20%。在此前提条件满足的情况下，各方同意取消某国移动通信公司在《合营公司合同》第4.6（b）条中所享有的权利。

基于以上协议，如果各方设立了某移动通信科技（新加坡）公司，实现了某移动通信科技公司在新加坡的上市，则某国移动通信公司不再行使要求收购股权的权利。反之，如果某移动通信科技公司不能在新加坡上市，则某国移动通信公司有权行使第4.6（b）条约定的权利。至此，第4.6（b）条实际上变更为：某国移动通信公司行使解除权的条件：“各方设立某移动通信科技（新加坡）公司，某国移动通信公司持有某移动通信科技公司（新加坡）的股份从16.67%增加至20%，实现某移动通信科技公司在新加坡上市”的工作无法完成；某国移动通信公司行使解除权的法律后果不变，即其保留的实际权利为按照原第4.6（b）条约定的价格要求其他各方收购股权的权利。

三、某移动通信科技公司无法实现新加坡上市，某国移动通信公司要求某通信科技公司、上海某投资公司与某移动通信科技公司收购股权完全符合合同约定，应当予以支持

《中华人民共和国合同法》第96条规定：“当事人一方依照本法第九十三条第二款、第九十四条的规定主张解除合同的，应当通知对方。合同自通知到达对方时解除”。某国移动通信公司的书面通知已经到达某通信科技公司、上海某投资公司，因此，某国移动通信公司解除其《合营公司合同》项下权利义务的行为已经生效，某通信科技公司、上海某投资公司与某移动通信科技公司应当按照《合营公司合同》第4.6（b）条约定的价格收购某国移动通信公司持有的某移动通信科技公司的股权。

四、《合营公司合同》原第4.6（b）条关于许可转让的内容亦不违反法律、行政法规的强制性规定，一审判决认定原第4.6（b）条无效，适用法律错误

（一）原第4.6（b）条约定的转移CDMA手机生产许可的内容不违反行政许可法

第一，2002年4月30日各方签订《合营公司合同》，而《中华人民共和国行政许可法》于2003年8月27日通过，自2004年7月1日起施行。法不溯及既往是一项基本的法律原则。一审判决以2004年7月1日生效的法律认定当事人2002年4月30日的行为无效，甚至要求当事人2002年4月30日应当明知2003年8月27日颁布、2004年7月1日才施行的法律的规定，显然是荒唐的。

第二，2002年4月30日各方签订《合营公司合同》的时候，没有任何法律、行政法规禁止当事人之间转让CDMA手机生产许可。

第三，上诉人一审期间已经提交证据证明，2003年，经过国家批准以及两家董事会协商同意，原来首信的CDMA牌照转移给了首信与诺基亚共同合资成立的诺基亚首信通信有限公司，合资公司将自主生产诺基亚品牌的CDMA手机。该事实显然表明，在履行了政府的相关审批手续之后，CDMA手机生产许可是完全可以转让的。

第四，各方在订立《合营公司合同》之初即对第4.6（b）条约定的转让有共同的理解：即在满足必要的政府审批程序后，某通信科技公司应在约定的期限内将相应的许可转让给合营公司而不向合营公司收取费用。《合营公司合同》签订后，各方在股东会、董事会等会议上多次磋商如何使某移动通信科技

公司尽快获得关于转让相关许可的政府批准并准备相应的文件资料。因此，双方当事人毫无违反国家法律、私下转让政府许可的主观意图。一审判决认定转让CDMA手机生产许可的约定无效是完全错误的。

第五，《合营公司合同》第4.6（b）条约定的本质在于在不违反中国的法律、行政法规的前提下，使某移动通信科技公司自身无偿获得生产CDMA手机的许可和高通许可。只要某移动通信科技公司无偿获得生产CDMA手机的许可和高通许可，无论这种获得系基于经政府批准的转让、重新申请、股权安排还是其他，均视为条件满足。

（二）《中华人民共和国合同法》关于专利技术实施许可合同的规定不属于法律、行政法规的禁止性规定，原第4.6（b）条约定的转让技术许可的内容合法有效

首先，合同法是最典型的私法，遵循私法的意思自治原则，本身根本就不是规制当事人的强制性法律。专利实施许可合同作为专利技术让与人与受让人之间的合意，其许可范围、许可对象由当事人自由约定。经让与人同意，专利技术的受让人有权许可第三人实施该专利技术，这是让与人行使权利的行为，当然不被法律禁止。

其次，某通信科技公司与高通公司的《关于若干CDMA用户单元制造与销售的技术许可合同》中明确约定，在向高通公司提交通知并取得高通公司的书面批准之后，受许可方应有权将其在本合同项下被授予的任何权利仅分许可给其符合中国厂商条件的“关联公司”。因此，高通公司允许受许可人进行技术的分许可。

最后，各方在订立《合营公司合同》时从未约定自行转让高通的技术许可，而是明确留有高通的批准期间，各方均明确真实意思表示为在高通许可的前提下，进行CDMA技术的分许可。一审判决显然混淆了约定条款的法律效力与条款未能实际履行之间的关系。

（三）一审判决未对原第4.6（b）条约定的生产销售的解除条件进行分析，认定原第4.6（b）条约定的条件全部无效，以偏概全

如前述，《合营公司合同》第4.6（b）条约定的某国移动通信公司行使

解除权的条件为两方面，一方面为前述的两项许可的内容，另一方面为生产销售的条件，即2003年4月30日前，某移动通信科技公司未能正常生产销售达一个月或者一个月以上。因此，即使认定原第4.6（b）条中关于转让相关许可的约定无效，合营公司未能正常生产销售达一个月或者一个月以上的条件并不存在无效的事由，一审判决认定原第4.6（b）条约定的条件全部无效显然是错误的。

五、一审判决的判决结果显失公平

应当说明的是，即使按照一审法院的裁判思路，一审判决事实上也是对三被上诉人，特别是对被上诉人某通信科技公司出尔反尔，骗取投资等严重违反诚信原则及商业道德行为的公然维护，判决结果显失公平。

首先，从合同当事人对于中国法律的认知程度看，某通信科技公司作为中国国内电信专营企业，相较某国移动通信公司一家外国公司，显然应当更为熟悉国内电信政策、法律、法规，即使合同条款无效，其也应当承担比某国移动通信公司更多的过错责任。

其次，某国移动通信公司是基于对三被上诉人的信任才签订《合营公司合同》的，并在合同的订立与履行过程中不存在任何过错。

再次，三被上诉人歪曲合同条款的本意，又以不了解相关国家政策及合同条款违反法律、法规的强制性规定为由主张条款无效，违反诚实信用的基本原则。

最后，即使合同无效，三被上诉人，尤其是某通信科技公司也应在本案中承担更大的责任。但事实是，某通信科技公司伪造了虚假的董事会、股东会决议以及工商变更登记文件，通过部分出让其持有的某移动通信科技公司的股权的方式获得了高达5280万元的投资收益；而对于条款无效不应承担责任的某国移动通信公司却由于一审判决而陷入了“持续不能收回投资，不能保障投资收益”的境地。一审判决不顾事实与法律，全盘支持被上诉人严重违反诚实信用与基本商业道德的行为，单方面袒护被上诉人的利益，判决结果显失公平。

旁白

诉讼文书和仲裁文书都应当以证据和法律为基础——这是二者的共性；诉讼文书讲究合法性，而仲裁文书则讲究合理性——这是二者的个性。法官要求诉讼文书讲清楚证据和法律就行了，废话少说；仲裁员则会认为仲裁文书除了讲清楚证据和法律之外，还应该说清楚事理和情理。因此，这两种文体是不应混用的——在诉讼文书中，如果不是侧重论据——证据和法律，而侧重了论证——分析和推理，那就可说是跑偏了。

——是否可说，某国移动通信公司的上述《民事上诉状》有着仲裁文书的意味？

透彻的评说

正文

民事答辩状（二审）

答辩人（被上诉人）：某通信科技公司

答辩人就上诉人某国移动通信公司（下称上诉人）不服某市中级人民法院（2005）某民初字第×号《民事判决书》（下称原判）所提《民事上诉状》，答辩如下：

答辩人认为，上诉人的上诉意见，除指出原判引用《行政许可证法》有误之意见成立外，其余全部意见，均不成立。

答辩意见提要

1.行政法规《工业产品生产许可证试行条例》禁止转让生产许可证，行政法规《电信条例》禁止转让进网许可证。据此，本案合同第4.6(b)条中关于转让政府许可证（具体为《生产许可证》和《进网许可证》）的约定是无效的。

上诉人否定《行政许可法》在本案中的适用，虽然成立，但无法否定这两个行政法规的强制性规定在本案中的适用。

2.本案合同当事人未经专利权人美国高通公司同意，即在第4.6(b)条中约定转让高通公司的专利许可，且尚未向该公司申请，即由专利许可受让人之外的第三人合营公司实施该专利，最终高通公司未批准，即未追认这种约定和实施。依据《合同法》的强制性规定，转让高通许可的约定是无效的。上诉人否定《合同法》强制性规定对合同效力的认定效力，是错误的；曲解关于转让高通许可的约定，是不成立的。

3.依据《民法通则》司法解释关于“附条件的民事行为，如果所附的条件是违背法律规定或者不可能发生的，应当认定该民事行为无效”的规定，即使按上诉人的说法，将第4.6(b)条作为附条件的合同条款，该条款也是无效的。上诉人的“条件二分法”说及条件条款有效的主张，曲解和演绎约定，与司法解释抵触，且有违民法理论，不能成立。

4.《合营公司合同》补充协议关于变更第4.6(b)条的约定和合营公司2005年3月25日《董事会决议》关于暂缓实行上市项目的约定，都是明确的。上诉人生造《补充协议》和《董事会决议》的约定，是不严肃的；依据生造的约定而推导出的结论，是不成立的。

5.答辩人已在一审中举证证明了合营公司的生产和销售情况，上诉人对答辩人证据的真实性并无异议，且在一审中并未就此问题主张和举证。原判基于此，仅认定了合营公司三年的生产和销售事实，故在认定第4.6(b)条的效力时，未涉及该条中约定的、各方并无争议的合营公司生产和销售的内容，这并无不当。上诉人据此指责原判以偏概全，应属不当。

6.答辩人在签约后即让合营公司实际无偿使用了生产许可证、进网许可证及高通专利技术，如实向合营公司通报申请转让许可的情况和困难，以及合营公司销售上诉人的手机，使其受益的事实，均证明答辩人对上诉人一直是诚信的。第4.6(b)条无效并不影响合营公司正常经营，亦不影响上诉人合同目的的实现。签订无效条款，各方均有过错，且在上诉人并无实际损失的情况下，也无划分主、次过错责任的必要。上诉人起诉的目的旨在试图规避国产手机跌入低谷而给合营公司带来的经营亏损风险。上诉人指责答辩人出尔反尔、骗取投资，是不负责任的；指责原判显失公平，是非理性的。

旁白

任何时候也别被对方复杂的、令人难解却似乎具有理论水平的诉讼主张所吓倒——真理往往是简单的，无须大费口舌，绕来绕去地解说。对付这种主张，不能正面纠缠，打起乱仗，而要回到证据和法律上，用这两把利器，剖开其推导、演绎主张的过程，暴露其病灶。

一、认定第4.6(b)条中转让政府许可证的约定无效的依据应为《工业产品生产许可证试行条例》和《电信条例》。上诉人否定《行政许可法》的适用虽然成立，但无法否定这两个行政法规的适用

《合营公司合同》第4.6（b）条约定的“无偿转让政府颁发的许可证和转让某通信科技公司获得的生产CDMA手机的许可”，应为无偿转让CDMA手机生产许可证（俗称手机生产牌照，现国家发改委以批文方式批准生产许可）和CDMA手机进网许可证。但是，无论生产许可证还是进网许可证，都是政府主管部门依法定程序核发给特定企业的行政许可证，依法不得转让。

国务院行政法规原《工业产品生产许可证试行条例》（1984年4月7日施行，2005年9月1日失效）第12条规定：“任何单位和个人不得伪造、转让和冒用生产许可证。”新的《工业产品生产许可证管理条例》（2005年9月1日起施行）第35条规定：“任何单位和个人不得伪造、变造许可证证书、生产许可证标志和编号。取得生产许可证的企业不得出租、出借或者以其他形式转让许可证证书和生产许可证标志。”（本案《合营公司合同》于2002年4月30日签订，应适用上述旧行政法规中的强制性/禁止性规定）

国务院行政法规《电信条例》（2000年9月25日施行）第54条规定：“国家对电信终端设备、无线电通信设备和涉及网间互联的设备实行进网许可制度。接入公用电信网的电信终端设备、无线电通信设备和涉及网间互联的设备，必须符合国家规定的标准并取得进网许可证。”第69条规定：“违反本条例的规定，伪造、冒用、转让电信业务经营许可证、电信设备进网许可证或者编造在电信设备上标注的进网许可证编号的，由国务院信息产业主管部门或者省、自治区、直辖市电信管理机构依据职权没收违法所得，处违法所得3倍以上5倍以下罚款；没有违法所得或者违法所得不足1万元的，处1万元以上10万元以下罚款。”

《合同法》第52条规定：“有下列情形之一的，合同无效：……（五）违反法律、行政法规的强制性规定。”

上述行政法规属强制性规定无疑，且对本案转让条款具有不容置疑的针对性，规定直接、具体而明确，根本无须解释适用。故依据《合同法》关于无效合同情形的规定，认定第4.6（b）条中转让政府许可证的约定无效，是个简单的法律适用问题。

或许是因为原判基于上述两个行政法规的强制性规定均通过立法上升为法律——《行政许可法》的强制性规定，而直接适用了该法律，从而忽略了该法律的施行时间，有违法无溯及既往的效力之原则。但是，上诉人由此得出“没有任何法律、行政法规禁止当事人之间转让CDMA手机生产许可”之结论，实属试图利用原判引用法律的失误，从而否定行政法规的存在的不明智之举。在此问题上，上诉人应当知道，即使其“突破”了原判“虚设”的法律防线，难道后面就真的没有行政法规的“铁壁”吗？

二、依据《合同法》的强制性规定，第4.6（b）条中转让高通许可的约定是无效的。上诉人否定《合同法》强制性规定对合同效力的认定效力是错误的，曲解该条中转让高通许可的约定是不成立的

在转让高通许可问题上，本案的基本事实如下：

1.在未获美国高通公司批准，甚至尚未向高通公司申请的情况下，2002年4月30日各方签订的《合营公司合同》第4.6（b）条约定，答辩人向合营公司无偿转让答辩人取得的生产CDMA手机的高通许可（原判认定）。

2. 2001年10月11日美国高通公司与答辩人订立的《关于若干CDMA用户单元制造与销售的技术许可合同》第5.1.1条规定，答辩人在向高通公司提交通知并取得高通公司的书面批准之后，有权将本合同项下被授予的任何权利分许可给“关联公司”（原判“另查明”一节认定）。

3.答辩人一审证据五（2）“转账凭证”显示，在2002年4月30日签订《合营公司合同》不久后的同年7月，合营公司即已在销售CDMA手机，这证明此前合营公司已在生产CDMA手机，即已实际使用了高通专利技术（原判认定：“2002年、2003年以及2004年，合营公司即被告某移动通信科技公司进行了CDMA手机的生产和销售。”——离开高通专利技术，生产CDMA手机是不可能的）。

4. 2003年3月14日，合营公司第二届股东会暨董事会讨论了答辩人提出的、将答辩人股份比例由50%增至50.01%以上的提案。答辩人提议的目的就是为了向高通公司申请分许可——根据答辩人与高通公司的合同解释，“关联公司”是指答辩人的母公司和子公司，母公司为持答辩人50%以上股权的公司，子公司为答辩人持50%以上股权的公司（原判认定2003年3月14日合营公司第二届股东会暨董事会的《股东会决议》）。

5.上诉人一审补充证据（二）证据五“第一被告负责人致高通公司的函件”显示，2004年3月11日答辩人方张某某致函高通公司高管，为合营公司“正式申请从属许可证”。但是，终未获得高通公司的书面批准（原判认定：“2004年3月11日，张某某向美国高通公司副总经理发函，表示为被告某移动通信科技公司正式申请从属许可证。”）。

以上事实，即2002年4月30日签订合同后，合营公司即开始实际使用高通专利技术进行CDMA手机的生产，当年7月已开始销售CDMA手机，且2002年、2003年、2004年连续使用高通专利技术进行CDMA手机的生产和销售，证明《合营公司合同》第4.6（b）条关于无偿转让高通专利的约定，在合同签订后尚未向高通公司正式申请分许可之前，就已经实际履行。而在合营公司使用高通许可一年零八个月之后的2004年3月11日，答辩人才正式向高通公司申请分许可和未能获得批准的事实则证明，答辩人依据第4.6（b）条允许合营公司使用高通许可，最终未能通过高通公司的批准因此未能获得专利权人的追认。

《合同法》第346条规定："专利实施许可合同的受让人应按照约定实施专利，不得许可约定以外的第三人实施该专利。"

上述规定中的"不得"当然为强制性规定，即《合同法》禁止上述损害专利权人专利权的行为。

本案的事实是，本案各方合同当事人在未获得高通公司批准的情况下，约定无偿转让答辩人（受让人）获得的高通许可，且合营公司（约定以外的第三人）在答辩人尚未向高通公司申请前，即依照本案合同的转让约定连续3年实施高通公司的专利技术，但最终未获得高通公司的批准——未获追认。因此，依据《合同法》的明确规定，《合营公司合同》第4.6（b）条关于转让高通许可的约定以及合营公司对该约定的实际履行，都是无效的，不受法律保护。

上诉人在此问题上的上诉意见均不成立。

第一，上诉人称："合同法是最典型的私法，遵循私法的意思自治原则，本身根本就不是规制当事人的强制性法律。"这种对《合同法》的评价，貌似具有"法理意味"，其实不值一驳。这里仅试问：依此见，《民法通则》当然也属于"最典型的私法"，也"根本不是强制性法律"，那么，抛开《合同法》和《民法通则》，在民事审判实践中通常应该依据哪部"公法"来认定合同（民事行为）的效力？

第二，上诉人引用《合同法》第352条的规定，即受让人"……未经让与人同意擅自许可第三人实施该专利或者使用该技术秘密的，应当停止违约行为，承担违约责任"来印证其上述断言。其实，《合同法》第346条和第352条的含义并不相同或相近，前条规定受让人与"约定以外的第三人"之间法律关系，即禁止受让人许可约定以外的第三人实施该专利；后条约定受让人与让与人之间的法律关系，即受让人未经让与人同意擅自许可第三人实施该专利，则应当停止违约行为，并对让与人承担违约责任。可见，用后条即违约责任条款来否定前条即禁止性条款，显然是错误的。

第三，上诉人强调"对于经让与人同意的许可行为，显然不被禁止"，答辩人对此当然赞同。但是，上诉人认为合同各方当事人"在订立《合营公司合同》时从未约定自行转让高通的技术许可，而是明确留有高通的批准期间，各方均明确真实意思表示为在高通许可的前提下，进行CDMA技术的分许可”，则曲解了约定，完全背离了本案的基本事实。本案的三项铁的事实，即各方当事人未经高通批准便约定无偿转让高通许可；在答辩人尚未向高通公司申请之前合营公司便实施高通专利技术；虽经答辩人申请但最终未获高通批准，均证明上诉人的说法纯属讼词。

三、即使将第4.6（b）条视为附条件的合同条款，依据司法解释该条也是无效的。上诉人的“条件二分法”说及条件条款有效的主张不能成立

本来，第4.6（b）条不过就是个约定义务（转让若干许可）和未履行义务的法律后果（购买股权）的条款。然而，上诉人则用大量篇幅来解说该条不是“义务条款”，而是“条件条款”。答辩人思量，法官或许并不希望答辩人与上诉人陷入“义务”与“条件”之争中，而期待答辩人对上诉人的“条件说”作正面回答。基于此，答辩人拟将该条视为附条件的合同条款予以答辩。

依据司法解释的明确规定，因第4.6（b）条所附条件，即转让政府许可和高通许可违法，故该条款，即购买上诉人股权无效。

最高人民法院《关于贯彻执行〈中华人民共和国民法通则〉若干问题的意见（试行）》第75条规定：“附条件的民事行为，如果所附的条件是违背法律规定或者不可能发生的，应当认定该民事行为无效。”

最高人民法院民事审判庭《关于宋国忠与宋国木房屋买卖纠纷案的电话答复》（1990年4月11日［90］法民字第1号。至今有效）规定：“关于河北省高级法院的宋国木与宋国忠房屋买卖一案的答复问题。经我庭研究决定做如下答复：1.买卖关系无效，因为条件违法。”（说明：双方在房屋买卖过程中，以一方为另一方申请审批宅基地为附加条件）。

有关所附条件违法，合同或合同条款无效的案例是常见的，故答辩人不在此例举。

在民法理论上，凡民法教材，只要论及对附条件民事法律行为的设定条件的限制问题，则均阐明条件必须是合法的，不得以违法的事由作为民事行为的条件。

因此，依据上述司法解释，尤其是《民法通则》司法解释，由于本案第4.6（b）条所附条件，即约定转让政府许可和高通许可，违反了法规和法律的强制性规定，故该条，即约定购买上诉人股权，应认定为无效条款。

上诉人称："由于条件是一种将来客观上不确定的事实，产生条件的原因与条件本身的法律效力的判断是应当分开的。无论产生条件的原因是什么，只要条件本身，即约定的事实本身合法，该条件条款即应为有效，而无论该条件成就系由于合同无效、不生效导致，还是基于违约、不可抗力、意外事件等导致。在第4.6（b）条，当事人约定的条件(‘事实’)的内容实质为‘某移动通信科技公司不能获得政府许可、高通许可’或者‘未能正常生产销售达一个月或者一个月以上’，就该事实本身而言，不存在违法事由，因此，不能认定该条件无效。"

上诉人的上述阐述抽象难解，但透过其行文，看其结论，便知其显然不成立。

第一，上述意见将合同所附之条件划分为"产生条件的原因"和"条件本身"，进而推导出的结论可以概括为，只要"条件本身"合法，该条件条款即应为有效，至于"产生条件的原因"即使不合法、无效，也不影响"条件本身"的合法性有效性。显然，这一认识与上述司法解释是抵触的，也是有违民法理论的。合同所附条件合法，即有效；违法，则无效。对合同所附的一个条件划分违法、无效的一面和合法、有效的一面，从而演绎出违法、无效的一面不影响合法、有效的一面的结论，可谓奇谈。

第二，更重要的是上述意见由此将第4.6（b）条的约定内容推演成"某移动通信科技公司不能获得政府许可、高通许可"，因而可以看出，上诉人进行"条件二分法"的真意是，第4.6（b）条本来的约定内容，即转让政府许可和高通许可，仅仅是"产生条件的原因"，而上诉人推演出的"约定内容"："某移动通信科技公司不能获得政府许可、高通许可"，则才是"条件本身"；前者的违法性和无效性并不影响后者的合法性和有效性。可见，上述意见除了在法律和学理上不成立外，还有一个撇开合同所附条件的违法约定，生造一个合同所附条件的合法约定之致命问题。不过，答辩人对这个问题的回答就简单了：将约定内容"变个样儿"，甚至"翻个个儿"——变违法为合法，肯定是错误的。例如，如果将上述司法解释（电话答复）案件中关于“一方为另一方申请审批宅基地”（违法）变成“一方不能获得宅基地”（村民自己未能获批宅基地——合法），那么这个司法解释的结论就错了——房屋买卖合同所附条件合法。

四、《合营公司合同》补充协议和合营公司2005年3月25日《董事会决议》的约定具体而明确。上诉人生造补充协议和《董事会决议》的约定，据此所提因补充协议变更第4.6（b）条和上市不成故答辩人应购买其股权的主张，不能成立

为了揭示上诉人生造补充协议和《董事会决议》的约定并进而提出主张的事实，答辩人不得不罗列约定如下：

《合营公司合同》补充协议（原判中原告证据12。原判遗漏了对该补充协议的认定）约定：

一、甲、乙方在某移动通信科技公司的收益权分别由目前的50%与33.33%减少至48%及32%（注：甲方为答辩人，乙方为上海某投资公司）。

二、丙方在某移动通信科技公司的收益权从现有的16.67%增加到20%（注：丙方为上诉人）。

三、取消《合营公司合同》中第4.6（b）及第7.7条款涉及的各方权利及义务。

四、为实现某移动通信科技公司新加坡上市，各方应设立某移动通信科技（新加坡）公司。各方在发起设立某移动通信科技公司（新加坡）的最初阶段，某国移动通信公司持有某移动通信科技公司（新加坡）的股份应从16.67%增加至20%。

五、某通信科技公司将其在某移动通信科技公司的40%股权转让给某投资管理公司。上海某投资公司将其在某移动通信科技公司的33.33%股权全部转让给北京某投资公司。

六、上述第四条的实现是本补充协议第三条生效的前提条件。

答辩人提示，上述第三条约定，取消合同第4.6（b）条款涉及的“各方权利及义务”。

2005年3月25日，某移动通信科技公司第六届第四次股东会暨董事会《董事会决议》（原判中原告证据13。原判未作认定）第2条约定如下：

“二、鉴于某移动通信科技公司将实行新的增资扩股方案，引入新股东，董事会提议对新加坡上市项目进行重新评估，暂缓实行。有关上市筹备的相关费用暂停支付”（注：决议载明：2005年3月25日通过——各方董事均签字）。

答辩人提示：上述约定为上市项目“暂缓实行”，筹备费用“暂停支付”。

然而，上诉人对补充协议约定内容的表述却是：“……在此前提条件满足的情况下，各方同意取消某国移动通信公司在《合营公司合同》第4.6（b）条中所享有的权利。”（注：补充协议中约定的是取消该条所涉及的“各方权利及义务”。）

于是，上诉人的主张和结论出来了：“基于以上协议，如果各方设立了某移动通信科技（新加坡）公司，实现了某移动通信科技公司在新加坡的上市，则某国移动通信公司不再行使要求收购股权的权利。反之，如果某移动通信科技公司不能在新加坡上市，则某国移动通信公司有权行使第4.6（b）条约定的权利。至此，第4.6（b）条实际上变更为：某国移动通信公司行使解除权的条件：‘各方设立某移动通信科技（新加坡）公司，某国移动通信公司持有某移动通信科技公司（新加坡）的股份从16.67%增加至20%，实现某移动通信科技公司在新加坡上市’的工作无法完成；某国移动通信公司行使解除权的法律后果不变，即其保留的实际权利为按照原第4.6（b）条约定的价格要求其他各方收购股权的权利。”

而上诉人对《董事会决议》的表述则是：“……2005年3月25日后，新加坡上市工作完全停止。”（注：同日的决议内容是上市项目“暂缓实行”，筹备费用“暂停支付”。）

于是，上诉人在此问题上的主张和结论也出来了：“根据前述2004年12月27日的《合营公司合同补充协议》，在不能满足‘各方设立某移动通信科技（新加坡）公司，某国移动通信公司持有某移动通信科技公司（新加坡）

的股份从16.67%增加到20%’的条件的情况下，某国移动通信公司仍然保留有《合营公司合同》第4.6（b）条中所享有的权利，即有权退出某移动通信科技公司，要求某通信科技公司、上海某投资公司与某移动通信科技公司按照原第4.6（b）条约定的价格收购股权。”

因此可见，上诉人所提主张的根据是上诉人生造的，并不是补充协议和《董事会决议》本身的约定，故不能成立。

第一，补充协议约定取消第4.6（b）条款所涉及的各方权利及义务的前提条件是，实现在新加坡上市和对上诉人进行收益权补偿；反之，如不能上市和补偿，则保留第4.6（b）条款所涉及的各方权利及义务，即转让政府许可和高通许可，否则购买上诉人股权——答辩人负转让义务，上诉人享出让股权权利。然而，经上诉人将补充协议关于“取消《合营公司合同》中第4.6（b）条款涉及的各方权利及义务”的约定，变为“各方同意取消某国移动通信公司在《合营公司合同》第4.6（b）条中所享有的权利”，则删去了转让政府许可和高通许可的义务，保留了上诉人出让股权的权利，更重要的是，与上诉人权利对应的义务“变更”成了上市和补偿的义务。于是，上诉人主张，补充协议将第4.6（b）条变更为，不能上市和补偿，则须购买上诉人的股权。答辩人认为，在诉讼中，如此篡改明确的协议约定，任意演绎对己方有利的结论，是不严肃的。

第二，《董事会决议》明明约定的是上市项目“暂缓实行”，筹备费用“暂停支付”，其意当然不是终止或结束。然而，上诉人则以“上市工作完全停止”的中性用语——既不是暂缓也不是终止，推导出“某移动通信科技公司无法实现新加坡上市”这样的终结性结论，并由此作出最后结论：上市和补偿的条件没有成就，答辩人应购买其股权。在诉讼中这样做，同样是不严肃的。

第三，答辩人在此问题上的主张和理由是：其一，补充协议以上市和给上诉人收益权补偿的方式变更了第4.6（b）条，2005年3月25日《董事会决议》约定上市项目暂缓实行，之后的同年9月上市工作暂缓期间，上诉人即提起诉讼，故其起诉不符合本案合同各方当事人（含上诉人）约定的条件；其二，假设上市项目最终终止，则保留的是第4.6（b）条款涉及的各方权利及义务，即转让许可和购买股权，而不是上诉人所演绎的上市、补偿与购买股权。

旁白

律师总是将合同约定或法律规定向着有利于自己的方向解释——律师当然要这样做，这就是律师的工作，也是律师的功夫。但是，如果这种解释严重偏离甚至背离了合同约定或法律规定的原意，属于杜撰，那就得小心了——遇到不较真的对手，或许可以蒙混过关；遇到较真的对手，就肯定会被人抓住了。

五、答辩人已在一审中举证证明了合营公司的生产和销售情况，上诉人在一审中并未就此问题主张和举证，且原判已认定合营公司生产和销售事实。上诉人指责原判在认定第4.6（b）条效力时以偏概全，应属不当

答辩人在一审中举出了合营公司2002年度《资产负债表》和《损益表》；2003年度的《企业所得税申报表》和《损益表》；2004年度的《企业所得税申报表》；2002年、2003年、2004年度合营公司销售CDMA 手机的部分增值税发票存根和出库单。以这些证据证明合营公司自2002年起一直无偿使用答辩人CDMA手机生产许可证和手机进网许可证以及答辩人受让的美国高通公司CDMA手机专利技术，生产并销售了大量CDMA手机（原判所列被告某通信科技公司证据5。）

上诉人在一审中对答辩人的上述五类证据的真实性并无异议（原判引述了原告的质证意见）。

原判认定："2002年、2003年以及2004年，合营公司即被告某移动通信科技公司进行了CDMA 手机的生产和销售。"

答辩人认为，原判鉴于上诉人在一审中并未就第4.6（b）条中"……或者（Ⅱ）本合同签订之日起12月届满前，合营公司未能正常生产销售达一个月或者一个月以上"之约定主张权利和举证，且认可答辩人对此所举证据的真实性，故在此问题上，仅仅认定了合营公司三个年度的生产和销售事实，没有在认定第4.6（b）条效力时专门进行认定。

因此，原判在此问题上并无不当，上诉人指责原判以偏概全，过矣。不过，准确的认定应为：《合营公司合同》第4.6（b）条中关于转让政府许可和高通许可的约定违反有关法律、行政法规的强制性规定，为无效条款（考虑该条中的生产和销售内容，不宜认定该条整体无效）。

六、答辩人并未违反诚信原则——上诉人指责一审判决的判决结果显失公平，不能成立

1.答辩人对上诉人一直是诚信的。根据有三：其一，答辩人在向政府和美国高通公司申请转让许可之前，即让合营公司实际无偿使用了答辩人的生产许可证、进网许可证及高通专利技术，原判认定合营公司连续三年生产和销售的事实，证明了这一点；其二，答辩人如实向合营公司股东会和董事会报告办理政府许可转让和高通许可转让的情况和困难，全无欺诈可言，原判认定的合营公司历次股东会暨董事会的决议，证明了这一点；其三，第4.6（b）条虽未能履行，但上诉人并未因此遭受任何实际损失，相反，合营公司在一审举证证明（原判所列合营公司证据4、5、6），在联营过程中合营公司采取直接采购或者通过答辩人进口上诉人指定的上诉人手机的方式，为上诉人销售手机，上诉人因此受益。

2.第4.6（b）条无效并不影响合营公司正常经营，亦不影响合同目的的实现。合营公司《企业法人营业执照》（上诉人一审证据四）的经营范围是：生产电子计算机软硬件。对此，上诉人不仅明知而且同意。故要说合营公司或上诉人的合同目的，依法应是营业执照规定的经营范围所体现的合同目的，而不是各方未经政府主管部门批准和未经工商部门核准的、私下约定的合同目的。因此，认定第4.6（b）条无效，并不影响合营公司按工商局核准的经营范围进行正常经营，当然也并不影响合营公司或上诉人的合同目的的实现。

3.签订无效条款，合同各方当事人均有过错。因为，对于强制性或禁止性法律、法规，各方当事人，无论中方、外方，均应当知道，故不应当以合同当事人中有的应当知多、知深，有的应当知少、知浅而区分主、次过错责任。况且，只有在有损失的前提下，才有必要划分过错责任，从而确定赔偿责任。

但是，在本案中，上诉人并无任何实际损失，即上诉人无法举证证明其曾经或正在因第4.6（b）条中转让约定无效而遭受经济损失。

4.上诉人起诉的动机是试图规避因国产手机跌入低谷而给合营公司带来的经营亏损风险。2002年各方签约合作，2003年正值国产手机市场利好时期。合营公司在一审举证证明，合营公司于2003年取得了税后利润1700万元的良好业绩。然而，自2004年起，国产手机市场跌入低谷，持续低迷，致使国产手机行业普遍出现亏损——这是众所周知的事实。合营公司也因此出现亏损状态。面对国产手机受阻的逆市，上诉人本应与其他股东同舟共济。然而，上诉人却不顾合营公司的整体利益，试图通过诉讼达到规避经营风险的目的。答辩人对此甚为遗憾。

因此，上诉人指责答辩人出尔反尔，骗取投资是不负责任的，不公平的。

上诉人由此指责原判显失公平，是非理性的。判决的第一要则就是合法，而法律（除去恶法）本身就承载着公正与公平，故合法的判决本身就体现着公正与公平。如若判决吸纳撇开法律或曲解法律的意见，那才会背离公正与公平。

综上所述，上诉人的一系列主张和理由均不成立，原判合法、公平，并无不当。故恳请贵院驳回上诉，维持原判。

此呈

某市高级人民法院

答辩人：某通信科技公司

旁白

律师的思辨能力主要有两个：一个是如何构筑自己的诉讼主张体系，一个是如何反驳对方的诉讼主张。前者是打自己的套路，后者是化解对方的招术。可见后者比前者难。所以，律师要经常性地训练自己的评论、辩论、批判的能力，以防止自己的功夫花拳绣腿，打不倒对方。

强悍的反驳

背景

上诉人某国移动通信公司在二审中向法院提交了800多页的证据材料，仅其向法院提交的二审证据目录及说明就达五万余字，故在这里是难以概括性地介绍其证据体系和内容的。双方在二审中的证据较量，就规模而言，是我执业十余年所未曾遇到过的。因而，如果本章不涉及双方在二审中的举证和质证较量，则肯定会留下缺憾。当然，更重要的是，这场证据战中双方的攻防对决，对青年读者无疑是有重要的借鉴意义的。因此，我决定在以下“正文”中全文介绍我写作的某通信科技公司的质证意见。

正文

被上诉人某通信科技公司对上诉人某国移动通信公司二审证据的质证意见

序言一：被上诉人对上诉人二审举证论证的综述与评价

（一）上诉人的主要证明主张综述

上诉人的证据和证明主张十分庞杂，且多数证据和证明主张与本案争议焦点问题（《合营公司合同》第4.6（b）条的效力），及其诉讼主张（该条合法有效）无关。唯有以下五项主要证明主张，值得被上诉人提出详细的质证意见。

1.手机牌照制度仅是一项产业政策，并无法律、行政法规予以规制。

2.首信诺基亚从首信手中取得手机生产许可的方式，与本案《合营公司合同》第4.6（b）条关于转让手机生产许可的约定完全一致，说明该条的约定有效且完全可以实现。

3.第4.6（b）条是各方当事人约定的上诉人解除合同（即退出合营公司）

的条件，故合法有效。

4.高通公司明确表示可以授予合营公司技术许可，且从未表示拒绝，这表明高通公司认可《合营公司合同》第4.6（b）条相关约定的效力。

5.《合营公司合同》补充协议变更了上诉人行使解除权（退出合营公司）的条件，保留了法律后果，即，如果合营公司在新加坡上市和对上诉人进行股权补偿不能实现，则上诉人有权退出合营公司并要求各方购买其股权。

（二）对上诉人主要证明主张的评价

被上诉人郑重向本案合议庭提示：上诉人的上述五项主要证明主张，或根据网络文章任意解释国家手机生产许可制度，无视法律、行政法规对该制度的保护和其自己举证证明的工商行政管理部门对违反该制度行为的行政处罚；或故意混淆自己举证证明的首信诺基亚案例基本事实与本案基本事实之间的本质区别，试图将原本对自己不利的证据化为有利；或曲解第4.6（b）条为条件条款，而依据《民法通则》司法解释，即使该条为条件条款亦为无效；或漠视自己举出的《有关高通技术许可的情况说明》的内容，将高通公司不同意转让其许可的立场演绎为认可转让约定的效力；或故意变造《合营公司合同》补充协议的约定内容，刻意回避第4.6（b）条关于转让相关许可的约定。因此，上诉人的主要证明主张不仅无证据证明和支持，恰恰相反，其所举证据正好为被上诉人所用，作为反证，用于反驳上诉人的证明主张。

被上诉人认为，上诉人在其主要证明主张上所采取的"证明方法"：曲解证据内容，任意演绎与证据内容相反的证明主张；在其他一系列证明主张上所采取的"证明方法"：超越证据内容，随意杜撰与证据内容无关的证明主张（本文"具体质证意见"中均有揭示），是违反基本的证明规则的，且是不严肃、不明智的诉讼之举。

旁白

别说简单案件，即使复杂案件的质证意见，也没有必要专门写出综述和评价对方主要证明主张的文书来——这本是代理词的内容，针对其各个证据分别提出质证意见就行了。但是，当对方拿出一大堆有关和无关的证据材料来，你如果逐一提出意见，肯定显得分散零乱，不足以引起法官的重视，那么，采取先综述和评价对方主要证明主张，后概述对方主要证据和己方质证意见的写法，是聪明的，有力量的。

序言二：上诉人主要证明主张与被上诉人质证意见概述

一、上诉人第一组证据：关于手机牌照政策沿革的证据

上诉人主要证明主张：

1.“手机牌照制度仅是一项产业政策，其具体裁量尺度由国家相关部门掌握，而并无国家法律、行政法规予以规制”。

2.主张首信诺基亚从首信手中取得手机许可的方式，“与《合营公司合同》约定的某移动通信科技公司自某通信科技公司继受手机牌照的方式完全一致，说明《合营公司合同》的约定不但有效而且完全可以实现。”

被上诉人的质证意见：

1.手机生产许可为行政法规保护的生产许可证之一，是不容置疑的。其一，国务院关于手机生产的批准文件为生产许可证的形式之一，受国家法律、行政法规保护，例如《刑法》第225条“非法经营罪”就将买卖政府批准文件作为该罪行为之一；其二，上诉人第二组证据中关于国家工商总局严查贴牌手机的证据和工商局对被上诉人进行手机贴牌业务作出的两份《行政处罚决定书》，证明手机生产许可受行政法规保护，违反者要受到工商行政管理部门的行政处罚。故上诉人根据网络文章任意解释国家手机生产许可制度的性质是不成立的。

2.首信诺基亚案例与本案合同的约定和履行事实截然不同。二者完全不同

的主要特征如下：

首信诺基亚案例：

约定股东授权合营公司按照政府的许可和批准制造手机→获得政府的批准→合营公司制造手机

本案合同约定及履行事实：

约定股东向合营公司无偿转让手机许可→合营公司生产和销售手机→未获政府批准

因此，未经政府批准即约定转让政府手机生产许可，且按约定实际履行——受让方合营公司实施手机生产许可（生产和销售手机），但最终未获政府批准，为本案合同的约定因违反行政法规的强制性规定而无效的根本原因。故上诉人主张首信诺基亚案例（约定政府批准，且在政府批准后生产手机）与本案的约定完全一致，显然是错误的。

二、上诉人第二组证据：关于某通信科技公司利用手机牌照渔利的证据

说明：此组证据，无论证明被上诉人股权变化和亏损的证据，还是证明被上诉人“贴牌”的证据，都完全与本案的争议焦点问题——《合营公司合同》第 4 .6(b)条的效力问题无关。故上诉人的此种举证和论证，纯属在诉讼中打乱仗。

三、上诉人第三组证据：设立合营公司的谈判、协商的过程中涉及的文件

说明：关于被上诉人向合营公司无偿转让手机生产许可和高通许可之问题，不仅仅是双方签订合同之前的合作意向，而且成为《合营公司合同》第 4 .6(b)条的约定内容。本案争议焦点问题是该条约定内容的效力问题，而上诉人在此却要举出证明上述合作意向的证据，来证明第 4 .6(b)条的有效性，故其怪异且错误的证明思路和证明方法当然使其不能达到证明目的。

四、上诉人第四组证据：2002年4月30日的合营合同关系文件

上诉人的主要证明主张：

关于《合营公司合同》，上诉人的证明主张繁多：“……某国移动通信公司溢价出资部分的金额即为某通信科技公司承诺的定点生产资格的对价”；

第4.6(b)条是“各方当事人约定的某国移动通信公司解除合同项下义务的条件，是各方当事人的真实意思表示，合法有效”；“各方当事人对于第4.6(b)条的‘转让’的真实意思在于只要能够使某移动通信科技公司获得相关许可即可，而不限于‘转让’方式”；“……某移动通信科技公司也完全有权利获得高通许可。”

被上诉人质证意见：

上诉人的证明主张曲解或超越合同第4.6(b)条的约定内容，不能成立。

1.第4.6(b)条明确约定“转让”，而不是其他方式，上诉人将“转让”演变为“不限于‘转让’方式”，属任意改变合同中的法律术语。当然，第4.6(b)条的转让约定无效的根本原因在于，未经政府和高通公司批准便约定转让并实施政府手机许可和高通许可，且最终未获政府和高通公司批准。

2.第4.6(b)条是约定义务（转让若干许可）和未履行义务的违约责任（购买股权）的条款，并不是上诉人所称的条件条款。即使按上诉人的说法，将其作为条件条款，依据《民法通则》司法解释的有关规定，附条件的民事行为，所附条件（转让若干许可）违法，其民事行为（购买股权）也无效。

3.第4.6(b)条明确约定上诉人“其余22,000,000元人民币作为公积金”。故上诉人将“资本公积金”的约定解释为手机生产许可和高通许可的对价，与约定的法律术语不符。不过，假设是“对价”，此问题也无法支持上诉人转让约定有效的诉讼主张。

五、上诉人第五组证据：关于合营合同履行过程的证据

上诉人的主要证明主张：

“高通公司明确表示可以授予某移动通信科技公司技术许可，从未表示过拒绝许可授予，表明该公司认可《合营公司合同》第4.6(b)条相关约定的效力。”

（说明：上诉人在此组证据中还有其他种种主张，被上诉人均有针对性地一一反驳，此略，见本章“讼途”。）

被上诉人的质证意见：

上诉人所举《有关高通技术许可的情况说明》证明，高通公司明确表示

不同意《合营公司合同》关于转让高通许可的约定，即不同意被上诉人为合营公司申请从属性许可，不同意合营公司享有与被上诉人同样的优惠条件，而同意另行单独地、直接地与合营公司协商并签署《用户单元技术许可合同》。上诉人故意模糊高通公司的同意内容——将不同意转让高通许可，只同意另行签约授予合营公司高通许可，混淆为“明确表示可以授予某移动通信科技公司技术许可”，从而最终将高通公司不同意第4.6(b)条关于转让高通许可的约定的立场，演绎成“该公司认可《合营公司合同》第4.6(b)条相关约定的效力”。

六、上诉人第六组证据：关于2004年2月27日合营公司合同变更的证据

上诉人的主要证明主张：

“经变更后，某国移动通信公司行使解除权的条件为：如果‘各方设立某移动通信科技公司（新加坡），某国移动通信公司持有某移动通信科技公司（新加坡）的股份从16.67%增加至20%，实现某移动通信科技公司在新加坡上市’的工作无法完成，则某国移动通信公司退出合营；而某国移动通信公司行使解除权的法律后果不变，即其保留的实际权利为按照原第4.6（b）条约定的价格要求其他各方收购股权的权利。”

被上诉人的质证意见：

上诉人的上述主张变造《合营公司合同》补充协议的约定，是完全不成立的。

补充协议第3条明确约定的是：“取消《合营公司合同》中第4.6（b）条及第7.7条款涉及的各方权利及义务。”第6条则表明，如第4条上市补偿不能实现，则保留第4.6（b）条约定的“各方权利及义务”，即，被上诉人有义务转让许可，上诉人有权利要求购买其股权。故其变造补充协议约定的手法是，将补充协议第三条约定有的“各方权利及义务”，即被上诉人转让许可的义务和上诉人要求购买其股权的权利，变成“某国移动通信公司退出合营,要求其他各方收购股权的权利”，偷偷删掉了被上诉人转让许可的义务，由此推演出上市补偿不成，则上诉人有权要求购买其股权的结论。

七、上诉人的第七组证据：关于2004年12月27日之后合营合同履行情况的证据

上诉人的主要证明主张：

“没有牌照成为某移动通信科技公司的死穴，某移动通信科技公司的经营已经彻底陷入困境，手机销售持续不能赢利，并且面临诉讼风险，其已经无法实现新加坡上市，各方最终未能实现上市重组方案及股权补偿计划。”

被上诉人的质证意见：

说明：此组证据及证明主张与本案争议焦点问题无关，故被上诉人质证旨在防止上诉人在案件情理上误导法院。

1.此组证据除上诉人起诉前致被上诉人的《通知函》外，没有一份证据提到合营公司的经营困难与生产牌照有关，恰恰相反，各个证据证明了合营公司资金和经营困难的一系列其他原因。即，其一，与某国电子公司合作项目及其破产的原因；其二，联通政策的原因；其三，各银行贷款收口的原因；其四，众所周知的2004年起国产手机市场低迷的原因。

2.迟延、暂缓上市项目也与牌照无关，而另有原因。即，迟延上市项目的原因是某国电子公司破产未决致上市审计报告迟延；暂缓上市项目的原因是合营公司第六届第四次《董事会决议》决定“某移动通信科技公司将实行新的增资扩股方案”。

3.上诉人知悉合营公司资金和经营的困难后，无心与各股东共渡难关，而是在2005年6月24日会后不到3个月的同年9月6日即向股东发函，要求退出公司并购买其股权。

八、上诉人第八组证据：关于某移动通信科技公司的手机进口、生产、销售的证据

说明：鉴于上诉人举出该组证据不能证明其合同第4.6（b）条转让相关许可的约定有效的诉讼主张，或者说与其诉讼主张无关，故被上诉人没有必要提出质证意见。

当然，该组证据却证明了被上诉人关于第4.6（b）条转让相关许可的约定无效的诉讼主张，即，合营公司生产销售CDMA手机的事实证明，合营公司未经政府和高通公司批准，即约定转让相关许可并实施政府手机许可和高通许可，但最终未获政府和高通公司批准。

九、上诉人第九组证据：关于某通信科技公司违反合营合同恶意渔利的证据

说明：鉴于此组证据证明的事由是上诉人与某投资管理公司之间关于被上诉人所持合营公司股权的转让，与本案争议焦点问题无关，甚至与本案无关——涉及上诉人与被上诉人之间的其他法律关系（如成讼，则是与本案案由不同的其他案由），故被上诉人不提出质证意见。

旁白

在诉讼中，所举证据不能证明其主张，或者证据与主张之间关系牵强，或者证据与主张无关，是常见的。而刻意曲解证据，随意杜撰证据内容，任意演绎证明主张，则是不常见的。因此，对于这种“证据高手”，是不该客气的，要予以彻底揭露。

具体质证意见

一、关于上诉人的第一组证据

上诉人的第一组证据为“关于手机牌照政策沿革的证据”。概括地说，此组证据的主要证明主张有二：其一，手机生产许可不是行政法规规定的工业产品生产许可证之一，并无法律、行政法规予以规制；其二，首信诺基亚从首信手中合法承继CDMA手机定点生产资格的方式，与《合营公司合同》第4.6(b)条的约定完全一致，说明合同的约定有效且完全可以实现。

（一）手机生产许可为行政法规保护的生产许可证之一无疑

上诉人依据6篇网络文章（证据11至证据16），主张“手机定点生产企业资格虽然经常被大家称为‘手机生产许可’，但其并非工业产品生产许可证制度规制的《工业产品生产许可证》之一”。“作为一项政策保护性的生产制度，手机定点生产企业资格的审查、审批的政策性很强，并无严格的法律、法规可以遵循，相关操作规程主要由有关政府部门掌握”。（提示：上诉人证据1即国务院办公厅发信息产业部和国家计委《关于加快移动通信产业发展的若

干意见》及证据2即信息产业部《转发国家计委关于CDMA手机生产布局意见的批复的通知》，均无上诉人意图证明的内容。）

上诉人基于其诉讼利益而任意解释国家手机生产许可制度的性质，是不成立的。

1.政府关于生产、经营的批准文件为生产许可证的形式之一。上诉人抓住手机生产牌照的颁布形式是政府的批准文件，不是生产许可证这一点，便根据网络文章推论手机生产牌照不是生产许可证，而是与法律、法规无关的政策。其实，国务院颁布的关于生产、经营的批准文件即为生产许可证的形式之一，当然受法律、行政法规的保护。

上诉人证据一为《关于加快移动通信产业发展的若干意见》，上诉人知道："这一文件形成了在国内生产手机需要信产部和国家计委批发'牌照'的制度，并沿用至今"，也知道："这一《意见》在1999年1月，通过国务院办公厅颁布，列为国办发［1999］5号，所以俗称'五号文件'"，但是，却否定国务院批准文件受法律和行政法规保护这一要点。

国务院关于生产、经营的批准文件受国家法律、行政法规保护，是不容置疑的。例如：《刑法》第225条规定："违反国家规定，有下列非法经营行为之一，扰乱市场秩序，情节严重的，处五年以下有期徒刑或者拘役，并处或者单处违法所得一倍以上五倍以下罚金；情节特别严重的，处五年以上有期徒刑，并处违法所得一倍以上五倍以下罚金或者没收财产：……（二）买卖进出口许可证、进出口原产地证明以及其他法律、行政法规规定的经营许可证或者批准文件。"

2.工商行政管理局严查和处罚"贴牌"证明政府手机生产批文受行政法规保护。上诉人第二组证据中的证据24为2005年4月14日《托普出租手机牌照犯众怒 贴牌手机遭信产部彻查》（文章）。文中称："昨天，记者从多家国产手机厂商处证实，从本月开始，信产部已经联合国家工商总局，共同对贴牌手机进行严查。"上诉人主张，"手机牌照制度仅是一项产业政策"，"并无国家法律、行政法规予以规制"，那么，按上诉人的说法，国家工商总局本无权严查贴牌手机，因为，手机牌照与行政法规无关，查出了也不能依据行政法规进行行政处罚——这难道不荒唐吗？！

上诉人第二组证据中证据26和27，为某市工商行政管理局某分局的两份《行政处罚决定书》，上诉人以此证明被上诉人因向其他无手机生产牌照的企业“倒卖手机进网许可证”而被工商局行政处罚。只有获得手机生产许可（牌照），才能获得进网许可证，故出借进网许可证（俗称贴牌）的实质是出借手机生产牌照。按上诉人的手机牌照与行政法规无关的说法，倒卖了（出借了）手机牌照怎么会引起行政处罚的法律后果？再者，行政处罚的依据怎么可能不是行政法规而是政策？由此可见上诉人证明主张的错误性及其第二组证据对第一组证据的证明主张的否定。

（二）首信诺基亚案例与本案合同的约定及履行事实截然不同

上诉人认为首信诺基亚从首信手中取得手机许可的方式“与《合营公司合同》约定的某移动通信科技公司自某通信科技公司继受手机牌照的方式完全一致，说明《合营公司合同》的约定不但有效而且完全可以实现”。

其实，首信诺基亚案例与本案合同的约定及履行事实是有着本质的区别的。以下比较之。

1.首信诺基亚案例的主要特征。

（1）约定内容：北京首信诺基亚移动通信有限公司《董事会一致决议》（上诉人证据6）中反映出首信与首信诺基亚关于CDMA手机生产许可的约定内容：“鉴于，首信和诺基亚北京已同意将于2003年3月31日或该日之前签订格式如本决议附件D的CDMA生产许可协议（‘CDMA许可协议’），根据该协议首信同意不可撤销地授权诺基亚北京按照有关中国政府机构签发的相关许可和批准制造CDMA移动电话（‘授权’），授权的有效期限持续到有关的中国法律和法规不再要求制造CDMA移动电话需要持有CDMA生产许可之日为止；”

提示一：首信授权诺基亚北京“按照有关中国政府机构签发的相关许可和批准”制造手机。提示二：双方均知悉，“制造CDMA移动电话需要持有CDMA生产许可”是“中国法律和法规”的“要求”。

（2）政府批准：上诉人证据8显示，根据国家发改委发改高技［2003］

387号文件精神，北京首信股份有限公司终止其CDMA手机生产项目，将其CDMA手机生产业务转移到北京首信诺基亚移动通信有限公司。

提示：首信与首信诺基亚于2003年3月31日签订《CDMA生产许可协议》，2003年6月即获国家发改委批准。

2.本案合同的约定及履行事实的主要特征。

（1）约定内容：《合营公司合同》第4.6(b)条约定："本合同签订之日起十二(12)个月内,应当向合营公司无偿转让政府颁发的许可证和转让某通信科技公司获得的生产CDMA手机的许可和高通许可……"

提示：仅约定"无偿转让"，并无类似"经政府主管部门的批准，合营公司取得被上诉人持有的CDMA手机生产许可"的约定。

（2）实际履行：被上诉人一审证据五（2）"转账凭证"显示，在2002年4月30日签订《合营公司合同》不久后的同年7月，合营公司即已销售CDMA手机，这证明在此之前合营公司已在生产CDMA手机，即已事实上享用CDMA手机的生产牌照和实际使用手机进网许可证（一审判决认定："2002年、2003年以及2004年，合营公司即被告某移动通信科技公司进行了CDMA手机的生产和销售。"）。一审判决另外认定："2004年2月12日，某移动通信科技公司召开第五届股东会暨董事会，并做出股东会暨董事会决议，其中第三条规定，有关CDMA定点生产牌照转移事宜，股东会一致同意：由于某通信科技公司董事会已做出将牌照转移至某移动通信科技公司的决议，而且某移动通信科技公司已经取得综合进出口资格，从而使某移动通信科技公司在实际操作中能够经营CDMA手机业，所以在综合进出口资格完全取得的前提下，决议取消以前股东会暨董事会决议对CDMA牌照转移设定的最后期限……"

提示一：《合营公司合同》签订仅3个月，合营公司已在销售自己生产的CDMA手机，且在2002年至2004年的3年期间内持续生产和销售CDMA手机。提示二：直到2004年2月12日，本案各方当事人即合营公司及各方股东仍认为由于被上诉人董事会已作出将牌照转移至合营公司的决议，且合营公司已经取得综合进出口资格，从而使某移动通信科技公司在实际操作中能够经营CDMA手机业务。

（3）未获批准：《合营公司合同》第4 .6(b)条关于无偿转让CDMA手机生产许可的约定，最终未获得政府主管部门的批准。

综上，被上诉人将首信诺基亚案例与本案合同约定及履行事实之完全不同的主要特征简列如下：

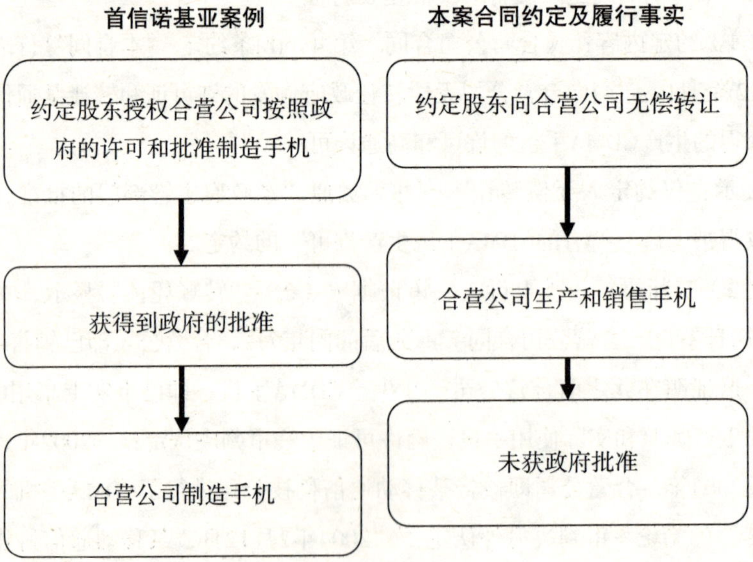

因此，一审判决认定《合营公司合同》第4 .6(b)条中关于无偿转让政府颁发的许可证的约定无效，并不仅仅着眼于该约定没有关于经政府主管部门的批准的表述，更重要的是，合同当事人在未经政府批准的情况下，不仅约定无偿转让，且在签约后即按无偿转让的约定实际履行——使合营公司事实上享有了手机生产许可和实际使用了进网许可证，而这种约定和实际履行当然损害了国家行政法规对手机生产许可的保护。而且，这种约定和履行最终未能获得政府的批准，即未获得政府的效力追认，故其性质当然是违反行政法规强制性规定的无效约定。

需要指出，首信和首信诺基亚在签约时即知悉，生产手机需持有政府批准的手机许可，是中国法律和法规的要求，因此他们签订合同和履行合同均是以政府批准许可为前提的。而在本案中，各方合同当事人不仅签约中直接约定无偿转让，且在签约并已实际生产手机后的2004年2月，仍认为“某移动通信科技公司在实际操作中能够经营CDMA手机业”。因而，两案合同当事人对手机牌照的不同理解，是形成两案性质截然不同的约定和履行事实的思想根源。

显然，上诉人将首信诺基亚案例与本案合同的约定及履行事实视为“完全一致”，可谓完全无视自己举证证明的该案例基本事实与本案基本事实之间的本质区别。此种举证与论证即使作为一种诉讼策略，也是易于被人识破的不明智之举。

二、关于上诉人的第二组证据

上诉人的第二组证据为“关于某通信科技公司利用手机牌照渔利的证据”。其主要证明主张有二：其一，从证明某移动公司和某集团逐渐控制某通信科技公司（被上诉人），且某通信科技公司持续亏损的证据，演绎出“导致其不愿意及/或没有能力支付高通许可要求的500万美元的入门费”的结论（证据17-23）；其二，从证明某通信科技公司进行“贴牌”业务的证据，演绎出“无意于实现向某移动通信科技公司转移CDMA手机定点生产资格及高通许可的承诺”的结论（证据24—27）。

撇开上诉人的证明主张根本没有此组证据的内容可以支持不说，仅从证据的关联性来说，此组证据，无论证明被上诉人股权变化和亏损的证据，还是证明被上诉人“贴牌”的证据，都完全与本案的争议焦点问题——《合营公司合同》第 4 .6(b)条的效力问题无关。上诉人的此种举证和论证，纯属在诉讼中打乱仗。至于不能实现手机生产许可和高通许可的转让，皆因合同条款约定的违法性和无效性，而导致违法性和无效性的根本原因是政府主管部门的不予批准和高通公司的不予批准，绝非上诉人演绎出的所谓被上诉人主观上不愿意之原因。

三、关于上诉人的第三组证据

上诉人的第三组证据为“设立合营公司的谈判、协商的过程中涉及的文件”。撇开此组11个证据中有7个书证（证据30、31、33、34、35、36、38）

并无双方签字或盖章的情况，此组证据所能证明的无非是签订合同之前，上诉人与被上诉人就设立合营公司及被上诉人向合营公司无偿转让CDMA手机许可之事宜所达成的意向。然而，上诉人则由此演绎出诸如“手机定点生产资格的相关法律问题不适用《工业产品生产许可证试行条例》等有关工业产品生产许可证的法律、法规的规定”“……经中国政府部门审核批准后，达到某通信科技公司的牌照向某移动通信科技公司移转的结果，而非各方私下转让获得”“……高通技术许可的转让约定完全有效并可以实现”等证明主张（提示：由此及彼、大肆无中生有地演绎证明结论，是上诉人在本案二审举证论证中的基本手法）。

关于被上诉人向合营公司无偿转让手机生产许可和高通许可之问题，不仅仅是双方签订合同之前的合作意向，而且成为《合营公司合同》第4.6(b)条的约定内容。本案争议焦点问题是该条约定内容的效力问题，而上诉人在此却要举出证明上述合作意向的证据，来证明第 4 .6(b)条的有效性，故其怪异且错误的证明思路和证明方法当然使其不能达到其证明目的。

四、关于上诉人的第四组证据

上诉人的第四组证据为“2002年4月30日的合营合同关系文件”，共两个书证：一为《合营公司合同》；二为某移动通信科技公司商业计划书（证据39、40）。关于《合营公司合同》，上诉人的证明主张繁多：“……某国移动通信公司溢价出资部分的金额即为某通信科技公司承诺的定点生产资格以及高通技术许可的对价”；第4.6(b)条是“各方当事人约定的某国移动通信公司解除合同项下义务的条件，是各方当事人的真实意思表示，合法有效”；“各方当事人对于第4.6(b)条的‘转让’的真实意思在于只要能够使某移动通信科技公司获得相关许可即可，而不限于‘转让’方式”；“……某移动通信科技公司也完全有权利获得高通许可”。（某移动通信科技公司商业计划书为无签字或盖章的合营公司内部文件，且其内容与本案争议焦点问题无关，故在此不议。）

上诉人的证明主张曲解或超越合同第4.6(b)条的约定内容，不能成立。

1.第4.6(b)条明确约定“转让”，而不是其他方式，上诉人将“转让”演变为“不限于‘转让’方式”，属任意改变合同中法律术语的、不能为法院所接受的做法。当然，如上所述，第4.6(b)条的转让约定无效的根本原因并不限于约定的法律术语，更重要的是，合同当事人在未经政府批准的情况下，不仅约定转让政府颁发的许可，且在签约后即按转让约定实际履行——合营公司生产和销售手机，使合营公司事实上享有了手机生产许可和实际上使用了进网许可证，但最终未获得政府批准。

2.转让高通许可的约定无效与转让政府手机许可的约定无效，本质相同。即，合同当事人在未经高通公司批准的情况下，不仅约定转让高通许可，且在未向高通公司申请前，即按转让约定实际履行——合营公司连续3年生产和销售手机，亦即合营公司实际使用高通专利技术，但最终未获高通公司批准。

3.第4.6(b)条是约定义务（转让若干许可）和未履行义务的违约责任（购买股权）的条款，并不是上诉人所称的条件条款。即使按上诉人的说法，将第4.6(b)条视为附条件的合同条款，依据司法解释，该条也是无效的。最高人民法院《关于贯彻〈中华人民共和国民法通则〉若干问题的意见（试行）》第75条规定：“附条件的民事行为，如果所附条件是违背法律规定或者不可能发生的，应当认定该民事行为无效。”因此，转让政府许可和高通许可的约定（条件）内容违法，故购买股权的约定（民事行为）无效。

4.上诉人的溢价出资金额并非手机定点生产资格以及高通技术许可的对价。《合营公司合同》第4.1(a)条明确约定，上诉人“其余22,000,000元人民币作为公积金”。故上诉人将“资本公积金”的约定解释为手机生产许可和高通许可的对价，与约定的法律术语不符，不能成立。不过，即使按上诉人说法，“对价”的证明主张与第4.6(b)条的效力问题也毫无关系，故其证明主张也无法支持其第4.6(b)条有效的诉讼主张。

五、关于上诉人的第五组证据

上诉人的第五组证据为“关于合营合同履行过程的证据”。因数量巨大的此组证据中，既有无签字或盖章的大量文件，更有与本案争议焦点问题并无关联性的许多材料，故被上诉人没有必要一一提出质证意见，以下仅就其主要证明主张提出针对性意见。

1.所谓许可不能实现导致合营公司各项工作落空。上诉人在此组证据的“证明事项”中称“……但由于某通信科技公司承诺可以使某移动通信科技公司获得的各项许可无一实现，导致某移动通信科技公司建立自主品牌、引入投资、上市、建立研发队伍等工作均最终落空，经营出现重大问题，某国移动通信公司最终不得不向某通信科技公司提出补偿与赔偿要求。”

必须指出，在此组证据中，在所有合营公司股东会、董事会的决议或其他文件、材料中，凡涉及合营公司拟使用商标之内容，凡涉及合营公司拟引进新股东（厦新电子等公司）之内容，凡涉及合营公司上市（香港、新加坡）之内容，凡涉及合营公司建立研发队伍之内容，均绝对没有类似因合营公司无手机生产许可和高通许可而使有关工作受到影响、阻却、落空的内容或表述。因此，上诉人的上诉证明主张完全来自于其主观分析，与证据内容无关。

假设上诉人的上述主张成立，即许可不能实现导致合营公司各项工作落空，那也不能支持上诉人认为第4.6(b)条有效的诉讼主张，或者说与其诉讼主张无关。

2.所谓第4.6(b)条作为条件的约定是合法有效的。上诉人称：“基于某通信科技公司出具的文件，可以明显看出，《合营公司合同》第4.6(b)条约定的相关许可的转让均是在各方满足相关条件——政府审批、高通同意下可以实现的。该条件的约定是合法有效的。”

必须强调，本案的事实并非上诉人所述那样简单，本案铁的事实是：约定转让政府许可和高通许可，在未报政府审批和向高通公司申请的情况下，即实施政府许可（生产和销售手机）和高通许可（使用专利技术），后向政府和高通公司申报未获批准。如果将本案的事实假定成：约定合营公司按政府和高通公司的批准实施手机许可和高通许可，报经政府和高通公司并获批准，之后实施政府许可和高通许可——与首信诺基亚案例相同，那么，这种约定才是合法有效的。

3.所谓被上诉人违反承诺试图将牌照分离。上诉人称“某通信科技公司违反承诺，不愿意将CDMA生产牌照全部移转给某移动通信科技公司，不愿意完全放弃牌照利益，试图将牌照权力分离，是导致某移动通信科技公司不能获得生产许可的根本原因，而不是因为条款无效不能履行”。

第一，上诉人曲解证据，在诉讼中对以往的明确态度予以反悔，其主张是不成立的。

上诉人所谓被上诉人试图将牌照分离的指责，来自于其对2003年10月8日被上诉人《第四届股东会暨董事会决议》（证据58）的曲解。该决议主要内容为“……在某通信科技公司CDMA手机品牌和销售权利保留的前提下，同意将某通信科技公司CDMA生产资格转移至某移动通信科技公司。资格转移后某通信科技公司CDMA手机的国家计划指标、进网及生产等工作通过某移动通信科技公司来实现”。合同第4.6(b)条约定的转让内容是“政府颁发的许可证和生产CDMA手机的许可”，亦即手机许可（定点生产资格）和进网许可证（网标），并不涉及被上诉人拥有的手机品牌（商标）和手机的销售。那么，被上诉人明确同意转让CDMA手机生产资格，且强调进网、生产等工作由合营公司实现，仅保留合同并未涉及的、自己的商标和销售权，怎么能说试图将牌照权利分离？再者，手机生产资格和进网许可证的颁发是政府行为，被上诉人怎么可能将政府的许可分离呢？此等常识问题上诉人应该懂得，但如同其在其他一系列问题上一样，为达诉讼目的而不顾常识和逻辑，更莫谈证明规则。

另外，还须指出，上诉人对被上诉人的上述决议从无异议，仅是在诉讼中反悔而任意指责。2004年2月12日合营公司《第五届股东会暨董事会决议》（上诉人证据60）载明：“有关CDMA定点生产牌照转移事宜，股东会一致同意：由于某通信科技公司董事会已做出将牌照转移至某移动通信科技公司的决议……”这证明上诉人不仅对被上诉人的决议没有异议，且在合营公司股东会暨董事会的决议中签字同意，故如今的指责，无非是诉讼说辞而已。

第二，上诉人曲解合营公司不能获得生产许可的根本原因，不能成立。

上诉人将其杜撰的被上诉人欲将牌照权利分离的事由，认定为“是导致某移动通信科技公司不能获得生产许可的根本原因”，属于将并不存在的事由作为引起结果的原因。如上所述，导致合营公司不能获得生产许可的根本原因是，约定转让政府许可，未经政府批准即实施政府许可，且最终未获政府批准。

4.所谓高通公司从未表示拒绝，被上诉人不愿支付入门费。上诉人称："高通公司明确表示可以授予某移动通信科技公司技术许可，从未表示过拒绝许可授予，表明该公司认可《合营公司合同》第4.6(b)条相关约定的效力。""某移动通信科技公司未能取得高通许可的原因在于某通信科技公司为了私利，不愿意为某移动通信科技公司申请业务分拆许可及支付高通公司500万美元入门费，而不是因为条款无效不能履行。"

上诉人的上述证明主张来自于对2004年9月22日合营公司第六届第二次股东会暨董事会文件《有关高通技术许可的情况说明》（证据66）的肆意曲解。该情况说明载明："高通表示：其向中国CDMA手机生产厂家授予的技术许可与中国政府颁发的定点生产牌照并没有直接和必然联系。即使不是持有CDMA定点生产牌照的公司也可以与高通公司就技术许可事宜进行单独协商并签署'用户单元技术许可合同'，从而获得高通公司的授权。""而《合营公司合同》中提及的'由某通信科技公司向某移动通信科技公司转让高通许可'的做法不太现实，高通公司倾向于由某移动通信科技公司直接与高通协商并签署技术许可协议。但这样某移动通信科技公司可能无法获得与某通信科技公司同等的优惠条件，例如入门费，按照高通公司的国际标准条款，入门费一般为500万美元，高通公司已同意免去某通信科技公司此部分费用，但不一定会免去某移动通信科技公司此部分的费用。"

第一，上述第一段高通公司的表示内容表明，高通公司不同意被上诉人以合营公司无CDMA定点生产牌照为由，代合营公司申请从属许可证，而认为高通许可"与中国政府颁发的定点生产牌照并没有直接和必然联系；即使不是持有CDMA定点生产牌照的公司（如合营公司——被上诉人注）也可以与高通公司就技术许可事宜进行单独协商并签署'用户单元技术许可合同'，从而获得高通公司的授权"。其中"单独协商并签署"证明，高通公司不同意被上诉人代合营公司协商并签署协议，而提出与合营公司单独协商并签署协议；"签署'用户单元技术许可合同'"证明，高通公司同意与合营公司签署与被上诉人同样的合同，而不同意与被上诉人签署旨在使合营公司获得高通许可的从属许可协议。

第二，上述第二段高通公司的表示内容则进一步表明，高通公司不同意《合营公司合同》约定的被上诉人向合营公司转让高通许可，“合营公司合同中提及的‘由某通信科技公司向某移动通信科技公司转让高通许可证’的做法不太现实”之说不过是婉拒之辞，而提出“由某移动通信科技公司直接与高通协商并签署技术许可协议”，则直接表明高通公司不同意转让高通许可，同意另行授予合营公司技术许可的立场。高通公司关于不一定免去合营公司的500万美元的入门费的态度，则更加清楚地阐明了高通公司不同意转让高通许可，亦即不同意合营公司享有与被上诉人同样的、免交入门费优惠条件的立场。

因此，上述证据的证明结论与上诉人的证明主张正好相反。

其一，高通公司明确表示不同意《合营公司合同》关于转让高通许可的约定，即，不同意被上诉人为合营公司申请从属许可，不同意合营公司享有与被上诉人同样的优惠条件，而同意另行单独地、直接地与合营公司协商并签署《用户单元技术许可合同》。上诉人所谓“高通公司明确表示可以授予某移动通信科技公司技术许可，从未表示过拒绝许可授予，表明该公司认可《合营公司合同》第4.6(b)条相关约定的效力”之说，完全无视高通公司的明确立场，故意模糊高通公司的同意内容——将不同意转让高通许可，只同意另行签约授予高通许可，混淆为“明确表示可以授予某移动通信科技公司技术许可”，从而最终将高通公司不同意第4.6(b)条关于转让高通许可的约定的立场，演绎成“该公司认可《合营公司合同》第4.6(b)条相关约定的效力”。由此足见上诉人歪曲事实的“本领”。

其二，合营公司未能取得高通许可的根本原因是，本案合同当事人未经高通公司批准，即约定转让高通许可，且使合营公司实施高通许可，但最终未获高通公司批准。至于500万美元的入门费问题，正好证明高通公司不同意转让其许可（即合营公司享受优惠）的立场。上诉人所谓：“某移动通信科技公司未能取得高通许可的原因在于某通信科技公司为了私利，不愿意为某移动通信科技公司申请业务分拆许可及支付高通公司500万美元的入门费，而不是因为条款无效不能履行"之说，无视高通公司不同意转让其许可（包括从属许可和业务分拆许可）的立场，将高通公司不同意转让其许可，而同意另行授予合营公司许可，从而发生的入门费，演绎为转让高通许可的约定无法实现的原因，足见其混淆是非的"本领"。

六、关于上诉人的第六组证据

上诉人的第六组证据"关于2004年12月27日合营公司合同变更的证据"。此组证据主要是《合营公司合同》补充协议（证据71）。其主要证明主张是："《合营公司合同》补充协议解决的就是某国移动通信公司的补偿问题，是关于某国移动通信公司因相关许可问题而撤出的权利的最终决定与确认，变更了《合营公司合同》第4.6（b）条的条件约定，但保留了该条关于法律后果的约定。""经变更后，某国移动通信公司行使解除权的条件为：如果'各方设立某移动通信科技（新加坡）公司，某国移动通信公司持有某移动通信科技公司（新加坡）的股份从16.67%增加至20%，实现某移动通信科技公司在新加坡上市'的工作无法完成，则某国移动通信公司退出合营；而某国移动通信公司行使解除权的法律后果不变，即其保留的实际权利为按照原第4.6（b）条约定的价格要求其他各方收购股权的权利。"

上诉人的上述主张变造《合营公司合同》补充协议的约定，是完全不成立的。

补充协议的主要变更条款为：……"三、取消《合营公司合同》中第4.6（b）条及第7.7条款涉及的各方权利及义务。四、为实现某移动通信科技公司新加坡上市，各方应设立某移动通信科技（新加坡）公司，各方在发起设立某移动通信科技公司（新加坡）的最初阶段，某国移动通信公司持有某移动通信科技公司（新加坡）的股份应从16.67%增加至20%……六、上述第四条的实现是本补充协议第三条生效的前提条件。"

上述补充协议第3条明明约定的是："取消《合营公司合同》中第4.6（b）条及第7.7条款涉及的各方权利及义务。"第6条的约定则表明，如第4条上市补偿实现，则取消第4.6（b）条约定的"各方权利及义务"。如不能实现上市补偿，则保留第4.6（b）条约定的“各方权利及义务”，即，被上诉人有义务转让许可，上诉人有权利要求购买其股权。然而，上诉人的上述主张却是，如果上市补偿“工作无法完成，则某国移动通信公司退出合营”，有权要求购买其股权。故其变造补充协议约定的手法是，将补充协议第三条约定的“各方权利及义务”，即被上诉人转让许可的义务和上诉人要求购买其股权的权利，变成“某国移动通信公司退出合营,要求其他各方收购股权的权利”，偷偷删掉了被上诉人转让许可的义务，由此推演出上市补偿不成，则上诉人有权要求购买其股权的结论。上诉人这种变造约定，“偷梁换柱”的做法，暴露出其嘴上虽然说转让许可的约定有效，心里却想方设法规避转让许可的约定。

七、关于上诉人的第七组证据

上诉人的第七组证据是“关于2004年12月27日之后合营合同履行情况的证据”。其主要证明主张是：“没有牌照成为某移动通信科技公司的死穴，某移动通信科技公司的经营已经彻底陷入困境，手机销售持续不能赢利，并且面临诉讼风险，其已经无法实现新加坡上市，各方最终未能实现上市重组方案及股权补偿计划。”

上诉人的上述证明主张不仅与其所举第七组证据的内容根本无关，而且，此组证据中的各个证据内容与上诉人的证明主张恰恰相反，被上诉人再次指出，上诉人在诉讼中这样做，是极不严肃的。

需要说明，上诉人的此组证据及其与证据内容无关的所谓证明主张，均与本案争议焦点问题（第4 .6(b)条的效力），及上诉人的诉讼主张（该条约定有效）无关。被上诉人提出质证意见仅仅是为防止上诉人在案件情理上误导法院。

（一）合营公司的困境并非牌照引起，而另有原因

此组证据除上诉人起诉前致被上诉人的通牒性《通知函》外，没有一份证据提到合营公司的经营困难与生产牌照有关，恰恰相反，各个证据证明了一系列其他原因。

1.与某国电子公司合作项目及其破产的原因。2005年3月25日合营公司第

六届第四次股东会暨董事会文件《资金状况简要分析》（证据74）载明：合营公司“当前资金十分紧张”。“主要原因：1.2003年与某国电子公司合作项目出现大量品质问题，导致大量产品不能顺利上市，不能形成销售现金流，并占用公司大量资金。然而，由于某国电子公司又于2004年进入破产程序，使问题不能得以迅速解决，所占用的资金也不能及时盘活。”

2.联通政策的原因。上述《资金状况简要分析》还载明：合营公司“由于2004年公司销售方面受到联通政策等市场因素的影响，C网手机的销售受到困难，引进的产品不能快速销售，形成大量存货积压，占有大量资金。”

2005年6月24日合营公司第六届第五次股东会暨董事会文件《某移动通信科技公司近期经营状况汇报》（证据77）载明：“由于中国联通在对CDMA终端手机厂商销售策略上的不成熟和不稳定，导致某移动通信科技公司的CDMA手机销售无法盈利。”

3.各银行贷款收口的原因。上述《资金状况简要分析》还载明：“近两年来，银行总的授信规模处于宏观控制状态，同时，中国手机行业的市场状况越来越严峻，属于银行控制行业之一。因此，银行在手机行业的支持力度越来越小，我公司在部分银行的授信规模受到压缩。”

上述《某移动通信科技公司近期经营状况汇报》还载明：“由于我国宏观的调整，致使各银行对企业的贷款均在收口，尤其是对手机行业。某移动通信科技公司在六大银行的授信额度也受此因素影响，下降了60%以上，因此导致了我公司目前资金周转困难的局面。”

4.2004年起的国产手机市场的原因。本案合同2002年签订，2003年度合营公司税后利润就达到了一千七百多万元，然而，众所周知，自2004年起，因诺基亚、摩托罗拉等国际制造商迅速而持续地推出新品，同时，因国产手机行业投资过热等因素，国产手机陷入低迷，致使国产手机行业普遍出现亏损，合营公司亦不能幸免。

综上，合营公司的资金和经营困难，与手机牌照并无关系，合营公司文件阐明了一系列其他原因。上诉人于2005年6月24日在合营公司股东会暨董事会上知悉公司资金和经营的困难后，不顾会议文件关于“希望得到各股东的大力支持，使某移动通信科技公司能够克服目前所遇到的困难，走上良性发展的轨道”的良好愿望和要求，而是私下里准备退出合营公司，规避经营风险，于会后不到三个月的同年9月6日即向股东发函，要求退出公司并购买其股权。

（二）迟延、暂缓上市项目与牌照无关，另有原因

1.某国电子公司破产未决致上市审计报告迟延的原因。2005年3月25日合营公司第六届第四次股东会暨董事会文件《某移动通信科技公司新加坡上市项目进展汇报》（上诉人证据73）载明：“某会计师事务所北京分所已结束了审计工作，由于某国电子公司破产事宜一直未决，导致审计报告所需某国电子公司提供的质询函无法取得，审计报告完成进度缓慢。”某移动通信科技公司将努力，“以便早日完成上市审计报告，启动后续上市事务。”

2.合营公司新的增资扩股方案的原因。上述会议的《董事会决议》（证据76）第2条约定：“二、鉴于某移动通信科技公司将实行新的增资扩股方案，引入新股东，董事会提议对新加坡上市项目进行重新评估，暂缓实行。有关上市筹备的相关费用暂停支付。”

综上，合营公司的文件和决议阐明了上市项目迟延、暂缓的原因，本与生产牌照无关。然而上诉人对上述《董事会决议》的证明事项却是：“由于某移动通信科技公司一直不能取得生产牌照，且在某通信科技公司的主导下，某移动通信科技公司的经营状况持续恶化，新加坡上市项目事实上已经无法实行。”可见，上诉人始终坚持与所举证据无关或相反的证明立场，在诉讼中明目张胆地这样做，当然是少见的。

还须强调，合营公司董事会一致通过的决议，是上市项目暂缓实行，而绝不是上诉人所称的“事实上已经无法进行”、“放弃上市”、“实际上已经终止”。

八、关于上诉人的第八组证据

上诉人的第八组证据是：“关于某移动通信科技公司的手机进口、生产、销售的证据。”鉴于上诉人举出该组证据不能证明其合同第4.6（b）条转让相关许可的约定有效的诉讼主张，或者说与其诉讼主张无关，故被上诉人没

有必要提出质证意见。

当然，该组证据与被上诉人的第4.6（b）条转让相关许可的约定无效的诉讼主张是有关的，进一步说，该组证据证明了被上诉人的诉讼主张。

被上诉人运用此组证据的证明结论是：合营公司生产、销售CDMA手机的事实证明，合营公司在未向政府申报和未向高通公司申请的情况下，即按《合营公司合同》第4.6(b)条关于转让政府许可和高通许可的约定，实施政府的手机生产许可和高通许可——生产和销售CDMA手机，损害了行政法规对生产许可证的保护和《合同法》对高通公司专利权的保护，且最终未获得政府和高通公司的批准，即未获得政府和高通公司的效力追认，故合同的转让约定之性质当然是违反了行政法规（《工业产品生产许可证试行条例》）和法律（《合同法》）强制性规定的无效约定。

九、关于上诉人的第九组证据

上诉人的第九组证据为“关于某通信科技公司违反合营合同恶意渔利的证据”。证据证明的事由是，被上诉人与某投资管理公司之间关于被上诉人所持合营公司股权的转让。鉴于此组证据与本案争议焦点问题无关，甚至与本案无关——涉及上诉人与被上诉人之间的其他法律关系（如成讼，则是与本案案由不同的其他案由），故被上诉人不提出质证意见。

不过，可以从上诉人举出此组证据看出上诉人欲将本案打成“乱仗”的企图。

旁白

要做好一名诉讼律师，你得不惜时间，不惜精力，不去计较你的付出总是大于收入——这样做下去，直到有一天你感到太累，不想做为止。

高度的概述

正 文

代理词（二审）

尊敬的审判长、审判员：

作为被上诉人某通信科技公司的委托代理人，我们就本案的争议焦点问题，即依据法律、行政法规认定本案合同争议条款的效力问题，发表如下代理意见。

本代理意见分为两个部分：一、概述我方二审《答辩状》主张和二审质证意见；二、围绕合议庭确定的争议焦点诸项问题发表意见。

一、我方二审《答辩状》主张和二审质证意见概述

（一）我方二审《答辩状》主张概述

这里不再复述我方的正论，即我方针对上诉人上诉意见的立场，仅强调我方的反论，即我方针对上诉意见的反驳。

1.上诉人否定《行政许可法》在本案的适用，虽然成立，但无法否定《工业产品生产许可证试行条例》和《电信条例》这两个行政法规的强制性规定在本案争议条款上的适用。

2.上诉人主张《合同法》是最典型的私法，本身根本就不是规制当事人的强制性法律，是错误的。在民商事审判领域，《合同法》的强制性规定是认定民商事合同效力的最主要、最重要的法律依据之一，这是不容置疑的。因此，当然应该依据《合同法》的强制性规定，来认定高通许可转让约定的效力。

3.上诉人所谓第4.6（b）条作为上诉人解除合同的条件约定是合法有效的主张，以及所谓产生条件的原因与条件本身的“条件二分法”说之理由，直接违反了《民法通则》司法解释关于民事行为所附条件违法则该民事行为无效的规定，完全不能成立。

4.上诉人编造《合营公司合同》补充协议关于变更第4.6（b）条的约定，从而得出上市和补偿不成即购买其股权的结论，是不成立的，也是不严肃的。

5.上诉人指责一审判决未对第4.6（b）条约定的生产销售的条件进行分析，认定该条无效，属以偏概全。其实，关于合营公司连续生产和销售三年的事实，本案各方当事人均无异议，故上诉人指责的意义仅限于判决书的行文或措词问题，无任何实质性的诉讼意义。

6.上诉人指责我方出尔反尔，骗取投资，是没有任何直接或间接证据的，纯属在法律上不负责任的情绪反应；上诉人指责原判显失公平，其实质是期待法院的判决抛开证据和法律，以其认为的合理性来判决维护其利益，这当然是非理性的。

（二）我方二审质证意见概述

这里仅阐明我方对上诉人主要证明主张的质证意见要点。

1.上诉人将网络文章作为证据，主张手机牌照制度无法可依是不成立的。我方依据行政法规的规定，参照《刑法》等法律对政府批文的保护，以及根据国家工商行政管理部门对倒卖手机许可（贴牌）行为的行政处罚，坚信手机生产许可是行政法规保护的生产许可证之一（注：鉴于上诉人对此问题的高度关注，我方将在本代理词第二部分进一步专门阐述）。

2.上诉人试图用首信诺基亚案例的旁证来佐证本案争议条款有效，但其结果是该案例为我方所用，成为反证。该案例的约定政府批准、获得政府批准、批准后生产手机的三步骤，与本案约定转让，未获批准即生产手机、最终未获批准的三步骤，形成鲜明对比，无须再次解释。

3.上诉人关于第4.6（b）条是上诉人解除合同的条件的证明主张，我方在《答辩状》中已依据《民法通则》司法解释的明确规定予以反驳。结论为，该条即使作为条件条款，亦为无效。

4.上诉人举出《有关高通技术许可的情况说明》，试图以该书证证明高通公司同意授予合营公司技术许可，从未拒绝，表明高通公司认可第4.6（b）条相关约定的效力，但其结果是该书证再次为我方所用，成为反证。因为，该书证的行文内容明白无误地写着高通公司不同意《合营公司合同》关于转让高通许可的约定，即不同意我方为合营公司申请从属性许可，而同意在转让之外另行单独地、直接地与合营公司协商并签约授予技术许可。

5.上诉人关于《合营公司合同》补充协议变更了上诉人行使解除权（退出公司）的条件的证明主张，我方在《答辩状》中已依据该补充协议的约定内容予以反驳。结论为，上诉人编造约定内容。

最后，需要补充一句：上诉人的二审举证绝大多数与本案的争议焦点问题，即争议条款的效力问题无关，而有关的证据及证明主张，则要么任意曲解证据内容，反证正说，要么随意超越证据内容，自说自话。我方提请合议庭注意上诉人在举证和论证中的“打乱仗”意图。

二、关于合议庭确定的争议焦点诸项问题

首先，我方表态：合议庭确定的争议焦点诸项问题，亦即第4.6（b）条效力问题所涉诸项事由，抓住或触及了本案的本质和关键，充分展现出合议庭法官们丰富的司法经验和高超的审判艺术。因此，我方必须高度重视，认真对待。

（一）第4.6（b）条的性质问题

1.我方的主张。我方根据第4.6（b）条的行文和内容，认为该条为合同各方当事人在合同中的特别约定，其性质为兼具义务与违约责任内容。简单地说，该条同时约定了义务与违约责任。即，一方承诺履行义务（转让相关许可），如违约对方享有解除合同（退出公司）权利，且违约方及相关方（原股东和合营公司）因此承担违约责任（购买股权）。

我方的主张是，义务的约定无效，不履行义务的违约责任的约定当然随之无效，故转让相关许可的义务约定无效，购买股权的违约责任约定随之无效。

2.上诉人的主张。上诉人认为第4.6（b）条是各方当事人约定的上诉人解除合同项下义务的条件，是合法有效的。上诉人阐述的理由抽象难解，概括起来可以说是，其认为转让相关许可并不是条件本身，而是“产生条件的原

因”，“某移动通信科技公司不能获得政府许可、高通许可”才是“条件本身”，因此，即使“产生条件的原因”无效，只要“条件本身”合法，“该条件条款即应为有效”。

我方认为，最高人民法院《关于贯彻执行〈中华人民共和国民法通则〉若干问题的意见（试行）》第75条规定：“附条件的民事行为，如果所附的条件是违反法律规定或者不可能发生的，应当认定该民事行为无效”。因此，即使按上诉人的说法，将第4.6（b）条作为附条件的合同条款，因所附条件即转让相关许可的约定违法，故民事行为即上诉人退出公司我方购买股权的约定无效。至于上诉人的上述“条件二分法”说及条件条款有效的主张，曲解和演绎该条的约定内容，与司法解释抵触，有违民法理论，完全不能成立。

（二）关于第4.6（b）条的效力问题

1.关于转让政府许可证和手机许可约定的效力。我方的基本观点是，行政法规《工业产品生产许可证试行条例》禁止转让生产许可证，行政法规《电信条例》禁止转让进网许可证。本案合同当事人在未经政府批准的情况下，不仅约定无偿转让，且在签约后即按无偿转让的约定实际履行——使合营公司事实上享有了手机生产许可和实际使用了进网许可证，而这种约定和实际履行当然损害了国家行政法规对手机生产许可的保护。而且，这种约定和履行最终未能获得政府的批准，即未获得政府的效力追认，故其性质当然是违反行政法规强制性规定的无效约定。

这里，我方针对上诉人关于手机牌照制度无法可依的主张，阐述我方对此问题进一步的分析意见。

我方认为，手机生产管理制度其实是由国家的两部分管理规定和管理行为构成的。其一是由国家发改委审批手机定点生产企业，其二是由国家信息产业部核发手机进网许可证和网标（贴每部手机电池背后）。保护国家发改委批准文件的是《工业产品生产许可证条例》，保护国家信产部进网许可证和网标的是《电信条例》。由于生产或组装出的手机只有获得网标才能入网使用并得以销售，而借用手机定点生产企业的批文并无实际意义，因此，常见的是手机定点生产企业与无手机生产许可的企业之间倒卖、出租、出借手机网标的情况，而倒卖、出租、出借手机定点生产批文的情况并不多见。也正因为如此，实践中对国家手机生产管理制度的保护，主要是国家信产部联手国家工商总局及其下属工商局，依据《电信条例》和有关工商管理法规具体实施的，而国家发改委并不具体过问手机生产管理制度的保护，其只主管国家手机生产布局的调控和对具体申报企业的批与不批的工作。因此，也可以说，对于国家发改委批文的保护是通过国家信产部和国家工商总局对手机进网许可证的保护得以实现的。由此也可以从现象上说，国家对网标的保护似乎是显性的、刚性的；对批文的保护似乎是隐性的、柔性的。但是，如果由此将国家手机生产管理制度中的对批文的保护与对网标的保护割裂开来，孤立起来，只看批文，不看网标，从而得出手机生产牌照制度仅为一项产业政策，并无国家法律、行政法规予以规制，则显然是犯了片面性、现象性的认识错误。

根据上述认识，我们强调，在认定第4.6（b）条关于转让政府许可和手机许可的效力时，应当将两项许可作为一个整体，即一个完整的国家手机生产管理制度来看待，并需注意，对政府许可（批文）的保护主要是通过对手机许可（进网许可证）的保护实现的。由此必然得出未经批准约定转让并实施政府的手机生产许可和进网许可，都因违反相关行政法规而无效。

可见，上诉人的主张无非是将国家手机生产管理制度中的两项许可割裂开来，孤立起来，由此规避实践中国家对手机进网许可证的有力保护，割断手机生产许可的保护与手机进网许可证及网标的保护之间依赖与被依赖的关系，并进而否定手机生产许可的法律保护。因此，该主张当然是不成立的。

2.关于转让高通许可约定的效力。我方的基本观点是，本案各方合同当事人在未获得高通公司批准的情况下，约定无偿转让我方获得的高通许可，且合营公司（约定以外的第三人）在我方尚未向高通公司申请前，即依照本案合同的转让约定连续3年实施高通公司的专利技术，但最终未获得高通公司的批准——未获追认。因此，依据《合同法》，《合营公司合同》第4.6（b）条关于转让高通许可的约定以及合营公司对该约定的实际履行，都是无效的，不受法律保护。

上诉人在此问题上的抗辩，即《合同法》不是强制性的法律以及高通公司认可转让其许可约定的效力，我方已在质证意见中详述，且我们在本代理词前文亦涉及，此略。

我方认为，一审判决“本院认为”一节关于转让高通许可约定的效力的认定及其理由，基于约定和履行的事实，依据《合同法》的具体规定，故准确而有力。

（三）关于上诉人退出公司约定与第4.6（b）条转让条款的关系

我们在本节第一个问题“第4.6（b）条的性质”中已论及此问题。即，第一，第4.6（b）条是约定转让义务和违约责任的条款，转让义务的约定无效，不履行转让义务的违约责任当然随之无效，故第4.6（b）条中的转让约定无效，与转让义务并存的违约责任，即我方购买股权，上诉人退出公司的约定随之无效。第二，即使按上诉人的说法，将第4.6（b）条作为上诉人退出公司的条件，则依据《民法通则》司法解释，民事行为（退出公司）所附条件（转让约定）因内容违法，该民事行为（退出公司）无效。

因此，概括地并准确地说，上诉人退出公司的约定与第4.6（b）条的关系是，上诉人退出公司的约定不是一个独立的约定条款，要么作为转让义务的违约责任，随转让义务约定的无效而无效；要么作为附条件（转让约定）的民事行为，随所附条件的违法而无效。

（四）合营公司的经营现状及股东状况

1.合营公司的经营现状。本案合同2002年签订，2003年度合营公司税后利润就达到了一千七百多万元。但自2004年起，因国产手机市场陷入低迷，加之上诉人举证证明的、与手机生产牌照毫无关系的合营公司经营与资金方面的种种问题，合营公司在2005年度出现资金和经营困难。虽然，在2005年6月24日合营公司股东会暨董事会上公司号召各方股东大力支持，共渡难关，但会后不到三个月，即同年9月，上诉人即起诉要求退出公司。因上诉人起诉，各方股东对合营公司前景不明，部分注意力集中于诉讼，故现阶段合营公司处在维持状态之中。

我方相信，基于第一点，即本案争议条款的无效并不影响整个《合营公司合同》有效和继续履行，上诉人并不能在《合同法》规定的解除合同的各种情形中找到退出公司的依据；基于第二点，即因《移动通信系统及终端投资项目核准的若干规定》的颁布，手机生产核准制度逐步放宽，合营公司如申报则完全可能获得手机生产许可，加之高通公司亦同意与合营公司协商高通技术的许可授予事宜。因此，待本案诉讼结束后，如上诉人有意继续合作，合营公司是能够恢复元气并走上健康发展之路的。当然，在合营公司未获政府批准和高通授权之前，作为拥有政府许可和高通许可的我方，仍愿意像以往那样，支持合营公司，以做到边生产边申报。

2.合营公司股东状况。我方依据《合营公司合同》补充协议第5条关于“某通信科技公司将其在某移动通信科技公司的40%股权转让某投资管理公司”的约定，将40%的股权转让某投资管理公司，现持合营公司10%的股权。其他股东的股权无变化。

尊敬的审判长、审判员：最后，我方请求你们根据本案证据，依据法律、行政法规，判决维持原判，驳回上诉。当然，待诉讼结束，本案各方当事人对本案再无其他期待，我方将积极主动地与上诉人及其他股东协商上诉人及合营公司一系列事关各方利益的问题，同时也相信，诸项问题最终能够通过真心协商和真实妥协得到最终解决。

谢谢！

旁白

到了二审开庭后，如果你可以在《代理词》中坦然地浏览自己的一系列诉讼主张，那么，你就会像夏末眺望茂盛田野的庄稼人——收获的季节要来到了。

无情的结局

判决

二审判决

某市高级人民法院作出终审《民事判决书》。终审判决“本院认为”一节及判决主文如下：

本院认为，关于管辖问题，业经某市中级人民法院和本院审理，以民事裁定书确认某市中级人民法院具有管辖权，该裁定已发生法律效力，本院予以确认。关于法律适用问题，一审法院依据最密切联系原则，适用中华人民共和国法律审理本案，符合我国法律规定，各方当事人对此均未提出异议，故本院对原审法院关于法律适用问题的认定予以确认。关于《合营公司合同》的效力，除第4.6 (b) 条款外，《合营公司合同》的其他条款系各方当事人的真实意思表示，未违反我国法律法规的规定，应为有效。关于《合营公司合同》第4.6 (b) 条款的效力，该条款涉及两部分许可内容，即政府许可和高通公司的专利许可。在政府许可部分中又包含有手机生产许可和入网许可的问题。根据当时的政策规定和《电信条例》可以看出，无论是手机生产许可还是入网许可均是采取审批许可制度，对此各方当事人应是明知的。《合营公司合同》第4.6 (b) 条款关于无偿转让政府颁发的许可证的约定，违反了行政法规的强制性规定，应为无效。在高通公司的专利许可方面，各方当事人在高通公司未许可的情况下，约定将高通公司拥有的专利技术分许可给合营公司，违反了《中华人民共和国合同法》第346条的规定，侵害了高通公司的权益，违反了法律禁止性规定，亦应为无效条款。《合营公司合同》第4.6 (b) 条款所附条件在违背法律规定或者不可能发生的情况下，该条款应为无效。某国移动通信公司主张该条款有效的上诉理由不成立，本院不予支持。某国移动通信公司作为投资投入某移动通信科技公司的款项已成为合营公司的股份和公积金，其不应向原股东或合营公司主张退还。关于某国移动通信公司在二审中提出的调查取证申请和审计申请，本院认为，调查取证申请中关于手机生产的历史沿革及相关的法规规定是各方当事人所认可的，并不影响本案的实质处理；关于其他手机生产企业的审批材料，与本案并无关联。在确认《合营公司合同》第4.6（b）条款无效的情况下，对合营公司进行审计也无实质性意义。故某国移动通信公司的申请，本院不予支持。综上，一审法院判决认定事实清楚，适用法律正确，应予维持。依照《中华人民共和国民事诉讼法》第153条第一款第（一）项之规定，判决如下：

驳回上诉，维持原判。

一审案件受理费191,870元，由某国移动通信公司负担（已交纳）。二审案件受理费191,870元，由某国移动通信公司负担（已交纳）。

本判决为终审判决。

尾 声

诉讼人生是高尚的、卑贱的；智慧的、愚蠢的；自由的、束缚的；荣耀的、耻辱的。总之，是幸福的、痛苦的。

思考

如果撇开诉讼双方的战略战术较量，仅从价值层面判断双方的争讼，那么可以说，某国移动通信公司属于正义的一方，而我方则属于非正义的一方。不过，这里我想从维护某国移动通信公司的权益出发思考本案，虽有价值层面的考虑，但更多的是基于诉讼层面的攻防成败。

那么，某国移动通信公司到底有无可能打赢这场官司？我的回答是完全可能的。但是，鉴于本书尚未交稿出版，某国移动通信公司已在最高人民法院对本案申请再审，作为某通信科技公司方的律师，我必须忠诚于我的委托人，因此，我决定删改早已写好的本篇“思考”，隐去所有可能对我方进行再审有负面效应的分析，全部留给读者去挖掘。因而以下的思考提示是未涉及可能改变本案命运的重大问题的，还望读者理解。

1.请全面、深入、仔细研究《合营公司合同》第4.6（b）条和涉及该条效力问题的相关法律法规规定，看看到底有没有某国移动通信公司的二审律师虽下了功夫但仍然未真正抓住并利用的、可能改变案件命运的突破点。

2.某国移动通信公司的一审律师在一审中，如果意识到《合营公司合同》第4.6（b）条最终会被法院认定无效，而建议该公司变更诉讼请求，转而要求我方承担合同条款无效的过错赔偿责任，该公司予以接受，那么，法院是否可能以我方等三被告为合同第4.6（b）条约定义务的承诺方，该条款无效致使某国移动通信公司的合同目的无法实现为由，判决解除合同，判令我方等三被告购买某国移动通信公司的股权？思考这一问题时还应当注意到，我在一审中拟定并提交法院的我方和解意见。在该意见中，我方指出《合营公司合同》补充协议约定，如合营公司在新加坡上市，则某通信科技公司（我方）和上海某投资公司用合营公司（新加坡）的股份对某国移动通信公司进行补偿，以此为对价，取消《合营公司合同》第4.6（b）条约定的各方权利义务。因此，如某国移动通信公司变更诉讼请求，我方肯定会主张双方曾以补充协议的形式明确约定过取消合同第4.6（b）条从而对某国移动通信公司的补偿方式，取消转让条款和转让条款无效的实质意义相同，都是不履行转让条款，故我方至多仅应以补偿某国移动通信公司股份的方式，承担签订无效条款的过错责任。况且签订内容违法的条款，双方都有过错，属于混合过错。我方的这一主张合理吗？法院会考虑或接受吗？

3.某国移动通信公司的一审律师曾主张，假如《合营公司合同》第4.6（b）条无效，则我方的行为就构成对该公司的欺诈。我在一审《代理词》中对此予以抗辩，认为其一，转让条款的无效系因其内容违法，而非基于一方欺诈；其二，合营公司《股东会决议》证明某国移动通信公司知悉我方向政府主管部门申办手机生产许可证和向高通公司申请技术分许可的事实经过及艰难，《合营公司合同》补充协议证明各方约定取消转让条款，对某国移动通信公司进行补偿的原因就在于申办许可的艰难，故这其中毫无欺诈可言。一审判决未支持某国移动通信公司的欺诈主张，该公司二审律师在二审中未继续主张欺诈。不过，纵观本案全过程，透过现象看本质，则以下几项基本事实是值得深究的。其一，某国移动通信公司的投资目的是进入中国国产手机市场；其二，该公司正是基于对我方承诺转让手机相关许可的信赖，才入股合营公司的；其三，《合营公司合同》第4.6（b）条显然是该合同的特别约定条款，证明了该公司参与国产手机生产和销售的合同目的；其四，我方在尚未兑现转让承诺之前，即将己方在合营公司中50%股份的40%转让其他公司；其五，手机相关许可的转让最终落空。那么，如果某国移动通信公司的律师通过系统深入论证，充实、加强欺诈的主张，法院是否可能以我方构成欺诈为由，判决解除合同，判令我方或三被告购买某国移动通信公司的股权？

4.另外，在诉讼程序上，一二审法院是否有误？即，原告某国移动通信公司以合同条款为根据起诉，当然是主张合同条款有效，一审法院认为合同条款无效，是否应行使法院释明权，告知原告变更诉讼请求？二审法院应否以原审法院未行使释明权而径直判决系程序违法为由，撤销原判，发回原审法院重审？

课题

论附条件合同的效力问题 论文

因内容违法而无效之合同的过错责任认定问题 论文

因内容违法而无效之合同与民事欺诈 文章

专利实施许可合同受让人许可第三人实施专利问题 文章

合同效力认定与法院释明权 文章

证明主张与证据内容不可无关甚至矛盾 文章

——一件中外合作合同纠纷案的启示

这里是否存在合同陷阱 文章

——以一件中外合作合同纠纷案为视角

心路

这个案子的二审比一审更艰苦，光一个两万字的《质证意见》就写了半个月。胜诉后，决定去海南放松几天。住在三亚的海边酒店里，很是惬意。白天，我总是离不开酒店的游泳池，或坐在池边椰树下看书，或仰在池里水面上看天。晚上，便来到海边，时而迎着层层滚来的海浪划水，时而躺在柔软的沙滩上，看天上的月亮，望海边的灯塔。这时，会想起苏东坡离开海南时所作著名的《六月二十日夜渡海》的经典句子：“云散月明谁点缀，天容海色本澄清。”

要　目

- 该不该恐慌
- 这个案子不简单
- 三个臭皮匠
- 今晚必须找出依据
- 答辩暴露出的弱点
- 八个律师开个会
- 早早完成《代理词》
- 新观点的诞生
- 抓住调解机会
- 有点意外的判决
- 抗击“主力军团”
- 击溃“人海战”
- 胜利后还得备战

该不该恐慌

2007年7月16日，是我48岁生日。

上午，参加了我任常年法律顾问的某国际企业集团与清华大学化学工程系关于委托技术开发合同的谈判。下午，除接打了几个电话外，一直在收拾办公室——前两天，我所搬入了新购的、位于建国门内长安街旁的光华长安大厦办公室。对于大厦的档次以及我所1118的房号，我没什么感觉，倒是喜欢开放办公区那十多扇东南朝向的巨大落地窗户。当然，更喜欢我的办公室——从八扇落地大窗，我不仅可以俯瞰车水马龙的长安街，与对面的中国海关、中粮广场、恒基中心相望，而且可以向东南眺望建国门立交桥旁一片葱绿中的古观象台。另外，每每从东窗看到隔壁的中国社科院大楼，我总会不由得想到，无意中选择了唯一与社科院相邻的大厦（社科院东侧是建国门立交桥），难道冥冥之中确与社科有缘？

傍晚，匆匆赶到泰国人开的蕉叶酒楼，与家人观赏东南亚歌舞，吃顿饭，算是过个生日。

吹生日蜡烛前，丫丫对我说：再过两年你就五十了，那可叫年过半百！你感到恐慌吗？我不知如何回答，只好对她咳两声，扮个老人相。

丫丫是姐姐的孩子，受我的影响，学了法律。去年从中国政法大学毕业，到我所做助理。

我感到恐慌了吗？从感性上说，当然会恐慌。应该说，多数人在奔五十时都会感到恐慌。然而，从理性上说，我又不该感到恐慌。可以说，凡自认为前半生未曾懈怠，努力而有成的人，在临近五十岁时，本不应该感到恐慌。

先从理性上说不该恐慌。

我的人生道路还是有一系列小的突破的。其一，高中毕业下乡种地，后来又在酒厂烧酒。因为19岁在我的家乡刊物《石河子文艺》上发表了短篇小说《哈德大叔》，当上了中学语文老师，因此才有了高考的打算。其二，高考虽因数学和英语零分（未参加考试），仅上了新疆政法干校（中专），但毕业得以留校任教，为考研创造了条件。其三，留校仅两年多，便以中专学历考取了中国政法大学研究生院刑法专业硕士生。其四，硕士毕业跨专业考取了诉讼法学博士生，而且毕业时成为国家首届诉讼法学博士。其五，在中国政法大学比较法研究所任副研究员期间，以代表作《刑事诉讼构造论》获霍英东教育基金会第四届研究类奖（法学专业全国一名），在人民大会堂授奖。其六，硕士读刑法，博士读诉讼法，做专职律师却只做民商事业务，而且敢写民商事诉讼方面的本书，一写就是几卷。

当然，重要的是，青年时对文学和音乐的喜爱，农民、工人、教师的阅历，后来读硕士博士，以及十多年的律师历程，已经成为我最重要的财富。更重要的是，我真的心尚年轻！我正规划着今后的人生，计划着以后的写作……

以往的一系列突破，我已拥有的人生财富，特别是我尚年轻的心态，都足以让我安然地面对即将来临的50岁。不该恐慌。

再从感性上说感到恐慌。

在情绪上，我真的是有恐慌的。究其原因，简单地说应该来自于两个方面。其一，做了十多年律师了，只顾埋头做业务，没能把律师所做强做大。培养了不少助理，多数都出去自立门户了。快五十了，没能建立起一支强有力的律师队伍，再这样做下去，势必无法抽身兼做自己喜爱且也重要的事情。其二，2003年就初步规划的本书，快5年了，虽也下了很大功夫，熬了无数个夜，但常因重要业务而中断写作，至今尚未完稿。这几卷书的写作历程提醒我，如果不改变业务对我较多的牵制状况，今后有关文学、历史、法学的写作计划是不可能有效实施的。做律师的头10年，靠这个职业挣点钱，以使自己和家人解除金钱之忧，且将从业中的一些积累写成书，还是不错的。但是，后10

年仍被这个挣钱的职业套牢，不能从容地做自己喜爱的事情，那就不值了。

当然，对自己律师执业状况的不满和对自己写作进度的不满，是具体的和表面化的。对自己最大的不满却是抽象的和深层次的。这里就不多说了。总之一句话，高中时，读了大量俄国、法国文学名著且常常在自己的小提琴声中遐想的我，所憧憬的人生，绝不是今天这个样！

临近50岁了，我感到一事无成，因而感到恐慌。

这个案子不简单

所里的案件讨论会已经开始一个小时了，可我还在去所的路上。

为了拓展业务，我所年轻的李律师一直与某通信科技公司的法务主管黄小姐保持联系。该公司有两位律师做其常年法律顾问，而且，这两位律师已作为该公司的诉讼代理人，代理本案的管辖异议诉讼近一年了（他们说主要是为了拖延诉讼周期）。最近，某高级人民法院作出了管辖异议二审裁定，案子的实体审理开始了。在黄小姐的建议下，公司副总裁在征得两位律师的同意后，决定让我们参与本案的诉讼。

李律师拿到案件材料后，我让她先看，然后所里专门召开本案的案件讨论会。前天就决定今天下午召开讨论会，可中午我接到我所主要客户某集团公司老总的电话，让我下午务必过去一趟，有要事相商。想到每次讨论会，最终都是我唱主角，而这对培养年轻律师的独立思考能力是非常不利的。于是，我通知李律师，讨论会准时开，我处理完事后再参加。尽管她建议等我回来再开或推迟到明天再开，说没有我在她担心讨论可能走偏，抓不到案件的核心问题，但我还是坚持照常开。

深秋，是京城一年中天最蓝、云最白的季节。我打开了车天窗的隔板，堵车时，就抬头望望天。

回到所里，我径直走进会议室，却只见李律师一人在这里。她告诉我，讨论会也就开了一个多小时，大家就没话说了，结束了。原因是她和大家都认为这个案子很简单，不属于疑难案件，没有那么多需要讨论的问题。得知我回来，大家又陆续回到会议室。李律师指着玻璃板上所列的案件基本事实线索和主要主张及法律依据，概括地讲了讲她的主张和大家的意见。

她认为，某国移动通信公司诉讼请求的依据，即《合营公司合同》第4.6(b)条是无效的。第一，行政法规《电信条例》第54条和第69条明令禁止转让电信设备进网许可证，但合同第4.6(b)条却约定转让CDMA手机的许可证。第二，《合同法》第346条规定，专利实施许可合同的受让人不得许可约定以外的第三人实施该专利，但合同第4.6(b)条却约定作为专利实施许可合同受让人的某通信科技公司转让美国高通公司的专利许可。因此，第4.6(b)条因违反法规和法律的强制性规定而无效，法院应依法驳回某国移动通信公司的全部诉讼请求。故她建议我所应接受某通信科技公司的委托，这个案子百分之百能够打赢。

因李律师拿出了法规和法律的明确规定，故大家一致认为这个案子的要点在适用法律上，且有认定合同条款无效的法规和法律依据，胜诉没有问题。因此，没有不同意见。

我首先对李律师接触案件材料仅仅两天就找到了适用于本案的法律依据，表示赞赏。同时，我感到欣慰。每当年轻律师们表现出专业水平时，我就自然想到，两年前对包括李律师在内的10名刚进所律师进行的6个月全脱产专业培训，还是颇有成效的。言行直率、不善掩饰的李律师得意地笑了，而性情比李律师还要直露，但比她要机智许多的吴律师却说：你也乐得太早了点吧，听不出主任马上就会批评咱们头脑简单吗？我也被说乐了。

我说：该批评还得批评。李律师，你正在打一单法院行使了释明权的案子，怎么就想不到当原告诉讼请求的合同依据无效的时候，法院不应简单地驳回原告的诉讼请求，而应当行使法院释明权，告知原告法院不支持其原诉讼请求，应变更诉讼请求。就本案而言，我虽然还未看材料，但我可以肯定地说，第一，法院不应当简单地驳回某国移动通信公司的诉讼请求，应该行使释明权，而该公司最终也应该变更诉讼请求，也就是以某通信科技公司是合同条款无效的过错方，其并无过错为由，要求某通信科技公司和上海某投资公司赔偿其经济损失，从而达到实质上让两个被告购买其股权的诉讼目的。第二，某通信科技公司先在合同中承诺转让，后又在诉讼中主张转让条款无效，特别是如果转让条款无效，就意味着某国移动通信公司签订本案合同并投资以求进入我国国产手机的投资计划彻底落空，这都是对某通信科技公司非常不利的事实。原告在诉状中的这句话你们注意到了没？原告说“……致使原告的投资目的始终无法实现。”这就是在说合同目的无法实现的问题。因此，因合同一方当事人承诺性条款无效，而导致对方当事人合同目的无法实现，应如何进行赔偿，这才是本案的要害所在！所以，我认为本案绝不是你们所说的简单案件，而是一件复杂而疑难的案件。虽然咱们应接受委托，代理这个案子，但需要仔细研读案件材料，深入研究与赔偿相关的事实和法律问题。这样吧，李律师你务必拿到全部材料，再好好看看，想想。不过，我会主管这个案子，诉讼文书都由我来写，你还不能驾驭这种案子，做辅助工作吧。

最后，李律师有点赌气地说：看吧，我说你不参加，我们讨论也是瞎耽误功夫，果不然吧。我想指出这是人生最要不得的消极心态，但转念又想到，都三十多岁的人了，不该再对她说保持积极心态的励志之类的话了。

三个臭皮匠

几天后，我带着吴律师、李律师去见某通信科技公司的执行副总裁（主管法务）吴总。

某通信科技公司在国产手机领域做得很大，是第一个在美国上市的国产手机企业，公司所在的大厦就是以该公司名称命名的。来自广东惠州的吴家是这个公司的绝对控股大股东，吴家父子直接控制和经管着公司。

吴总为了表示他对这个案子和对我们的重视，专门在大厦一层的茶社包间请我们喝茶。

吴总是吴家的小儿子，周身洋溢着广东人特有的热情和诚恳。当然，热烈寒暄之后，他安静下来时，眼神也透出几分冷静和机警。

他用广东白话客气地说这个案子拜托了，让我顿时觉得一下就肩负起了被人信赖的责任。同时，我一下又体验到了以往跟广东人总是一见如故，相见恨晚的那种感觉。于是，这次见面如同以往与广东人初次见面那样，轻松而随意。

我谈了我们对案件的基本看法，着重谈了法院行使释明权后的无效合同过错赔偿问题。他虽然在认真听，但看得出他除了明白了法院释明权的含义和对本案命运的影响作用外，我讲的其他问题他都似懂非懂，而且，兴趣不是太大。由此，我明白他主管公司法务工作的风格是要最终结果，并不在意过程及手段。于是，我简化了原计划要说的内容，并告诉他我会拿出一整套答辩方案，与他的律师进行交流。他表示这样很好，他的律师会认真配合我们。我纠正他不是配合，而是合作。他笑着说：你很谦虚这样很好啦，那你们（指律师之间）就不会有麻烦啦。

随后，他就不想再多谈案子的事了。听着古筝曲，喝着冻顶乌龙，欣赏着他虽然麻利但明显粗糙的“茶艺”，我们颇有同感地聊起了广东、新疆、北京……

次日，我们就与该公司的两位律师见面了。

两位律师有一位是女律师，另一位是男律师。男律师姓张，三十多岁，说话带点山东口音。他见我们一下来了三个律师，笑着说：俗话说，三个臭皮匠，顶个诸葛亮。你们三个就算是臭皮匠，加起来也应该顶个诸葛亮吧？那你们说说对这个案子的看法吧。

我依然保持着进门握手、递名片时的微笑，可旁边的吴律师听到这话，则在纸上写了个字，不动声色地用笔指给我看。我随意地看了一眼，是个“二”字，其意就是北方话的“二杆子”，北京话也叫“二子”，常说“这人怎么这么二呢？”不过，我倒不以为然，心想张律师不过是即兴随口说的，可能不太了解臭皮匠之类的话多少带着贬义，是不宜随便对人说的。

我主要谈了以下几个方面的问题。

首先，从案件在诉讼程序上的命运来说，本案的一审可能会由现在的合同违约之诉，最终演变成过错赔偿之诉。即在我方以法律、法规为依据，主张《合营公司合同》第4.6(b)条无效并赢得法院支持后，法院会行使其释明权，原告某国移动通信公司会变更其诉讼请求，要求我方承担合同条款无效的过错赔偿责任。因此，本案的一审可能会是两场战役，我方主张转让条款无效成功，打赢了第一场战役，但并未最终胜诉，而是将面对更加艰辛的第二场战役。然而，我方必须打赢第一场战役，否则不仅仅是没有再战机会的问题，而是可能二审也无法扭转一审败局的问题。

其次，关于第一场战役的作战方案，我方要牢牢抓住转让条款违反《电信条例》和《合同法》强制性规定这个纲，坚持转让条款无效的主张。当然，在《答辩状》中还可以提出其他两个主张，这些都是目。第一，主张合营公司事实上无偿使用了我方的CDMA手机的进网许可证和我方受让的美国高通公司CDMA手机专利。当然，这需要公司给我方提供相关证据。我们初步认为，这一点是需要向法庭举证和说明的，这样才能反驳原告的投资目的无法实现的主张。另外，鉴于本案在情理上对我方不利，主张这一点，有利于改变法庭对我方看法。第二，主张原告起诉的动机为试图规避因国产手机市场跌入低谷而给合营公司带来的经营亏损风险。我们注意到，公司的两位律师已提出这个主张，应该写入《答辩状》中。

再次，关于第二场战役我方怎么打法的问题，尚取决于原告如何变更其诉讼请求。但是，我方现在就必须研究对方可能的主张和我方的对策。我们初步认为，在以后开庭的《代理词》里，应专门阐述本案合同转让条款无效的混合过错问题，以及与过错赔偿相关的问题，提前影响法官的判断。当然，在《答辩状》中先不必论及。

我谈完后，张律师谈了他的看法。他认为，应该主张《合营公司合同》整体无效。理由是，某国移动通信公司是外国企业，按规定，外国企业与中国企业设立公司应先报政府主管部门审批，然后持政府的批文才能办理工商登记手续。但是，本案合营公司未经政府主管部门审批，是作为内资企业登记注册的，违反国家有关法律的规定，故《合营公司合同》是无效的。

这个问题，我们也有考虑，故我示意李律师谈谈。李律师拿出本市某区高新区文件，说明在本案合营公司注册时，某区高新区管委会有文件规定，凡是外商投资额度低于公司注册资金20%的，可以作为合营公司注册，即不必办理合资企业的审批手续。某国移动通信公司的股份为16.67%，故某区高新区按合营公司进行了工商登记。

张律师进一步指出，国家商务部对此问题专门发了文件，要求外商投资企业凡未办理审批手续的，限期补办。而本案合营公司未按规定补办审批手续。

我首先肯定张律师的主张，并强调在《答辩状》中会提出合同整体无效的主张。但也说明，在司法实践中，遇有此类情况，合议庭会征询政府主管部门对案件所涉合同效力的意见。因此，本案合议庭肯定会征询某区高新区的意见，而高新区的答复肯定是《合营公司合同》有效。因此，在合营公司已完成工商登记，且政府主管部门依据其相关文件认定《合营公司合同》有效的情况下，法院不会认定合同整体无效的。

他们两位律师除认为合同整体无效外，基本同意我们的意见，没有其他新的、不同于我们的意见。不过，那位女律师更多的担心是某国移动通信公司变更诉讼请求后的索赔问题。

十余年来，我与其他律师所的不少律师合作过，从无合作障碍，且多数合作愉快而有成效。这次与这两位律师的初次交流感觉不错。正如我所想，“三个臭皮匠”的说法不过是反映了张律师心直口快的一面。

今晚必须找出依据

转眼，离法院规定的15天答辩期还有两天了。今晚，我计划通宵写完《答辩状》。

最近事情很多，特别忙。晚上应酬完回家还要按本书的写作计划熬夜写书稿，上午还经常有会要开或有事要谈。因而，常常因睡眠不足而面呈菜色的我，除了翻看了手头已有的案件材料外，尚未静下心来全面而系统地思考本案。不过，写了十多年诉讼文书的我，凭以往的经验，相信自己这次依然能在思考和写作中提升对本案的认识，形成自己满意的观点体系。

下午下班时，我通知秘书留下加班打印文书，李律师提出她也留下，好帮我查找证据材料或有关规定。

我像往常一样，重新沏一杯茶，关上办公室的门，靠在沙发上，翻阅材料，整理思路。一小时后，当秘书叫我吃晚饭时，我已列出了写作提纲。

饭后，近8点了，我一手托着烟灰缸，一手夹着烟，站在办公室落地窗前，吸着烟望着秋雨中的长安街街景。小时候以为长安街上的华灯是世界上最华丽、最明亮的灯，到北京后才知道，远不是那么回事儿。此时雨中的华灯，不仅显得低矮，而且灯光昏黄。

我伏案开始写了，但刚引述《合营公司合同》第4.6(b)条，便猛然发觉，有问题了，写不下去了。该条有三项并列的转让，即“本合同签订之日起十二（12）个月内，应当向合营公司无偿转让政府颁发的许可证和转让某通信科技公司获得的生产CDMA手机的许可证和高通许可”。但是，李律师找出的、我认可的认定该条款无效的依据只有两个：一个是《电信条例》；一个是《合同法》。《合同法》的强制性规定是针对高通专利许可的转让的，这没有问题。问题是，规定禁止转让电信设备进网许可证的《电信条例》到底是针对转让条款中的“政府颁发的许可证”的？还是针对“生产CDMA手机的许可证”的？其次，这两项并列的许可证肯定不能理解为一个证，《电信条例》只能针对其中一个许可证，那么，对于另一个许可证，我们不是就没有认定转让无效的依据了吗？再次，转让条款约定了三个许可的转让，只要有一个许可的转让并不违反法律或法规的强制性规定，该转让的约定就是有效的，我方未履行就构成违约，违约不就得承担购买某国移动通信公司所持股份的责任吗？

想到这里，我吃惊不小！顿时有点乱了方寸。怎么连认为无效的合同条款的内容都没有搞清楚，而且连无效的依据都没有找全，就匆忙接受了委托呢？再忙也不能犯这个糊涂啊！这可是律师执业的大忌啊！

我拉开门，迅速走到开放办公区李律师的桌前，立刻把我的发现告诉她，并让她马上给某通信科技公司的法务主管黄小姐打电话，一定要弄清楚“政府的许可证”和“生产CDMA手机的许可证”各指什么东西，什么含义，然后找法律或法规的禁止转让规定。没想到她竟然说手机只有一个进网许可证，可能是写合同的人不懂，在文字上写成了两种许可，进网许可证也可理解为政府的许可证，也可理解为手机的许可证。所以，没必要把这个问题看得太重。

原本已心理失衡的我一下急了，斥责她粗心大意缺乏律师应有的精细和精确素质，并坚称她的理解太过主观，肯定错误，要求她立即打电话询问。

黄小姐又征求了公司其他人员的意见，最后答复李律师这个问题公司也不是太明白，生产手机主要就是要有手机进网许可证，否则生产了也无法上市，所以，公司只有一个进网许可证，没有其他许可证。

李律师见我坚持说不对，便有些委屈地说：你不信我无所谓，他们是国产手机大型生产企业，你要不信他们就没办法了。

我无语了。回到我的办公室，再看看转让条款，再想想，还是觉得不对。又出门对李律师说：你再给她打个电话，就问如果只把进网许可证转让给合营公司，合营公司就可以合法生产手机了吗？先不说高通专利许可问题。

李律师一会儿推开办公室门说：她说光有进网许可证还不行，政府发文批准他们公司是手机定点生产企业，没有批准合营公司是手机定点生产企业。但是这也不存在许可证问题，是政府发文批准问题。

我心中一亮，点着头说：这不对了吗？一个企业首先要被政府批准为手机定点生产企业；其次，有了政府批文就当然能够获得进网许可证；再次，要生产CDMA手机就得需要美国高通公司的手机专利技术。这不就是三项许可吗？好了，清楚了！你现在就查找非手机定点生产企业不得生产手机，特别是不得将生产资格转让其他企业的法规或法律规定。

不到5分钟，我就去问问李律师查到了没有，这样问了几次后，她总是一边看着电脑，一边摇着头说没有。半小时过去了，一小时过去了，仍然没能查到。

晚上11点了，我有点慌了。这文书还怎么写？答应明天上午就传到公司，公司两位律师看完后下午就盖章，后天就要送法院，这可怎么办？做了这么多年律师，临写文书了，还没找到依据，今儿可真是头一遭！

我走到窗前，望着雨后寂静的长安街，心情也随之平静了下来。我想，肯定能够找到禁止性规定，否则政府定点生产企业批文的执行靠什么来保护呢？政府批文的作用或实质就是许可这个企业生产手机，不允许未经批准的企业生产手机。想到这里，我一拍脑门，嗨了一声，便拉开门大声对李律师说：别查定点生产企业了，查生产许可证的管理规定，政府的定点生产企业的批文，就是法律上的生产许可证！

几分钟后，便查到了行政法规《工业产品生产许可证试行条例》。该条例第12条规定：“任何单位和个人不得伪造、转让和冒用生产许可证。”

于是，我从晚上十一点多一口气写到早晨七点多，完成了《答辩状》。

答辩暴露出的弱点

写《答辩状》之前，我要求李律师务必从公司拿到与本案有关的所有证据材料。然而，《答辩状》交到法院的第二天，吴律师便提示我，李律师又从公司取回了一些材料。我立即让李律师认真看看，特别要注意有没有与《答辩状》主张和理由相矛盾的材料，以及今后写《代理词》需要补充主张或说明的材料。她看后说没有什么有价值的材料。我知道她很粗心，尚未养成律师应有的注重证据材料细节的工作习惯，故要来材料亲自看。

真可谓不看不知道，一看吓一跳！

我在《答辩状》第三节中主张“合营公司股东会和董事会以决议方式变更了《合营公司合同》第4.6(b)条生产许可证的转让约定，故原告的起诉不符合约定条件”。理由是，2004年2月12日，合营公司第五届《股东会暨董事会决议》第3条约定，在合营公司完全取得综合进出口资格的前提下，决议取消以前股东会暨董事会决议中对某通信科技公司牌照转移设定的最后期限，但各方仍需努力在政府主管部门许可时尽早完成手机定点生产牌照的转移；在生产牌照转移到合营公司前，如果由于生产牌照造成合营公司经营中出现重大问题，某国移动通信公司将保留《合营公司合同》第4.6(b)条的权力。据此我主张在合营公司的生产和销售中，并未因生产许可证造成合营公司经营中出现重大问题，故撇开《合营公司合同》第4.6(b)条的效力问题，仅就合营公司各方股东变更原合同内容的明确约定上看，原告的起诉也不符合约定的条件。

但是，我从新得到的材料中看到了上述决议之后的2004年12月27日合营公司第六届第三次股东会暨董事会《股东会决议》和同日各方股东签订的《合营公司合同》补充协议。在该决议和补充协议中，某国移动通信公司放弃第4.6(b)条权利的条件是，其在合营公司和合营公司在新加坡的上市公司的收益权分别从16.67%增加到20%，而合营公司在新加坡上市并未成功，故实际上其并未得到放弃第4.6(b)条权利而应得到的收益权补偿。

由此可见，我在《答辩状》中的主张的依据，即2004年2月12日的合营公司第五届《股东会暨董事会决议》，已经被2004年12月27日合营公司第六届第三次《股东会决议》和《合营公司合同》补充协议所变更！

做专职律师十余年来，我还是第一次因未能全面掌握证据材料而提出错误的主张！想到这里，我立即起身，欲冲出办公室痛斥专门负责本案证据材料收集工作的李律师。但是，抓着门把手，我停住了。又想到，以往从未出这种错的原因就是，每个我写文书的案子，都是我亲自收集和审阅案件的全部证据材料，而现在与年轻律师的这种合作方式，则使我把原本十分重要的证据材料收集工作，当成了事务性工作交给了年轻律师，因而我也有错，不能全怪他们。

我嘱咐吴律师立即与法官联系，争取撤回《答辩状》，修改后重新交上去。吴律师联系后告诉我，法官不同意撤回。

李律师明白是怎么回事后，不仅没有丝毫的愧疚表示，反而安慰我说律师就是要帮委托人说话，说的不对法官不接受就罢了，没有什么了不起。我不想对她说教，只是摇着头说：你参加了咱们所组织的6个月的全脱产专业培训，但至今你仍然还没有搞清楚律师的使命和责任。

八个律师开个会

上海某投资公司的三位律师（两位做该公司的代理人），某通信科技公司的两位律师（一位做该公司代理人），加上我所的三个律师（吴律师做某通信科技公司的代理人），八个律师在本案证据交换前夕开会。这么多律师为一个案子开会，当然是我做专职律师十余年来第一次经历。

这次会议的议题主要是两个公司的律师们交换意见。有两件事给我留下了深刻印象。

一件事是当我对我方的《答辩状》作了说明后，上海的律师们说，他们提出的《合营公司合同》第4.6(b)条无效的依据也是《工业产品生产许可证试行条例》。听到这里，我侧头看了一眼坐在旁边的李律师。她领会了我的意思，低下了头。

我苦思冥想才找出依据，而上海的律师也做到了。因而，我不得不佩服他们的诉讼功底。

不过，第4.6(b)条中的另外两项许可的约定无效的依据，他们没有提及。在这一点上，李律师比他们细致些。再者，他们跟我遇到的其他上海律师一样，不善诉讼文书的写作，答辩状只有提纲（后来开庭时也只有代理提纲，没有《代理词》）。

第二件事是讨论中上海沈律师表现出很强的思辨能力，让我感觉他身上具有大学法律教师的风格。

大家在讨论第4.6(b)条如被法院认定为无效条款后，两个老股东（即两个被告）对某国移动通信公司的赔偿问题时，我提出，《股东会决议》和《合营公司合同》补充协议在赔偿或补偿问题上是有约定的，法院应参照这些约定确定赔偿或补偿额度，而不应该酌情认定。接着我介绍了2004年12月27日合营公司第六届第三次股东会暨董事会《股东会决议》的内容。该决议约定某国移动通信公司有条件地放弃第4.6(b)条，条件是其在合营公司和合营公司在新加坡的上市公司中的收股权应从16.67%分别增加到20%，且该内容被《合营公司合同》补充协议加以确认。这两项股份增加额按货币价值计算，也就是人民币三百多万元。当然，现在我们尚不能向法院提示这一点，待法院行使释明权且某国移动通信公司变更诉讼请求后，我们必须提出。

对案情尚未深入了解的沈律师问：为什么最终没有对原告某国移动通信公司进行补偿？我答：这次会议后的第六届第四次股东会暨董事会《董事会决议》约定，董事会提议对新加坡上市项目进行重新评估，暂缓实行。

思维敏捷的沈律师稍加思索，便提出了新的抗辩主张。他认为，《股东会决议》、《合营公司合同》补充协议和《董事会决议》证明，原告的起诉不符合起诉条件。理由是原告已承诺有条件地放弃第4.6(b)条，虽然合营公司在新加坡的上市公司因未上市成功未设立，从而使原告在上市公司增加收益权尚无法实现，但是，合营公司在新加坡上市并不是终止，而是暂缓。因此，在暂缓上市期间，原告在第4.6(b)条的履行期限已经变更的情况下，无权就该条款的权利提起诉讼。

我提示，在我们主张第4.6(b)条无效，且进一步主张整个《合营公司合同》无效（我方张律师和上海律师都坚持这一点）的情况下，提出原告的起诉不符合起诉条件，在法律逻辑上是自相矛盾的（如果我们认可《股东会决议》及补充协议关于原告放弃第4.6(b)条的约定和放弃条件的约定，则实质上证明我们承认第4.6(b)条是有效的）。所以，必须在提出这一主张之前声明：退一步说，假设第4.6(b)条有效，且整个合同有效，原告的起诉也不符合起诉条件。沈律师谦虚地点头接受我的提示，并作了记录。

虽然我认为法院接受这一主张的可能性不大，但沈律师的诉讼经验和思辩能力是令人钦佩的。

八个律师的会议，像“二战”时盟军将领的会议一样，虽然各方有各自利益的考虑和保留，但在一致对外上是没有问题的，故会议始终洋溢着“自己人”的轻松气氛。

早早完成《代理词》

年底的证据交换程序结束后，转眼就到了新的一年——2007年。

也许是因为原、被告双方在原告提起诉讼的合同条款的效力上存在重大争议，加之本案是涉外案件，法官在审限上没有国内案件那么大的压力，故一直到春节前，法院迟迟未通知开庭。

不过，虽然新年开始各项工作繁忙，但我丝毫不敢放下这个案子。春节后，便将经三次修改后定稿的《代理词》交某通信科技公司征求意见。

这个《代理词》虽然不如我以前写的许多《代理词》精彩，但我基本是满意的——不是任何案子都能写出精彩的诉讼文书的。因而，这篇东西是能够代表我的诉讼文书水平的。

本案的《答辩状》是以正论为主的，而《代理词》则是以反论为主的，即，直接针对某国移动通信公司书面质证意见所提出的或反映出的主张，逐一进行反驳。

第一，针对原告关于“只要履行了相应的批准程序，手机定点生产牌照的转移就可以成为现实”的主张，指出这一解释的实质是对法规禁止转让规定的例外性或变通性解释。一者《工业产品生产许可证试行条例》和《电信条例》仅有禁止转让的规定，没有经政府主管部门批准可转让或转移的“但书”性质的例外规定；二者我方经多次努力，终未能获得政府主管部门对我方所有的生产许可证和进网许可证的转让或转移的批准，即是实践中政府主管部门不允许对法规规定予以变通的事实例证。

第二，针对原告提出的“假设《合营公司合同》第4.6(b)条是自始无效的条款，那么两被告，特别是第一被告的行为构成对原告的欺诈，原告不应为此承担任何责任”的主张，我予以强有力的反驳。其一，指出本案转让条款的无效，不是因为一方制造假相或隐瞒真相，而是基于法律、法规的规定。当合同或合同条款内容违法而被认定无效时，一方当事人指责另一方欺诈，其实质是认为自己不知法或不应当知法。指责对方虚构或隐瞒了公开发布施行的法律，构成欺诈，其实质就是将自己装扮成无辜的法盲。其二，我举出一系列原告方证据——几份《股东会决议》和《合营公司合同》补充协议，证明原告不仅知悉我方申请办理生产许可证、进网许可证以及高通公司技术分许可的事实经过，而且完全清楚申请的艰难和恐难成功，故同意放弃转让条款，要求给予股份补偿。因此，根本无法扯上欺诈问题。

第三，针对原告所谓其为外国企业，对中国的政策法规并不了解，而第一被告是专门经营手机业务的中国公司，其对中国手机生产和销售的政策及程序非常了解，故原告是依赖于第一、二被告的判断签署了转让条款的主张，我从以下四个方面进行了反驳。其一，合同条款因内容违法而无效，对于签订合同的各方合同当事人而言，都具有过错，即属于混合过错。因为，对于禁止合同条款约定内容的法律，各方合同当事人都应当知道，故不能以合同当事人中有的应当知多、知深，有的应当知少、知浅而区分主、次过错责任。其二，以自己是外国公司，不了解中国法律为由，主张作为中国公司的我方欺诈，而其不承担任何责任，亦即无任何过错，是中国审判实践所不能接受和支持的。其三，合议庭在认定本案过错责任问题时，应考虑我方将自己所有的生产许可证、进网许可证及高通公司的技术许可无偿地提供合营公司使用的重要事实。其四，认定签订无效合同的过错责任问题的前提是，合同的一方或双方因合同的无效而遭受了一定的经济损失。但是在本案中，原告并无任何实际损失，即原告无法举证证明其曾经或正在因转让条款的无效而遭受经济损失。因此，我方所述在签订无效条款上双方属混合过错，仅有无效条款之签订责任上的认定意义，并无根据过错确定损失赔偿之案件处理上的意义。

第四，写《代理词》时，我已清楚地认识到，原告合同目的的实现问题是继合同转让条款效力问题之后的、本案第二个重大问题。因此，在《代理词》第四部分专门写了“转让条款无效并不影响合营公司正常经营，亦不影响本案合同目的的实现”一节。指出，一个公司的经营范围并不是最终由合营各方的约定确定的，而是由工商行政管理局核发的营业执照确定的。本案合营公司《企业法人营业执照》的经营范围是：生产电子计算机软硬件。因此，认定转让条款无效，并不影响合营公司按工商局核准的经营范围进行正常经营，当然也并不影响合营公司或原告的合同目的的实现。

《代理词》经反复修改定稿后，虽然基本满意，但通读后隐隐觉得没有以往那种松了一口气、且自鸣得意的感觉，好像意犹未尽。

我点上一支烟，深深吸一口，慢慢吐出烟雾。心想，怎么回事儿？难道这个案子还有一层我尚未看穿的迷雾？

新观点的诞生

京城今年入夏后并不是很炎热。隔些日子便突然而至的夏雨，洗蓝了长天，冷却了大地，清凉了空气。因而，即使有连续几日的骄阳，人们也并不感到难受。常常是，中午时才感到天热起来了，傍晚时分西天沉闷的雷声便又送来瓢泼大雨……

5月下旬，法院终于通知开庭了。

开庭的前一天，忙碌了一整天后，我让吴律师晚上留下来加班，做出庭准备——半年前交换的证据，需要熟悉，况且我方的《答辩状》和《代理词》及辩论提纲也需要再次熟悉。并不出庭的我，因早已完成了《代理词》和辩论提纲，原本不必再做什么准备，可是，对这个案子我总是放心不下。因而，我不敢在当晚安排应酬或回家写书，也留下来再次思索案件。

近来，我一直担心两个问题：一个是高通公司技术许可的转让问题；一个是原告的投资目的的实现问题。

原告的投资目的的实现问题，是本案中的一个致命性问题。虽然，我在《代理词》中阐述了本案合同目的的实现问题，以合营公司营业执照规定的合法的经营范围为依据，反驳了原告方关于合同目的无法实现的主张，但是，工商部门规定的合营合同的经营范围——生产电子计算机软硬件与原告的投资目的——进入中国大陆国产手机生产和销售市场，当然不同。在合营公司未取得手机生产许可证（手机定点生产牌照）、进网许可证和高通许可之前，法律上的经营范围是生产电子计算机软硬件，但是，《合营公司合同》第4.6(b)条表明，原告投资的目的就是为了参与国产手机的生产和销售。而该条款的无效，当然意味着原告的这一投资目的的落空。法院如果基于这一点来保护原告的权益，追究我方的过错赔偿责任，那后果将是严重的，可不是赔偿几百万的问题。

不过，临近开庭的今晚，我暂且不能系统考虑我方对这个问题的对策，因为，明天开庭不可能涉及这个问题，只有在法院行使释明权和原告变更诉讼请求后，我方才可能面对这个问题。因此，今晚我必须先思考高通公司技术许可的转让问题。

在《代理词》中我已经针对原告关于高通许可的转让在满足一定条件后可通过分许可完成，故转让约定并非自始无效的主张，提出了反驳意见。即，第一，《合同法》明令禁止专利实施许可合同的受让人许可约定以外的第三人实施该专利，我方并不符合与高通公司《技术许可合同》约定的分许可的条件——在合营公司持股比例未达到50%以上，故许可合营公司实施专利，就是违法。第二，我方与高通公司《技术许可合同》约定分许可须取得高通公司书面批准，高通公司最终未作出书面批准，为转让条件无效的根本原因。

但是，此刻我感到上述两点尚不足以驳倒原告的主张。原告“并非自始无效”的观点，似乎仍然强硬地站立着。那么，用什么来强力击倒它呢?

我知道，既然引用了法律的强制性规定，那么这一规定能否适用于本案的关键点在于，本案的事实是否与规定的情形相吻合。于是，我反复琢磨《合同法》规定中的“……不得许可约定以外的第三人实施该专利……”

因睡眠不足，又劳累了一天，想着想着脑子不是走神就是犯困。我知道，这样是想不出招儿的，不如先迷糊一会儿。

仅半个小时，我就一下清醒了。再看条文，眼睛盯着“实施”二字，心中猛地一亮。有了！以往只注意了我方同意转让问题，而转让仅仅是约定，法律要求的是实施，即实际履行。如果找到签订合同后，我方便允许合营公司实际履行的证据，即许可合营公司实施专利的证据，那么就完全靠上法律规定了，就不会在适用法律规定上显得别扭和无力了。

很快，我便从我方的证据五（2）“转账凭证”上看到，2002年7月合营公司已在销售CDMA手机了，而原告的补充证据（二）证据五“第一被告负责人致高通公司的函件”则证明，2004年3月11日我方高管张某某致函高通公司主管，为合营公司“正式申请从属许可”。这充分证明，2002年4月30日签订《合营公司合同》后，我方即许可合营公司实际使用高通专利技术进行手机生产了，当年7月已开始销售手机，至2004年3月11日我方才正式向高通公司申请合营公司的分许可。也就是说，我方许可合营公司实施高通公司专利一年零八个月后，才正式申请分许可。

我立刻挥笔将此新的主张和理由作为“转让条款对转让高通许可的约定亦因违法而无效”的第三点，写入《代理词》。

我所担心的高通公司技术许可的转让问题，就这样彻底解决了！敢说“彻底”二字，就是坚信原告方在我方的证据和法律依据面前，是无法再进行任何有力量的抗辩了，同时坚信，法院也不会在此问题上作出对我方不利的认定。

这件事再次证明，在诉讼中，当你面对对方的进攻而陷入困境之中时，你反击的战术往往就在法律中，你反击的武器常常就在证据中。因此，能否实施强有力的反击，取决于你能否准确地理解法律和灵活地运用证据。

抓住调解机会

本来，庭审应该成为律师诉讼代理工作最重要的环节，当然也应该是律师所写诉讼历程中最能出彩的部分——英美律师在他们的著述中总是大书特书他们出庭辩护的种种引人入胜的智慧和技巧。然而，中国大陆改革开放以来走过场式的庭审，特别是判决结果与庭审效果的无关性，决定了庭审对中国大陆诉讼律师来说，可说是最不重要的环节——不过是念念或说说证据，念念或说说代理意见便结束的诉讼形式，因而律师如果写书，庭审过程真的没有什么好写的。

本案也不能例外，庭审过程实在没什么意思，因而也确实没什么可写的。

不过，我历来重视庭审中对方的确定性观点。一旦对方在庭审中提出了与起诉或答辩或证据交换时的意见不同的观点，我除了当庭应对外，一定会在庭后修改《代理词》或写出反驳性质的新的代理意见。在本案庭审中，对方律师的代理意见与书面质证意见大体相同，特别是并没有提出我担心的观点，故《代理词》未经修改就提交了合议庭。

这里值得一说的是法院主持的双方调解。

因原、被告双方在庭审结束前，均表示同意调解，故合议庭要求双方提交书面调解方案。

原告某国移动通信公司的和解方案还是有诚意的。其诉讼请求要求两被告购买的股权价款为人民币3000万元，利息760万元（仅计算至2005年9月15日起诉时）。其第一个和解方案为2405万元，让出了本金近600万元和全部利息，第二个和解方案为2700万元，让出了本金300万元和全部利息。当然，由此也可以看出，某国移动通信公司对我们的答辩意见和代理意见是重视的，对诉讼前景并不乐观，故和解方案是理性的。

然而，我们代理的某通信科技公司是不可能接受这样的和解方案的。原因很简单，本案已不是一件简单的欠债还钱的案件——如果是的话某国移动通信公司也不可能同意让本金，原告的诉讼请求是很难得到法院支持的。

我清楚地知道，本案的调解因双方意见差距巨大，是不可能成功的。但是，这次调解对我方来说是一个不能错过的、阐明我方对案件最终处理意见的良好机会。

我早就意识到，一旦法院行使释明权，原告变更诉讼请求而要求索赔，我方不承担赔偿责任是很难的，故想在那时依据《合营公司合同》补充协议关于原告放弃第4.6(b)条的权利，两被告对其进行股权补偿的约定，提出法院应依据该约定，判决两被告对原告进行股权补偿的案件处理意见——合营公司和新加坡上市公司两项股权补偿折合人民币不过是三百多万元而已，某通信科技公司完全同意给予补偿。

现在，原告同意调解为我提供了一个提前向法官灌输补偿意见的机会。因此，我在《某通信科技公司和解意见》中，正式提出了我方同意按《合营公司合同》补充协议的约定，对原告进行股权补偿的调解方案。

虽然，吴律师告诉我，主审法官认为我方坚持转让条款无效，仅同意股权补偿是缺乏和解诚意，但我确信自己利用调解机会发表现阶段诉讼中原本不便涉及的意见，是正确的，而且是机智的。当然，我希望我方的调解方案以及调解的最终失败，不要使得主审法官对我方产生不好的印象。不过，如果法官由此对我方反感，我们也是无奈的。

有点意外的判决

转眼到了2007年10月上旬。此时原本应该是京城一年中最好的时节，然而今年挺怪，秋高气爽、蓝天白云的日子没让人享受多久，气势汹汹的秋风便卷着灰尘来了，毫不留情地扫落了那些过早黄了的树叶。天时常灰着，空气有点浊了。

我开着车，又用车载电话打给吴律师，回答说还在等，还没领上判决书。昨天本案书记员通知今天下午领判决，今天吴律师刚到法院，我的电话就追了过去，这是第二次打电话询问判决结果——虽然我相信我方应该赢，但对于法院开庭后不向原告某国移动通信公司行使释明权，径直判决，我心中仍存疑惑。

电话来了。问：怎么样？答：胜了！驳回了他们的全部诉讼请求！说：念“本院认为”一节吧。答：好的，这就念……

一边开着车，一边回味着那胜似美妙音乐的判词，我仿佛渐入仙境。迎着朔风，望着路上飞飘的黄叶，心中喊出：秋风横扫落叶，痛快！

回到办公室，第一件事就是喝着刚沏上的热茶，抽着烟，细细“品尝”判决书。

开庭审理后数月里，对本案的命运，我的心总是悬着。我时常会想到，不定哪一天法院会突然通知再次开庭，向某国移动通信公司行使释明权，于是案子在合同无效的前提下重新开打。当接到法院领取判决书的通知时，我还真有点不敢相信。现在面对盖着红色国徽章的判决书，我在心里说：这样最好，一战决胜负，干嘛要打两场战役呢！

判决书让我深感欣慰的主要有以下两点：

第一，全面接受了我方的诉讼主张。判决结论直接而明确地证明了这一点：“综上，被告某通信科技公司提出的《合营公司合同》第4.6（b）条违反有关法律、法规的强制性规定为无效条款的抗辩意见成立，本院予以采信。原告某国移动通信公司依据《合营公司合同》中第4.6（b）条的约定，主张收回其投资及相应利息的诉讼请求，因缺乏法律依据，本院不予支持。”

第二，判决书接受了我在开庭前夜形成的关于合营公司未经高通公司批准即实施高通公司专利技术，故符合《合同法》关于受让人“不得许可约定以外的第三人实施该专利”的强制性规定的新主张。这一点在判决书中非常清楚：“被告某通信科技公司将该专利技术分许可给被告某移动通信科技公司，最终未能获得专利权人美国高通公司的批准，而实际上被告某移动通信科技公司在签订《合营公司合同》后，就开始销售CDMA手机，使用了美国高通公司的专利技术。因此，依据《中华人民共和国合同法》第346条规定，专利实施许可合同的受让人应当按照约定实施专利，不得许可约定以外的第三人实施该专利；并按照约定支付使用费。《合营公司合同》第4.6（b）条中关于转让高通许可的约定，违反了上述法律的禁止性规定，应当无效。”

此刻，我庆幸自己还算勤勉，还算机警，否则，如果开庭前夜未再下功夫拿出这一新的观点，那么，原观点中所强调的“约定转让专利技术”与法律规定的“实施专利技术”之间的连接障碍是显而易见和未能排除的，判决书的判词也就不可能像上述引文那样顺畅和有力。当然，更重要的是，这个疑点或难点就有可能成为对方攻击的薄弱点，就有可能成为法院难下驳回对方诉讼请求决心的问题点。

不过，判决书仍有两点让我遗憾和不安。

遗憾的是，《行政许可法》颁布实施于本案《合营公司合同》签订之后，依据法无溯及既往的效力之原则，当能不能适用该法认定《合营公司合同》的效力。而且，这也是法律适用常识性问题，法官本不该疏忽。我方适用的《工业产品生产许可证试行条例》和《电信条例》，均属行政法规，且我方引用的相关规定当然是强制性规定，故完全符合《合同法》关于违反法律、行政法规强制性规定的合同无效的规定。那么，法官为什么会放着现成的行政法规不用，非得适用不能用的法律？这其中是否隐含法官们某种合理的考虑？当然，我并未将此问题作为影响本案命运的大问题来考虑，因为，即使某国移动通信公司在上诉中借此问题大做文章，我方只要坚持一审中关于应当适用上述两个行政法规的立场，就足以在此问题上稳居上风。

不安的是，一审法院未按程序要求向某国移动通信公司行使释明权，如该公司提出上诉并将此问题作为一审程序违法的上诉理由，那么，某市高级人民法院正是做出法院应视情形行使释明权之内部规定的法院，该法院是否会接受对方的上诉意见，做出撤销原判，发回重审的裁定？那样，我方的一审成就不就前功尽弃了吗？当然，我又像以往那样自然想到，法院行使释明权的规定毕竟是某市高级人民法院的内部规定，对方律师未必知道，如他们不知而不提，二审法院一般不会理会这个问题。这不是盲目自信。根据以往的经历，我所担心的案件的隐密问题，对方律师十有八九始终未能捅破——本书各卷中都有这种“未被揭穿的诉讼秘密”，就是例证。

总之，虽然一审法院未行使释明权，直接判决驳回对方的诉讼请求，让我有点意外，但是，一审判决全面接受我方的诉讼主张，且除《行政许可法》的适用外，判词稳健、坚定，使我自接本案后首次下定了力争维持原判，一战结束本案的决心。

一审判决后的一件小事可以在此一记。

收到判决书后，适逢李律师休完产假后上班。鉴于她仍要哺乳，我未给她安排任何工作，仅仅提示她抽空看看判决书。半个月过去了，一次大家谈论本案说到判决时，我看她一言不发，只是笑，意识到她可能还没看判决，便又顺便说：你是这个案子的联络人、参与人，应当关心判决书。然而，一个多月过去了，她不仅毫无兴趣看判决书，而且连已收到十多天的某国移动通信公司的《民事上诉状》也无心看看。如本文上文所述，我不仅仅关心判决结果，更重要的是我总是要在第一时间了解判决的观点和理由（尽管当天就能看到判决，我也会先通过电话了解），然后潜心研读、思索。都干了十多年律师、都奔五十的我居然与刚干了几年律师、刚三十出头的李律师有这么大的反差！是她生孩子后无心业务？不是。当我就此事尖锐批评她时，她笑着非常坦然地说：这种案子以后我也不可能独立办，看了也没用。对我们年轻律师来说，关键是效益，我们可没有你们身上的那种激情。

我不想对此小事作具体详说，只想用一句俗话结束这个令我十分不快的话题：那些仅仅把律师职业作为挣钱手段且惰于付出的人，是难以持续挣到钱和很难挣到大钱的。只有那些为律师职业付出热情、智慧和辛劳的人，才能在获得尊重、信任和依赖的同时，持续获得财富。

抗击“主力军团”

吴律师拿到某国移动通信公司的《民事上诉状》后，还没出法院就给我打电话：他们换律师了，是某某所的，上诉状一万字以上，这次咱们碰到硬对手了。

某律师所是京城首批合作所，首批合伙所，规模较大，人才济济，在非讼法律服务市场具有一定垄断地位。这些年我所与该所律师在非讼方面已有些竞争，比如顾问单位和专项法律服务的竞争。不过，除仲裁外，我所律师尚未在诉讼上与该所律师交手，故以前并不了解该所律师的诉讼功底与诉讼路数。不过，仅仅翻看他们写的上诉状，便知吴律师的判断是对的，某国移动通信公司的“主力军团”上来了。

说实话，在本案这样的既定事实面前，在能够直接适用于本案的明确的行政法规和法律面前，尤其是在认定了基本事实和认定了法律适用的一审判决面前，如一般律师代理某国移动通信公司一方，是难以提出系统而强有力的上诉意见的。然而，某所律师的上诉状却写得理直气壮，振振有词，洋洋洒洒万余净言！仅由此便可知他们的敬业精神和诉讼水平。

以往写疑难案件的二审答辩状，我通常都是思考两三天，随后用一个通宵一鼓作气就写完了。可这次不行，我反复通读、精读对方的上诉状，翻阅证据材料和相关法律、司法解释规定及理论书籍，做了不少书面提示或备忘录，整整一个礼拜了，居然没能搞出一个写作提纲！

对手逼得我下苦功夫，不敢移心他事。

吴律师是我所的一员干将，同时代理多件重大案件，且要兼顾多家重要的顾问单位，故我不便让她参与本案的答辩准备。李律师除了几个一般案件外，闲暇时间较多，于是，为了迫使她进行诉讼业务自我训练，我要求她试写答辩意见。可她看了一天材料，第二天就写出了几页基本不靠谱的简单意见，便算是向我交差了。

此时正值2007年12月下旬。年底诉讼单位和顾问单位的会多，应酬也多，可15天的答辩期也就只剩5天了。于是，我一咬牙，干脆两天不上班，在家专心写作。就这样，用了两个下午和两个通宵，写完了《答辩状》，然后再修改两个晚上，赶在答辩期的最后一天，才匆匆交上去。

某国移动通信公司二审律师的《民事上诉状》，虽然明显形成于一审律师的部分诉讼主张的基础之上，但显然比一审律师上了好几个台阶。这就要求我在答辩中一要继续加强正论，坚持我方的打法，不围着对方的反击转，以瓦解对方一审和二审的主张基础；二要深入反论，击溃对方一系列新的重点反击，将对手从所谓新台阶，也可说是新开辟的阵地上击退。

这里就不提示《答辩状》的正论了，仅简要介绍一下针对对方律师新观点及理由的反论。

第一，关于判决适用法律有误问题的较量。

上诉状：2002年4月30日各方签订《合营公司合同》，而《中华人民共和国行政许可证》于2003年8月27日通过，自2004年7月1日起施行。法不溯及既往是一项基本的法律原则，一审判决以2004年7月1日生效的法律认定当事人2002年4月30日的行为无效，甚至要求当事人在2002年4月30日应当明知2003年

8月27日颁布、2004年7月1日才施行的法律的规定，显然是荒唐的。在2002年4月30日各方签订《合营公司合同》的时候，没有任何法律、行政法规禁止当事人之间转让CDMA手机生产许可。

答辩状：或许是因为原判基于上述两个行政法规的强制性规定均通过立法上升为法律——《行政许可法》的强制性规定，而直接适用了该法律（这是我从维护原判出发对原判作的解释——我注），从而忽略了该法律的施行时间，有违法无溯及既往的效力之原则。但是，上诉人由此得出“没有任何法律、行政法规禁止当事人之间转让CDMA手机生产许可”之结论，实属试图利用原判引用法律的失误，从而否定行政法规的存在的不明智之举。在此问题上，上诉人应当知道，即使其突破了原判“虚设”的法律防线，难道后面就真的没有行政法规的“铁壁”吗？

第二，关于本案适用《合同法》问题的较量。

上诉状：《中华人民共和国合同法》关于专利技术实施许可合同的规定不属于法律、行政法规的禁止性规定，原第4.6（b）条约定的转让技术许可的内容合法有效。《合同法》是最典型的私法，遵循私法的意思自治原则，本身根本就不是规制当事人的强制性法律。

答辩状：这种对《合同法》的评价，貌似具有“法理意味”，其实不值一驳。这里仅试问：依此见，《民法通则》当然也属于“最典型的私法”，也“根本不是强制性法律”，那么，抛开《合同法》和《民法通知》，在司法实践中通常应该依据哪部“公法”来认定合同（民事行为）的效力？

第三，关于第4.6（b）条的性质问题的较量。

上诉状：《合营公司合同》第4.6（b）条是各方当事人约定的某国移动通信公司解除合同项下义务的条件，该条件约定合法有效。由于第4.6（b）条系当事人行使合同解除权的条件条款，对于条件条款的法律效力的判断与义务条款存在本质的区别。在义务条款，由于义务产生于法律规定或者合同规定，合同约定无效，则不存在义务，则义务条款当然无效，当事人不承担违反义务的违约责任。而在条件条款，由于条件是一种将来客观上不确定的事实，产生条件的原因与条件本身的法律效力的判断是应当分开的。无论产生条件的原因是什么，只要条件本身，即约定的事实本身合法，该条件条款即应为有效，而无论该条件成就系由于合同无效、不生效导致，还是基于违约、不可抗力、意外事件等导致。

答辩状：其一，第4.6（b）条不过就是个约定义务（转让若干许可）和未履行义务的法律后果（购买股权）的条款。义务的约定无效，不履约义务的违约责任的约定当然随之无效，故转让相关许可的义务约定无效，购买股权的违约责任约定随之无效。其二，依据《民法通则》司法解释关于“附条件的民事行为，如果所附的条件是违背法律规定或者不可能发生的，应当认定该民事行为无效”的规定，即使按上诉人的说法，将第4.6（b）条作为附条件的合同条款，该条也是无效的。即，由于该条所附条件，即约定转让政府许可和高通许可，违反了法规和法律的强制性规定，故该条，即约定购买上诉人股权，应认定为无效条款。其三，上诉人的“条件二分法”说及条件条款有效的主张，曲解和演绎约定，与司法解释抵触，有违民法理论，不能成立。合同所附条件合法，即有效；违法，则无效。对于一个合同所附的一个条件划分违法、无效的一面和合法、有效的一面，从而演绎出违法、无效的一面不影响合法、有效的一面的结论，可谓奇谈。其四，上诉人进行“条件二分法”说的真意是，第4.6（b）条本来的约定内容，即转让政府许可和高通许可，仅仅是“产生条件的原因”，而上诉人推演出的“约定内容”：“某移动通信科技公司不能获得政府许可、高通许可”，则才是“条件本身”；前者的违法性和无效性并不影响后者的合法性和有效性。可见，上述意见除了在法律和学理上不成立外，还有一个撇开合同所附条件的违法约定，生造一个合同所附条件的合法约定之致命问题。不过，答辩人对这个问题的回答就简单了：将约定内容“变个样儿”，甚至“翻个个儿”——变违法为合法，肯定是错误的。

第四，关于《合营公司合同》补充协议变更第4.6（b）条问题的较量。

上诉状：基于《合营公司合同》补充协议，如果各方设立了某移动通信科技(新加坡)公司，实现了某移动通信科技公司在新加坡的上市，则某国移动通信公司不再行使要求收购股权的权利。反之，如果某移动通信科技公司不能在新加坡上市，则某国移动通信公司有权行使第4.6（b）条约定的权利。至此，第4.6（b）条实际上变更为：某国移动通信公司行使解除权的条件："各方设立某移动通信科技（新加坡）公司，某国移动通信公司持有某移动通信科技公司（新加坡）的股份从16.67%增加至20%，实现某移动通信科技公司在新加坡上市"的工作无法完成，某国移动通信公司行使解释权的法律后果不变，即其保留的实际权利为按照原第4.6（b）条约定的价格要求其他各方收购股权的权利。

答辩状：补充协议约定取消第4.6（b）条款所涉及的各方权利及义务的前提条件是，实现在新加坡上市和对上诉人进行收益权补偿；反之，如不能上市和补偿，则保留第4.6（b）条款所涉及的各方权利及义务，即转让政府许可和高通许可，否则购买上诉人股权——答辩人负转让义务，上诉人享出让股权权利。然而，经上诉人将补充协议关于"取消《合营公司合同》中第4.6（b）条款涉及的各方权利及义务"的约定，变为"各方同意取消某国移动通信公司在《合营公司合同》第4.6（b）条中所享有的权利"，则删去了转让政府许可和高通许可的义务，保留了上诉人出让股权的权利。更重要的是，与上诉人权利对应的义务"变更"成了上市和补偿义务。于是，上诉人主张，补充协议将第4.6（b）条变更为，不能上市和补偿，则须购买上诉人的股权。答辩人认为，在诉讼中，如此篡改明确的协议约定，任意演绎对己方有力的结论，是不严肃的。

第五，关于判决未认定第4.6（b）条中的生产销售约定问题的较量。

上诉状：《合营公司合同》第4.6（b）条约定的某国移动通信公司行使解除权的条件为两方面，一方面为两项许可的内容，另一方面为生产销售的条件，即2003年4月30前，某移动通信科技公司未能正常生产销售达一个月或者一个月以上。因此，即使认定原第4.6（b）条中关于转让相关许可的约定无效，合营公司未能正常生产销售达一个月或者一个月以上的条件并不存在无效的事由，一审判决认定原第4.6（b）条约定的条件全部无效显然是错误的。

答辩状：原判鉴于上诉人在一审中并未就第4.6（b）条中"……或者（Ⅱ）本合同签订之日起12月届满前，合营公司未能正常生产销售达一个月或者一个月以上"之约定主张权利和举证，且认可答辩人对此所举证据的真实性，故在此问题上，仅仅认定了合营公司三个年度的生产和销售事实，没有在认定第4.6（b）条效力时专门进行认定，同时，对这一项原告并未主张，当事人并无争议的事实也没有必要再作认定。因此，原判在此问题上并无不当，上诉人指责原判以偏概全，过矣。

第六，关于对方指责我方违反诚信原则和判决显失公平问题的较量。

上诉状：应当说明的是，即使按照一审法院的裁判思路，一审判决事实上也是对三被上诉人，特别是某通信科技公司出尔反尔，骗取投资等严重违反诚信原则及商业道德行为的公然维护，判决结果显失公平。

答辩状：答辩人对上诉人一直是诚信的。根据有三：其一，答辩人在向政府和美国高通公司申请转让许可之前，即让合营公司实际无偿使用了答辩人的生产许可证、进网许可证及高通公司专利技术，原判认定合营公司连续三年生产和销售的事实，证明了这一点；其二，答辩人如实向合营公司股东会和董事会报告办理政府许可转让和高通许可转让的情况和困难，全无欺诈可言，原判认定的合营公司历次股东会暨董事会的决议，证明了这一点；其三，第4.6（b）条虽未能履行，但上诉人并未因此遭受任何实际损失，相反，合营公司在一审举证证明（原判所列合营公司证据4、5、6），在联营过程中合营公司采取直接采购或者答辩人进口上诉人指定的上诉人手机的方式，为上诉人销售手机，上诉人因此受益。因此，上诉人指责答辩人出尔反尔，骗取投资是不负责任的，不公平的。上诉人由此指责原判显失公平，是非理性的。判决的第一要则就是合法，而法律（除去恶法）本身就承载着公正与公平，故合法的判决本身就体现着公正与公平。如若判决吸纳撇开法律或曲解法律的意见，那才会背离公正与公平。

从以上较量可以看出，对方律师的上诉状确实存在以下几点主要问题。其一，强辩。例如，否定了《行政许可法》在本案中的适用，便无视《工业产品生产许可证试行条例》和《电信条例》的存在，强说无任何法律、行政法规禁止手机生产许可的转让。再如，以《合同法》为“私法”为由，强行得出该法“本身根本就不是规制当事人的强制性法律”之结论。律师的这种强辩是不明智的，因为法院肯定不予理睬。其二，诡辩。例如，上诉状最重要的新观点就是所谓“条件二分法”说和条件条款有效的主张，而这种新观点别说有违《民法通则》司法解释的明确规定，就是在学理上也说不通，初看让人难解，细究便知诡辩。其三，变造。例如，上诉状仅次于“条件二分法”说的第二个最重要的新观点，即《合营公司合同》补充协议变更了第4.6（b）条约定的主张，其实就是采取移花接木的手段，将《合营公司合同》补充协议原本明确的约定变造成有利己方的所谓约定，且经不起推敲，轻易就能被人识破。这种做法称不上诉讼技巧，不可能为法院接受，故当然是不可取的。

总之，我从上诉状中看出，对方律师仲裁经验丰富，即颇有说理、演绎功底，但诉讼经验不足，即运用证据，解说法律功夫不够。

可以说，上诉状对一审判决并没有致命性的威胁。我所担心的三点，都没形成应有的威胁。第一，显然，对方律师并不知道有关法院行使释明权的规定，在上诉状中只字未提此事。第二，上诉状仅仅将第4.6（b）条关于合营公司未能正常生产销售达一个月或一个月以上的约定，作为一审判决认定该条无效的“以偏概全”的错误，并未搞明白该约定对上诉人方至关重要的诉讼意义，因而未能有效使用这一利器。第三，上诉状仅仅提出了首信的CDMA牌照转移给了首信与诺基亚共同合资设立的诺基亚首信通信有限公司的事例，未突出强调和展开论证（《合营公司合同》虽然约定的是转让，但后来的股东会暨董事会决议则多次用了转移的字眼。诺基亚首信从首信手中取得手机生产许可的事例，似乎证明约定转移后经政府批准是可以实现手机许可的转移的，而且该事例与本案确有相似之处。让我更心虚的是，此时我还没有形成足以驳倒此说的观点和理由，故在答辩状中对此上诉状非重点问题暂时回避）。

某国移动通信公司的二审“主力军团”，声势是有的，力量也是有的，但其战略战术所反映出的作战经验和作战实力，尚不足以打败我方。我断言，他们是无法赢得这场战役的。

不过，我必须感谢对手！强硬的对手，逼着我对本案再次深入思考，逼着我写出了本年度我最满意的法律文书。

击溃“人海战”

2007年底好不容易完成二审答辩状，我似乎对本案彻底松了口气，想着本案的案头写作工作也就基本到此为止了，不过是开庭前照答辩状思路再写个代理词而已。于是，进入2008年直至上半年，一直忙于他事，从未再想过本案。

然而，进入少雨、干燥、酷热的六月份，一天，某市高级人民法院的本案书记员突然通知吴律师领取某国移动通信公司的证据，且说证据很多，三大本，最好带上提袋。

我纳闷儿：本案基本事实清楚，是典型的法律适用案件，组织大量证据材料干什么？对方二审律师究竟是什么打法？

看到对方的证据材料，我不禁摇头：我的妈呀！三大本，八百多页，仅证据说明就达五万字以上！

在开放办公区，当着律师、助理和秘书们的面，我拍着厚厚的证据册说：这就是“人海战术”！他们见到咱们的答辩状后，知道打重点突破战不行了，现在打起了“人海战”。

7月份就要到所里报到上班的今年毕业大学生小宋是北京人，很机灵，他大眼珠一转，说：主任，你可别大意，志愿军的人海战术可是让美军吃了苦头的。

我笑着说：你小子还行，80后还知道朝鲜战争。说得没错，志愿军的“人浪”攻击一开始确实让联合国军应付不了，打得他们一路从鸭绿江边逃到了三八线以南，连南韩的汉城都丢了，直打得美国总统杜鲁门在一次记者招待会上扬言，必要时将在朝鲜使用原子弹。但是，后来呢？自李奇微统率美军第八集团军后，志愿军的“人海战术”不灵了，仅仅三四个月，联合国军就收复了汉城，而且再次占领了三八线以北的部分区域，直至停战。所以，对于“人海战术”，我是这么看，那是在武器装备、单兵素质都不行的情况下，试图用一群人打败几个人的低劣战术。这种打法起初来势汹汹，往往把人打蒙，但是，对手冷静下来后，只要先坚守住阵地，顶住了最初的“人浪”攻击，随后分清敌之强弱，重点打击强旅，迅速形成反击之势，则这种打法不仅必败，而且大批“人浪”必然损失惨重。与战争同理，现在面对他们的大规模、全方位的证据进攻，我们不能被打蒙，要冷静，要顶住，要坚守阵地，要反击，要最终打得他们全线崩溃！不过，咱们必须明白，这是咱们首次遇到的证据方面的“人海战”。咱们不能犯麦克阿瑟的先前轻狂进攻后来消极撤退的错误，要学习李奇微的先稳定战线后反击围歼的经验。总之，大家会看到本案的结果，对方在上诉状中发动的“重点突破战”被咱们的答辩状打败后，在证据上发动“人海战”，已是无奈之举，最终无法赢得这场他们发动的“证据大战”。

大家听了我的话，先是振奋，后又思索。小宋点着头说：把打仗和打官司搁到一块儿说，挺酷，挺过瘾。主任，别忘了，这是敝人抛砖引玉啊！

我经常跟同事们这样“闲聊”案件，这种“闲聊”表面上看，似乎是我在说教，其实聊的过程正是我快速思考的过程。由于轻松的“闲聊”往往会使我越聊越兴奋，所以兴奋的大脑常常会在这时形成案件方向性、路线性的思路。这不，面对对方的大规模的证据“人海战”，我就聊出了我方要顶住，要坚守阵地，要反击，要各个击破的战略。因此，这种“闲聊”对同事，特别是对青年律师是有益的，当然，我也同时受益。

不过，有了方向性、路线性的战略思考，并不能就此直接解决问题，还需要在战略思考的基础上，找到解决问题的策略、手段，即确定战术问题。

当天晚上我就开始看对方的证据。一边对照证据说明，一边翻阅证据材料，看呀看呀，想呀想呀，从晚饭后九点多钟一直看到早晨六点，八个多小时连三大本证据的一半都没看完。中午起来，看着一尺多高的证据材料，想到自己居然一通宵还没看到一半，心中顿生懊恼。立即给所里打电话，下午不去办公室了，在家专门看证据。看了一下午，接着又看了一通宵，才粗略地看完了全部证据材料。

对方的证据除极少数是一审已举过的证据外，绝大多数是二审中首次举出的新证据。就其证明主张而言，除全面坚持上诉状中的意见外——根本不搭理我方的答辩意见，通过举证和论证，又提出了一系列新的证明主张。之所以会有八百多页书证，是因为其九组证据中，其内容从各方当事人签订《合营公司合同》之前的“手机牌照政策沿革”到我方“利用手机牌照渔利”，再从签约前我方与对方谈判到《合营公司合同》的签订、履行、变更，以及我方“违反合营合同恶意渔利”，简直可说是包罗对方认为与本案有关的“万象”。之所以会有五万多字的证据说明，是因为对方不仅几乎对每个证据的证明事项进行详细说明，而且对九组证据每组的证明事项再进行详细的概括性说明。

对方的证据确实让我头疼！太多、太庞杂，如果按通常那种质证意见的写法，即就每一件书证的真实性和证明内容提出意见，至少也得写五万字以上，而且这种写法使得质证意见的观点和理由太分散、太零乱，毫无力量。因此，用传统写法应对这么大量的证据，有似于用分散兵力、全面抵抗的消极战法应对“人浪”攻击，故肯定是不行的。那该怎么个写法？干了十多年律师的我还是第一次面对“怎么写质证意见”这等貌似白痴的问题。

对方的证据让我也挺气愤！粗粗看了一遍，我就发现，对方的许多举证和论证方法，也就是证明方法，简直令人吃惊：或故意曲解证据内容，推演出与其自己所举证据的内容恰恰相反的证明主张；或随意杜撰证明主张，与其所举证据的内容毫不相干。显而易见，对方是先有其证明意志，然后让所有证据服从其意志，从而构筑其证据体系。这种手里举着证据，满嘴说着与手里的证据相反或无关痛痒的做法，过去偶然也遇到过，但是这样大规模地、堂而皇之地干，我真的还是第一次遇见。因此，我气愤的原因就是，这也太过于无视我方律师和法院法官的眼睛和智商！不过，要揭露的太多，如何突出而鲜明地揭穿这种把戏，我还没有想好。

我忍不住多次对所里的青年律师们说对方的证明方法。我先念对方的证明事项即证明主张，然后再念证据内容，最后揭示其杜撰、编造手法。告诫他们即使为了委托人的利益，也不能采取这种举证论证方法，因为这种做法不是诉讼技巧，而是诉讼伎俩，是易于被人揭穿而不能得逞的。

青年律师们基本都接受我的提醒，唯独李律师认为，官司各有各的打法，你打你的，我打我的，就看法院接受不接受，无所谓对错问题。对方的这种打法，有他们的道理，过去肯定成功过，否则就不会坚持这种打法了。过去打赢过的原因也许就是一般律师（包括她自己）面对如此大规模的证据和说明，根本没法应对，法官也可能被搞蒙了，于是就乱中取胜了。因此，她认为这也是一种诉讼技巧。

为了防止她的这种看法影响其他律师在此类问题上的基本判断，我尖锐地说：书证上记载着“东”，但“西”才对己方有利，于是偏说书证证明了“西”；书证上既没记载“东”，也没记载“西”，但如果要有了“西”则对己方有利，于是，推导出书证实际上证明了“西”。这种证明方法，只能骗过不负责任的律师和法官的眼睛，即使侥幸蒙混过关，得逞过，也是咱们青年律师绝对不能效仿的低劣手法。因为，如果惯用这种手法，必然会不仅维护不了委托人的利益，反而会误了讼事，屡遭失败。李律师，我把话放在这儿，虽然我还没有理清质证意见的思路，还没有写出质证意见，但是，待我写出质证意见后，二审法院就不可能接受对方的证明主张。对方在证据上的这种打法在咱们面前必败。如果他们的证明主张被法院接受，二审咱们败了，我在所里当众承认我的看法是错的，你的看法是对的。

她笑着说：我才不跟你打赌，他们这种打法赢不了你，但不见得赢不了其他律师。

我跟她在世界观、价值观、人生观以及处世为人、从业理念等一系列观念上基本都不相同，因此在类似争论中，总是谁也说服不了谁，往往“不分胜负”就此打住了。不过这虽然会影响到她与所、与我的合作关系，但不至于成为合作的障碍。我虽然谈不上大度和大气，但我确实还是能够跟与我意见相左，并且时常与我争论的人和睦相处并精诚合作的，否则像李律师这样的雇员（薪金律师）是不可能长期在所里工作的。

吴律师在法院书记员那儿争取到一个多月的准备质证意见的时间，于是，尚未想出质证“战术”的我先放下了此事，去忙一件标的达1.7亿元的再审案件（亦收录于本书本卷）。

为了迫使李律师提高证据质证水平，我要求她也写一份她自己的质证意见。这次她确实下了功夫——应该说上次批评她一个多月连一审判决书都不愿看，对她还是有触动的，她完成的质证意见长达两万余字。不过，她写的东西对我完全没有参考价值，我在她的文书上整段整段地划上线，旁边批注：“跟对方一样，都在推理扯皮”、“未发现对方在这里编造证明事项”、“对方的证明事项与证据主要内容正好相反，你没细看”、“注意：证据内容里没有对方这个意思”、“这组证据与他们的诉讼主张完全无关，没必要一一反驳”、

“什么意思？看不明白”、“过于简单”、“写偏了，走题了”、“你怎么也学会了杜撰”等。我专门用一下午对她讲解我批注意见的具体含义，一一对照对方证据说明和证据内容以及她的文书内容，她时而恍然大悟，时而点头称是。当然，我也肯定了她的努力。另外，这种讲解过程，也是我整理思路、深入思考的过程。

还有半个月时间就得交质证意见了，我必须加紧了！

虽然，此时还是没有想好质证意见的写作思路，即应对证据“人海战”的“战术”，但是，不能等到想好了再开始写作，因为到那时肯定就来不及了。于是，我决定先重新再看一遍对方的证据说明和证据材料，边看边写出质证意见备忘，这个过程中就有可能形成思路，然后再动笔写质证意见。

经过近十天晚上的连续工作，对方的证据和说明逐步都熟悉了，搞出了二十多页的备忘，更重要的写作质证意见的思路形成并确定了。这就是，第一，对于对方九组证据中与本案争议焦点问题（《合营公司合同》第4.6（b）条的效力问题）完全无关的四组证据，除在原则上整体予以否定外，不提出具体的质证意见；第二，理出五组证据中对方的主要证明主张，一一进行具体的揭示和反驳，除对主要证明主张所依据的具体证据提出具体质证意见外，对其余其他证据不一一提出质证意见，即在其余证据上，抛弃传统质证意见的写法，不予理睬。

如果用军事语言来形容上述思路或写法，可以说就是面对“人浪”攻击，并不全面防御，消极抵抗，而是集中优势兵力强力打击敌方的强旅，不理睬虽然围了上来但并无实际威胁的弱旅，通过重点歼灭强旅形成多米诺骨牌效应，即达成敌军强旅被歼，一般旅溃逃，弱旅投降的兵败如山倒之效。

确定了“战术”，我并没有忘记我方的“战略”，即面对对方的“人海战”，除了在思想上要冷静，要顶住外，最重要的是要“坚守阵地”。本案“战略”上的“坚守阵地”，就是要坚持我方二审答辩状中业已确定的一系列主张，而不能被对方在证据上新的打法所搞乱。因为，我方的二审答辩主张正是我抗击对方证据“人浪”攻击的阵地！因此，我在看证据和写备忘录时，时时翻阅答辩状，并把答辩意见作为质证意见的基础，写进质证意见备忘中。

“战略”和“战术”虽然都确定了，但具体写起来仍然是件辛苦耗时的事儿，这也如同在战争中虽然已经有了应对“人海战”的战略和战术，但是具体打起来，仍然会因战役规模庞大而艰难。我足足用了5个通宵才写完质证意见。完稿后，又担心虽然重点突出，详略得当，但毕竟篇幅太长（达两万字以上），法官能否有耐心看完。于是，又想到应该在正文前概括质证意见要点，故又用了一宿时间，写出了“序言一：被上诉人对上诉人二审举证论证的综述与评价”和“序言二：上诉人主要证明主张与被上诉人质证意见概述”。

完成了质证意见，我浑身轻松得如同经艰苦复习刚刚顺利考完一场大考一样。而且相信，这次的轻松是本案文书写作工作基本彻底完成的轻松——仅需要用一个通宵再写一个《代理词》，绝对不是完成二审答辩状时的那种假想的轻松。因为，我坚信对方发动的这场“证据大战”已经被我打败了，而且对方已经再没有什么新的招数了，对方的上诉意见和我方的答辩意见的第一回合较量，对方的举证意见和我方的质证意见的第二回合较量，已经决定了对方必败，我方必胜。

本案我方质证意见是我从事律师职业以来写得最长、最满意的质证意见文书，我以前写的任何质证意见都没法与这篇相比。当然，这并不是我例外地将这篇超长的文书选录于本书的原因。本来，我在书中只选录了质证意见的两个序言部分，觉得将正文全部选入可能会让读者读的过于疲劳。但听了来所不到半年的秘书小田的话后，我便改变了主意。她说：文书长而且读起来费劲，这正是对有志于律师职业的青年读者学习毅力的考验。想想就应该明白，人家费心琢磨出来，费力写出来，我们看看还没有耐心，那还怎么干好律师这行啊！

胜利后还得备战

此时是2009年2月9日晚，即农历正月十五夜。

报纸上说今年正月十五的月亮是52年以来最圆最亮的。于是，晚上22:47，我按报纸说的时间，准时出门看月亮。

刚出门就抬头望，天上的月亮把我震在了原地。那轮明月安然而有点傲慢地、光洁而有点冷艳地停在当空。简直出奇的大而圆，白而亮，而且有点透明，像巨大的圆形羊脂玉盘。似乎她知道，按照造物主的安排，今夜只属于她——她和她的光芒几乎占据着整个天空，仅在天边才有若明若暗的星光。瞬间，我发觉她似乎变成了重叠的两个、三个，赶忙双手揉眼，再看，她依然保持着重影，接着，我感到有点晕，于是她显得更加虚幻了。虽然，我想着应该再看看她，但是我知道自己看不下去了……

好了，该给本文收尾了。

“驳回上诉，维持原判”的终审判决结果，完全在我的意料之中。让我有点意外的是，由某国移动通信公司挑起的、双方持续了半年的二审“证据大战”，虽然肯定是双方继上诉和答辩后的最主要、最重要的诉讼活动，但是终审判决居然一个字也没提，好像双方在二审中没有进行任何证据较量似的。当然，从终审判决关于二审事实认定的简单的一句话“本院经审理查明的事实与一审法院查明的事实一致”完全可以看出，对于双方的二审“证据大战”，二审法院认为并不能改变或者影响一审法院已经认定的事实，也就是说，二审法院完全不采信对方二审所举证据和所提证明主张，因此也可以说二审法院是完全接受我方对对方举证论证的否定性质证意见的。我坚信，这样说并不是对二审判决的推论，因为，试想一下，如果我方没有提出强有力且二审法院予以认可的质证意见，二审法院会认为对方的举证论证毫无诉讼意义吗？二审判决会只字不提吗？

所以，当听到李律师看完判决后说早知如此咱们就不费那个劲儿了时，我知道，她确实还不懂得诉讼的玄机。

二审判决水平一般，尚不及一审判决。与一审判决“本院认为”一节相比，二审判决只有一点新意。这就是虽然接受了某国移动通信公司二审律师关于第4.6（b）条为附条件条款的主张，但同时完全接受了我在二审中依据《民法通则》司法解释提出的即使该条为附条件条款亦无效的主张，即二审判决所述：“《合营公司合同》第4.6（b）条款所附条件在违背法律规定或者不可能发生的情况下，该条款应为无效。”（此话有两点问题：一是有误，“不可能发生”应不提，因经政府批准手机生产许可可以转移，经高通公司批准，该公司技术许可也可以分许可方式转移；二是不通，应改为“《合营公司合同》第4.6（b）条所附条件违反法律和行政法规的强制性规定，应为无效条款”——《合同法》生效后只有违反法律、行政法规的强制性规定的合同或合同条件才无效，而不是违背了法律规定就无效）。

对方在上诉状和证据说明中提出了一系列二审新主张，但终审判决仅仅提及“附条件条款”这一点，而且予以驳斥，这不能不让人深思对方二审律师的诉讼“战略”和“战术”。

不过，在这里，在结束本文之前，我必须抓住议论本案的最后时机，再次诚恳地说：某国移动通信公司二审律师崇高的敬业精神和丰富的仲裁经验，已经成为我和我所律师的学习财富（昨天我还对秘书小田说：对方律师五万字的证据说明一个字也没打错！）。感谢对方律师坚韧不拔的诉讼信念和持续不断的诉讼攻势，让我幸运地遇到了强大的对手，获得了学习和提高的机会。

这个案子的二审比一审更艰苦，光一个两万字的《质证意见》就写了半个月。胜诉后，我决定去海南放松几天。住在三亚的海边酒店里，我很是惬意。白天，我总是离不开酒店的游泳池，或坐在池边椰树下看书，或仰在池里水面上看天。晚上，便来到海边，时而迎着层层滚来的海浪划水，时而躺在柔软的沙滩上，看天上的月亮，望海边的灯塔。这时，会想起苏东坡离开海南时所作著名的《六月二十日夜渡海》的经典句子：“云散月明谁点缀，天容海色本澄清。”

在二审诉讼期间，某国移动通信公司的二审律师受该公司委托连续向某通信科技公司发送《律师函》，提出某通信科技公司另有两项严重违反《合营公司合同》，故应承担违约责任的行为。针对其认为的一项违约行为提出了赔偿1.44亿人民币的要求，并限期“在七个工作日内就前述问题提出可以接受的解决方案。否则，本所委托人将在中国对贵司提起诉讼，以维护自己的合法权益”。但半年多过去了至今仍未起诉。由此来看，该公司在二审期间匆匆提出两项索赔要求，而且金额吓人，似有动摇我方诉讼意志或分散我方注意力之意。但是，现在本案他们彻底败了，因而提起新的诉讼的可能性或许会增大。

某通信科技公司已建议我们提早做好这两单诉讼的准备工作。

对于继续迎战某国移动通信公司的二审律师，我是喜忧参半的。一方面，我有战斗的渴望——跟这样的对手才能打出大仗，打出漂亮的仗；另一方面，想到对手还是他们，我不由得会摇头叹气——跟这样的对手打仗，非得再次把我累个半死！

我已经开始准备着，等待着，像抱枪坐在战壕里的士兵，时而昂首盼望早点开战，时而低头默祷就此休战……

杂咏

庆宴

当行今宵乐，
莫忆往日苦。
醒说江南事，
醉跳新疆舞。

附录：章节细目

临江仙 故乡秋夜

还乡酒罢相扶回，
又见繁星低垂。
最是边疆夜色美，
天阔长风劲，
更有故人随。

少年寒窗为远飞，
如今消得憔悴。
莫道各有愁滋味，
且听孤雁鸣，
声声切盼归。

主创团队简介

李心鉴　作者、总策划

法学博士，北京市航舵律师事务所主任。1977年高中毕业后在农场务农、酒厂烧酒、中学教书。1982年毕业于原新疆政法干校（中专），留校任刑法教员。1988年毕业于中国政法大学刑法学专业，获硕士学位。1991年毕业于该校诉讼法学专业，获博士学位，留该校比较法研究所，从事中外诉讼法学比较研究，1993年任副研究员。1995年至今，从事律师职业，从业领域为企业民商事诉讼、仲裁和商业法律事务。代表作《刑事诉讼构造论》（中国政法大学出版社1992年版）获霍英东教育基金会第四届高等院校青年教师研究类奖（法律专业全国一名）。

邮箱：hangduo@hangduo.com

王　扬　责任编辑、项目策划

1983年—1989年毕业于郑州大学历史系，获史学学士、硕士学位。毕业后执教于郑州大学法学院，主要讲授中国法律史学与中国法律思想史。2001年7月毕业于中国政法大学，获法学博士学位，现任职于法律出版社至今。历任法律出版社独立项目策划部首届召集人、高级策划编辑、副编审。主持策划的项目主要集中在法学教育、法学应用、法学学术等领域。

邮箱：wy@lawpress.com.cn

乔智炜　装帧设计、美术策划

毕业于清华大学美术学院，获硕士学位。从事书籍装帧设计近十年，先后获得中国最美的书入围奖，第七、八届全国书籍设计艺术展优秀作品奖（四年一届），海峡两岸最美的书，华文出版物艺术设计大奖等多项荣誉。现就职于法律出版社，对法律类书籍的设计有独到见解。所设计的书籍均有优异的市场反响，同时受到作者与读者的认可。

邮箱：Zhiwei.qiao@foxmail.com

李　晨　人物插图、插图策划

鲁迅美术学院教授，硕士生导师。中国美术家协会连环画艺术委员会秘书长。1984年毕业于鲁迅美术学院。代表作：2007年《红嫂》获“庆祝建军八十周年全国美展”金奖；2012年《你永远是最可爱的人》获“庆祝建军八十五周年全国美展”优秀作品奖（最高奖）。为中国邮政设计多套邮票，其中，2011年《纪念辛亥革命100周年》纪念邮票三枚，2012年《毛泽东“向雷锋同志学习”题词发表五十周年》纪念邮票四枚。

邮箱：lichen2330@163.com

李新民　场景插图

自由插图作者。1993年毕业于新疆师范大学工艺美术专业。

邮箱：lixinmin5656@163.com

图书在版编目(CIP)数据

抗辩的艺术. 第3卷, 商事诉讼选录 / 李心鉴著.
—北京:法律出版社, 2014.1(2015.5重印)
ISBN 978-7-5118-5697-5

Ⅰ. ①抗… Ⅱ. ①李… Ⅲ. ①商法—民事诉讼—案例
—中国 Ⅳ. ①D925.05

中国版本图书馆CIP数据核字(2013)第279980号

抗辩的艺术
第三卷 商事诉讼选录

李心鉴 著

责任编辑 王 扬
装帧设计 乔智炜

开本 787毫米×1092毫米 1/16
印张 43.75 **字数** 644千
版本 2014年1月第1版
印次 2015年5月第2次印刷
出版 法律出版社
编辑统筹 独立项目策划部
总发行 中国法律图书有限公司
经销 新华书店
印刷 三河市龙大印装有限公司
责任印制 张建伟

法律出版社/北京市丰台区莲花池西里7号(100073)
电子邮件/info@lawpress.com.cn
销售热线/010-63939792/9779
网址/www.lawpress.com.cn
咨询电话/010-63939659

中国法律图书有限公司/北京市丰台区莲花池西里7号(100073)
全国各地中法图分、子公司电话:
第一法律书店/010-63939781/9782
西安分公司/029-85388843
重庆公司/023-65382816/2908
上海公司/021-62071010/1636
北京分公司/010-62534456
深圳公司/0755-83072995

书号:ISBN 978-7-5118-5697-5
定价:158.00元
(如有缺页或倒装,中国法律图书有限公司负责退换)